Unternehmensstrafrecht

ILFS

Institute for Law and Finance Series

Edited by

Theodor Baums
Andreas Cahn

De Gruyter

Unternehmensstrafrecht

Herausgegeben von

Eberhard Kempf
Klaus Lüderssen
Klaus Volk

De Gruyter

ISBN 978-3-11-028316-7
e-ISBN 978-3-11-028584-0

Bibliografische Information der Deutschen Nationalbibliothek

Die Deutsche Bibliothek verzeichnet diese Publikation in der Deutschen Nationalbibliografie; detaillierte bibliografische Daten sind im Internet über http://dnb.ddb.de abrufbar.

Einbandabbildung: Medioimages/Photodisc
Datenkonvertierung/Satz: jürgen ullrich typosatz, Nördlingen
Druck und Bindung: Hubert & Co. GmbH & Co. KG, Göttingen
♾ Gedruckt auf säurefreiem Papier

Printed in Germany

www.degruyter.com

Vorwort

Der vierte Band im Rahmen des Projekts „Economy, Criminal Law, Ethics“, den wir hiermit vorlegen, hat das Unternehmensstrafrecht zum Thema, genauer: die Frage, ob ein Unternehmensstrafrecht möglich und empfehlenswert ist.

Die traditionsreiche Debatte hat in Deutschland zu dem bisher vorläufigen Ergebnis geführt, dass wegen der Schwierigkeiten, bei nicht natürlichen Personen von zurechenbaren Handlungen zu sprechen, insbesondere von Schuld, der Gesetzgeber die Einführung einer Bestrafung von Unternehmen abgelehnt hat, zumal das Ordnungswidrigkeitenrecht immerhin ja entsprechende Regelungen enthält. Aber international sieht es anders aus. Dort, wo die Trennung zwischen höchstpersönlicher Schuld und *strict liability* nicht so scharf ausgebildet ist, in den USA, tauchen die Skrupel, Verbandspersönlichkeiten strafrechtlich zur Verantwortung zu ziehen, ohnehin nicht auf. Aber auch in Europa wächst die Zahl der Länder, die ein Unternehmensstrafrecht etabliert haben.

Bei dieser Sachlage sollte man in Deutschland die Diskussion doch wieder aufnehmen. Dies um so mehr, als auch gesamteuropäische Initiativen registriert und ernstgenommen werden müssen. Neue Probleme ergeben sich ferner mit Blick auf den Wandel der Zurechnungskategorien. Sie stehen epistemologisch längst unter Ontologieverdacht, werden durch Zuschreibungskategorien ersetzt, deren konstruktivistische Elemente substanziell eingehen in neue Demokratieverständnisse. „Zurechnung“ verliert womöglich das anthropomorphe Gütesiegel. Außerdem liefern die vor allem von der Soziologie entwickelten „Systemtheorien“ neue Ansatzpunkte für eine strafrechtliche Unternehmenshaftung.

Dem entsprechen die Forderungen nach einer stärkeren Gemeinwohlorientierung von Unternehmen – ebenfalls ein europäisches Phänomen. Schon in den voraufgegangenen Symposien ist das mehrfach hervorgehoben worden.[1]

Die Reihe der Beiträge, die im vorliegenden Buch veröffentlicht werden, beginnt denn auch mit einer Rekonstruktion der für diese Orientierung wichtigen gesellschaftspolitischen und rechtstheoretischen Positionen. Es folgen die gegenwärtige Rechtslage und ihre Entwicklung erfassende Überblicke. Dann werden die interdisziplinären Grundlagen einer strafrechtlichen Unternehmenshaftung dargestellt und analysiert. Bei den

---

1 *Franz Salditt* Das Unternehmensinteresse zwischen Recht, Ökonomie und Ethik, in: Eberhard Kempf/Klaus Lüderssen/Klaus Volk (Hrsg.), Die Handlungsfreiheit des Unternehmers – wirtschaftliche Perspektiven, strafrechtliche und ethische Schranken, Berlin 2009, S. 106 ff; *Klaus Lüderssen* Regulierung, Selbstregulierung und Wirtschaftsstrafrecht. Versuch einer interdisziplinären Systematisierung. in: Kempf/Lüderssen/Volk, a. a. O., S. 243 ff (280 ff); *Andreas Suchanek* Unternehmensethik und Eigeninteresse, in: Eberhard Kempf/Klaus Lüderssen/Klaus Volk (Hrsg.), Die Finanzkrise, das Wirtschaftsstrafrecht und die Moral. Berlin 2010, S. 47 ff; *Gerald Spindler* Gemeinwohlorientierte Unternehmensinteressen und Kapitalgesellschaften, in: Kempf/Lüderssen/Volk, a. a. O., S. 71 ff; *Peter Forstmoser*, Verallgemeinerbare Modelle der Gemeinwohlorientierung von Unternehmen, in: Kempf/Lüderssen/Volk, a. a. O., S. 107 ff; *Klaus Volk* Über strafrechtliche Konstrukte und Systemrelevanz, in: Eberhard Kempf/Klaus Lüderssen/Klaus Volk (Hrsg.), Ökonomie versus Recht im Finanzmarkt, Berlin 2011, S. 177 ff (180 f); *Klaus Lüderssen* Methodenfragen im Umgang mit der „Sachlogik des Finanzmarkts“ – Grenze oder Herausforderung juristischer Intervention, in: Kempf/Lüderssen/Volk, a. a. O., S. 241 ff (282ff).

denkbaren Konzepten eines Unternehmensstrafrechts werden zunächst die Schwerpunkte rekapituliert und dann einige Modelle durchdekliniert, wobei die Referenten natürlich freie Hand hatten bei der Strukturierung der Probleme.

Die vielfach gestaffelten Vorschläge für ein Unternehmensstrafrecht , die es inzwischen gibt, haben noch keine Entsprechung im Verfahrensrecht. Die Referenten mussten insoweit vielfach Neuland betreten. Das gleiche gilt für Alternativen zum Unternehmensstrafrecht, die sich nicht darin erschöpfen, auf die Vorzüge des Individualstrafrechts zu verweisen. Den Abschluss bildet ein Versuch, Umrisse eines gesamteuropäischen Unternehmensstrafrechts zu entwickeln.

Wiederum danken wir den Professoren Dr. Theodor Baums und Dr. Andreas Cahn für die Aufnahme des Bandes in die Schriftenreihe des ILF, sowie Herrn Dr. Rolf Friedewald und Frau Christina Hagenbring für die umsichtige Hilfe bei der Organisation der Tagung.

Die Herausgeber Frankfurt am Main und München im Juni 2012

Inhalt

Die Autoren und die Herausgeber

Prof. Dr. Hans **Achenbach**

Geb. 1941. Studium in Göttingen, Promotion in München. Assistent bei Prof. Dr. Claus Roxin 1967–1969 in Göttingen und 1973–1978 in München. Professor für Strafrecht und Strafprozessrecht an der Ruhr-Universität Bochum 1978–1980. Seit WS 1980/81 Professor für Strafrecht, Strafprozessrecht, Wirtschafts- und Steuerstrafrecht an der Universität Osnabrück. Eintritt in den „Ruhestand" 2005. Arbeitsschwerpunkte: Wirtschaftsstrafrecht und Wirtschaftsordnungswidrigkeitenrecht, namentlich Kartellbußgeldrecht, Grundlagen der Strafrechtsdogmatik, Strafprozessrecht und Vermögensdelikte.

Ausgewählte Publikationen:

Historische und dogmatische Grundlagen der strafrechtssystematischen Schuldlehre, 1974; §§ 111–111n, 161–171, 276–303 StPO, EGStPO in: Alternativkommentar zur StPO, 1992/96; Achenbach/Wannemacher (Hrsg.), Beraterhandbuch zum Steuer- und Wirtschaftsstrafrecht, 1997/99; §§ 38, 39 GWB 1990, §§ 81, 82 GWB 1999, §§ 81–82a GWB 2005 in: Frankfurter Kommentar zum GWB und ab 2000 zum Kartellrecht, 1994 bis heute; §§ 13–19, 23 Landespressegesetze in: Löffler, Presserecht, 4./5. Aufl. 1997/2006; Achenbach/Ransiek (Hrsg.), Handbuch Wirtschaftsstrafrecht, 2004/2008/2011; §§ 60–65 in: Baums/Thoma, WpÜG, 2004ff.; Roxin/Achenbach, Strafprozessrecht, 16. Aufl. 2006; Rechtsprechungsberichte zum Wirtschaftsstrafrecht in der NStZ 1988 bis heute; zahlreiche Aufsätze und Entscheidungsrezensionen.

Prof. Dr. Andreas **Cahn**

Andreas Cahn hat Rechtswissenschaft an der Johann Wolfgang Goethe-Universität in Frankfurt a. M. und an der University of California at Berkeley studiert, wo er den Grad eines Master of Laws (LL. M.) erworben hat. Anschließend war er für sechs Jahre wissenschaftlicher Mitarbeiter bei Prof. Dr. H.-J. Mertens an der Universität Frankfurt. Während dieser Zeit verfasste er seine Dissertation zum Thema „Vergleichsverbote im Gesellschaftsrecht" und seine Habilitationsschrift mit dem Titel „Kapitalerhaltung im Konzern". Von 1996 bis 2002 war er Inhaber des Lehrstuhls für Bürgerliches Recht, Handels- und Gesellschaftsrecht an der Universität Mannheim. Seit 2002 ist er geschäftsführender Direktor des Institute for Law and Finance an der Universität Frankfurt. Seine gegenwärtigen Arbeitsschwerpunkte liegen im Aktien- und Konzernrecht, im Recht der Unternehmensfinanzierung, dem Kapitalmarktrecht und der Rechtsvergleichung. Er ist Mitherausgeber der Zeitschriften „Der Konzern" und „Corporate Finance law", der Institute for Law and Finance Series sowie Mitglied des wissenschaftlichen Beirats der Zeitschrift „European Company Law".

Prof. Dr. Katharina **Beckemper**

Katharina Beckemper wurde in Lingen/Emsland geboren und legte 1990 ihr Abitur in Bad Bentheim ab. Zunächst studierte sie im dualen System Produktionstechnik an der Fachhochschule Osnabrück und begann eine Lehre zur Werkzeugmechanikerin bei der Karmann GmbH. 1991 wechselte sie zum Studium der Rechtswissenschaften, das sie nach einem Auslandsaufenthalt in Athen 1997 in Potsdam abschloss. Danach war sie als wissenschaftliche Mitarbeiterin bei Prof. Dr. Uwe Hellmann am Lehrstuhl für Strafrecht, insbesondere Wirtschaftsstrafrecht (Potsdam) tätig. 2001 legte sie ihr zweites Staatsexamen ab und promovierte zu einem strafprozessualen Thema. Während der darauf folgenden Tätigkeit am Lehrstuhl Hellmann verfasste sie zwei Lehrbücher gemeinsam mit dem Lehrstuhlinhaber zum Wirtschaftsstrafrecht. Im September 2009 habilitierte sie sich an der Uni Potsdam zum Thema „Ökonomische Auslegung der Täuschungsdelikte des Wirtschaftsstrafrechts". Außerhalb der Universität war sie als Lehrbeauftragte bei der Landesakademie Brandenburg für die Aus- und Fortbildung von Anti-Korruptionsbeauftragten tätig. Am Institut für Risk-and-Fraud-Management, Steinbeis-Hochschule, ist sie Lehrbeauftragte für Wirtschafts- und Steuerstrafrecht sowie Strafprozessrecht. Den an diesem Institut angebotenen MBA-Studiengang absolvierte sie von 2006–2008 selbst. Vom Sommersemester 2009 bis zum Wintersemester 2010/2011 war sie Lehrstuhlvertreterin am Lehrstuhl für Strafrecht, Strafprozessrecht und Wirtschaftsstrafrecht in Leipzig, dessen Inhaberin sie inzwischen ist.

Dr. Felix **Dörr**

Felix Dörr ist Partner in der Anwaltskanzlei Dr. Günter Dörr & Partner (GbR) in Frankfurt am Main. Von 1975 bis 1980 studierte er Rechtswissenschaften an der Johann Wolfgang Goethe-Universität in Frankfurt am Main. Nach dem zweiten Staatsexamen war er von 1984 bis 1986 wissenschaftlicher Angestellter am Institut für Arbeits-, Wirtschafts- und Zivilrecht der Universität Frankfurt am Main bei Prof. Dr. Friedrich Kübler. Promotion 1988. 1987 trat er in die auf Fragen des Wirtschaftsstrafrechts spezialisierte Kanzlei von Dr. Günter Dörr ein, der er seitdem angehört. Dr. Felix Dörr ist bundesweit tätig auf den Gebieten des Wirtschafts- und Steuerstrafrechts. Er ist Co-Autor des Abschnitts „Korruption" im Handbuch „Verteidigung im Wirtschafts- und Steuerstrafrecht".

Dr. Christine **Hohmann-Dennhardt**

Dr. iur. Promotion über „Entscheidungsstrukturen im Unternehmen und Arbeitnehmerinteressen". Zahlreiche Veröffentlichungen u.a. zur Sozial- und Rechtsstaatlichkeit, zur Gleichberechtigung sowie zum Familien und Kindschaftsrecht. Lehrbeauftragte für Arbeits- und Sozialrecht an den Universitäten Hamburg und Frankfurt am Main sowie der Akademie der Arbeit. Richterin am Sozialgericht Frankfurt am Main und dem Landessozialgericht Darmstadt sowie Direktorin des Sozialgerichts Wiesbaden. Dezernentin für Soziales, Jugend und Wohnungswesen der Stadt Frankfurt am Main.

Hessische Ministerin der Justiz von 1991 bis 1995 und für Wissenschaft und Kunst von 1995 bis 1998. Von 1999 bis Februar 2011 Richterin am Bundesverfassungsgericht (Erster Senat) mit der Zuständigkeit für Familienrecht.

Seit Februar 2011 Vorstandsmitglied der Daimler AG und in dieser Funktion verantwortlich für das Ressort Integrität und Recht.

Eberhard **Kempf**

Rechtsanwalt, Jahrgang 1943, geb. in Lahr/Schwarzwald, Studium in Heidelberg, Berlin, Freiburg und Paris. Rechtsanwalt seit 1971, seit 1977 in Frankfurt am Main. Eberhard Kempf ist seit 1990 Mitglied und war von 1996 bis 2005 Vorsitzender des Strafrechtsausschusses des Deutschen AnwaltVereins und ständiger Gast des Strafrechtsausschusses der Bundesrechtsanwaltskammer. Er hat eine umfangreiche Veröffentlichungs- und Vortragspraxis und ist mehrfach als Sachverständiger durch den Rechtsausschuss des Deutschen Bundestages gehört worden. Eberhard Kempf war aktiv an der Gründung des Barreau Pénal International/International Criminal Bar beteiligt, einer Vereinigung der Rechtsanwälte am Internationalen Strafgerichtshof in Den Haag. Er war von 2003 bis 2005 Vizepräsident und von 2005 bis 2007 Präsident des ICB.

Dr. Stefan **Kirsch**

Nach dem Studium in Frankfurt am Main und Lausanne/Schweiz war Herr Dr. Kirsch von 1993 bis 1997 als wissenschaftlicher Mitarbeiter am Lehrstuhl für Rechtsphilosophie, Rechtstheorie und Strafrecht bei Professor Dr. Walter Kargl an der Johann Wolfgang von Goethe-Universität in Frankfurt am Main tätig. Sein Eintritt in das Büro HammPartner erfolgte nach der Zulassung zur Rechtsanwaltschaft im Jahr 1997. Zu den Tätigkeitsschwerpunkten von Herrn Dr. Kirsch im Bereich des Strafrechts zählen neben dem Revisionsrecht, das Wirtschafts- und Außenwirtschaftsstrafrecht sowie Internationales Strafrecht.

Herr Dr. Kirsch ist in drei Verfahren als Verteidiger vor dem Internationalen Jugoslawiengerichtshof (JStGH) in Den Haag sowie in einem weiteren Verfahren vor dem Ruandastrafgerichtshof (RStGH) in Arusha aufgetreten. Er ist in die Anwaltslisten beim Internationalen Strafgerichtshof (IStGH) und Libanonstrafgerichtshof in Den Haag eingetragen. Er war 2003/2004 Vizepräsident der Association of Defence Counsel practising before the ICTY (ADC-ICTY) und ist neben weiteren ehrenamtlichen Tätigkeiten u. a. Mitglied des Europaausschusses der Bundesrechtsanwaltskammer, die er im Council der International Criminal Bar (ICB) vertritt. Herr Dr. Kirsch ist mehrfach als Sachverständiger in Projekten u. a. des Human Rights Institute (HRI) der International Bar Association und der Deutschen Stiftung für internationale rechtliche Zusammenarbeit (IRZ) tätig gewesen. Er ist Mitglied im Beirat der „International Criminal Law Review" und Lehrbeauftragter an der Philipps-Universität in Marburg.

Ausgewählte Veröffentlichungen

(Jahn/Kirsch), Anmerkung zu LG Hamburg, Beschluss vom 15. 10. 2010 – 608 Qa 18/10, in: StV 2011, S. 151; Die gesetzliche Regelung der Verständigung im Strafverfahren, in: StraFo 2010, S. 96; Testing the Limits of Criminal Law: The „Mannesmann Case", in: Journal of European Criminal Law Vol. 2 (2007), S. 9.

Prof. Dr. Markus **Kotzur**

Professor Kotzur hat seit Februar 2012 den Lehrstuhl für Europa- und Völkerrecht an der Universität Hamburg inne. Davor war er geschäftsführender Direktor des Instituts für Völkerrecht, Europarecht und ausländisches öffentliches Recht an der Universität Leipzig und Inhaber des Lehrstuhls für Europarecht, Völkerrecht, öffentliches Recht an der Universität Leipzig. Er studierte Rechtswissenschaften in Freiburg und Bayreuth. Von 1993–1994 schloss er daran ein Magisterstudium (Master of Law) an der Duke University (North Carolina, USA) an. Seit 1997 war Professor Kotzur als Wissenschaftlicher Assistent am Lehrstuhl von Prof. Dr. Dr. h.c. mult. Peter Häberle (Universität Bayreuth) tätig. Hier verfasste er seine Dissertation und seine Habilitationsschrift. Im Jahr 2002 wurde er von der Universität Bayreuth mit der Lehrbefugnis für die Fächer Öffentliches Recht, Völker- und Europarecht habilitiert. Nach verschiedenen Lehrstuhlvertretungen, u.a. in Dresden, Köln, Münster und Würzburg, wurde Professor Kotzur 2005 auf einen Lehrstuhl an der Universität Leipzig berufen.

Daneben hatte Professor Kotzur bis heute zahlreiche Gastdozenturen u.a. in Granada (Spanien), Kolkata (Indien) und in Japan inne. Er arbeitet regelmäßig in verschiedenen Projekten mit der Bayreuther Forschungsstelle für Europäisches Verfassungsrecht zusammen. Daneben hält er regelmäßig Vorträge im In- und Ausland. Professor Kotzur ist zum Februar 2012 an die Universität Hamburg gewechselt.

Der Forschungsschwerpunkt Professor Kotzurs liegt in den Bereichen des Europäischen Verfassungsrechts, sowie des europäischen und internationalen Menschenrechtsschutzes. Neben seiner Dissertation („Theorieelemente des Internationalen Menschenrechtsschutzes. Das Beispiel der Präambel des Internationalen Paktes über bürgerliche und politische Rechte“) und der Habilitationsschrift („Grenznachbarschaftliche Zusammenarbeit in Europa“) ist er neben R. Geiger und D. Khan Mitautor eines im Verlag C.H. Beck erscheinenden Kommentars zu EUV und AEUV. Ferner ist er als Kommentator in verschiedenen europarechtlichen Kommentarwerken, sowie in dem von K. Stern und F. Becker herausgegebenen Kommentar zu den deutschen Grundrechten tätig. Wichtige Aufsätze sind in den letzten Jahren u.a. zum Kooperativen Grundrechtsschutz in der Völkergemeinschaft (EuGRZ 2008, S. 673ff.), zur Nachhaltigkeit im Völkerrecht (JöR 57 (2009), S. 503ff.), zu Demokratie als Wettbewerbsordnung, (VVDStRL 69 (2009), S. 173) und zu Toleranzdenken und internationale Ordnung (AVR 48 (2010), S. 163ff.) erschienen. Professor Kotzur ist Mitherausgeber der Schriftenreihe des Instituts für Völkerrecht, Europarecht und ausländisches öffentliches Recht in Leipzig.

Prof. Dr. Hans **Kudlich**

Prof. Dr. Hans Kudlich, Jahrgang 1970, studierte Rechtwissenschaft in Augsburg und Würzburg, wo er in den Jahren 1995 und 1999 auch seine beiden Staatsexamina ablegte. Als Schüler von Prof. Dr. Dr.h.c. mult. Ulrich Sieber wurde er 1998 in Würzburg mit einer strafprozessualen Dissertation über Missbrauchskontrolle im Strafverfahren promoviert und Anfang 2003 in München mit einer Arbeit zur strafrechtlichen Verantwortungsverteilung bei beruflichem Handeln habilitiert. Von 2002 bis 2004 war er Inhaber eines Lehrstuhls für Strafrecht an der Bucerius Law School in Hamburg. Seit dem WS 2004/2005 ist er Inhaber eines strafrechtlichen Lehrstuhls an der Universität Erlangen-Nürnberg; einen Ruf an die Universität Bayreuth lehnte er im Jahr 2010 ab.

Kudlich bearbeitet das Straf- und Strafprozessrecht – nicht zuletzt auch aus didaktischer Sicht – in seiner ganzen Breite. Schwerpunkte in der Forschung in den letzten Jahren liegen in der Rechtstheorie (wo er mehrere Monographien einer „Theorie der Praxis“ juristischer Entscheidungsfindung vorgelegt hat), im Strafprozessrecht (u.a. als Gutachter für den Deutschen Juristentag 2010) und im Wirtschaftsstrafrecht (u.a. als Verfasser eines Lehrbuchs sowie des regelmäßigen Literaturberichts zum Wirtschaftsstrafrecht in der ZStW zusammen mit Prof. Dr. Wolfgang Wohlers).

Neben Promotions- und Habilitationsschrift hat Kudlich als Monographien vorgelegt: Theorie richterlichen Begründens (2001), Gesetzesbindung – vom vertikalen zum horizontalen Verständnis (2008), Die Methodik des BGH in Strafsachen (2009, alle gemeinsam mit Ralph Christensen) und „Erfordert das Beschleunigungsgebot eine Umgestaltung des Strafverfahrens? (Gutachten C zum Juristentag 2010)“. Er ist Herausgeber der Zeitschrift „Juristische Arbeitsblätter (JA)“ seit 2006 und geschäftsführender Beirat der „Zeitschrift für Wirtschaftsstrafrecht und Haftung im Unternehmen (ZWH)“ seit 2011 sowie ferner Beirat der Türkischen Zeitschrift für Strafrecht (CHD).

Unter Kudlichs zahlreichen Veröffentlichungen (vgl. http://www.str2.jura.uni-erlangen.de/lehrstuhl/veroeffentlichungen.pdf) betreffen u.a. die Folgenden das Wirtschaftsstrafrecht: Die Unterstützung fremder Straftaten durch berufsbedingtes Verhalten (2004 – Habilitationsschrift); Wirtschaftsstrafrecht (2011, zusammen mit Mustafa Oğlakcıoğlu); Kommentierung der Straf- und Bußgeldnormen des AÜG und des AEntG sowie des MindArbG in den Kommentaren von Thüsing; Tiroler Gastfreundschaft auch für deutsches Geld – Anstiftung zur Steuerhinterziehung durch berufsbedingtes Verhalten?, in: Tiedemann-FS 2008, S. 221 ff.; Strafrechtliche Fragen des Urhebervertragsrechts, in: Handbuch Urhebervertragsrecht (2008), S. 281 ff.; Gesetzesumgehung“ und andere Fälle teleologischer Lückenschließung im Strafrecht, in: Stöckel-FS (2010 – insb. zu § 119 BetrVG); § 266 StGB in der neueren Rechtsprechung – die Untreue auf dem Weg vom Vermögensdelikt zum allgemeinen „Moralschutztatbestand im Wirtschaftsleben“ contra legem?, in: Das Strafrecht im deutsch-türkischen Rechtsvergleich III (2010), S. 633 ff.; Strafrechtliche Fragen der mittelbaren Patenverletzung, in: Geistiges Eigentum und Strafrecht (2011), S. 39 ff.; Börsengurus zwischen Zölibat und Strafbarkeit, JR 2004, 191 ff.; Das Kernstrafrecht als Rettungsanker bei Markenverstößen (zusammen mit Clemens Kessler), NStZ 2008, 62 ff.; Die Anordnung des Verfalls bei verbotenem Insiderhandel nach § 38 i.V.m. § 14 WpHG (zusammen mit Silke Noltensmeier), wistra 2007, 121 ff.; (Schein-)Selbständigkeit von „Busfahrern ohne eigenen Bus“ und Fragen des § 266 a Abs. 1 StGB, ZIS 2011, 482 ff.; Konkretisierungsauftrag erfüllt? – Eine Zwischenbilanz nach der Untreue-Entscheidung des BVerfG, ZWH 2011, 1 ff.; Zur Frage des erforderlichen Einwirkungserfolgs bei handelsgestützten Marktpreismanipulationen, wistra 2011, 361 ff.

Werner **Leitner**

Werner Leitner, Jahrgang 1959, ist in der Kanzlei Leitner & Partner tätig; seit 1989 Strafverteidiger und seit 1997 Fachanwalt für Strafrecht. Jurastudium in München, Stage in Chicago und eine Zeit als Attaché im Auswärtigen Amt gingen seiner Tätigkeit als Strafverteidiger voraus. Die forensische Erfahrung in allen Bereichen des Strafrechts bildet die Grundlage für seine langjährige Verteidiger- und Beratungstätigkeit im Wirtschafts- und Steuerstrafrecht. Werner Leitner ist seit 2004 Vorsitzender des Geschäftsführenden Ausschusses der Arbeitsgemeinschaft Strafrecht des DAV, der mit mehr als 3000 Mitgliedern größten Strafverteidigervereinigung in Europa. Im Strafrechtsausschuss des Deutschen Anwaltvereins (DAV) und im Strafrechtsausschuss der Bundesrechtsanwaltskammer (BRAK) ist er ständiger Gast. Er ist Lehrbeauftragter an der Juristischen Fakultät der Universität Augsburg, vornehmlich für wirtschaftsstrafrechtliche Lehrinhalte und Mitherausgeber des StrafverteidigerForum (StraFO).

Werner Leitner hat eine umfangreiche Veröffentlichungs- und Vortragspraxis, insbesondere zum rechtlichen Selbstverständnis von Strafverteidigung und zum Wirtschaftsstrafrecht. Ein vollständiger Überblick findet sich unter www.leitner-partner.de.

Prof. Dr. Klaus **Lüderssen**

Professor Dr. Klaus Lüderssen, Jg. 1932, ist seit 1971 ordentlicher Professor für Strafrecht, Strafprozessrecht, Rechtsphilosophie und Rechtssoziologie an der Johann Wolfgang Goethe-Universität Frankfurt am Main. Mit dem Wirtschaftsstrafrecht beschäftigt sich schon eine frühere Arbeit über kartellrechtliche Probleme. Später folgten Arbeiten über Irrtumsprobleme im Steuerstrafrecht, ferner über Subventions- und Submissionsbetrug, Konkursprobleme im GmbH-Strafrecht, missbräuchliche aktienrechtliche Anfechtungsklagen und Strafrecht, Anti-Korruptionsgesetze und Drittmittelforschung, ökonomische Analyse des Strafrechts, Korruption und strafrechtliche Untreue, gesellschaftsrechtliche Grenzen der strafrechtlichen Haftung des Aufsichtsrats, Aktienrecht und strafrechtliche Untreue und Glücksspielstrafrecht. Einige dieser Abhandlungen sind abgedruckt in den Bänden „Entkriminalisierung des Wirtschaftsrechts" I 1998 und II 2007. Neuere einschlägige Veröffentlichungen sind die in Anknüpfung an die bisherigen ECLE-Symposien gemeinsam mit Eberhard Kempf und Klaus Volk herausgegebenen Bücher „Die Handlungsfreiheit des Unternehmers – wirtschaftliche Perspektiven, strafrechtliche und ethische Schranken" (2009), „Die Finanzkrise, das Wirtschaftsstrafrecht und die Moral" (2010) und „Ökonomie versus Recht im Finanzmarkt?" (2011), sowie die Beiträge in den Festschriften für Knut Amelung, „Systemtheorie und Wirtschaftsstrafrecht", 2009, S. 67–80, und für Klaus Volk, „Risikomanagement und „Risikoerhöhungstheorie" – auf der Suche nach Alternativen zu § 266 StGB, 2009, S. 345–363. Muss Strafe sein? Das Strafrecht auf dem Weg in die Zivilgesellschaft, in Festschrift für Winfried Hassemer, 2010, S. 467–480, und Strafbefreiender Rücktritt vom fahrlässigen Delikt? in Festschrift für Erich Samson, 2010, S. 93–106. Mit der Rechtsanwaltskanzlei Dr. Wolf-Dietrich Schiller und Kollegen in Frankfurt am Main gibt es eine ständige Kooperation.

Prof. Dr. Reinhard **Marsch-Barner**

Prof. Dr. Marsch-Barner (geboren 1943 in Waldenburg/Niederschlesien) studierte Rechts- und Staatswissenschaften an der Philipps-Universität in Marburg und an der Freien Universität Berlin. Danach promovierte er an der Universität Augsburg mit einer Arbeit zum deutschen und internationalen Privatrecht. Von 1973 bis September 2008 arbeitete er als Syndikus im Corporate Center der Deutschen Bank AG, Frankfurt a. M. 1996 hat er daneben einen Lehrauftrag für Gesellschafts- und Kapitalmarktrecht an der Georg-August-Universität Göttingen übernommen; er wurde dort im Jahr 2002 zum Honorarprofessor ernannt. Seit Oktober 2008 ist er Of-Counsel der internationalen Sozietät Linklaters LLP in Frankfurt a. M. Die Schwerpunkte seiner gegenwärtigen Tätigkeit liegen in den Bereichen Allgemeines Gesellschaftsrecht, Aktien- und Kapitalmarktrecht, Corporate Governance, Umwandlungsrecht und M&A.

Herr Prof. Marsch-Barner hat zahlreiche Beiträge in Fachzeitschriften sowie in Kommentaren zum AktG, UmwG, WpÜG und HGB veröffentlicht. Er ist außerdem Mitherausgeber des Handbuchs börsennotierte AG, 2. Aufl., 2009.

Dr. Reinhard **Müller**

Reinhard Müller wurde am 1. April 1968 im niedersächsischen Walsrode geboren. Sein Vater stammt aus Landsberg an der Warthe, die Mutter aus Danzig. Nach dem Abitur 1987 Wehrdienst bei der Feldjägertruppe in Celle, Sonthofen und Munster, anschließend Reserveoffizierslaufbahn. Von 1988 an Studium der Rechtswissenschaften, seit 1990 auch der Geschichte in Münster. Ein Semester verbrachte er als Erasmus-Student in Nijmegen, wo er sich vor allem mit Völker- und Europarecht befasste. 1993 erstes juristisches Staatsexamen. Von 1994 an wissenschaftlicher Mitarbeiter am Lehrstuhl für Öffentliches Recht, Europa- und Völkerrecht der Technischen Universität Dresden. 1996 Promotion über den Zwei-plus-vier-Vertrag und das Selbstbestimmungsrecht der Völker. Als Rechtsreferendar arbeitete er unter anderem in der Abteilung für DDR-Unrecht bei der Staatsanwaltschaft Dresden, in der Pressestelle des sächsischen Innenministeriums, an der Hochschule für Verwaltungswissenschaften in Speyer sowie in der Zentrale der Vereinten Nationen in New York. Nach dem zweiten juristischen Staatsexamen Eintritt in die politische Redaktion der Frankfurter Allgemeinen Zeitung im Januar 1998. Beschäftigt sich mit „allem, was Recht ist", und mit Innenpolitik. Verantwortlich für die Seite „Staat und Recht". Verheiratet mit einer Rechtsanwältin, ein Sohn und eine Tochter.

Dr. Claudia **Nagel**

Dr. Claudia Nagel studierte nach einer Banklehre Betriebswirtschaftslehre an der Universität Köln und an der HEC in Paris und promovierte als Stipendiatin von VW in Organisationspsychologie. Sie hat Wirtschaftspsychologie gelehrt und war Geschäftsführerin des Instituts für Wirtschafts- und Sozialethik in Rostock. Es folgten nationale und internationale Projektleitungsaufgaben bei einer Landesbank und bei Gemini Consulting, internationale Führungspositionen bei Credit Suisse und Goldman Sachs. Nach einer Partnerschaft bei einer Personalberatung im Bereich Top Executive Search und Management Audit hat sie eine eigene Beratungsgesellschaft gegründet, die heute unter NAGEL & COMPANY GmbH Management Consulting firmiert. Mit ihrem Focus auf Strategieberatung und Begleitung der sich anschliessenden Transformationsprozesse gelingt es ihr, durch die Kombination psychoanalytischer Techniken mit betriebswirtschaftlichem Know How Zugang zu den unbewussten Aspekten der Strategieentwicklung zu finden, die eine effiziente Strategieentwicklung und Umsetzung oftmals verhindern.

Dr. Claudia Nagel leitet den VdU (Verband deutscher Unternehmerinnen) in Hessen, ist Handelsrichterin am Landgericht Frankfurt, war lange im Vorstand der ISPSO, sitzt dem Buchbeirat von weissbooks vor , ist im Kuratorium des Schauspiels Frankfurt und hat noch eine Reihe weiterer kultureller ehrenamtlicher Engagements.

Prof. Dr. Sighard **Neckel**

Sighard Neckel wurde zum WS 2011/12 neu an die Goethe-Universität Frankfurt am Main berufen. Am Fachbereich Gesellschaftswissenschaften, zu dessen Dekan er sogleich gewählt wurde, nimmt er eine Professur für Soziologie mit dem Schwerpunkt Soziale Ungleichheit ein. Seit 2000 gehört er dem Kollegium des Instituts für Sozialforschung an.

Zuvor war er Professor für Allgemeine Soziologie an der Universität Wien und hatte Professuren an den Universitäten Siegen, Wuppertal und Gießen inne. Sein wissenschaftlicher Werdegang vollzog sich insbesondere an der Freien Universität Berlin, wo er promovierte und seine Habilitation ablegte. Seine Forschungen beschäftigen sich mit den symbolischen Ordnungen sozialer Ungleichheit, der soziologischen Analysen wirtschaftlichen Handelns und ökonomischer Prozesse sowie mit Emotionssoziologie. Zum Soziologie des Finanzwesens hat Sighard Neckel im letzten Jahr eine Untersuchung publiziert, die weitverbreite Aufmerksamkeit fand. Gemeinsam mit Claudia Honegger und Chantal Magnin erforschte er in Frankfurt, Zürich, Wien und London, wie Banker auf die Finanzkrise von 2008 reagierten. Unter dem Titel „Strukturierte Verantwortungslosigkeit. Bericht aus der Bankenwelt" (Suhrkamp 2010) wurde diese Studie im letzten Jahr von Süddeutscher Zeitung, Börsenblatt, Buchjournal und NDR zum „Sachbuch des Monats September" gewählt. Professor Neckel, der als Vorstandsmitglied der Deutschen Gesellschaft für Soziologie (DGS) auch Leitungsaufgaben in der soziologischen Profession wahrnimmt, bereitet gegenwärtig eine Fortsetzung seiner Untersuchungen am „Bankenplatz" Frankfurt vor. Hierbei soll das Milieu der Führungskräfte bei Banken und Finanzorganisationen Gegenstand soziologischer Feldstudien sein.

Prof. Dr. Ulfrid **Neumann**

Dr. jur. Dr. jur. h.c. (Universität Athen), ordentlicher Universitätsprofessor für Strafrecht, Strafprozessrecht, Rechtsphilosophie, Rechtstheorie und Rechtssoziologie am Fachbereich Rechtswissenschaft der Johann Wolfgang Goethe-Universität Frankfurt am Main. Arbeitsgebiete: Straftheorien, Kriterien strafrechtlicher Zurechnung, insbesondere Strukturen strafrechtlicher Rechtfertigungsgründe; Rechtsphilosophie und Moralphilosophie; Rechtstheorie und juristische Methodenlehre, insbesondere Theorien und Modelle juristischen Argumentierens.

Geboren 1947 in Seligenstadt/Main. Studium der Rechtswissenschaft in Tübingen und München. Beide Juristische Staatsexamina (1971 und 1974), Promotion (1977) und Habilitation (1983) in München. 1983 Professor für Rechtsphilosophie in Frankfurt/Main, 1987–1994 ordentlicher Professor für Strafrecht, Strafprozessrecht, Rechtsphilosophie, Rechtstheorie und Rechtssoziologie an der Universität des Saarlandes. Seit September 1994 ordentlicher Professor für Strafrecht, Strafprozessrecht, Rechtsphilosophie, Rechtstheorie und Rechtssoziologie an der Johann Wolfgang Goethe-Universität Frankfurt/Main. Im Juli 2000 Ablehnung eines Rufes auf die Professur für Strafrecht und Strafprozessrecht an der Rechts- und Staatswissenschaftlichen Fakultät der Universität Bonn.

1992–1996 und 1996–2000 Fachgutachter der Deutschen Forschungsgemeinschaft (DFG) für Rechts- und Staatsphilosophie. 1998–2006 Präsident der Deutschen Sektion der Internationalen Vereinigung für Rechts- und Sozialphilosophie (IVR). Seit August 2011 Präsident der Weltorganisation der IVR. Vorsitzender der Gustav Radbruch-Stiftung.

Ausgewählte Publikationen:

Rechtsontologie und juristische Argumentation, 1977; Neuere Theorien von Kriminalität und Strafe, 1979 (zusammen mit Ulrich Schroth); Zurechnung und „Vorverschulden", 1985; Juristische Argumentationstheorie, 1986; Wahrheit im Recht, 2004; Recht als Struktur und Argumentation (Sammelband) 2008. Abhandlungen zum Allgemeinen und Besonderen Teil des Strafrechts, zum Strafprozessrecht sowie zu Rechtsphilosophie und Rechtstheorie. Mitherausgeber und Mitautor des Nomos-Kommentars zum StGB (3. Aufl. 2010, Bearbeitung der §§ 17, 34, 35, 36, 37, 211–216, 221, 222). Mitherausgeber (zusammen mit Arthur Kaufmann und Winfried Hassemer) und Mitautor der „Einführung in Rechtsphilosophie und Rechtstheorie der Gegenwart" (8. Aufl. 2011). Mitherausgeber der Zeitschrift für die gesamte Strafrechtswissenschaft (ZStW) und von Archivs for Legal Philosophy and Legal Sociology (Beijing). Mitherausgeber (geschäftsführend) der Frankfurter kriminalwissenschaftlichen Studien, Mitherausgeber der „Studien zum Strafrecht" (Nomos-Verlag).

Dr. Christoph **Partsch**

Christoph Partsch studierte Rechtswissenschaften, Kunstgeschichte und Medizin u.a. an der Duke University School of Law und Fuqua School of Business und den Universitäten Genf, Freiburg und Kiel. Seit 1995 ist er als Anwalt in Berlin tätig. Von 1998 bis 2002 war er Prokurist und Leiter der Abteilung Akquisition und Recht der Verlagsgruppe Georg von Holtzbrinck sowie Associate Director of Macmillan Ldt. London. Seit 2011 ist er Vertrauensanwalt des Landes Berlin für Korruptionsaufgaben und Vertrauensanwalt verschiedener Unternehmen.

Prof. Dr. Mark **Pieth**

Mark Pieth ist seit 1993 Ordinarius für Strafrecht, Strafprozessrecht und Kriminologie an der Universität Basel. Von 1989 bis 1993 war er Chef der Sektion Wirtschaftsstrafrecht beim Schweizer Bundesamt für Justiz (Eidg. Justiz- und Polizeidepartement). Als Beamter und später als Konsulent hat er reiche Erfahrung als Präsident oder Mitglied diverser internationaler Gremien und Organisationen gesammelt, insbesondere als Mitglied der FATF, als Präsident der UNO-Expertenkommission zur Evaluation der ökonomischen und sozialen Konsequenzen des illegalen Betäubungsmittelhandels (1991) und vor allem, seit 1990, als Präsident der OECD Arbeitsgruppe zur Bekämpfung der Korruption im internationalen Geschäftsverkehr (Working Group on Bribery, WGB). Von 2003–2005 war er Mitglied des „Independent Inquiry Committee into the Iraq Oil-for-Food Programme of the United Nations". Seit 2008 Mitglied des „Integrity Advisory Board" der Weltbank (Beratungsgremium des Präsidenten in Sachen „Integrity"). Als Gründer und Präsident des Stiftungsrats des „Basel Institute on Governance" hat er ein universitäres Forschungs- und Beratungsgefäß geschaffen, das sich mit „Asset Recovery", mit „Industry Round Tables" („Collective Action") und mit Unternehmensberatung im Bereiche Governance einen Namen geschaffen hat. Er war Präsident oder Mitglied diverser nationaler Kommissionen (Präsident der Expertengruppe des Nationalen Forschungsprogrammes NFP 40 „Gewalt im Alltag – Organisiertes Verbrechen", Präsident der Eidgenössischen Expertenkommission für das Berufsgeheimnis in der medizinischen Forschung, während fast zehn Jahren Mitglied der Eidgenössischen Spielbankenkommission, Mitglied des Beirates des Eidgenössischen Finanzdepartementes zur Kontrollstelle für die Geldwäscherei, etc.). Schließlich ist Mark Pieth in diversen high profile arbitration cases als Experte zu Fragen der Geldwäsche und der Korruption aufgetreten (IPOC; Fraport/Philippines; PIATCO/Philippines). Er hat diverse Unternehmen, internationale Organisationen und ausländische Regierungen in Fragen der Governance beraten. Er ist facilitator im Rahmen der Wolfsberg AML Bankeninitiative, (vgl. auch www.wolfsberg-principles.com) sowie Board Member der World Economic Forum Partnering against Corruption Initiative (www.weforum.org/paci).

Prof. Dr. Andreas **Ransiek**

Andreas Ransiek wurde 1960 geboren und studierte von 1979–1986 Rechtswissenschaft an der Universität Bielefeld in der so genannten Einphasenausbildung. Nach Absolvierung des Staatsexamens (Einphasen) war er zunächst wissenschaftlicher Mitarbeiter, später wissenschaftlicher Assistent an der Universität Bielefeld. Ransiek promovierte 1988 mit einer Arbeit über das strafrechtliche Bestimmtheitsgebot. Nach einem Jura-Studium an der University of California in Berkeley habilitierte er sich 1994. Die Habilitationsschrift beschäftigt sich mit dem Unternehmensstrafrecht. Von April 1996 bis März 2007 war er Universitätsprofessor und vom Sommersemester 2002 bis März 2007 geschäftsführender Direktor des neu gegründeten Instituts für Wirtschaftsstrafrecht an der Universität Osnabrück. Seit April 2007 ist Herr Ransiek Universitätsprofessor an der Universität Bielefeld. Schwerpunkte seiner wissenschaftlichen Arbeit sind das Wirtschaftsstrafrecht, Steuerstrafrecht, das Strafprozessrecht und die Rechtsvergleichung.

Dr. Imme **Roxin**

Seit 1985 ist Imme Roxin als Rechtsanwältin tätig, zunächst schwerpunktmäßig im Verwaltungsrecht, insbesondere im Bauordnungs- und Bauplanungsrecht. Nach der Promotion 1987 an der Universität Freiburg im Breisgau bei H.H. Jescheck über ein strafrechtliches und strafprozessuales Thema mit verfassungsrechtlichen Bezügen hat Imme Roxin sich zunehmend mit Wirtschafts-, Steuer- und Umweltstrafrecht befasst. 2004 gründete sie mit drei Partnern eine speziell auf diese Gebiete ausgerichtete Kanzlei – Roxin Rechtsanwälte LLP –, die Standorte in München, Hamburg, Zürich und Düsseldorf hat.

Literarisch ist sie mit ihrer Dissertation „Die Rechtsfolgen schwerwiegender Rechtsstaatsverstöße in der Strafrechtspflege" hervorgetreten, die 2004 in 4. Auflage erschienen ist. In dem Beck'schen Rechtsanwaltshandbuch (10. Aufl. 2011) hat sie das Kapitel „Strafrechtliche Risiken des Anwaltsberufes" verfasst. Im Handbuch des Medizinstrafrechts (Roxin/Schroth, Hrsg., 4. Aufl. 2010) befindet sich ein Beitrag „Drittmitteleinwerbung und Korruption" (S. 262). Außerdem hat Imme Roxin Anmerkungen zu BGH-Entscheidungen und zu einem Urteil des Europäischen Gerichtshofs für Menschenrechte veröffentlicht. Im Strafverteidiger 2010, S. 437, ist ihr Vortrag über „Ambivalente Wirkungen des Beschleunigungsgebotes" abgedruckt, gehalten anlässlich des Symposions zum 30-jährigen Bestehen der Zeitschrift, und im Heft 2 2011 derselben Zeitschrift das Editorial „Wirksamer Rechtsschutz bei überlangen Verfahren?". Ihr auf der Internationalen Konferenz über „Kriminelle Strategen und ihre Handlanger" in Bogota/Kolumbien im Oktober 2010 gehaltener Vortrag „Täterschaft und Teilnahme in einem Wirtschaftsunternehmen" ist in Lima/Peru in der „Gaceta penal & procesal penal" im Dezember 2010, S. 43 veröffentlicht. Zur Festschrift „Strafverteidigung im Rechtsstaat", 25 Jahre Arbeitsgemeinschaft Strafrecht des Deutschen Anwaltvereins,

2009, hat Frau Roxin den Aufsatz „Bindungswirkung von EGMR-Urteilen?“ (S. 1070) beigetragen und zur Festschrift Volk, 2009 „Die Entwicklung der Rechtsprechung zum überlangen Strafverfahren“ (S. 617).

Verheiratet ist sie mit dem Münchner Strafrechtslehrer (Ludwig-Maximilians-Universität) Claus Roxin.

Prof. Dr. Michael **Sachs**

1951 Geburt in Duisburg
1969 bis 1973 Studium der Rechtswissenschaft in Köln
1973 bzw. 1978 Erste und Zweite Juristische Staatsprüfung
1976 Promotion zum Dr. jur. in Köln
1978 bis 1985 Wissenschaftlicher Assistent an der Universität zu Köln
1985 Habilitation an der Rechtswissenschaftlichen Fakultät der Universität zu Köln
1986–1987 Lehrstuhlvertretungen in Kiel, Saarbrücken und Augsburg
1987 Universitätsprofessor für Öffentliches Recht an der Universität Augsburg
1991 Lehrstuhl für Staatsrecht mit Staatslehre und Verfassungsgeschichte an der Universität Potsdam
1995 Lehrstuhl für Staats- und Verwaltungsrecht an der Universität Düsseldorf und dort seit April 1999 Geschäftsführender Direktor des Instituts für Rechtsfragen der Medizin
Seit 1. 10. 2001 Lehrstuhl für Staats- und Verwaltungsrecht an der Universität zu Köln und Geschäftsführender Direktor des dortigen Instituts für Deutsches und Europäisches Wissenschaftsrecht (mit Bernhard Kempen und Christian von Coelln)
Vom 1. 11. 2005 bis 1. 4. 2009 Dekan der Rechtswissenschaftlichen Fakultät der Universität zu Köln
Für die Veröffentlichung wird verwiesen auf http://www.sachs.uni-koeln.de/4066html

Prof. Dr. Dr. h.c. Jesús-María **Silva Sánchez**

Studium der Rechtswissenschaften (1976–1981). Promotion (1985). Habilitation (1990). Ordentlicher Professor für Strafrecht. Universidad del País Vasco (1990–1991). Ordentlicher Professor für Strafrecht. Leiter des Instituts für Strafrecht und Kriminologie. Universidad Pompeu Fabra – Barcelona – (1991 bis heute). Prof. Silva ist Honorarprofessor an der Universidad Austral (Buenos Aires, Argentina), sowie an der Universidad de Piura (Piura, Perú). Ihm wurde das Ehrendoktorat an der Universidad Inca Garcilaso de la Vega (Lima, Perú) verliehen. Seine Forschungstätigkeit außerhalb Spaniens hat vor allem in Deutschland stattgefunden, und zwar insbesondere in Freiburg i. Br., München und Bonn. Prof. Silva interessiert sich für die Straftatlehre, die Kriminalpolitik und das Wirtschaftsstrafrecht. Er hat Vorträge und Referate in Spanien, Portugal, Frankreich, Italien, Deutschland, Polen, Argentinien, Chile, Uruguay, Kolumbien, Peru, Venezuela, Mexiko sowie in Brasilien gehalten. Prof. Silva hat Bücher und Aufsätze in spanischer, portuguiesischer, französischer, italienischer, englischer und deutscher Sprache veröffentlicht. In Deutschland hat er das Buch Die Expansion des Strafrechts (2003), sowie Beiträge in der ZStW, im GA, im JRE, in mehreren Sammelwerken, sowie in den Festschriften für Roxin, Hruschka, Jakobs, Tiedemann, Volk, Hassemer und Puppe publiziert.

Prof. Silva leitet die elektronische Zeitschrift InDret Penal (bei www.indret.com) sowie die Reihen „Estudios y debates en Derecho penal“ (Editorial BdF, Buenos Aires-Montevideo) und „Atelier Penal“ (Atelier Libros Jurídicos, Barcelona). Außerdem ist er Ständiger Mitarbeiter von Goltdammer's Archiv für Strafrecht und Mitglied mehrerer akademischen Raten von spanischen und lateinamerikanischen Fachzeitschriften. Seit 2009 ist er als Fachanwalt für Strafrecht, insbesondere Wirtschaftsstrafrecht, in Madrid und Barcelona tätig (jsilva@molins-silva.com).

Dr. Wolf **Schiller**

Jahrgang 1949, Studium an der Johann-Wolfgang-Goethe Universität in Frankfurt am Main. Promotion 1975 bei Prof. Dr. Klaus Lüderssen. Seit 1976 Rechtsanwalt und seit 1991 Notar. Im Jahre 2002 wurde er Lehrbeauftragter „Wirtschaftsstrafrecht“ an der Johann-Wolfgang-Goethe Universität in Frankfurt am Main. Verschiedene Veröffentlichungen im Schwerpunktbereich Wirtschaftsstrafrecht.

Dr. Charlotte **Schmitt-Leonardy**

Geboren am 30. 8. 1980
2000–2004 Studium der Rechtswissenschaften an der Universität des Saarlandes (UdS)
2004: Erste juristische Staatsprüfung vor dem LJPA des Saarlandes
2005: Erwerb des akademischen Grades „Diplom Jurist“ – qualifiziertes Diplom mit dem Schwerpunkt „Deutsches und Europäisches Arbeits- und Sozialrecht“.
Seit 2005 wissenschaftliche Mitarbeiterin in der strafrechtlichen Abteilung der Rechts- und Wirtschaftswissenschaftlichen Fakultät der Universität des Saarlandes bei Prof. Dr. Carsten Momsen, Prof. Dr. Carl-Friedrich Stuckenberg und PD Dr. Marco Mansdörfer
I/2005–XII/2005: Referentin für Europäisches Recht und Strafrecht am Deutsch-Europäischen Juridicum, Saarbrücken
2007–2008: Ausbildung zur Mediatorin (BM) am Friedensbildungswerk, Köln
2008–2009 Magisterstudiengang (LL.M.) „Europäische Integration“ am Europainstitut der UdS mit den Schwerpunkten „Recht der Europäischen Medienwirtschaft“ und „Europäischer Menschenrechtsschutz“
2009–2011: Referendarin am OLG Zweibrücken (Wahlstation am Europäischen Gerichtshof für Menschenrechte in Strasbourg)
2010: Promotion zum Dr. iur. mit einer Arbeit zum Thema „Unternehmenskriminalität und ihre Konsequenzen für das Strafrecht“
2011: Zweite juristische Staatsprüfung vor dem LJPA Rheinland-Pfalz
Seit 2011: Masterstudiengang Philosophie („Philosophie im europäischen Kontext“) an der FU Hagen

Prof. Dr. Roland **Schmitz**

Roland Schmitz ist Strafrechtsprofessor an der Universität Osnabrück mit Schwerpunkt Wirtschafts- und Steuerstrafrecht. Er wurde in Kiel geboren. Dort studierte er auch Rechtswissenschaft an der Christian-Albrechts-Universität. Anschließend war er in den Jahren 1988–1990 als Wissenschaftlicher Mitarbeiter bei Prof. Dr. Erich Samson am ehemaligen Institut für Umweltschutz-, Wirtschafts- und Steuerstrafrecht der CAU Kiel tätig. Das Referendariat absolvierte er zwischen 1990 und 1992 am OLG Schleswig. In dieser Zeit schloss er auch seine Dissertation zum Thema „Verwaltungshandeln und Strafrecht – Zur Verwaltungsakzessorietät des Umweltstrafrechts" ab und wurde zum Dr. jur. promoviert. Daraufhin kehrte er für die Jahre 1993 bis 1999 an das Institut für Umweltschutz-, Wirtschafts- und Steuerstrafrecht der CAU Kiel als wissenschaftlicher Assistent von Prof. Dr. Erich Samson zurück. 1998 erfolgte die Habilitation für die Gebiete Strafrecht und Strafprozessrecht. 1999 erhielt Roland Schmitz einen Ruf auf eine Professur für Strafrecht an der Europa-Universität Viadrina Frankfurt/Oder und wurde im Jahr 2000 zum Universitätsprofessor ernannt. Im selben Jahr erfolgte eine Berufung auf den Lehrstuhl für Strafrecht, Strafprozessrecht und Nebengebiete an der Universität Bayreuth. Seit dem 1. 4. 2009 ist er Universitätsprofessor an der Universität Osnabrück und leitet das Institut für Wirtschaftsstrafrecht der Universität Osnabrück. In dieser Funktion ist er u. a. zuständig für den Masterstudiengang „LL. M. Wirtschaftsstrafrecht". Roland Schmitz ist außerdem seit 1993 Schriftleiter der wistra – Zeitschrift für Wirtschafts- und Steuerstrafrecht.

Zu seinen Schriften zählen u. a. die Kommentierung der §§ 1, 2, 242–245, 355 StGB und der §§ 369, 370 AO (letztere gemeinsam mit RA Dr. Martin Wulf) im Münchener Kommentar zum StGB sowie die Monographien „Verwaltungshandeln und Strafrecht – Zur Verwaltungsakzessorität des Umweltstrafrechts", 1992, und „Unrecht und Zeit – Unrechtsqualifizierung durch zeitlich gestreckte Rechtsgutverletzung", 2001. Aufsätze hat er zu allen Bereichen des Strafrechts verfasst.

Prof. Dr. Hans **Theile**, LL. M.

Hans Theile ist Inhaber des Lehrstuhls für Kriminologie, Strafrecht, Strafprozess- und Wirtschaftsstrafrecht an der Universität Konstanz. Nach dem Studium der Rechtswissenschaften an der Georg-August Universität zu Göttingen legte Hans Theile 1996 sein erstes Staatsexamen ab. Im Anschluss an eine Promotion („Tatkonkretisierung und Gehilfenvorsatz") absolvierte er das Referendariat in Hamburg und San Francisco (Zweites Staatsexamen 2000), bevor er Notarassessor in Dresden wurde. 2001/2002 folgte ein Master Studium an der Universität Kapstadt, dem sich im Jahre 2008 die Habilitation an der Westfälischen Wilhelms-Universität Münster anschloss („Wirtschaftskriminalität und Strafverfahren. Systemtheoretische Überlegungen zum Regulierungspotential des Strafrechts"). Seine Forschungsinteressen liegen insbesondere im Wirtschaftsstrafrecht und Strafprozessrecht. Er ist Geschäftsführender Direktor des Instituts für Rechtstatsachenforschung der Universität Konstanz und Mitglied der Redaktionen der „Zeitschrift für Internationale Strafrechtsdogmatik" und „Zeitschrift für das juristische Studium" (dort auch Herausgeber). Ferner ist er Mitglied des Beirats des „Strafverteidiger".

Prof. Dr. Joachim **Vogel**

1983–1988 Studium der Rechtswissenschaft an der Universität Freiburg und Erste juristische Staatsprüfung
1988–1994 wiss. Ang. an der Universität Freiburg und Rechtsreferendar, 1992 Promotion zum Dr. jur. mit einer Dissertation über „Norm und Pflicht bei den unechten

Unterlassungsdelikten“ (Doktorvater: Prof. Dr. Dr. h. c. mult. Klaus Tiedemann), 1994 Zweite juristische Staatsprüfung
1994–1999 wiss. Ass. an der Universität Freiburg, Habilitation in den Fächern Strafrecht, Strafprozessrecht, Rechtsvergleichung, Rechtstheorie mit einer Habilitationsschrift über „Legitimationsprobleme im Betrugsstrafrecht“ (Betreuer: dito)
1999–2000 ao. Prof. für Strafrecht und Rechtsinformatik an der Universität München
2000–heute o. Prof. für Strafrecht und Strafprozessrecht an der Universität Tübingen
2001–heute Richter am OLG Stuttgart
2003 abgelehnter Ruf an die Universität zu Köln, Einrichtung der Tübinger Forschungsstelle Eurocrim http://www.eurocrim.org
2003–2008 Prodekan und Dekan der Tübinger Juristischen Fakultät
2011 Ruf an die Universität München

Veröffentlichungen mit Schwerpunkten Wirtschaftsstrafrecht, Europäisches Strafrecht, Internationale Rechtshilfe in Strafsachen

Mitherausgeber der JZ und Redakteur der ZStW, Sekretär der Deutschen Landesgruppe der Internationalen Strafrechtsvereinigung A. I. D. P., ständiger Gast des Strafrechtsausschusses der Bundesrechtsanwaltskammer

Internet: http://www.jura.uni-tuebingen.de/vogel/
E-Mail: vogel jura.uni-tuebingen.de

Prof. Dr. Dr. h. c. Klaus **Volk**

Geboren 1944 in Coburg. Er hat von 1963 bis 1968 in München Rechtswissenschaften studiert. Nach dem Ersten Staatsexamen war er wissenschaftlicher Assistent bei Prof. Dr. Paul Bockelmann an der Juristischen Fakultät der Universität München. Nach der Promotion (1970) und dem Zweiten Juristischen Staatsexamen habilitierte er sich dort (1977) für die Fächer Strafrecht, Strafprozessrecht, Kriminologie und Rechtstheorie. Nach einer Professur in Erlangen wurde er im gleichen Jahr (1977) Ordinarius in Konstanz. 1980 nahm er den Ruf an die Ludwig-Maximilian-Universität auf den Lehrstuhl für Strafrecht, Wirtschaftsstrafrecht und Strafprozessrecht an und hat sich 2009 emeritieren lassen. Am 29. 3. 2003 wurde ihm die Ehrendoktorwürde der Universität Urbino verliehen. Er ist auch als Strafverteidiger tätig.

Prof. Dr. Rüdiger **von Rosen**

Rüdiger von Rosen ist seit 1995 Geschäftsführendes Vorstandsmitglied des Deutschen Aktieninstituts e. V. (DAI), Frankfurt am Main. Ab 1974 war er in den Diensten der Deutschen Bundesbank u. a. als persönlicher Referent von Bundesbankpräsident Pöhl und als Leiter der Hauptabteilung Presse und Information tätig. Ende 1986 übernahm er die Geschäftsführung der Arbeitsgemeinschaft der Deutschen Wertpapierbörsen und zeitgleich der Frankfurter Wertpapierbörse. 1990 wurde er Sprecher des Vorstands der Frankfurter Wertpapierbörse AG (später Deutsche Börse AG). Von 1992 bis 2008 hatte er einen Lehrauftrag an der Johann Wolfgang Goethe-Universität, Frankfurt. Im März 2004 wurde Rüdiger von Rosen zum Honorarkonsul der Republik Lettland ernannt sowie im Oktober 2009 zum Fellow der Hagan School of Business, New York.

Rüdiger von Rosen ist Autor wie Herausgeber von Büchern und Artikeln über Kapitalmarktpolitik, Kapitalmarktrecht, Corporate Governance, Altersvorsorge und Währungsfragen.

Daniela **Weber-Rey**

Partnerin im Frankfurter Büro von Clifford Chance seit 1989. Mitglied des Partnership Council seit Mai 2010. 1984 als Anwalt zugelassen. LL.M. Columbia University 1985 und zugelassen als Attorney-at-Law in New York seit 1986.

Daniela Weber-Rey berät hauptsächlich deutsche und internationale Mandanten – meist große internationale Unternehmen, Banken und Versicherungen, andere Finanzdienstleister, institutionelle Anleger und kommunale Unternehmen – in den Bereichen Gesellschafts- und Kapitalmarktrecht bei Unternehmenskäufen (M&A), einschl. Restrukturierungen und öffentlichen Übernahmen, mit einem gewissen Schwerpunkt auf Unternehmen der Versicherungs- und Finanzbranche sowie des Energiesektors.

Seit 2005 ist sie wiederholt Mitglied von Sachverständigen-Gremien bei der EU-Kommission. Am 21. Mai 2008 ist sie in den Verwaltungsrat der BNP Paribas, Paris, gewählt worden und seit Juli 2008 ist sie Mitglied der Regierungskommission Deutscher Corporate Governance Kodex. Seit März 2011 ist Daniela Weber-Rey Beiratsmitglied (stakeholder) der Europäischen Aufsichtsbehörde für Versicherungen und die betriebliche Altersversorgung EIOPA (European Insurance and Occupational Pensions Authority). Seit Juni 2012 ist sie Vorstandsmitglied des European Corporate Governace Institute (ECGI).

Sie veröffentlicht regelmäßig zu den Themen Gesellschaftsrecht und Corporate Governance, M&A/Übernahmen und Kapitalmarktrecht, zum Aufsichtsrecht (Regulatory) und (Rück-)Versicherungsrecht sowie zu den Entwicklungen im Finanzsektor in englischer, deutscher und französischer Sprache.

Daniela Weber-Rey ist Mitglied des Kuratoriums der Alte Oper Frankfurt und Beiratsmitglied des Internationalen Theater Frankfurt (ITF). Sie ist Chevalier der französischen Légion d'Honneur.

Arne **Wittig**

Arne Wittig ist als General Counsel in der Zentrale der Deutschen Bank in Frankfurt am Main für die rechtliche Beratung des Bankkonzerns in Deutschland und Zentraleuropa verantwortlich. Den Schwerpunkt seiner Tätigkeit bildete ursprünglich die rechtliche Begleitung des Kreditgeschäfts der Bank, insbesondere auch bei Sanierungen und Insolvenzen. Mittlerweile liegt der Fokus auf Rechtsfragen der Corporate Governance und dem Bankaufsichtsrecht. Internationale Erfahrungen hat er durch seine zweijährige Tätigkeit als Jurist in der New Yorker Filiale der Bank erworben.

Neben seiner beruflichen Tätigkeit betreut Arne Wittig als Redaktionsmitglied den Beitragsteil der Wertpapier-Mitteilungen, und er ist Mitglied des Vorstands der Bankrechtlichen Vereinigung.

Arne Wittig ist Herausgeber der 4. Auflage des von Kümpel begründeten Handbuchs zum Bank- und Kapitalmarktrecht und Autor zahlreicher Veröffentlichungen zu Themen des Bankaufsichtsrechts, zum Kreditgeschäft und zu Sanierung und Insolvenz, z.B. als Mitautor im Münchner Kommentar zur Insolvenzordnung und in K. Schmidt/Uhlenbruck (Hrsg.), Die GmbH in Krise, Sanierung und Insolvenz, 4. Aufl. Köln 2009.

Prof. Dr. Wolfgang **Wohlers**

Geboren 1962. Studium der Rechtswissenschaft an der Universität Hamburg, Abschluss der beiden jur. Staatsexamen in Hamburg (1988, 1994), Promotion 1992; 1994–2000 Rechtsanwaltstätigkeit in Hamburg; Dozent der DeutscheAnwaltAkademie (Fachlehrgang Strafrecht) 1998–2004, Habilitation und Erteilung der Lehrbefugnis für die Fächer Strafrecht und Strafprozessrecht durch die Universität Basel 1999, Ernennung zum Professor für Strafrecht und Strafprozessrecht an der Technischen Universität Dresden 2000, Ernennung zum ordentlichen Professor für Strafrecht und Strafprozessrecht an der Rechtswissenschaftlichen Fakultät der Universität Zürich 2001, Dekan der Rechtswissenschaftlichen Fakultät der Universität Zürich seit 2010. Ständiger Mitarbeiter der Zeitschrift Goltdammer's Archiv für Strafrecht seit 2002, Mitglied des Beirats der Zeitschrift Strafverteidiger seit 2002, Mitglied des Beirats der Internet-Zeitschrift HRRS seit 2004, Mitherausgeber der Zeitschrift forumpoenale seit 2008, Mitherausgeber und Redakteur der Schweizerischen Zeitschrift für Strafrecht (ZStrR) seit 2009. Schwerpunkte der Forschungstätigkeit sind das Strafprozessrecht, insbesondere Verteidigungsrechte und das Recht der Strafverteidigung, Grundlagenprobleme des materiellen Strafrechts sowie das Wirtschaftsstrafrecht.

Einführung

Unternehmensstrafrecht – Der Blick des Wirtschaftsrechtlers auf das Thema

Andreas Cahn

Das Institute for Law and Finance freut sich sehr darüber, gemeinsam mit den Organisatoren Eberhard Kempf, Klaus Lüderssen und Klaus Volk das nunmehr 4. Symposion aus der Veranstaltungsreihe „Economy, Criminal Law, Ethics", die sich Themen im Grenzbereich von Strafrecht, Wirtschaftsrecht, Ökonomie und Ethik widmet, ausrichten zu dürfen. Bei dieser Gelegenheit möchte ich den Herren Kempf, Lüderssen und Volk, von denen die Idee zu der Veranstaltungsreihe stammt und die sie inhaltlich gestaltet haben, für ihre Initiative sehr herzlich danken.

Die Reihe hat 2008 begonnen mit der Tagung zum Thema „Die Handlungsfreiheit des Unternehmers – wirtschaftliche Perspektiven, strafrechtliche und ethische Schranken". 2009 folgte „Die Finanzkrise, das Wirtschaftsstrafrecht und die Moral". Die Tagung des vergangenen Jahres stand unter der Überschrift: „Ökonomie versus Recht im Finanzmarkt". Mit all' diesen Themen fühlt sich der Wirtschaftsrechtler einigermaßen vertraut.

„Unternehmensstrafrecht", das Thema der diesjährigen Konferenz, liegt ihm eher fern. Auf dem Programm steht eine Fülle interessanter Vorträge, die die Grundfragen und Einzelheiten des Themas ausloten werden. Ich selbst habe seit der Referendarzeit kein Strafrecht mehr betrieben und kann nur staunend zur Kenntnis nehmen, wie viele subtile Fragen mit dem Stichwort „Unternehmensstrafrecht" offenbar verknüpft sind. Interessant finde ich vor allem, wie sehr diese Fragen mit dem Begriff der Strafe verbunden zu sein scheinen.

Wie man unlängst lesen konnte, plant die EU-Kommission, den Marktmissbrauch, also Insiderverstöße und Manipulationen des Kapitalmarkts, durch eine europäische Verordnung weiter zu vereinheitlichen. Diese Verordnung soll unter anderem vorsehen, daß bei Verstößen Geldbußen bis zur zweifachen Höhe des erzielten Gewinns verhängt werden dürfen, gegen juristische Personen sogar bis zu 10% des jährlichen Gesamtumsatzes. Punitive damages, die ein Vielfaches des Schädigergewinns und des vom Geschädigten erlittenen Schadens betragen, sind in den USA seit langem eine durchaus geläufige zivilrechtliche Sanktion gerade gegen Unternehmen. Auch andere Sanktionen als Geldzahlungen können Unternehmen und ihre „Stakeholder" empfindlich treffen, so etwa die Aufnahme in eine schwarze Liste mit der Folge von Import- oder Tätigkeitsverboten oder der Entzug einer für ihre Tätigkeit erforderlichen Erlaubnis oder die Abberufung ihrer Geschäftsleiter durch eine Aufsichtsbehörde. Bei Sanktionen, die von Behörden oder Gerichten anderer Staaten verhängt werden, wird sich zwar die Frage stellen, ob sie auch im Inland anerkannt und gegebenenfalls vollstreckt werden können oder mit den eigenen Rechtsvorstellungen unvereinbar sind. Dagegen werden Grundsatzfragen, wie Sie sie in den kommenden zwei Tagen diskutieren werden, nämlich wie es sich eigentlich bei Unternehmen mit Unrecht und Schuld als Grundlage strafrechtlicher Verantwortlichkeit verhält, wie man Delikte unter Strafe stellen kann, für die sich keine natürliche Person als Täter im herkömmlichen Sinne identifizieren lässt, wie es eigentlich mit den Strafzwecken bei einem Unternehmen steht und ob die Unternehmensstrafe nicht eigentlich vor allem Unschuldige – die Aktionäre, Arbeitnehmer und Gläubiger der Gesellschaft – trifft, im Zusammenhang mit verwaltungsrechtlichen Sanktionen und, so weit ich sehe, auch im Zusammenhang mit Geldbußen, nicht oder kaum diskutiert.

Als unbedarfter Beobachter fragt man sich: Warum soll die Beurteilung einer Sanktion als unbedenklich oder als höchst problematisch eigentlich entscheidend davon abhängen, welches Etikett man ihr aufklebt? Warum sollt es ohne Weiteres akzeptabel sein, wenn ein Unternehmen einen Betrag x als Geldbuße zahlen oder infolge verwaltungsrechtlicher Maßnahmen als Schaden hinnehmen muss, während schwere rechtspolitische und dogmatische Bedenken ins Feld geführt werden, wenn der gleiche Betrag als Strafe gezahlt werden soll? Müssten sich nicht Fragen der Verhaltenszurechnung, der Verantwortlichkeit und der Berücksichtigung von Stakeholderinteressen völlig unabhängig davon stellen, welchen Namen man der Sanktion gibt? Zwar ist mit Bestrafung eine andere Qualität von Unwerturteil verbunden als mit einer Geldbuße oder einer anderen zivil- oder verwaltungsrechtlichen Sanktion. Eine noch so ausgeprägte anthropomorphe Behandlung der juristischen Person ändert aber doch nichts daran, dass es sich um ein rechtliches Zweckgebilde handelt, dessen Empfänglichkeit für graduelle Unterschiede sozialer Ächtung allenfalls insoweit ausgeprägt ist, als sie sich in kommerziellen Einbußen niederschlagen. Führen wir die Diskussion über Zweck und Rechtfertigung von Strafe und über das Strafrecht als ultima ratio nicht vor allem mit Blick auf die Freiheitsstrafe, die im Unternehmensstrafrecht keine Rolle spielt? Mit anderen Worten: Ist es denn angebracht, eine Debatte um Menschenrechte und philosophische Grundfragen zu führen, wenn es – platt gesagt – von vornherein nur um Geld geht?

Das Symposion wird eine Reihe ausgewählter Frage aus dem Oberthema „Unternehmensstrafrecht behandeln?“ Wie Sie aus dem Programm ersehen, gliedert sich die Tagung in 3 Teile. Der erste Teil ist den Ausgangspunkten für eine strafrechtliche Unternehmenshaftung gewidmet, namentlich der gegenwärtigen Rechtslage und ihren historischen Grundlagen, den rechtspolitischen Anregungen für eine (Weiter-)Entwicklung des Unternehmensstrafrechts und interdisziplinären Grundfragen. Im zweiten Teil wird es darum gehen, wie ein Unternehmensstrafrecht materiell und verfahrensrechtlich aussehen könnte und welche verfassungsrechtlichen und kriminalpolitischen Implikationen es hätte. Im dritten Teil schließlich werden mögliche Alternativen zum Unternehmensstrafrecht erörtert.

Ausgangspunkte für eine strafrechtliche Unternehmenshaftung

Gesellschaftliche Impulse für eine stärkere Gemeinwohlorientierung von Unternehmen

Christine Hohmann-Dennhardt

„Eine Wirtschaftstugend kann nur da erblühen, wo die gesellschaftliche Natur der Wirtschaft bejaht und die praktischen Folgerungen für das wirtschaftliche Handeln aus dieser Bejahung gezogen werden." Diese Erkenntnis, entnommen der 1928 erschienenen Dissertation „Grundzüge der Börsenmoral" von *Oswald v. Nell-Breuning*, ist eine alte, schon vor dem letzten Jahrhundert gewonnene. Sie hat Zeiten durchlebt, in denen ihr Nachdruck verliehen wurde ebenso wie solche, in denen sie für falsch und einem erfolgreichen, prosperierenden Wirtschaften abträglich befunden wurde. Nun erhält sie, auch infolge der seit einigen Jahren herrschenden weltweiten Finanz-, Wirtschafts- und Schuldenkrisen, wieder einmal einen vermehrten Zulauf von Verfechtern, auch solchen, die für sie auf die Straße gehen und gegen amoralisches Finanzgebahren protestieren. Die „Tugend" der Wirtschaft hat zumindest als Thema wieder Konjunktur.

Dass die Wirtschaft den Menschen zu dienen habe, und nicht die Menschen der Wirtschaft, war schon einmal die Quintessenz, die aus den verheerenden Folgewirkungen einer Weltwirtschaftskrise gezogen wurde. Soziales Massenelend hatte damals in Deutschland mit zur Etablierung einer mörderischen, jegliche Moral missachtenden Diktatur beigetragen, die dann über die Welt Krieg, Unheil und unsägliches Leid gebracht hatte. In den Verfassungen, die sich in Deutschland nach dem 2. Weltkrieg auf Geheiß der Siegermächte als Erste die Länder gaben, wurde deshalb die Wirtschaft auf das Gemeinwohl verpflichtet, um zu verhindern, dass aus sozialer Not je wieder ein menschenverachtendes Regime erwächst. So lautet noch heute Art. 151 der Bayerischen Landesverfassung: „Die gesamte wirtschaftliche Tätigkeit dient dem Gemeinwohl, insbesondere der Gewährleistung eines menschenwürdigen Daseins für alle und der allmählichen Erhöhung der Lebenshaltung aller Volksschichten." Und auch die hessische Verfassung gab und gibt in ihren Artikeln 38 und 39 vor: „Die Wirtschaft des Landes hat die Aufgabe, dem Wohle des ganzen Volkes und der Befriedigung seines Bedarfs zu dienen ... Jeder Mißbrauch der wirtschaftlichen Freiheit – insbesondere zu monopolistischer Machtzusammenballung und zu politischer Macht – ist untersagt." Drei Jahre später kam dann das Grundgesetz mit seinem Art. 14 schon etwas zurückhaltender daher, jedenfalls was die Formulierung betrifft. Allerdings war es auch hier das Wohl der Allgemeinheit, dem zu dienen der Gebrauch des Eigentums und damit auch das Wirtschaften verpflichtet wurden.

Auf dieser Basis wurde die soziale Marktwirtschaft aufgebaut und trug mit ihrer Freiheit des Wirtschaftens innerhalb gesetzter rechtlicher Rahmen, die den Arbeitnehmern Schutz- und Mitspracherechte einräumten, lange Zeit zur steigenden Prosperität des Landes bei. Doch im Zuge der in den letzten Jahrzehnten sich immer mehr ausweitenden Globalisierung wirtschaftlichen Geschehens, unterstützt durch die rasante technologische Entwicklung vor allem im IT-Bereich, aber auch durch den Abbau von Handelsschranken und rechtlichen Vorgaben für wirtschaftliches Handeln, um der Wirtschaft freieren Lauf beim weltweiten Konkurrieren um die größten Erfolge zu geben, wurde die bis dato gängige Rede: „Wenn es der Wirtschaft gut geht, dann geht es auch den Menschen gut" immer mehr falsifiziert. Eine Situation ist eingetreten, in der nationale Regelungen es allein kaum mehr zu schaffen scheinen, dem Wirtschaften im Globalen rechtliche Zügel anzulegen. Da hilft auch die Gemeinwohlverpflichtung des Grundgesetzes als nationaler Verfassung nicht weiter, sie droht zum bloßen Appell an Unternehmen zu verkümmern. Gleichzeitig aber wird das Gemeinwohl arg gebeutelt und ihm tief in die Taschen gegriffen, wenn, wie geschehen, Banken und Finanzmärkte aufgrund Spekulierens mit Luftnummern und waghalsiger geplatzter Geschäfte ins Trudeln geraten, ganze Wirtschaftszweige mit in die Krise stürzen und dann zu ihrer Rettung von den Staaten gewaltige Finanzspritzen erhalten, damit noch Schlimmeres verhindert und der Wirtschaft wieder zu Stabilität verholfen wird.

Die Auffassung, nur ungehemmte Wettbewerbsfreiheit führe zu optimaler Gewinnsteigerung, wird durch solche Geschehensabläufe widerlegt. Sie zeigen nicht nur, dass ungehemmtes wirtschaftliches Agieren und Spekulieren durchaus auch zum ruinösen Untergang führen können, wenn dies nicht mit Rettungsschirmen aus Steuermitteln verhindert wird. Sie werfen auch die Frage auf, welcher Gewinn eigentlich gemeint ist und wer hier Gewinner, wer Verlierer ist. Denn Gewinne an Kapitalerlösen sind das eine, aber ob diese auch Gewinne für ein vermehrtes Wohlergehen aller oder für eine schonendere Nutzung der natürlichen Lebensgrundlagen sind bzw. sich in solche ummünzen, ist das andere und, wie wir gerade wieder sehen, nicht zwangsläufig der Fall – im Gegenteil. Zügelloses Gewinnstreben hat einigen Wenigen die Tasche gefüllt, aber viele zu Verlierern gemacht, Verlierern ihrer Arbeitsplätze und ihrer Zukunftschancen. Die erschreckend hohe Jugendarbeitslosigkeit in etlichen Ländern der EU und die angesichts der riesigen Staatsbürgschaften und aufgehäuften Staatsschulden bedrückenden Zukunftsaussichten zeugen davon. *Milton Friedman's* Aussage: „The social responsibility of business is to increase its profits" erweist sich insofern als zynisch. Sie entlässt die Wirtschaft aus jeglicher sozialer Verantwortung, indem sie diese aufgehen lässt in der Profitmaximierung als einem Scheck, der sich bei Einlösung durch die Gemeinwesen und ihre Bürger als ungedeckt erweist, ja diese sogar noch draufzahlen müssen. Zudem verkennt diese Ansicht, dass wirtschaftlicher Erfolg durchaus auch abhängige Variable des gesellschaftlichen Umfeldes ist, in dem er erzielt werden soll. „Autos kaufen keine Autos", diese schlichte Erkenntnis zeigt, dass es, jenseits eines eigenen moralischen Verantwortungsbewusstseins der Wirtschaft, eigentlich durchaus auch in ihrem langfristigen ökonomischen Interesse liegt, sozialen, Umwelt- und sonstigen Gemeinwohlbelangen Beachtung zu schenken, damit die Nachfrage nach ihren Gütern erhalten bleibt und nicht aus Gründen mangelnder Akzeptanz oder schlicht zu wenig Einkommen und Finanzmittel allzu sehr nachlässt. Wo kein Absatz, da kein Gewinn.

Anlass darüber nachzudenken, ob Unternehmen schon allein deshalb nicht besser fahren, wenn sie sich bei ihrem Handeln auch am Gemeinwohl orientieren, gibt es genug.

So ist das Ansehen von Unternehmen und ihrem Führungspersonal in den letzten Jahren deutlich gesunken. Hatten Anfang der 90iger Jahre laut einer Allensbach-Studie[1] noch mehr als die Hälfte der Befragten ein positives Bild von Unternehmern, wird

1 AllensbachArchiv, IfD-Umfragen, Mehrthemenumfrage 10019, April 2008; publiziert in dem Artikel „Skepsis gegenüber den Führungseliten" in der FAZ am 23. April 2008.

ihnen mittlerweile ein erheblich schlechteres Zeugnis ausgestellt. Ausweislich der Umfrage aus dem Jahr 2008 monierten 69% der Befragten, anders als noch im Jahre 2005 lediglich 49, dass Manager ein mangelndes Verständnis für die Lage der breiten Bevölkerung hätten. Je mehr aber das unternehmerische Ansehen gelitten hat, desto mehr ist zugleich das Thema Wirtschaftsethik und die Frage nach der gesellschaftlichen Verantwortung von Unternehmen in den Mittelpunkt des Interesses geraten, abzulesen an ihrer wachsenden Behandlung in Büchern, Zeitungen und Fachzeitschriften als quasi Seismografen für vorhandene Befindlichkeiten und Bedürfnisse.

Stimmungsdruck haben dazu die NGOs erzeugt. Inzwischen weltweit vernetzt haben diese mit ihren oft spektakulären Aktionen, Kampagnen und Weltkonferenzen gegen unlautere Geschäftspraktiken, Zerstörung und Ausbeutung der natürlichen Lebensgrundlagen und ungerechte Ressourcenverteilung dazu beigetragen, dass das Thema Gemeinwohlbindung der Wirtschaft immer wieder mahnend auf der gesellschaftlichen Tagesordnung auftaucht. Dies hat wiederum mit befördert, dass immer mehr Verbraucher heutzutage nach Produkten verlangen, die auf anständige und umweltverträgliche Art erzeugt worden sind, und danach ihr Verkaufsverhalten ausrichten. Selbst Kapitalanleger achten inzwischen zunehmend darauf, ob die Produkte und Geschäfte von Unternehmen, in die sie investieren, auf integre Weise zustande kommen, also dabei auch Rücksicht auf grundlegende soziale und Umweltbelange genommen wird. Und schließlich ist ein Anwachsen weltweiter Proteste zu verzeichnen, in die sich auch die jüngst erhobene Occupy-Bewegung aus vornehmlich jungen Menschen einreiht, die nicht nur von den Staaten, sondern auch der Wirtschaft mehr soziale Gerechtigkeit und bessere Zukunftsperspektiven einfordern.

Unter dem Eindruck eines allzu unersättlichen, einseitig profitorientierten wirtschaftlichen Handelns, das uns Finanz- und Wirtschaftskrisen mit immer größeren sozialen Verwerfungen wie riesigen Schäden beschert hat, haben aber auch Staaten und Staatengemeinschaften in den letzten Jahren wieder verstärkt an die soziale Verantwortung von Unternehmen appelliert. Hier ist der bereits im Jahr 2000 von *Kofi Annan* aus der Taufe gehobene Global Compact zu nennen, ein Übereinkommen, mit dessen Beitritt sich Unternehmen verpflichten sollen, die Menschenrechte zu wahren, Schutzrechte für Arbeitnehmer und ihre Interessenvertretungen anzuerkennen wie zu beachten, ein nachhaltiges, umweltverträgliches Wirtschaften zu betreiben und Geschäfte strikt zu unterbinden, die auf Korruption aufbauen. Immerhin sind diesem Compact mittlerweile über 6 Tausend Unternehmen weltweit beigetreten. Übrigens, diese kleine Anmerkung sei erlaubt, war das mit dem Stern, bei dem ich jetzt Verantwortung trage, gleich von Beginn an dabei. Anzuführen in diesem Zusammenhang sind darüber hinaus die Leitprinzipien der Vereinten Nationen für Unternehmen und Menschenrechte, die OECD Leitsätze für multinationale Unternehmen oder die erst jüngst veröffentlichte Strategie der EU für die soziale Verantwortung der Unternehmen. CSR ist das Stichwort und Kürzel für „corporate social responsibility“, unter dem solche Anstrengungen firmieren. Danach sollen Unternehmen für ihre Auswirkungen auf die Gesellschaft Verantwortung tragen, wobei die EU, wie dem Strategiepapier zu entnehmen ist, den Unternehmen hierbei Unterstützung leisten will. Sie hat angekündigt, mittelfristig einen Verhaltenscodex für solch verantwortliches Handeln zu erarbeiten, in ihren Vergaberichtlinien den CSR-Aspekt mehr zu berücksichtigen und darüber hinaus den Unternehmen Berichtspflichten über ihre diesbezüglichen Aktivitäten aufzuerlegen.

Sofern nicht schon der eigene moralische Impetus Unternehmen dazu bewegt, ihr Geschäftsgebaren auch an Gemeinwohlinteressen auszurichten, könnten und sollten spätestens all diese Trends und Entwicklungen Unternehmen dazu motivieren, von sich aus aktiv zu werden und in ihre unternehmerische Verantwortung die für die Gesellschaft mit einzubeziehen. Denn es geht um ihr Ansehen, das ansonsten Schaden nehmen kann, es geht um ihren guten Ruf, den sie verlieren können und letztlich damit auch um ihre Geschäfte, die unter einem schlechten Image leiden können. Insofern rechnet es sich durchaus, entspringt kluger Einsicht und erweist sich als umsichtiges Handeln, wenn Unternehmen aus eigenem Antrieb Geschäfte nicht nur am schnellen Profit ausrichten, sondern am nachhaltigen Erfolg, herbeigeführt durch rechtstreues, ökologisch und sozial verantwortliches Handeln. Anständig Geschäfte machen auf anständige Weise, dieses Motto hat sich nicht nur Daimler zu Eigen gemacht, sondern ihm folgen inzwischen auch andere Unternehmen.

Und um den selbst auferlegten Grundsätzen ethischer und sozialer Verantwortlichkeit Nachdruck zu verleihen und nicht durch Zuwiderhandeln dagegen im eigenen Geschäftsbereich wieder Gefahr zu laufen, einen Image- und Geschäftsschaden zu erleiden, haben Unternehmen, die eine solche Geschäftspolitik verfolgen, mittlerweile eigene interne Regelwerke geschaffen; Regelwerke, die staatlichen Verbotsnormen wie menschen- und völkerrechtlichen Prinzipien folgen und diese in konkrete, unternehmensintern maßgebliche wie verbindliche Handlungsanweisungen ummünzen, nach denen sich alle Unternehmensangehörigen zu richten und die auch Geschäftspartner zu beachten haben. Darüber hinaus sind Instrumentarien geschaffen worden, die unterstützen und kontrollieren sollen, dass die internen Regeln auch eingehalten werden, was man unter den Begriff „Compliance“ fasst. Und schließlich werden Sanktionsmaßnahmen für den Fall parat gehalten, dass dies nicht geschieht. Komplexe Regelwerke sind so entstanden, die weit über Ländergrenzen hinaus ihre Wirkkraft entfalten in all die Ecken der Welt, in denen die Unternehmen tätig sind. Durchaus bemerkenswert ist dabei, dass sich die eigenen Standards, die weltweit agierende Unternehmen hier setzen, nur selten am untersten Level einzelner Länder ausrichten, schon deshalb, weil dies sonst zu Problemen in Ländern mit hohen rechtlichen Niveaus führte und eine Differenzierung nicht nur Aufwand bedeutete, die in keinem Verhältnis zum damit erreichbaren Gewinn stünde, sondern weil auch darunter wieder ihre Glaubwürdigkeit, Reputation und so letztlich auch ihr Geschäftserfolg leiden könnten.

Doch zugegebenermaßen ist dies noch keine allgemeine und verlässliche Trendwende hin zu einer stärkeren Gemeinwohlausrichtung von Unternehmen. Solche Hoffnung straft derzeit leider noch immer und schon wieder vor allem die Finanzwirtschaft Lügen mit ihren weiterhin allein auf kurzfristige Gewinnmaximierung ausgerichteten hochriskanten Produkten und Geschäften, die zeigen, wie wenig aus der vorangegangenen Krise gelernt worden ist. Warum auch? Solange damit schnelles Geld gemacht werden kann und staatlicherseits hier nicht verbindliche Grenzen gesetzt werden, so ist von Seiten der Akteure zu hören, werden eben die Freiräume ausgereizt, die den Banken eröffnet wurden. Dies zeigt, dass man mit Freiwilligkeit allein nicht weiterkommt, vielmehr Regeln gesetzt werden müssen, die bestimmten Geschäften Einhalt gebieten.

Aber auch diejenigen Unternehmen, die sich zu gemeinwohlverträglichem, lauterem Geschäftemachen bekannt haben, tun sich schwer damit, diesem Anspruch überall und jederzeit gerecht zu werden, wenn sich um sie herum die Konkurrenz noch in nicht unbeachtlichem Umfang nach den Regeln des „catch as can“ eines ungezügelten Wettbewerbs ausrichtet und dem Motto folgt, egal, womit und wie Geschäfte zustande kommen, Hauptsache, sie sind erfolgreich, die Kosten gering und der Gewinn hoch. Da besteht die Gefahr, mit dem eigenen Anspruch nach Redlichkeit oftmals den Kürzeren zu ziehen, da wächst die Befürchtung, in Ehren dem geschäftlichen Untergang zuzusteuern, da wird das Bestreben, Menge wie Art und Weise beim anständig Geschäftemachen gleichermaßen zu berücksichtigen, zu einem Dilemma, wenn es nicht hinreichend gesetzliche Rückenstärkung gibt, die mit Nachdruck ein Menschen gerechtes und gemeinwohlverträgliches Handeln einfordert und ein Zuwiderhandeln dagegen sanktioniert – ob mit finanziellen Bußen oder auch mit strafrechtlichen Mitteln.

Dabei sollte versucht werden sicherzustellen, dass es bei Verstößen gegen grundlegende gesetzliche Verbote keine Schlupflöcher gibt, egal wo sie passieren. So kann Korruption nur erfolgversprechend unterbunden werden, wenn sie auch dann verfolgt wird, wenn sie in Risikoländern mit hoher Korruption stattfindet, die selbst dagegen, wenn überhaupt, nur unzureichend vorgehen. Das sollte jedenfalls für das Handeln von Mitarbeitern solcher Unternehmen gelten, die nicht lediglich in diesen Ländern agieren und die an ihrem Sitz oder ihrer sonstigen Geschäftstätigkeit einer Gesetzgebung unterliegen, die Korruption mit strafrechtlichen Mitteln bekämpft. Der amerikanische Foreign Corrupt Practices Act, kurz FCPA, oder der erst kürzlich novellierte UK Bribery Act aus Großbritannien können insofern Vorbild sein.

Allerdings ist mit dem Verweis auf diese Gesetzgebung nicht nur die grenzüberschreitende Ahndung von verwerflichen Praktiken wie Korruption angesprochen, sondern auch die Frage, ob neben den unmittelbar agierenden Tätern, d.h. Mitarbeitern von Unternehmen, auch die Unternehmen selbst strafrechtlich zur Rechenschaft gezogen werden sollten, wenn in ihrem Verantwortungsbereich derartige strafbare Handlungen begangen werden, wie das bei den genannten Gesetzen der Fall ist. Dabei will ich hier gar nicht auf die in unserem Rechtskreis viel diskutierte rechtstheoretische Frage eingehen, inwieweit die bisher erforderliche personale subjektive Schuldzuweisung für das Strafen einer strafrechtlichen Sanktionierung von Unternehmen lediglich aufgrund der Zuordnung von Taten zu ihrem Verantwortungskreis zuwiderläuft. Will man eine solche Verantwortlichkeit reklamieren, scheint mir hier die Frage ebenso bedeutsam, woran diese gemessen werden soll, sodass eine solche Zuordnung sich rechtfertigen kann. Denn so sehr es richtig ist, dass es einem Unternehmen nicht erlaubt sein sollte, sich hinter seinen Mitarbeitern zu verstecken und seine Hände in Unschuld zu waschen, wenn strafrechtlich relevantes Handeln bei diesen an der Tagesordnung ist und das Unternehmen dies gewähren lässt, so richtig ist aber auch, dass trotz aller internen Regeln und aller vorbeugenden wie kontrollierenden Compliance-Maßnahmen Verstöße von Mitarbeitern gegen interne Regeln wie gegen gesetzliche Strafbestimmungen letztlich nie gänzlich zu verhindern sind.

Nun mag man die Verantwortlichkeit eines Unternehmens für solche Strafverstöße daran messen wollen, wie effizient die Überwachungsmechanismen und -instrumente sind, die das Unternehmen zur Unterbindung von Strafverstößen in seinen Reihen zum Einsatz bringt. Doch auch das ist ein zweischneidiges Schwert. Denn es exkulpiert Unternehmen nach dem Ausmaß formaler interner Verfahrensweisen und Disziplinierungsmaßnahmen, obwohl es doch eigentlich viel entscheidender auf das Engagement von Unternehmen ankommt, ihre Mitarbeiter positiv zu motivieren, mit Strafgesetzen nicht in Konflikt geraten zu wollen und sie dabei zu unterstützen. Einem offenen, guten und vertrauensvollen Klima, aus dem die Überzeugung wächst, dass sich rechtschaffenes Handeln letztlich lohnt, läuft aber eine aufs Absolute hin tendierende Kontrolle und Überwachung zuwider, jenseits dessen, dass sie auch auf verfassungsrechtliche Grenzen stößt. Denn sie erzeugt, je intensiver sie erfolgt, nur Angst und Misstrauen – gewiss kein guter Nährboden für die Bereitschaft, sich Problemsituationen zu stellen, bei hier zu treffenden Entscheidungen den eigenen moralischen Kompass zum Einsatz zu bringen und verantwortungsbewusst danach zu handeln. Die strafrechtliche Zuordnung devianter Verhaltensweisen von Mitarbeitern an deren Unternehmen muss sich deshalb auch mit diesem Problem auseinandersetzen, wenn sie nicht kontraproduktiv zum eigenen Anliegen sein will, verwerfliches Handeln in und von Unternehmen zu unterbinden.

So bleibt als resümierende Zwischenbilanz, dass es zur notwendigen Gemeinwohlorientierung von Unternehmen des Ansporns und der Rückendeckung durch gesetzliche Regelungen bedarf, die den Weg weisen und durchaus mit Sanktionen operieren, aber nicht dem eigenen Impetus und Bestreben von Unternehmen hinderlich sind, selbst ein gedeihliches Klima für rechtschaffenes, auch dem Gemeinwohl dienendes Handeln im und für das Unternehmen zu schaffen. Auf dass dieser Drahtseilakt allen gelingen möge!

Strafrechtliche Verantwortlichkeit von Verbänden – rechtstheoretische Prolegomena

Ulfrid Neumann

Gliederung

I. Verbandsstrafbarkeit – nationale und internationale Tendenzen

1. Der deutsche Sonderweg

In der Frage der Verbandsstrafbarkeit beschreitet die deutsche Rechtskultur im internationalen Vergleich einen Sonderweg. In Europa wie in außereuropäischen Rechtsordnungen[1] ist die Verbandsstrafe seit langem auf dem Vormarsch. In zahlreichen europäischen Staaten ist sie bereits fester Bestandteil der Strafrechtsordnung.[2] In Spanien wurde sie vor kurzem eingeführt,[3] in Russland wird die Forderung nach ihrer Einführung *de lege ferenda* erhoben.[4] Die Europäische Union selbst hat sich bekanntlich im „Corpus Iuris" auf das Modell der Verbandsstrafe festgelegt.[5]

---

1 Zu Japan instruktiv *Yamanaka* Parallele Bestrafung von juristischen und natürlichen Personen (2002), in: *ders.* Strafrechtsdogmatik in der japanischen Risikogesellschaft, 2008, S. 78 ff.

2 Rechtsvergleichende Übersicht etwa bei *Haeusermann* Der Verband als Straftäter, 2003, S. 34–81.

3 *Carbonell Mateu* Die strafrechtliche Verantwortlichkeit juristischer Personen: Überlegungen zur „Dogmatik" und zum System der Reform im spanischen Strafgesetzbuch 2010, ZStW 123 (2011) S. 331 ff. Vgl. ferner *Silva Sanchez* in diesem Band.

4 *Ivanov* Die Verantwortlichkeit von Unternehmen im russischen Ordnungswidrigkeitenrecht – de lege lata und de lege ferenda, ZStW 123 (2011) S. 347, 359 ff.

5 Art. 14 des Corpus Juris. Vgl. dazu *Neumann* Das Corpus Juris im Streit um ein europäisches Strafrecht, in: Barbara Huber (Hrsg.), Das Corpus Juris als Grundlage eines Europäischen Strafrechts, 2000, S. 67, 76 ff.; *Kaiafa-Gbandi* Das Corpus Iuris und die Typisierung des Strafphänomens im Bereich der Europäischen Union, a. a. O. S. 91, 103 ff.

In Deutschland leistet man dieser Tendenz überwiegend Widerstand. Die vom Bundesjustizministerium eingesetzte „Kommission zur Reform des strafrechtlichen Sanktionensystems" hat die Verbandsstrafe in ihrem Abschlussbericht 2002 nahezu einmütig verworfen.[6] Diese Ablehnung der Verbandsstrafe hat in Deutschland Tradition. Schon der 40. Deutsche Juristentag hatte 1953 einhellig gegen die Einführung einer Strafbarkeit von Personenverbänden votiert.[7] Später haben die „Große Strafrechtskommission" und der „Bundestagssonderausschuss für die Strafrechtsreform" im gleichen Sinne entschieden.[8]

Auch die Rechtsprechung in der Bundesrepublik war und ist skeptisch. So hat der Bundesgerichtshof Anfang der fünfziger Jahre die besatzungsrechtlich eingeführte Verbandsstrafe zwar als geltendes Recht akzeptiert, zugleich aber festgestellt, dass sie zu dem im deutschen Recht entwickelten „sozialethischen Schuld- und Strafbegriff" „nicht passe".[9] Das Bundesverfassungsgericht hat in seiner Lissabon-Entscheidung[10] gerade auch mit Blick auf eine Europäische Strafgesetzgebung betont, dass das Strafrecht auf dem Schuldgrundsatz beruhe und deshalb die Eigenverantwortlichkeit des Menschen voraussetze, der kraft seiner Willensfreiheit zwischen Recht und Unrecht entscheiden könne.[11] Von den Interpreten ist das ganz überwiegend als Absage an die Integration der Verbandsstrafe in das deutsche Strafrecht verstanden worden[12] – als eine *definitive* Absage, weil das Bundesverfassungsgericht das Schuldprinzip als Bestandteil der unverfügbaren deutschen Verfassungsidentität dem Schutzbereich des Art. 79 III GG unterstellt.[13]

2. Legitimationsprobleme

Wenn Deutschland hier auf einem Sonderweg ist, so hängt das offensichtlich mit den besonderen Legitimationsanforderungen zusammen, denen die Institution der Strafe in der deutschen und deutschsprachigen Diskussion traditionell unterworfen ist. Wenn man will, kann man hier von einem rechtsphilosophischen Rechtfertigungszwang und *in concreto* von rechtsphilosophischen Problemen der Verbandsstrafbarkeit sprechen.[14]

---

6 Hettinger (Hrsg.), Reform des Sanktionenrechts, Band 3: Die Verbandsstrafe, 2002, S. 351 ff.

7 Verhandlungen des 40. Deutschen Juristentages, Bd. 2, 1954, S. E 84, 86 (39 Stimmen gegen die Einführung); dazu *Stratenwerth* Strafrechtliche Unternehmenshaftung?, R. Schmitt-Festschrift 1992, S. 295, 302.

8 *Stratenwerth* (Anm. 7) m. Nachw.

9 (BGHSt 5, 28, 32).

10 Urteil v. 30. 6. 2009 – 2 BvE 2/08 u.a. = BVerfGE 123, 267 = NJW 2009, 2270. Zu dessen Konsequenzen für das Strafrecht *Landau* Strafrecht nach Lissabon, NStZ 2011, 537.

11 BVerfGE 123, 267, 413 (Rn. 364).

12 *Grünewald* Zur Frage eines europäischen Allgemeinen Teils des Strafrechts, JZ 2011, 972 ff., 977; *Köhler* Die Verfassungsstruktur des europäischen Rechts, Puppe-FS 2011, S. 1461, 1482, *Meyer* Die Lissabon-Entscheidung des BVerfG und das Strafrecht, NStZ 2009, 657, 660. Anders wohl *Böse* Die Entscheidung des Bundesverfassungsgerichts zum Vertrag von Lissabon und ihre Bedeutung für die Europäisierung des Strafrechts, ZIS 2010, S. 80 Fn. 63 (m. w. N.).

13 BVerfGE 123, 267, 413 (Rn. 364 a.E.).

14 Zum *moral*philosophischen Problem einer moral-analogen Verantwortlichkeit von Organisationen vgl. etwa *Lenk/Maring* Wer soll Verantwortung tragen? Probleme der Verantwortungs-

Unbestreitbar dürfte sein, dass die Argumente, die sich *für* eine Verbandsstrafbarkeit vorbringen lassen,[15] eher pragmatischer Natur sind. Sie betreffen die Effizienz des Strafrechts, seine spezialpräventive und generalpräventive Wirksamkeit.[16] Diese Argumente haben ein hohes spezifisches Gewicht. Denn kriminogene Faktoren sind bei Unternehmen häufig Strukturen und verfestigte Handlungsmuster, die in der Fluktuation der Leitungspersonen typischer Weise stabil bleiben.[17] Demgegenüber geht es bei den Einwänden eher um grundsätzliche Erwägungen zur Struktur strafrechtlicher Zurechnung, zum Schuldprinzip und damit zur Gerechtigkeit staatlichen Strafens. Ich werde mich im Folgenden auf diese Einwände konzentrieren. Ihr gemeinsamer Nenner lautet: Die Institution der staatlichen Strafe „passt" aus Gründen, die dem positiven Recht vorgegeben sind, nicht auf „Verbandspersonen".

Ob und inwieweit das zutrifft, hängt natürlich von zwei Größen ab: davon, was genau man unter „Strafe" versteht und davon, welches Bildnis man sich von Juristischen Personen und anderen Personengesamtheiten macht. Man kann deshalb an zwei Punkten ansetzen, um diese Einwände auszuräumen. Man kann, erstens, versuchen, der Juristischen Person *die* Fähigkeiten zuzuschreiben, die nach traditionellem Strafverständnis erforderlich sind, um sie dem Strafrecht zu unterwerfen – also insbesondere Handlungs- und Schuldfähigkeit. Man kann zweitens, versuchen, den Begriff der Strafe generell, oder spezifisch für die Verbandsstrafe, so zu modifizieren, dass mögliche Defizite der Juristischen Person in den Bereichen der Handlungs- oder Schuldfähigkeit einer Bestrafung nicht entgegen stehen.

II. Handlungsfähigkeit

Was die *Handlungsfähigkeit* betrifft, so geht es in der Diskussion um die Tauglichkeit der ersten Strategie. Der Schwerpunkt der Auseinandersetzung liegt bei der Frage, ob dem Personenverband Handlungsfähigkeit zuerkannt werden darf oder nicht. Von einer

---

verteilung in komplexen Systemen, in: K. Bayertz (Hrsg.), Verantwortung: Prinzip oder Problem?, 1995, S. 241 ff.

15 Im Schrifttum sind die Meinungen geteilt. *Für* die Verbandsstrafe etwa *Haeusermann* (Anm. 2); *Heine* Die strafrechtliche Verantwortlichkeit von Unternehmen, 1995; *ders.* Plädoyer für ein Verbandsstrafrecht als „zweite Spur", in: Alwart (Hrsg.), Verantwortung und Steuerung von Unternehmen in der Marktwirtschaft, 1998, S. 90 ff., *Tiedemann* Wirtschaftsstrafrecht, 2004, Rn. 243 ff.; *dagegen* etwa *v. Freier* Zur Kritik der Verbandsstrafe, 1998, S. 323 u.ö. *ders.* Zurück hinter die Aufklärung: Zur Wiedereinführung von Verbandsstrafen, GA 2009, S. 98 ff.; *Jakobs* Strafbarkeit juristischer Personen?, Lüderssen-Festschrift 2002, S. 559 ff. (unter ausdrücklicher Aufgabe der in *Jakobs* Strafrecht Allgemeiner Teil, 2. Aufl. 1991, 6/44 f. vertretenen Gegenauffassung); *Kleszczewski* Gewinnabschöpfung mit Säumniszuschlag. Versuch über die Rechtsnatur der Verbandsgeldbuße (§ 30 OWiG), Seebode-Festschrift 2008, S. 179 ff., 179; *Köhler* (Anm. 12), S. 148?; abwägend *Queck* Die Geltung des nemo-tenetur-Grundsatzes zugunsten von Unternehmen, 2005, S. 71 ff., 102 f.; *Seelmann* Kollektive Verantwortung im Strafrecht, 2002.

16 Betont wird insbesondere der Gesichtspunkt der positiven Generalprävention. So etwa *Kempf* Sanktionen gegen juristische Personen und Gesellschaften, KJ 2003, 462, 466; *Volk* Zur Bestrafung von Unternehmen, JZ 1993, 429, 430.

17 Dazu etwa *Wohlers* Die Strafbarkeit des Unternehmens, Schweizerische Juristenzeitung (SJZ) 96 (2000), S. 381, 383.

naturalistischen Position aus läge es nahe, sie zu verneinen: handeln, jedenfalls in einem wörtlichen, nicht-metaphorischen Sinne, kann aus dieser Sicht nur die natürliche, nicht aber die juristische Person. In normtheoretischer Akzentuierung lautet dieser Einwand: die Juristische Person sei *als solche* nicht in der Lage, sich an *Verhaltensnormen* zu orientieren; deshalb, so die naheliegende Schlussfolgerung, könne sie auch nicht aufgrund von *Sanktionsnormen* bestraft werden, die sich normlogisch auf ebendiese Verhaltensnormen und deren Verletzung beziehen.[18] Diese Sichtweise ist indes nicht ohne Alternativen.[19]

1. Das organizistische Modell

Man kann ihr zunächst das organizistische Modell einer „realen Verbandspersönlichkeit" entgegen setzen, dem zufolge der Verband als solcher eine eigene soziale Existenz besitzt und deshalb, so die Schlussfolgerung, auch von der Rechtsordnung als eigenständiges Subjekt und Objekt der Rechtsordnung zu behandeln ist – einschließlich der von *Otto von Gierke* ausdrücklich gezogenen Konsequenz, dass auch der Verband als solcher strafrechtlichen Sanktionen unterworfen werden kann.[20]

Heute erscheinen uns derartige organizistische Modelle allerdings erkenntnistheoretisch als fragwürdig, soweit sie mit rechtlich-normativen Konsequenzen verbunden werden.[21] Denn auch, wenn man dem Verband eine eigene soziale Existenz zuerkennt – die Frage der aus diesem Befund resultierenden rechtlichen Konsequenzen ist damit noch nicht entschieden.[22] Die heute nahezu unangefochtene Position des *Methodendualismus* besteht auf einer normativistischen Perspektive, also darauf, dass es eine Frage der Entscheidung ist, welche Rechtsfolgen die Rechtsordnung mit einem bestimmten sozialen Sachverhalt verbindet.

2. Normativismus

Paradoxer Weise ist es aber gerade diese Position des Normativismus, die sich ebenso wie das von ihr bekämpfte „organizistische" Denken *für* eine Strafbarkeit von Juristischen Personen in Anspruch nehmen lässt. Denn es liegt in der Konsequenz eines normativistischen Ansatzes, die Handlungsfähigkeit Juristischer Personen nicht im Sinne einer faktischen Disposition, sondern als Resultat normativer Zuschreibungen zu interpretieren. Man könnte sagen: die Juristische Person kann nicht deshalb bestraft werden, weil sie handlungsfähig ist, sondern: sie ist deshalb handlungsfähig, weil sie bestraft werden kann.

---

18 LK-*Schünemann* Vor § 25 Rn. 26.

19 Zu Savignys „Fiktionstheorie" und dem auf ihr basierenden Grundsatz „societas delinquere non potest" (*F. v. Savigny*, System des heutigen Römischen Rechts, 1840, Bd. 2, S. 312 f.) in diesem Zusammenhang *Klesczewski* (Anm. 15), S. 180.

20 *Gierke* Genossenschaftstheorie und die Deutsche Rechtsprechung, 1887, S. 771 ff.

21 Vgl. aber auch *H.J. Hirsch* Die Frage der Straffähigkeit von Personenverbänden, 1993, S. 13 f.; *Lütolf* Strafbarkeit der juristischen Person, Zürich 1997, S. 112 ff.

22 Krit. zu Gierke *Jakobs* (Anm. 15), S. 567.

Anders formuliert: Eine Rechtsordnung, die eine Juristische Person mit Kriminalstrafe bedroht, erkennt ihr damit implizit die Handlungsfähigkeit zu. Die Gleichstellung von juristischen mit natürlichen Personen ließe sich in einem normativistischen Modell, weitergehend, auch damit begründen, dass auch die natürliche Person sich *rechtlich* als Person erst aufgrund spezifischer Zuschreibungen durch die Rechtsordnung konstituiere. In diesem Sinne ist für *Kelsen* auch die natürliche Person eine juristische Person.[23] Es ist deshalb völlig konsequent, dass sich *Jakobs* in seiner frühen, „normativistischen" Phase *für* die Handlungsfähigkeit (und im Ergebnis für die strafrechtliche Sanktionierbarkeit) Juristischer Personen ausgesprochen hat.[24]

Natürlich lassen sich gegen eine solche radikal „normativistische" Position wiederum Einwände erheben. Ich denke aber, dass der Kern der Argumentation, Handlungsfähigkeit könne der Juristischen Person auch in strafrechtlicher Hinsicht von der Rechtsordnung zugeschrieben werden, kaum anfechtbar ist. Es ist kein erkenntnistheoretisch valider Differenzierungsgrund ersichtlich, weshalb die Juristische Person zivilrechtlich handlungsfähig, strafrechtlich aber handlungs*un*fähig sein sollte. Aus rechtlicher Sicht ist eine Handlung keine natürliche, sondern eine institutionelle, durch rechtliche und soziale Deutungsmuster konstituierte Tatsache.[25] Dass die „natürlichen" Handlungen „natürlicher Personen" juristischen Personen als deren eigene Handlungen zugerechnet werden, ist im Rahmen des rechtlich-institutionellen Denkens ein vertrautes Phänomen.[26] Im Übrigen ließe sich das Ergebnis einer umfassenden rechtlichen Handlungsfähigkeit der Juristischen Person etwa auch durch systemtheoretische Ansätze fundieren, worauf in der Diskussion mehrfach hingewiesen worden ist.[27]

III. Schuldfähigkeit

Die gewichtigen Probleme liegen nicht bei der Frage der Handlungsfähigkeit, sondern im Bereich der Schuld. Unstreitig ist, dass eine Juristische Person nicht im gleichen Sinne schuldhaft handeln kann wie eine natürliche Person. Der strafrechtliche Schuldvorwurf muss deshalb modifiziert werden, wenn er auf Juristische Personen erstreckt werden soll. Konstruktiv gibt es dafür zwei Möglichkeiten. Man kann zum einen bei der *Zurechnungsstruktur* ansetzen: Der Juristischen Person wird dann das Verschulden einer natürlichen Person, einer „Leitungsperson", zugerechnet. Man kann zweitens bei dem *Inhalt* des Schuldvorwurfs ansetzen und den Schuldbegriff so modifizieren, dass er auch auf Juristische Personen Anwendung finden kann.

---

23 *Kelsen* Reine Rechtslehre, 2. Aufl. 1960, S. 176 f.

24 *Jakobs* Strafrecht Allgemeiner Teil, 2. Aufl. 1991, 6/44.

25 Grundlegend zur Theorie der institutionellen Tatsachen *Searle* Sprechakte. Ein sprachphilosophischer Essay, 1977 (engl. 1969), S. 78 ff.; *ders.* Die Konstruktion der gesellschaftlichen Wirklichkeit. Zur Ontologie sozialer Tatsachen, 1997 (engl. 1995).

26 Zutreffend *Wohlers* (Anm. 17), S. 385.

27 *Volk* (Anm. 16), S. 435. Krit. zum Rückgriff auf die Systemtheorie in diesem Zusammenhang *Klesczewski* (Anm. 15), S. 182.

1. Zurechnung der „Schuld" natürlicher Personen

Das erste Modell liegt der Verbandsgeldbuße des § 30 OWiG zugrunde, die nach herrschender Auffassung ein schuldhaftes bzw. vorwerfbares Handeln einer Leitungsperson voraussetzt. Übertragen auf die Konstellation einer *Strafbarkeit* der Juristischen Person würde das bedeuten: Das Verschulden der Leitungsperson wird der Juristischen Person als eigene Schuld zugerechnet.

Das ist natürlich *konstruktiv möglich*; die Frage ist, ob es *sachlich begründet* ist. Die Antwort lautet, in aller Kürze: nein. Die Frage, wodurch es gerechtfertigt sein könnte, *eine* Person mit der Schuld einer *anderen* Person zu beladen, lässt sich ohne Rückgriff auf metaphysische Zusammenhänge nicht beantworten – auch nicht mit der Figur des *Organisationsverschuldens*, auf die hier gelegentlich zurückgegriffen wird. Dies aus zwei Gründen. Zum einen wäre es völlig unpraktikabel, wenn in jedem Einzelfall, in dem eine Verbandsstrafe verhängt werden soll, ein Organisationsverschulden nachgewiesen werden müsste. Zum andern aber wäre auch ein Organisationsverschulden selbstverständlich wiederum ein Verschulden natürlicher Personen, das der Organisation selbst zugerechnet werden müsste. Man kann aber ein Organisationsverschulden nicht qua Organisationsverschulden zurechnen – an dieser Stelle kollabiert die Konstruktion.

Es kann hier dahingestellt bleiben, ob § 30 OWiG deshalb zu verwerfen ist, wie teilweise vertreten wird,[28] ob er im Sinne einer „Gewinnabschöpfung mit Säumniszuschlag" interpretiert werden müsste, wie neuerdings *Klesczewski* vorgeschlagen hat,[29] oder ob sich das Problem bei der „Vorwerfbarkeit" des Ordnungswidrigkeitenrechts anders stellt als bei der Schuldfrage im Strafrecht. Als Zurechnungsmechanismus zur Begründung der *Strafbarkeit* einer Juristischen Person kommt die Zurechnung der Schuld einer anderen, natürlichen Person jedenfalls nicht in Betracht. Dass die natürliche Person *für* die Juristische Person gehandelt hat, oder dass die Juristische Person von der Straftat ihrer Leitungsperson profitieren konnte, mag einen *Haftungszusammenhang* begründen; es lässt sich rechtfertigen, dass der Juristischen Person die so erlangten Vorteile entzogen werden. Ein Zurechungsmechanismus, der eine Strafbarkeit begründen könnte, ist nicht zu konstruieren.

2. Modifikation des Schuldbegriffs

Es bleibt die Frage: Kann man den Schuldbegriff selbst so modifizieren, dass er auf Juristische Personen Anwendung finden könnte? Ansatzweise ist das immer wieder versucht worden. So hat *Tiedemann* vorgeschlagen, für den Bereich der Verbandsstrafe an die Stelle einer „als persönliche sittliche Fehlleistung verstandenen menschlichen Schuld ... einen an sozialen und rechtlichen Kategorien ausgerichteten *Schuldbegriff im weiteren Sinne zu setzen*".[30] Auch andere plädieren in diesem Zusammenhang für ein

---

28 Nachw. bei *Klesczewski* (Anm. 15) S. 189.

29 *Klesczewski* (Anm. 15).

30 *Tiedemann* Die „Bebußung" von Unternehmen nach dem Zweiten Gesetz zur Bekämpfung der Wirtschaftskriminalität, NJW 1988, 1169, 1172 (zit. bei *Stratenwerth,* Schmitt-FS, S. 300 m. Anm. 23).

Schuldprinzip „ohne das ‚persönliche' Element".[31] Auf der Basis eines konsequent normativen Schuldbegriffs hat *Jakobs* früher die Möglichkeit schuldhaften Handelns einer Juristischen Person bejaht.

Es dürfte in der Tat kein Problem sein, den *strafrechtsdogmatischen* Begriff der strafrechtlichen Schuld so zu modifizieren, dass er auf Juristische Personen anwendbar ist. Man kann beispielsweise für den Verbotsirrtum der Juristischen Person auf einen korrespondierenden Irrtum der zuständigen Leitungsperson abstellen, und man könnte etwa einen zusätzlichen Entschuldigungsgrund der „oktroyierten" Leitung einführen, wie *Jakobs* das vorgeschlagen hat. Die Frage heißt natürlich, ob ein derart „entkernter" *Schuldbegriff* nicht dem *substantiellen* Schuldbegriff widersprechen würde, der dem verfassungsrechtlichen *Schuldprinzip* zugrunde liegt. Das Bundesverfassugsgericht scheint diese Frage bejahen zu wollen; ich bin mir der Antwort in diesem Punkt aber keineswegs sicher.

Der Grund: wenn eine Juristische Person im Sinne des Schuldbegriffs, der dem verfassungsrechtlichen Schuldprinzip zugrunde liegt, „konstitutionell" nicht schuldhaft handeln kann, so *kann* das natürlich ein Argument *dafür* sein, dass ihre Bestrafung dieses Schuldprinzip verletzen würde. Es *kann* aber auch ein Argument *dafür* sein, dieses Prinzip auf Juristische Personen von vornherein nicht anzuwenden. Man kann die Frage stellen, ob das Schuldprinzip auch potentielle „Straftäter" schützt, die existentiell (konstitutionell) nicht schuldfähig sind, gegenüber denen also ein Schuldvorwurf *von vornherein* nicht in Betracht kommt.

Eberhard Kempf hat festgestellt, die Diskussion zur Unternehmensstrafbarkeit erinnere gelegentlich an die von Herodot überlieferte „Bestrafung" des Meeres durch den Perserkönig Xerxes, der die Wellen des Bosporus auspeitschen ließ, weil er sie für den Verlust seiner Flotte verantwortlich machte.[32] Wir würden diese „Bestrafung" des Meeres sicher nicht als Maßnahme rationaler Kriminalpolitik würdigen – aber würden wir in ihr auch einen Verstoß gegen das Schuldprinzip sehen? Ich denke: nein. Ein anderes, uns historisch näher liegendes Beispiel: die „Bestrafung" von Tieren ist vielleicht eine Grausamkeit, aber jedenfalls kein Verstoß gegen das Schuldprinzip.

Wie jedes Rechtsprinzip kann auch das Schuldprinzip eine Sperrwirkung nur innerhalb seines *Relevanzbereichs* entfalten. Ein Verstoß gegen das Schuldprinzip scheidet deshalb wohl aus, wenn die von der Strafe Betroffenen nach den für ihre Gattung konstitutiven Existenzbedingungen gar nicht „schuldhaft" handeln *können*. In verfassungsrechtlicher Übersetzung: wenn das Schuldprinzip eine Ausprägung der *Menschenwürde* darstellt,[33] dann kann es von vornherein nur auf Personen Anwendung finden, denen Menschenwürde zukommt. Juristische Personen gehören nicht in diesen Kreis.[34]

---

31 *Dannecker/Fischer-Fritz* Das EG-Kartellrecht in der Bußgeldpraxis, 1989, S. 288.

32 *Kempf* Sanktionen gegen juristische Personen und Gesellschaften, KJ 2003, 462, 469.

33 Ausf. dazu *Landau* (Anm. 10), S. 538.

34 Entsprechende Argumentation bei *Heine* Verantwortung (Anm. 15), S. 102 f. – Ein komplementäres prozessuales Problem stellt sich bei der Frage, ob bzw. inwieweit der nemo-tenetur-Grundsatz im Straf- bzw. Ordnungswidrigkeitenverfahren gegen juristische Personen Anwendung finden kann. Sieht man diesen Grundsatz (nur) als Ausprägung des Prinzips der Menschenwürde, dann ist die in BVerfGE 95, 220, 241 f. gezogene (negative) Konsequenz wohl

Noch anders formuliert: das Schuldprinzip ist verletzt, wenn man im Akt der Bestrafung gegenüber einer Person einen Vorwurf erhebt, den diese Person nach den Maßstäben des Schuldstrafrechts nicht „verdient". Ein persönlicher Vorwurf kann mit einer Strafe, die gegen einen Verband erhoben wird, aber logischerweise nicht verbunden sein. Die Frage heißt also: bekommt „Strafe" nicht notwendigerweise einen anderen Sinn, wenn sie gegen juristische Personen verhängt wird? Einen Sinn, der „Schuld" im Sinne des Schuldprinzips gerade nicht voraussetzt? Dann würde man der Juristischen Person mit der Bestrafung jedenfalls kein Unrecht tun, das gerade aus einer Verletzung des Schuldprinzips resultieren würde.

IV. Schuldprinzip und Strafbegriff

Trotzdem meine ich, dass man auch und gerade in Hinblick auf das Schuldprinzip auf eine Bestrafung juristischer Personen verzichten muss. Denn: nimmt man der Strafe mit der „Bestrafung" von Juristischen Personen die Komponente des Schuldvorwurfs, dann besteht die Gefahr, dass man dem Strafurteil damit generell seine Ernsthaftigkeit, seine moralische Komponente nimmt. Das hätte eine Schwächung des Schuldprinzips auch dort zur Folge, wo es um die Bestrafung natürlicher Personen und damit um den legitimen Anwendungsbereich des Schuldprinzips geht. Metaphorisch könnte man sagen: bei einer Bestrafung von Juristischen Personen steht nicht die Würde der Bestraften, sondern die Würde der Strafe auf dem Spiel. Ohne Metaphorik: es geht um die Geltung des Schuldprinzips für natürliche Personen, die kaum noch stabil zu halten wäre, wenn Strafe auch gegenüber konstitutionell „schuldunfähigen" Betroffenen verhängt werden könnte.[35]

Zu befürchten wäre weiter eine Entleerung des Begriffs und damit der Institution der Strafe. Mit der Ausdehnung des Strafrechts auf konstitutionell schuldunfähige „Delinquenten" ändert sich nicht nur die Reichweite, sondern auch das Konzept der Strafe. Ein Strafrecht, in dem das Schuldprinzip gegenüber einem Teil der Betroffenen gar keine Rolle spielen *kann*, weil die Frage nach der persönlichen Verantwortlichkeit ihnen gegenüber gar nicht sinnvoll ist, würde einen anderen Begriff der Strafe bedingen. Die Einführung der Verbandsstrafe wäre ein weiterer Schritt in Richtung auf ein rein instrumentell verstandenes Präventionsstrafrecht. Der bisherige deutsche Sonderweg bei der Frage der Verbandsstrafe ist deshalb gerechtfertigt.[36]

---

unvermeidlich. Die Geltung des nemo-tenetur-Grundsatzes für juristische Personen auf dieser Basis verneinend auch *v. Freier* Selbstbelastungsfreiheit für Verbandspersonen?, ZStW 122 (2010) S. 117ff., 139, 156. Vgl. auch *Queck* (Anm. 15), die diese Argumentation, nicht aber deren Prämisse akzeptiert (S. 132ff).

35 Ähnliche Befürchtungen bei *Hassemer* Kennzeichen und Krisen des modernen Strafrechts, ZRP 1992, S. 378; *L. Schulz* Strukturen der Verantwortung in Recht und Moral, in: ders. (Hrsg.), Verantwortung zwischen materialer und prozeduraler Zurechnung (ARSP-Beiheft Nr. 75), 2000, S. 175ff., 190; *Wohlers* (Anm. 17), S. 386. Abschwächend *Seelmann* (Anm. 15), S. 13ff.

36 Eine andere, hier nicht mehr zu diskutierende Frage ist, ob als „Sanktionen" gegen Juristische Personen schuldindifferente Maßnahmen in Betracht kommen könnten. Für ein solches Modell etwa *Wohlers* (Anm. 17), S. 387ff.

Die gegenwärtige Rechtslage und ihre Entwicklung

Die Haftung von Unternehmen nach dem Gesetz über Ordnungswidrigkeiten

Felix Dörr

Gliederung

I. Einleitung

Im März 2011 hat die OECD-Arbeitsgruppe zum Thema „Bestechung im internationalen Geschäftsverkehr" ihren dritten Evaluationsbericht[1] zur Anwendung der OECD-Konvention über die Bestechung ausländischer Amtsträger im internationalen Geschäftsverkehr[2] vorgelegt.[3] Diese Konvention verpflichtet die Mitgliedsstaaten unter anderem, die Bestechung ausländischer Amtsträger effektiv zu sanktionieren. Daneben fordert die Konvention, dass juristische Personen wegen ihnen zurechenbaren Korrup-

---

1 Der Bericht ist im Internet unter der folgenden Adresse abrufbar: http://www.oecd.org/dataoecd/5/45/47416623.pdf; die deutsche Fassung unter: http://www.oecd.org/dataoecd/39/0/48967037.pdf. Im Folgenden wird auf die deutsche Fassung des Berichts Bezug genommen.

2 Vom 17. 12. 1997 – vgl. Deutsche Fassung im Internet abrufbar unter: http://www.admin.ch/ch/d/sr/i3/0.311.21.de.pdf

3 Vgl. hierzu auch: *Reyhn/Rübenstahl* CCZ 2011, 161.

tionsstraftaten nach nationalem Recht mit „wirksamen, angemessenen und abschreckenden“ Geldsanktionen belegt werden.

Der Bericht enthält lobende Worte zu den Ermittlungserfolgen deutscher Strafverfolgungsbehörden, daneben aber auch deutliche Kritik an der mangelnden Durchsetzung der Ziele der Konvention in der deutschen Rechtsordnung. Dieser Tadel betrifft insbesondere die Sanktionierung juristischer Personen. So wird kritisiert, dass zwischen 2007 und 2009 in lediglich sechs Fällen Bußgelder gegen Unternehmen verhängt wurden[4] – hierbei handelt es sich um eine Kritik an der mangelnden Anwendung vorhandener Rechtsinstrumente durch deutsche Behörden und Gerichte.

Daneben wird aber – und das ist eine grundsätzliche Kritik – die Höhe von Unternehmensgeldbußen als deutlich zu niedrig beanstandet. Es bedürfe einer wesentlichen Anhebung der Bußgelder, insbesondere der Ahndungskomponente, um den in der Konvention geforderten Abschreckungseffekt von Unternehmensstrafen sicherzustellen.[5] Die Maximalhöhe von 1 Mio. Euro sei nur in einem einzigen Fall verhängt worden. Der Abschöpfungsanteil des Bußgeldes nach § 17 Abs. 4 OWiG sei unzureichend. Die Vorteilsabschöpfung versetze das Unternehmen nur in den „status quo ante“ – eine abschreckende, spürbare Einbuße gehe damit nicht einher.[6] Die Vorteilsabschöpfung i.S.d. § 17 Abs. 4 OWiG sei ebenso wie der Verfall nach § 29a OWiG steuerlich abzugsfähig, womit die Wirksamkeit des Bußgeldes weiter geschmälert würde.[7]

Der freundliche Hinweis der OECD auf die in 2006 erfolgte Einführung von Nr. 180a RiStBV – die Staatsanwaltschaft wird jetzt angewiesen, in Fällen strafbaren Handelns einzelner Personen für ein Unternehmen, die Festsetzung einer Geldbuße gegen die juristische Person schon im Ermittlungsverfahren zu erwägen – überdeckt die deutliche Kritik der OECD-Juristen an der Rechtslage und der Praxis der Strafverfolgung gegen Unternehmen in Deutschland nicht.

Diese Bestandaufnahme der OECD soll hier aufgriffen und ein Überblick über die rechtlichen Voraussetzungen von Sanktionen gegen Unternehmen nach dem OWiG gegeben werden, wobei die aktuellen Probleme mit Beispielen aus der Praxis unterlegt werden sollen. Der Schwerpunkt dieses Beitrages liegt auf der Sanktionierung nach dem Gesetz über die Ordnungswidrigkeiten (OWiG), wobei die Unternehmensgeldbuße nach § 30 OWiG im Mittelpunkt stehen wird.

---

4 Bericht (Fn. 1), S. 42, Rn 103.

5 Bericht (Fn. 1), S. 83.

6 Bericht (Fn. 1) S. 45, Kommentar Abs. 3: „Die juristische Person wird somit nur wieder in die finanzielle Lage zurückversetzt, in der sie sich befunden hätte, wenn die Tat nicht begangen worden wäre. Die verantwortlichen Prüfer stellen fest, dass die Furcht vor einem Ansehensverlust einen stark abschreckenden Effekt haben kann. Sie betonen jedoch, dass die Möglichkeit einer hohen zusätzlichen Geldbuße eine juristische Person wirksamer von der Bestechung ausländischer Amtsträger abhalten dürfte.“

7 Bericht (Fn. 1), S. 45, Rn 111.

II. Die Verbandsgeldbuße nach § 30 OWiG

§ 30 OWiG ermöglicht die Verhängung von Sanktionen gegen einen Verband (d.h. eine juristische Personen oder eine rechtsfähige Personenvereinigung) wenn eine Leitungsperson des Verbandes eine Straftat oder Ordnungswidrigkeit begangen hat,

- durch die Pflichten des Verbandes verletzt worden sind oder
- die zu dessen Bereicherung geführt haben bzw. führen sollten.

Durch die Vorschrift wird die Möglichkeit geschaffen, auch den Verband zu belangen, der durch seine Mitarbeiter handelt und sich das Handeln der Mitarbeiter zunutze macht. Das Vermögen des Verbands soll für das Verschulden seiner Leitungsperson haften, als handelte es sich um deren Vermögen.[8]

In ihrer jetzigen Form ist die Unternehmensgeldbuße ein vergleichsweise junges Rechtsinstrument aus dem Jahr 1968;[9] zuvor existierten lediglich Spezialvorschriften, insbesondere im Wirtschaftsstrafgesetz (WiStG). Die Verbandsgeldbuße war zunächst als Nebenfolge einer Straftat oder Ordnungswidrigkeit vorgesehen, nicht als selbständige Sanktion. Erst im Jahr 1986 wurde § 30 Abs. 4 OWiG geschaffen, der die Verhängung einer Unternehmensgeldbuße im selbständigen Verfahren ermöglicht. Hierdurch wurde zugleich die Möglichkeit einer quasi „anonymen" Geldbuße für solche Fälle geschaffen, in denen sich nicht klären lässt, wer genau im Unternehmen die Ordnungswidrigkeit oder Straftat begangen hat.

§ 30 OWiG umschreibt keinen eigenen Ordnungswidrigkeiten-Tatbestand, sondern knüpft an eine Straftat oder Ordnungswidrigkeit einer Leitungsperson des Verbandes an und eröffnet damit erst die Ahndungsmöglichkeit des Verbandes.[10]

1. Voraussetzungen des § 30 OWiG

a) Sanktionsfähige Verbände

Eine Verbandsgeldbuße kann (nach § 30 Abs. 1 Nrn. 1–3 OWiG) gegen juristische Personen, nicht rechtsfähige Vereine und gegen rechtsfähige Personengesellschaften[11] verhängt werden. Durch diese weite Fassung sind letztlich alle am Wirtschaftsleben teilnehmende Subjekte mit Ausnahme des Einzelkaufmanns[12] erfasst. Ob dieses Konzept auch auf die Einmann-GmbH sinnvoll anzuwenden ist, wird – soweit ersichtlich – bislang nicht diskutiert.

---

8 *Niesler* in Graf/Jäger/Wittig, Wirtschafts- und Steuerstrafrecht, 2011, § 30 Rn 1 (unter Hinweis auf BGH, wistra 86, 221, 222).

9 Zusammenfassend zur historischen Entwicklung: KK-OWiG-*Rogall* 3. Aufl. 2006, § 30 Rn 22ff.

10 *Niesler* in Graf/Jäger/Wittig, Wirtschafts- und Steuerstrafrecht, 2011, § 30 Rn 4 m.w.N. auch zur Gegenauffassung.

11 Nachdem der BGH im Jahr 2001 die Rechtsfähigkeit der Außen-GbR anerkannt hat (BGHZ 146, 341), ist auch diese als rechtsfähige Personengesellschaft i.S.d. § 30 Abs. 1 Nr. 3 OWiG anzusehen.

12 Vgl. auch *Eidam* wistra 2003, 447, 449.

Grundsätzlich kann eine Verbandsgeldbuße auch gegen ein ausländisches Unternehmen verhängt werden, wenn die Zuwiderhandlung, die als Anknüpfungstat dient, nach deutschem Recht strafbar oder bebußbar ist. Ferner ist Voraussetzung, dass die rechtliche Struktur dieses ausländischen Verbandes mit der einer der in § 30 Abs. 1 Nrn. 1–3 benannten Verbände rechtlich vergleichbar ist.[13] Das OLG Celle[14] hatte im Jahr 2001 den in einem selbständigen Verfahren gegen ein polnisches Unternehmen erlassenen Bußgeldbescheid wegen Verstoßes gegen das ArbNEntG zu überprüfen. Das Gericht hat dabei gefordert, dass u. a. Feststellungen zur Struktur des Verbandes, zur Stellung des Leitungsverantwortlichen und zu dessen Pflichten im Unternehmen sowie zu den Betriebsabläufen zu treffen sind.[15] Da verwundert es nicht, dass in den folgenden Jahren zu diesem Thema keinerlei Entscheidungen mehr veröffentlicht wurden, vermutlich, weil sich Verfolgungsbehörden seitdem nur ungern an dieses Thema heranwagen.

Aus praktischen Gründen (insbesondere mit Blick auf die Vollstreckbarkeit der Buße) wird daher eine Verfolgung und Ahndung eines ausländischen Unternehmens eher in Betracht kommen, wenn das ausländische Unternehmen einen Sitz oder Vermögen in Deutschland hat.

Aus meiner Erfahrung kann ich berichten, dass es auch vorkommt, dass die auf einem anderen Kontinent ansässige Obergesellschaft nach Einleitung eines Verfahrens gegen die Tochtergesellschaft in Deutschland entscheidet, diese kurzerhand zu schließen. Deren Geschäfte werden dann zukünftig über eine Tochtergesellschaft in einem anderen Land der EU abgewickelt. Die Möglichkeiten der Behörden, doch noch an die Obergesellschaft herantreten zu können, sind aufgrund schwieriger Rechtshilfeverfahren mit Fernost oder mit Südamerika als sehr eingeschränkt zu beurteilen.

Schwierig ist auch die Verfolgung oder Bebußung eines Unternehmens, das inzwischen übernommen wurde, so dass nun gegen den Rechtsnachfolger vorgegangen wird. Der Rechtsnachfolger eines Unternehmens kann – so der Kartellsenat des BGH in zwei neuen Entscheidungen[16] – nur dann mit einer Geldbuße belegt werden, wenn nahezu Identität zwischen der vor Übernahme bestehenden (vormals haftenden) Vermögensmasse und dem Gesamtvermögen des Rechtsnachfolgers nach Übernahme besteht. Eine solche Identität liegt nur vor, wenn das übernommene Vermögen nahezu das gesamte Vermögen des neuen Unternehmens bildet. Daher ist nach BGH eine wirtschaftliche Identität zu verneinen, wenn das Gesamtvermögen des Rechtsnachfolgers durch die vollständig übernommene Vermögensmasse weder in quantitativer noch in qualitativer Hinsicht geprägt wird, also sich gewissermaßen „zerlegt“ hat.

b) Täterkreis

Der Personenkreis möglicher Täter, deren Handlungen eine Geldbuße gegen die juristische Person oder Personenvereinigung auslösen kann, ist in § 30 Abs. 1 OWiG abschließend bestimmt.

---

13 KK-OWiG-*Rogall* 3. Aufl. 2006, § 30 Rn 30 m. w. N.

14 OLG Celle, wistra 2002, 230.

15 OLG Celle, wistra 2002, 230, 231.

16 BGH NJW 2012, 164 („Industrieversicherer“) sowie BGH BeckRS 2011, 26167 („Transportbeton“).

§ 30 Abs. 1 Nrn. 1–3 OWiG benennt als taugliche Täter der Bezugstat die Organmitglieder einer juristischen Person, die Mitglieder des Vorstandes eines nicht rechtsfähigen Vereins sowie die vertretungsberechtigten Gesellschafter einer Personengesellschaft. 1994 wurde im § 30 Abs. 1 Nr. 4 OWiG auch die „zweite Leitungsebene“, also Generalbevollmächtigte oder in leitender Stellung tätige Prokuristen und Handlungsbevollmächtigte, erfasst. Diese ersten vier Nummern enthalten also eine Verantwortlichkeit streng nach formalen Kriterien.

Eine Ausdehnung erfolgte in 2002 durch die Einführung der Generalklausel des § 30 Abs. 1 Nr. 5 OWiG, wonach der Täterkreis nochmals erweitert wurde auf alle sonstigen Personen, die für die Leitung des Betriebs oder Unternehmens verantwortlich handeln, wozu auch die Überwachung der Geschäftsführung oder die sonstige Ausführung von Kontrollbefugnissen in leitender Stellung gehören. Maßgebend ist jetzt nicht mehr die formale Rechtsstellung, sondern die materielle Verantwortlichkeit für die Unternehmensleitung.

Damit sind auch Mitglieder des Aufsichtsrates, des Verwaltungsrates und durch besondere Aufgaben verpflichtete Personen („Beauftragte“) – etwa der Compliance-Beauftragte[17] – als Handelnde, die eine Unternehmensbuße auslösen können, in Betracht zu ziehen.

Schließlich ist damit auch das Handeln der Personen, die rein faktisch ein Unternehmen führen, etwa weil ihre Bestellung nicht oder nicht wirksam erfolgt ist, dem Unternehmen zurechenbar.[18]

Durch die Einführung des § 30 Abs. 1 Nr. 5 OWiG dürfte auch ein Durchgriff innerhalb eines Konzerns möglich sein, wenn ein Organ der Konzernmutter seine Aufsichtspflicht i. S. d. § 130 OWiG gegenüber der Konzerntochter verletzt.[19] Sie kommt etwa in Betracht, wenn Organe der Obergesellschaft ihre Aufsichtspflicht verletzen, etwa dadurch, dass die Einrichtung gebotener Compliance-Strukturen in der Tochtergesellschaft vernachlässigt wird.

c) Anknüpfungstat (oder Bezugstat)

Die Verhängung einer Verbandsgeldbuße setzt eine Anknüpfungstat (oder Bezugstat) begangen durch eine der oben bezeichneten Leitungspersonen voraus. Die Anknüpfungstat kann Ordnungswidrigkeit oder Straftat sein. Erforderlich ist, dass die Anknüpfungstat tatbestandsmäßig, rechtswidrig und schuldhaft begangen wurde.

Als Anknüpfungstat kommt in Betracht

- die Verletzung einer Pflicht, welche die juristische Person oder Personenvereinigung trifft, durch eine Leitungsperson oder
- ein Handeln einer Leitungsperson mit dem Ziel der Bereicherung des Verbandes.

---

17 *Trüg* ZWH 2011, 6, 8. Generell zu den Strafbarkeitsrisiken von Compliance-Beauftragten: BGH NJW 2009, 3173; vgl. hierzu etwa: *Campos Nave* BB 2009, 2059 sowie *Wybitul* BB 2009, 2263.

18 *Eidam* wistra 2003, 447, 452.

19 KK-OWiG-*Rogall* 3. Aufl. 2006, § 30 Rn 70a.

aa) Begriff und Inhalt dieser „betriebsbezogenen Pflichten“, die verletzt werden müssen, sind nicht immer ganz sicher zu ermitteln. Pflichten, die sachlich den Wirkungsbereich der juristische Person beim Betrieb des Unternehmens betreffen und sich in Form von Ge- oder Verboten an dieses als Adressaten wenden, sind sicher betriebsbezogene Pflichten. Das gilt auch dann, wenn sie im Kern aus allgemeinen Pflichten folgen, etwa Arbeitsplätze sicher zu gestalten, die Umwelt nicht zu verschmutzen oder Dritte, z.B. Kunden und Mitbewerber, nicht „übers Ohr zu hauen“.

Schwieriger zu beurteilen sind Handlungen von Mitarbeitern, die zum Nachteil des Unternehmens angelegt sind, etwa die Bildung einer „schwarzen Kasse“ zur Bereitstellung von Mitteln für allfällige Bestechungszahlungen.[20] Dem Unternehmen fließt hier kein messbarer Vorteil zu, eher wird dessen Vermögen geschmälert. Indes werden zugleich auch betriebsbezogene Pflichten (ordnungsmäßige Buchhaltung, geordnete Finanzkreise) verletzt, so dass schon unter diesem Aspekt auch eine Sanktion des Unternehmens in Betracht kommt.

Hauptanwendungsfall der „betriebsbezogenen Pflichten“ ist indes die Aufsichtspflicht nach § 130 OWiG. Diese Vorschrift enthält ein Sonderdelikt des Betriebsinhaber sowie der ihm nach § 9 OWiG gleichgestellten Mitarbeiter. Über § 130 OWiG kommt es zu einer massiven Ausweitung des Anwendungsbereichs des § 30 OWiG. Denn Straftaten und Ordnungswidrigkeiten in Unternehmen werden zumeist gerade nicht von Leitungspersonal begangen, sondern von hierarchisch unter diesen stehenden Mitarbeitern.[21] Die Feststellung einer Aufsichtspflichtverletzung der Verantwortlichen nach § 130 OWiG ermöglicht dann die Sanktionierung des Unternehmens. Somit kann über § 130 OWiG auf den Unternehmensträger durchgegriffen und die Verbandsgeldbuße auch bei betriebsbezogenen Pflichtverletzungen untergeordneter Mitarbeiter verhängt werden, wenn solche Verstöße auf eine Aufsichtspflichtverletzung des Inhabers zurückgehen.[22]

In der Praxis führen gravierende Verletzungen betrieblicher Pflichten durch rangniedrigere Mitarbeiter regelmäßig zur Einleitung von Verfahren gegen Leitungspersonen nach § 130 OWiG.

bb) Eine Unternehmensbuße kann zudem festgesetzt werden, wenn der Verband durch die Zuwiderhandlung bereichert worden ist oder bereichert werden sollte. Damit werden die Anknüpfungstaten auf die Delikte erweitert, in deren Folge es zu einer Bereicherung des Verbandes kommt bzw. kommen soll, also z.B. durch Betrug oder versuchten Betrug, durch Bestechung mit dem mittelbaren Vorteil einer Bevorzugung.

Erforderlich ist ferner ein funktionaler Zusammenhang zwischen der Tat und der Stellung als Leitungsverantwortlicher, d.h. der Täter handelt „als Vertreter“ des Unternehmens bzw. in dessen Interesse.[23] Hierdurch sollen solche Fälle ausgeschieden werden, bei denen die Leitungsperson nicht mehr im Rahmen der objektiv von ihr wahrzunehmenden Aufgabe als Organ tätig wird, sondern sich wie ein „beliebiger Mitarbeiter“ verhält. Folge ist, dass kein Grund für ein Vorgehen gegen den Verband besteht.

---

20 *Helmrich* wistra 2010, 331.
21 KK-OWiG-*Rogall* 3. Aufl. 2006, § 30 Rn 75.
22 *Trüg* ZWH 2011, 6, 8.
23 KK-OWiG-*Rogall* 3. Aufl. 2006, § 30 Rn 93.

d) Die Sanktion

Bei Vorliegen einer Anknüpfungstat kann gegen den Verband eine Geldbuße verhängt werden (§ 30 Abs. 2 OWiG). Es handelt sich um eine Ermessensvorschrift; es gilt das Opportunitätsprinzip. Maßgebend sei, welche Sanktion ausgesprochen worden wäre, wenn der Bezugstäter die Tat als Einzelunternehmer begangen hätte.

Regelfall ist die Verhängung einer kumulativen Sanktion gegen den Täter der Anknüpfungstat und gegen den Verband in einem verbundenen Verfahren.

Unter den Voraussetzungen des § 30 Abs. 4 OWiG kann auch lediglich eine Geldbuße gegen den Verband verhängt werden, die selbständige Verbandsgeldbuße.

2. Die Bemessung der Geldbuße

Zu beachten ist, dass zum einen die Anknüpfungstat sanktioniert wird (der so genannte „Ahndungs- oder Sanktionsteil“) und zum anderen ein durch sie erlangter Vorteil abgeschöpft werden soll (der so genannte „Abschöpfungsteil“).

a) Der Ahndungs- (oder Sanktions-)Teil der Geldbuße

Die Höhe beläuft sich auf maximal 1 Mio. Euro bei einer vorsätzlich begangenen Straftat als Bezugstat. Für die Bemessung des Ahndungsteils ist von der Tat des verantwortlichen Bezugstäters auszugehen. Dessen Schuld bestimmt den Umfang der Vorwerfbarkeit, und zwar auch gegenüber dem von ihm repräsentierten Verband. Durch Verweis sind die in § 17 Abs. 3 OWiG aufgestellten Grundsätze in entsprechender Übertragung auch für die Bemessung der Buße gegen den Verband maßgebend, d. h.

- die Bedeutung der Bezugstat,
- das Gewicht und Ausmaß der Pflichtverletzung,
- die Schwere des Schadens sowie weitere Folgen des Verstoßes.[24]

Neben diesen auf die Bezugstat abstellenden Kriterien tritt der Aspekt hinzu, der das Unternehmen als Adressaten der Geldbuße betrifft, nämlich dessen wirtschaftliche Verhältnisse (vgl. § 17 Abs. 3 S. 2 OWiG). Dies entspricht der Ratio der Verbandsgeldbuße.[25]

b) Der Abschöpfungsteil, § 30 Abs. 3 i.V.m. § 17 Abs. 4 OWiG

Die Geldbuße **soll** (gemäß § 17 Abs. 4 OWiG) der Höhe nach den wirtschaftlichen Vorteil, der aus der Tat gezogen wurde, übersteigen. Reicht das gesetzliche Höchstmaß (1 Mio. Euro bei einer vorsätzlichen Straftat als Bezugstat) hierzu nicht aus, so kann es überschritten werden.

---

24 KK-OWiG-*Rogall* 3. Aufl. 2006, § 30 Rn 115; *Niesler* in Graf/Jäger/Wittig, Wirtschafts- und Steuerstrafrecht, 2011, § 30 Rn 60 f.

25 KK-OWiG-*Rogall* 3. Aufl. 2006, § 30 Rn 115 und 119.

In diesem Teil der Rechtsanwendung lassen sich derzeit spannende Entwicklungen beobachten. Im Verfahren gegen die SIEMENS AG (mit einem 3-stelligen Millionenbetrag als Abschöpfungsanteil) wurde sichtbar, dass Ermittlungsbehörden in der Lage sind, „hart zuzupacken". Bei der StA Frankfurt hatten wir annähernd vergleichbare Bußgelder bereits vor etwa 10 Jahren, als in der Folge der so genannten „Luxemburg-Fälle" hohe Geldbußen im 2-stelligen Millionen-Bereich gegen Banken festgesetzt wurden. Dies wiederholt sich gerade andernorts in drei Verfahren gegen Banken mit Sitz in der Schweiz.

Die Ermittlungsbehörden im süddeutschen Raum sind besonders effizient in der Verhängung hoher Unternehmensbußen, nur leider allesamt ohne gerichtliche Kontrolle. Zu gerne hätte man bisweilen erfahren, wie Gerichte die teils sehr unscharfen Kriterien für die Bemessung solcher hoher Bußen beurteilen würden.

Hier ist folgendes zu beachten: Der Begriff des „wirtschaftlichen Vorteils" umfasst den erzielten Gewinn aus der Tat, aber auch ersparte Aufwendungen sowie sonstige Vorteile, wie etwa eine verbesserte Marktposition.[26] Bei der Berechnung des wirtschaftlichen Vorteils ist dabei vom Netto-Prinzip auszugehen, so dass erbrachte Aufwendungen des Unternehmens abzugsfähig sind.[27] Dies unterscheidet die Unternehmensgeldbuße gerade vom Verfall – sei es nach § 29a OWiG, sei es nach § 73 StGB –, bei dem das Brutto-Prinzip gilt.

Die Berechnung des „wirtschaftlichen Vorteils" erfolgt ggf. unter Verwendung betriebswirtschaftlicher Berechnungen, etwa durch Berücksichtigung des so genannten „Deckungsbeitrags 2". Es handelt sich bei der Deckungsbeitragsrechnung[28] (vereinfacht gesagt) um ein Modell aus der Kostenrechnung, das zwischen fixen und variablen Kosten differenziert. Dabei wird die Differenz zwischen Erlösen und produktionsabhängigen und damit variablen Kosten als so genannter „Deckungsbeitrag" ermittelt. Der Deckungsbeitrag gibt dann den Betrag an, mit dem das verkaufte Gut zur Deckung der fixen Kosten beiträgt. Beim Deckungsbeitrag 2 werden ausgehend vom Nettoverkaufserlös die variablen Kosten und zusätzlich auch die fixen Kosten pro Einheit ermittelt. Hierdurch werden dann auch etwa die Aufwendungen für Auslastung sonst stillstehender Produktionsanlagen erfasst und bei der Ermittlung des wirtschaftlichen Vorteils der Bezugstat zusätzlich berücksichtigt.

In der Praxis der hier erwähnten großen Verfahren fanden regelmäßig intensive Diskussionen über die Bestimmung des wirtschaftlichen Vorteils statt, denen oftmals umfangreiche kaufmännische Berechnungen aus den betroffenen Unternehmen zugrunde lagen. Soweit wie möglich, ist der wirtschaftliche Vorteil konkret zu berechnen, notfalls unter Mitwirkung von Sachverständigen.[29] Schätzungen sollten die Ausnahme bleiben.[30]

---

26 KK-OWiG-*Rogall* 3. Aufl. 2006, § 30 Rn 122.

27 Statt aller: KK-OWiG-*Rogall* 3. Aufl. 2006, § 30 Rn 122, a. A. *Brenner* NStZ 2004, 256, 259.

28 *Däumler/Grabe* Deckungsbeitragsrechnung, Kap. 8, http://www.bilbuch.de/Skript/08Skript.html.

29 KK-OWiG-*Rogall*, 3. Aufl. 2006, Rn 123.

30 *Bär* in Graf/Jäger/Wittig, Wirtschafts- und Steuerstrafrecht, 2011, § 17 Rn 13.

III. Folgefragen

Für den betroffenen Verband sind – über die Frage nach der Art und Höhe der gegen ihn zu verhängenden Sanktion hinaus – eine Reihe von Fragen von Bedeutung, die sich spürbar auswirken können. Das betrifft etwa steuerliche Fragen sowie die Fragen nach den Zahlungsmodalitäten, nach möglichen Registereintragungen und nach dem zu wählenden Verfahren:

1. Steuerliche Behandlung

Gemäß § 4 Abs. 5 Nr. 8 S. 1 EStG dürfen von einem Gericht oder einer Behörde festgesetzte Bußgelder nicht als abzugsfähige Betriebsausgaben behandelt werden. Der Sanktionsteil einer Unternehmensbuße ist also steuerlich nicht abzugsfähig.

Nach § 4 Abs. 5 Nr. 8 S. 4 EStG gilt dieses Abzugsverbot indes nicht, soweit der wirtschaftliche Vorteil, der durch den Gesetzesverstoß erlangt wurde, durch die Buße abgeschöpft wird. Der Abschöpfungsanteil einer Buße nach § 30 OWiG unterliegt nicht dem Abzugsverbot; dieser Teil der Buße kann steuerlich geltend gemacht werden.[31]

2. Zahlungserleichterung nach § 18 OWiG

Gemäß § 18 OWiG können Geldbußen schon bei ihrer Festsetzung gestundet werden oder es kann Ratenzahlung bewilligt werden. Solche Zahlungserleichterungen sind zu bewilligen, wenn dem Betroffenen nach seinen wirtschaftlichen Verhältnissen nicht zuzumuten ist, die Buße sofort zu zahlen. Nach §§ 29a Abs. 3 S. 2 und 30 Abs. 3 gilt diese Vorschrift sowohl beim Verfall als auch bei der Unternehmensbuße.

In der Praxis hat § 18 OWiG bei sehr hohen Bußgeldern gegen Unternehmen stark an Bedeutung gewonnen.

3. Register- und vergaberechtliche Folgen

Probleme aus einer Unternehmensgeldbuße können sich für das betroffene Unternehmen aus den register- und vergaberechtlichen Folgen ergeben.

Vergaberechtliche Fragen werden durch die verschiedenen Vergabe- und Vertragsordnungen bestimmt, für Bauleistungen die der VOB und für sonstige Leistungen die der VOL. Beide Vergabeordnungen enthalten Regelungen,[32] nach denen Aufträge nur an zuverlässige Unternehmen vergeben werden. Rechtsprechung und Literatur zum Begriff der „Zuverlässigkeit" sind umfangreich und nicht einheitlich. Daher ist im Einzelfall die Prognose, welche Unternehmenssanktion ein Unternehmen im Rahmen der Auftragsvergabe „unzuverlässig" im Sinne von VOL und VOB macht, schwierig. Umso

31 Trotz Streitigkeiten in Details – vgl. KK-OWiG-*Rogall* 3. Aufl. 2006, § 30 Rn 124.

32 Vgl. § 2 Abs. 1 Nr. VOB/A sowie § 2 Abs. 1 VOL/A.

wichtiger ist es daher, die Bedeutung der berührten Regelungen zu erkennen und ihre Auswirkungen auf Vergabeverfahren einschätzen zu können.

a) Gewerbezentralregister

In öffentlichen Vergabeverfahren wird regelmäßig ein aktueller Auszug des sich bewerbenden Unternehmens aus dem Gewerbezentralregister angefordert. Dessen Inhalt spielt bei der Ausfüllung des Begriffs „Zuverlässigkeit" im Sinne des Vergaberechts eine entscheidende Rolle. Ein automatischer Ausschluss aus dem Vergabeverfahren ist mit einer Eintragung in dem Gewerbezentralregister indes nicht verbunden.

Für die Beurteilung der Unternehmenssanktionen gilt Folgendes: Verfallsanordnungen gegen Unternehmen werden als „Maßnahmen eigener Art" nicht in das Gewerbezentralregister eingetragen.

Rechtskräftige Bußgeldentscheidungen werden hingegen nach § 149 Abs. 2 Nr. 3 GewO in das Gewerbezentralregister eingetragen. Darunter fällt auch die Unternehmensgeldbuße nach § 30 OWiG (sofern sie mehr als 200 Euro beträgt), mit der die juristische Person unter Bezeichnung des Pflichtverstoßes eingetragen wird, der damit sichtbar wird. Eine Löschung der Eintragung erfolgt erst nach 5 Jahren.

b) Korruptionsregister

Liegen strafbare Handlungen aus dem Bereich der Korruption der Unternehmensbuße zugrunde, ist an die Korruptionsregister zu denken.

Bislang gibt es zwar keine einheitlichen Regelungen für Korruptionsregister in den Ländern und auch kein Register auf Bundesebene.

Einige Bundesländer haben indes – zumeist auf Erlassebene, nur in Nordrhein-Westfalen als Gesetz – solche Register eingeführt. Nach der Konzeption dieser Register soll ein Eintrag in diese Register zum Ausschluss von Vergabeverfahren führen. In der Praxis ist zu beobachten, dass Meldungen an diese Register ebenso unterschiedlich gehandhabt werden wie es die Abfragepraxis der Behörden ist, die vor einer Vergabeentscheidung stehen. Das an sich sehr wirksame, weil in Unternehmenskreisen gefürchtete Instrument des Korruptionsregisters, hat inzwischen an Wirkung deutlich verloren, weil es schlicht weder gepflegt noch genutzt wird.

4. Verfahrensrechtliche Fragen

a) Verbundenes Verfahren

Die Verbandsgeldbuße wird nach dem gesetzlichen Konzept im verbundenen Verfahren gegen den Täter der Anknüpfungstat und Verband verhängt. Dieses Modell besteht fort, obgleich § 30 OWiG schon lange nicht mehr als „Nebenfolge" der Bezugstat behandelt wird.

b) Selbstständiges Verfahren, § 30 Abs. 4 S. 1 OWiG

Nach § 30 Abs. 4 S. 1 OWiG ist die Verhängung einer Geldbuße gegen den Verband grundsätzlich auch im „selbständigen Verfahren" möglich. Dieses Verfahren kann durchgeführt werden, wenn ein Verfahren gegen den Täter nicht eingeleitet oder dieses Verfahren eingestellt oder von Strafe abgesehen wird.

Die Verfolgungsbehörde hat es demnach in der Hand, die Voraussetzungen für ein selbständiges Verfahren zu schaffen, indem sie ein Verfahren gar nicht einleiten oder ein eingeleitetes Verfahren wieder einstellen. Letzteres scheint durchaus „das Modell der Wahl" zu sein, etwa dann, wenn strafrechtlich handelnde Personen keine „Täterqualität" nach § 30 Abs. 1 Ziffer 1–5 OWiG haben und bei den Aufsichtspflichtigen nicht so recht klar ist, wer denn nun die Bürde der Anknüpfungstat nach § 130 OWiG tragen soll. Man kann im Alltag beobachten, dass Verfahren nach § 130 OWiG zwar eingeleitet, aber auch „blitzschnell" wieder nach § 47 OWiG eingestellt werden. Dies ist im Ordnungswidrigkeitenrecht besonders einfach möglich, da die Verfolgung von Taten im Ermessen der Behörde steht.

Die Frage nach dem weiteren Verfahren bei § 30 Abs. 4 OWiG hin zum Bußgeldbescheid gegen das Unternehmen bestimmt sich nach der Bezugstat: Handelt es sich bei der Bezugstat um eine Ordnungswidrigkeit, wird die Verbandsgeldbuße nach § 88 Abs. 2 S. 1 OWiG in einem selbständigen Bußgeldbescheid festgesetzt.

In der Praxis von „kurzfristig eingestellten Bußgeldverfahren" gegen Aufsichtspflichtige ist zu beobachten, dass sich manche Staatsanwaltschaften als „Verwaltungsbehörde" im Sinne von § 35 OWiG begreifen und Bußgeldbescheide gegen Unternehmen selbst erlassen. Gegen ihre Zuständigkeit lässt sich jedenfalls einwenden, dass § 42 OWiG der Staatsanwaltschaft allein die Verfolgungskompetenz, nicht aber die Ahndungskompetenz vermittelt.[33] Zudem beschleicht mich ein böses Gefühl, wenn ich beobachte, dass das Ausweichen auf § 130 OWiG als Bezugstat des Aufsichtspflichtigen – trotz Vorliegen eines strafrechtlichen Grundsachverhaltes bei einem Mitarbeiter – der Staatsanwaltschaft die Möglichkeit eröffnen soll, Bußgelder in Millionenhöhe gegen das Unternehmen ohne jede richterliche Kontrolle zu verhängen.

Ist die Bezugstat eine Straftat, gelten auch für das selbständige Verfahren die Vorschriften der StPO, d.h. über den Antrag der Staatsanwaltschaft wird üblicherweise durch Beschluss des Gerichts entschieden. Die Festsetzung einer Unternehmensgeldbuße im selbstständigen Verfahren ermöglicht also die Sanktionierung ohne Hauptverhandlung und damit ohne weitere Publizität.

Entsprechendes gilt auch für den Verfall, der nach § 29a Abs. 4 OWiG auch im Wege selbstständiger Anordnung vorgenommen werden kann. Auch hierfür muss gegen den Täter ein Bußgeldverfahren nicht eingeleitet werden oder dieses muss vorher wieder eingestellt werden. Für das weitere Verfahren gelten die Vorschriften des § 87 OWiG.

---

33 Ablehnend *Gürtler* in Göhler, OWiG, 15. Aufl. 2009, § 35 Rn 2 sowie *Eidam* wistra 2003, 447, 455.

IV. Fazit

Zusammenfassend lässt sich feststellen: Das Instrumentarium für die Sanktionierung von Unternehmen ist heute schon vorhanden, man muss es nur anwenden können.

Die Verbandsgeldbuße nach § 30 OWiG ermöglicht – insbesondere in der Form der selbständigen Festsetzung nach Abs. 4 – eine Sanktionierung von Unternehmen, die jedenfalls in ihrer Wirkung strafrechtsähnlich ausgestaltet ist.

In Verbindung mit der Aufsichtspflichtverletzung nach § 130 OWiG als Bezugstat können auch Verhaltensweisen von untergeordneten Personen erfasst und das Unternehmen sanktioniert werden. Dies gilt erst recht, wenn man über Abs. 4 auf die Verfolgung einer Leitungsperson verzichtet und sich quasi direkt an das Unternehmen hält.

Zu berücksichtigen sind auch die außerstrafrechtlichen Folgen einer Unternehmensbuße aus dem Registerrecht und dem Wirtschafts-(verwaltungs-)recht, die in die Zukunft wirken und das betroffene Unternehmen zu „dauerhaftem Wohlverhalten“ zwingen und Anpassung, etwa der Personal- und Compliance-Strukturen, erforderlich machen können.

Probleme gibt es aus Sicht des Verfassers noch:

- bei der Verfolgung ausländischer Unternehmen, die in Deutschland (ohne Sitz oder Niederlassung) aktiv sind und deren Mitarbeiter auffällig werden
- bei strukturellen Veränderungen des Unternehmens, z. B. durch Übernahme, Liquidation oder ähnlichem
- bei der Frage nach der angemessenen Höhe der Sanktionskomponente einer Unternehmensbuße (ist 1 Mio. Euro im Höchstmaß ausreichend?)
- bei der Festlegung der Kriterien für die Ermittlung des Abschöpfungsanteils der Buße, etwa bei den schwierigen Fragen nach der Berücksichtigung von Deckungsbeiträgen oder Marktzutrittschancen als „mittelbaren Vorteilen“, die man gegebenenfalls abschöpfen kann.

Das prozessuale Vorgehen gegen die juristische Person erscheint – wenn nach § 30 Abs. 4 OWiG geführt und mit einer Ordnungswidrigkeit als Bezugstat (d. h. auch nach § 130 OWiG), – problematisch, weil nach derzeitiger Praxis die Staatsanwaltschaft sowohl verfolgt als auch ahndet und Bußgeldbescheide in Millionenhöhe – ohne jede richterliche Kontrolle – erlässt für Sachverhalte, die einen strafrechtlichen Kern haben. Selbst wenn das betroffene Unternehmen dies gerichtlich überprüfen ließe, landete man zunächst beim Amtsgericht.

Die Frage nach der Effektivität dieses Konzepts muss jeder aus seinem Blickwinkel beurteilen. Aus Sicht des Verfassers ist derzeit als Folge erhöhten staatlichen Drucks auf Unternehmen Folgendes festzustellen:

- ein hohes Maß an Bereitschaft der Unternehmens-Verantwortlichen zum Kompromiss, gerade bei Sanktionen nach § 30 Abs. 4 OWiG,

- eine Bereitschaft zur Akzeptanz auch sehr hoher Bußen unter Verzicht auf eine gerichtliche Überprüfung,
- um das erstrebte Ziel – diskrete und zeitnahe Beendigung eines (gegebenenfalls auch kostenintensiven) Verfahrens – zu erreichen.

Das mag man als Erfolg einer modernen Form der Strafverfolgung begreifen. Indes wäre es wünschenswert, es gäbe gelegentlich mehr Kraft zum Widerspruch und auch zum Streit vor Gericht über solche unternehmensbezogene Sanktionen.

Im Straf- und Strafprozessrecht geregelte Sanktionen gegen Unternehmen

Imme Roxin

Gliederung

A. Die strafrechtlichen Sanktionen

I. Einleitung

Als im Strafrecht geregelte Sanktionen gegen das Unternehmen sind der Verfall (§ 73 Abs. 3 StGB) und die Einziehung (§§ 75, 74 StGB) vorgesehen. Die Einziehung spielt gegenüber Unternehmen, soweit meine Recherchen ergeben haben, in der Praxis nur eine geringe Rolle. Der Verfall hingegen kann für ein Unternehmen erhebliche wirtschaftliche Konsequenzen haben, wie die einschlägigen Entscheidungen zeigen, in denen es um den Verfall von Millionenbeträgen geht, durchaus in zwei- bis dreistelliger Höhe. Die wirtschaftlichen Konsequenzen werden dadurch verschärft, dass für die vorläufige Sicherstellung der möglicherweise verfallenen Beträge durch dinglichen Arrest seit 1998 kein dringender Tatverdacht mehr erforderlich ist, sondern nur noch ein Anfangsverdacht. In der Literatur wird von massiven Risiken für das Unternehmen gesprochen bis hin zur Existenzbedrohung.[1]

II. Der Sanktionscharakter der Verfallsanordnung

Zu den Risiken für das Unternehmen hat insbesondere das 1992 eingeführte Bruttoprinzip beigetragen. Dieses besagt, dass Aufwendungen, die in ein verbotenes Geschäft investiert worden sind, unwiederbringlich verloren sein sollen.[2] Da es sich bei den Aufwendungen, soweit Unternehmen betroffen sind, in aller Regel um rechtmäßige Vermögensbestandteile handelt, wird in der Literatur vielfach vom Strafcharakter des Verfalls ausgegangen und eine nicht nur rechtswidrige, sondern schuldhafte Tat als Voraussetzung für die Anordnung gefordert.[3]

Im Strafgesetz wird der Verfall nach § 11 Nr. 8 StGB als Maßnahme bezeichnet. Der BGH und das Bundesverfassungsgericht sind der Auffassung, dass sich auch nach Einführung des Bruttoprinzips kein Strafcharakter des Verfalls ergebe.

Das **Bundesverfassungsgericht** hat in den Vorschriften über den Verfall (§§ 73 ff. StGB), auch soweit sie bei Anwendung des Bruttoprinzips über die bloße Kondiktion des Erlangten hinaus dem Betroffenen eine wirtschaftliche Einbuße in die Vermögenssubstanz zumuten, eine verfassungsgemäße Inhalts- und Schrankenbestimmung des Eigentums im Sinne von Art. 14 Abs. 1 S. 2 GG gesehen.[4]

Der **BGH** betont den Präventionszweck des Bruttoprinzips. Die dadurch angestrebte „Folge, dass auch die Aufwendungen nutzlos waren, soll zur Verhinderung gewinnorientierter Straftaten ... beitragen. Müsste der Betroffene ... lediglich die Abschöpfung des Tatgewinns befürchten, so wäre die Tatbegehung unter finanziellen Gesichtspunkten weitgehend risikolos".[5] Dieser Normzweck gilt nach dem BGH auch für die Anordnung des Verfalls beim Drittbegünstigten.[6]

III. Die Tatbestandsvoraussetzungen der Verfallsanordnung gegenüber einem Unternehmen

Das Gericht ordnet den Verfall dessen an, was ein Täter oder Teilnehmer aus einer oder für eine rechtswidrige Tat erlangt hat (§ 73 Abs. 1 StGB). Ist die Herausgabe wegen der Beschaffenheit des Erlangten nicht möglich, wird der Verfall eines Geldbetrages angeordnet, der dem Wert des Erlangten entspricht, sogenannter Wertersatzverfall (§ 73 a

1 *Wehnert/Mosiek* StV 2005, 568, 569; *Kempf/Schilling* StraFo 2006, 180, 185.
2 BVerfG NJW 2004, 2073, 2076; BGHSt 47, 369, 372, 374; BGHSt 52, 227 Rn. 101.
3 Ausführlich *Schönke/Schröder/Eser* StGB, 28. Aufl. 2010, Vorbem. § 73 Rn. 18 ff.
4 BVerfG; StV 2004, 409, 410; BVerfG vom 7. 7. 2006 – 2 BvR 527/06, Rn. 3.
5 BGHSt 47, 369, 373 f.
6 BGH NStZ 2011, 83 Rn. 44; BGHSt 47, 369, 374; BGHSt 52, 227, Rn. 101; BGH NStZ-RR 2004, 214, 215.

StGB). Wenn die Handelnden für einen anderen tätig geworden sind und dadurch dieser etwas erlangt hat, richtet sich die Anordnung gegen ihn (§ 73 Abs. 3 StGB). Der andere kann eine natürliche oder juristische Person sein.[7] Um letztere geht es beim Unternehmen in aller Regel.

Die Verfallsanordnung muss bei Ansprüchen von Verletzten unterbleiben (§ 73 Abs. 1 S. 2 StGB). Der Ausschluss des Verfalls gilt auch gegenüber einem Drittbegünstigten.[8]

IV. Die Probleme im Zusammenhang mit der Verfallsanordnung

Erhebliche Probleme bereiten im Zusammenhang mit einer Verfallsanordnung gegen ein Unternehmen die folgenden Fragen:

- Wann haben der Täter oder Teilnehmer für einen anderen, nämlich für das Unternehmen, gehandelt?
- Ist für die Verfallsanordnung ein Unmittelbarkeitszusammenhang zwischen der Straftat und dem Erlangen durch den Drittbegünstigten erforderlich?
- Wie wird das erlangte Etwas definiert?
- In welcher Höhe wird das Erlangte für verfallen erklärt?

Ich möchte die Probleme an zwei Rechtsprechungsbeispielen verdeutlichen, dem Kölner Müll-Skandal[9] und einer Entscheidung des 1. Strafsenats zur strafbaren irreführenden Werbung.[10]

Kölner Müll-Skandal:

Die Stadt Köln gründete die AVG GmbH zum Bau einer Restmüllverbrennungsanlage. Es gab mehrere Bieter, u. a. die LCS GmbH. Deren Geschäftsführer versprach dem Geschäftsführer der AVG GmbH DM 24 Mio., wenn die LCS GmbH den Auftrag erhalten würde. Die Manipulation der Ausschreibung gelang zu einem Festpreis von DM 792 Mio. Diese Summe zahlte die AVG GmbH. Wegen zahlreicher Gewährleistungsarbeiten rechnete die LCS GmbH das Projekt schließlich mit einem Verlust ab und musste Insolvenz anmelden.

Das Landgericht hatte die Anordnung von Wertersatzverfall gem. § 73a StGB gegenüber der LCS GmbH abgelehnt. Mit ihrer Revision erstrebte die Staatsanwaltschaft die Anordnung von Wertersatzverfall in Höhe des gesamten Werklohnes von DM 792 Mio. Der 5. Strafsenat hat das abgelehnt. Erlangt sei nur die Auftragsvergabe, also der Vertragsschluss, in aller Regel der Gewinn, und ggf. Marktvorteile. Die Vorteile aus der Ausführung, also der Werklohn, seien nicht unmittelbar aus der Tat erlangt.

---

7 *Fischer* StGB 58. Aufl. 2011, § 73 Rn. 29 m.w.N.
8 BGHSt 52, 227 Rn. 86.
9 BGH NStZ 2006, 210 = BGHSt 50, 299.
10 BGHSt 52, 227 ff.

Strafbare irreführende Werbung

Die Geschäftsführer der Firmen O-GmbH und I-Holding wurden wegen irreführender Werbung im Zusammenhang mit Versandhandelsgeschäften verurteilt. Die Einnahmen aus dem Versandhandelsgeschäft flossen auf Konten bei der F-GmbH, die im Auftrag des einen verurteilten Geschäftsführers tätig war. Von dort wurden die Gelder an die O-GmbH weitergeleitet, die einen Teil an die I-Holding zahlte. Der BGH ist der Auffassung, erlangt sei der gesamte Erlös aus den Versandhandelsgeschäften. Das, was die O-GmbH und die I-Holding daraus erhielten, sei verfallen.

Beginnen wir mit der ersten von mir aufgeworfenen Frage:

1. Wann hat der Täter oder Teilnehmer der rechtswidrigen Tat für einen anderen, nämlich für das Unternehmen, gehandelt (Drittbegünstigung, § 73 Abs. 3 StGB)?

1.1 Nach § 14 StGB handelt jemand für einen anderen, wenn er Organ, Vertreter, Beauftragter einer juristischen Person ist. Nach der Rechtsprechung ist dieses ein Vertretungsfall im engeren Sinne.[11] Im Beispielsfall Kölner Müll-Skandal hat der Geschäftsführer der LCS GmbH gehandelt. Folglich war das Handeln für einen anderen, nämlich die GmbH, zu bejahen. Auch im Fall der strafbaren Werbung waren die Angeklagten Geschäftsführer der beiden juristischen Personen, gegen die der Verfall angeordnet werden sollte.

1.2 Die Rechtsprechung hat aber das Handeln für einen anderen nicht auf die Fälle des § 14 StGB beschränkt, sondern geht sehr viel weiter. Handeln für einen anderen verlangt, so der BGH in seiner Grundsatzentscheidung,[12] keinen echten oder gar offenen, nach außen erkennbaren Vertretungsfall.[13] Es reicht aus, dass der Handelnde bei oder im Zusammenhang mit der rechtswidrigen Tat auch und sei es nur faktisch im Interesse des Dritten gehandelt hat.[14] Derartige Vertretungsfälle im weiteren Sinne nimmt der BGH z.B. an bei sonstigen Angehörigen einer Organisation, z.B. Angestellten, die im Organisationsinteresse tätig wurden.[15] So hat der BGH die Verfallsanordnung eines Landgerichts i.H.v. DM 7,9 Mio. Verkaufserlös gegenüber einer GmbH gebilligt. Die Angeklagten, zwei Angestellte der GmbH, hatten Tabakpapiere nach Serbien geliefert, in der Zeit, als ein Embargo verhängt war. Die Angestellten handelten zugunsten der GmbH mit ausdrücklicher Billigung des Geschäftsführers. Die GmbH hatte durch den Verstoß der Angestellten gegen das AWG den Verkaufserlös erlangt. Daher war er, so der BGH, für verfallen zu erklären.[16]

1.3 Aber selbst die **Gutgläubigkeit der Unternehmensleitung** soll die Verfallsanordnung gegen das Unternehmen nicht hindern, wie ein weiterer Fall des BGH ergibt.[17] Der Exportsachbearbeiter einer GmbH hatte gegen das AWG verstoßen. Er hatte ohne

11 BGHSt 45, 235, 245.
12 BGHSt 45, 235 ff.
13 BGHSt 45, 235, 244.
14 BGHSt 45, 235, 244.
15 BGHSt 45, 235, 245.
16 BGHSt 47, 369 ff.
17 BGH wistra 2004, 465.

die erforderliche Ausfuhrgenehmigung und ohne Kenntnis des GmbH-Geschäftsführers Tiefbohrwerkzeuge über Dubai in den Iran geliefert. Der BGH war – anders als das Landgericht – der Auffassung, es müsse trotz der Unkenntnis des Geschäftsführers nicht nur der Gewinn aus dem Geschäft für verfallen erklärt werden, sondern der gesamte Verkaufserlös. Zur Begründung führt er an, der gutgläubige Geschäftsführer habe seine organschaftlichen Funktionen weitgehend an einen handlungsbevollmächtigten Vertreter übertragen, den hinsichtlich der Ausfuhr ein Fahrlässigkeitsvorwurf treffe.[18] Der Drittbegünstigte – namentlich ein hierarchisch organisiertes Unternehmen – müsse zur Verhinderung solcher Straftaten wirksame Kontrollmechanismen errichten und auf deren Einhaltung achten,[19] was hier nach Auffassung des BGH offenbar nicht geschehen war. Allerdings ist der BGH der Auffassung, in Fällen, in denen der Drittbegünstigte bzw. die Organe einer juristischen Person gutgläubig waren, sei in der Regel § 73c Abs. 1 S. 1 StGB zu prüfen und festzustellen, ob nicht möglicherweise eine unbillige Härte vorliege, weswegen der Verfall ausgeschlossen sei.

2. Ist für die Verfallsanordnung ein Unmittelbarkeitszusammenhang zwischen der Straftat und dem Erlangen durch den Drittbegünstigten erforderlich?

Wie ein Vergleich zwischen § 73 Abs. 1 und Abs. 2 zeigt, ist „aus der Tat erlangt“ vom Täter oder Teilnehmer nur das **unmittelbar** Zugeflossene. Der Verfall von gezogenen Nutzungen oder Surrogaten als des **mittelbar** Erlangten, ist in § 73 Abs. 2 geregelt. Zu fragen ist, ob dieses sogn. **Unmittelbarkeitsprinzip** auch auf den Fall der Drittbegünstigung anzuwenden ist.

Hinsichtlich der Unmittelbarkeit gibt es auch in Drittbegünstigungsfällen dann kein Problem, wenn durch die rechtswidrige Tat der Drittbegünstigte unmittelbar – sei es auch nur zeitweise – die Verfügungsgewalt erhält, wie z. B. in den beiden geschilderten Embargogeschäften.

Im Fall der irreführenden Werbung erlangten aber die O-GmbH und die I-Holding das aus der rechtswidrigen Tat Geflossene erst nach weiteren Rechtsgeschäften. Auch dies – so der BGH – ändere nichts daran, dass die Unternehmen durch die rechtswidrige Tat etwas erlangt hätten. Das Erlangte müsse dem Drittbegünstigten nicht durch ein- und dieselbe Handlung zufließen.[20] Erforderlich sei nur ein betriebliches Zurechnungsverhältnis zwischen Täter und Teilnehmer und dem Drittbegünstigten und die Aufrechterhaltung der rechtswidrigen Bereicherungslage.[21] Beides war im Fall der irreführenden Werbung gegeben. Die Täter waren Geschäftsführer der Drittbegünstigten. Es wurde in den jeweiligen Zwischengeschäften derselbe aus der rechtswidrigen Tat erlangte Wert weitergeleitet. Auch das BVerfG weist darauf hin, dass sich aus dem Gesetzeswortlaut das Erfordernis einer Unmittelbarkeit nicht ergibt.[22]

18 BGH wistra 2004, 465 f.
19 BGHSt 47, 369, 374.
20 BGHSt 45, 235, 244.
21 BGHSt 52, 227 Rn. 76.
22 BVerfG Beschluss vom 7. 7. 2006 – 2 BvR 527/06 Rn. 4.

Diese Auffassung des 1. Senats leuchtet ein.[23] Es wäre in der Tat merkwürdig, wenn es den Tätern durch möglichst komplizierte Vertrags- und Unternehmensgestaltung gelingen würde, die Verfallsanordnung zu vermeiden. Die Täter, die Geschäftsführer der Firmen O-GmbH und I-Holding, hatten die irreführende Werbung gerade mit dem Ziel begangen, letztlich ihre Firmen durch die Taten zu bereichern. Der Bereicherungszusammenhang war durch das betriebliche Zurechnungsverhältnis der Angeklagten, nämlich als Geschäftsführer zur O-GmbH und I-Holding, gegeben. Der BGH hält fest, es sei gerade für Straftaten im Interesse von Unternehmen nicht untypisch, dass dadurch erst komplexe Geldkreisläufe in Gang gesetzt würden.[24] Dieser Bereicherungszusammenhang entfalle auch dann nicht, wenn die Zahlungen an die O-GmbH zur Erfüllung von Dienstleistungsverträgen erfolgt wären, die zwischen dieser und den ausländischen Gesellschaften geschlossen worden waren.[25] Entscheidend ist die Rechtswidrigkeit der Bereicherungslage und das betriebliche Zurechnungsverhältnis.

Der rechtswidrige Bereicherungs- bzw. Zurechnungszusammenhang wird im Hinblick auf den Drittbegünstigten erst in den vom BGH sog. **Erfüllungsgeschäften** unterbrochen.[26] Bei ihnen wird das aus einer rechtswidrigen Tat Erlangte zur Erfüllung eines nicht bemakelten Rechtsgeschäfts geleistet, das in keinerlei Zusammenhang mit der rechtswidrigen Tat steht. In dem vom BGH entschiedenen Fall wandte der Täter das rechtswidrig Erlangte einer Bank zu zur Erfüllung eines mit ihr geschlossenen Vergleichs.[27]

3. Die Bestimmung des erlangten Etwas und seine Höhe

Hauptproblem beim Verfall ist die Frage, was das Unternehmen ggf. durch eine rechtswidrige Tat erlangt hat und in welcher Höhe der Verfall anzuordnen ist.

In der Literatur wird in **Bestechungsfällen** das durch die rechtswidrige Tat Erlangte sehr unterschiedlich bestimmt. Teils wird der gesamte Erlös, im Ausgangsfall also DM 792 Mio., als erlangt und verfallen bezeichnet,[28] teils lediglich die Chance auf Auftragserlangung mit der Folge, dass nur der Wert der Bestechungssumme verfallen ist, im Ausgangsfall DM 24 Mio.[29] Nach einer dritten Auffassung wird die Auftragsvergabe als solche mitsamt den sich daraus ergebenden Rechten und Pflichten erlangt, in der Regel also der Gewinn.[30]

Im Kölner Müll-Skandal hat sich der 5. Strafsenat im Ergebnis der dritten Auffassung angeschlossen. Nach seiner Auffassung muss zunächst festgestellt werden, worin der vom Täter erlangte Vorteil besteht. Wenn dies feststehe, besage das Bruttoprinzip, dass bei der Bestimmung der Höhe des Erlangten gewinnmindernde Abzüge unberücksichtigt blei-

---

23 Zustimmend auch *Rönnau* Vermögensabschöpfung in der Praxis, 2003, Rn. 278ff.
24 BGHSt 52, 227 Rn. 76; BGHSt 45, 235, 246.
25 BGHSt 52, 227 Rn. 76.
26 BGHSt 45, 235, 247.
27 BGHSt 45, 235, 236.
28 *Lohse* JR 2009, 188, 190f.; s. auch *Vogel* JZ 2010, 367, 372.
29 *Hohn* wistra 2006, 321, 324f.
30 *Wehnert/Mosiek* StV 2005, 568, 574.

ben müssen.[31] Die Wortwahl „Vorteil“ stimmt mit dem Gesetzeswortlaut seit 1992 nicht mehr überein. Sie verstellt den Blick auf die vom Gesetzgeber gewollte weite Definition des erlangten Etwas.[32] Die Trennung zwischen dem erlangten Etwas und dessen Höhe ist hingegen sicher zutreffend.[33] Wenn aber der BGH meint, erlangt sei bei einer Auftragsvergabe durch Bestechung nur der schuldrechtliche Vertragsschluss, nicht hingegen die Vorteile aus der Ausführung, der Werklohn, dann ist das nicht überzeugend. Denn, wie bereits dargelegt, bedeutet bei einer Drittbegünstigung im Sinne § 73 Abs. 3 StGB „dadurch erlangt“ gerade nicht, dass der Dritte unmittelbar durch die rechtswidrige Tat bereichert wurde.[34] Zu Recht weist der 1. Senat in seiner Entscheidung zur irreführenden Werbung zudem darauf hin, dass die vom 5. Senat im Kölner Müll-Skandal mithilfe des zu eng interpretierten Unmittelbarkeitsprinzips vorgenommene Trennung zwischen Verpflichtungs- und Erfüllungsgeschäft kein taugliches Kriterium zur Bestimmung des durch die rechtswidrige Tat Erlangten sein kann. Das hätte, so der 1. Senat, zur Folge, dass z.B. bei durch Betrug zustande gekommenen Alltagsgeschäften mit Massenschäden (z.B. über Geldanlagen) entgegen der gesetzgeberischen Intention der Verfall, soweit das Erlangte über den Gewinn hinausgeht, nicht angeordnet werden könnte.[35]

Inzwischen gibt es zwei weitere Entscheidungen des BGH zum Verfall, die Falk-Entscheidung des 1. Senats und eine Entscheidung des 5. Senats zu verbotenen Insider-Geschäften. Beim Insider-Geschäft kommt der 5. Senat – *Kudlich* folgend[36] – zum Ergebnis, nicht der gesamte Verkaufserlös sei erlangt, sondern nur der Sondervorteil.[37] Die verkauften Aktien seien weder aus noch für die Tat erlangt. Deshalb bleibe ihr Wert auch nach dem Bruttoprinzip unberücksichtigt. Im Fall des 1. Senats, in der Falk-Entscheidung, ging es um einen betrügerischen Unternehmensverkauf. Nach Auffassung des 1. Senats war der gesamte betrügerisch erlangte Verkaufserlös i. H. v. € 210 Mio. bar und € 552 Mio. Aktien der Käuferin, € 762 Mio., verfallen.[38]

In der Rechtsprechung und Literatur wird zur Ermittlung des Erlangten teils auf den Unwertgehalt der rechtswidrigen Tat abgestellt, teils auf den Schutzzweck der Norm. Bei den Bestechungs- und Insidergeschäften sei, so der 5. Strafsenat, nur die Art und Weise strafrechtlich bemakelt, in der das Geschäft erlangt wurde. Folglich sei nur der Sondervorteil erlangt.[39] Der 1. Strafsenat weist in der Entscheidung zur irreführenden Werbung darauf hin, dass Schutzzweck von § 16 UWG n.F. sei, den Verbraucher vor zweckverfehltem und vermögensschädigendem Mitteleinsatz zu bewahren. Das Ge-

---

31 BGH NStZ 2006, 210 Rn. 17; BGHSt 47, 260, 269; siehe neuerdings BGH NStZ 2010, 339, 341.

32 So aber der 5. Senat des BGH erneut in seiner neuesten Entscheidung zum Insider-Geschäft, BGH NStZ 2010, 339, 341; siehe auch BGHSt 47, 260, 268.

33 Vgl. *Rönnau* a.a.O. Rn. 179; *Kudlich/Noltensmeier* wistra 2007, 121, 124; *Fischer* a.a.O. § 73 Rn. 8; *Lohse* JR 2009, 188, 189; *Wohlers* JR 2003, 157, 162; NK-*Herzog* 3. Aufl. 2010 § 73 Rn. 17.

34 BGHSt 52, 227 Rn. 76.

35 BGHSt 52, 227 Rn. 107.

36 *Kudlich/Noltensmeier* wistra 2007, 121, 127.

37 BGH NStZ 2010, 339, 341; a.A. OLG Stuttgart NJW 2011, 3667, 3670, allerdings ohne jeden Hinweis auf die abweichende BGH-Entscheidung.

38 BGH NStZ 2011, 83 Rn. 39. In einem Beschluss v. 7. 7. 2006 – 2BVR 527/06 Rn. 3 – hatte zuvor das BVerfG erklärt, das in den Unternehmensverkauf Investierte könne nicht verfallsmindernd berücksichtigt werden. Es sei selbst Gegenstand der Täuschung gewesen.

39 BGH NStZ 2010, 339, 341; zweifelnd zu dieser Unterscheidung *Vogel* JZ 2010, 367, 372.

schäft als Ganzes sei also verboten.[40] Alles Erlangte sei ohne Minderung durch Aufwendungen verfallen.[41]

Es leuchtet ein, dass man nicht alle rechtswidrigen Taten im Hinblick auf den Verfall gleichbehandeln kann. Zu Recht wird darauf hingewiesen, dass weder die Ausführung eines Auftrags zum Bau einer Müllverbrennungsanlage, noch der Kauf und der Verkauf von Aktien verboten ist. Verboten ist nur die Bestechung zur Erlangung des Auftrages bzw. der Verkauf der Aktien unter Ausnutzung von Insiderwissen. Hingegen sind Embargo-Verstöße und Rauschgift- sowie Betrugsgeschäfte insgesamt verboten.

Allerdings bin ich der Auffassung, dass der Schutzzweck der Norm erst auf der zweiten Stufe des Erlangten, nämlich zur Bestimmung von dessen Höhe herangezogen werden kann. Aus der rechtswidrigen Tat ist dem Drittbegünstigen zunächst einmal **de facto der gesamte Taterlös** zugeflossen. Ob er insgesamt oder nur in einem bestimmten Umfang dem Verfall unterliegt, ist nach dem gesetzgeberischen Zweck des Bruttoprinzips zu bestimmen. Der Gesetzgeber wollte verhindern, dass gewinnorientierte Straftaten wirtschaftlich gesehen risikolos begangen werden können. Nach dem Nettoprinzip wurde nur der Taterlös abzgl. der Tatkosten abgeschöpft. Nach dem Bruttoprinzip soll entsprechend § 817 S. 2 BGB das in ein **verbotenes Geschäft** Investierte unwiederbringlich verloren sein.[42] Nur die speziell dem Verbot zuwider getätigten Aufwendungen dürfen also nicht verfallsmindernd berücksichtigt werden.[43] Es ist daher zu fragen, warum ein Handeln verboten ist, welchem Schutzzweck die Norm dient, gegen die verstoßen wurde.

So weist der 1. Senat in seiner Entscheidung zur irreführenden Werbung darauf hin, Schutzzweck von § 16 UWG n.F. sei, den Verbraucher vor zweckverfehltem und vermögensschädigendem Mitteleinsatz zu bewahren.[44] Nach dem Willen des Gesetzgebers sollen sämtliche Aufwendungen für ein derartiges Geschäft verloren sein. Also unterliegt der gesamte Erlös dem Verfall.

In dem Kölner Müll-Skandal ist Schutzzweck der Verbotsnorm – Bestechung im geschäftlichen Verkehr – die Wahrung des freien Wettbewerbs.[45] Der Bau der Müllverbrennungsanlage ist nicht verboten. Folglich werden die insoweit getätigten Aufwendungen verfallsmindernd berücksichtigt, nicht jedoch die Bestechungssumme. Der 5. Senat hat also richtigerweise nur den Gewinn dem Verfall unterworfen. Zu Recht hält der 1. Senat in seinem Wettbewerbsurteil fest, die Müllverbrennungsanlage wäre in jedem Fall gebaut worden. Der Werklohn hätte in jedem Fall entrichtet werden müssen.[46]

Dasselbe gilt für die Insider-Geschäfte. Schutzzweck der Norm ist das Verbot der unzulässigen Erhöhung der Gewinnchance.[47] Nicht die investierten Aktien haben aber die

---

40 BGHSt 52, 227 Rn. 105.
41 BGHSt 52, 227 Rn. 98ff.
42 BVerfG NJW 2004, 2073, 2076; BGHSt 47, 369, 372, 374; BGHSt 52, 227 Rn. 101; BTDrS 12/899 S. 11.
43 BGHSt 52, 227 Rn. 105; BGHSt 50, 299, 310.
44 BGHSt 52, 227 Rn. 105.
45 *Fischer* a.a.O. § 299 Rn. 2.
46 BGHSt 52, 227 Rn. 105.
47 *Fuchs* WpHG, Komm., 2009, vor § 12 Rn. 138 verweist auf die Chancengleichheit beim Zugang zu relevanten Informationen. S. auch *Rönnau* a.a.O. Rn. 195.

Gewinnchancen erhöht, sondern das Insider-Wissen. Die Aufwendungen für die verkauften Aktien müssen verfallsmindernd berücksichtigt werden. Ich teile – wie auch *Kudlich*[48] – nicht die Auffassung von *Vogel,* dass man sich auf diese Weise die Ermittlungs- und Nachweisprobleme einhandelt, die der Gesetzgeber mit Einführung des Bruttoprinzips vermeiden wollte.[49] Die Aufwendungen können ermittelt werden.[50]

Die Ergebnisse entsprechen der dargestellten Rechtsprechung. Der hier vorgestellte Lösungsweg vermeidet aber die Schwierigkeiten, die die Rechtsprechung bei der Begründung in den Bestechungsfällen und bei den Insider-Geschäften hat. Wenn der BGH z. B. im Kölner Müll-Skandal meint, erlangtes Etwas sei der Gewinn, so ist evident, dass die Aufwendungen entgegen dem Bruttoprinzip bereits bei Bestimmung des Erlangten gegengerechnet worden sind. Und wenn bei den Insider-Geschäften die verkauften Aktien als nicht aus der Tat erlangt bzw. legal erworben bezeichnet werden,[51] so wird mit dieser Argumentation verdeckt, dass mit ihnen der Verkaufserlös erzielt worden ist. Außerdem mindert der legale Erwerb der Aktien nicht zwingend die Verfallsanordnung. Auch in den Embargo-Geschäften können die Investitionen durchaus aus legalem Vermögen stammen.[52] Warum die Aufwendungen in den Bestechungsfällen und die Investitionen bei den Insider-Geschäften richtigerweise verfallsmindernd berücksichtigt werden müssen, ergibt sich jedoch aus dieser Argumentationsweise nicht, sondern aus dem Ziel des Bruttoprinzips in Verbindung mit dem Schutzzweck der Verbotsnorm.

IV. Härteausgleich nach § 73 c StGB

§ 73 c StGB enthält zwei Tatbestandsalternativen: Nach Abs. 1 S. 1 ist zwingend von der Verfallsanordnung abzusehen, wenn eine unbillige Härte vorliegt. § 73 Abs. 1 S. 2 stellt das Absehen von einer Verfallsanordnung in das Ermessen des Tatrichters, wenn das Erlangte nicht mehr im Vermögen des Betroffenen vorhanden ist.

1. § 73 c Abs. 1 S. 1 StGB

Nach der Auffassung des BGH bietet diese Härteklausel eine hinreichend bestimmte Begrenzung, soweit der Verfall den Betroffenen übermäßig belasten würde.[53] Ganz überwiegend wird in der Literatur jedoch davon ausgegangen, dass § 73 c StGB keinen ausreichenden Schutz gewährt.[54] Zu Recht: Nach der Rechtsprechung des BGH handelt es sich um eine Ausnahme-Vorschrift,[55] die nur in besonders gelagerten Einzelfällen

48 *Kudlich/Noltensmeier* wistra 2007, 121, 124.
49 *Vogel* JZ 2010, 370, 372.
50 Vgl. *Kudlich/Noltensmeier* a. a. O., S. 124.
51 BGH NStZ 2010, 339, 341.
52 Vgl. auch BVerfG StV 2004, 409, 410; BVerfG NJW 2004, 2073, 2076; BVerfG v. 7. 7. 2006 2 BvR 527/06 Rn. 3.
53 BGHSt 47, 369, 376; vgl. auch *Lohse,* der das allerdings nur so sieht nach gewissen Erweiterungen des Anwendungsbereiches, JR 2009, 188, 192.
54 *Saliger* NJW 2006, 3372, 3381; *Wehnert/Mosiek* StV 2005, 568, 574; *Hofmann* wistra 2008, 401, 407; *Rönnau* a. a. O. Rn. 191 ff.
55 *Nack* GA 2003, 879, 886 m. w. N.

Anwendung finden soll.[56] An die Voraussetzungen müssen hohe Anforderungen gestellt werden.[57] Insbesondere darf die generelle Fragwürdigkeit des Bruttoprinzips allein nicht ausreichen, um eine Härte anzunehmen, da sonst der gesetzgeberische Wille konterkariert würde.[58]

Es stellt sich also die Frage, wann ein solcher Ausnahmefall angenommen werden soll. Die Rechtsprechung gibt insoweit nur wenig hinreichend bestimmte Anhaltspunkte. Die Situation muss danach so sein, dass die Verfallserklärung „schlechthin ungerecht" wäre und das Übermaßverbot verletzen würde.[59] Damit hat man lediglich den unbestimmten Rechtsbegriff der unbilligen Härte durch weitere unbestimmte Begriffe ersetzt.

Entscheidend sei, so der BGH, wie sich die Verfallsanordnung konkret auf das Vermögen auswirkt.[60] So wird als Beispiel für eine unbillige Härte vom BGH die Existenzgefährdung genannt.[61] Aus derselben Entscheidung muss man freilich entnehmen, dass sie bei Bösgläubigkeit der Organe kein Gesichtspunkt für eine unbillige Härte sein soll. Andererseits wird von der Rechtsprechung auch nicht etwa umgekehrt bei Gutgläubigkeit der Organe des Drittbegünstigten in jedem Fall eine unbillige Härte bejaht. Nach der Rechtsprechung soll zwar die Gutgläubigkeit des Dritten ein Anlass sein, eine unbillige Härte zu prüfen.[62] Der BGH spricht in einer Entscheidung sogar von einem zentralen Ermessensgesichtspunkt.[63] Der Fall der ohne Genehmigung unter Verstoß gegen das AWG ausgeführten Tiefbohrwerkzeuge in den Iran zeigt aber, dass eine unbillige Härte nach der Rechtsprechung schon dann nicht mehr gegeben sein soll, wenn der **Vertreter** des gutgläubigen Organs hätte erkennen können und müssen, dass eine Umgehungsausfuhr vorgenommen würde,[64] also bei bloßer Fahrlässigkeit.

Bei **Gutgläubigkeit der Organe** des Drittbegünstigten **muss** meines Erachtens eine unbillige Härte bejaht werden.[65] Sowohl der Gesetzgeber wie das BVerfG rechtfertigen das Bruttoprinzip u. a. mit der Angleichung des Verfalls an die zivilrechtlichen Kondiktionsvorschriften. Diese schützen aber den **gutgläubigen** Bereicherungsschuldner, wie das BVerfG auch ausdrücklich festhält.[66] Dann kann aber nicht trotz Gutgläubigkeit des bereicherten Drittempfängers legal erworbenes investiertes Vermögen abgeschöpft werden. So hätten in dem Iran-Fall die Investitionen in das Geschäft wegen unbilliger Härte verfallsmindernd wirken müssen.

Weitere Anhaltspunkte für eine unbillige Härte erwähnt der BGH in der Falk-Entscheidung. Danach können Schadensersatzleistungen des Täters im Rahmen der Härteklau-

56 BGHSt 52, 227 Rn. 113; BGH JR 2004, 517, 518.
57 BGH NStZ-RR 2002, 7, 8.
58 *Kudlich/Noltensmeier* wistra 2007, 121, 126.
59 BGH wistra 2009, 23.
60 BGH NStZ-RR 2002, 7, 8.
61 BGHSt 47, 369, 377.
62 BGHSt 47, 369, 376.
63 BGH NStZ-RR 2007, 109, 110; vgl. auch BGHSt 47, 369, 376.
64 BGH JR 2004, 517, 518.
65 Ebenso *Schönke/Schröder/Eser*, § 73 c Rn. 2.
66 BVerfG NJW 2004, 2073, 2076; BT-Drucks. 12/1134 S. 12.

sel Berücksichtigung finden.[67] Ferner verweist der BGH in derselben Entscheidung darauf, dass der Kursverfall von Aktien, die als Kaufpreis hingegeben wurden, wegen einer vereinbarten Sperrfrist „allenfalls" im Rahmen des § 73c Berücksichtigung finden könnten.[68]

Insgesamt muss man zu dem Ergebnis kommen, dass verlässliche Anhaltspunkte für die Auslegung des unbestimmten Rechtsbegriffs „unbillige Härte" fehlen.[69] Zwar ergeben sich dadurch für den Verteidiger, wie *Rönnau* meint,[70] einige Argumentationsmöglichkeiten. Insgesamt ist diese Situation aber wegen der Unvorhersehbarkeit der Verfallsergebnisse äußerst unbefriedigend.

2. Entreicherung, § 73c Abs. 1 S. 2 StGB

Auch die Ermessensvorschrift des § 73c Abs. 1 S. 2 StGB wird von der Rechtsprechung restriktiv gehandhabt. Keinesfalls liegt grundsätzlich schon dann eine Entreicherung vor, wenn das aus der rechtswidrigen Tat Erlangte nicht mehr im Vermögen des Drittbegünstigten vorhanden ist.

Grundsätzlich gilt vielmehr nach der Rechtsprechung des BGH, dass § 73c Abs. 1 S. 2 StGB nicht in Betracht kommt, wenn und soweit der Drittbegünstigte über Netto-Vermögen verfügt, das wertmäßig nicht hinter dem anzuordnenden Verfall zurück bleibt.[71] Dabei soll unbeachtlich sein, ob das vorhandene Vermögen einen konkreten oder unmittelbaren Bezug zu der rechtswidrigen Tat hat.[72] Das soll selbst dann gelten, wenn zweifelsfrei feststeht, dass das vorhandene Vermögen ohne denkbaren Zusammenhang mit den abgeurteilten Taten erworben wurde, z.B. durch Erbfolge.[73] Anderenfalls würden die Praktikabilität und die Effektivität der Verfallsvorschriften sowie insbesondere die Präventionswirkung beschränkt. In solchen Fällen verweist der BGH auf § 73c Abs. 1 S. 1, die „unbillige Härte", die hinreichenden Schutz biete.[74] Dass dies unzutreffend ist wegen der Unwägbarkeiten bei Heranziehung dieser Ausnahmevorschrift, habe ich bereits ausgeführt.

Außerdem kann einer solchen Auffassung auch nicht gefolgt werden.[75] Zweifelsfrei ohne jeden denkbaren Zusammenhang mit den abgeurteilten Straftaten erworbenes Vermögen darf nicht dazu dienen, eine Entreicherung zu verneinen.[76] Dies hat der 4. Senat des BGH in einer neueren Entscheidung zu Recht wiederum ausgeführt.[77] In dem Fall war im Vermögen des von der Verfallsanordnung Betroffenen das aus den rechtswidrigen Taten Erlangte nicht mehr vorhanden. Mit ihrer Revision beanstandete

---

67 BGH NStZ 2011, 83 Rn. 60.
68 BGH NStZ 2011, 83 Rn. 50; ebenso BVerfG StV 2004, 409, 410.
69 So auch NK-*Herzog* § 73c Rn. 1.
70 *Rönnau* a.a.O. Rn. 573.
71 BGH NStZ-RR 2002, 7, 8; BGH NStZ 2003, 257, 258; BGH NStZ 2006, 570, 571.
72 BGHSt 51, 65 Rn. 22; BGH wistra 2009, 23, 24; BGH NStZ 2000, 480.
73 BGHSt 51, 65 Rn. 23; BGHSt 52, 227 Rn. 113.
74 BGHSt 51, 65 Rn. 23; BGHSt 52, 227 Rn. 113.
75 Vgl. schon BGHSt 48, 40 ff. – 4. Senat.
76 NK-*Herzog* § 73c Rn. 4; *Rönnau* NStZ 2003, 367, 368; vgl. auch *Dannecker* NStZ 2006, 683, 684; BGHSt 48, 40, 42.
77 BGH wistra 2009, 23, 24.

die Staatsanwaltschaft, dass das Landgericht es abgelehnt hatte, eine lange vor den Taten abgeschlossene und beitragsfrei gestellte Lebensversicherung als abzuschöpfenden vorhandenen Vermögenswert anzusehen. Der BGH hat die Revision zurückgewiesen. Dies ist zutreffend.

Mit der Einführung des Bruttoprinzips sollte, so das Bundesverfassungsgericht, dem Täter und der Rechtsgemeinschaft vor Augen geführt werden, dass **deliktisch Erlangtes** weggenommen wird, strafrechtswidrige Bereicherungen nicht geduldet werden und sich Straftaten nicht lohnen.[78] Die Lebensversicherung war nicht deliktisch erlangt, also konnte sie nicht dazu dienen, eine Entreicherung zu verneinen.

Allerdings ist mit der Feststellung der Entreicherung erst die Ermessensentscheidung aus § 73c Abs. 1 Satz 2 eröffnet.[79] Maßgebend für die Ermessensentscheidung sind die Vermögensverhältnisse des Betroffenen und insbesondere der Grund, warum sich das Erlangte nicht mehr im Vermögen befindet. Bei Verprassen des Erlangten oder Investitionen in weitere rechtswidrige Geschäfte wird die Ermessensentscheidung negativ ausfallen.[80] Wird das Erlangte hingegen zur allgemeinen Schuldentilgung verwandt, ist es wertmäßig im Vermögen des Unternehmens nicht mehr vorhanden.[81] Etwas anderes gilt aber, wenn es zur Entschuldung von getätigten Investitionen oder für neue Investitionen verwendet wurde.[82] Deren Wert ist im Vermögen vorhanden, so dass ggf. Wertersatzverfall angeordnet werden kann.

Wichtig ist im Rahmen des § 73c I 2, dass Steuern, die für das rechtswidrig Erlangte gezahlt oder zumindest bestandskräftig festgesetzt worden sind, den Verfallsbetrag mindern. Insoweit liegt eine Entreicherung vor, die zu einer positiven Ermessensentscheidung führt. Eine Doppelbelastung, die in der Abschöpfung des Erlangten nach dem Bruttoprinzip und zugleich in dessen Besteuerung besteht, muss vermieden werden.[83]

Eine Insolvenzeröffnung, wie in unserem Kölner Müllfall, steht hingegen einer Verfallsanordnung nicht entgegen.[84] Sie führt nicht automatisch zu einer Entreicherung. Diese liegt vielmehr erst mit der Feststellung vor, dass kein verwertbares Vermögen vorhanden ist.[85]

---

78 BVerfG NJW 2004, 2073, 2075.
79 BGH NStZ 2000, 480, 481; BGH wistra 2009, 23, 24.
80 BGH wistra 2009, 23, 25 m. w. N.
81 BGH NStZ 2000, 480, 481.
82 BGH NStZ 2000, 480, 481.
83 BGHSt 47, 260, 266.
84 BGH NStZ 2006, 210 f. Rn. 23.
85 BGHSt 52, 227 Rn. 114.

V. Keine Verfallsanordnung bei zivilrechtlichen Ansprüchen von Verletzten

Gem. § 73 Abs. 1 S. 2 StGB haben Ansprüche von Verletzten Vorrang vor einer Verfallsanordnung. Der Ausschluss des Verfalls gilt in diesen Fällen auch gegenüber einem Drittbegünstigten.[86]

Voraussetzung für den Ausschluss ist lediglich die rechtliche Existenz der Ansprüche.[87] Weder ist erforderlich, dass die Ansprüche geltend gemacht wurden noch, dass ihre Geltendmachung erwartet wird.[88] Erst wenn die Ansprüche verjährt sind oder wenn auf ihre Geltendmachung wirksam verzichtet wurde, kann der Verfall in diesen Fällen angeordnet werden.[89]

Wenn Ansprüche von Verletzten bestehen, ist die Verfallsanordnung allerdings nur in deren Höhe ausgeschlossen. Das darüber hinausgehend Erlangte unterliegt der Verfallsanordnung.

B. Die strafprozessualen Sanktionen

I. Einleitung

Bei der Verfallsanordnung gegenüber Drittbegünstigten geht es in aller Regel um Wertersatzverfall, § 73 a StGB. Um diesen zugunsten des Staates sicherzustellen, **kann**, wenn Gründe für die Annahme vorhanden sind, dass die Voraussetzungen des Verfalls vorliegen, nach § 111 d StPO der dingliche Arrest angeordnet werden (§ 111 b Abs. 2 StPO). Wenn die Anordnung des Verfalls wegen vorrangiger Ansprüche von Verletzten unmöglich ist, kann dennoch zu deren Gunsten der dingliche Arrest angeordnet werden (Rückgewinnungshilfe, § 111 b Abs. 5 StPO).

II. Voraussetzungen des dinglichen Arrests

Die Anordnung des dinglichen Arrestes setzt lediglich „Gründe" für das Vorliegen einer rechtswidrigen Straftat voraus, die die Anordnung von Wertersatzverfall zur Folge haben kann. Nach herrschender Meinung bedeutet dies einen Anfangsverdacht im Sinne des § 152 Abs. 2 StPO.[90] Der Anfangsverdacht muss es nach den kriminalistischen Erfahrungen als möglich erscheinen lassen, dass eine verfolgbare Straftat vorliegt. Dazu genügen auch entfernte Indizien.[91]

---

86 BGHSt 52, 227 Rn. 86; BGH NStZ-RR 2007, 109, 110; *Nack* GA 2003, 879, 882.
87 BGH NStZ 2011, 83 Rn. 53.
88 BGH NStZ 2011, 83 Rn. 53.
89 BGH NStZ 2006, 621, 623; *Fischer* § 73 Rn. 19.
90 SK-StPO/*Rogall* 4. Aufl. 2010, § 111 b Rn. 12; *Meyer-Goßner* StPO, 54. Aufl. 2011, § 111 b Rn. 8.
91 *Meyer-Goßner* StPO 54. Aufl. 2011, § 152 Rn. 4 m.w.N.

Ferner muss eine gewisse Wahrscheinlichkeit für die Anordnung des Verfalls im Hauptsacheverfahren vorhanden sein.[92]

Schließlich muss ein Arrestgrund vorliegen (§ 111d Abs. 2 StPO i.V.m. § 917 ZPO). Es muss zu besorgen sein, dass ohne den dinglichen Arrest die künftige Vollstreckung des Anspruchs vereitelt oder wesentlich erschwert wird. Das ist in aller Regel zu verneinen, wenn die wirtschaftliche Situation des Arrestschuldners so ist, dass die Abschöpfung auch im Zeitpunkt der Verfallsanordnung noch erfolgreich durchgeführt werden kann. Etwas anderes gilt allerdings, wenn Vollstreckungsvereitelungstendenzen erkennbar sind oder Vermögensverschiebungen vorgenommen werden, die keinen rechtfertigenden Grund haben.[93] Kooperation mit den Ermittlungsbehörden und Transparenz hinsichtlich der Vermögensverhältnisse ist immer ein Gegenspieler des Arrestgrundes.[94]

III. Dauer der Maßnahme

Die Herabsenkung der Verdachtsschwelle von „dringenden" Gründen auf den Anfangsverdacht durch das OrgKG 1998 hat in der Literatur mit Blick auf die Unschuldsvermutung und insbesondere, weil der Verfall, wie wir gesehen haben, nach dem Bruttoprinzip auch legal erwirtschaftetes Vermögen erfassen kann, vehemente Kritik hervorgerufen.[95]

Verschärft worden ist die Situation zudem durch das Gesetz zur Stärkung der Rückgewinnungshilfe und der Vermögensabschöpfung vom 1. 1. 2007.

Ursprünglich musste der dingliche Arrest aufgehoben werden, wenn nach 6 Monaten immer noch keine dringenden Gründe für die Annahme der endgültigen Anordnung des Verfalls vorlagen. Diese setzen ein hohes Maß der Wahrscheinlichkeit voraus, dass es zum Verfall kommt.[96] Jetzt kann die Maßnahme auf Antrag der Staatsanwaltschaft um weitere 6 Monate verlängert werden. Es muss nur etwas mehr als ein Anfangsverdacht gegeben sein. Die Annahme des Verfalls muss durch bestimmte Tatsachen, also eine konkretisierte Verdachtslage, gestützt werden.[97] Außerdem müssen bestimmte Gründe ergeben, dass die Frist von 6 Monaten nicht ausreicht zur Feststellung dringender Gründe für die Verfallsanordnung. Entsprechend der Verlängerung der Frist beim Haftbefehl (§ 121 StPO) sind besondere Schwierigkeiten und besonderer Umfang der Ermittlungen oder ein anderer wichtiger Grund erforderlich. Erst wenn auch nach Ablauf von einem Jahr sich keine dringenden Gründe herauskristallisiert haben, muss der dingliche Arrest aufgehoben werden.

---

92 OLG Hamburg StV 2009, 122, 123; OLG Celle NStZ-RR 2008, 203, 204; SK-StPO/*Rogall*, § 111 b Rn. 12.

93 Zum rechtfertigenden Grund vgl. LG Lübeck, wistra 2004, 400.

94 SK-StPO/*Rogall*, § 111 d Rn. 14; vgl. auch OLG Hamburg StV 2009, 122, 124.

95 Vgl. aus jüngerer Zeit insbesondere *Wehnert/Mosiek* StV 2005, 568 ff; *Greeve* NJW 2007, 14 ff; *Hofmann* wistra 2008, 401 ff.

96 OLG Celle NStZ-RR 2008, 203, 204.

97 SK-StPO-*Rogall*, § 111 b Rn. 28.

IV. Der dingliche Arrest als Ermessensvorschrift

Selbst wenn die soeben geschilderten Voraussetzungen für die Anordnung des dinglichen Arrestes vorliegen, ist zu beachten, dass die Anordnung eine **Ermessensvorschrift** ist.[98] Der dingliche Arrest **kann** angeordnet werden, er muss es aber nicht.

Nach der Rechtsprechung des BVerfG ist der dingliche Arrest grundsätzlich zulässig. Die Anordnung des Verfalls sei eine Inhalts- und Schrankenbestimmung des Eigentums im Sinne Art. 14 Abs. 1 Satz 2 GG. Deshalb dürften auch entsprechende Sicherungsmaßnahmen ausgebracht werden.[99] Mit dem dinglichen Arrest und den auf seiner Grundlage ergehenden Pfändungen wird aber, so das BVerfG, die Nutzungs- und Verfügungsmöglichkeit des Eigentümers in einschneidender Weise beschränkt. Der vom dinglichen Arrest Betroffene kann auf unbestimmte Zeit auf sein Vermögen nicht mehr zugreifen.[100] Wegen der Außenwirkung der Arrestanordnung drohen insbesondere beim Drittempfängerverfall gegenüber Unternehmen erhebliche Reputationsschäden, z.B. hinsichtlich der Kreditwürdigkeit, die auch nach einer eventuellen Aufhebung der Maßnahmen irreparabel sind.[101] Dies und die aus der vorläufigen Sicherstellung möglicherweise resultierenden Liquiditätsengpässe können unabsehbare Folgen auch für völlig unbeteiligte Geschäftspartner des Unternehmens haben.

Die rechtsstaatlich problematische Anordnung des dinglichen Arrestes in einem sehr frühen Stadium bei nur einfachem Tatverdacht mit gravierenden Folgen hat dazu geführt, dass das BVerfG mehrfach dingliche Arrestanordnungen aufgehoben hat.[102] Nach seiner Rechtsprechung sind im Rahmen der Ermessensausübung sowohl an das formelle Verfahren wie an die Zumutbarkeit und Angemessenheit besondere Anforderungen zu stellen.[103]

1. Anforderungen an das formelle Verfahren

1.1 Das die Anordnung treffende **Gericht** muss die tatsächlichen Grundlagen für seine Entscheidung **selber** ermitteln und die rechtlichen Schlussfolgerungen auf der Grundlage **eigener rechtlicher Prüfungen** ziehen.[104] Die – zumindest bei Durchsuchungs- und Beschlagnahmebeschlüssen, aber häufig auch bei Haftbefehlen – geübte Praxis der bloßen Unterschrift des Richters unter von der Staatsanwaltschaft formulierte Texte ist nach der Rechtsprechung des BVerfG unzulässig.

1.2 Wenn die vorläufige Sicherungsmaßnahme das gesamte oder nahezu das gesamte Vermögen des Betroffenen umfasst, reicht eine Vermutung nicht aus, dass es sich um

98 BVerfG StraFo 2005, 338, 339.
99 BVerfG NJW 2004, 2073, 2076; StV 2004, 409, 410; BVerfG vom 7. 7. 2006 – 2 BvR 527/06 – Rn. 3.
100 BVerfG StV 2004, 409, 410.
101 BVerfG Beschl. v. 19. 1. 2006, 2 BvR 1075/05 Rn. 25.
102 Z.B. BVerfG StraFo 2005, 338, 339.
103 BVerfG StV 2006, 449.
104 BVerfG StV 2006, 449, 450.

strafrechtlich erlangtes Vermögen handelt.[105] Das Gericht muss vielmehr die tatsächlichen und rechtlichen Erwägungen für diese Annahme eingehend darlegen.[106]

1.3 Dem Betroffenen muss nicht erst zur endgültigen Verfallsentscheidung rechtliches Gehör gewährt werden, sondern bereits im Arrestverfahren.[107]

1.4 Zu dem rechtlichen Gehör gehört die Gewährung entsprechender Akteneinsicht.[108]

2. Zumutbarkeit und Angemessenheit der Maßnahme

Bei der Zumutbarkeit und Angemessenheit der Maßnahme verlangt das Eigentumsrecht des Betroffenen eine Abwägung des Sicherstellungsinteresses des Staates bzw. des Verletzen mit der Eigentumsposition des Betroffenen.[109] Aus dem Verhältnismäßigkeitsgrundsatz folgt eine Wechselbeziehung zwischen dem Gewicht des Eingriffs und den Anforderungen an seine Anordnung.[110] Je intensiver der Staat in den vermögensrechtlichen Freiheitsbereich eingreift, desto höher sind die Anforderungen an die Rechtfertigung.[111] Das Sicherstellungsinteresse muss das Eigentumsrecht überwiegen.[112]

2.1 Es kann nicht Aufgabe des Staates sein, dem **Tatverletzten** eigene Arbeit und Mühe abzunehmen.[113] Vielmehr ist Zweck der **Rückgewinnungshilfe**, dem Geschädigten die Durchsetzung seiner Ansprüche zu ermöglichen, wenn ihm das sonst nicht oder nur unter großen Schwierigkeiten möglich wäre.[114] Verfügt der Verletzte über eine eigene Rechtsabteilung oder hat er die wirtschaftlichen Mittel, externen Rechtsrat einzuholen, ist schon aus diesem Grunde die Anordnung abzulehnen. Voraussetzung ist freilich, dass er über alle relevanten Umstände informiert ist.

So hatte z.B. ein Gläubiger trotz Kenntnis aller relevanten Umstände und trotz Vorliegens von sofort vollziehbaren Rückforderungsbescheiden keine Zwangsvollstreckungsmaßnahmen eingeleitet. Das BVerfG hat die Arrestbeschlüsse aufgehoben.[115]

In einem Steuerstrafverfahren hat das OLG Celle eine Arrestanordnung zugunsten des Finanzamtes abgelehnt. Dieses hatte in Kenntnis aller wesentlichen Umstände keine Anstalten gemacht, selber Maßnahmen zur Sicherung der Steuerforderungen einzuleiten, obwohl es gem. §§ 324ff. AO selbst Arrest in das Vermögen des Steuerschuldners anordnen konnte.[116]

---

105 BVerfG StV 2004, 409, 410.
106 BVerfG StV 2004, 409, 410; StV 2006, 449, 450.
107 BVerfG Beschl. vom 19. 1. 2006, 2 BvR 1075/05 Rn. 25.
108 BVerfG Beschl. vom 19. 1. 2006, 2 BvR 1075/05 Rn. 26f.
109 BVerfG NJW 2005, 3630; BVerfG StV 2006, 449.
110 BVerfG StV 2006, 450.
111 BVerfG StV 2006, 450.
112 BVerfG StraFo 2005, 338, 339.
113 OLG Düsseldorf StV 2003, 547, 548.
114 OLG Celle StV 2009, 120, 122; vgl. auch *Theile* StV 2009, 161, 164; *Wehnert/Mosiek* StV 2005, 568, 572; a. A. LG Hamburg NStZ-RR 2004, 215, 216.
115 BVerfG StraFo 2005, 338, 339.
116 OLG Celle StV 2009, 120, 122; OLG Oldenburg, StV 2008, 241; vgl. auch BVerfG StV 2005, 338ff.

2.2 Beim dinglichen Arrest **zu Gunsten des Staates** hat eine Abwägung stattzufinden zwischen dem für den Staat verbleibenden Restrisiko, dass letztlich die Verfallsanordnung ins Leere gehen könnte und den Folgen einer vorläufigen Sicherstellung für den Betroffenen. Bei tatunbeteiligten Dritten wird in diesem Fall eine Unverhältnismäßigkeit angenommen, wenn die Anordnung des Arrestes voraussichtlich die wirtschaftliche Existenz des Verfallsbeteiligten bedrohen würde. So hat das Thüringische OLG einen dinglichen Arrest in das Vermögen einer verfallsbeteiligten GmbH bei einem Restrisiko für den Staat, aber einer Existenzbedrohung für die GmbH abgelehnt.[117] Die Gut- oder Bösgläubigkeit der Organe, die Geschäftsführerin und der faktische Geschäftsführer waren die Angeklagten, spielte dabei keine Rolle.

2.3 Ein weiterer Abwägungsgesichtspunkt beim Sicherstellungsbedürfnis ist neben der konkreten Arresthöhe die Dauer der Maßnahme. Zwar hat der Gesetzgeber beim Vorliegen von „dringenden Gründen" für die Anordnung des Verfalls keine zeitliche Beschränkung vorgesehen. Dennoch reduziert sich das Sicherstellungsbedürfnis, wenn der Arrestgläubiger untätig bleibt. So waren in einem Fall zwei Jahre vergangen, ohne dass in beachtlichem Umfang Schadensersatzansprüche von geschädigten Anlegern geltend gemacht wurden. Der Arrest wurde aufgehoben.[118] Abgelehnt wurde die Arrestanordnung in Höhe von € 500.000,00 in einem anderen Fall mit der Begründung, es liege bereits seit einem Jahr ein Arrest in Höhe von € 200.000,00 vor, ohne dass eine Anklageerhebung absehbar sei.[119]

Mit zunehmender Dauer des Arrestes nehmen auch die Anforderungen an die Beweisdichte zu.[120] So wurde ein Arrest aufgehoben, weil es der Staatsanwaltschaft nicht gelungen war, innerhalb von sechs Monaten die dringenden Gründe für die Verfallsanordnung zu belegen.[121]

C. Ergebnis

Im Ergebnis ist festzustellen, dass der Gesetzgeber bisher kein widerspruchsfreies und von einem einheitlichen Grundgedanken getragenes Konzept straf- und strafprozessrechtlicher Sanktionen gegen Unternehmen vorgelegt und dass auch die Rechtsprechung keine überzeugende Lösung der Problematik entwickelt hat.

117 Thüringisches OLG StV 2005, 90.
118 OLG Düsseldorf NStZ-RR 2002, 173.
119 OLG Celle StV 2009, 120, 122.
120 Vgl. BVerfG StraFo 2005, 338, 340; OLG Hamburg StV 2009, 122, 124.
121 OLG Celle NStZ-RR 2008, 203, 204.

Hundert Jahre Erfahrung mit einem Unternehmensstrafrecht in den USA

Christoph Partsch

Mit der Entscheidung *New York Central & Hudson River Rail Road Co.* des US Supreme Courts aus dem Jahre 1909[1] brach die US-amerikanische Rechtsprechung mit den übernommenen Konzepten des englischen Rechts und bestätigte die Möglichkeit einer Bestrafung eines Unternehmens. Der nachfolgende Beitrag soll kurz die dogmatischen Schritte darstellen, die zu diesem wegweisenden Urteil führten. Er will sich aber hauptsächlich den praktischen Erfahrungen mit dem Unternehmensstrafrecht und seinen bedenklichen Auswüchsen in den letzten Jahren widmen.

I.

Die Vereinigten Staaten von Amerika übernahmen zunächst die Konzepte des *common law* aus Großbritannien, welche wiederum zum Teil auf römischem Recht fußten. Dazu gehörte, dass Unternehmen weder über strafrechtlich relevante Handlungsfähigkeit, noch über ein erforderliches Bewusstsein verfügten, „*societas non delinquere potest*". Dies führte sowohl in Großbritannien wie in den USA zu erheblichen Regulierungslücken, da beiden Staaten ein ausgefeiltes Verwaltungsrecht und insbesondere die Möglichkeit zum Verwaltungszwang fehlten. Der dem US-amerikanischen Richter innewohnende Anspruch, die von ihm empfundene Gerechtigkeit zu sprechen und seine geringe Zurückhaltung, selbst Recht zu schaffen, führten zu einer Reihe von Entscheidungen, die mit unterschiedlichen Konzepten die als unbefriedigend empfundene Ausgangsposition zu überwinden suchte und an deren Ende die Entscheidung *New York Central & Hudson River Rail Road Co.* stand. Der Supreme Court bekräftigte in dieser Entscheidung die Möglichkeit der Bestrafung eines Unternehmens bei Delikten, die eigentlich Vorsatz in Form der *mens rea* voraussetzten. *Mens rea* umfasst den *general intent*, die bewusste Herbeiführung der Rechtsgutsverletzung, den deliktspezifischen Vorsatz in Form des *special intent*, die bewusste Fahrlässigkeit, *recklessness*, wie auch die Fahrlässigkeit, *negligence*. All dessen sollte es nun nach dem Urteil des Supreme Court nicht mehr bedürfen mit der ebenso einfachen wie pragmatischen Begründung, nichts spreche gegen eine Haftung des Unternehmens für die Handlungen seiner Angestellten, Direktoren und Vertreter in Ausübung ihrer Tätigkeit für das Unternehmen und zu dessen wirtschaftlichen Profit. Der Supreme Court bemühte zur Rechtfertigung seines Dammbruchs das zivil- und deliktsrechtliche Konzept des *respondeat superior* und der *vicarious liability*, also der Haftung des Vorgesetzten für die Handlungen seiner Untergebenen. Die Gerichte[2]

1 New York Central & Hudson River Rail Road Co. v. U.S., 212 U.S. 481 (1909).

2 Standard Oil v. U.S., 307 F.2d (5th Cir. 1962); Texas Oklahoma Express v. U.S., F2d 100 (10th Cir. 1970).

und einzelstaatliche Gesetzgebung[3] bauten dieses System in den folgenden Jahren immer weiter aus. Zwar scheiterte auf Bundesebene die Kodifizierung eines Unternehmensstrafrechts bis heute. Einzig der Versuch einer bundeseinheitlichen Strafzumessung in Form der *sentencing guidelines* gelang im Jahre 1961. Zuvor war die Sanktionshöhe völlig in das Ermessen des Richters gelegt und führte zu nicht mehr nachvollziehbaren Entscheidungen in beide Richtungen. Diese Strafzumessungsrichtlinien von 1961 waren lange in Deutschland kaum bekannt,[4] definieren aber die wichtigsten Anforderungen an das Verhalten der Unternehmen, um mögliche Bußgeldzahlungen zu vermeiden und wesentlich zu reduzieren.[5] Diese Strafzumessungsrichtlinien legen daher die Anforderungen an die interne Organisation eines Unternehmens fest. Sie sollten daher mit äußerster Aufmerksamkeit gelesen werden.

II.

Diese Strafzumessungsrichtlinien sind wohl auch der erste Schritt des US-amerikanischen Gesetzgebers, Unternehmen in rechtsstaatlich bedenklicher Form in die Rechtsverfolgung und in die Kriminalitätsprävention einzubeziehen, an deren vorläufigem Abschluss der *Sarbanes-Oxley-Act*[6] aus dem Jahre 2002 steht. Hinter den dort enthaltenen Begriffen *voluntary disclosure, compliance, self-reporting* und *cooperation* stehen Kollaborationskonzepte mit dem Staat. So werden unter dem Stichwort *voluntary disclosure* Unternehmen aufgefordert, zwecks Bußgeldreduzierung sich und ihre Mitarbeiter freiwillig zu belasten. Lohn der Selbstbelastung ist eine erhebliche Bußgeldreduzierung. Erfolgt die Selbstbelastung nicht vollständig, so bleibt es bei unternehmensvernichtenden Bußgeldhöhen. Unternehmen müssen unter dem Stichwort *self-reporting* Strukturen einführen, wonach Verstöße von Arbeitnehmern im Unternehmen angezeigt und vom Unternehmen sofort der Aufsichtsbehörde gemeldet werden müssen. Bestehen die Arbeitnehmer auf ihrem Recht, sich nicht selbst belasten zu müssen, so muss das Unternehmen sich umgehend von diesen Arbeitnehmern trennen. Unter *cooperation* versteht das US-amerikanische Strafrecht die Bereitschaft des Unternehmens, sich jahrelang im Rahmen von so genannten *Deferred Prosecution Agreements* unter die Aufsicht von Monitoren zu begeben, die auf Kosten des Unternehmens mit ihren Hundertschaften von Anwälten die Geschicke des Unternehmens letztlich ohne Aufsicht bestimmen. Der Monitor hat beispielsweise das Recht, sich in jedes Telefonat des Unternehmens einzuschalten, ohne dass dies den Telefonierenden angezeigt wird. Dies geschieht auch bei Telefonaten innerhalb europäischer Tochtergesellschaften. Diese Kollaborationskonzepte verstoßen zweifelsohne gegen Grundprinzipien der Rechtsstaatlichkeit, wenn sie Einzelpersonen zugemutet werden. Deutsche und andere ausländische Unternehmen, die sich in der Vergangenheit zumeist unbedacht, schlecht beraten und völlig unvorbereitet in den Anwendungsbereich eines U.S. Gesetzes begaben, werden jedoch durch

---

3 Vgl. *Cole* 2005 Colum. Bus. L. Rev. (2005), S. 1, 63 ff.

4 Sehr ausführlich nunmehr *Engelhart* Sanktionierung von Unternehmen, 2010, S. 115 ff.

5 Vgl. Chapter 8 der Sentencing Guidelines, nachzulesen unter http://www.ussc.gov/Guidelines/2011_Guidelines/Manual_HTML/Chapter_8.htm, abgerufen am 11. 2. 2012.

6 Sarbanes-Oxley Act vom 30. Juli 2002, Pub. L. No. 107–204, 116 Stat. 745.

diese Konzepte in ihrer Existenz und ihrem Selbstverständnis – gerade auch gegenüber ihren Arbeitnehmern – bedroht. Die deutsche Politik hat sich bis heute unwillig und unfähig gezeigt, ihren deutschen Staatsangehörigen in solchen Zwangslagen zu helfen. Erstaunlicherweise wird der Verzicht auf rechtsstaatliche Grundprinzipien auch in den U.S. kaum problematisiert. Dies liegt unter anderem daran, dass die drakonischen Strafandrohungen und Bußgeldhöhen insbesondere für börsennotierte Unternehmen die sofortige Insolvenz bedeuten würden. Es bleibt dem Unternehmen also nicht die Möglichkeit des Rechtswegs aus wirtschaftlichen Gründen. Beispiel hierzu ist u.a. der *Foreign Corrupt Practices* Act[7] (FCPA).[8] Auffallend ist, dass zu diesem Gesetz aus dem Jahre 1977 kaum eine Handvoll von Entscheidungen vorliegen. Es gibt jedoch Hunderte von *Deferred Prosecution Agreements* (DPA)zur Abwendung von Strafverfahren und deren Bußgeldfolgen. Offensichtlich haben es die Unternehmen also fast alle vorgezogen, den Rechtsweg nicht zu beschreiten, sondern sich in die jahrelange Abhängigkeit zur Exekutive in Form des Justizministeriums *Department of Justice* oder der Börsenaufsicht *Securities and Exchange Commission* zu begeben. Eine Überprüfung der Rechtsmäßigkeit der Maßnahmen erfolgt dann nicht mehr, da die Unterwerfung unter das DPA ja freiwillig geschah.

III.

Die Einführung eines Unternehmensstrafrechts war sicherlich der richtige Weg, um erhebliche Sanktionsdefizite in den USA zu beseitigen. Jedoch hat die Einführung der Strafzumessungsrichtlinien nicht dazu geführt, dass Unternehmen mit verhältnismäßigen Bußgeldern rechnen können. Im Gegenteil. Die Androhung einer unternehmensvernichtenden Bußgeldhöhe treibt die Unternehmen in Panikreaktionen und in die Unterwerfung unter Vereinbarungen mit der Exekutive, die die rechtsstaatliche Kultur eines Unternehmens gefährden. Die deutsche Rechtspolitik hat bisher völlig versagt, ihre Bürger vor Übergriffen dieser Form zu schützen. Unternehmensführer sollten sich genau überlegen, ob sie die in vielen Fällen für eine Begründung der Zuständigkeit US-amerikanischer Exekutivorgane erforderlichen *minimum contacts* zu den USA eingehen. Die unvorbereitete und unbedachte Hereinnahme des Risikos der Anwendbarkeit des US-amerikanischen Unternehmensstrafrechts sollte jedoch ein Fall der Manager- und Berater-Haftung sein.

---

7 Foreign Corrupt Practices Act aus dem Jahre 1977, Pub. L. No. 95–23, 91 Stat. 1494 (kodifiziert in der Änderung durch 15.U.S.C. §§ 78m, 78dd-1 bis 78dd-2, 78ff. (1994), durch den International Anti-Bribery and Fair Competition Act von 1998, 15 U.S.C. 78dd-1 bis 78dd-3, 78ff. (1999).

8 *Schulte/Görts* RIW 2006, 561–568.

Die strafrechtliche Haftung von juristischen Personen nach spanischem Strafrecht

Jesús-María Silva Sánchez

Gliederung

1. Einführung

Seit dem 23. Dezember 2010[1] gibt es in Spanien ein materiellrechtliches System für die Strafhaftung juristischer Personen, dessen Kern Art. 31 bis CP[2] darstellt.[3] Die Bezeichnung „juristische Personen" kommt nicht von ungefähr: Die Haftung wird Gebilden zugeschrieben, die Rechtspersönlichkeit aufweisen,[4] nicht den als wirtschaftliche Einheiten verstandenen Unternehmen.[5] Für die Fälle von Organisationen ohne Rechtsper-

---

1 Dies war das Datum des Inkrafttretens des Organischen Gesetzes 5/2010, vom 22. Juni, das die Reform eingeführt hat.

2 CP = Código penal (spanisches Strafgesetzbuch).

3 Zur Reichweite der Reform siehe in der spanischen Literatur u. a.: *Zugaldía Espinar* La responsabilidad penal de empresas, fundaciones y asociaciones: presupuestos sustantivos y procesales, 2008; *Nieto Martín* La responsabilidad penal de las personas jurídicas: un modelo legislativo, 2008; *Feijoo Sánchez* Cuestiones actuales de Derecho Penal económico, 2009; *Robles Planas* El „hecho propio" de las personas jurídicas y el informe del Consejo General del Poder Judicial al Anteproyecto de Reforma del Código penal de 2008, in InDret Penal 2/2009; *Gómez-Jara Díez* Fundamentos modernos de la responsabilidad penal de las personas jurídicas, 2010; *Gómez Tomillo* Introducción a la responsabilidad penal de las personas jurídicas en el sistema español, 2010; *Feijoo Sánchez* La responsabilidad penal de las personas jurídicas, in Díaz-Maroto y Villarejo (dir.), Estudios sobre las reformas del Código penal, 2011, 61 ff.

4 Das spanische System für die Strafhaftung juristischer Personen gilt auch für ausländische juristische Personen, die Produktionszentren bzw. Niederlassungen in Spanien haben. Es gilt sogar für diejenigen, die keinen organisatorischen Bezug zu Spanien haben, innerhalb derer aber eine strafrechtlich relevante Handlung ausgeführt bzw. ein strafrechtlich relevanter Erfolg im spanischen Staatsgebiet hervorgerufen worden ist.

5 Zur strafrechtstheoretischen Relevanz der Unterscheidung zwischen einem System der strafrechtlichen Haftung von juristischen Personen und einem anderen der strafrechtlichen Haftung

sönlichkeit (*business groups*, Niederlassungen, Produktionszentren usw.) innerhalb derer eine Straftat begangen wird, hat die Gesetzesreform für die Auferlegung der sogenannten – und hier nicht zu behandelnden – Nebenrechtsfolgen (*consecuencias accesorias* = keine Strafen in engerem Sinne) nach Art. 129 CP optiert.

Das gesetzliche System der Strafhaftung juristischer Personen[6] ist – wie im Besonderen Teil des Código penal zu beobachten ist- auf einen ausgedehnten Katalog von Delikten anwendbar, in dem praktisch alle Vermögens- und Wirtschaftsstraftaten aufgeführt sind.[7] Besagtes System enhält sowohl die spezifische Zurechnungsregel (Art. 31 bis Abs.1–3 sowie Abs. 5 CP) als auch die Haftungsmilderungsgründe (Art. 31 bis Abs. 4 CP), die anwendbaren Strafen (Art. 33 Abs. 7 CP) und die Vorschriften für die richterliche Strafzumessung (Art. 66 bis CP). Hier ist auch zu betonen, dass keine ausdrückliche Bezugnahme auf mögliche Strafhaftungsausschlußgründe für juristische Personen vorzufinden ist. Außerdem ist erst seit dem 1. November 2011 auch eine Regelung der Teilnahme von juristischen Personen am Strafverfahren und eine Aufgliederung ihrer Rechte in diesem Zusammenhang eingeführt worden.[8]

Die Reform des Código penal konnte nicht von einem Konsens in der Lehre ausgehen. Im Gegenteil: In Spanien gab es hierzu eine Debatte auf zwei Ebenen. Einerseits zur kriminalpolitischen Notwendigkeit sowie zu den kriminalpolitischen Nebenfolgen eines solchen Modells im Unternehmensstrafrecht. Andererseits zur Möglichkeit, ein solches Haftungsmodell rechtlich legitim zu begründen. Wie bekannt stellt dies keine spanische Besonderheit dar; vielmehr ist diese Diskussion in ganz Europa und paradoxerweise auch in den Vereinigten Staaten zu verzeichnen.[9]

Der sich für die Einführung eines Modells echter Strafhaftung für juristische Personen aussprechende Teil der Lehre – dem der spanische Gesetzgeber Recht gegeben zu haben

---

von Unternehmen siehe *von Freier* Zurück hinter die Aufklärung? Zur Wiedereinführung von Verbandsstrafen, GA 2009, 98 ff., 102 ff. Es ist jedoch zweifelhaft, dass der spanische Gesetzgeber seine rechtstechnische Option kohärent entwickelt hat (wie z.B. im Art. 130 Abs. 2 CP zu sehen ist).

6 Das System schließt die Strafhaftung der juristischen Personen öffentlichen Rechts aus (Art. 31 bis Abs. 5).

7 Überraschende Ausnahmen stellen u.a. die Untreue (Art. 252 CP) und die Straftaten gegen die Rechte der Arbeitnehmer (Art. 311 ff. CP) dar.

8 Datum des Inkrafttretens des Gesetzes 37/ 2011, vom 10. Oktober.

9 Die Debatte bleibt lebendig noch ein Jahrhundert nach dem *leading case* N.Y. Cent.& Hudson River R.R. v. United States, 212 U.S. 481, 494–96 (1909). Eine gute Zusammenfassung der US-amerikanischen Debatte ist zu finden in *Henning* Should the Perception of Corporate Punishment Matter?, Wayne State University Law School Legal Studies Research Paper Series, No. 10–26, abrufbar bei http://www.ssrn.com/abstract=1869107. Siehe auch die kritische Analyse von *Hasnas* The Centenary of a Mistake: One Hundred Years of Corporate Criminal Liability, American Criminal Law Review 46 (2009), 1329 ff.; *Alschuler* Two Ways to Think About the Punishment of Corporations, American Criminal Law Review 46 (2009), 1359 ff., 1363: „*The year 2009 marks the centennial of a giant step backwards*"; Auch kritisch zum US-amerikanischen Modell, *Baer* Organizational Liability and the Tension Between Corporate and Criminal Law, Journal of Law and Policy, 19 (2010), 1 ff. Für die Verteidigung dieses Modells siehe z.B. *Friedman* In Defense of Corporate Criminal Liability, Harvard Journal of Law & Public Policy 23 (2000), S. 833 ff; *Robson* Crime and Punishment: Rehabilitating Retribution as a Justification of Organizational Criminal Liability, American Business Law Journal 47 (2010), 109 ff.

scheint – behauptet, ein solches sei für eine erfolgreiche Bekämpfung der Unternehmenskriminalität notwendig. Die für die Notwendigkeit eines Modells, wie es 2010 eingeführt worden ist, angebrachten Argumente sind folgende: Erstens, die *organisierte Unverantwortlichkeit*: Nicht immer sei es möglich, bestimmte (natürliche) Personen (Geschäftsführer, Leiter, Vetreter) wegen der im Rahmen der unternehmerischen Tätigkeit begangenen Delikte strafrechtlich zu belangen. Zweitens die *präventive Unzulänglichkeit der individuellen Strafhaftung*: Auch in den Fällen, in denen diese Sanktion trotz der oft auftretenden Schwierigkeiten auf der Beweisebene und bei der rechtlichen Erfassung möglich sei, handele es sich hierbei um eine unzureichende Reaktion auf die Unternehmenskriminalität. Drittens die *präventive Unzulänglichkeit von nichtstrafrechtlichen Formen kollektiver Haftung*: Die auf Haftbarmachung der juristischen Person selbst ausgerichteten Alternativen außerhalb des Strafrechts und des Strafverfahrens (insbesondere verwaltungsrechtliche Sanktionen und Maßnahmen anderer Art) seien für den bedeutenderen Teil der in der unternehmerischen Aktivität begangenen Straftaten ungeeignet; hierbei geben Überlegungen zu der Ausrichtung von verwaltungs- und strafrechtlichem Verfahren sowie zur besonderen symbolischen Bedeutung strafrechtlicher Reaktion den Ausschlag.

Festzustellen ist aber, dass keine Gründe ersichtlich waren, die die Behauptung, das Unternehmensstrafrecht sei in Spanien offensichtlich gescheitert, hätten rechtfertigen können. In den letzten 15 Jahren hatten ja die spanischen Strafgerichte bereits die Möglichkeit, Unternehmen bei Begehung von einer begrenzten Reihe von Straftaten im Rahmen ihrer Tätigkeit sogenannte „Nebenrechtsfolgen" aufzuerlegen. Sie haben aber beinahe überhaupt nicht davon Gebrauch gemacht, und wenn sie es taten, geschah dies im Kontext organisierter Kriminalität.[10] Im Übrigen ist vor der Reform keine einzige empirische Untersuchung vorgelegt worden, die diese Annahmen eines Teils der Lehre bestätigt und es so ermöglicht hätte, die kriminalpolitischen Einwände gegen die Einführung einer strafrechtliche Haftung für juristische Personen zu entkräften.

Was die Frage der rechtlichen Legitimität eines Modells der Strafhaftung für juristische Personen angeht, hat ein Teil der Lehre die Ansicht vertreten, an einem solchen sei nichts auszusetzen, soweit beachtet werde, dass dieses Modell mit der individuellen Straftatlehre nicht identisch sei. Deshalb sei festzustellen, dass die Verbrechenslehre in weiterem Sinne zwei Zurechnungssysteme enthalte: für natürliche und für juristische Personen.[11] Festzuhalten aber bleibt, dass es keine einfache Aufgabe darstellt, die funktionalen Äquivalente der Kategorien der Verbrechenslehre für menschliches Verhalten auf dem Bereich der juristischen Person zu erarbeiten. Es ist nicht einmal einfach, die Rede von der wirklichen Begehung einer Straftat durch eine juristische Person zu führen. Dies ist auch eindeutig an der konkreten Ausgestaltung des spanischen Modells

---

10 Vgl. *Silva Sánchez* La aplicación judicial de las consecuencias accesorias para las empresas, abrufbar bei InDret Penal, 342, 2006, (www.indret.com).

11 Vgl. dazu die kritische Darstellung m.w.N. von *Kelker* Die Strafbarkeit juristischer Personen unter europäischem Konvergenzdruck, in Festschrift Krey (2010), 221 ff., 234 ff.; plädierend für die „Maßregellösung" *Schünemann* Grundzüge eines Alternativ-Entwurfs zur europäischen Strafverfolgung, ZStW 117 (2005), 377, 379. Diese Lösung habe ich auch, *Schünemann* folgend, früher befürwortet. Vgl. dazu *Silva Sánchez* La responsabilidad penal de las personas jurídicas y las consecuencias accesorias del art. 129 del Código penal, in Derecho penal económico, Manuales de Formación Continuada 14, CGPJ, 2002, 307 ff.

abzulesen. Deshalb nimmt es nicht Wunder, dass ein nicht zu vernachlässigender Teil der Lehre darauf beharrt, was der spanische Gesetzgeber „Strafe" nenne, sei es gar nicht im engeren Sinne.[12] Das Problem dieser Meinung liegt darin, dass sie aufgrund deren Ausgangsposition eine durch und durch grammatische Auslegung des Gesetzeswortlautes vorschlägt. Sie lässt grundsätzlich jede restriktive – teleologische – Auslegung beiseite, so dass sie stillschweigend der expansivsten Interpretation in Sachen Haftung juristischer Personen innerhalb des Strafverfahrens Vorschub leisten könnte.[13]

Sicherlich auch aufgrund des bislang Aufgeführten hat der Gesetzgeber von 2010 es unterlassen, eine ausführliche kriminalpolitische Rechtfertigung – auf empirischer Grundlage und begleitet von eingehenden wertenden Überlegungen – für die Einführung eines Modells strafrechtlicher Haftung juristischer Personen in das Strafgesetzbuch vorzulegen. So beschränkt sich die Vorrede zum entsprechenden Reformgesetz (Ley Orgánica 5/2010) darauf, festzustellen, dass „zahlreiche internationale Rechtsinstrumente eine klare strafrechtliche Behandlung der juristischen Personen fordern." Dies entspricht nicht den Tatsachen;[14] zumindest nicht für die Mehrzahl der Delikte, die nun neben natürlichen auch juristischen Personen zugeschrieben werden können. Im Allgemeinen verlangen die internationalen Abkommen und die Normen der EU, dass den juristischen Personen „wirksame, verhältnismäßige und abschreckende" Sanktionen auferlegt werden. Dies lässt zumindest die Entscheidung zwischen verwaltungsrechtlichen Sanktionen, Maßregeln und andere strafrechtlichen Rechtsfolgen und Strafen im engeren Sinne offen. Die Option des neuen Gesetzestextes für „Strafen i. e. S." hätte also einer eingehenderen Begründung bedurft, als geschehen.

Berücksichtigt man das bisher Dargelegte, scheint die Ansicht angemessen, dass der spanische Gesetzgeber auf eher unüberlegte Art und Weise sich von der internationalen Tendenz (nicht: vom europäischen oder vom internationalen Recht) hat antreiben lassen. Das heißt, bei seinen Überlegungen hat er der Tatsache, dass die Tendenz zur Einführung von (quasi-)strafrechtlicher Haftung für juristische Personen eine der herausragendsten Charakteristika der Entwicklung der kontinentalen Rechtsordnungen[15] – und insbesondere der Mitgliedländer der Europäischen Union[16] – der letzten zwei Jahrzehnte darstellt, entscheidendes Gewicht beigemessen. Da es aber gerade um Regelungen geht, die eher auf Entwicklungen auf nationalem Niveau und nicht so sehr auf eine Europäisierung der staatlichen Systeme zurückzuführen sind, ist das Ergebnis die Einführung von sehr unterschiedlichen, sehr komplexen, unreifen und problematischen Regelungswerken.[17] Der spanische Fall stellt keine Ausnahme dar.

---

12 Vgl. insbesondere *Robles Planas* Pena y persona jurídica: crítica del artículo 31 bis CP, Diario La Ley Nr. 7705, 29. September 2011, 1 ff.

13 Diese Position hält jede Interpretation des Modells ohne weiteres für verfassungsrechtlich legitim, wenn *ceteris paribus* akzeptiert wird, dass es sich um keine Strafen im engeren Sinne handelt (*Robles Planas*, Diario La Ley Nr. 7705, 8).

14 Übereinstimmend *Kelker* Festschrift Krey (2010), 233.

15 Siehe *Pradel* Droit pénal comparé, 2. Aufl., 2002, 351 ff.; umfassend *Kelker* Festschrift Krey (2010), 237 ff. Zum italienischen Fall *Mantovani* Diritto penale. Parte generale, 5. Aufl., 2007, 114 f.

16 In diesem Sinne auch *Kelker* Festschrift Krey (2010), 245.

17 *Kelker* Festschrift Krey (2010), 246.

2. Das spanische Modell der Zurechnung strafrechtlicher Haftung zur juristischen Person aufgrund in ihrem Rahmen begangener Straftaten

2.1. Die (grundsätzliche) Übernahme des Zuschreibungsmodells

Wie bekannt gibt es im Wesentlichen zwei dogmatische Modelle zur Begründung der Zuschreibung strafrechtlicher Haftung an juristische Personen: ein Modell der Haftung *kraft Zuschreibung* und ein Haftungsmodell *aus eigener Tat.*[18] Eine gesetzliche Regelung gehört zum einen oder anderen Modell je nachdem, ob die Haftungszuschreibung an die juristische Person durch eine bloße (zusätzliche) Übertragung der durch eine in der Leitungsebene ihrer Organisation handelnde natürliche Person verwirkten Haftung *(Zurechnungsmodell)* oder aber durch Zuschreibung einer eigenen Haftung der juristischen Person als solcher (Modell der *originären Verbandshaftung*) stattfindet.[19]

Alles weist nun darauf hin, dass die spanische Regelung sich für das Übertragungs- oder Zurechnungsmodell entschieden hat. So werden – erstens – die juristischen Personen strafrechtlich für von natürlichen Personen *begangene* Delikte haftbar gemacht, wenn diese gesetzliche Vertreter oder rechtmäßige oder faktische Geschäftsführer des Verbands sind.[20] Die juristischen Personen werden aber – zweitens – auch für von Untergebenen der ersten Personengruppe *begangene* Straftaten haftbar gemacht. Voraussetzung für diese zweite Haftungsform ist, dass die *Begehung* des Delikts durch den Untergebenen dadurch ermöglicht wurde, dass keine „angemessene Kontrolle nach Maßgabe der konkreten Umstände des Sachverhalts" stattfand.[21] Es geht um die vom Vorgesetzten nicht ausgeübte Kontrolle: Jedenfalls also um ein von einer in der Führungsebene der juristischen Person angesiedelten physischen Person unterlassenes Verhalten.

Die Straftaten, deren Begehung durch natürliche Personen strafrechtliche Haftung der juristischen Person auslösen kann, werden ausdrücklich im Besonderen Teil des Strafgesetzbuches benannt. Es handelt sich also um Vollendungs- und Täterschaftstatbestände. Wenn es sich bei dem Verhalten der natürlichen Person um eine Versuchs- oder Teilnahmestraftat handelt, wären natürlich hier auch die enstsprechenden Regeln des

---

18 Vgl. dazu in der spanischen Lehre S. *Bacigalupo* La responsabilidad penal de las personas jurídicas, 1998; *Silva Sánchez* La responsabilidad penal de las personas jurídicas y las consecuencias accesorias del art. 129 del Código penal, in Derecho penal económico. Manuales de formación continuada 14, CGPJ 2001, 308ff., 321ff.; *Gómez-Jara Díez* La culpabilidad penal de la empresa, 2005; *ders.* La responsabilidad penal de las empresas en los EE.UU., 2006; *ders. (Hrsg.)* Modelos de autorresponsabilidad penal empresarial. Propuestas globales contemporáneas, 2006; *Nieto Martín* La responsabilidad penal de las personas jurídicas: un modelo legislativo, 2008.

19 Dazu schon *Stratenwerth* Strafrechtliche Unternehmenshaftung?, Festschrift R. Schmitt (1992) 295ff.; *Alwart* Strafrechtliche Haftung des Unternehmens – vom Unternehmenstäter zum Täterunternehmen, ZStW 105 (1993) 752ff.

20 Art. 31 bis Abs.1: *„las personas jurídicas serán penalmente responsables de los delitos cometidos en nombre o por cuenta de las mismas, y en su provecho, por sus representantes legales y administradores de hecho o de derecho".*

21 Art. 31 Abs. 1, II: *„las personas jurídicas serán también penalmente responsables de los delitos cometidos, en el ejercicio de actividades sociales y por cuenta y en provecho de las mismas, por quienes, estando sometidos a la autoridad de las personas físicas mencionadas en el párrafo anterior, han podido realizar los hechos por no haberse ejercido sobre ellos el debido control atendidas las concretas circunstancias del caso".*

Allgemeinen Teils anwendbar. Es ist aber zu unterstreichen, dass im System des Código penal keine besonderen Auswirkungen auf die juristischen Person für den Fall vorgesehen werden, dass das Verhalten der natürlichen Person, deren Haftung auch auf die juristische Person übertragen wird, keine Straftat vollendet hat oder nur in der Mitwirkung an den Straftaten anderer als Anstifter oder Gehilfen bestand.[22]

Jedenfalls erschließt sich aus dem Gesetzeswortlaut mit einiger Klarheit, dass die Straftat von anderen (natürlichen Personen) *begangen* wird. Und auch, dass der juristischen Person *Haftung* aus der besagten Begehung durch Dritte erwächst. Diese Haftung ist aber unmittelbar und kumulativ, und nicht subsidiär oder alternativ. Das Verbindungskriterium (oder: der Zurechnungsgrund) zur Haftung der juristischen Person aufgrund der von der natürlichen Person begangenen Tat ist im Falle der Geschäftsführer oder Vertreter, dass diese „im Namen oder auf Rechnung“ sowie „zum Vorteil“ der juristischen Person gehandelt haben. Im Falle der Untergebenen geht es darum, dass sie die Straftat „in Ausübung der Aktivitäten der Gesellschaft und auf Rechnung und zum Vorteil“ der juristischen Person begangen haben.[23]

Aus der Perspektive der Verbrechenslehre scheint das Verbindungskriterium eingangs unproblematisch. Da die Merkmale der Handlung, Rechtswidrigkeit, Schuld und Strafbarkeit vom Verhalten der natürlichen Person, die das Delikt „begeht“, erfüllt werden, stellen sie bezüglich der juristischen Person kein Problem dar. Ein dogmatisches Problem entsteht aber bei der Bestimmung des materiellen Haftungszurechnungsgrundes zur juristischen Person für die von in ihrer Struktur integrierten natürlichen Personen begangene Straftat. Ein Problem, zu dem sich die kriminalpolitische Frage hinzufügt, ob dieser Zurechnungsgrund die Haftungs*übertragung* zu rechtfertigen tatsächlich in der Lage ist.

Weniger problematisch ist die Übertragung bezüglich der diese Haftung begründenden objektiven Aspekte. Zwar kann nicht immer dann, wenn ein Geschäftsführer oder Vertreter, der im Namen oder auf Rechnung der juristischen Person eine Straftat begeht (oder nicht vermeidet, dass das Delikt von einem Untergebenen im Rahmen der Aktivitäten der Gesellschaft begangen wird) das Vorliegen einer objektiv *strukturellen* Verbindung zwischen Straftat und juristische Person bejaht werden. Doch kommt zu dieser Lage das Merkmal der Handlung zum Vorteil des Verbandes hinzu, ist es wesentlich wahrscheinlicher, dass diese objektiv strukturelle Verbindung gegeben ist. Eine andere, später zu betrachtende Frage ist es natürlich, ob diese Elemente für die Begründung strafrechtlicher Haftung ausreichend sind.

Wesentlich problematischer ist freilich die Begründung einer „Übertragung“ der subjektiven Merkmale der handelnden Personen auf die juristische Person, die die subjektiven Mängel des letzteren kompensieren könnte. Hier kann nicht behauptet werden, dass der Gedanke des „*Handelns auf Rechnung*“ einem anerkannten Grund subjektiver Zurechnung entspricht. Deshalb glaube ich, dass jene Ansicht, nach der „[e]ine solche solchermaßen ‚normative‘ Zurechnung des Individualverhaltens ‚als eigenes des Verbandes‘ [sich] auf eine bloß objektive Zurechnung reduziert, die für zivilrechtliche und

22 Die Haftung der juristischen Person in solchen Fällen wirft deswegen Fragen in Bezug auf das Gesetzlichkeitsprinzip auf.

23 Exzesstaten von Mitgliedern der juristischen Person sind deshalb ausgeschlossen.

öffentlichrechtliche Unrechsfolgen ausreichen mag, aber gerade nicht für die subjektive Schuld und Strafe“[24] nicht unbegründet ist.

In diesem Punkt ist überdies eine Divergenz zwischen den unmittelbar von Geschäftsführern und Vertretern und den von Untergebenen in Ausnutzung unterlassener Aufsicht begangenen Straftaten festzustellen. Erstere sind als vorsätzliche Delikte anzusehen, und als solche wird die Haftung für ihre Begehung auf die juristische Person übertragen. Bei der letzteren Gruppe, den durch Untergebene begangenen Taten, kann aber das Verhalten des Geschäftsführers oder Vertreters – das darin besteht, keine „angemessene Kontrolle“ ausgeübt zu haben – vorsätzlich oder fahrlässig sein. Ist aber die Unterlassung der geeigneten Aufsicht bloß fahrlässig, ist es seltsam, dass eine fahrlässige Tat ihrer Geschäftsführer oder Vertreter Haftung auf die juristische Person bei Straftaten, die nur die vorsätzliche Begehung vorsehen, zu übertragen vermag. Die seltsame Struktur wäre diese: (vorsätzliche Tat des Untergebenen) + (fahrlässige Unterlassung des Geschäftsführers oder Vertreters) = Vorsatzhaftung der juristischen Person. Aber die Alternativen sind noch schlechter: i) Es gibt eine strafrechtliche Haftung der juristischen Person für vorsätzliche Straftaten, auch wenn ihr kein Vorsatz zugeschrieben warden darf; oder ii) die strafrechtliche Haftung der juristischen Person ist weder vorsätzlich noch fahrlässig. Hier liegt vielleicht auch der Grund dafür, dass eine Mindermeinung in der spanischen Lehre eine vorsätzliche Unterlassung des Geschäftsführers oder Vertreters fordert, damit eine Haftung kraft Vorsatz der juristischen Person bejaht werden kann.

2.2. Merkmale, die Unstimmigkeiten in das Zuschreibungsmodell zu bringen scheinen

Obwohl es eingangs scheint, dass der spanische Gesetzgeber sich für die Übernahme des Zuschreibungs- oder Übertragungsmodells entschieden hat, lassen einige außerhalb Art. 31 bis Abs. 1. CP angesiedelte Merkmale den Eindruck entstehen, dass dieses Modell sich teilweise mit demjenigen der Haftung kraft eigener Tat vermischt. So ist hier zum Beispiel die Möglichkeit zu nennen, der juristischen Person strafrechtliche Haftung aufzuerlegen, auch wenn die natürliche Person, die die Straftat beging, nicht ausfinding gemacht werden konnte, das Verfahren sich nicht gegen sie richten konnte, sie schuldlos handelte oder gestorben ist (Art. 31 bis Abs. 3 CP).

In der Tat: Ginge es um die Übertragung der Haftung für die von der natürlichen Person begangene Tat auf die juristische Person, ist es unbefriedigend, dass die Schuldelemente dieser Tat (z.B. ein Verbotsirrtum) unberücksichtigt bleiben sollen; dasselbe gilt für mehrere von zumindest einem Teil der Lehre in der Schuld lozierte Strafschärfungsgründe wie zum Beispiel das Vorliegen einer Wiederholungstat. Diese müssten irgendwie übertragbar sein, oder zumindest sollte ihre Bewertung nicht von vornherein ausgeschlossen werden. Andererseits ist es auch dogmatisch anfechtbar, ob eine Übertragung einer (durch den Tod des Täters) erloschenen Haftung möglich ist.

Andere Beispiele sind die strafrechtlicher Haftung der resultierenden juristischen Person wenn nach der Begehung der Tat durch die natürlichen Person Umwandlungen,

24 *Köhler* Strafrecht AT (1997) 562.

Fusionen, Absorptionen oder Aufspaltungen von der originären juristischen Person erfahren worden sind (Art. 130 CP); oder die Tatsache, dass die juristische Person im Strafverfahren notwendig als Beschuldigte/Angeklagte individualisiert wird, und eventuell in einem Interessenkonflikt mit den beschuldigten oder angeklagten natürlichen Personen stehen kann.

Ebenfalls in diese Richtung gehen die Möglichkeit, eine Strafmilderung durch „eigenes" Verhalten der juristischen Person zu erlangen, wie die Schadenswiedergutmachung oder das Geständnis (Art. 31 bis Abs. 4. a. sowie c. CP), und vor allem die Zusammenarbeit „bei den Ermittlungen zur Aufklärung der Tat, indem, zu jedwelchem Zeitpunkt des Verfahrens, neue und zur Aufklärung der aus dem Sachverhalt erwachsenden strafrechtlichen Haftung entscheidende Beweismittel beigebracht werden." (Art. 31 bis Abs. 4. b. CP). In diesem Punkt hat ein Teil der Lehre darauf hingewiesen, dass es sehr wahrscheinlich ist, dass diese indirekte Förderung der internen Ermittlungen zu Interessenkonflikten zwischen juristische Person und Individuen führt.

Schließlich wird auch öfter als Indiz einer teilweisen Aufnahme des Ansatzes der originären Verbandshaftung darauf verwiesen, dass dessen Haftung gemildert wird, wenn vor Eröffnung der Hauptverhandlung „wirksame Maßnahmen zur Verhütung und Aufdeckung der Straftaten, die in Zukunft mit den Mitteln oder unter der Deckung der juristischen Person begangen werden könnten" eingerichtet warden (Art. 31 bis Abs. 4. d. CP). Wie aber festzustellen ist, ist diese Formulierung ambivalent. Denn einerseits trifft es zu, dass damit einem Akt resozialisierender Selbstorganisation Bedeutung zugemessen wird. Doch andererseits besteht der Wortlaut erneut darauf, dass das Ziel nicht die Vermeidung von Delikten der juristischen Person selbst, sondern von Straftaten ist, die unter instrumenteller Ausnutzung der Mittel oder der Deckung der juristischen Person von natürlichen Personen begangen werden können. Und dies scheint das genaue Gegenteil einer Übernahme des Modells der originären Verbandshaftung zu sein.

Zusammengefaßt scheint es klar, dass das spanische Modell kein Übertragungsmodell etabliert, bei dem alle Straftatmerkmale (inklusive der Möglichkeit einer Strafverfolgung) bei der Tat des Individuums vorliegen müssten. Es trifft aber zu, dass vertreten werden könnte, dass das Übertragene die rechtswidrige Tat der natürlichen Person ist, wobei die restlichen Haftungsbegründungsvoraussetzungen bei der juristischen Peerson vorliegen müssen.

Dieses hybride Modell ist aber schwer verständlich, denn es zwingt dazu, in der juristischen Person dasjenige zu suchen, was traditionell den Angelpunkt der Haftungsmodelle aus eigener Tat darstellt, nämlich die Schuld. Und hier ist festzuhalten, dass obwohl Versuche zu verzeichnen sind, der juristischen Person Schuld aufgrund eines Organisationsdefektes, einer diesen Defekt verursachenden Unternehmenskultur oder ähnlicher Merkmale zuzuschreiben, diese bislang als nicht geglückt zu bezeichnen sind. Zwar brächte das Bestehen auf bestimmten Elementen einer eigenen Schuld der juristischen Person vermutlich eine restriktive Wirkung auf die Anwendung des Strafhaftungssystems für juristische Personen. Doch ihre Relation zur Schuld einer natürlichen Person kann nicht einmal als analog bezeichnet werden: es ginge bestenfalls um eine „Quasi-Schuld". Deshalb ist es in der Lehre nicht unüblich, die nominell für die juristische Person vorgesehenen Strafen als „Quasi-Strafen" zu bezeichnen.

3. Strafrechtliche Haftung juristischer Personen und *criminal compliance*

Die vom Ministerausschuß des Europarats im Jahre 1988 ausgegebene Empfehlung zur strafrechtlichen Unternehmenshaftung enthielt unter anderen die Richtlinie, dass das Unternehmen keine Haftung treffen soll, wenn seine Organisation nicht an der begangenen Straftat beteiligt war und die zu deren Vermeidung notwendigen Maßnahmen getroffen hatte. Der spanische Código penal enthält aber keine ausdrückliche Bezugnahme hierzu.

Trotzdem vertritt ein beträchtlicher Teil der Lehre die Ansicht, dass das Vorhandensein eines tatsächlich eingerichteten und funktionierenden strafrechtlichen Complianceprogramms die juristische Person von Strafe befreit. Diese Schlußfolgerung stützt sich auf drei Argumente: (i) Dem *Wortlaut* der Regelung wird entnommen, dass bei Bestehen eines solchen Programms auch behauptet werden kann, dass der Verband „die angemessene Kontrolle" über das Verhalten seiner Angestellten ausgeübt hat (so dass die Voraussetzungen der Zurechnungsregel des Art. 31 bis 1. nicht vorlägen); (ii) *teleologisch* wird angeführt, dass bei Bestehen des Programms die juristische Person nicht ohne Verletzung des Schuldgrundsatzes (besser: des Grunsatzes der Haftung für eigene Tat) haftbar gemacht werden kann; und (iii) *systematisch* wird argumentiert, dass wenn die Einführung eines Complianceprogramms nach der Tat für die juristische Person strafmildernd wirkt, das Bestehen eines solchen vor der Straftat die Haftung ausschließen muss (*argumentum a fortiori*).

Wie dem auch sei, ist unschwer festzustellen, dass diese Argumente Einiges in den Gesetzeswortlaut hineinlesen und außerdem stark an eine Auslegung aus der Perspektive des Modells der originären Verbandshaftung gebunden sind. Aus der Warte des Übertragungsmodells ist alles viel eher anfechtbar. Dies obwohl grundsätzlich zu vertreten ist, dass es vernünftig scheint, die juristische Person nicht für Taten haften zu lassen, die aus ihrer institutionellen Perspektive zufällig erscheinen müssen, da sie nur auf ein isoliertes Handeln von einer Person oder mehreren Personen zurückzuführen sind. Das Bestehen eines operativen Complianceprogramms stellt sich aus dieser Perspektive als bedeutendes Indiz dafür dar, dass die Begehung der Straftat durch die natürliche Person als Zufall oder Unglück für den Verband zu sehen ist.

4. Die „Strafen" für juristische Personen

Die gegen juristische Personen im Código penal vorgesehenen Strafen weisen im Allgemeinen eine deutliche spezialpräventive Ausrichtung auf (Art. 33 Abs. 7 CP). Zwar ist die am häufigsten vorgesehene Sanktion die Geldstrafe (Art. 33 Abs. 7. a. CP). Doch trifft ebenfalls zu, dass diese Sanktion in Bezug auf juristische Personen von einem Teil der Lehre als externe Zwangsmaßnahme zu Selbstorganisation (d.h. Druckmittel zur Korrektur von rechtswidrigen Sachlagen) aufgefaßt wird.

Trotz der Rede über eine sog. *Corporative Social Responsibility* ist die Qualität der juristischen Personen als *moral agents* eher zweifelhaft. Deswegen ist es auch schwer, eine vergeltende Funktion der „Unternehmensstrafe" zuzuschreiben (Unternehmen haben *no soul to damn*[25]). Da die juristischen Personen außerdem keine Lust- bzw. Unlustgefühle erfahren, ist eine abschreckende Funktion prinzipiell auch zu verneinen. Das heißt jedoch nicht, dass man von keiner steuernden Funktion dieser „Strafe" sprechen kann: tatsächlich wird damit den Antrieb zur Selbstregulierung bzw. Selbstorganisation durch eine Zwangsmaßnahme verstärkt. Ausserdem haben solche Sanktionen eine sozial-expressive Funktion (denn Unternehmen *social agents*, Zurechnungszentren darstellen).

Die restlichen Strafen weisen jedenfalls alle eindeutig diesen spezialpräventiven Charakter auf: Auflösung, Suspendierung der Aktivitäten, Schließung von Räumlichkeiten und Betriebszentren, Verbot bestimmter Tätigkeiten, Disqualifikation zur Vertragsschließung im öffentlichen Sektor oder zur Erlangung von öffentlichen Vorteilen, Hilfen oder Anreizzahlungen, und richterliche Verwaltung „zum Schutze der Interessen von Arbeitnehmern und Gläubigern" (Art. 33 Abs. 7. b. bis g. CP). Bei de Auferlegung und Zumessung der Strafen des Art. 33 Abs. 7. b. bis g. Código penal sind außerdem spezialpräventive Überlegungen (die spezialpäventive Notwendigkeit) entscheidend (Art. 66 bis CP).

Die – in der Verhandlung festgestellte – fehlende künftige Gefährlichkeit der juristischen Person hat lediglich mildernde (und nicht strafausschließende) Wirkung. Dies verstärkt den Eindruck, dass es sich bei dem Zweck der Sanktionen für juristischen Personen nicht nur um die Bekämpfung der Gefährlichkeit der bestraften juristischen Person handelt. Es wird außerdem angestrebt, einen Antrieb zur Selbstregulierung bzw. Selbstorganisation anderer juristischen Personen einzusetzen.

5. Ein auf den spanischen Gesetzestext anzuwendbares restriktives Auslegungsmodell

Juristische Personen können keine strafrechtlichen Bestimmungsnormen verletzen und deswegen dürfen sie keine Adressaten von Vorwurfsurteile sein.[26] Es ist jedoch klar, dass sie nach und nach eine *objektiv* die Begehung von Straftaten durch ihre Mitglieder fördernde Sachlage herausbilden können. Diese Sachlage (*state of affairs*) kann nicht einer konkreten Person, sondern nur einer sukzessiven und diffusen Reihe von Personen zugeschrieben werden (indem sie eine defekte Organisation oder eine kriminogene Verbandsattitüde hervorgebracht haben). Es kann ebenfalls behauptet werden, dass dieser *state of affairs* strafrechtswidrig sein kann, indem er strafrechtlichen Bewertungsnormen zuwiderläuft. Dies hat aber nichts mit einem personalen Unrecht zu tun. Es geht vielmehr um einen *Unrechtszustand*, der als *Systemunrecht* zu verstehen ist.[27]

Dies stellt jedenfalls keine hinreichende rechtswidrige *Tat* dar, die eine die Auferlegung einer Strafe begründende Tatschuld tragen könnte. Doch scheint sie eine zureichende Sachgrundlage zu sein, um ohne Verletzung eines analogisch konzipierten (Organisa-

25 Das Zitat kommt aus dem bekannten Aufsatz von *Coffee* „No Soul to Damn, no Body to Kick": an Unscandalized Inquiry into the Problem of Corporate Punishment, 79 Michigan Law Review 1981, 386 ff.

26 In einem anderen Sinne *Ehrhardt* Unternehmensdelinquenz und Unternehmensstrafe, 1994, 186 ff.; *H.-J. Schroth* Unternehmen als Normadressaten und Sanktionssubjekte, 1993, 4, 22.

27 *Lampe* Systemunrecht und Unrechtssysteme, ZStW 106 (1994) 683 ff.

tions-)Tatprinzips der juristischen Person strafrechtliche Rechtsfolgen aufzuerlegen. Entscheidend ist, dass die durch die natürliche Person begangene Straftat (oder zumindest rechtswidrige Tat) einen Organisationsdefektszustand ausdrückt,[28] der eine Prognose weiterer deliktischer Tätigkeit zuläßt, wenn er nicht berichtigt wird. Demensprechend bedarf die Auferlegung von Rechtsfolgen auf die juristische Person einer dreifachen Feststellung: eines Vergangenheits-, eines Gegenwarts- und eines Zukunftsurteils. Einerseits ist ein Urteil zur Vergangenheit vonnöten, das in der Feststellung besteht, dass auf die Begehung der Straftat durch die physische Person ein Organisationsdefekt Einfluß hatte, der diese begünstigte. Dieses Urteil ist strenggenommen ein *Urteil über die objektive Zurechnung*: Es geht darum, festzustellen, dass das in der konkreten Organisationsform der juristischen Person liegende Risiko sich im Erfolg der Förderung des Verhaltens der physischen Person und letztlich in dem durch diese verursachten deliktischen Erfolg verwirklicht hat. Dies bedeutet außerdem, dass innerhalb dieses Vergangenheitsurteils ein Unterurteil *ex ante* vorzunehmen ist, ob ein Durchschnittsbetrachter angesichts der Organisation der juristischen Person ein diesbezügliches objektives Gefahrurteil bejaht hätte; und dann ein Unterurteil *ex post*, ob sich dieses Risiko gerade in dem eingetretenen Erfolg realisiert hat. Andererseits sind auch ein Gegenwarts- und ein Zukunftsurteil notwendig, die in der Feststellung bestehen, ob der Organisationsdefekt zu dem Zeitpunkt der richterlichen Entscheidung nicht berichtigt worden ist und es voraussehbar ist, dass dieser die Begehung von neuen Straftaten in Zukunft zu fördern geeignet ist.

Ein anderer Teil der Lehre sieht die Dinge aber anders. Er geht davon aus, dass entgegen dem Bestreben, im Verbindungskriterium strafrechtliche Inhalte zu suchen, dieses ausschließlich das Mittel darstellt, die (nur dem Namen nach strafrechtliche) Sanktion auf die juristische Person zu übertragen, wobei dies nur die ungerechtfertigte Bereicherung neutralisieren soll, die dieser durch die so oder so durch ihre Geschäftsführer oder Vertreter begangene Straftat habe erlangen können. Dieser Ansicht nach hätte dieses (*straf*rechtliche Haftung genanntes) Modell im allgemeinen die Aufgabe, die Verbände dazu anzuhalten, Maßnahmen zu ergreifen, die gerade die Straftat zu vermeiden trachteten, aus der diese ungerechtfertigte Bereicherung erwächst.[29]

Es ist zu bestehen auf das Bedürfnis von einem objektiven Unrechtszustand (einem Organizationsdefekt) innerhalb der juristischen Person, das als Risiko zu begreifen ist, dem das fehlerhafte Verhalten der natürlichen Person, die die Straftat begangen hat, objektiv zugerechnet wird. Damit ist eine teleologische Reduktion der Reichweite des Art. 31 bis Abs. 1. durzuführen.

Das Vergangenheitsurteil und insbesondere sein *ex ante* Unterurteil sollten im Falle eines wirklich bestehenden *compliance programs* innerhalb der juristischen Person zu der Folgerung führen, dass die Straftat der physichen Person der juristischen Person objektiv nicht zugerechnet werden kann. Demgegenüber sind sowohl das Gegenwarts- als auch das Zukunftsurteil erst für die Strafmilderung des Art. 31 bis 4. c. entscheidend. Ginge es bei der Sanktionen für juristische Personen um echte Maßnahmen der Besserung und Siche-

---

28 Siehe auch *Nieto Martín* La responsabilidad penal de las personas jurídicas, 324f. und *passim*. Aber das ist keine Unternehmensschuld, wie *Nieto Martín* zu glauben scheint, und deshalb ist die Rede von einer Unternehmensstrafe unbegründet.

29 *Robles Planas* Pena y persona jurídica: crítica del artículo 31 bis CP, Diario La Ley Nr. 7705, 29. September 2011, 1ff.

rung, würde ein Gegenwarts- sowie ein Zukunftsurteil, bei der kein Organisationsrisiko festgestellt werden könnte, zu einem Strafausschluß führen. Aber sie stellen keine echte Maßnahmen dar, sondern – wie gesagt – allgemeine Steuerungsinstrumente, deren Funktion auch bei nicht mehr bestehender Gefährlichkeit innerhalb der beurteilten juristischen Person erlaubt, von generalpräventiver „Strafbedürftigkeit" zu sprechen.

Während bei der juristischen Personen ein objektiver Unrechtszustand zu finden sein kann, gibt es bei ihnen keinen Raum für die subjektive Zustandsseite: weder für Handlung noch für subjektive Zurechnung und Schuld.[30] Vorschläge, die sich den funktionalen Schuldbegriff zunutze machen möchten,[31] sind genauso kritisierbar wie diejenigen, die von einem *Organisationsverschulden*[32] oder von einer *Betriebsführungsschuld* sprechen.[33] Auch der Rede von einem rechtsuntreuen Unternehmenskultur oder von einem fehlerhaften Unternehmensethik ist vorzuwerfen,[34] dass sie – einerseits – die Unterscheidung von einem Unrechtszustand und einem Schuldzustand und – andererseits – eine echte funktionale Äquivalenz zur persönlichen Schuld nicht begründen kann.

Infolgedessen sollte anerkannt werden, dass jene Recht haben, die vertreten, dass schon bei der Bezeichnung der Sanktionen klargestellt werden müsste, dass es sich wegen der Unmöglichkeit eines echten Vorwurfs bei den „Strafen" gegen juristische Personen nicht um klassische Kriminalstrafen handelt. Diese haben die Freiheit des Menschen (persönliche Schuld) zur Voraussetzung und können deshalb nur Individuen auferlegt werden. Es wäre also zu vertreten, das jede von einem Strafgericht einer juristischen Person auferlegte Rechtsfolge so deutlich der Voraussetzungen der klassischen Strafe entbehrt, dass sogar die Bezeichnung „Strafe" unangemessen erscheint.

Das heißt aber nicht, dass die Sanktionen gegen juristische Personen außerhalb des Strafrechts bleiben sollten. Innerhalb eines expandierten Strafrechts gibt es noch Raum für „zwei Geschwindigkeiten",[35] so dass die zweite, flexiblere Geschwindigkeit eine strafrechtliche Haftung der juristischen Personen für Straftaten deren Mitgliedern umfassen kann. Wie *Dan-Cohen* neuerdings geschrieben hat:

> „I have made two related, but different points. One is that the corporation is a suitable object for the imposition of sanctions. Second, insofar as the imposition of sanctions is deemed desirable, it need not be hampered by the same constraints as those that tie the government's hands when dealing directly with individuals. This dual conclusion has wider repercussions, within criminal law and beyond".

Und:

> „Exploring these possibilities might eventually lead to a two-track system, with the tracks differing along the substantive, procedural, and evidentiary dimensions. These tracks need not, however, end at the boundary of criminal law. The considerations that shape them pertain to other legal areas, as well, suggesting a two-track legal system throughout".[36]

---

30 *Köhler* AT, 562; *Jakobs* Strafbarkeit juristischer Personen?, Festschrift Lüderssen (2002) 559 ff.
31 Siehe *Bacigalupo, S.* La responsabilidad penal, 199 ff.
32 Bzw. von einer „*Organisationsschuld*": *Schroth* Unternehmen als Normadressaten, 191 ff.
33 *Heine* Die strafrechtliche Verantwortlichkeit von Unternehmen, 1995, 288 ff.
34 *Gómez-Jara Díez* La culpabilidad penal de la empresa, 2005, 248 ff.
35 *Silva Sánchez* Die Expansion des Strafrechts, 2003, 85 ff., 86.
36 *Dan-Cohen* Sanctioning Corporations, Journal of Law and Policy 19 (2010) 15 ff., 42.

Interdisziplinäre Grundfragen einer strafrechtlichen Unternehmenshaftung

Kollektive und institutionelle Verantwortlichkeit aus soziologischer und philosophischer Perspektive

Sighard Neckel

Die Frage der Verantwortlichkeit insbesondere in wirtschaftlichen Prozessen ist spätestens seit der Finanzkrise 2008, die sich heute als Schulden- und Eurokrise dokumentiert, zu einer drängenden gesellschaftspolitischen Frage geworden. Aus soziologischer Sicht ist dies jedoch bei weitem nicht neu. Als Problem des Handelns gesellschaftlicher Führungsschichten wurde Verantwortlichkeit immer wieder zum Thema soziologischer Erörterungen. So schrieb etwa der amerikanische Soziologe C. Wright Mills, der mit seinen Untersuchungen zur modernen „Power Elite“[1] einen Klassiker der Politischen Soziologie verfasst hat, bereits 1954: „We feel that irresponsibility has become organized in high places and that clearly those in charge of the historic decisions of our time are not up to them“.[2]

Mit Blick auf die schweren wirtschaftlichen und gesellschaftlichen Verwerfungen, welche die Folgen der Finanzkrise bis heute hinterlassen, wird man kaum bestreiten können, dass Mills Verdikt von der „organisierten Unverantwortlichkeit“ innerhalb vor allem der ökonomischen Eliten anhaltende Aktualität besitzt.

Nun ist die Frage, ob anlässlich der schweren Turbulenzen auf den Finanzmärkten mit allen ihren schädigenden Folgen die Verantwortlichkeit von Akteuren individueller oder kollektiver Natur gesellschaftlich eingeklagt werden kann, auch innerhalb der Soziologie nicht unumstritten. Dies hat zum einen mit dem Status zu tun, den technische Systeme heute gerade auch bei finanzökonomischen Prozessen spielen und welche die Zurechnungsfähigkeit von Verantwortung für individuelle oder kollektive Akteure nicht unwesentlich modifizieren. In der aktuellen soziologischen Theorie wie etwa der Actor-Network-Theory[3] ist daraus der Vorschlag entstanden, überhaupt nicht mehr von Akteuren und ihren Handlungen zu sprechen, sondern von „Aktanten“, worunter hybride Entscheidungsgebilde verstanden werden, in denen sich humane Akteure mit technischen Systemen unauflösbar verschränken. In dieser Sichtweise, wie sie heute auch in der soziologischen Systemtheorie vielfach formuliert wird, stellen sich Systemkrisen auf den Geldmärkten als unvorhersehbare Effektakkumulationen finanztechnischer Innovationen dar, mithin als riskante Nebenfolge von Technologien,[4] welche die Krisen auf den Finanzmärkten im wesentlichen als ein anonymes Geschehen abrollen lassen, für dessen Folgen verantwortliche Akteure oder Instanzen kaum mehr auszumachen sind.

Ein zweiter Faktor dafür, dass die Adressierung von Verantwortlichkeit insbesondere im modernen Finanzwesen als schwierig erscheint, liegt nicht im technologischen

---

1 *Mills* 1956.
2 *Mills* 2000: 185.
3 *Latour* 2007.
4 *Arnoldi* 2009.

Wandel dessen begründet, was wir als wirtschaftliches Handeln verstehen, sondern in den Eigenheiten der Organisationsformen, in denen finanzwirtschaftliche Akteure agieren. Der wichtigste Aspekt hierbei sind die weit umfassenden institutionellen und politischen Möglichkeiten, die Folgen eigener wirtschaftlicher Handlungen und Entscheidungen zu externalisieren, sie also Dritte tragen zu lassen, wodurch sich Zuschreibungen von Verantwortlichkeit nicht mehr mit der Konsequenz verknüpfen lassen, eingetretene Schäden durch eigene Belastungen ausgleichen zu müssen. In der modernen Wirtschaftssoziologie werden die heutigen Führungsgruppen von Anlagefonds oder beim Asset Management denn auch als Akteure beschrieben, die als „Eigentümer ohne Risiko“[5] agieren. Zum einen sorgen Finanzinstrumente wie die Verbriefung in sich schon dafür, dass Risiken ohne Belastung der Eigenkapitalreserven weitergereicht werden können. Zum zweiten zeigte die letzte Finanzkrise von 2008, dass die Finanzwirtschaft ihre Risiken gefahrlos auf politische Institutionen externalisieren kann und dann die Steuerbürger für die wirtschaftlichen Folgen aufkommen müssen. Würden die ökonomischen Konsequenzen von Spekulationen auf den Finanzmärkten von den jeweiligen Finanzunternehmen selbst zu tragen sein, wären hochriskante Strategien für diese Unternehmen nur von geringem wirtschaftlichen Interesse. So allerdings drängte sich eine Handlungslogik auf, die gemäß der Regel *too big to fail* das Eingreifen externer Akteure bei der Risikoabwägung bereits einkalkulieren konnte – gewissermaßen ein Finanzmarktkapitalismus mit staatlich garantierter Sicherheit, was die Adressierung von Verantwortlichkeit vielleicht noch zu einer skandalträchtigen öffentlich-medialen Angelegenheit machte, wirtschaftlich oder juristisch aber zumeist folgenlos blieb. In der Konsequenz stellten sich die „moral hazards“ des wirtschaftlichen Handelns auf den Finanzmärkten nicht mehr als der moralische Grenzfall des rationalen Nutzenkalküls dar, wie dies die ökonomische Theorie eigentlich vorgesehen hat, sondern als reguläre Handlungsoptionen, die weitgehend störungsfrei verfolgt werden konnten.[6]

Als eine Folge dessen hat sich im Bankermilieu überwiegend eine Art „Verschiebebahnhof der Verantwortung“[7] etabliert, dessen Gleise in unterschiedlichste Richtungen abgehen. Unseren eigenen empirischen Untersuchungen im Finanzwesen nach[8] sind hierbei zwei Muster der Fremdattribution zu benennen. Einerseits die Anthropologisierung der Finanzspekulation, also die Sichtweise, dass ein natürlich verankerter Antrieb, die Gier des Menschen schlechthin, in der Verantwortung für den Zusammenbruch der Geldmärkte stünde. Die Funktion einer solchen Deutung ist eine generelle Entlastung, da die Geschäftsmodelle des modernen Finanzwesens dann nur das konkrete ökonomische Beispiel der vermeintlich allgemeinen menschlichen Eigenschaft des Eigennutzes sind. Dass ein solche Einschätzung, die auf die Evidenz einer beinahe triebhaften Steuerung des Wirtschaftshandeln abstellt, alle gleichzeitigen Verweise auf die Rationalität im modernen Finanzgeschäft, auf die mathematisch genaue Berechnung von Risiken und die vermeintlich gewissenhafte Vorsorge bei der Absicherung von Finanzprodukten zur Makulatur werden lässt, wird kaum als Widerspruch begriffen.

5 *Windolf* 2008.
6 Vgl. *Neckel* 2011.
7 *Thomä* 2009.
8 Vgl. *Honegger/Neckel/Magnin* 2010.

Das zweite Muster der Fremdattribution wiederum stellt auf die Delegation von Verantwortlichkeit auf anonyme Instanzen ab, wofür sich vor allem die Rede von den „Gesetzen des Marktes" als besonders geeignet erweist. Hinter diesen Gesetzen, die wie eine neutrale richterliche Instanz wirken sollen, droht alles zu verschwinden, was Akteuren und ihren Interessen noch zurechenbar wäre. Wenn die Finanzmärkte systemisch als ein „Kapitalismus ohne Haftung"[9] beschrieben werden, weil etwa Kreditschulden in handelbare Wertpapiere transformiert werden können, ohne dass dafür hinreichende Eigenkapitalsicherungen vonnöten wären, dann tauchen diese Muster einer „strukturierten Verantwortungslosigkeit"[10] auch in den Deutungen und Rechtfertigungen von Akteuren im Finanzsektor wieder auf. Durch ihre Verbriefung und Zerstückelung verschwanden die Risiken aus den Büchern und aus dem Bewusstsein. Damit zerstückelte sich offenbar auch das Gefühl der Verantwortlichkeit.

Dass das moderne Finanzsystem vermeintlich nur anonymen Marktgesetzen, der Logik bestimmter Finanztechniken oder den Zwängen des Wettbewerbs folgen würde, stellt aus soziologischer Sicht zunächst nur ein Deutungsmuster der ökonomischen Wirklichkeit dar, das ihrerseits der Erklärung und der Reflexion bedarf. Hierbei sollte dem Umstand Rechnung getragen werden, dass auch im Finanzsystem der Einsatz modernster technologischer Instrumente die Frage nach der Urheberschaft und Zurechenbarkeit von Handlungen, Interessen und Ideologien nicht suspendiert. Auch in der Bankenwelt bleiben Akteure Autoren dessen, was sie selbst tun. Finanzwirtschaftliche Risiken müssen somit auch als Resultate von Handlungen und Entscheidungen begriffen werden und nicht allein als Ergebnis anonymer technologischer Entwicklungen, auf die Akteure vermeintlich gar keinen Einfluss haben. Der Handel mit Derivaten etwa galt bis in die 1980er Jahre hinein noch als illegal und wurde als eine Art verbotenes Glücksspiel betrachtet, bis wirtschaftlich einflussreiche Interessengruppen solcherart „Innovationen" auf den Finanzmärkten durchsetzen konnten. Handlungen also zählen, auch in der Welt nackter Zahlen, riskanter Märkte und digitaler Finanztransaktionen.

Welche Art von Verantwortlichkeit sollte aber bei der Bewertung finanzökonomischer Handlungsfolgen berechtigterweise zugrunde gelegt werden? Auf welchen Begriff von Verantwortlichkeit wollen wir uns hierbei beziehen – zumal dann, wenn dieser Begriff die Zurechnung auf kollektives Handeln und institutionelle Haftung betrifft?

In der Soziologie geht der Begriff der Verantwortlichkeit auf Max Weber zurück. In seinem berühmten Vortrag über „Politik als Beruf"[11] bestimmt er Verantwortlichkeit als eine der drei entscheidenden Qualitäten eines Politikers (neben Leidenschaft und Augenmaß) und meint damit die Bereitschaft, für „die voraussehbaren Folgen seines Handeln aufzukommen". Diese Verantwortungsethik unterscheidet Weber von der Gesinnungsethik, die sich nicht um ihre Folgen kümmert, solange „die Flamme der reinen Gesinnung nicht erlischt." Seinem Begriff der Verantwortlichkeit legt Weber zwei Elemente zugrunde, die als konstitutiv zu betrachten sind und die in der Geschichte des abendländischen Denkens auch eine grundlegende Erörterung erfahren haben. Das eine Element, das als fundamental für Verantwortlichkeit begriffen werden

9 *Bode/Pink* 2009.
10 *Honegger/Neckel/Magnin* 2010.
11 *Weber* 1919/1992.

muss, ist danach die Zuschreibung von Verantwortung und damit Verantwortung als Urheberschaft; das andere die Übernahme von Verantwortung und damit Verantwortung als Verpflichtung.

Zum ersten konstitutiven Element führte philosophiegeschichtlich bereits Aristoteles zwei wichtige Voraussetzungen dafür an, dass Verantwortung zugeschrieben werden kann.[12] Danach muss erstens die betreffende Handlung freiwillig sein – nur derjenige, der ohne Nötigung handelt, kann für seine Taten zur Rechenschaft gezogen werden. Zum anderen muss der Akteur die Konsequenzen seiner Handlung verstehen und voraussehen können – was Max Weber übernommen hat, als er davon sprach, dass Verantwortungsethik heiße, für die voraussehbaren Folgen seines Handeln aufzukommen. Somit gehört auch Wissentlichkeit und Willentlichkeit zu den Bedingungen der Zurechenbarkeit von Handlungen. Nur wer unter der Kenntnis absehbarer Umstände und aus eigenem Entschluss handelt, lässt sich für sein Tun verantwortlich machen. Dabei ist nach Aristoteles aber auch derjenige verantwortlich, der aus Willensschwäche gegen die rechtmäßige Ordnung verstößt und es trotz besserer Einsicht unterlässt, auf den Pfad der Tugend zurückzukehren. Und ebenfalls ist es dem Handelnden nicht gestattet, sich auf sein Unwissen herauszureden. Er besitzt vielmehr die Sorgfaltspflicht, sich über die genauen Umstände seines Handelns zu informieren.

Im Unterschied zu anderen ethischen Kategorien „ist Verantwortung mithin ein so genanntes kontextualistisches Moralprinzip, das auf der Berücksichtigung akteursbezogener Eigenschaften und situativer Handlungsbedingungen beruht".[13] Dies ist auch eine Vorbedingung dafür, dass nicht nur Individuen zur Verantwortung gezogen werden können, sondern auch Kollektive. In der philosophischen Diskussion gehen diejenigen, die für eine genuin kollektive, unternehmerische oder geteilte Verantwortung argumentieren, davon aus, dass Kollektive immer dann zur Verantwortung gezogen werden können, wenn diese entweder eo ipso als Akteure agieren, oder wenn Individuen in einem Verhältnis zueinander stehen, das die Verantwortung unter ihn verteilt, wobei diese Verteilung aber nicht gleichbedeutend damit ist, dass den einzelnen dann jeweils eine geringere Verantwortung zukommt.[14]

Obwohl der Verantwortungsbegriff von seinem Ursprung her personalistischer Natur ist, lässt er sich somit auf höherstufige Handlungseinheiten übertragen. Verantwortung kann auch Gruppen, Verbänden, Institutionen oder Organisationen zugeschrieben werden.[15] Ein wichtiges Problem ist dabei die Einbeziehung von nicht intendierten Handlungsfolgen und von Unterlassungen. Diese Erweiterung des Verantwortungsbegriffs geht historisch auf das 19. Jahrhundert zurück und wurde philosophiegeschichtlich von John Stuart Mill begründet. Nach Mill kann der Mensch andere „nicht nur durch sein Handeln schädigen, sondern auch durch sein Nicht-Handeln, und in beiden Fällen ist er ihnen billigerweise für den Schaden verantwortlich".[16]

---

12 Vgl. im Folgenden *Anderson* 2008.
13 *Heidbrink* 2010.
14 Vgl. *Anderson* 2008.
15 Vgl. *Heidbrink* 2010.
16 *Mill* 1859/1969: 18.

Die moderne Verantwortungsforschung hat daraus weitgehende Schlussfolgerungen gezogen: „Mit der Ausbreitung von Technik, Wissenschaft und Industrie nehmen Schadensentwicklungen zu, die zwar durch individuelles Handeln verursacht wurden, sich aber nicht mehr auf die persönliche Verantwortung einzelner Akteure zurückführen lassen. Arbeitsunfälle, technische Katastrophen und ökonomische Fehlentwicklungen beruhen zumeist nicht auf individueller Schuld, sondern stellen unvorhersehbare Nebenfolgen kollektiver Prozesse dar. Zu den Mitteln, dieser Nebenfolgen Herr zu werden, gehören neben der Herausbildung von Sozialversicherungssystemen etwa das zivilrechtliche Institut der verschuldensunabhängigen Gefährdungshaftung, wonach jemand für Schäden einzustehen hat, die sich aus der Errichtung und dem Betrieb technischer Anlagen ergeben, auch wenn den Betreiber keine unmittelbare Schuld trifft. Die Kollektivierung und Verrechtlichung des Verantwortungsprinzips, die vor allem im 20. Jahrhundert in den Vordergrund treten, resultieren aus dem Umstand, dass in arbeitsteiligen und funktional differenzierten Gesellschaften die Kategorie der Zurechnung vom Handlungssubjekt abgelöst und auf höherstufige Prozessvollzüge übertragen werden muss. Zurechnungs- und Handlungssubjekt treten auseinander und machen erweiterte Verantwortungskonzepte erforderlich, die der sachgesetzlichen und systemischen Dynamik moderner Wirtschafts- und Industriegesellschaften angemessen sind".[17]

Das Verantwortungsprinzip hat seinen Ort nicht mehr vorrangig im moralischen Bewusstsein einzelner personaler Akteure, sondern in der Struktur von Prozessen in Ökonomie, Gesellschaft und Politik, die durch je eigene Entwicklungslogiken gekennzeichnet sind. Verantwortung ist somit ein notwendiges Subsidiaritätsprinzip der modernen Wirtschaftsgesellschaft. Das Verantwortungsprinzip sorgt dafür, dass ökonomische Akteure sich an kollektive Ordnungsregeln halten und eine Bereitschaft zur Selbstbindung an gemeinwohlförderliche Handlungsnormen entwickeln. Zwei Faktoren in der modernen Ökonomie, insbesondere im Finanzwesen, sind es allerdings, die die Geltung des Verantwortungsprinzips nachteilig einzuschränken vermögen. Dies ist zum einen eine wirtschaftliche Handlungsorientierung, die sich allein in der Verantwortung der Shareholder begreift. Ein solch einseitig ausgerichteter Verantwortungsbegriff trägt nicht dazu bei, wirtschaftliche Organisationen als responsive Systeme agieren zu lassen, die ihrer ökonomischer Verantwortlichkeit innerhalb eines multiplen Netzwerkes von Ansprüchen und Risikofolgen gerecht werden können. Zum Zweiten sorgen alle Mechanismen einer Externalisierung von Handlungsfolgen auf Dritte dafür, dass die Normen ökonomischer Verantwortlichkeit abgeschwächt oder gar außer Kraft gesetzt werden können. Die „strukturierte Verantwortungslosigkeit" im Finanzwesen ist das jüngste Beispiel dafür.

Literatur

Anderson, Joel: Verantwortung, in: Stephan Gosepath, Wilfried Hinsch und Beate Rössler (Hg.): Handbuch der Politischen Philosophie und Sozialphilosophie. Band 2. Berlin 2008: de Gruyter, S. 1392–1397.

17 *Heidbrink* 2010: 6.

Arnoldi, Jakob: Alles Geld verdampft. Finanzkrise in der Weltrisikogesellschaft. Frankfurt/M. 2009: Suhrkamp.

Bode, Thilo und *Katja Pink:* Kapitalismus ohne Haftung, in: Blätter für deutsche und internationale Politik (Hg.), Das Ende des Kasino-Kapitalismus? Globalisierung und Krise. Berlin 2009: Blätter-Verlag, S. 69–76.

Heidbrink Ludger: Die Rolle des Verantwortungsbegriffs in der Wirtschaftsethik. Working Paper Nr. 9/2010 des Center for Responsibility Research / Kulturwissenschaftliches Institut Essen.

Honegger, Claudia, Sighard Neckel und *Chantal Magnin:* Strukturierte Verantwortungslosigkeit. Berichte aus der Bankenwelt. Berlin 2010: Suhrkamp.

Latour, Bruno: Eine neue Soziologie für eine neue Gesellschaft. Einführung in die Akteur-Netzwerk-Theorie. Frankfurt/M. 2007: Suhrkamp.

Mill, John Stuart: Über Freiheit (1859). Frankfurt/M. 1969: Athenäum.

Mills, C. Wright: The Power Elite. New York 1956: Oxford University Press.

Mills, C. Wright: Letters and Autobiographical Writings. Berkeley 2000: University of California Press.

Neckel, Sighard: Refeudalisierung der Ökonomie. Zum Strukturwandel kapitalistischer Wirtschaft, in: WestEnd. Neue Zeitschrift für Sozialforschung, 8. Jg. (2011), Heft 1, S. 117–128.

Thomä, Dieter: Rede und Antwort stehen. Die Finanzkrise lässt sich auch als Verantwortungskrise begreifen, in: Neue Zürcher Zeitung, 24. Juni 2009.

Weber, Max: Politik als Beruf (1919). Stuttgart 1992: Reclam.

Windolf, Paul: Eigentümer ohne Risiko. Die Dienstklasse des Finanzmarkt-Kapitalismus, in: Zeitschrift für Soziologie, 37. Jg. (2008), Heft 6, S. 516–535.

The aggregative Model: Jenseits von Fiktionen und Surrogaten

Klaus Lüderssen

Gliederung

Vorbemerkung

Mit diesem Text verfolge ich nicht das Ziel, die Probleme des Unternehmensstrafrechts zusammenfassend zu fixieren oder Stichworte für die einzelnen Tagesordnungspunkte zu sammeln. Vielmehr möchte ich etwas sagen zu den prinzipiellen Entscheidungen, die getroffen werden müssen, ehe man in die Diskussion eintritt, und was aus dieser Entscheidung folgt.

Auf den ersten Blick scheint es um die Konkurrenz „unhintergehbarer“ oder „unverfügbarer“ Grundsätze mit „pragmatischen“ Erwägungen zu gehen, wenn man einmal unterstellt, dass weder das eine noch das andere mit Ausschließlichkeitsanspruch auftritt. Man kann aber das Dilemma des Kompromisses, das sich dann zeigen wird, vermeiden, wenn es gelingt, in ausreichender Zahl unstreitige Positionen zu finden, so dass es nur darauf ankommt, sie widerspruchsfrei miteinander zu verknüpfen, bzw. die mit ihnen nicht vereinbaren Alternativen auszuscheiden.

Erkenntnisleitend ist das Schema, das jeder Gesetzgebung, auch der Strafgesetzgebung zugrunde gelegt werden sollte:

- Auswahl des zu erreichenden Zieles (das sind die Strafzwecke),
- Auswahl der Mittel, die zur Erreichung dieses Zieles geeignet und erforderlich sind,
- Prüfung und Entscheidung der Zielkonflikte, die sich im Verlauf der vorstehenden Operationen ergeben (das sind – im Wesentlichen – Folgenabschätzungen).

Was die Strafzwecke angeht, so wird vorausgesetzt, dass sie ausschließlich präventiv orientiert sind. Überzeugend ist das allerdings nur unter der – weiteren – Voraussetzung, dass die Strafe als Reaktion auf Rechtsgutsverletzungen begriffen wird, die sich weder darauf beschränkt, die Ausgleichsmechanismen zugunsten des durch die Straftat Geschädigten zu verstärken, noch den Anspruch erhebt, einem Strafanspruch des Staates zu genügen, sondern im Interesse des Gemeinwohls liegt.

Für die Definition dieses Gemeinwohls – eine weitere Voraussetzung – ist alles zu berücksichtigen, was eine Gesellschaft auf der verfassungsrechtlichen Basis von Demokratie und Rechtsstaat, Freiheit und Gleichheit für wichtig hält. Dieser Status ist das Ergebnis – sich in sorgfältigen, permanent unter Legitimationserfordernisse gestellten Verfahren entwickelnder – gesellschaftlicher Konsense.

Deshalb sind – letzte Voraussetzung – in die Arbeit die ökonomischen, sozialen, wertphilosophischen und psychologischen Konzepte und Erfahrungen einzubeziehen, die für die Antwort auf die Frage nach einem Unternehmensstrafrecht relevant sind und in politisch-historischen Zusammenhängen verstanden werden sollten.

A. Der Wandel der Zurechnungskonzeptionen und ihre Bedeutung für die Beurteilung von Unternehmensdelinquenz

Der Gedanke an ein Unternehmensstrafrecht tritt immer zugleich mit den Einwänden auf, die dagegen erhoben werden: Ein Unternehmen sei weder handlungs- noch straffähig und auch kein taugliches Subjekt für einen Strafprozess, insbesondere die Voraussetzungen für den persönlichen Vorwurf, der sich mit der Strafe verbindet, seien nicht erfüllbar.[1] Das klingt für den modernen Beobachter trivial, denn er weiß, dass von Schuld zu sprechen ohnehin ein Griff ins Dunkle ist.

---

1 Eindrucksvoll immer noch die Formulierung „no soul to damn, no body to kick"; s. die Belege darüber bei *Klaus Volk* Zur Bestrafung von Unternehmen, Juristenzeitung 1993, S. 129 ff (131 rechte Spalte, Fußnote 17). Guter systematischer Überblick bei *Anne Ehrhardt* Unternehmensdelinquenz und Unternehmensstrafe. Sanktionen gegen juristische Personen nach deutschem und US-amerikanischem Recht, Berlin 1993, S. 42 ff. Zum neuesten Stand der Diskussion *Gerson Trüg* Zu den Folgen der Einführung eines Unternehmensstrafrechts. In: Wistra 2010, S. 241 ff; *ders.*, Sozialkontrolle durch Strafrecht – Unternehmensstrafrecht, In: StraFo 11/2011, S. 471; *Klaus*

Deshalb ist schon längst nicht mehr von „feststellen“ die Rede, denn da ist der Ontologieverdacht sofort zur Stelle; vielmehr weicht man auf Interaktionsparadigmen, wertende Zuschreibungsprozesse und vergleichbare Terminologien aus. Über diesen Sprachgebrauch ist man sich einig, seitdem sogar die „kritische“ Kriminologie, die sich lange in der ausschließlichen Denunziation machtorientierter Zuschreibungsprozesse wohl gefühlt hat, zu einer neuen, auch gebotene Zuschreibung anvisierenden Kriminalpolitik übergegangen ist.

Sofern die Kriterien für gebotene Zuschreibung sich praktisch mit dem decken, was die Gerichte – mehr oder weniger unter Einbeziehung dessen, was die Wissenschaft dogmatisch entwickelt hat – täglich tun, haben wir nach wie vor keine auffällige Situation. Liegen die objektiven tatbestandlichen Voraussetzungen für die Subsumtion eines Sachverhalts unter ein Strafgesetz vor, werden Handlungsfähigkeit und Schuld der verdächtigten Person ohne weiteres bejaht, wenn nicht die gesetzlich vorgeschriebenen oder gewohnheitsrechtlich anerkannten Ausnahmen gegeben sind.

I. Die methodologische Provokation durch das „Ganze“ und das Problem des Zirkelschlusses

Aber diese stillschweigende positive Zurechnung ist, tritt man einem Unternehmensstrafrecht näher, nicht mehr möglich. Was im Begriff des Unternehmens zusammen kommt, fordert vielleicht Kategorien der Zurechnung, die über die landläufige, auf natürliche Personen bezogene Strafrechtsdogmatik hinaus gehen. Das Ganze könnte ja mehr sein als die Summe seiner Teile – oder ist das eine Fiktion?

Ehe man diese schwierige Frage angeht, wäre noch eine andere, einfache Lösung zu erwägen. Man stellt nicht ab auf das Kollektiv als solches, sondern auf seine Repräsentanten. Dann findet man die Verbindung zu den natürlichen Personen wieder, als Organe oder Vertreter. Denkt man das zu Ende, tauchen indessen neue Hindernisse auf. Denn wenn es die Organe und Vertreter sind, deren Handeln und Schuld man dem Ganzen zurechnen möchte, können sie dieses Ganze zugleich konstituieren und repräsentieren?[2] Für dieses Problem[3] gibt es seit langem diverse Beschreibungen, etwa: „Das Gemeinwesen besitzt (...) in jedem Organ ein Stück seiner selbst, es deckt sich als wollende und handelnde Persönlichkeit vollkommen mit dem dabei fungierenden Organ, es wird als Ganzes durch den Theil insofern dargestellt, als eben durch diesen Theil das einheitliche Leben des Ganzen sich vollzieht“,[4] oder: Dabei wird „die unsinnliche Einheit der Organe unmittelbar zur Erscheinung gebracht. Nur so kann sich die „einem Gemeinwesen immanente Persönlichkeit“ wirksam offenbaren.[5]

Leipold Plädoyer gegen die Einführung eines Unternehmensstrafrechts. In: Festschrift für Peter Gauweiler zum 60.Geburtstag, Neuwied 2009, S. 375 ff.

2 Gute Beschreibung des Problems bei *Anne Ehrhardt* a. a. O., S. 223; s. auch *Friedrich von Freier* Kritik der Verbandsstrafe, Berlin 1998, S. 100 ff (165 ff).

3 Für das Unternehmensstrafrecht hat es wohl zum ersten Mal formuliert *Karl Engisch* Empfiehlt es sich, eine Strafbarkeit der juristischen Person gesetzlich vorzusehen? In: Verhandlungen des 40. Deutschen Juristentages (1953), Band 2, Tübingen 1954, S. E 7 ff (24).

4 *Otto von Gierke* Die Genossenschaftstheorie und die deutsche Rechtsprechung, Berlin 1887, S. 625.

5 *v. Gierke* a. a. O., S. 624.

Wie man hier urteilt, könnte davon abhängen, welche juristische Konstruktion des Kollektivs gewählt wird: juristische Person, Gesellschaft des Bürgerlichen Rechts oder des Handelsrechts, oder eine Firma jenseits dieser Rechtsformen,[6] wobei dann jeweils entschieden werden müsste, was im einzelnen dazu gehört an nah oder fern beteiligten Personen, selbständigen Organisationseinheiten, Sachen. Aber bei allen Konstruktionen zeigt sich die Zirkularität; deshalb haben sich Wissenschaft und Praxis dort, wo die repräsentative Verbandshaftung rechtlich geregelt ist (etwa in § 31 BGB oder § 30 OWiG) offenbar darauf geeinigt, mit diesem Grundlagenmangel gewissermaßen zu leben.[7] So lange die Unternehmenshaftung im Strafrecht eher eine Randerscheinung bleibt, richtet dieser Pragmatismus vielleicht keinen nennenswerten Schaden an. Wer aber strafrechtliche Unternehmenshaftung prinzipiell und in einem weiten Umfang einführen möchte, kann jenen Geburtsfehler kollektiver Phänomene nicht überspielen, sondern muss versuchen, einen sichereren Ausgangspunkt zu gewinnen.

II. Die Notwendigkeit der Folgenorientierung

Dieser liegt wahrscheinlich bei den Folgen. Man muss untersuchen, inwieweit „Unternehmen" über Schadensersatz- und Unterlassungsklagen, behördliche Auflagen und Handlungsbedingungen hinaus belastbar sind. Für Personen bemüht man die Strafzwecke. Für das Unternehmen müsste nun – vor allem zugespitzt auf den inzwischen herrschenden Strafzweck der Resozialisierung – geprüft werden, ob es dafür ein Kandidat sein könnte. Unter den möglichen Sanktionen für ein Unternehmen, die inzwischen diskutiert werden, ist die Resozialisierung expressis verbis nicht genannt, wohl aber gehen einige Vorschläge in diese Richtung, etwa wenn erwogen wird, das Unternehmen unter Aufsicht zu stellen, Personal auszutauschen, etc.

Die Resozialisierung müsste eine Sache des Gemeinwohls und gerade aus diesem Grunde gegenüber dem Unternehmen gerechtfertigt sein.

Zum Gemeinwohl, das inzwischen an die Stelle der traditionellen Substanz des staatlichen Strafanspruchs getreten ist,[8] gehören auch gewisse Bedürfnislagen der Menschen,

---

6 Vgl. die Aufzählung bei *Ehrhardt* a. a. O., S. 217 ff.

7 Ob die Unterscheidung zwischen Organ und Organwalter hier weiterhilft (dazu *Ernst-Wolfgang Böckenförde* Organ, Organisation, juristische Person, in: Festschrift für Hans Julius Wolff zum 70. Geburtstag, München 1973, S. 272), ist zweifelhaft, vgl. den Organbegriff bei Wolff: „Organ ist ein ... eigenständiges, institutionelles Subjekt für Zuständigkeiten zur transitorischen Wahrnehmung von Eigenzuständigkeiten einer juristischen Person", Verwaltungsrecht II, S. 45. Die Organe haben „nur die Zuständigkeit (innerhalb des ihnen zugewiesenen Aufgabenbereichs), Rechte und Pflichten der juristischen Person wahrzunehmen, als sie und für sie zu handeln" (*Böckenförde* a. a. O., S. 274).

8 Vgl. *Klaus Lüderssen* Der öffentliche Strafanspruch im demokratischen Zeitalter – Von der Staatsräson über das Gemeinwohl zum Opfer? In: Cornelius Prittwitz/Joannis Manoledakis (Hrsg.), Strafrechtsprobleme an der Jahrtausendwende, Baden-Baden 2000, S. 63 ff; *ders.*, Muss Strafe sein? Das Strafrecht auf dem Weg in die Zivilgesellschaft. In: Festschrift für Winfried Hassemer, Heidelberg 2010, S. 467 ff (473 ff); *ders.*, Methodenfragen im Umgang mit der „Sachlogik des Finanzmarkts" – Grenze oder Herausforderung juristischer Intervention? In: Eberhard Kempf/ Klaus Lüderssen/Klaus Volk (Hrsg.), Ökonomie versus Recht im Finanzmarkt? Berlin 2011, S. 241 ff (279 ff, 282).

die in einer Gesellschaft leben.[9] Ob das eine Frage der Demokratie im Strafrecht ist, beginnt die Fachwelt ernsthaft zu beschäftigen.[10] Das Bedürfnis, das sich gegenwärtig in der Diskussion über Unternehmensstrafrecht in den Vordergrund schiebt, kommt aus der Opferperspektive:[11] Unternehmen sollen strafrechtlich verantwortlich sein für Schäden, die als so gravierend empfunden werden, dass der bloße finanzielle Ausgleich– wiewohl auch er bereits eine präventive Funktion hat – sowie Geldbußen oder ordnungspolitische Maßnahmen nicht genügen.

Damit ist aber noch nicht gesagt, dass die ultima ratio der Resozialisierung Unternehmen wirklich erreichen kann. „Resozialisierung" bezieht sich – das ist ihre Tradition – auf offenkundige Fehlsozialisationen bei Personen, an Betriebe oder Institutionen ist dabei bisher nicht gedacht worden.

Auch die Folgenorientierung eröffnet also keinen problemlosen Zugang zur Unternehmensstrafbarkeit. Vielmehr führt kein Weg an der Notwendigkeit genauerer Klärung vorbei, wer gemeint sein kann, wenn der Adressat des Strafrechts in kollektiven Phänomenen gesucht wird.

B. Die Vielfalt der bisherigen Annäherungen

I. Pluralität statt Totalität

Auf der Basis eines an einzelnen Personen orientierten konventionellen Strafrechts wäre es konsequent, wenn man statt relativ weniger Personen, auf die sich die Strafverfolgung, sofern Unternehmen im Spiel sind, gegenwärtig beschränkt, viele Einzelne finden würde, aus deren Zusammenwirken sich dann das Produkt ergibt, das man Unternehmenskriminalität[12] nennen könnte.[13]

Liegen hier nicht vielleicht Versäumnisse vor, die erst durch den Ruf nach einem Unternehmensstrafrecht zutage treten? Nicht wenige Einzelne sind meistens schuld, sondern eben viele. Was in der diffusen Ansammlung vieler zusammenwirkender Menschen nicht sichtbar gemacht werden kann, stellt sich im Unternehmen dar. Damit ist aber nicht unbedingt ein neues „Wesen" gemeint, sondern am Ende nur eine Sammelbezeichnung für bestimmte Personengruppen, die in der so bezeichneten Organisationsform zusammenwirken. Immerhin hat auch das Personenstrafrecht ja schon für das Zusammenwirken mehrerer Personen diverse Haftungstypen der Deliktsbeteiligung entwickelt. Ursprünglich ist das nur für vorsätzliche Taten geschehen. Inzwischen aber

---

9 Dazu jetzt *Tonio Walter* Vergeltung als Strafzweck, Prävention und Resozialisierung als Pflichten der Kriminalpolitik. In: Zeitschrift für internationale Strafrechtsdogmatik (ZIS) 2011, S. 636ff (638ff).

10 Dazu *Walter* a.a.O.

11 Darüber, dass es sich dabei unter keinen Umständen darum handeln kann, einen Strafanspruch des Opfers zu begründen, vgl. *Klaus Lüderssen* Methodenfragen im Umgang mit der „Sachlogik des Finanzmarkts", a.a.O., S. 282.

12 Eine anschauliche Typologie bei *Ehrhardt* a.a.O., S. 142ff.

13 Über die kriminalpolitischen Motivationen *Ehrhardt* a.a.O., S. 159ff.

wird diese Beteiligungsdogmatik auch auf fahrlässige Delikte ausgedehnt,[14] nachdem zunächst im Umweltstrafrecht das Problem der Multikausalität die Barrieren der auf die conditio sine qua non begrenzten Kausalhaftung beseitigt hatte.[15] Diese Verfeinerungen in der Zurechnung leben natürlich auch davon, dass man sich eben mehr und mehr zu dem bekennt, was Kriminologen zunächst Zuschreibung genannt haben und im Strafrecht (unbewusst parallel) als Normativismus bezeichnet wird – die zweite Konzession des Strafrechts an aus der Kriminologie kommende Anregungen (neben dem möglichen Verzicht auf nur selektive Personenverfolgung). Wie sich aus dieser Gemengelage eine verbindliche Legitimationszuschreibung ergeben könnte, ist eine nach wie vor nicht ausgetragene Frage in beiden Gebieten.[16] Womöglich kann ihre Beantwortung durch die – mit dem Ruf nach einem Unternehmensstrafrecht verbundene – Aufforderung, das Zusammentreffen deliktischer Aktivitäten in einer anschaulichen Gesamtheit zu verifizieren, gefördert werden.

Dass diese Erwartung nicht ganz falsch ist, hat bereits die Entscheidung des Lederspray-Falls[17] durch den BGH gezeigt, wo zum ersten Mal von einem Gericht – konkludent – gesagt wird, dass dort, wo keine Feststellungen getroffen werden können (sowohl im Bereich der Kausalität – Korrelation genügt jetzt –, wie bei der Mittäterschaft – wieder verbunden mit Lockerungen des Kausalitätserfordernisses für den Fall, dass „eine Gegenstimme am Verlauf der Dinge nichts geändert hätte"),[18] mit normativen

---

14 Vgl. zuletzt *Stefan Stübinger* Zurechnungsprobleme beim Zusammenwirken mehrerer fahrlässiger Taten. In: Zeitschrift für internationale Strafrechtsdogmatik (ZIS) 2011, S. 602 ff; weitere, auch ältere Literatur bei *Klaus Lüderssen* Strafbefreiender Rücktritt vom fahrlässigen Delikt? In: Festschrift für Erich Samson zum 70.Geburtstag, Heidelberg u.a. 2010, S. 93 ff (100, Fn. 14); s. ferner *Uwe Murmann* Die Nebentäterschaft im Strafrecht – ein Beitrag zu einer personalen Tatherrschaftslehre. Berlin 1992.

15 Dazu zunächst die Arbeiten von *Lothar Kuhlen* Strafrechtliche Produktverantwortung. In: Festgabe der Wissenschaft für den Bundesgerichtshof, München 2000, S. 646 ff (672) mit Hinweisen auf weitere frühere Schriften. S. ferner Lorenz Schulz, Perspektiven der Normativierung des objektiven Tatbestands (Erfolg, Handlung, Kausalität) am Beispiel der strafrechtlichen Produkthaftung. In: Klaus Lüderssen (Hrsg.), Aufgeklärte Kriminalpolitik oder Kampf gegen das Böse, Band 3: Makro-Delinquenz, Baden-Baden 1998, S. 43 ff; wichtige Anregungen kommen auch aus den Sozialwissenschaften, vgl. dazu den Abschnitt über „Nebentäterschaftliche kollektive Verursachung" bei *Weyma Lübbe* Verantwortung in komplexen kulturellen Prozessen, Freiburg/München 1998, S. 164 ff; *Paul Hoyningen-Huene* Zu Emergenz, Mikro- und Makrodetermination. In: Weyma Lübbe (Hrsg.), Kausalität und Zurechnung. Über Verantwortung in komplexen kulturellen Prozessen, Berlin/New York 1994, S. 165 ff; gründliche Aufarbeitung dieser Problematik bei *Kurt Seelmann* Kollektive Verantwortung im Strafrecht, Berlin/New York 2002, S. 17 ff.

16 Vgl. *Klaus Lüderssen* Gebotene Zuschreibung? In: Lutz von Trotha (Hrsg.), Politischer Wandel, Gesellschaft und Kriminalitätsdiskurse; Beiträge zur interdisziplinären wissenschaftlichen Kriminologie. Festschrift für Fritz Sack zum 65. Geburtstag, Baden-Baden 1996, S. 113 ff.

17 BGHSt 37, S. 106 ff. Dazu jetzt die gründliche Aufarbeitung bei *Marco Mansdörfer* Zur Theorie des Wirtschaftsstrafrechts; zugleich eine Untersuchung zu funktionalen Steuerungs- und Verantwortlichkeitsstrukturen bei ökonomischem Handeln, Heidelberg u.a. 2011, S. 298 ff, 319 ff, 435 ff.

18 *Claus Roxin* Strafrecht, Allgemeiner Teil, Band 2, München 2003, S. 97; *Günther Jakobs* Strafrechtliche Haftung durch Mitwirkung an Abstimmungen. In: Festschrift für Koichi Miyazawa, Baden-Baden 1995, S. 419 ff; *Günter Stratenwerth* Zu einem Unternehmensstrafrecht? In: Festschrift für Rudolf Schmitt, Tübingen 1992, S. 295 ff (300).

Konstruktionen gearbeitet werden darf. Den weiteren Schritt, bei Gruppenkriminalität Teilnehmer ohne Täter zu diagnostizieren, ist die Dogmatik allerdings noch nicht gegangen (obwohl es einschlägige Vorschläge aus der Kriminologie gibt),[19] weil die akzessorietätsorientierte Teilnahmelehre bisher noch einen dogmatischen Riegel vorschiebt.[20]

Das alles zusammen genommen kann uns ermutigen, Vorgänge in einem Kollektiv, wie immer man es auch nennt, deliktisch zu fixieren ohne Rückgriff auf ein Gesamtheitskonzept. Man sollte dabei auch nicht vergessen, dass es Handlungen gibt, die aus einem Kollektiv heraus begangen werden, bei dem die Idee gar nicht aufkommt, es als Ganzes zu bestrafen. Gemeint sind Krieg und Politik. Vielmehr wird hier – auch wenn das mühselig ist – immer nur nach Einzelnen gesucht, die eine Strafe verdienen.

Die Fortsetzung und Kultivierung der die Haftung beim Zusammenwirken mehrerer Personen modernisierenden wirtschaftsstrafrechtlichen Dogmatik könnte also dazu führen, eine entsprechend größere Zahl zu bestrafender Einzelner zu finden und damit die Forderung nach einem Unternehmensstrafrecht zu entschärfen.

Der Weg, den man hier beschreiten kann, ist durch die an den Folgen orientierte Ausgangsfrage vorgegeben. Zu prüfen wäre, ob diejenigen Personen, die von einer gegen das ganze Unternehmen gerichteten Strafe effektiv betroffen wären, ihrerseits als handelnde und schuldhafte Urheber des Delikts, das die Unternehmensstrafe auslösen soll, angesehen werden können. Das Geflecht von Kausalität, Quasi-Kausalität, zuschreibender Zurechnung, wechselseitiger oder auch ohne bewusstes Zusammenwirken zustande gekommener Beiträge für den Deliktserfolg, wäre aufzulösen.

Will man unter diesen Umständen auf die Unternehmensstrafe verzichten und sich mit raffinierten Konstruktionen des Zusammenwirkens vieler Individuen begnügen, die dann jeweils nur zu individuellen Bestrafungen führen können, wird man freilich nicht umhin können, den Unterschied zwischen Gesamtheit und Repräsentation doch in die Betrachtungen einbeziehen.

---

19 *Ulrich Eisenberg* Kriminologische Fragestellungen zum Regelungsbereich des Allgemeinen Teils des Strafrechts. In: Monatsschrift für Kriminologie und Strafrechtsreform, 1987, S. 367 ff (370); *Klaus Lüderssen* Der Beitrag der Kriminologie zur Strafrechtsdogmatik – Eine Konkretisierung mit Blick auf die Probleme von Täterschaft und Teilnahme, in: Raimo Lahti/ Kimmo Nuotio (Hrsg.), Strafrechtstheorie im Umbruch, Finnische und vergleichende Perspektiven, Helsinki 1992, S. 465 ff; *Klaus Lüderssen* Grenzen der „Sachkunde" des Gerichts (§ 344 Abs. 4 Satz 1 StPO) für die Beurteilung der inneren Tatseite bei jugendlichen Tätern, speziell mit Blick auf den bedingten Vorsatz. In: Festschrift für Hans-Ludwig Schreiber zum 70. Geburtstag, Heidelberg 2003, S. 389 ff (394 f); *Klaus Günther/Cornelius Prittwitz* Individuelle und kollektive Verantwortung im Strafrecht, in: Festschrift für Winfried Hassemer, Heidelberg 2010, S. 331 ff (351).

20 Reife Darstellung des Problems bei *Diethelm Klesczewski* Die Grundformen beteiligungsdogmatischer Systembildung. Ein Streifzug durch Europa in kritischer Absicht. In: Festschrift für Ingeborg Puppe zum 70. Geburtstag, Berlin 2011, S. 613 ff.

II. *Aggregative approach*

Unter den Modellen, die das möglich machen könnten, schiebt sich dieses allmählich in den Vordergrund.[21] *„Aggregative approaches also treat the corporation as the principle offender, but they do so by adding together the different acts, omissions, and states of mind of individual stakeholders, particularly corporate officers and senior managers"*.[22]

Aggregative approaches vermeiden also den vorschnellen Griff nach der Metaphysik des Gesamtsubjekts, beginnen nicht mit dessen Fiktion, sondern bauen es gleichsam von unten, aus vielen einzelnen Elementen.

Systemtheoretische Einflüsse, Annahmen und Argumente könnten ergänzend berücksichtigt werden. Die Systemtheorie entscheidet sich nicht für das eine – das System – oder das andere – die Handlung des Einzelnen. Aber sie stellt die Verbindung zwischen beiden Phänomenen anders her als *the aggregative model*.[23] Denn nach ihrem Konzept werden soziale Systeme „nicht aus Handlungen aufgebaut", so als ob diese Handlungen aufgrund der organisch-psychischen Konstitution des Menschen produziert werden, also für sich bestehen könnten.[24] Es sind vielmehr Kommunikationsprozesse, die das Soziale konstituieren.[25] „Um sich selbst steuern zu können", müssen die Kommunikationsprozesse indessen „auf Handlungen reduziert, in Handlungen dekomponiert werden, sie werden in Handlungen zerlegt, und gewinnen durch diese Reduktion Anschlussgrundlagen für weitere Kommunikationsverläufe".[26]

Diese Kommunikationsverläufe sind das Entscheidende. Die Zurechnung im Namen eines Unternehmensstrafrechts könnte sich auf sie beziehen und würde sowohl die Fiktion der Gesamtheit, wie die Fiktion von Vertretung und Organschaft überflüssig machen. Man könnte sagen, Kommunikationsverläufe werden dem System Unternehmen ebenso zugerechnet wie die Handlungen einzelner Personen. Der Gegenstand der

---

21 *Mark Pieth/Radha Ivory* Emergence and Convergence: Corporate Criminal Liability Principles in Overview. In: Mark Pieth/Radha Ivory (Ed.), Corporate Criminal Liability, Emergence, Convergence and Risk, Heidelberg/London/New York 2011, S. 4 ff (7).

22 *Pieth/Ivory* a. a. O.

23 Schon in den früheren Arbeiten von Gunther Teubner kann man das sehen: „denn wenn Legitimationsprobleme der Unternehmen durch die Rückbindung an Mitgliedergruppen und Länderparlamente gelöst werden, dann muss die eigentliche Leistung der juristischen Person – die Steigerung von Organisationsautonomie – in den Hintergrund treten" (Gunther Teubner, Unternehmenskorporatismus, New Industrial Policy und das „Wesen" der juristischen Person. In: Kritische Vierteljahresschrift für Gesetzgeber und Rechtswissenschaft, 1987, S. 61 ff (62). Findet man hingegen „die Legitimation der Unternehmung nicht vorrangig im Beteiligten-Konsens, sondern im gesamtgesellschaftlichen Funktions- und Leistungszusammenhang, dann ist damit die Steigerung von Organisationsautonomie gegenüber den beteiligten Personen und Interessengruppen nicht mehr vereinbar, sondern geradezu deren Voraussetzung", a. a. O.

24 Niklas *Luhmann* Soziale Systeme, 4. Auflage, Frankfurt am Main 1994, S. 193; dazu *Hans Theile* Wirtschaftskriminalität und Strafverfahren. Systemtheoretische Überlegungen zum Regulierungspotential des Strafrechts, Tübingen 2009, S. 65.

25 *Luhmann* a. a. O.

26 *Luhmann* a. a. O. Zu den Konsequenzen für die Verbandsstrafbarkeit *Günther Jakobs* Strafbarkeit juristischer Personen? In: Festschrift für Klaus Lüderssen zum 70. Geburtstag, Baden-Baden 2002, S. 559 ff (560).

Zurechnung einer Unternehmenskriminalität wäre dann einer individuellen Kriminalität vergleichbar. Feststellungsmomente wären ebenso beteiligt wie Zuschreibungen, so wie bei der individuellen Zurechnung der Vorgang ja auch nicht rein normativ ist.

Die Frage ist freilich, ob diese über die Relevanzen von Kommunikationsprozessen vermittelte Deutung des Verhältnisses von System und Handlung sich von den anderen Modellen nicht nur durch eine .andere Beschreibung der Vorgänge in einem sozialen System, wie es ein Unternehmen darstellt, unterscheidet. Denn letztlich kommt es doch darauf an, dass man die Wirkungen prüft, welche die Handlungen des Einzelnen haben, und danach entscheidet, ob sie dem System zugerechnet werden können und sollen. Das heißt, die von den Systemtheorien vorgetragenen Konzeptionen können die Lücken, welche das sehr viele Einzelhandlungen erfassende *aggregative model* noch lässt, nicht überzeugend schließen.

Damit erhebt sich die Frage, ob man andere Wege suchen muss, mit dieser Lücke umzugehen. Freilich stellt sich das Problem bei den Modellen, die von vornherein auf wenige Repräsentanten setzen und sich längst einer gewissen Anerkennung erfreuen, ja noch schärfer, so dass der Gedanke, die Lücke irgendwie zu „verwalten", am Ende näher liegt als der Versuch, sie zu schließen.

Das Beziehungsverhältnis des Vertretenen zum Vertretenden substantiell zu erklären, scheint für das Zivilrecht kein großes Problem zu sein. Es handelt sich um eingeübte Strukturen, sei es im Vereinsrecht, sei es im Gesellschaftsrecht, mit der Konstruktion der juristischen Person oder auch ohne sie. Für die Einbeziehung der Vertretungsstruktur in das Strafrecht gilt das nicht ohne weiteres. Dort wo der Vertretende haften soll, ist das speziell und umständlich geregelt (§ 14 StGB). Die Haftung des Vertretenen für den Vertreter ist, sonst hätten wir das Unternehmensstrafrecht längst, eben nicht geregelt. Es gibt insoweit nur § 30 OWiG. Weil es dort lediglich um Bußgeld geht, ist man in der Konstruktion der Beziehung über die (scheinbaren) Selbstverständlichkeiten des Zivilrechts im Grunde nicht hinaus gelangt.

Wenn man für das Strafrecht jetzt diesen Schritt nachzuholen versucht, so wird klar, dass es sich um abstrakte Gefährdungen handelt.

Ist das richtig, so erheben sich hier alle Bedenken, die ohnehin gegen den Deliktstypus der abstrakten Gefährdung bestehen; andererseits muss man auch registrieren, dass er gleichwohl weitgehend anerkannt ist. Wenn diese Gefährdung es ist, welche die Zurechnung der Handlungen des Vertretenden an den Vertretenen legitimieren soll, dann muss sie in Einklang gebracht werden mit den anerkannten Prinzipien strafrechtlicher Zurechnung, oder diese Prinzipien müssen um neue erweitert werden. Der Vertretene lässt den Vertretenden für sich handeln. Indem er das tut, eröffnet er die Gefahrenquelle. So einfach es ist, nach den gewohnten Kriterien die Handlung des Vertreters – soweit es seine Person angeht – unter einen Tatbestand zu subsumieren, so schwer ist es, diesen Zurechnungsvorgang in die Beziehung zwischen Vertretenen und Vertreter zu integrieren. Die gewohnte Dogmatik der Beteiligung mehrerer an einem Delikt versagt, weder mittelbare Täterschaft noch Mittäterschaft kann in allen relevanten Fällen angenommen werden.

Aber das mag vorerst offen bleiben – die Konstruktion einer Zurechnung der Handlung des Vertreters an den Vertretenen scheitert ja schon daran, dass der Vertretene selbst, wenn er oder sie eine Gesamtheit ist, nur durch den Vertreter deliktisch handeln könnte. Werden dem Vertretenen gleichwohl auch die Handlungen des Vertreters zugerechnet, so setzt das also voraus, dass der Vertretene noch eine andere Anknüpfungsmöglichkeit bietet als die einer Handlung, die nur durch den Vertreter begangen werden kann. Damit ist klar, dass die Besonderheit des *aggregative model* darin besteht, die Gesamtheit für fremdes persönliches Verschulden haften zu lassen, während sich holistische Modelle, an die man bei diesem Begriff vielleicht denkt, dadurch auszeichnen, dass es sich bei ihnen um Eigenverschulden des Kollektivs handelt; in diesen Fällen pflegt man von Organen zu sprechen, die ein Teil des Kollektivs sind und deren Handlungen deshalb keine Vertretungshandlungen für das Kollektiv sein können. Dieser Unterschied mag im Zivilrecht bedeutungslos sein.[27] im Strafrecht ist er es nicht. Das Interesse muss sich daher nun doch richten auf:

III. Holistische Modelle

Alles, was an Modernisierung, Desillusionierung und Soziologisierung bisher versucht worden ist, könnte über diese Modelle[28] vielleicht produktiv werden, vor allem in Verbindung mit primär an der präventiven Wirkung der Zurechnung orientierten Kriterien.[29]

Der Einstieg ist eine normative Zurechnung, die sich von der anthropomorphisierten Fassung des tradierten Zurechnungsdogmas befreit.[30]

1. Die Konstruktion

Allerdings setzt das voraus, dass man sich über das, was die nicht anthropomorphisierte Korporation sein mag, näher Rechenschaft gibt. Hier stößt man auf die nominalistischen und realistischen Modelle.[31] Für die einen steht in der Rechtsgeschichte Savigny, der hier expressis verbis ein Reich der Fiktion eröffnet,[32] für die ande-

27 Karsten Schmidt, Zur Verantwortung von Gesellschaften und Verbänden im Kartell-Ordnungswidrigkeitenrecht, Wistra 1990, S. 131; dazu *Andreas Ransiek* Unternehmensstrafrecht, Heidelberg 1996, S. 114.

28 Zur Terminologie *Pieth/Ivory* a.a.O., S. 6/7.

29 *Klaus Lüderssen* Präventionsorientierte Zurechnung – aktuelle Programme für die Strafverteidigung? *Strafverteidiger* 2011, S. 377 ff.

30 Dass das „anthropomorphe Denken" zurückschlagen könnte, hebt. *Klaus Volk* a.a.O., S. 429, hervor.

31 Vgl. *Pieth/Ivory* a.a.O.

32 Differenzierter *Werner Flume* Allgemeiner Teil des Bürgerlichen Rechts, 2. Band, juristische Person, Berlin 1983, S. 83, S.3 ff. Hier sind die Argumente gegen die Behauptung, „welche die Totalität der gegenwärtigen Mitglieder der Korporation selbst identifiziert ... „ gut zusammengestellt (S. 10). Der Unterschied zu Gierke bestehe darin, dass Savigny die Gesamtheitskonstruktion als einen Akt des Gesetzgebers sehe (System des heutigen Römischen Rechts, Band 2, Berlin 1840, S. 275 ff). Er betone „die Notwendigkeit der Staatsgenehmigung zur Entstehung jeder juristischen Person" (Flume, S. 11.) Was dann aber da sei durch diesen Rechtsakt, sei nicht mehr Fiktion, sondern soziale Realität. Die Naturrechtslehre habe noch die Identifikation der Korporation mit den Mitgliedern gekannt (S. 9). Diskutiert wird dann die Frage, ob den Fiktionstheorien nicht vorzuhalten sei, dass sie den vorpositiven Grund der Zuerkennung

ren Gierke, der – über eine larvierte Fiktion – die reale Verbandspersönlichkeit wahrnimmt.[33]

a) Unternehmensphilosophie

Was dabei speziell das Unternehmen angeht, so gibt es spätestens seit den Bestrebungen, die sich mit dem Werk und der wirtschaftspolitischen Aktivität Walter Rathenaus beschäftigen, zwei einander ergänzende Perspektiven.

Einmal verkörpert das Unternehmen ein Stück wirtschaftlicher Freiheit, die der Staat schützt in seiner Funktion als, wie man heute sagt, Gewährleistungsstaat. Andererseits tritt das Unternehmen in dem Maße, wie es Funktionen des Staates praktisch übernimmt, an seine Stelle, oder konkurriert mit ihm, wird allein oder im Verbund mit anderen Unternehmen der Produzent gleichberechtigter Sekundärnormen.[34] Das gilt natürlich nicht für alle Unternehmen und nicht zu allen Zeiten. Es handelt sich um eine in stetiger Entwicklung befindliche allmähliche Veränderung der Unternehmenskultur.[35] Eine wichtige Rolle haben dabei die Forschungen von Keynes gespielt. Er hat den

---

von Rechtsfähigkeit schuldig bleiben (S. 13). Savigny sehe die Fiktion der Verbandsperson darin, dass an die Stelle der „natürlichen Beglaubigung der natürlichen Rechtsfähigkeit des Einzelnen für die juristische Person die Beglaubigung für die Verleihung der Rechtswidrigkeit seines Staates trete. Fiktion und staatliche Konzession seien ineinander verschränkt (S. 12). Eine gute Darstellung des Gierke'schen Standpunktes findet sich auf S. 17 „Um den Teil des Rechts, der sich als Lebensordnung von Verbänden gibt, zu verstehen und zu würdigen, muss man zu erfahren suchen, was denn eigentlich das ist, was hier in das Recht hineintritt und von ihm seine Ordnung empfängt" (*Otto von Gierke* Das Wesen der menschlichen Verbände, Rektoratsrede 1902, S. 4). Es gehe Gierke „nicht um das Rechtsphänomen der juristischen Person, sondern darum, welche Wirklichkeit diesem Rechtsphänomen zugrunde liegt'" (Flume a.a.O., S. 17). Zur Vorgeschichte: Die Vorstellung einer von der der Mitglieder zu unterscheidenden Rechtsfähigkeit der universitas ... wurde ... erst von den Kanonisten entwickelt", *Ehrhardt* a.a.O., S. 27; den Römern sei „der Begriff der juristischen Person als eines gegenüber der Summe seiner Mitglieder verselbständigten Rechtssubjekts fremd" gewesen (*Ehrhardt* a.a.O., S. 26).

33 Über die Hintergründe dieser Theoriegegensätze sehr gut *Franz Wieacker* Zur Theorie der juristischen Person des Privatrechts. In: *Franz Wieacker* Kleine juristische Schriften, Göttingen 1988, S. 313 ff (314); s. aber auch *Ehrhardt* a.a.O., S. 29 f.

34 Hierzu schon *Lüderssen* Methodenfragen im Umgang mit der „Sachlogik des Finanzmarkts" – Grenze und Herausforderung juristischer Intervention? in: Eberhard Kempf/Klaus Lüderssen/Klaus Volk (Hrsg.), Ökonomie versus Recht im Finanzmarkt? Berlin 2011, S. 241 ff (273 ff); zur neueren Literaturentwicklung Moritz Renner, Zwingendes transnationales Recht. Zur Struktur der Wirtschaftsverfassung jenseits des Staates, Baden-Baden 2011, S. 69 ff: „Die Unterscheidung funktionaler Äquivalente zum staatlichen Recht ist, zumal in der amerikanischen rechtsökonomischen und rechtssoziologischen Literatur, mittlerweile weit fortgeschritten, Dabei wird eine ganze Typologie von Mechanismen privater ökonomischer Governance beschrieben, die abhängig von der Häufigkeit einer bestimmten Transaktion, ihrer Faktorspezifität und dem jeweils bestehenden Grad an Unsicherheit im unterschiedlichen Maße transaktionskosteneffiziente Strategien zur Bewältigung von Koordinationsproblemen darstellen" (S. 69/70); s. auch die Rezension von Frederick von Harbou, in Kritische Justiz 2011, S. 357 ff.); s. ferner Matthias Frenzel, Sekundärrechtssetzungsakte internationaler Organisationen, Tübingen 2011.

35 Zur „corporate culture" vgl. auch schon *Ehrhardt* a.a.O., S. 150 ff; ferner *Lüderssen* Regulierung, Selbstregulierung und Wirtschaftsstrafrecht. Versuch einer interdisziplinären Systematisierung, in: Eberhard Kempf/Klaus Lüderssen/Klaus Volk (Hrsg.), Die Handlungsfreiheit des Un-

Begriff der Selbstsozialisierung von Großunternehmen geprägt,[36] unter anderem mit Blick auf die Aktiengesellschaft die Beobachtung mitgeteilt, „dass die Verwaltungen der Großunternehmen sich mit der Zeit vom Einfluss ihrer Aktionäre lösten und damit das Profitstreben zugleich hinter dem Interesse der Unternehmensleitung an Stabilität und Ansehen" zurücktrat.[37] „Keynes sah diese Entwicklung durchaus mit Skepsis, hielt jedoch diese Tendenz für die natürliche Entwicklungsrichtung".[38] Rathenaus Reflexionen über die „Grenzziehung zwischen gemeinschaftlichem Programm und Beschreibung des vermeintlichen aktienrechtlichen status quo mit besonderer Betonung des Mehrheitsprinzips"[39] und seine Idee, dass „Wirtschaft nicht Privatsache, sondern Gemeinschaftssache, nicht Selbstzweck, sondern Mittel zum Absoluten, nicht Anspruch, sondern Verantwortung sei",[40] muss mit der Keynes'schen Philosophie in Verbindung gebracht werden. Erstaunlich modern ist die Idee, dass das Unternehmen „sich in ein Gebilde nach Art einer Stiftung, oder besser gesagt, nach Art eines Staatswesens verwandelt".[41] „Diesem ‚objektiven Streben nach Autonomie'" entspricht die „subjektive psychologische Entwicklung des Unternehmens und seiner Organe".[42]

Am Ende steht für Rathenau „die ‚Überführung des Unternehmens – nicht in den Besitz des Staates, die der klassische Sozialismus fordert –, sondern in den Besitz einer … Produktionsgemeinschaft unter dem Schutz des Staates".[43] Das erinnert durchaus an die moderne Theorie vom Gewährleistungsstaat.[44] Rathenau ist „Gegner jeder Zwangswirtschaft, und auch ein erklärter Feind von Monopolen".[45] Später spricht er von der „freien Selbstverwaltung, der freien selbstgeschaffenen Ordnung".[46]

---

ternehmers – wirtschaftliche Perspektiven, strafrechtliche und ethische Schranken, Berlin 2009, S. 241 ff (280 ff); ders., Finanzmarktkrise, Risikomanagement und Strafrecht, in: Eberhard Kempf/Klaus Lüderssen/Klaus Volk (Hrsg.), Die Finanzkrise, das Wirtschaftsstrafrecht und die Moral, Berlin 2010, S. 211 ff (216 ff); weiterführende Literatur Horst Steinmann, Unternehmensethik und Recht. Einige Überlegungen zur Mega-Regulierung wirtschaftlicher Verantwortung der Unternehmensführung. In: Sonderheft der Zeitschrift für internationale Strafrechtsdogmatik, Thema „Einheit und Differenz von Verantwortung", 2011, S. 99 ff (100 ff); zum Bedeutungsgewinn von „corporate sustainability" Jan Bremer, in: Finanzplatz 2011, Nr. 5, S. 28 ff; weitere wichtige Literatur bei *Franz Salditt* Normativ ansprechbar: Börsennotierte Kapitalgesellschaften, in: Festschrift für Hans Achenbach, Heidelberg 2011, S. 433 ff (438 f); s. auch schon *Franz Salditt* Das Unternehmensinteresse zwischen Recht, Ökonomie und Ethik, in: Eberhard Kempf/Klaus Lüderssen/Klaus Volk (Hrsg.), Die Handlungsfreiheit des Unternehmers, a. a. O., S. 106 ff.

36 *John Maynard Keynes* Das Ende des Laissez-Faire. Ideen zur Verbindung von Privat- und Gemeinwirtschaft, München/Leipzig 1926, S. 33.

37 *Keynes* a. a. O.

38 *Arndt Riechers* Das Unternehmen an sich. Die Entwicklung eines Begriffes in der Aktienrechtsdiskussion des 20.Jahrhunderts. Tübingen 1996, S. 33.

39 Vgl. *Riechers* a. a. O., S. 9.

40 *Walther Rathenau* Von kommenden Dingen, Berlin 1917, S. 95.

41 *Rathenau* a. a. O., S. 12.

42 *Riechers* a. a. O., S. 143.

43 *Walther Rathenau* Autonome Wirtschaft, Jena 1919, S. 7.

44 Man darf freilich nicht vergessen, dass Rathenau dieses alles mit Blick auf die Kriegsgesellschaft entwickelt hat (dazu der Hinweis bei *Riechers* a. a. O., S. 13).

45 *Riechers* a. a. O., S. 14.

46 *Walther Rathenau* Gesammelte Reden, Berlin 1924, S. 112.

Die Diskussion dieser Epoche ist sehr offen, manches bei Schumpeter[47] beispielsweise, und Sombart,[48] klingt quasi sozialistisch. Daneben entwickelt sich der Ordoliberalismus diesseits von Keynes. Andererseits gibt es die Kritik an der Ablehnung von Monopolen.[49] Wie unsicher alles ist, zeigen generalisierende Äußerungen: „Nicht Menschen, sondern starke wirtschaftliche Kräfte sind es, die uns in die neue wirtschaftliche Epoche hineintreiben".[50] Die inneren Gründe des Systemwechsels seien „nicht in den Menschen, sondern in den Dingen zu suchen".[51] Es sind viele Linien, die zu diesen Umschreibungen des Kollektiven führen. Dabei werden freilich auch Töne angeschlagen wie die, das Tun und Lassen des Menschen müsse bestimmt sein durch das „Verhältnis des Einzelnen zur Gesamtheit. Der Mensch sei ein Glied des Ganzen".[52] Das ist eine Sprache, die sich später in der NS-Literatur wiederfindet, und deshalb ist es wichtig, gleichzeitige, ähnlich motivierte Bestrebungen zu registrieren, die keineswegs diese verhängnisvolle Entwicklung genommen haben. Ein Beispiel ist die Untersuchung von Robert S. Brooking aus dem Jahr 1925 über „Die Demokratisierung der amerikanischen Wirtschaft".[53] Dass man sich in diesen Jahren für das „Unternehmen an sich" auf die Forschungen Otto von Gierkes zur Verbandspersönlichkeit zu berufen begann,[54] zeigt, wie frei man sich fühlte in der Wahl der Traditionen. Gierkes Auffassung, „die rechtlich geordnete Gemeinschaft sei ein Ganzes, dem eine reale Einheit innewohnt",[55] führte dazu, dass man „die Unternehmung (...) als eine ‚reale Größe' betrachtete.[56] Für diese Schlussfolgerungen werden auch andere Gierke'sche Wendungen herangezogen,[57] etwa die vom „Eigenwert der Gemeinschaft", oder „von der Doppelnatur des Menschen als ‚ein Ganzes für sich und Teil höherer Ganzen'".[58] Andere Reflexionen gehen noch weiter zurück, so etwa der Hinweis darauf, dass Lorenz von Stein das Unternehmen schon als besondere volkswirtschaftliche Einheit hervorgehoben habe.[59]

Auf dieser Linie liegen die bereits um die Wende des 19. zum 20. Jahrhunderts erscheinende Untersuchungen über „Selbstinteresse" und „Geschäftsinteresse".[60] Das Ziel dieser Untersuchungen ist, „dem Handeln des klassischen Unternehmers die Stigmatisierung als lediglich dem Profitstreben dienend" zu nehmen.[61] Ganz spezielle Ausprägungen dieses Wandels im Selbstverständnis wirtschaftlicher Unternehmen finden sich

---

47 *Joseph A. Schumpeter* Sozialistische Möglichkeiten von heute, in: Archiv für Sozialwissenschaft und Sozialpolitik, 20/21, S. 314 ff.

48 *Werner Sombart* Die Wandlungen des Kapitalismus, in: Schriften des Vereins für Socialpolitik, Bd.175, München/Leipzig 1929, S. 23 ff.

49 *Riechers* a. a. O., S. 14.

50 *Eugen Schmalenbach* Die Betriebswirtschaftslehre an der Schwelle der neuen Wirtschaftsverfassung. In: Zeitschrift für handelswissenschaftliche Forschung, 1928, S. 241 ff (242).

51 *Schmalenbach* a. a. O.

52 *Heinrich Nicklisch* Rede über Egoismus und Pflichtgefühl. In: Zeitschrift für Handelswissenschaft und Handelspraxis, 1915, S. 101 ff (102).

53 Belege bei *Riechers* a. a. O., S. 40.

54 *Riechers* a. a. O., S. 53 ff.

55 *Otto von Gierke* Das Wesen der menschlichen Verbände, Leipzig 1902, S. 11.

56 *Riechers* a. a. O., mit vielen Literaturnachweisen in Fußn. 144.

57 Vgl. *Riechers* a. a. O., S. 54.

58 Belege bei *Riechers* a. a. O.

59 *Riechers* a. a. O., S. 120, mit Belegen.

60 S. den Bericht bei *Riechers* a. a. O., S. 121.

61 *Riechers* a. a. O., S. 121.

in der Entwicklung des Aktienrechts. Von der kollektivistischen Gestaltung der Mitgliedschaft wird gesprochen. Der Aktionär werde „unter dem Eindruck der wirtschaftlichen Strukturwandlungen und der Thesen von Rathenau, Schmalenbach oder Keynes in den Träger zweier Rollen gespalten und als Verbandsmitglied gleichsam kollektiviert und organisiert".[62] Natürlich bleibt das alles umstritten. Einige sehen „in der kapitalmäßig nicht begründeten Verwaltungsmacht eine Selbstverleugnung des kapitalistischen Systems".[63] Gleichwohl haben die früh formulierten Maximen, dass ‚im Unternehmen an sich auch „Allgemeininteressen und ein sozialpolitisches Element enthalten" sei,[64] weiter gewirkt. Für das Aktienrecht laufe das auf den „‚öffentlichrechtlichen Ausgleich'" hinaus „zu der ‚privatrechtlich von ihr postulierten Aristokratie im Aktienrecht'".[65] Es gehe dabei nicht um ein „Mitsprache- oder Kontrollrecht des Staates"[66], sondern darum, „die Allgemeininteressen (...) ausschließlich durch die Verwaltung" der autonomen Gesellschaft wahrnehmen zu lassen.[67]

Die missbräuchliche Ausbeutung dieser in den späten zwanziger Jahren des vergangenen Jahrhunderts bereits auf einen Höhepunkt geratenen Konzepte durch das NS-Regime sollte nicht irritieren. Es genügt im Grunde, dass man registriert, wie die NS-Juristen die Befürwortung der Gemeinwohlorientierung mit der Werbung für Kartelle begründet haben. Die Garantie der Wettbewerbsfreiheit, diese unüberschreitbare Barriere effizienzorientierter Wirtschaftspolitik, durch die Ordoliberalen, war denn auch die nach dem Kriege beherrschende, sich von den Nachwirkungen der NS-Ideologie eindeutig abgrenzende Maxime.[68] Ungeachtet dieser klaren Abgrenzungen zum NS-Recht wirft es seine Schatten auch noch auf die Nachkriegsgesellschaft. Unternehmen stellen, heißt es etwa, einen „lebendigen Organismus dar", in welchem die Beschäftigten die Führung des Unternehmens, eine von dem Unternehmer übernommene Funktion für die Gemeinschaft vollziehen.[69] Dass andere Richtungen in der „Verdrängung des Unternehmers zu Gunsten des ‚Unternehmens an sich' aus der privatwirtschaftlichen Vorstellungswelt (...) nur die Übertragung der marxistisch-sozialistischen Volkswirtschaftslehre in das Privatrecht"[70] gesehen haben,[71] signalisiert die permanente Unsicherheit der Positionen. Nur eine eindeutige Favorisierung der Tendenz, die Demokratiegehalte der Unternehmensorientierung hervorzuheben, kann auf die Dauer hier politische Gewissheit schaffen. Erst in der Mitbestimmungsdiskussion schwinden diese Nachwirkungen der NS-Zeit, und in Verbindung mit der Apotheose auf die Wett-

62 *Knut Nörr* Das Unternehmen in der Wirtschafts- und Rechtsordnung 1880 bis 1930: Ein Beitrag zur Morphologie der organisierten Wirtschaft. In: Helmut Coing u.a. (Hrsg.), Staat und Unternehmen aus der Sicht des Rechts, Tübingen 1994, S. 15 ff (22).

63 S. den bericht bei *Riechers* a.a.O., S. 128.

64 Herbert *Landsberger* Der Rechtsgedanke des „Unternehmens an sich" und das neue Aktienrecht. In: Zentralblatt für Handelsrecht, 1932, S. 79 ff (84).

65 *Landsberger* a.a.O., S. 88.

66 *Landsberger* a.a.O.

67 *Landsberger* a.a.O.

68 Über die zu Unrecht erhobenen Bedenken gegen das Wirken Euckens im Rahmen der NS-Programme vgl. *Ingo Pies* Eucken und von Hayek im Vergleich, Tübingen 2001, S. 69 ff, vor allem S.77 ff. S. ferner die klärenden Bemerkungen bei *Riechers* a.a.O., S. 145 ff.

69 Vgl. die Nachweise bei *Riechers* a.a.O., S. 155 ff.

70 Belege bei *Riechers* a.a.O., S. 150.

71 S. *Riechers* a.a.O., S. 150.

bewerbsfreiheit des Ordoliberalismus ergibt sich eine neue verlässliche Kontinuität des Unternehmensbegriffs, kulminierend zunächst in dem Konzept, „das Unternehmensinteresse auf einen überindividuell verstandenen Unternehmensbegriff zu beziehen, der das Unternehmen als ‚Verband kooperierender Menschen' begreiflich macht und sich gleichzeitig von der abstrakten Diskussion ‚Unternehmen an sich' distanziert".[72] Die weitestgehende Akzeptanz dürfte aktuell wohl der wirtschaftliche Unternehmensbegriff beanspruchen können, der sich in der Rechtsprechung des EUGH allmählich entwickelt hat. Danach werden „Unternehmen als wirtschaftliche Einheiten" definiert, „die aus einer einheitlichen Organisation persönlicher, materieller und immaterieller Mittel bestehen, mit denen auf Dauer ein bestimmter wirtschaftlicher Zweck verfolgt wird".[73]

b) Rezeption der Unternehmensphilosophie durch die Strafrechtswissenschaft[74]

Vielleicht kann man mit Formeln dieser Art dem Druck einer endgültigen Stellungnahme zum Wesen der „Gesamtperson" ausweichen. Die Diskussion über „Organschaft und juristische Person"[75] hat eine lange Geschichte und dauert an. In den großen Monographien über Unternehmensstrafrecht[76] wird sie weitgehend ausgeblendet. Die Arbeiten konzentrieren sich entweder auf die bereits im positiven Recht vorhandenen Möglichkeiten,[77] strafrechtlich – in einem weiteren Sinne – zuzugreifen, oder entwickeln die für eine Ausbreitung und Intensivierung des Unternehmensstrafrechts erforderlichen Konzeptionen von vornherein aus der Perspektive des Strafrechts, nicht des Unternehmens. Dabei überwiegen die Bemühungen um die Konzeption von Modellen originärer Verbandshaftung und Modellen, die das Handeln Einzelner dem Verband zurechnen.[78] Weitgehend unbeachtet bleibt die kriminologische Fragestel-

72 *Thomas Raiser* Das Unternehmensinteresse. In: Festschrift für Reimer Schmidt, Karlsruhe 1976, S. 101 ff (118). Über die spezielle Rolle des Unternehmens im Konzern vgl. *Gerhard Spindler* Recht und Konzern. Interdependenzen der Rechts- und Unternehmensentwicklung in Deutschland und in USA zwischen 1870 und 1933, Tübingen 1993.

73 So die Formulierung von *Christian Heinichen* Unternehmensbegriff und Haftungsnachfolge im europäischen Kartellrecht, Baden-Baden 2011, S. 41. Ausführliche Darstellung der Entwicklung des Begriffs, auch mit Blick auf den allgemeinen Sprachgebrauch und den Sprachgebrauch der Wirtschaftswissenschaften, a.a.O., S. 46 ff, (48 ff), ergänzt durch historische und systematische Auslegungen (S. 50 ff) und einen Seitenblick auf den verfahrensrechtlichen Unternehmensbegriff (S. 56 ff), sowie mit einer Reihe spezieller EU-bezogener Sachverhalte (S. 60 ff) und einer abschließenden teleologischen Auslegung (S. 64 ff). Vgl. auch schon *Ehrhardt* a.a.O., S. 40/41.

74 Hierzu auch gut *Ehrhardt* a.a.O., S. 29 ff.

75 So der Titel des bedeutenden Werkes von *Hans Julius Wolff* Organschaft und juristische Person. 1. Band: Juristische Person und Staatsperson. Berlin 1933.

76 *Günther Heine* Die strafrechtliche Verantwortlichkeit von Unternehmen, Baden-Baden 1995; *Andreas Ransiek* Unternehmensstrafrecht, Heidelberg 1996; Hans-Jürgen *Schroth* Unternehmen als Normadressaten und Sanktionssubjekte, Gießen 1993.

77 Die Schwerpunkte finden sich bei *Ransiek* a.a.O., S. 89 ff, und ganz konsequent werden dann vor allem einzelne Regelungsbereiche des Unternehmensstrafrechts anhand von Beispielen analysiert und kommentiert, *Heine* a.a.O., S. 126 ff. *Schroth* a.a.O., S. 49 ff.

78 Paradigmatisch dafür *Heine* a.a.O., S. 220 ff; s. auch *Schroth* a.a.O., S. 13 ff; s. auch die Übersicht in dem Bericht an die Kommission zur Reform des strafrechtlichen Sanktionssystems der Arbeitsgruppe „Strafbarkeit juristischer Personen", verfasst von der Geschäftsstelle der Kommis-

lung.[79] Erst in den Untersuchungen, die bereits die Systemtheorie in ihr Programm aufnehmen, ändert sich das.[80] Danach stellt sich der Stand der Debatte so dar, dass die „Subjektmetaphysik des deutschen Idealismus" zu „Hypostasierungen" des gesamten Subjekts geführt haben, die sich „im phänomenologischen Personismus und in der Systemtheorie" wiederfinden.[81] Der phänomenologische Personalismus wird von Max Scheler repräsentiert[82] und hat sich als nicht erfolgreich erwiesen. Ähnlich liegt es bei der Systemtheorie, „die mit dem Rekurs auf die Subjektivität auch alle Bedeutung der Reflexivität im Sinne moralischer Geltungsrepression und Selbstgesetzgebung abstreift".[83]

Auch in modernen Konzepten setzt sich also latent oder offen der Streit über Fiktion oder Realität der Verbandsperson fort und kann eigentlich angesichts der ungeklärten Mischung von Konstruktion und Wahrnehmung, die gerade auch die Systemtheorie prägt, nicht entschieden werden.

2. Strafrechtliche Folgerungen

Die Frage bleibt, ob das soziale Gewicht des wie auch immer konstruierten Unternehmens[84] so groß ist, dass – nicht nur über das geltende Zivil- und Öffentliche Recht, sondern auch des StGB und des OWiG hinausgehende – strafrechtliche Sanktionen erforderlich und zulässig sind.

a) Der Strafzweck der Prävention[85]

Dass es nur darum gehen kann und nicht etwa um Vergeltung, wird hier vorausgesetzt. Die Rationalität der strafrechtlichen Retribution ist nur mehr metaphysisch begründbar. Von entscheidender Bedeutung dabei ist freilich, dass die Strafe nicht als Ausdruck einer ganz spezifischen Humanität begriffen wird, die in der Strafe etwas „Edles" verwaltet,[86] sondern nichts anderes als ein leider notwendiges Übel

sion im BMJ, in: Michael Hettinger (Hrsg.), Reform des Sanktionenrechts, Band 3, Verbandsstrafe, Baden-Baden 2002, S. 7 ff (16 ff).

79 Vgl. aber *Peter König* Einführung strafrechtlicher Verantwortlichkeit für juristische Personen und Personenverbände, in: Hettinger, a. a. O., S. 46 ff.

80 *Friedrich von Freier* Kritik der Verbandsstrafe, Berlin 1998, S. 124 ff; Charlotte Schmitt-Leonardy, Unternehmenskriminalität ohne Strafrecht, im Erscheinen.

81 *Freier* a. a. O., S. 125.

82 *Freier* a. a. O., S. 128.

83 *Freier* a. a. O., S. 132.

84 Vgl. dazu die Ausführungen bei Fn. 34 und 35.

85 Der Text folgt hier der traditionellen Terminologie, obwohl längst der Zeitpunkt gekommen sein dürfte, auf diesem Gebiet mit neuen Begriffen aufzuwarten; vgl. die dahin gehenden Anregungen bei *Lüderssen* „Präventionsorientierte Zurechnung – aktuelle Programme für die Strafverteidigung?" *Strafverteidiger* 2011, S. 377, s. auch *Tatjana Hörnle* Straftheorien, Tübingen 2011.

86 Bis heute einflussreich die Formulierung von *Karl Binding*: „So ist unsere Strafe die edle, gegen früher so unendlich geadelte Antwort des Ganzen auf die oft so unedle Tat seines Gliedes. Für den Verbrecher bildet sie das irdische Fegefeuer: Er sühnt dadurch in der Rechtsgemeinschaft, was er an ihr verschuldet hat. Und an diesem Zusammenhang zwischen der Schuld, die nach Strafe ruft, und der Strafe, die allein des Schuldigen Haupt sucht und trifft – einer Verkettung, zu der es im ganzen weiten Gebiete des sozialen Lebens nicht entfernteste Analogie gibt! – wird

ist.[87] Es ist nicht müßig, auf diesen Gegensatz hinzuweisen, weil sich in der völkerstrafrechtlichen Entwicklung unserer Epoche ganz deutlich erneut ein emphatischer Begriff von der Strafe zeigt.[88] Dem entspricht eine auf das ganze Strafrecht ausgedehnte „Bewegung „ , sich für eine Legitimation der Strafe erneut und mit besonderem Nachdruck auf die durch Kant und Hegel begründeten Traditionen zu berufen.[89] Es dürfe keine „zweckrationale Verkürzung des Strafrechts" geben, heißt es, „denn die Frage, ob eine Person strafrechtliches Unrecht verwirklicht, beantwortet sich nicht danach, ob ein anderes Rechtssubjekt mit Aussicht auf präventive Wirkungen sanktioniert werden kann".[90]

Gegenüber der Generalprävention ist allerdings Zurückhaltung geboten, weil sie mit dem Begriff der Person, die nicht nur als Mittel für gesellschaftliche Zwecke eingesetzt werden darf (inzwischen ein moderner Verfassungssatz), nicht vereinbar ist. Das bedarf hier der Hervorhebung, weil sich vor allem im Rahmen gesamteuropäischer Entwicklungen immer deutlicher das Bild einer Abschreckungs-Kriminalpolitik abzeichnet.[91] Man kann diesem neuen Legitimationsproblem auch nicht durch den Hinweis entgehen, dass es ja vor allem auf die Androhung der Strafe ankomme. Denn die Androhung kann ihre Funktion nur entfalten, wenn man im Ernstfall die Strafe auch verhängen und vollstrecken möchte. Dieser letzte Effekt entscheidet über die gesamte Strafrechtssystematik. Sie ist darauf eingerichtet, dass man für alle Fälle gewissermaßen präpariert

---

auch die Zukunft ohnmächtig rütteln, sollte sie so unklug sein, der Geschichte zu spotten, und versuchen, sich von einer ihrer größten Schöpfungen zu befreien: Der im Feuer der Notwendigkeit gehärteten öffentlichen Strafe" (*Karl Binding* Die Entstehung der öffentlichen Strafe bei den germanischen Stämmen. Rektoratsrede 1908, S. 45 f.) Vgl. dazu die große Monographie von *Oliver Hein,* Vom Rohen zum Hohen. Öffentliches Strafrecht im Spiegel der Strafrechtsgeschichtsschreibung des 19. Jahrhunderts. Köln/Weimar/Wien 2001, S. 141 ff; und *Klaus Lüderssen* Zur Entstehung des öffentlichen Strafrechts. In: Festschrift für Arthur Kreuzer zum 70. Geburtstag, Frankfurt am Main 2009, S. 510 ff. Eine Desillusionierung dieses Standpunktes findet sich schon beim gleichaltrigen Friedrich Nietzsche: „Die Lehre vom Willen ist wesentlich erfunden zum Zweck der Strafe, das heißt des Schuldig-finden-Wollens .... Die Menschen wurden frei' gedacht, um gerichtet, um gestraft werden zu können", Götzen-Dämmerung, in: Werke Band 2, (herausgegeben von Karl Schlechta), München 1955 S. 939 ff (977), dankenswerter Weise wieder in Erinnerung gerufen von Andreas Hoyer in: Normative Ansprechbarkeit als Schuldelement, in: Festschrift für Claus Roxin zum 80. Geburtstag, Berlin/New York 2011, S. 722 ff (730).

87 Besonders eindrucksvoll schon formuliert von *Peter Noll* Diskussionsvotum an der Strafrechtslehrertagung vom 21. bis 23. Mai 1964 in Hamburg, Zeitschrift für die gesamte Strafrechtswissenschaft 1964, S. 707 ff (708).

88 Vgl. zum emphatischen Begriff der Strafe *Klaus Lüderssen* Das moderne Strafrecht – Zerreißprobe zwischen ultima ratio, Pragmatismus und kulturellem Hochgefühl, in: *Stafverteidiger* 2004, S. 97 ff.

89 Vgl. die Belege bei *Klaus Lüderssen* Präventionsorientierte Zurechnung – aktuelle Programme für die Strafverteidigung? *Strafverteidiger* 2011, 377 ff.

90 *Uwe Murmann* Besprechung des Buches von Joannes Morozinis, Dogmatik der Organisationsdelikte, in: Goltdammers Archiv 2011, S. 547 ff (547).

91 Vgl. dazu das von der Europäischen Kommission herausgegebene Papier: „Mitteilung der Kommission an das Europäische Parlament, den Rat, den europäischen Wirtschafts- und Sozialausschuss, den Ausschuss der Regionen. Auf dem Weg zu einer europäischen Strafrechtspolitik: Gewährleistung der wirksamen Durchführung der EU-Politik durch das Strafrecht", vom 20. 9. 2011.

sein muss, die vollzogene Strafe zu rechtfertigen, sie mit Sinn zu füllen, und dieses „alle Fälle“ heißt: jemand wird bestraft.

Wenn sich diese Sanktion nun von Konditionierung unterscheiden soll, dann muss sie auf Personen über „Einsicht“ und „Andershandelnkönnen“ einzuwirken versuchen. Auch wer zunächst nur an Generalprävention denkt, muss das vor Augen haben – als möglichem letzten Ziel oder letzter Auswirkung einer Generalprävention. Noch einmal – mit anderen Worten: Die Androhung einer Strafe, um eine unbestimmte Zahl von Menschen abzuschrecken, gewinnt ihren Sinn nur dadurch, dass sie nicht nur auf dem Papier steht, sondern unter Umständen realisiert wird. Wer Generalprävention sagt, negativ oder positiv, muss eine Meinung dazu haben, was gemeint ist und was passiert, wenn die Strafe eine einzelne Person trifft. Alles was im Folgenden über Resozialisierung und Schuld gesagt wird, gilt also auch für die Generalprävention.

Damit ist außerdem ausgesprochen, dass an symbolische Wirkungen des Strafens nicht gedacht ist, auch nicht in dem Sinne, dass die bloße Feststellung der strafrechtlichen Verantwortung genügen könnte. Wenn das eine strafrechtliche Verantwortung sein soll, dann muss damit gemeint sein, dass ein Fall vorliegt, bei dem es auf einen präventiven Akt ankommen könnte. Wenn also die Resozialisierung als mögliches Ziel für jemanden, dem man zunächst nur durch eine Feststellung klarmachen möchte, dass er strafrechtlich zur Verantwortung gezogen werden soll, nicht vorstellbar ist, dann fehlt auch für diese Feststellungswirkung die Valutierung des Wortes Strafrecht. Man kann von einer anderen sozialen Verantwortung sprechen, aber eben nicht von einer strafrechtlichen. Substantiell bedeutet das: Dann, wenn die strafrechtlichen Verantwortung lediglich ausgesprochen wird, muss es im Gemeinwohlinteresse liegen, dass der Verurteilte etwas, das einer Resozialisierung gleichkommt oder ihr entspricht, leisten soll; es wird nur auf den staatlichen Vollzug verzichtet.

Gleichwohl könnte mit der Konzentration auf den Strafzweck der Prävention das Missverständnis entstehen, die Anwendung des Strafrechts sei bei einem Unternehmen an keine weiteren Bedingungen knüpft. Dass dieser Pragmatismus fehlt am Platze ist, bedarf vielleicht einer besonderen Begründung. Sie läuft hinaus auf:

b) Die Unhintergehbarkeit des Persönlichen

Wenn Einsicht die Voraussetzung wirksamer Prävention ist, dann genügt nicht der auf eine Gesamtheit bezogene Stempel: „strafbar“; vielmehr muss menschliches Verhalten (Handlungen oder Unterlassungen) den Anknüpfungspunkt bilden. Die Frage ist also, ob es Personen gibt in dem Unternehmen, von denen man erwarten kann, dass sie aus der Einsicht in ihre Schuld – handelnd – Konsequenzen ziehen, die als Resozialisierung akzeptiert werden können; das Unternehmen kommt als Träger für ein solches Verhalten nicht in Betracht.[92] Welche Funktion diese Personen haben, ist dann gleichgültig, denn auch die Gefährdung, die den Vertretenen für den Vertreter haften lässt,[93] bedarf

92 Zu den möglichen Maßnahmen gegen ein Unternehmen erschöpfend bereits die Aufzählung bei *Volk* a.a.O., S.432, linke Spalte, Mitte. Vgl. auch die Aufstellungen bei *Ehrhardt* a.a.O., S. 39.

93 In einer handlungsbezogenen Terminologie läuft das auf das Organisationsverschulden in Unternehmen hinaus (so der Titel der großen Monographie von *Nikolaus Bosch*, Baden-Baden 2002).

einer persönlichen Anknüpfung. Sie kann weder durch die ausdrückliche, noch die larvierte Fiktion einer Verbandspersönlichkeit ersetzt werden.

Die Freiheit, die man braucht, um die Einsicht zu verarbeiten, im Unrecht gewesen zu sein[94] und in Zukunft vergleichbares Verhalten zu vermeiden, ist in dem Maße von bloßer Konditionierung unterschieden, wie sie die Freiheit voraussetzt, die zu einem persönlichen Schuldvorwurf führen kann. Von der ganzen metaphysischen Tradition des Strafrechts, das es von anderen Maßnahmen zur Beeinflussung der Bürger im Namen eines Gemeinwohls unterscheidet, ist diese Konnexität übrig geblieben.[95] Sie ist allerdings noch nicht so recht ins allgemeine Bewusstsein gerückt. Das liegt daran, dass die Konzeption, Schuld und Prävention seien miteinander zu verknüpfen, bisher nur für die (zusätzlichen) Erwägungen, die aus der Schuld eine die Prävention begrenzende Funktion ableitet, entwickelt worden ist.[96] Aber das ist nicht konsequent.[97]

Die „normative Ansprechbarkeit“[98] macht keinen Unterschied zwischen Regel und Ausnahme. Der Normadressat muss empfänglich sein für die das Unrecht begründenden Umstände und Normen, und dafür, dass keine Rechtfertigungsgründe vorliegen. Dass auf die Präventionsorientierung expressis verbis nur bei den Schuldausschließungsgründen hingewiesen wird, ist nichts weiter als eine sprachliche Vereinfachung, wenn man will auch sprachliche Nachlässigkeit, die sich ergibt, wenn man das, was für die Regel gilt, nicht glaubt, besonders hervorheben zu müssen.

Die traditionelle oder konventionelle Rede vom Andershandelnkönnen gewinnt freilich nur eine Bedeutung, wenn man davon ausgeht, dass es so etwas geben kann. Hier genügt eine Art mittlerer Empirie und Alltagsverständnis.[99] Dass vor dem Forum einer

---

94 Dabei ist die Einsicht in das Unrecht, die vom Schuldbegriff gefordert wird, zwar nicht unbedingt identisch mit dem jeweiligen positiven Recht, andererseits aber auch nicht zu verwechseln mit einer moralischen Konfrontation; vielmehr geht es um das Gegenstück der Legalbewährung, das die Präventionsmaßnahme erbringen soll. Ein Wissen im Sinne der Verbindlichkeit gewisser Regeln des Zusammenlebens, für deren Respektierung eine totale Internalisierung nicht nötig ist. Diese nicht ganz und gar positivistische Konzeption der Schuld ist bisher nicht begründet worden (vgl. dazu *Klaus Lüderssen* Abschaffen des Strafens, Frankfurt am Main 1995, S. 162ff), und man könnte vermuten, es handele sich dabei um eine sehr konstruierte Angelegenheit. Das ist bei näherem Hinsehen aber nicht der Fall, vielmehr ist das, was hier abgerufen wird, genau das, was im Bewusstsein der Menschen als mögliche Schuld im Strafrecht registriert wird.

95 *Klaus Lüderssen* Präventionsorientierte Zurechnung – aktuelle Programme für die Strafverteidigung? *Strafverteidiger* 2011, S. 377ff; Klaus Günther, Schuld und kommunikative Freiheit, Frankfurt am Main 2005, S. 85: „Die individuelle Verantwortung muss *zugleich Grund und Ziel* der Resozialisierung sein“; über den allgemeinen Ausgangspunkt „Die Unhintergehbarkeit der Verantwortung des Einzelnen“, a.a.O., S. 80ff.

96 Maßgebend für die ganze Entwicklung sind die Forschungen Claus Roxins, am besten entwickelt in dem Aufsatz: Zur kriminalpolitischen Fundierung des Strafrechtssystems, in: Festschrift für Günther Kaiser, Berlin 1998, S. 885ff. Zusammenfassend jetzt *Eduardo Demetrio Crespo* Schuld und Strafzwecke. In: Festschrift für Claus Roxin zum 80. Geburtstag, Berlin/New York 2011, S. 689ff.

97 Dazu schon *Crespo* a.a.O., S. 693.

98 *Claus Roxin* Strafrecht, Allgemeiner Teil, Band 1, 4. Auflage, München 2006, S. 868.

99 Das ist die vielleicht trivial anmutende Quintessenz der seit einem Jahrzehnt andauernden Auseinandersetzungen über die Bedeutung der modernen Hirnforschung für das Strafrecht. Dazu *Klaus Lüderssen* Spontaneität und Freiheit – Neue Aspekte moderner Hirnforschung für

vollkommen entschlüsselten Gehirnwelt eine solche Konzeption keinen Bestand haben könnte, ist ebenso unbeachtlich wie der Gedanke an einen Schöpfer, der alles lenkt und dem Individuum keinen Spielraum lässt.

Wenn die normative Ansprechbarkeit bedeutet, dass man nicht davon ausgeht, es könne etwas effektiv festgestellt werden, sondern nur, dass der Beschuldigte als frei behandelt wird,[100] ist bereits der Anschluss erreicht an die in der Kriminologie entwickelten Interaktionsparadigmen, und deshalb kommt an dieser Stelle *behaviour economics* ins Spiel. Wie sind die Orientierungen, beziehungsweise ihre Interpretation beschaffen, in denen sich die Menschen in einem Unternehmen bewegen, wie darf man das bewerten? Das ist einmal eine Frage an die experimentelle Ökonomie, zum anderen aber auch ein rechtstheoretisches Problem. Wenn es etwa so ist, dass der Mensch im wesentlichen ein homo heuristicus[101] ist, wie viel Rationalität darf man dann bei seinen Entscheidungen und Planungen verlangen[102] und erwarten, ist mit der Anerkennung des factums heuristischen Entscheidens auch gleichzeitig die wertende Akzeptanz dieses Verhaltens gegeben?[103] Hier mündet die Diskussion in die Debatte von Sein und Sollen, naturalistischem Fehlschluss, institutionellen Tatsachen usw.[104]

Wie stellt sich danach die Kopplung von strafrechtlich relevanter retrospektiver und präventiver Steuerung des Menschen dar?[105] Die hier fällige methodologische Diskussion wird eigentlich nur in der Philosophie und Soziologie geführt, und, als es noch nur um Kritik der Zuschreibung ging, allenfalls – auch mit speziellen Fragestellungen – in der Kriminalsoziologie. Trotz des bis zum Überdruss tradierten dictums, Schuld sei staatsnotwendige Fiktion,[106] ist es in der Strafrechtswissenschaft auf diesem Gebiet bisher nicht zu der notwendigen interdisziplinären Verständigung gekommen, wie sie jetzt bei der Beschäftigung mit dem Unternehmensstrafrecht unausweichlich gewor-

---

Strafrecht und Kriminologie? In: Festschrift für Ingeborg Puppe zum 70. Geburtstag, Berlin 2011, S. 65 ff mit Nachweisen älterer Literatur.

100 Weiterführend Reinhard *Merkel* Schuld, Charakter und normative Ansprechbarkeit. Zu den Grundlagen der Schuldlehre Claus Roxins. In: Festschrift für Claus Roxin zum 80. Geburtstag, Berlin 2011, S. 737 ff.

101 *Michael Baurmann* Die Integration normativer Bindungen in die Nutzenmaximierung, Referat beim 25. Weltkongress der Internationalen Vereinigung für Rechts- und Sozialphilosophie, 19./20. August 2011, Frankfurt am Main.

102 Strafrechtsdogmatisch geht es um Kausalität und Schuld (generell: um Zurechnung).

103 Das „elementare“ Strafrecht hat sich alle diesen Fragen erspart, konnte das auch, weil die psychischen Sachverhalte (scheinbar) einfacher waren.

104 Vgl. dazu *Klaus Lüderssen* Methodenfragen im Umgang mit der „Sachlogik des Finanzmarkts“, a. a. O., S. 170 ff. S. ferner die Referate von Dietmar von der Pfordten, Die „Stoffbestimmtheit der Rechtsidee“ und die „Natur der Sache – Ontologie, Konvention oder Konstruktion? Frank Saliger, „Institutionelle Tatsachen“, und Armin Engländer, Funktion, Ausgestaltung und Kriterien der Rechtsgeltung, Referate gehalten beim 25. Weltkongress der Internationalen Vereinigung für Rechts- und Sozialphilosophie, 19./20. August 2011, Frankfurt am Main; s. den Bericht von Axel Schwarz im DVBl 2011, S. 1467 f.

105 Zu dem oben erwähnten universalen Determinismus vgl. den Hinweis bei *Merkel* a. a. O., S. 740, Fn. 13. Eine plausiblere Umschreibung dessen, was normative Ansprechbarkeit konkret sein kann, findet sich bei *Merkel* a. a. O., S. 754 ff, mit den Stichworten „Rezeptivität“ und „Reaktivität“.

106 *Eduard Kohlrausch* Sollen und Können als Grundlagen der strafrechtlichen Zurechnung, in: Festgabe für Karl Güterbock, Berlin 1910, S. 1 ff (26); über die Hintergründe *Stephan Stübinger* Das „idealisierte“ Strafrecht, Frankfurt am Main 2008, S. 361 f.

den ist. Für das Verhältnis von Schuld und Prävention wäre also zu klären, worin die Identität der psychischen Elemente wohlverstandener Resozialisierung und – ebenso – wohlverstandener Schuld besteht.[107] Sie kann jedenfalls nur bei natürlichen Personen gesucht werden, die psychischen Vorgänge, die den kommunikativen Vorgang der Schuld mit dem der Resozialisierung verbinden,[108] bleiben dem als Ganzes begriffenen Kollektiv verschlossen, und dieses Kollektiv kann sich dabei auch nicht durch eine natürliche Person vertreten lassen. Der Vertretungsbegriff, wie ihn die allgemeine Rechtslehre im Rahmen des Bürgerlichen Rechts entwickelt hat, umfasst nicht diese spezifische, die Interdependenz von Einsicht und Umkehr konkretisierende Motivation. Was insofern vom Ordnungswidrigkeitenrecht oder von einem Verwaltungsstrafrecht gefordert wird, liegt diesseits davon.

c) Das Problem der intolerablen Drittwirkungen[109]

Konstruiert man das holistische Modell dennoch so, dass seine Organe für die Korporation handeln, so muss man außerdem konstatieren, dass dieses Konzept ständig bedroht ist vom Wechsel der Organe. Die Zurechnung der Tätigkeit eines Organs an das Unternehmen wäre die Voraussetzung dafür, dass dieses Organ durch die Strafe in einen Resozialisierungsprozess gerät. An dieser Identifizierung hätte das neue Organ keinen Anteil. Das gilt sowohl für die realistischen wie für die nominalistischen holistischen Modelle. Aber mit diesem Hinweis ist nur das Tor geöffnet für eine Reihe weiterer Fragen.

Externe Wirkungen der Strafe sind nicht zulässig, genauer: Es gibt für sie keine Rechtfertigungen. Die Konsequenz, die darin liegt, dass Mütter und andere Familienangehörige der eingesperrten Personen eigentlich besonders hart bestraft werden, wird einfach nur gewohnheitsmäßig geduldet.[110] Niemand kommt allerdings auf die Idee, dass es sich hier um Sonderopfer handeln könnte.[111] Wahrscheinlich ist es so, dass die Abwägung schon im Rahmen der Entscheidung für den Strafzweck endgültig getroffen wird: Ist Strafe wirklich notwendig, dann sind die Nebenfolgen in Kauf zu nehmen, allenfalls kann man durch vollzugsrechtliche Regelungen ihre Wirkung mildern.[112] Man kennt diese Art interner Abwägung aus dem Umgang mit dem Problem der Optimierung von

107 S. dazu *Andreas Hoyer* Normative Ansprechbarkeit als Schuldelement. In: Festschrift für Claus *Roxin* zum 80. Geburtstag, Berlin/New York 2011, S. 723 ff, mit interessanten Exemplifizierungen der Unterscheidung zwischen empirisch und normativ S. 726 ff.

108 *Klaus Volk* macht einfach das Experiment, von wem man erwarten könne, „künftig in sozialer Verantwortung ein Wirtschaftsdasein ohne Straftaten zu führen“, im Anschluss an die Formulierung des § 2 Strafvollzugsgesetz (a. a. O., S. 434).

109 *Ehrhardt* a. a. O., behandelt dieses Problem unter dem Aspekt der gerechten Bestrafung: a. a. O., S. 42, S. 53 ff, S. 206 ff; gründliche Darstellung bei von *Freier* a. a. O., S. 183 ff.

110 Dazu jetzt *Heinz Müller-Dietz* Zur sog. ‚Drittwirkung‘ des Freiheitsentzuges. In: Festschrift für Claus Roxin zum 80. Geburtstag, München 2011, S. 1159 ff. In der Kriminologie ist das Problem seit langem bekannt. Locus classicus ist die Arbeit von Marlis Dürkop/Hubert Treiber, Leiden als Mutterpflicht, Opladen 1980. Dazu *Klaus Lüderssen* Kriminologie, Einführung in die Probleme, Baden-Baden 1984, S. 142.

111 Selbst in der sehr aktuellen Arbeit von *Juliane Laule* Berücksichtigung von Angehörigen bei der Auswahl und Vollstreckung von Sanktionen, Berlin 2009, wird das Problem nicht behandelt.

112 Dazu *Müller-Dietz* a. a. O., S. 1168 ff.

Grundrechten.[113] Sie werden relativiert, wenn andere Grundrechte vorzugswürdig erscheinen, Ausgleichsmechanismen gibt es nicht, während für andere Belastungen ausdrückliche oder stillschweigende Konstruktionen aufgeboten werden, weshalb mittelbar Betroffene in die Haftung mit einbezogen werden, bzw. Nachteile zu dulden haben. Auch da gibt es natürlich Grenzen. Das Zivilrecht kennt längst das Problem der durch Vertrag nicht gedeckten Haftung für externe Wirkungen.[114] Gerade bei den Auswirkungen des Finanzmarkts wird gegenwärtig das Verhältnis von Vertrag und Haftung wieder genauer diskutiert;[115] fehlt für die effektive Haftung eine vertragliche Grundlage – und sei sie auch noch so sehr vermittelt – so muss der Geschädigte diese Wirkung nicht hinnehmen. Die Hinnahme einer Strafsanktion für etwas, das andere Personen begangen haben, kommt indessen au fond nicht in Betracht, die Gefahr, dass die legitimierte Bestrafung einer Person auch eine andere trifft, kann also nicht durch Vertrag oder vertragsähnliche Vorkehrungen „geheilt" werden. Bei einem Unternehmensstrafrecht, dass nicht mit dem emphatischen Begriff der persönlichen Schuld arbeitet, könnte das anders sein.[116] Aber die praktischen Schwierigkeiten wären unüberwindlich.

Geht man deshalb davon aus, dass ein Unternehmensstrafrecht, wenn es mehr ist und etwas anderes als die bloße Kumulation möglicher Tatbeteiligter, unweigerlich das Problem mit sich bringen wird, die Belastung Unschuldiger in Kauf zu nehmen, dann spricht eigentlich alles für Modelle, die das vermeiden. Aber dass das der leichtere Weg ist, gewissermaßen nach dem Gesetz des geringsten Widerstandes, kann man auch nicht sagen.

Deshalb richtet sich die Aufmerksamkeit jetzt auf:

Das Netzwerk unternehmensbezogen agierender Personen im *aggregative model.*

C. Ein neuer Vorschlag

Eine neue Dogmatik der kumulativen Beteiligungslehre ist zu entwickeln. Wie konzentriert oder großflächig auch, ja verzweigt man das Phänomen des Unternehmens

113 Dazu *Robert Alexy* Theorie der Grundrechte, Baden-Baden 1985, S. 146: „Je höher der Grad der Nichterfüllung oder Beeinträchtigung des einen Prinzips ist, umso größer muss die Wichtigkeit der Erfüllung des anderen sein". Das bedeutet im Einzelnen: „Es wird vorausgesetzt, dass die Prinzipien, von denen die Rede ist, kollidieren, dass also das eine Prinzip nur auf Kosten des anderen erfüllbar ist. Zur Kollision kommt es stets nur in Hinblick auf die Lösung von Fällen. Was durch die Regel ins Verhältnis gesetzt wird, ist demnach die Beeinträchtigung des einen Prinzips durch eine bestimmte Lösung eines bestimmten Falles und die Nichtigkeit der Erfüllung des anderen Prinzips in diesem Fall", a. a. O., Anm. 218.

114 S. dazu *Lüderssen* Methodenfragen im Umgang mit der „Sachlogik des Finanzmarkts", a. a. O., S. 260.

115 *Lüderssen* a. a. O.; *Ernst-Joachim Mestmäcker* Gesellschaft und Recht bei David Hume, Friedrich A. von Hayek – Über die Zivilisierung des Eigentums durch Recht und Wettbewerb. In: Ordo-Jahrbuch für die Ordnung von Wirtschaft und Gesellschaft, Band 60, 2009, S. 67 ff (98).

116 In den USA ist das Problem in der Tat unter dem Stichwort „Opferausgleichsfond" schon einmal erörtert worden; s. die Hinweise bei *Volk* a. a. O., S. 434, Fn. 48.

sieht, wie viel dabei fingiert wird oder real zu sein scheint, für die Legitimation einer Strafe entscheidet am Schluss der jeweilige personale Betroffenheitsstatus. Um ihn zu ermitteln, braucht man keinen spezifischen Unternehmensbegriff, wohl aber den Begriff der Betriebsbezogenheit.[117] Sie wird anschaulich in der Anknüpfungstat. Mit ihrer Hilfe werden gewissermaßen die Personen sortiert, die für diese erweiterte Individualhaftung in Betracht kommen. So z.B. wenn es heißt, „es komme lediglich darauf an", dass dem Täter „durch die allgemeine Betriebsregelung und Handhabung bedeutsame wesensmäßige Funktionen der juristischen Person zur selbständigen, eigenverantwortlichen Erfüllung zugewiesen seien".[118] Das Problem des Zirkelschlusses würde sich bei dieser Lösung nicht stellen, denn es ginge bei den Organen wie bei den Vertretern nur um die Betriebsbezogenheit, nicht darum, dass Vertretung und Eigenhandeln in einer Person zusammenfallen, denn das Eigenhandeln der juristischen Person steht gar nicht zur Diskussion.

Vom nur an Einzelpersonen orientierten Strafrecht wäre diese Konzeption also durch das neue Beteiligungskriterium, die Betriebsbezogenheit, zu unterscheiden. Der Betrieb ist das Band, das viele teilweise weit voneinander getrennt arbeitenden Personen zusammenhält, über die Stufenfolge der untergeordneten Hierarchieebenen und das mittlere Management bis zur Spitze. Die Dogmatik der Anknüpfungstat wird in die Beteiligungsdogmatik überführt, das ist die Pointe. Die „Kriminogene Wirkung der Verbandszugehörigkeit" kommt dabei durchaus zur Geltung.[119]

Kriminalpolitisch könnte das bedeuten, dass man jetzt sehr viel mehr Schuldige findet als bisher. Man muss sich aber klar machen, dass die Praxis – was von Kriminologen immer kritisch registriert worden ist – mit mehr oder weniger zufälligen Selektionen arbeitet. Dort wo die Menschen unverbunden miteinander leben, fällt das nicht weiter auf, gilt es als gesunde Restriktivität. Leben und arbeiten sie aber in einem mehr oder weniger weitläufigen Zusammenhang, so dass man diesen mit ihnen förmlich identifiziert, dann werden ganz neue Strafbarkeitsfelder sichtbar, vor denen man nicht erschrecken sollte, denn die Alternative als Adressat von Strafrechtsnormen wäre ja wahrscheinlich das anonymisierte Unternehmen, mit einer massenhaften indistinkt bleibenden persönlichen Betroffenheitsquote.

Den Einstieg in die neue Beteiligtendogmatik könnte das immer wieder diskutierte und in vielen Ländern ja auch Gesetz gewordene Konzept der Einheitstäterschaft ge-

---

117 Dazu die Beschreibungen bei *Ehrhardt* a.a.O., S. 147/148. Eine Rolle spielt hier auch die normative Seite des Organs, z.B. dort, „wo ‚Organe' selbst wieder als (vielfach) gegliederte Organisationen erscheinen und die Zurechnung des Handelns zur Gesamtorganisation eine (gegebenenfalls mehrfach) vermittelte wird" (*Böckenförde* a.a.O., S. 275. S. 270). Dabei könnte eine Rolle spielen, welche Funktion das Organ hat. Auch ist „die Abgrenzung zu anderen Vertretungsformen, der (zivilrechtlichen) Stellvertretung, der gesetzlichen Vertretung (Familie, Vormünde)" von Bedeutung (Böckenförde a.a.O., S. 274). Hier sind auch die Einsichten der amerikanischen Unternehmenssoziologie wichtig, vgl. etwa die Mitteilungen bei *Ehrhardt* a.a.O., S. 149, Fn. 44.

118 *Ehrhardt* a.a.O., S. 224; zur „Anknüpfungstat" jetzt auch *Gerson Trüg* Die Verbandsgeldbuße gegen Unternehmen. Ist-Zustand und Reformüberlegungen. In: Zeitschrift für Wirtschaftsstrafrecht und Haftung im Unternehmen, 2011, S. 6ff.

119 Zu den durchaus auch gegen das höhere Management agierenden untergeordneten Hierarchieebenen *Ehrhardt* a.a.O., S. 226/227.

währen.[120] Auch entfernte Beiträge zur Rechtsgutsverletzung könnten damit erfasst werden, es muss nicht nach einem Haupttäter gesucht und für den Fall, dass man ihn nicht findet, auf die Haftung verzichtet werden. Aber diese Konstruktion lebt davon, dass alles, was geschieht, auf irgendeinem, wenn auch verschlungenem Wege einer einzelnen Person zugerechnet werden kann. Die fehlende Haupttat wird gleichsam atomisiert und auf viele einzelne größere oder kleinere Tatbeiträge verteilt. Dass man für die „Haupttat" etwas finden könnte, für das es keine persönliche Zuordnung gibt, wagt man nicht zu denken. Ein Delikt, für das es nur Teilnehmer gibt, kommt nicht in Betracht. Das liegt an der semantischen Begrenztheit des Wortes „Teilnehmer". Stillschweigend wird angenommen, dass das, woran teilgenommen wird, ebenfalls von einer Person herrühren muss.

Das ist aber nicht zwingend. Bei technischen Katastrophen, zumal wenn sie in Naturkatastrophen übergehen, liegen die größeren Anteile an den zu beklagenden Rechtsgutsverletzungen im Unpersönlichen. Die Einheitstäterlösung könnte die semantische Barriere des Teilnehmerbegriffs nur überwinden, wenn mit dem Begriff des Täters nicht ebenfalls semantisch etwas ausschließlich persönliches verbunden wäre, wie der die Täterschaft konkretisierende Begriff der Tatherrschaft[121] unmissverständlich zeigt. Auch wenn diese Tatherrschaft inzwischen streckenweise als Organisationsherrschaft definiert wird, ändert das nichts an der Überdeterminierung der Kausalverläufe durch die Person des Täters: „Da nach empirischen Studien mindestens achtzig Prozent der Wirtschaftsstraftaten im Zusammenhang mit einer Tätigkeit des Hauptbeschuldigten in einem Unternehmen begangen werden, gilt die Einbindung des Einzelnen in komplexere und in der Regel arbeitsteilig agierende Organisationen zunehmend als das zentrale Problem der modernen strafrechtlichen Individualzurechnung".[122] Für den Umgang mit diesem Phänomen ist nicht zuletzt die Einsicht von Bedeutung, dass dieses „Zusammenwirken mehrerer Personen bei ökonomischem Handeln"[123] „sozial erwünscht"[124]

---

120 *Klaus Volk* Tendenzen zur Einheitstäterschaft – Die verborgene Macht des Einheitstäterbegriffs. In: Festschrift für Claus Roxin zum 70. Geburtstag, Berlin/New York 2001, S. 563 ff; aus jüngster Zeit *Thomas Rotsch* „Einheitstäterschaft" statt Tatherrschaft. Zur Abkehr von einem differenzierenden Beteiligungsformsystem in einer normativ-funktionalen Straftatlehre, Tübingen 2009.

121 Zur aktuellen Diskussion vielleicht zunächst *Manuel A. Abanto Vásquez* Verdirbt Organisationsherrschaft die Tatherrschaftslehre? In: Festschrift für Claus Roxin zum 80. Geburtstag, München 2011, S. 819 ff, und *Kai Ambos* Zur ‚Organisation' bei der Organisationsherrschaft. In: Festschrift für Claus Roxin zum 80. Geburtstag, München 2011, S. 837; *Jan Schlösser* Soziale Tatherrschaft, ein Beitrag zur Frage der Täterschaft in organisatorischen Machtapparaten, Berlin 2004; *Joannis Morozinis* Dogmatik der Organisationsdelikte. Eine kritische Darstellung der täterschaftlichen Zurechnungslehre in legalen und illegalen Organisationsstrukturen aus strafrechtasdogmatischer und rechtstheoretischer Sicht, sowie ein Beitrag zur Lehre vom Tatbestand, Berlin 2010; *Thomas Rotsch* Individuelle Haftung in Großunternehmen, Baden-Baden 1998.

122 *Marco Mansdörfer* Zur Theorie des Wirtschaftsstrafrechts, Heidelberg u.a., 2011, S. 310 mit vielen einschlägigen Nachweisen.

123 *Mansdörfer* a. a. O., S. 312.

124 Auf weite Strecken werden daraus Pflichten, dann nämlich, wenn der „Betrieb eines Unternehmens (...) mit Gefahren verbunden ist" (*Gerhard Dannecker* Fahrlässigkeit in formalen Organisationen, in: Knut Amelung [Hrsg.], Individuelle Verantwortung und Beteiligungsverhältnisse bei Straftaten in bürokratischen Organisationen des Staates, der Wirtschaft und der

ist.[125] Das ist keineswegs ein Paradoxon, denn „wenn die Planung der internen Koordination billiger ist als die Inanspruchnahme des Marktes“, gibt es keine Wahl.[126] Mit Recht wird daher gefordert, dass die „im Rahmen komplexer Beteiligungsstrukturen bestehenden Verantwortlichkeiten – und damit das von jedem Einzelnen geschaffene Risiko – präzise abgebildet werden“.[127]

Doch damit wird gerade das Stück Wirklichkeit ausgeblendet oder marginalisiert oder wenigstens relativiert, das substanziell den Ausschlag gibt.[128]

Freilich wird das in den kritischen Ausführungen über die Reichweite des Täterschaftsbegriffs schon deutlich: „der Täter, der weder Tatort, noch Tatopfer, noch Schadenshöhe konkret kennen muss, kann eine ‚Herrschaft‘ über die ‚Tat‘ nicht mehr ausüben“.[129] Daher wird mit Recht bezweifelt, dass es sich hier nur um einen „neuen Typus mittelbarer Täterschaft“ handeln könne,[130] und der Vorschlag, von einer eigenständigen Form der mittelbaren Täterschaft“ zu sprechen[131] wäre nicht mehr als eine Verlegenheitsauskunft. Ein Schritt auf dem richtigen Wege ist die Erwägung, es gehe um die „Präzisierung der Voraussetzungen, wann bei einer Täterschaft der Zurechnungszusammenhang nicht durch das Dazwischenhandeln Dritter unterbrochen wird“.[132]

Aber was ist es dann, was den Zurechnungszusammenhang unterbricht? Welche Folgen hat diese Unterbrechung für die Abgrenzung von Täterschaft und Teilnahme? Darauf scheint es zunächst keine Antwort zu geben, obwohl sie eigentlich mit dem Hinweis auf die Möglichkeit einer „Täterschaft durch Zurechnung von ‚Handlungen des Unternehmens‘ – in Gestalt einer eigenhändigen Beteiligungsform oder als Folge allgemeiner Zurechnung[133] – zum Greifen nahe ist.

Gesellschaft, Sinzheim 2000, S. 209ff [216]). Hier müssen „die Möglichkeiten der Funktions- und Arbeitsteilung genutzt werden (...), weil dadurch das Gefahrenpotential besser beherrscht werden kann (*Dannecker*, a.a.O.), dazu *Mansdörfer* a.a.O., S. 318.

125 *Mansdörfer* a.a.O.

126 Das ist bereits von *Ronald Harry Coase* The Nature of the Firm, Tübingen 1992, erkannt worden, s. dazu *Mansdörfer* a.a.O., S. 310, mit weiterführenden, differenzierenden Mitteilungen und Argumentationen.

127 *Mansdörfer* a.a.O., S. 314, wieder mit vielen Nachweisen.

128 Das Problem ist schon klar gesehen worden von *Günter Stratenwerth* a.a.O., S. 296 und vor allem S. 301, wieder bezogen auf das Umweltstrafrecht, aber auch auf die Fälle der dort auftretenden kumulativen Kausalität. Hierher gehört auch die Diskussion über „unorganisierte Unverantwortlichkeit“, dazu *Volk* a.a.O., S. 430, mit älteren Belegen in der Fußnote 11; s. auch *Ehrhardt* a.a.O., S. 127. *Günther/Prittwitz* a.a.O., S. 339. Ferner *Mansdörfer* a.a.O., S. 310ff: „Institutionalisierung von Unverantwortlichkeit“. Zu diskutieren ist auch, wie sich Compliance-Konzepte auf die Beteiligungslehre auswirken, einschließlich der sich neu etablierenden Haftung von Compliance Officers; zu den Grundlagen sehr instruktiv Mark Pieth, Harmonising Anti-Corruption Compliance. The OECD Good Practice Guidance, 2010, Zürich/St.Gallen 2011.

129 *Mansdörfer* a.a.O., S. 332.

130 So *Thomas Rotsch* Neues zur Organisationsherrschaft, in: NStZ 2005, S. 13ff. (17f.); weitere kritische Erörterungen bei *Mansdörfer* a.a.O., S. 333.

131 Mansdörfer a.a.O., S. 333.

132 *Mansdörfer* a.a.O.

133 *Mansdörfer* a.a.O., S. 320.

Das Surplus beim kollektivem Handeln in der Gruppe wird also zwar längst wahrgenommen, aber doch nur als eine Unbekannte mitgeschleppt, weil eine Gruppe, die ohne Täter sein soll, eben schwer vorstellbar ist. Tritt jetzt an die Stelle der vorerst unfassbar bleibenden Gruppendynamik etwas greifbar Reales, dann sieht das anders aus, und man beginnt insoweit von einem Strafrecht ohne Täter zu sprechen.[134] Das wird anschaulich gemacht für das kollektive Handeln im Kriege,[135] und es darf daran erinnert werden, dass gerade bei Kriegshandlungen dieses Phänomen nicht dazu geführt hat, kollektive Adressaten des Strafrechts, etwa den Staat oder eine bestimmte militärische Einheit wenigstens zu etablieren. Vielmehr werden die Sachzwänge, in denen sich das kriegerische Handeln bewegt, mit den persönlichen Faktoren in eine Dogmatik der Beteiligtenlehre integriert, und es fehlt eigentlich nur noch das richtige Wort.

Auf dieser Basis können systemtheoretische Aufarbeitungen einer ökonomischen und speziell betriebsbezogenen Dynamik durchaus hilfreich sein. Hier wäre allerdings, ehe man auf konkrete Ergebnisse rechnen kann, eine Vorarbeit zu leisten, für die eigentlich die Ökonomie zuständig ist. Die Strafrechtsdogmatik ist zwar gewohnt, mit alltäglichen Annahmen zu arbeiten, und kommt damit in den elementaren Lebensbereichen, auf die sich das Strafrecht in der Regel bezieht, auch ganz gut zurecht, obwohl es immer wieder Klagen darüber gibt hat, dass externer Sachverstand nicht in ausreichendem Maße bemüht wird, sei es bei der wissenschaftlichen Bewältigung der Materie, sei es bei der Lösung eines konkreten Falles im Beweisverfahren eines Strafprozesses. Das Wirtschaftsstrafrecht aber kann mit dieser Lebenslüge auf die Dauer nicht leben, spätestens seit der Entscheidung des Bundesverfassungsgerichts über die Notwendigkeit, bei der Ermittlung von Schäden, deren Herbeiführung den Tatbestand der Untreue erfüllen kann, ökonomischen Sachverstand einzufordern, kommt die Justiz vielleicht in Bewegung, durchaus mit der Folge, dass sich dann auch die einschlägigen Wissenschaften mehr darum kümmern. Für die persönlich-sachlichen Vorgänge in einem Unternehmen gibt es natürlich längst allerhand Vorarbeiten,[136] die es gilt, zusammen zu führen, wobei der Systemtheorie und ihren vielfältigen Konkretisierungen die Funktion einer erkenntnisleitenden Hypothese zu kommen.

Das unternehmerische Potential, das die Protagonisten eines Unternehmensstrafrechts heraufstilisieren möchten zu einem strafempfänglichen Subjekt, ohne dabei die Forderungen erfüllen zu können, die das Strafrecht mit Blick auf die persönlichen Voraussetzungen der Verantwortung aufstellen muss, bekommt auf diese Weise den richtigen Stellenwert.

Einwände sind auch nicht zu besorgen aus der Perspektive einer akzessorischen Teilnahmelehre. Die Bindung des Unrechts der Teilnahme an das Unrecht der Haupttat im Sinne einer Theorie, die den Strafgrund der Teilnahme in der Teilnahme an fremdem Unrecht sieht, ist ein längst problematisch gewordener Standpunkt. Die Fallkonstellationen, die immer noch eine akzessorietätsgebundene Lehre vom Strafgrund der Teilnahme erforderlich machen, sind dadurch ausgezeichnet, dass beim Zusammenwirken mehrerer Personen die Abstufungen durch eine Einheitstäterschaft nicht aufgefangen

134 *Georg P. Fletcher* Strafrecht ohne Straftäter. In: Festschrift für Claus Roxin zum 80.Geburtstag, Berlin/New York 2011, S. 793 ff.

135 *Fletcher* a. a. O., S. 794 ff.

136 S. die Nachweise bei *Mansdörfer* a. a. O., S. 319, Fn. 652.

werden können. Vielmehr ist das relativ geringe Gewicht eines fernen Urhebers nur mit der stärkeren Rolle eines anderen Tatbeteiligten zu erklären. Der Grundsatz der Tatbestandsbestimmtheit macht es nötig, die Tat dieses anderen, die Haupttat, so genau wie möglich zu beschreiben; das ist nach wie vor der Sinn der akzessorischen Teilnehmerhaftung.[137] Wertabhängigkeiten zwischen Haupttat und Teilnahme existieren nicht, wären auch mit der gleichermaßen auf Täter und Teilnehmer gemünzten Auffassung, dass die Straftat in der Verletzung von Rechtsgütern[138] besteht, nicht vereinbar. Nur bei dieser Art von Akzessorietät ist es nicht ausreichend, wenn die strafrechtliche Haftung einzelner Personen mit sie teilweise entlastenden systemischen Elementen des Unternehmens in Verbindung gebracht wird. Dort aber, wo das geschehen kann, kommt das durchaus den Bemühungen nahe, im *aggregative model* des Unternehmens den richtigen Typus des Ineinandergreifens persönlicher und systemischer Anteile an der Existenz und der Aktivität eines Unternehmens zu fixieren.

Auf diese Weise wird die Rolle des Unternehmens doch virulent für die Fixierung der persönlichen Delinquenz. Der Mythos des Ganzen wird vermieden und trotzdem der Tatsache Rechnung getragen, dass im Zusammenwirken mehrerer ein Ganzes sichtbar wird. Das ist genau das, was mit dem *aggregative model* gemeint ist. „Conceptionally or epistemologically the notion of aggregation is problematic if it is taken to mean that the fragmentic models of a number of individuals is fitted together to make one capable whole".[139]

Ich halte es daher für gerechtfertigt, das *aggregative model* für die hier vorgeschlagene Beteiligtendogmatik zu reklamieren.

Zusammenfassung

- Zurechnung als – in den Grenzen der Bindung an „brute facts" – normative Zuschreibung gibt den Blick frei auch auf eine Verbandshaftung im Strafrecht.
- Der genuine Zusammenhang zwischen retrospektiver Schuld und prospektiver Prävention beschränkt den Adressatenkreis des Strafrechts gleichwohl auf natürliche Personen.
- Außerdem kann eine strafrechtliche Verbandshaftung das Problem der externen Wirkungen (Bestrafung Unschuldiger) nicht lösen.
- Die durch den Ruf nach einem Unternehmensstrafrecht initiierten Reformüberlegungen sollten sich daher darauf konzentrieren, ausgehend von den strafrechtlichen Regelungen für die Haftung mehrerer Beteiligter betriebsbezogene neue – im Sinne des *aggregative model* – auf das Netzwerk aller in einem Unternehmen arbeitenden Personen sich erstreckende Zurechnungsmodelle zu entwickeln.

---

137 *Klaus Lüderssen* Der Typus des Teilnehmertatbestandes. In: Festschrift für Koichi Myiazawa, Baden-Baden 1995, S. 449 ff.

138 Zu denen die soziale Integrität des Täters, an dessen Unrecht der Teilnehmer sich beteiligt, nicht gehört. *Klaus Lüderssen* Der Strafgrund der Teilnahme, Baden-Baden 1965, S. 48 ff.

139 *Celia Wells*, Corporations and Criminal Responsibility, 2nd Edition, Oxford 2005, S. 156.

- Als Ergänzung oder Alternative ist an ein Interventionsrecht[140] zu denken, das nicht auf der Haftung natürlicher Personen beruht und daher die Regelungen bereitstellen kann, welche die unerwünschten externen Wirkungen kompensieren (z.B. Ausgleichsfonds).

Literatur

Manuel A. Abanto Vásquez Verdirbt die Organisationsherrschaft die Tatherrschaftslehre? In: Festschrift für Claus Roxin zum 80.Geburtstag, München 2011, S. 819ff.

Robert Alexy Theorie der Grundrechte, Baden-Baden 1985.

Kai Ambos Zur ‚Organisation" bei der Organisationsherrschaft. In: Festschrift für Claus Roxin zum 80. Geburtstag, München 2011, S. 837ff.

Michael Baurmann Die Integration normativer Bindungen in die Nutzenmaximierung, Referat beim 25. Weltkongress der Internationalen Vereinigung für Rechts- und Sozialphilosophie, 19./ 20. August 2011, Frankfurt am Main.

Karl Binding Die Entstehung der öffentlichen Strafe bei den germanischen Stämmen. Rektoratsrede 1908.

Ernst-Wolfgang Böckenförde Organ, Organisation, juristische Person, in: Festschrift für Hans Julius Wolff zum 70. Geburtstag, München 1973, S. 272ff.

Nikolaus Bosch Organisationsverschulden in Unternehmen, Baden-Baden 2002.

Jan Bremer in: Finanzplatz 2011, Nr. 5, S. 28ff.

Ronald Harry Coase The Nature of the Firm, Tübingen 1992.

Eduardo Demetrio Crespo Schuld und Strafzwecke. In: Festschrift für Claus Roxin zum 80. Geburtstag, Berlin 2011, S. 689ff.

Gerhard Dannecker Fahrlässigkeit in formalen Organisationen, in: Knut Amelung (Hrsg.), Individuelle Verantwortung und Beteiligungsverhältnisse bei Straftaten in bürokratischen Organisationen des Staates, der Wirtschaft und der Gesellschaft, Sinzheim 2000, S. 209ff.

Anne Ehrhardt Unternehmensdelinquenz und Unternehmensstrafe. Sanktionen gegen juristische Personen nach deutschem und US-amerikanischem Recht, Berlin 1993.

Ulrich Eisenberg Kriminologische Fragestellungen zum Regelungsbereich des Allgemeinen Teils des Strafrechts. In: Monatsschrift für Kriminologie und Strafrechtsreform, 1987, S. 367ff. (370)

Karl Engisch Empfiehlt es sich, eine Strafbarkeit der juristischen Person gesetzlich vorzusehen? In: Verhandlungen des 40. Deutschen Juristentages (1953), Band 2, Tübingen 1954, S. E 7ff (24).

Armin Engländer Funktion, Ausgestaltung und Kriterien der Rechtsgeltung, Referat gehalten beim 25. Weltkongress der Internationalen Vereinigung für Rechts- und Sozialphilosophie, 19./ 20. August 2011, Frankfurt am Main.

Georg P. Fletcher Strafrecht ohne Straftäter. In: Festschrift für Claus Roxin zum 80. Geburtstag, München 2011, S. 793ff.

Werner Flume Allgemeiner Teil des Bürgerlichen Rechts, 2. Band, juristische Person, Berlin u.a. 1983.

Friedrich von Freier Kritik der Verbandsstrafe, Berlin 1998.

Matthias Frenzel Sekundärrechtssetzungsakte internationaler Organisationen, Tübingen 2011

Otto von Gierke Die Genossenschaftstheorie und die deutsche Rechtsprechung, Berlin 1887.

Otto von Gierke Das Wesen der menschlichen Verbände, Rektoratsrede 1902.

Hans von der Groeben /Jürgen Schwarze Kommentar zum Vertrag über die Europäische Union und zur Gründung der Europäischen Gemeinschaft, Baden-Baden, 6. Aufl., 2003.

Klaus Günther Schuld und kommunikative Freiheit, Frankfurt am Main 2005.

Klaus Günther/Cornelius Prittwitz Individuelle und kollektive Verantwortung im Strafrecht, in: Festschrift für Winfried Hassemer, Heidelberg 2010, S. 331ff.

---

140 S. unten S. 387f.

Oliver Hein Vom Rohen zum Hohen. Öffentliches Strafrecht im Spiegel der Strafrechtsgeschichtsschreibung des 19. Jahrhunderts. Köln/Weimar/Wien 2001.

Günther Heine Die strafrechtliche Verantwortlichkeit von Unternehmen, Baden-Baden 1995.

Christian Heinichen Unternehmensbegriff und Haftungsnachfolge im europäischen Kartellrecht, Baden-Baden 2011.

Michael Hettinger (Hrsg.), Reform des Sanktionenrechts, Band 3, Verbandsstrafe, Baden-Baden 2002.

Tatjana Hörnle Straftheorien, Tübingen 2011.

Andreas Hoyer Normative Ansprechbarkeit als Schuldelement, in: Festschrift für Claus Roxin zum 80. Geburtstag, Berlin/New York 2011.

Paul Hoyningen-Huene Zu Emergenz, Mikro- und Makrodetermination. In: Weyma Lübbe (Hrsg.), Kausalität und Zurechnung. Über Verantwortung in komplexen kulturellen Prozessen, Berlin/New York 1994, S. 165 ff.

Günther Jakobs Strafrechtliche Haftung durch Mitwirkung an Abstimmungen. In: Festschrift für Koichi Miyazawa, Baden-Baden 1995, S. 419 ff.

Günther Jakobs Strafbarkeit juristischer Personen? In: Festschrift für Klaus Lüderssen zum 70. Geburtstag, Baden-Baden 2002, S. 559 ff.

John Maynard Keynes Das Ende des Laissez-Faire. Ideen zur Verbindung von Privat- und Gemeinwirtschaft, München/Leipzig 1926.

Diethelm Klesczewski Die Grundformen beteiligungsdogmatischer Systembildung. Ein Streifzug durch Europa in kritischer Absicht. In: Festschrift für Ingeborg Puppe zum 70. Geburtstag, Berlin 2011, S. 613 ff.

Eduard Kohlrausch Sollen und Können als Grundlagen der strafrechtlichen Zurechnung, in: Festgabe für Karl Güterbock, Berlin 1910, S. 1 ff.

Lothar Kuhlen Strafrechtliche Produktverantwortung. In: Festgabe der Wissenschaft für den Bundesgerichtshof, München 2000, S. 646 ff.

Herbert Landsberger Der Rechtsgedanke des „Unternehmens an sich" und das neue Aktienrecht. In: Zentralblatt für Handelsrecht, 1932, S. 79 ff.

Juliane Laule Berücksichtigung von Angehörigen bei der Auswahl und Vollstreckung von Sanktionen, Berlin 2009.

Klaus Leipold Plädoyer gegen die Einführung eines Unternehmensstrafrechts. In: Festschrift für Peter Gauweiler zum 60. Geburtstag, Neuwied 2009, S. 375 ff.

Weyma Lübbe Verantwortung in komplexen kulturellen Prozessen, Freiburg/München 1998, S. 164 ff.

Klaus Lüderssen Der Strafgrund der Teilnahme, Baden-Baden 1965.

Klaus Lüderssen Der Beitrag der Kriminologie zur Strafrechtsdogmatik – Eine Konkretisierung mit Blick auf die Probleme von Täterschaft und Teilnahme, in: Raimo Lahti/Kimmo Nuotio (Hrsg.), Strafrechtstheorie im Umbruch, Finnische und vergleichende Perspektiven, Helsinki 1992, S. 465 ff.

Klaus Lüderssen Der Typus des Teilnehmertatbestandes. In: Festschrift für Koichi Myazawa, Baden-Baden 1995, S. 449 ff.

Klaus Lüderssen Abschaffen des Strafens, Frankfurt am Main 1995, S. 162 ff.

Klaus Lüderssen Gebotene Zuschreibung? in: Lutz von Trotha (Hrsg.), Politischer Wandel, Gesellschaft und Kriminalitätsdiskurse; Beiträge zur interdisziplinären wissenschaftlichen Kriminologie. Festschrift für Fritz Sack zum 65. Geburtstag, Baden-Baden 1996, S. 113 ff.

Klaus Lüderssen Der öffentliche Strafanspruch im demokratischen Zeitalter – Von der Staatsräson über das Gemeinwohl zum Opfer? in: Cornelius Prittwitz/Joannis Manoledakis (Hrsg.), Strafrechtsprobleme an der Jahrtausendwende, Baden-Baden 2000, S. 63 ff.

Klaus Lüderssen Grenzen der „Sachkunde" des Gerichts (§ 344 Abs. 4 Satz 1 StPO) für die Beurteilung der inneren Tatseite bei jugendlichen Tätern, speziell mit Blick auf den bedingten Vorsatz. In: Festschrift für Hans-Ludwig Schreiber zum 70. Geburtstag, Heidelberg 2003, S. 389 ff.

Klaus Lüderssen Zur Entstehung des öffentlichen Strafrechts. In: Festschrift für Arthur Kreuzer zum 70. Geburtstag, Frankfurt am Main 2009, S. 510 ff.

Klaus Lüderssen Regulierung, Selbstregulierung und Wirtschaftsstrafrecht. Versuch einer interdisziplinären Systematisierung, in: Eberhard Kempf/Klaus Lüderssen/Klaus Volk (Hrsg.), Die Handlungsfreiheit des Unternehmers – wirtschaftliche Perspektiven, strafrechtliche und ethische Schranken, Berlin 2009, S. 241 ff.

Klaus Lüderssen Strafbefreiender Rücktritt vom fahrlässigen Delikt? In: Festschrift für Erich Samson zum 70. Geburtstag, Heidelberg u. a. 2010, S. 93 ff.

Klaus Lüderssen Muss Strafe sein? Das Strafrecht auf dem Weg in die Zivilgesellschaft. In: Festschrift für Winfried Hassemer, Heidelberg 2010, S. 467 ff.

Klaus Lüderssen Finanzmarktkrise, Risikomanagement und Strafrecht, in: Eberhard Kempf/Klaus Lüderssen/Klaus Volk (Hrsg.), Die Finanzkrise, das Wirtschaftsstrafrecht und die Moral, Berlin 2010, S. 211 ff.

Klaus Lüderssen Methodenfragen im Umgang mit der „Sachlogik des Finanzmarkts" – Grenze oder Herausforderung juristischer Intervention? In: Eberhard Kempf/Klaus Lüderssen/Klaus Volk (Hrsg.), Ökonomie versus Recht im Finanzmarkt? Berlin 2011, S. 241 ff.

Klaus Lüderssen Spontaneität und Freiheit – Neue Aspekte moderner Hirnforschung für Strafrecht und Kriminologie? In: Festschrift für Ingeborg Puppe zum 70.Geburtstag, Berlin 2011, S. 65 ff.

Niklas Luhmann Soziale Systeme, 4.Auflage, Frankfurt am Main 1994, S. 193.

Marco Mansdörfer Zur Theorie des Wirtschaftsstrafrechts; zugleich eine Untersuchung zu funktionalen Steuerungs- und Verantwortlichkeitsstrukturen bei ökonomischem Handeln, Heidelberg u. a. 2011.

Ernst-Joachim Mestmäcker Gesellschaft und Recht bei David Hume, Friedrich A. von Hayek – Über die Zivilisierung des Eigentums durch Recht und Wettbewerb. In: Ordo-Jahrbuch für die Ordnung von Wirtschaft und Gesellschaft, Band 60, 2009, S. 67 ff.

Joannis Morozinis Dogmatik der Organisationsdelikte. Eine kritische Darstellung der täterschaftlichen Zurechnungslehre in legalen und illegalen Organisationsstrukturen aus strafrechtsdogmatischer und rechtstheoretischer Sicht, sowie ein Beitrag zur Lehre vom Tatbestand, Berlin 2010.

Heinz Müller-Dietz Zur sog. ‚Drittwirkung' des Freiheitsentzuges,. In: Festschrift für Claus Roxin zum 80. Geburtstag, München 2011, S. 1159 ff.

Uwe Murmann Die Nebentäterschaft im Strafrecht – ein Beitrag zu einer personalen Tatherrschaftslehre, Berlin 1992.

Uwe Murmann Besprechung des Buches von Joannes Morozinis, Dogmatik der Organisationsdelikte, in: Goltdammers Archiv 2011, S. 547 ff.

Heinrich Nicklisch Rede über Egoismus und Pflichtgefühl. In: Zeitschrift für Handelswissenschaft und Handelspraxis, 1915, S. 101 ff.

Friedrich Nietzsche Götzen-Dämmerung, in: Werke Band 2, (herausgegeben von Karl Schlechta), München 1955 S. 939 ff.

Knut Nörr Das Unternehmen in der Wirtschafts- und Rechtsordnung 1880 bis 1930: Ein Beitrag zur Morphologie der organisierten Wirtschaft. In: Helmut Coing u. a. (Hrsg.), Staat und Unternehmen aus der Sicht des Rechts, Tübingen 1994, S. 15 ff.

Peter Noll Diskussionsvotum an der Strafrechtslehrertagung vom 21. bis 23. Mai 1964 in Hamburg, Zeitschrift für die gesamte Strafrechtswissenschaft 1964, S. 707 ff.

Dietmar von der Pfordten Die „Stoffbestimmtheit der Rechtsidee" und die „Natur der Sache – Ontologie, Konvention oder Konstruktion? Referat gehalten beim 25. Weltkongress der Internationalen Vereinigung für Rechts- und Sozialphilosophie, 19./20. August 2011, Frankfurt am Main.

Mark Pieth Harmonising Anti-Corruption Compliance. The OECD Good Practice Guidance, 2010, Zürich/St. Gallen 2011.

Mark Pieth/Radha Ivory Emergence and Convergence: Corporate Criminal Liability Principles in Overview. In: Mark Pieth/Radha Ivory (Ed.), Corporate Criminal Liability, Emergence, Convergence and Risk, Heidelberg/London/New York 2011, S. 4 ff.

Ingo Pies, Eucken und von Hayek im Vergleich, Tübingen 2001.

Thomas Raiser Das Unternehmensinteresse. In: Festschrift für Rainer Schmidt, Karlsruhe 1976, S. 101 ff. (118).

Andreas Ransiek Unternehmensstrafrecht, Heidelberg 1996.

Walther Rathenau Gesammelte Reden, Berlin 1924.

Walther Rathenau Von kommenden Dingen, Berlin 1917.

Walther Rathenau Autonome Wirtschaft, Jena 1919.
Moritz Renner Zwingendes transnationales Recht zur Struktur der Wirtschaftsverfassung jenseits des Staates, Baden-Baden 2011.
Arndt Riechers Das ‚Unternehmen an sich'. Die Entwicklung eines Begriffes in der Aktienrechtsdiskussion des 20. Jahrhunderts. Tübingen 1996.
Thomas Rotsch Individuelle Haftung in Großunternehmen, Baden-Baden 1998.
Thomas Rotsch „Einheitstäterschaft" statt Tatherrschaft. Zur Abkehr von einem differenzierenden Beteiligungsformensystem in einer normativ-funktionalen Straftatlehre, Tübingen 2009.
Claus Roxin Zur kriminalpolitischen Fundierung des Strafrechtssystems, in: Festschrift für Günther Kaiser, Berlin 1998, S. 885 ff.
Claus Roxin Strafrecht, Allgemeiner Teil, Band 2, München 2003.
Claus Roxin Strafrecht, Allgemeiner Teil, Band 1, 4. Auflage, München 2006.
Franz Salditt Das Unternehmensinteresse zwischen Recht, Ökonomie und Ethik, in: Eberhard Kempf/Klaus Lüderssen/Klaus Volk (Hrsg.), Die Handlungsfreiheit des Unternehmers, S. 106 ff.
Franz Salditt Normativ ansprechbar: Börsennotierte Kapitalgesellschaften, in: Festschrift für Hans Achenbach, Heidelberg 2011, S. 433 ff.
Frank Saliger „Institutionelle Tatsachen", Referat gehalten beim 25. Weltkongress der Internationalen Vereinigung für Rechts- und Sozialphilosophie, 19./20. August 2011, Frankfurt am Main.
Friedrich Carl von Savigny System des heutigen Römischen Rechts, Band 2, Berlin 1840, S. 275 ff.
Jan Schlösser Soziale Tatherrschaft, ein Beitrag zur Frage der Täterschaft in organisatorischen Machtapparaten, Berlin 2004.
Eugen Schmalenbach Die Betriebswirtschaftslehre an der Schwelle der neuen Wirtschaftsverfassung. In: Zeitschrift für handelswissenschaftliche Forschung, 1928, S. 241 ff.
Karsten Schmidt Zur Verantwortung von Gesellschaften und Verbänden im Kartell-Ordnungswidrigkeitenrecht, Wistra 1990, S. 131 ff.
Charlotte Schmitt-Leonardy Unternehmenskriminalität ohne Strafrecht, im Erscheinen.
Hans-Jürgen Schroth Unternehmen als Normadressaten und Sanktionssubjekte, Gießen 1993.
Lorenz Schulz Perspektiven der Normativierung des objektiven Tatbestands (Erfolg, Handlung, Kausalität) am Beispiel der strafrechtlichen Produkthaftung. In: Klaus Lüderssen (Hrsg.), Aufgeklärte Kriminalpolitik oder Kampf gegen das Böse, Band 3: Macro-Delinquenz, Baden-Baden 1998, S. 43 ff.
Joseph A. Schumpeter Sozialistische Möglichkeiten von heute, in: Archiv für Sozialwissenschaft und Sozialpolitik, 20/21, S. 314 ff.
Kurt Seelmann Kollektive Verantwortung im Strafrecht, Berlin/New York 2002, S. 17 ff.
Werner Sombart Die Wandlungen des Kapitalismus, in: Schriften des Vereins für Socialpolitik, Bd. 175, München/Leipzig 1929.
Gerald Spindler Recht und Konzern. Interdependenzen der Rechts- und Unternehmensentwicklung in Deutschland und in USA zwischen 1870 und 1933, Tübingen 1993.
Günter Stratenwerth Zu einem Unternehmensstrafrecht? In: Festschrift für Rudolf Schmitt, Tübingen 1992, S. 295 ff.
Stephan Stübinger Das „idealisierte" Strafrecht, Frankfurt am Main 2008.
Stephan Stübinger Zurechnungsprobleme beim Zusammenwirken mehrerer fahrlässiger Taten. In: Zeitschrift für internationale Strafrechtsdogmatik (ZIS) 2011, S. 602ff
Hans Theile Wirtschaftskriminalität und Strafverfahren. Systemtheoretische Überlegungen zum Regulierungspotential des Strafrechts, Tübingen 2009.
Gunther Teubner Unternehmenskorporatismus, New Industrial Policy und das „Wesen" der juristischen Person. In: Kritische Vierteljahresschrift für Gesetzgebung und Rechtswissenschaft, 1987, S. 61 ff.
Gerson Trüg Zu den Folgen der Einführung eines Unternehmensstrafrechts. In: Wistra 2010, S. 241 ff.
Gerson Trüg Sozialkontrolle durch Strafrecht – Unternehmensstrafrecht StraFo 11/2011, S. 471 ff.
Gerson Trüg Die Verbandsgeldbuße gegen Unternehmen. Ist-Zustand und Reformüberlegungen. In: Zeitschrift für Wirtschaftsstrafrecht und Haftung im Unternehmen, 2011, S. 6 ff.
Klaus Volk Zur Bestrafung von Unternehmen, Juristenzeitung 1993, S. 129 ff.

Klaus Volk Tendenzen zur Einheitstäterschaft – Die verborgene Macht des Einheitstäterbegriffs. In: Festschrift für Claus Roxin zum 70. Geburtstag, Berlin/New York 2001, S. 563 ff.

Tonio Walter Vergeltung als Strafzweck, Prävention und Resozialisierung als Pflichten der Kriminalpolitik. In: Zeitschrift für internationale Strafrechtsdogmatik (ZIS) 2011, S. 636 ff. (638 ff.).

Franz Wieacker Zur Theorie der juristischen Person des Privatrechts. In: Franz Wieacker, Kleine juristische Schriften, Göttingen 1988, S. 313 ff.

Hans Julius Wolff Organschaft und juristische Person. 1. Band: Juristische Person und Staatsperson. Berlin 1933.

Das interpretatorische Konstrukt „Unternehmen“ hinter der „Unternehmenskriminalität“

Charlotte Schmitt-Leonardy

Gliederung

I. Einführung

„‚Was ist der Fall?‘ und ‚Was steckt dahinter?‘“ lautete der Titel von *Luhmanns* Abschiedsvorlesung,[1] der nicht nur die beiden – zueinander in einem Spannungsverhältnis stehenden – Grundfragen der Soziologie in den Vordergrund rückte, sondern sich als Wegweiser für die folgenden Überlegungen eignet. *Luhmann* thematisierte hier ein paradoxes[2] Theorieprogramm, dem das Folgende mehr ähnelt als auf den ersten Blick zu vermuten ist.[3]

---

1 *Niklas Luhmann* „Was ist der Fall?“ und „Was steckt dahinter?“ – Die zwei Soziologien und die Gesellschaftstheorie, Bielefelder Universitätsgespräche und Vorträge 3, 1993.

2 „Das Unterschiedene ist Dasselbe, das ist unser Ausgangsparadox.“; *Luhmann* (Fn. 1), S. 5.

3 Es ging ihm unter anderem darum zu zeigen, dass Einheit durch Unterscheidung zu gewinnen ist (S. 5). Er beendete seinen Vortrag mit einer kritischen Stellungnahme zu wissenschaftlichen Ansätzen, die die Verknüpfung der beiden Fragen „Was ist der Fall?“ und „Was steckt dahinter?“ vernachlässigen und damit die *Latenz* zugunsten der *Kontingenz* aufgeben. Der Begriff *Latenz* zielt im Zusammenhang mit *sozialen* Systemen auf das *Fehlen* bestimmter Themen zur Ermöglichung und Steuerung von Kommunikation (vgl. nur *Luhmann* Soziale Systeme: Grundriss einer allgemeinen Theorie, Frankfurt a.M. 1984, S. 456ff.) und stellt den „unbewussten Bereich“ dar, den die *Kontingenz* – welche schlicht „Gegebenes“, also „da Seiendes“, bezeichnet – nicht abbildet. *Luhmanns* Postulat, sich weiter um die Herstellung des „Seinsbezug“ zu bemühen und die Idee von Wahrheit des soziologischen Ansatzes in der überprüfbaren Übereinstimmung seiner Aussagen mit seinem Gegenstand zu suchen (und nicht lediglich in einer

Die Frage, ob Unternehmen strafrechtlich haften können und sollen, könnte längst geklärt sein. Zumindest, wenn man eine rein pragmatische Herangehensweise an diese Frage wählte, spräche auf den ersten Blick der internationale Trend – gar Druck[4] – hierfür, sowie das Versprechen von Effektivität bei der Lösung eines „Problems", das zumeist als von „organisierter Unverantwortlichkeit"[5] oder „krimineller Verbandsattitüde"[6] geprägt beschrieben wird. Ebenso, wenn man sich einer „reinen"[7] positivistischen Herangehensweise verschriebe: allenfalls die Herausforderungen an eine kohärente dogmatische Konstruktion stünden im Weg; diese scheinen mittlerweile durch eine Vielzahl von Arbeiten ausgeräumt.

Jedoch wird in der aktuellen Diskussion – wie schon in ihren römisch-rechtlichen Vorläufern, die den ausführlich[8] zitierten Satz *societas delinquere non potest* hervorbrachten – unermüdlich um diese Frage gerungen; und dies zu Recht. Wie *Jakobs* bemerkt, können

---

Formkongruenz, vgl. S. 23 f.), kann für die Diskussion um die Unternehmensstrafe, die ihr Bezugsobjekt kaum thematisiert, nur zum Vorbild genommen werden.

4 Zu den jüngsten Regelungen einer Unternehmensstrafbarkeit in der Schweiz, Polen und Spanien, sowie den Tendenzen in der Europäischen Union, vgl. die Nachweise bei *Gómez-Jara Díez* Grundlagen des konstruktivistischen Unternehmensschuldbegriffes, ZStW 2007, S. 290–333, Fn. 7, 8, 9, 10. Vgl. zum Standpunkt der OECD, der insbesondere deutlich wird in *Convention on Combating Bribery of Foreign Public Officials in International Business Transactions* (Article 2 – Responsibility of Legal Persons) von 1997, den Kommentar von *Pieth* in: Pieth/Low/Cullen (Hrsg.), The OECD Concention on Bribery – A Commentary, Cambridge et al. 2007, 173–206.

5 Vgl. zu diesem Begriff *Schünemann*, Unternehmenskriminalität und Strafrecht, Köln et al. 1979, S. 18, 34, 149 ff.; *ders.* Strafrechtsdogmatische und kriminalpolitische Grundfragen der Unternehmenskriminalität in: wistra 1982, (S. 41–50), S. 42; *Otto,* Die Strafbarkeit von Unternehmen und Verbänden, Berlin et al. 1993, S. 25; *Dannecker* Zur Notwendigkeit der Einführung kriminalstrafrechtlicher Sanktionen gegen Verbände – Überlegungen zu den Anforderungen und zur Ausgestaltung eines Verbandsstrafrechts, GA 2001, (S. 101–130), S. 103 f.; *Rotberg* Für Strafe gegen Verbände, in: 100 Jahre Deutsches Rechtsleben, FS zum hundertjährigen Bestehen des Deutschen Juristentages 1860–1960, Karlsruhe 1960, (S. 193–228), S. 207 f.; *Volk*, Zur Bestrafung von Unternehmen, JZ 1993, (S. 429–435), S. 433. Ablehnend *Schmidt-Salzer*, Produkthaftung: Teil 1: Strafrecht, Heidelberg 1988, Rn. 1101 ff., 1170 ff.; *ders.* Strafrechtliche Produktverantwortung, NJW 1988, (S. 1937–1942), S. 1937, der eine „Verantwortungsvervielfachung" ausmacht; ähnlich *Mayer*, Strafrechtliche Produktverantwortung bei Arzneimittelschäden, Berlin 2008, S. 428. Vgl. zum Ursprung des Begriffs *Beck*, Gegengifte: Die organisierte Unverantwortlichkeit, Frankfurt a. M. 1988, der ihn auf den übergeordneten Topos der Risikogesellschaft bezieht.

6 Dieser Begriff ist maßgeblich von *Schünemann* geprägt, vgl. beispielsweise Strafrechtsdogmatische und kriminalpolitische Grundfragen der Unternehmenskriminalität, in: wistra 1982, S. 43; *ders.* Die Strafbarkeit der juristischen Person aus deutscher und europäischer Sicht, in: Schünemann/González (Hrsg.), Bausteine des europäischen Wirtschaftsstrafrechts – Madrid Symposium für Klaus Tiedemann, Köln 1994, S. 271 m. w. N.

7 Vgl. *Kelsens* Theorie des positiven Rechts, der die Rechtswissenschaft von „fremden Elementen", die „das Wesen der Rechtswissenschaft verdunkeln" und ihre Schranken „verwischen", befreien will. (*Kelsen* Reine Rechtslehre, 2. Auflage, Nachdruck 2000 Wien, S. 1.). Für *Kelsen* bleibt einzig die juristische Person von Interesse, die nicht mehr als einen Zurechnungspunkt, ein auf einen bestimmten Tatbestand bezogenen Normenkomplex, darstellt; *Kelsen* ebd., S. 66 ff. Kritisch diesen Ausführungen gegenüber *Teubner* Unternehmenskorporatismus, KritV 1987, (S. 61–85), S. 71.

8 Schon *Jescheck* Zur Frage der Strafbarkeit von Personenverbänden, DÖV 1953, S. 539 weist auf die Geläufigkeit dieses Satzes für den deutschen Juristen hin.

nämlich auch „Unsitten international verbreitet sein“[9] und wie ebenfalls er zeigt, ist die positivistische Erschaffung eines strafrechtlichen Zurechnungsendpunkts nicht gar so einfach – zumindest wenn man interdisziplinäre Grundfragen – wie beispielsweise den Personenbegriff[10] – nicht gänzlich außer Acht lassen will. Den Wechselbezug zwischen der sozialen Realität des Unternehmens und der rechtlichen Frage nach seiner Täterstellung mit einer Art „Denkverbot“[11] zu belegen, überzeugt nicht. Nicht nur, weil eine dogmatische Konstruktion bzw. gesetzgeberische Entscheidung durch eine sorgfältige Analyse ihres Bezugsgegenstands an Überzeugungskraft gewinnt. Die Trennung zwischen Sein und Sollen[12] schließt zudem keineswegs aus, „soziale Tatsachen“[13] – nach Maßgabe rechtlicher Zwecke – zu berücksichtigen; im vorliegenden Fall fordert sie es geradezu heraus. Wenngleich nämlich auch Steine oder Bäume[14] positivistisch zu „Rechtspersonen“ und Zurechnungsendpunkten erklärt werden könnten, wird von dieser „positivistischen Freiheit“ *de facto* ausschließlich gegenüber Kollektiven Gebrauch gemacht. Wie *Teubner* unterstreicht, verleiht das Rechtssystem – ohne normativ hierzu gezwungen zu sein – regelmäßig sozialen Konstruktionen, die über soziale Handlungsfähigkeit und über eine „voraussetzungsreiche Sozialwirklichkeit“[15] verfügen, eine Rechtsfähigkeit bzw. die Rechtspersönlichkeit.[16]

Dies scheint m.E. eine Beschäftigung mit den Fragen „Was ist der Fall?“ und „Was steckt dahinter?“ zu rechtfertigen, zumindest wenn man weder rein dogmatisch – im Sinne von „l'art pour l'art“ – über das Verhältnis von Unternehmen und Strafe nach-

---

9 *Jakobs*, Strafbarkeit juristischer Personen?, in: Festschrift für Klaus Lüderssen 2002, S. 559–575, Fn. 6.

10 Letztlich scheitert für *Jakobs* (Fn. 9, S. 568 ff.) die Strafbarkeit juristischer Personen daran, dass Identität – als durchgehende Identität von Gegenwartsbewusstsein und Erinnerung – nicht zu bejahen ist. Die Form „Person“ ließe sich nicht konstruieren (S. 571 f.). Anders noch in *Jakobs*, Strafrecht Allgemeiner Teil, 2. Auflage, 6/44 f.; diese Ansicht gibt *Jakobs* in seinem Hinweis in Fn. 7 explizit auf.

11 So *Teubners* Interpretation von *Kelsens* Ansicht (Fn. 7), S. 71.

12 Vgl. zur Gefahr naturalistischer Fehlschlüsse und der Aufforderung zwischen Sein- und Sollensaussagen zu unterscheiden nur *Hume*, Ein Traktat über die menschliche Natur, Hamburg 1739/1978, S. 211 ff.

13 So im Sinne *Durkheims* sozialen Tatbestands: „[…] jede mehr oder minder festgelegte Art des Handelns, die die Fähigkeit besitzt, auf den Einzelnen einen äußeren Zwang auszuüben; oder auch, die im Bereiche einer gegebenen Gesellschaft allgemein auftritt, wobei sie ein von ihren individuellen Äußerungen unabhängiges Eigenleben besitzt.“ (*Durkheim*, Die Regeln der soziologischen Methode, 6. Auflage, Frankfurt a. M. 1980, S. 114).

14 Vgl. zu dieser Beobachtung *Teubner* Fn. 7, S. 72 (und zu den Bäumen im Speziellen die Nachweise dort in Fn. 52).

15 *Teubners* Kriterien hierfür wären: (1) es handelt sich um ein formal organisiertes Handlungssystem, (2) die Selbstbeschreibung als kollektive Identität, (3) die Verknüpfung von Identität und Handlung über Zurechnungsmechanismen (*ders.* (Fn. 7), S. 73).

16 Letztlich steht dahinter der Gedanke, dass Normen des positiven Rechts zwar „beliebig bestimmt, aber nicht beliebig bestimmbar“ sind. (So mit Verweis auf Julius Kraft: *Luhmann* Rechtssoziologie, 4. Auflage, Wiesbaden 2008, S. 210) Zu der Beobachtung, dass nur so „die nötige Bodenhaftung“ gewährleistet wird und vor allem „pragmatische Grenzen“ gezogen werden für normative dogmatische Konzeptionen, die in der Gesellschaft verständlich sein müssen, um operabel und akzeptabel zu sein, *Stuckenberg*, Vorstudien zu Vorsatz und Irrtum im Völkerstrafrecht – Versuch einer Elementarlehre für eine übernationale Vorsatzdogmatik, Berlin 2007, S. 46 f.

denken will, noch hinter dem Satz *societas delinquere (non) potest* lediglich ein Bekenntnis für oder gegen einen der beiden bekanntesten Pole der dogmatischen Diskussion – *von Gierke* und *von Savigny* – vermutet. Auch in Sachzwängen oder unter internationalem Druck zu treffende[17] kriminalpolitische Entscheidungen müssen nicht nur ihre Gerechtigkeit gewährleisten, sondern auch „rechtfertigen, dass sie ihrem Gegenstand angemessen sind, dass sie ihn zur Kenntnis genommen und verstanden haben".[18] Dieser (Bezugs-)Gegenstand ist vorliegend *zunächst* das Unternehmen, denn: ob man in dem Satz *societas delinquere (non) potest* die richtige Fragestellung sucht oder meint, bereits die Antwort auf die Frage zu kennen – man impliziert, dass Unternehmen *„sich vergehen"* können; dass *sie* es sind, die sich vergehen und dass sie es in einem *strafrechtlich relevanten Sinne* auch *können.*[19] Und dies wiederum knüpft entscheidend an die Vorstellung bzw. das interpretatorische Konstrukt des Unternehmens an, das federführend ist.

II. Was ist der Fall?

1. Unternehmenskriminalität – Konstruktion der Wirklichkeit?

Schon die Bezeichnung der „Unternehmenskriminalität" als solche lenkt den Blick. An das Unternehmen als *der* zentralen Wirtschaftseinheit anzuknüpfen und nicht weiter eine Diskussion um die Strafbarkeit von Verbänden, Kollektiven oder juristischen Personen voranzutreiben impliziert nämlich folgendes: zum einen, dass das „Unternehmen an sich", das bisher lediglich im Zivilrecht Aufmerksamkeit erlangte,[20] Beachtung findet und damit Unternehmenskriminalität als Teilgebiet der Wirtschaftskriminalität

---

17 *Gómez-Jara Díez* (Fn. 4) nimmt an, dass es auch für Deutschland nur eine Frage der Zeit sein wird, bis neue legislatorische Vorschläge für eine Unternehmensstrafbarkeit diskutiert werden – sei es aufgrund nationaler Bedürfnisse, sei es wegen europäischer Verpflichtungen (S. 291 f.). Kritisch neben *Jakobs* (Fn. 9), S. 560, Fn. 6; auch *von Freier*, Zurück hinter die Aufklärung: Zur Wiedereinführung von Verbandsstrafen, GA 2009 (S. 98–116), S. 100.

18 So im Hinblick auf das Wirtschaftsstrafrecht *Hassemer*, Die Basis des Wirtschaftsstrafrechts, in: Kempf/Lüderssen/Volk (Hrsg.), Die Handlungsfreiheit des Unternehmers – wirtschaftliche Perspektiven, strafrechtliche und ethische Schranken, Berlin 2009, (S. 29–43), S. 32. Die Forderung eines interdisziplinären Ansatzes vertreten und verfolgen auch *Lüderssen* und *Roxin* nachdrücklich, worauf im Diskussionsbericht von *Trendelenburg*, Kriminalpolitische Optionen, in: Kempf/Lüderssen/Volk (Hrsg.), Die Handlungsfreiheit des Unternehmers – wirtschaftliche Perspektiven, strafrechtliche und ethische Schranken, Berlin 2009, S. 237, hingewiesen wird.

19 Vgl. *Schmitt-Leonardy* Unternehmenskriminalität ohne Strafrecht?, bisher unveröffentlicht.

20 Das „Unternehmen an sich" wird im Zivilrecht als „soziale Realität", als „weitgehend vollzogene Loslösung des Unternehmens von seinen Anteilseignern" oder als „volkswirtschaftliche Größe" diskutiert. Dies scheint zwar in erster Linie zur Klärung der begrifflichen Frage und ohne Differenzierung von juristischer Person, Unternehmensträger und Unternehmen zu erfolgen, „vergegenständlichte" jedoch die „Trennung von Kapital und Herrschaft [als] unmittelbarer Ausdruck der gewandelten Machtverhältnisse" – vor allem bezüglich der Aktiengesellschaft – und führte *Rathenaus* Gedanken vom modernen Großunternehmen letztlich weiter. Vgl. den historischen Überblick hierzu bei *Riechers*, Das „Unternehmen an sich", Tübingen 1996 mit den Nachweisen hierzu auf S. 1; des Weiteren *Rathenau*, Vom Aktienwesen, Berlin 1917.

in Erwägung gezogen werden kann.[21] Zum zweiten, dass das Kriminalitätsproblem nicht mehr nur auf Organisationsspezifika reduziert wird, die theoretische Fragestellungen zur Verbandskriminalität oder der Strafbarkeit von Kollektiven hervorbrachten. Zum dritten, dass die Problematik nicht mehr nur am Unternehmens*träger*, der juristischen Person, festgemacht wird und damit lediglich als dogmatisches Glasperlenspiel gesehen wird.[22] Wenn nun aber von *Unternehmens*kriminalität die Rede ist, auf die mit *Unternehmens*strafen reagiert werden sollte, stellen sich eine Fülle neuer Fragen und alter Fragen neu. Bei Beantwortung dieser Fragen gilt es, sich der Aspektabhängigkeit aller Erkenntnis noch stärker bewusst zu sein[23] als in anderen Bereichen des Strafrechts, denn schon das Bezugsobjekt wird seit den Anfängen der Diskussion als „Realität“ bestritten.

Die Diskussion um das „Wesen“ des Unternehmens bzw. das soziale Substrat der juristischen Person scheint[24] eine lange Tradition zu haben. Die Auseinandersetzung um den richtigen Ausgangspunkt der Gedankenführung begann im Zusammenhang mit der Auseinandersetzung um das Konzept des *subjektiven Rechts* Mitte des 19. Jahrhunderts, erreichte aber in der Auseinandersetzung zwischen *von Gierke* und *von Savigny* einen Kulminationspunkt, der bis heute nicht überwunden ist. Das Spannungsfeld, das durch die diametral entgegengesetzten Pole *Theorie der realen Verbandspersönlichkeit* einerseits und *Fiktionstheorie* andererseits abgesteckt wird, bleibt bis auf wenige Ausnahmen der Boden, auf dem – in unterschiedlicher Schattierung – das dogmatische Gedankengerüst um die Unternehmensstrafe gebaut wird.[25] Ihre Vertreter könnten „das Wesen“ der Körperschaft nicht unterschiedlicher darstellen:

---

21 Vgl. zu dieser begrifflichen Einordnung das Kapitel „Unternehmenskriminalität – Konstruktion eines Begriffs“ in *Schmitt-Leonardy* (Fn. 19) m. w. N.

22 Hier wird zudem das Dilemma des „Schuldtransfer“ virulent, denn wenn die juristische Person das Verschulden eines Repräsentanten *rechtlich* als ihr eigenes Verschulden anerkennen muss, gilt ebendieses Verschulden als ihr eigenes, mit der Folge, dass es nicht gleichzeitig als das Verschulden des Repräsentanten gelten kann. Will man also nicht eine „Verdoppelung von Schuld“ produzieren, kommt man nicht umhin, bei Zuschreibung der Unternehmensschuld ebendiese dem Repräsentanten abzuschreiben. So schon Jakobs (Fn. 9), S. 567.

23 Diesen Gedanken brachte *Lüderssen* erneut ins Spiel; vgl. insbesondere *Lüderssen* Regulierung, Selbstregulierung und Wirtschaftsstrafrecht. Versuch einer interdisziplinären Systematisierung, in: Kempf/Lüderssen/Volk (Hrsg.), Die Handlungsfreiheit des Unternehmers – wirtschaftliche Perspektiven, strafrechtliche und ethische Schranken, Berlin 2009, (S. 241–317), S. 293 mit seinen Nachweisen in Fn. 202.

24 Entgegen verbreiteter Ansicht reicht die Diskussion um das Wesen des Verbandes nicht zurück zu den römisch-rechtlichen Vorläufern der Diskussion; vgl. hierzu *Ott* Jenseits von Fiktions- und Realitätstheorie – die juristische Person als institutionelle Tatsache, in: FS Peter Forstmoser, Zürich 2003, (S. 3–13), S. 4 und Fn. 5–10. Und letztlich geht es auch bei *von Gierke* weniger um eine Analyse des sozialen Substrats als um affirmative Prämissen.

25 *Von Gierkes* Ansatz verfolgt am deutlichsten *Lütolf* Strafbarkeit juristischer Person, Zürich 1997, und entwickelt auf Grundlage einer „konsequenten Realitätstheorie“ (S. 131) eine eigene Handlungs- und Schuldfähigkeit (S. 126 ff.), die auf der Idee einer umfassenden Garantenstellung der juristischen Person fußt. *Von Savignys* Standpunkt scheint hingegen bei *von Freier*, Kritik der Verbandsstrafe, Berlin 1998, S. 88 ff.; 323 ff., durch; ebenso bei *Jakobs* (Fn. 9), S. 566 f., obwohl dieser nur die *kriminaldeliktische Handlungs- und Schuldfähigkeit* verneint und nicht – wie *von Savigny* konsequent fortschreibt – auch die zivilrechtliche Deliktsfähigkeit.

Von Gierkes – in seiner *Genossenschaftstheorie* entwickelte – These, die Körperschaft sei eine *reale Gesamtperson,*[26] knüpft an die Realitätstheorie von *Beseler*[27] an und zeichnet das anthropomorphe Bild eines „realen Wesens“, das sich über seine Repräsentanten – seine Organe – ausdrücken kann.[28] *Von Gierke* legt damit den Grundstein klassischer identifikationstheoretischer Auffassungen, die zwar einerseits ihren gedanklichen Ausgangspunkt in der „Wirklichkeit des Gesellschaftslebens“[29] setzen, jedoch ebenfalls an der juristischen Person – dem Unternehmens*träger* also – anknüpfen, der Handlung und Schuld des Organs zugerechnet wird.[30] Zwar ist der Verband ein *wirkliches* und mit einem Menschen vergleichbares Wesen, der infolgedessen deliktsfähig ist. Der für die Bejahung der Deliktsfähigkeit zentrale Wille wird aber auf die den Verband konstituierenden Mitglieder rückbezogen und entweder in einem Gesamtbeschluss sämtlicher

---

26 „Der Verband ist kein totes Begriffsding, das – gleich dem Kinde oder Wahnsinnigen – der Vertretung durch andere bedarf, sondern ein lebendiges Wesen, das als solches will und handelt.“ *von Gierke* Das deutsche Genossenschaftsrecht – Die Staats- und Korporationslehre des Altertums und des Mittelalters und ihre Aufnahme in Deutschland (Band III), Berlin 1881, S. 603 f.

27 *Beseler*, Volksrecht und Juristenrecht, Leipzig 1843, S. 173 ff.

28 Vgl. auch *Schwander* Der Einfluß der Fiktions- und Realitätstheorie auf die Lehre von der strafrechtlichen Verantwortlichkeit der juristischen Personen, in: Ius et lex – Festgabe zum 70. Geburtstag von Max Gutzwiller, Basel 1959, (S. 603–619) S. 606. *Hafter* der diese Theorie später weiterentwickelte, formuliert diese Gedanken wie folgt: „[E]ine Körperschaft ist eine willens- und handlungsfähige und daher auch deliktsfähige Person neben dem Individuum, wie auch jeder Personenverband, der durch die Organisation der in ihm vereinigten Willen derart in das soziale Leben eingreift, dass in seinen Handlungen ein von den Individualwillen sich abhebender Sonderwille zum Ausdruck kommt.“ (*Hafter* Die Delikts- und Straffähigkeit der Personenverbände, Berlin 1903, S. 65 [umfassend hierzu S. 43 ff.]).

29 *Busch*, Grundfragen der strafrechtlichen Verantwortlichkeit der Verbände, Leipzig 1933, S. 54.

30 „[...] eine Gesamtperson begeht diejenigen schuldhaften Handlungen und Unterlassungen, welche ein verfassungsmäßiges Organ als solches innerhalb seiner Zuständigkeit begeht. Sie wird also zunächst auch hier nur *durch Organe*, jedoch *durch jedes Organ voll und unmittelbar* dargestellt“ *von Gierke* Das deutsche Genossenschaftsrecht und die Deutsche Rechtsprechung, Berlin 1887, S. 758. Die „Lebensäußerungen“ der Individuen seien vergleichbar mit denen der Verbände – sie äußerten beispielsweise hinsichtlich Ziel- und Zweckbestrebungen gleichartige sozialnützliche oder sozialschädliche Wirkungen. Diese Gleichartigkeit der Auswirkungen in Bezug auf das soziale Leben rechtfertigten für *von Gierke* den Schluss, die juristischen Personen, ebenso wie die natürlichen Personen mit Rechtspersönlichkeit auszustatten. Für ihn ergab sich die Deliktsfähigkeit des Verbandes zwingend aus der Willensfähigkeit desselben, sie sollte allerdings rechtlich begrenzt sein und sich nur auf Delikte beziehen, die in die „vom Rechte gesetzte Lebenssphäre des Verbandes“ fallen (*ders.* (Fn. 26), S. 754, Anm. 56; anders *Hafter* (Fn. 28), S. 88 ff.). Innerhalb dieser Sphäre soll der Verband aber für *eigene* und nicht für fremde Schuld strafbar sein können. Diese eigene Schuld kann wiederum mit jeder Handlung eines Organs gegeben sein, das innerhalb seiner Zuständigkeit ein Delikt begeht. Die Deliktsfähigkeit des Verbandes entspricht damit auch seiner Interpretation des Gerechtigkeitsgedankens, denn die Gerechtigkeit der Verbandsstrafe liegt für ihn in der Schicksalsverbundenheit der Gemeinschafter. Nach seiner Auffassung „liegt es in der Natur jedes sozialen Organismus, dass seine gegenwärtigen und künftigen Glieder in seinen Lebensprozess verstrickt sind und sein Wohl und Wehe miterleben (S. 774, Anm. 75). Die Deliktsfähigkeit endet für ihn dort, wo das „rechtliche Können“ des Verbandes endet. Hiervon distanziert sich wiederum *Hafter* der den Grundsatz aufstellt, die Strafe solle den Verband treffen, aber nicht die einzelnen Mitglieder. Dies könne durch eine Minderung der Rechtsgüter des Verbandes erfolgen. Die unschuldigen Mitglieder, die also gegen den entscheidenden Beschluss stimmten oder protestierten, sollten dagegen vom Staat entschädigt werden; *Hafter* (Fn. 28), S. 137.

Mitglieder oder in der Entscheidung eines verfassungsmäßig berufenen Organs erblickt.[31] Obgleich der Gedanke für *von Gierke* zentral war, dass die *universitas*[32] von den sie bildenden *singuli* vollkommen losgelöst ist,[33] scheint[34] „das Ganze" für ihn die Summe seiner Teile zu bleiben.

Diesen Annahmen entgegengesetzt stehen *von Savignys* Prämissen: die juristische Person ist hiernach ein unkörperliches Gedankenwesen, das nur *fictione iuris* entstand; ein (nur) „des Vermögens fähiges künstlich angenommenes Subject".[35] Sein gedanklicher Ausgangspunkt ist, dass alles Recht vorhanden ist „um der sittlichen, jedem Menschen innewohnenden Freiheit willen";[36] der Begriff des Subjekts könne daher „ausgedehnt [werden] auf künstliche, durch bloße Fiction angenommene Subjecte",[37] jedoch geschehe dies lediglich zu „juristischen Zwecken". Diese materielle Fiktion sei nichts anderes als die Anordnung der Rechtsfolgen eines natürlichen Sachverhalts auf einen anderen, der in Wahrheit nicht so besteht; eine positivrechtliche Zuweisung also. Die tatsächliche Existenz dieses Sachverhalts sei jedoch nicht zu diskutieren.[38]

Sich einer dieser beiden Auffassungen anzuschließen käme einem Glaubensbekenntnis gleich und scheint für die moderne Diskussion um die *Unternehmens*strafe weder notwendig noch zielführend. Zum einen, weil die Frage nach dem Wesen der juristischen Person – so wie sie beide stellen – nicht entscheidbar ist. *Von Gierkes* Vorstellung einer „leiblich-geistigen Lebenseinheit" kann weder nachgewiesen noch negiert werden, weil es sich schlicht nicht um eine sozial beobachtbare Tatsache handelt.[39] Zum zweiten

---

31 Vgl. insofern die Weiterführung *von Gierkes* Theorie in *Hafter* (Fn. 28), S. 94.

32 Die *universitas* war jedoch nicht auf *wirtschaftliche* Unternehmungen ausgerichtet, sondern eine Organisationsform für religiöse und staatsnahe Zwecke. Vgl. insofern die Nachweise bei *Fleckner* Antike Kapitalvereinigungen, Köln 2010, S. 336, Fn. 178. Gleichwohl findet sich dieser Begriff bei *von Gierke* was wohl auf *Ulpians* Standpunkt in D. 3, 4, 7, 1 – „si quid universitati debetur, singulis non debetur: nec quod debet universitas singuli debent" – zurückzuführen ist, der auch in *von Gierke* Genossenschaftsrecht – Rechtsgeschichte der deutschen Genossenschaft (Band I), Berlin 1868, S. 1007–1009 (651/652) thematisiert wird. (*Übersetzung*: „Wenn etwas der Körperschaft geschuldet wird, so wird es nicht den einzelnen Mitgliedern geschuldet; ebenso wenig schulden die Mitglieder, was die Körperschaft schuldet"; *Anm. d. Verf.*)

33 *von Gierke* Das Wesen der menschlichen Verbände, Leipzig 1902, S. 22.

34 Zumindest bleibt die genaue Vorstellung *von Gierkes* hierzu schleierhaft. Der dominierende Aspekt scheint der einer Doppelnatur des Menschen als „Teileinheiten höherer Lebenseinheiten" zu sein, die die höheren Lebenseinheiten in ihrem Bewusstsein nicht finden können, weil sie selbst nur Teile sind und das Ganze nicht in ihnen selbst: *von Gierke* (Fn. 33), S. 23. Dies aufgreifend *Riechers* (Fn. 20), S. 54.

35 *von Savigny* System des heutigen römischen Rechts (Band II), 2. Neudruck der Ausgabe von 1840, Aalen 1981, S. 239 (§ 85).

36 *von Savigny* Fn. 35, S. 2 (§ 60).

37 *von Savigny* Fn. 35, S. 236 (§ 85).

38 Vgl. hierzu *Bergmann*, Die fremdorganschaftlich verfasste offene Handelsgesellschaft, Kommanditgesellschaft und BGB-Gesellschaft als Problem des allgemeinen Verbandsrechts, Berlin 2002, S. 45 f.

39 Unter diesem Gesichtspunkt ist *Kelsens* provokanter Bemerkung „Wenn du's nicht fühlst du wirst es nicht begreifen!" (*Kelsen* Über Staatsunrecht, in: Kelsen/Merkl/Verdroß (Hrsg.), Die Wiener rechtstheoretische Schule, S. 974) zuzustimmen. *Von Gierke* bietet mit den zitierten Sätzen und der Beschreibung als „sehr lebendige psychische Mächte, deren Realität wir nicht am wenigsten dann empfinden, wenn wir, von unserer Individualität Gebrauch machend, uns gegen sie auflehnen [...] alltäglich mag uns aufmerkende Selbstbeobachtung von dem Dasein die-

thematisieren beide die *juristische Person* – den Unternehmensträger – und nicht das soziale Substrat, das für eine strafrechtliche Diskussion von Interesse ist. Ihr Rückbezug ist zwar auch ihre eigene Vorstellung des „Wesens“ der juristischen Person, jedoch wird ebendiese als sozialer Befund nicht näher analysiert, sondern lediglich als Rechtfertigungstatbestand für die Qualifizierung als *Person* geprüft[40] und unmittelbar mit der *rechtlichen* Einheit vermischt (*von Gierke*) bzw. *in der rechtlichen Einheit* als – beobachtbares – reales Dasein nicht festgestellt und daher als Fiktion verworfen (*von Savigny*). Beide Ansichten interpretieren im Kern nur die Repräsentation durch die Organe der juristischen Person – je nach ihrer eigenen Vorstellung von einer Fiktion oder einem realen Wesen – unterschiedlich, nämlich zum einen über die Regeln der Stellvertretung und zum anderen als eigene Willens- und Handlungsfähigkeit,[41] die sich daraus ergibt, dass die juristische Person „das Verschulden [...] [ihres] Organs anerkennen muss“;[42] es bleiben aber Rechtskonstruktionen mit – angreifbarem[43] – Bezug zur „Wirklichkeit“ ohne weitere Analyse des Bezugspunktes.

Statt aber einen weiteren Versuch der Ontologie des Unternehmens *im Sinne einer quasibiologischen Realität* oder des Gegenbeweises zu unternehmen, könnte die Frage anders gestellt werden und am Unternehmen als soziale Realität bzw. als *institutionelle Tatsache* angesetzt werden.[44] Jenseits des Streits um Fiktion oder Realität des Unternehmens[45] hat sich das Unternehmen nämlich längst als *global player*, als *corporate citizen* und als „Adresse“ im Rahmen gesellschaftlicher Zuschreibungsprozesse hinsichtlich bestimmter Interaktionsfolgen etabliert;[46] das Unternehmen ist in einer „korporativen Gesell-

---

ser Geistesmächte überzeugen.“ (*von Gierke* (Fn. 33), S. 23f.) geradezu Vorlagen für solche Bemerkungen.

40 *von Savigny* erkennt – in der Tradition der Aufklärung – dem Menschen aufgrund des Menschseins allein Subjektqualität und damit die Bezeichnung „Person“ zu, die – als bloße Fiktion – auf juristische Person für ganz bestimmte Belange ausgedehnt wird. *Von Gierke* dagegen erblickt in der „juristischen Person“ als Rechtsbegriff eine Abstraktion, die einen Teilausschnitt der Wirklichkeit darstellt; diese Wirklichkeit weise dabei zwar keine materielle Existenz auf, ihre Einheit verwirkliche sich aber in einem *sozialen Organismus*; vgl. *von Gierke* (Fn. 33), S. 12f., und die Darstellung bei *Ott* (Fn. 24), S. 7.

41 *von Gierke* (Fn. 30), S. 754ff.

42 *von Gierke* (Fn. 30), S. 754.

43 Vgl. insofern die Kritikpunkte von *Jakobs* (Fn. 9), S. 566f. und *Teubner* (Fn. 7), S. 65f.

44 Den Terminus der „institutionellen Tatsache“ (im Gegensatz zur „rohen Tatsache“) führte *John Searle* in die philosophische Diskussion ein. Zum Begriff vgl. insbesondere *Searle* Die Konstruktion der gesellschaftlichen Wirklichkeit, Berlin 2011 (1995), S. 10, 37ff. Vgl. zur Darstellung von *Searles* Gedanken das außerordentlich instruktive kommunikationswissenschaftliche Projekt der Universität GH Essen (jetzt Universität Duisburg-Essen), http://koloss3.mykowi.net/; zur Rezeption von *Searles* Positionen mit Bezug zu Unternehmen auch *Neuhäuser*, Unternehmen als moralische Akteure, Berlin 2011, S. 141ff.

45 Vgl. zu dieser Formulierung – allerdings mit Bezug zum Unternehmensträger – und einer Einbeziehung von *Searles* Gedankengut in die zivilrechtliche Diskussion *Ott* (Fn. 24), S. 8ff.; aus strafrechtlicher Perspektive *Lüderssen* The aggregative model: Jenseits von Fiktionen und Surrogaten, s. in diesem Band S. 79ff.

46 Vgl. zu den *Stakeholder-Dialogen* als Ausdruck dessen *Leisinger* Stakeholderdialoge zwischen Theorie und Praxis, in: Breuer/Mastronardi/Waxenberger (Hrsg.), Markt, Mensch und Freiheit, Bern et al. 2009; zur frühen Rezeption dessen aus Unternehmenssicht *Freeman*, Strategic management: A stakeholder approach, Boston 1984. Deutlich wird das Unternehmen als Zurechnungsendpunkt auch auf globaler Ebene beispielsweise im *Global-Compact*-Abkommen (http://

schaft“[47] ein „gesellschaftliches Faktum“. Und anhand *Searles* Überlegungen[48] lässt sich aufzeigen, dass es sich hierbei nicht um einen präskriptiven – subjektiven – Eindruck handelt, sondern um eine Realität, die als „normative Wirklichkeit“ durchaus als Anknüpfungspunkt für die unternehmensstrafrechtliche Diskussion taugt.

2. Das Unternehmen als „institutionelle Tatsache“

Searle betrachtet Biologie und Kultur nicht als Gegensätze und argumentiert gegen „den radikalen Bruch“ zwischen der Ontologie der Biologie und der Ontologie kultureller und institutioneller Formen. Stattdessen könne über *Bewusstsein* und *Intentionalität* eine Verbindung hergestellt werden, die für den vorliegenden Untersuchungsgegenstand in einem Bereich *jenseits* von Fiktions- und Realitätstheorie führt.[49] *Searles* „Konstruktion der gesellschaftlichen Wirklichkeit“[50] liefert eine komplexe Theorie jenseits der Frage, ob es etwas „gibt“;[51] sein Ansatzpunkt – als notwendige Bedingung – ist vielmehr die intersubjektive Anerkennung einer gesellschaftlichen Tatsache, die durch die sprachliche Handlung als generierte Tatsache real wird. Ausgehend von der Unterscheidung zwischen immanenten („Dieses Objekt ist ein Stein.“) und beobachterrelativen („Dieses Objekt ist ein Briefbeschwerer.“)[52] Tatsachen, entwickelt *Searle* sein Konzept institutioneller Tatsachen als Teilklasse von gesellschaftlichen Tatsachen[53] – und in Abgrenzung zu „rohen Tatsachen“[54] –, die sich im Wesentlichen durch drei Merkmale auszeichnen: zum einen *Funktionszuweisung*[55] – eine Eigenschaft von Intentionalität,

---

www.unglobalcompact.org/). Zur gesellschaftlichen Rezeption insbesondere die Arbeit von *Waldkirch*, Unternehmen und Gesellschaft, Stuttgart 2002 (hier insbesondere S. 167).

47 So – aus unternehmensethischer Perspektive – *French* Corporate Ethics, Fort Worth 1994, S. VII; vgl. auch die Übersetzung bei *Neuhäuser* (Fn. 44), S. 28.

48 Er stellt die Frage „Wie kann es eine objektive Welt des Geldes, des Eigentums und der Ehe, von Regierungen, Wahlen, Footballspielen, Cocktailparties und Gerichtshöfen geben in einer Welt, die gänzlich aus physikalischen Teilchen in Kraftfeldern besteht und in der einige dieser Teilchen zu Systemen organisiert sind, die bewußte biologische Lebewesen sind wie wir selbst?“; *Searle* (Fn. 44), S. 7.

49 Zusammenfassend *Searle* (Fn. 44), S. 234 f.; im Einzelnen S. 10 ff.; 40 ff.

50 *Searle* (Fn. 44).

51 „An diesem Punkt lenke ich einfach nur die Aufmerksamkeit auf eine eigentümliche Eigenschaft, die gesellschaftliche Begriffe von natürlichen Begriffen wie ‚Berg‘ oder ‚Molekül‘ unterscheidet. Etwas kann ein Berg sein, selbst wenn niemand glaubt, dass es ein Berg ist; etwas kann ein Molekül sein, selbst, wenn niemand darüber überhaupt irgendetwas denkt. Aber für gesellschaftliche Tatsachen ist die Einstellung, die wir gegenüber dem Phänomen einnehmen, teilweise für das Phänomen konstitutiv.“ (*Searle* (Fn. 44), S. 42).

52 *Searle* (Fn. 44), S. 21.

53 „Ich setze deshalb fest, daß ich von jetzt an den Ausdruck ‚gesellschaftliche Tatsache‘ verwenden werde, um auf eine beliebige Tatsache Bezug zu nehmen, die eine kollektive Intentionalität enthält. So ist zum Beispiel die Tatsache, daß zwei Leute zusammen spazierengehen, eine gesellschaftliche Tatsache. Eine besondere Unterklasse gesellschaftlicher Tatsachen sind institutionelle Tatsachen, Tatsachen, die menschliche Institutionen einbegreifen. So ist zum Beispiel die Tatsache, daß dieses Stück Papier ein Zwanzigdollarschein ist, eine institutionelle Tatsache.“ (*Searle* (Fn. 44), S. 36).

54 Zu dieser Abgrenzung *Searle* (Fn. 44), S. 37 ff.

55 „Die erste Eigenschaft, die wir in unserer Diskussion der Fähigkeit bewußter Handelnder, gesellschaftliche Tatsachen zu schaffen, festhalten müssen, ist die Zuweisung von Funktionen

die immer beobachterrelativ ist; zum zweiten *kollektive Intentionalität*[56] und zum dritten *konstitutive Regeln*, mithin die Zuweisung eines kollektiv anerkannten Status im Sinne von „X zählt als Y im Kontext K".[57] Unter diesen Vorzeichen soll weiter geprüft werden, was „der Fall" ist.

Auf semantischer Ebene scheint „das Unternehmen an sich" sich – trotz der Tatsache, dass es zumindest nach *Teubners* Einschätzung bislang in das „Gruselkabinett der Rechtsfiguren" verbannt wurde[58] – durchzusetzen, also nicht (mehr) nur eine platonische Idee, sondern eine „semantische Entität" zu sein, „deren beobachtbare Abläufe im Kontext normativer Regulativen"[59] gedeutet werden können: es wird dort nicht mehr – als *Objekt* – im jeweiligen Normzusammenhang[60] interpretiert, sondern setzt sich – aufgrund des Einflusses der Rechtsprechung des EuGH – als selbstständiges Rechts*subjekt* durch, dessen Deutung explizit losgelöst von den Definitionen der juristischen Person in den Mitgliedsstaaten vorgenommen wird.[61] Diese – auf die Bedürfnisse des

---

an Gegenstände und andere Phänomene. Funktionen sind niemals immanent; ihre Zuweisung erfolgt relativ auf die Interessen von Benutzern und Beobachtern." (*Searle* (Fn. 44), S. 28).

56 Vgl. hierzu *Searle* (Fn. 44), S. 33 ff.; *ders.* Kollektive Absichten und Handlungen, in: Schmid et al. (Hrsg.), Kollektive Intentionalität, Frankfurt a. M. 2009; S. 99 ff.

57 „These ‚institutions' are systems of constitutive rules. Every institutional fact is underlain by a (system of) rule(s) of the form ‚X counts as Y in context C'." (*Searle* Speach Acts – An Essay on the Philosophy of Language, Cambridge Mass. 1969, S. 51 f.). Im Deutschen anschaulich beschrieben in *Searle* (Fn. 44), S. 54 f.

58 *Teubner* Unternehmensinteresse – Das gesellschaftliche Interesse des Unternehmens „an sich"?, ZHR 149 [1985], (S. 470–488), S. 470.

59 Vgl. mit Bezug zur juristischen Person *Ott* (Fn. 24), S. 8 f., der auf die Grundthese der Ontologie der Institutionalistischen Rechtstheorie verweist, welche dahingeht, dass eine wesenhafte Verbindung zwischen „institutionellen Tatsachen" auf der einen Seite und praktischen Informationen (Norm-, Zweck- und Wertsystemen) auf der anderen Seite bestehen müsse.

60 Das HRefG beispielsweise wählte den Begriff *Unternehmen* in § 1 Abs. 2 HGB als Oberbegriff zum Gewerbebetrieb. Diesem Begriff wurde somit eine zentrale Position eingeräumt, ohne ihn jedoch näher zu definieren, während in der herrschenden handelsrechtlichen Auslegung das Unternehmen als ein Gebilde gegenständlicher Art begriffen wird und sich aus Sachen (z. B. Betriebsanlagen, Warenlager), Rechten (Geldforderungen, Patente) und sonstigen Beziehungen („good will", Organisation) zusammensetzt. Dieses „Unternehmen im engeren Sinne" definiert einen Rechtsgegenstand eigener Art, der im Zivil- und Handelsrecht (gerade auch aufgrund der Nähe zum Vermögensbegriff) bestimmte Funktionen erfüllt, jedoch den *Unternehmensträger* zwangsläufig zum maßgeblichen Kriterium macht. Vgl. hierzu EntwBegr. BT-Drs. 13/8444, S. 22 f.; RefEntw BJM 3822/1 unter B 1 c) und die Überlegungen von *Rittner* Wirtschaftsrecht, Heidelberg 1987, S. 128 f.

61 So zunächst der materiell-institutionelle Unternehmensbegriff in EuGH Slg. 1962, 653 (687), *Klöckner und Hoesch*: „eine einheitliche, einem selbständigen Rechtssubjekt zugeordnete Zusammenfassung personeller, materieller und immaterieller Faktoren, mit welcher auf Dauer ein wirtschaftlicher Zweck verfolgt wird". Heute scheint der so genannte funktionelle Unternehmensbegriff herrschend, der – tätigkeitsbezogen – darauf abstellt, ob die betrachtete Einheit als Anbieter/Nachfrager von Gütern und Dienstleistungen auf einem bestimmten Markt anzusehen ist. Hierdurch könnte jedoch dieselbe Einheit für eine bestimmte Tätigkeit als Unternehmen angesehen werden und für eine andere wiederum nicht, was durchaus Friktionen bedeuten könnte. Jedenfalls ist im Sinne des europäischen Wettbewerbsrechts ein Unternehmen jede, eine wirtschaftliche Tätigkeit ausübende, Einrichtung unabhängig von Rechtsform und Finanzierung; vgl. die Ausgangsentscheidung in der Sache FENIN/KOM: EuG vom 4. 3. 2003, Rs. T-319/99, Slg. 2003, II-357, Rn. 35, der sich der EuGH ausdrücklich und vollumfänglich anschloss in EuGH vom 11. 7. 2006, C-205/03, FENIN/KOM, Slg. 2006, I-6295. Die her-

Wettbewerbs im Binnenmarkt und die Anwendbarkeit der Art. 101, 102 AEUV zugeschnittene[62] – Definition stellt die *rechtliche Selbstständigkeit* und die *Beteiligung am Wirtschaftsleben* heraus[63] und impliziert ein Mindestmaß an sachlichen und persönlichen Mitteln und ein Mindestmaß an organisierter Einheit. Das „Unternehmen an sich“ wird aber auch jenseits europarechtlicher Erwägungen als Rechtssubjekt und rechts*fähig* thematisiert, wie die frühen Überlegungen *Raisers*[64] belegen und bereits im Strafrecht als Normadressat vorausgesetzt, wie *Schroths* Arbeit ausführlich dargestellt.[65]

Neben einer semantischen Bedeutung hat das Unternehmen des Weiteren ein „reales Dasein“ in der Sphäre des menschlichen Bewusstseins: durch seine Anerkennung im Recht, seine Einbindung in den Markt und sein Einfügen in psychische und gesellschaftliche Wirkungszusammenhänge. Seine Existenz wird anhand sinnlich wahrnehmbarer Vorgänge sichtbar – wie die konkrete Produktion durch Mitarbeiter, Geschäftsräume und Lagerhallen – und hängt von normativen Institutionen wie Gerichten oder dem Handelsregister ab.[66] Letzterer Aspekt verdeutlicht den Unterschied zu einer rein psychischen Tatsache, denn es besteht eine verbindliche normative *Funktionszuweisung* im Sinne *Searles* über den Unternehmensträger.

Unabhängig vom rechtstheoretischen Standpunkt, den man zum konkreten Verhältnis des Unternehmensträgers zum Unternehmen einnimmt,[67] scheint aus historischer Sicht jedenfalls die Anerkennung des Unternehmens als juristische *Person* eine recht-

---

ausgestellten Kriterien werden großzügig ausgelegt. So ist, entsprechend Art. 101, 102 AEUV, nach der Auslegung der Kommission der wirtschaftliche Unternehmensbegriff zugrunde zu legen und eine wirtschaftliche Einheit beispielsweise auch dann anzunehmen, wenn Konzerngesellschaften keine volle Autonomie haben, sondern beispielsweise zu 100% in einen Mutterkonzern eingegliedert sind. Eine zentrale oder einheitliche Leitung ist hierfür ausreichend, sofern personelle Verflechtungen zwischen den Aufsichts- und Leitungsgremien vorliegen. In diesen Fällen ist der Mutterkonzern, das Unternehmen, als wirtschaftliche Einheit Adressat der jeweiligen europarechtlichen Sanktion. Siehe hierzu *Dannecker* Good Corporate Citizen und europäische Rechtsentwicklung, in: Alwart (Hrsg.), Verantwortung und Steuerung von Unternehmen in der Marktwirtschaft, München 1998, (S. 5–35) S. 18 ff. m. w. N.

62 Spiegelbildlich steht dahinter auch der kartellrechtliche Einfluss; vgl. beispielsweise die Darstellung von *Kohlhoff* Kartellstrafrecht und Kollektivstrafe, Berlin 2003, S. 230 ff.

63 Des Weiteren in jüngerer Zeit *das Anbieten von Gütern und Dienstleistungen*. Vgl. insofern Darstellung und Kritik von *Holland* Der EU-rechtliche Unternehmensbegriff – Darstellung der disziplinspezifischen Definitionen von Unternehmen, Saarbrücken 2010, S. 15 ff.

64 *Raiser* Das Unternehmen als Organisation: Kritik und Erneuerung der juristischen Unternehmenslehre, Berlin 1969, S. 166 ff.

65 Vgl. *Schroth* Unternehmen als Normadressaten und Sanktionssubjekte – Eine Studie zum Unternehmensstrafrecht, Gießen 1993, S. 21 f. m. w. N.; ähnlich *Dannecker* (Fn. 5), S. 109, die beide für die Einbeziehung der sozialen Wirklichkeit *de lege feranda* plädieren, um dem Unternehmen, als „Sammelbegriff für wirtschaftlich tätige Gebilde mit unterschiedlichen Rechtsträgern“, eine eigene Rechtsträgerschaft zuzuschreiben. Anders *Hirsch* Strafrechtliche Verantwortlichkeit von Unternehmen, ZStW 1995, (S. 285–323), S. 299; *Schmidt* Handelsrecht, Köln et al. 1999, § 4 IV, die darauf hinweisen, dass das Unternehmen als „gegenständliches Substrat der Unternehmertätigkeit“ Gegenstand des Rechtsverkehrs und höchstens Schutz*objekt* des Rechtes sein kann. Diese Überlegung würde in allen Rechtsgebieten, insbesondere dem Gesellschaftsrecht, geteilt und das Strafrecht, als Teil der Gesamtrechtsordnung, binden.

66 Hierzu *Ott* (Fn. 24), S. 11 mit anschaulichen Beispielen.

67 Vgl. insofern die Darstellung der zivilrechtlichen Diskussion bei *Teubner* (Fn. 58).

liche *Folgerung* aus der beobachteten Realität gewesen zu sein.[68] Für diese Hypothese spricht auch der erwähnte Umstand, dass das Recht – trotz positivistischer Freiheit – die Rechtsfähigkeit nur an sehr „voraussetzungsreiche Sozialwirklichkeiten"[69] verleiht und eben nicht an Bäume. Allerdings ist mit dieser Feststellung die „voraussetzungsreiche Sozialwirklichkeit" noch nicht erfasst. Für ihre Eigenständigkeit und (relative) Unabhängigkeit vom Unternehmensträger spricht, dass das Unternehmensinteresse über die Interessen des Unternehmensträgers hinausgeht. Dies ergibt sich schon aus der – hierzu überwiegend und zu Recht eingenommenen – wirtschaftsverfassungsrechtlichen Perspektive, die die gesellschaftlichen und wirtschaftlichen Funktionen und Aufgaben des Unternehmens mit einbezieht. Auch die jüngeren Auseinandersetzungen um Mitbestimmungsrechte bzw. – umgekehrt – die ideologieträchtige These, Unternehmensinteresse sei lediglich die Disziplinierung der Arbeitnehmerinteressen zugunsten der Profitinteressen der Anteilseigner, schließlich die Einbeziehung von *stakeholdern* lässt trotz der Diskussion[70] um die monistische oder interessenpluralistische Ausrichtung des Unternehmens auf ein umfassenderes oder abstrakteres Unternehmensinteresse schließen. Zwar mag am Beispiel der Aktiengesellschaft die deutliche Priorisierung der *shareholder*-Interessen offensichtlich erscheinen und *Flumes* Hypothese,[71] das Unternehmen sei der juristischen Person der Aktiengesellschaft „zugehörig", auf den ersten Blick zu bestätigen. Auf den zweiten Blick entdeckt man jedoch, dass das „Gesellschaftsinteresse" im deutschen[72] Aktienrecht frühzeitig als zu eng empfunden wurde und eine – höchstrichterlich flankierte[73] –

68 Die Annahme des Unternehmens als eigenes Rechtssubjekt bis hin zur Anerkennung als *Person*, die idiologisch aufgeladen werden kann, sind nicht zuletzt die Folge des Wunsches einer leichteren Interaktion auf dem Markt. *Bakan* stellt die Ursprünge dieser Entwicklung in den USA am Beispiel des 14. Zusatzartikel zur Verfassung der Vereinigten Staaten dar, welcher nach dem Sezessionskrieg zur Gleichstellung der Rechte von Afro-Amerikanern mit Weißen eingeführt wurde. Section 1 des Zusatzartikels stellt auf den Status als *Person* ab: „[...] nor shall any State deprive any person of life, liberty, or property, without due process of law; nor deny to any person within its jurisdiction the equal protection of the laws." In der unmittelbaren Folge wurde argumentiert, dass das Unternehmen ebenfalls eine (juristische) *Person* sei und damit beispielsweise ein Recht auf Eigentum haben sollte. Die Argumentation wurde vom Obersten Gerichtshof akzeptiert und von 307 Fällen, die in den Jahren 1890–1910 anhängig wurden, hatten in 288 Fällen Unternehmen Klage erhoben; nur in 19 Fällen traten Afro-Amerikaner für diese Verfassungsrechte ein. Vgl. *Bakan*, The Corporation – A pathological pursuit of profit and power, New York 2004, S. 172, Fn. 28 m. w. N.

69 *Teubner* (Fn. 7), S. 73, der auch auf den entstehenden massiven Druck hinweist, wenn es darum geht, soziale Personifizierungen – wie beispielsweise Gewerkschaften oder Parteien – um die juristische Personifizierung zu komplettieren (S. 74).

70 Vgl. hier Darstellung und Nachweise bei *Kuhner* Unternehmensinteresse vs. Shareholder Value als Leitmaxime kapitalmarktorientierter Aktiengesellschaften, ZGR 2004, (S. 244–270), passim.

71 *Flume* Allgemeiner Teil des bürgerlichen Rechts (Band 1/2) – Die Juristische Person, Berlin et al. 1983, S. 48.

72 Anders im US-amerikanischen Gesellschaftsrecht, wo die Anteilseignerorientierung überwiegend unbestritten gilt; vgl. hierzu *Kuhner* (Fn. 70), S. 274 ff.

73 Vgl. BGHZ 64, 325, 329 = NJW 1975, 1412, 1413 wo ausgeführt wird, dass das Unternehmensinteresse „sich vielfach, aber nicht immer, mit den Interessen der im Aufsichtsrat repräsentierten Gruppen decken wird". Vgl. weiter BVerfGE 50, 290 = NJW 1979, 699, 703 in der Frage der verfassungsrechtlichen Vereinbarkeit des MitbestG mit dem GG. Bezüglich des Vorstandes wird unter anderem ausgeführt, dass diesem „die Wahrung von Interessen aufgegeben ist, die nicht notwendig diejenigen der Anteilseigner sein müssen".

Abstraktion vom Interesse des Personenverbandes erfolgte. Dieser, auf *Rathenau* zurückgehende,[74] Rekurs auf ein „nach Inhalt und Grenzen weniger greifbares Interessensubjekt“ mag eine Vielzahl gesellschaftsrechtlicher Probleme aufwerfen und jüngst in Anbetracht der Markterfordernisse auf Kritik von Seiten der normativen Ökonomik stoßen – er bleibt für die hier interessierende normative Funktionszuweisung maßgeblich.

Insofern lässt sich das Unternehmen als *soziologisch institutionell* bezeichnen, da es mit sozialen Institutionen wie dem Markt verbunden ist, normativ auf europäischer Ebene anerkannt und auch im deutschen Recht unabhängig von seinem Träger, der juristischen Person, Bedeutung hat.

Mit dieser Feststellung ist für das Strafrecht allerdings noch kaum mehr gewonnen als ein Anker in der gesellschaftlichen Wirklichkeit. Erwägt man eine Unternehmensstrafe, müsste das Unternehmen auf theoretischer Ebene als tauglicher *Täter* in Betracht kommen können. Der *strafrechtlich relevante Rechtsbruch des Unternehmens* impliziert, dass von einem relevanten *sozialen* Kontakt ausgegangen wird und nicht von einer „modernen Naturkatastrophe“. Überlegungen, die bereits im Kontext des Umgangs mit der Natur bekannt sind, müssen auch hier angestellt werden: kann das Unternehmen als „personenhaft agierend“ verstanden werden oder ist es nicht mehr als „bloße Durchgangsstelle natürlicher Prozesse“?[75]

III. Was steckt dahinter?

1. Das Unternehmen – die Summe seiner Teile?

Die moderne Diskussion um die Unternehmensstrafe – welche sich also nicht nur mit der theoretischen Möglichkeit einer Strafbarkeit der juristischen Person befasst – weist erneut zwei gegenläufige Pole auf: „aggregative approaches“,[76] die das Unternehmen zwar als „Verantwortlichen“ in Erwägung ziehen, den Ansatzpunkt jedoch auf Ebene

74 „[...] die Großunternehmung ist heute überhaupt nicht mehr lediglich ein Gebilde privatrechtlicher Interessen, sie ist vielmehr, sowohl einzeln wie in ihrer Gesamtzahl, ein nationalwirtschaftlicher, der Gesamtheit angehöriger Faktor, der zwar aus seiner Herkunft, zu Recht oder zu Unrecht, noch die privatrechtlichen Züge des reinen Erwerbsunternehmens trägt, während er längst und in steigendem Maße öffentlichen Interessen dienstbar geworden ist und hierdurch sich ein neues Daseinsrecht geschaffen hat.“ (*Rathenau* (Fn. 20), S. 38 f.)

75 Vgl. hierzu *Jakobs* (Fn. 10), 1/4, insbesondere Fn. 6, mit Verweis auf *Kelsen* Vergeltung und Kausalität. Eine soziologische Untersuchung, Chicago 1941, passim.

76 Vgl. *Pieth/Ivory* Emergence and Convergence: Corporate Criminal Liability Principles in Overview, in: *Pieth/Ivory* (Hrsg.), Corporate Criminal Liability, Emergence, Convergence and Risk, Heidelberg et al. 2011, S. 4 ff.; *Wells*, Corporations and Criminal Responsibility, Oxford 2005, S. 156. Zur Darstellung dieses Ansatzes *Lüderssen* unten, S. 387 ff, der auf dieser Grundlage jedoch konsequenterweise die Kriminalstrafe verneint und ein Interventionsrecht befürwortet.

der Individuen suchen;[77] sowie „holistische Modelle“,[78] die das Gesamtsubjekt unmittelbar in den Vordergrund stellen.[79] Letztere setzen sich leicht dem (zuweilen berechtigten) Vorwurf eines „vorschnellen Griff[s] nach der Metaphysik des Gesamtsubjekts“[80] aus, sind sie doch in der Bringschuld hinsichtlich des übergeordneten Ansatzpunktes, der nicht der Mensch sein soll. Da Unternehmen keine Körper zu haben scheinen, mittels derer sie in die Welt eingreifen können, kämpfen *nicht*-mikrobasierte Ansätze schon mit der Frage, *wer* hier handelt. Vermag diese Frage beantwortet zu werden, stellt sich im Anschluss die ebenso schwierige, ob im Gesamtsubjekt ein Geist zu entdecken ist, der Absichten formen kann, durch die bloßes Tun erst zum Handeln wird.[81]

Der in der Ökonomie herrschende und im Recht rezipierte methodologische Individualismus[82] betrachtet das Unternehmen nur als einen „sozialen Schnittpunkt spezifischer Interessenverfolgung“; der Mensch gilt als Letzteinheit und die Wirtschaft „als Komplex unzähliger Individualhandlungen“.[83] Unternehmen sind danach Institutionen *gepoolter Ressourcen,*[84] die mittels eines „Netzes von Verträgen“[85] organisiert sind, um

77 „Aggregative approaches also treat the corporation as the principle offender, but they do so by adding together the different acts, omissions, and states of mind of individual stakeholders, particularly corporate officers and senior managers.“ (vgl. *Pieth/Ivory* (Fn. 76), S. 7).

78 Vgl. zum holistischen Ansatz in der Soziologie beispielsweise *Laszlo*, The Systems View of the World. A Holistic Vision for Our Time, Cresskill 1996. Im Kern holistisch aber schon *von Gierke* (Fn. 26).

79 Vgl. hierzu die differenzierten Überlegungen von *Lüderssen* oben, S. 88 ff.

80 Vgl. insofern die Warnung von *Lüderssen* oben, S. 86 f.

81 So die klassische Handlungstheorie, beispielsweise dargestellt bei *Davidson*, Essays on Actions and Events, Oxford 2001, S. 19–42 und 73–98. Vgl. auch den Überblick bei *Bratman*, Davidson's Theory of Intention, in: LePore/McLaughlin, Actions and Events, New York 1985, S. 12–28. Vgl. zum Verständnis des „Akteurs“ als „sozial Handelnden“ beispielsweise *Gabriel*, Die Soziologie und ihre Paradigmen – Einleitende Bemerkungen, in: Gabriel (Hrsg.), Paradigmen der akteurszentrierten Soziologie, Wiesbaden 2004, (S. 9–20), S. 15 ff.

82 Als „methodologischer Individualismus“ wird ein methodisches Prinzip bezeichnet, das jedes ökonomische oder soziale Makro-Phänomen als Ergebnis der Handlungen einzelner *Individuen* betrachtet und folgert, dass „alle sozialen Phänomene, insbesondere das Funktionieren der sozialen Institutionen, immer als das Resultat der Entscheidungen, Handlungen, Entwicklungen menschlicher Individuen verstanden werden sollten“ (*Popper*, Die Autonomie der Soziologie, in: Popper/Miller (Hrsg.), Lesebuch: ausgewählte Texte zu Erkenntnistheorie, Philosophie der Naturwissenschaften, Metaphysik, Sozialphilosophie, 1945, Nachdruck 2000, (S. 337–349), S. 348. In die wirtschaftswissenschaftliche Diskussion führte diesen Begriff ursprünglich ein *Schumpeter*, Das Wesen und der Hauptinhalt der theoretischen Nationalökonomie (1908), 2. Auflage Berlin 1970 (vgl. insbesondere S. 88, wo er aufführt, dass zur Beschreibung gewisser wirtschaftlicher Vorgänge von dem Handeln der Individuen auszugehen ist). Einen Überblick zu diesem Ansatz bietet *Udehn*, Methodological Individualism. Background, History and Meaning, London 2001, S. 77 ff. Jüngst für das Strafrecht nutzbar gemacht von *Mansdörfer* Zur Theorie des Wirtschaftsstrafrechts, Heidelberg et. al. 2011, S. 16 ff., der seine Überlegungen zur Theorie des Wirtschaftsstrafrechts auf diesem Konzept aufbaut.

83 So beispielsweise *Mansdörfer* (Fn. 82), S. 16.

84 *Coleman* Macht und Gesellschaftsstruktur, Tübingen 1979, S. 25 ff.

85 Das Unternehmen als bewusste – weil vorteilhafte – Ausnahme des Marktprinzip und *nexus of contracts* stellte als erster *Coase* heraus. Sein gedanklicher Ausgangspunkt der – als hierarchisch beschriebenen – Struktur des Unternehmens ist der *Vertrag*. Unternehmen sind hiernach Vertragsbündel, die einzelne Personen unter dem Ziel ihrer Nutzenmaximierung anbieten oder nachfragen. Vgl. *Coase*, The Nature of the Firm, in: Williamson/Winter (Hrsg.) The Nature of

Transaktionskosten[86] zu sparen.[87] Auf Basis dieser Vorstellung kann das Unternehmen nicht als Akteur dargestellt werden, denn es wird von Nutzen maximierenden Individuen lediglich als Instrument zur Durchsetzung ihrer Ziele benutzt.

Der methodologische Individualismus steht holistischen bzw. kollektivistischen Ansätzen gegenüber, die ihren Ausgangspunkt in überindividuellen Strukturen haben und muss auch vor dem Hintergrund seiner kritischen *Gegenposition* zu diesen Ansätzen gesehen werden: der Ursprung holistischer Ansätze wurde insbesondere von *Hayek* in *Alltagstheorien* vermutet, welche sich zur Erklärung sozialer Phänomene als ungeeignet erwiesen.[88] Und in der Tat ist der Position des methodologischen Individualismus in seiner Kritik an „Mystifikationen der Kollektiveinheiten als überindividuelle, einzelne Individuen zu neuen Ganzen verbindende Wesenheiten“ zuzustimmen.[89] Die vielfach damit einhergehende implizite Anwendung des *Ziel-Mittel-Schemas* und pauschale Übertragung handlungstheoretischer Vorstellungen auf soziale Einheiten überzeugt insbesondere in Bezug auf vorliegenden Untersuchungsgegenstand nicht, weil letztlich unterstellt wird, dass die beobachtbaren sozialen Folgen Manifestationen des Willens, der Interessen und der Motive dieser sozial hervorgehobenen „Akteure“ sind.[90] In der Folge werden beispielsweise unterschiedliche Interessen der Beteiligten – hinsichtlich des Unternehmens unter dem Stichwort „Prinzipal-Agenten-Dilemma“[91] thematisiert – ausgeblendet.

---

the Firm: Origins, Evolution and Development, New York 1932 (Nachdruck Oxford 1993), S. 34 ff.; *Köndgen*, Die Relevanz der ökonomischen Theorie der Unternehmung für rechtswissenschaftliche Fragestellungen – ein Problemkatalog, in: Ott/Schäfer, Ökonomische Analyse des Unternehmensrechts, Heidelberg 1993, (S. 128–155), S. 145.

86 *Williamson* Economic organization: firms, markets and policy control, New York 1986; *ders.* Assessing Vertical Market Restrictions: Antitrust Ramifications of the Transaction Cost Approach, in: Williamson/ Masten (Hrsg.), Transaction Cost Economics, Aldershot 1995.

87 Diese Aspekte aufgreifend: *Coleman* Grundlagen der Sozialtheorie, Band 2, Oldenburg 1992, S. 133, Rn. 426 ff.

88 Vgl. hierzu die Darstellung von *Meyer,* Akteursmodell und ökonomischer Ansatz – Eine Verhältnisbestimmung, in: Meyer/Weber (Hrsg.): Controlling und begrenzte kognitive Fähigkeiten – Grundlagen und Anwendungen eines verhaltensorientierten Ansatzes, Wiesbaden 2011, (S. 57–89), S. 59 ff. Er weist darauf hin (S. 63, Fn. 21), dass *Hayeks* Ausführungen auch als Kritik am, beispielsweise von *Marx* vertretenen, Historizismus zu verstehen sind, der nach Gesetzmäßigkeiten in der menschlichen Geschichte suchte.

89 So die treffende Formulierung *Teubners* (Fn. 7), S. 66.

90 Vgl. zur Kritik der Anwendung des Ziel-Mittel-Schemas auf Unternehmen am Beispiel der Brent Spar, *Waldkirch* (Fn. 46), S. 144 ff.

91 Damit wird das Problem rational handelnder und opportunistischer Akteure bezeichnet, die im jeweils eigenen und in Problemfällen divergierenden Interesse handeln. Es entsteht mitunter ein Zielkonflikt zwischen den Interessen des Agenten und des Prinzipals und in der Folge bilden sich *Informationsasymmetrien*, die dadurch bedingt sind, dass der Agent – die Unternehmensleitung – aufgrund der ausgeübten Tätigkeit über mehr Informationen verfügt als der Prinzipal. Der Prinzipal wiederum kann den Agenten nicht kostenlos und nicht gänzlich überwachen, sodass der Agent den Informationsvorsprung auch zum Nachteil des Prinzipals ausnutzen kann. Zu diesem auch als „moral hazard“ bezeichneten Phänomen im Allgemeinen *Beck*, Volkswirtschaft verstehen, Zürich 2008, S. 162 ff. Vgl. zur „Agency-Theorie“ weiter *Fama*, Agency Problems and the Theory of the Firm, in: Journal of Political Economy (88) 1980, (S. 288–307), passim; *Köndgen* (Fn. 85), S. 136 ff. m. w. N.; *Williamson* Economic organization: firms, markets and policy control, New York 1986, S. 12 m. w. N.

Gleichwohl ist auch der methodologische Individualismus zu kritisieren, denn er lässt den sozialen Aspekt, dessen Eigendynamik und damit die Frage „Was steckt dahinter?“ vollkommen unberücksichtigt. Die grundsätzliche Annahme, eine Organisation „an sich“ könne keinen Einfluss auf ihre Mitglieder nehmen und weise keine weiteren Eigenschaften auf als diejenigen, die durch die Charakteristika ihrer individuellen Mitglieder angelegt sind, stellt letztlich einen ontologischen Reduktionismus dar. Neben grundsätzlichen Einwänden, die – mit Verweis auf soziale Phänomene – dagegen erhoben werden, spricht hier gegen diese Metatheorie, dass das Unternehmen eine *Ausnahme* vom Marktprinzip darstellt und seine interne Koordination nicht über Marktmechanismen, sondern über Anordnung und Kontrolle innerhalb hierarchischer Strukturen läuft.[92] Mag die Unternehmens*gründung* noch als Aggregation der Interessen von Prinzipal und Agent gedeutet werden können – für die Unternehmens(weiter)entwicklung kann dies nicht gelten. Dies würde m. E. nämlich unterstellen, dass es sich um ein Netzwerk unternehmensbezogen agierender Individuen handelt, die alle über einen hohen Grad an Dispositionsfreiheit und einen ähnlichen (potenziellen) Informationsstand verfügen. Ebendies ist aber aufgrund unterschiedlich definierter Funktionsbereiche im Unternehmen nicht anzunehmen. Zudem würden bei Zugrundelegung der – ohnehin vereinfachten – Vorstellung eines rational Nutzen maximierenden Akteurs plausible Motivationen wie Loyalität gegenüber dem Unternehmen oder Angst vor Verlust des Arbeitsplatzes außen vor bleiben.

Die Weiterentwicklung des individualistischen Ansatzes, wie beispielsweise im „Makro-Mikro-Makro-Modell“[93] *Colemans,* vermag die Schwächen des methodologischen Individualismus kaum auszugleichen, denn obwohl hier zwar kollektive Einheiten zum Untersuchungsobjekt werden, erfolgt die Makroanalyse Individuen-basiert; das Unternehmen geht auch hier nicht über eine *Aggregation von Einzelinteressen* hinaus. Nach dieser Auffassung veranlassen nämlich Makrophänomene die Individuen zu bestimmten Handlungen und Einstellungen und ebendiese haben Folgen für weitere individuelle Handlungen und Einstellungen, aus denen ein anderes Makrophänomen entsteht. *Coleman* geht davon aus, dass der Übergang zwischen Mikro- und Makroebene anhand von (Spiel-)Regeln[94] nachvollzogen werden kann und das Präferenzsys-

---

92 Siehe hierzu *Coase* (Fn. 85); *Homann/Suchanek*, Ökonomik: Eine Einführung, Tübingen 2005, S. 285; aus unternehmenshistorischer Sicht die Arbeit von *Pierenkemper*, Unternehmensgeschichte – Eine Einführung in ihre Methoden und Ergebnisse, Stuttgart 2000.

93 Das Makro-Mikro-Makro-Modell soll nach Auffassung *Colemans* den Gegensatz zwischen holistischen und individualistisch-reduktionistischen Perspektiven auflösen, indem kollektive Phänomene zum zentralen Untersuchungsgegenstand werden, allerdings diese nicht als soziale Gebilde *sui generis* verstanden und mittels Makrogesetzen erklärt werden. Stattdessen ist *Colemans* Ausgangsprämisse, dass kollektive Phänomene mittels Kontexthypothesen und Aggregationsregeln auf individuelle Phänomene bezogen und so mit einem methodologischen Individualismus verbunden werden müssen. Vgl. zu diesem als „Coleman'sche Badewanne“ bekannten Ansatz *Greve/Schnabel/Schützeichel* Das Makro-Mikro-Makro-Modell der soziologischen Erklärung – zur Einleitung, in: *dies.* (Hrsg.), Das Makro-Mikro-Makro-Modell der soziologischen Erklärung, Wiesbaden 2008 (des Weiteren dort die Beiträge *Albert*, Sachverhalte in der Badewanne, S. 21 ff.; *Schützeichel*, Methodologischer Individualismus, sozialer Holismus und holistischer Individualismus, S. 357 ff.).

94 *Coleman* Grundlagen der Sozialtheorie, Band 1: Handlungen und Handlungssysteme, München 1991, S. 13 f.

tem[95] der Mikroebene letztlich die Makroebene vollständig abbildet.[96] Gegen diese Konzeption ist aber einzuwenden, dass sie nicht nur eine Reihe von Parametern – wie beispielsweise das oben genannte „rationale Entscheidungsverhalten“ – selbst vorgibt,[97] sondern auch eine Vereinfachung hinsichtlich der Verknüpfung der individuellen Handlungen mit den Makrophänomenen darstellt.[98] Denn zum einen schließt die Annahme, dass ausschließlich Individualhandlungen einander beeinflussen, den kausalen Einfluss von Vorbildern, Symbolen oder die Überzeugungskraft einer Idee auf das Verhalten des Individuums aus;[99] zum zweiten weist die Aggregation von akteursspezifischen Vorstellungen *selbst* mitunter Probleme auf, wie schon das *Condorcet*-Paradox aus dem 18. Jahrhundert zeigt.[100] So bleibt *Colemans* Konzept letztlich ein *Modell*, das die Logik genau definierter Handlungskonstellationen veranschaulicht, deren Rahmenbedingungen aber zu vielfältig sind, um auf Modellsituationen reduziert zu werden.[101]

Insofern überzeugt keine Auffassung, die Unternehmen zu „verbal symbols“ für Vernetzungen von Individuen reduziert.[102] Allerdings tragen auch holistische Konzeptionen mit – metaphysischem – Rekurs auf eine „leiblich-geistige Lebenseinheit“ im Sinne *von Gierkes* nicht, da sie einerseits den Menschen zur „Letzteinheit“ machen, jedoch das gesamte Unternehmenswirken auf ein Gesamtsubjekt externalisieren. Ein solcher „Übermensch“[103] eignet sich nicht nur kaum als Objekt sozialer Beobachtung – niemand hat ihn je gesehen – er müsste auch über kognitive Fähigkeiten verfügen, welche fernliegend sind.

Es gilt also ein „theoretisches Werkzeug“ zu finden, das die vom methodologischen Individualismus ignorierten (starken) Emergenzen erfassen kann, ohne sie einem „höheren Wesen“ zuzuschreiben. Die Systemtheorie – so lautet die im Folgenden ausgeführte These – stellt ein solches theoretisches Werkzeug dar. Zum einen, weil sie *jenseits*

---

95 *Coleman* geht hier als Handlungsprinzip auch von dem rational nutzenmaximierenden Akteur aus; vgl. *Coleman* (Fn. 94), S. 17.

96 *Coleman* (Fn. 94), S. 24.

97 Vgl. hier die detaillierte Kritik *Balogs* der verdeutlicht, dass es in diesen „Grundlagen der Sozialtheorie“ letztlich nicht darum ging, empirische Phänomene zu erfassen oder ihre konzeptuellen Grundlagen zu entwickeln, sondern vielmehr um „die Modellierung von Situationen in möglichen Welten, deren Akteure nutzenmaximierende Egoisten sind“. *Balog* Makrophänomene und ‚Handlungstheorie‘. Colemans Beitrag zur Erklärung sozialer Phänomene, in: *Greve/Schnabel/Schützeichel* (Hrsg.), Das Makro-Mikro-Makro-Modell der soziologischen Erklärung, Wiesbaden 2008, S. 251–266.

98 Vgl. zur Kritik an den von *Coleman* etablierten Kausalbeziehungen zwischen Makro- und Mikroebenen anhand des *Weberschen* Leitbeispiels, wonach die Doktrin des asketischen Protestantismus den Kapitalismus hervorbrachte, im Einzelnen *Balog* (Fn. 97), S. 255–258 m.w.N.

99 *Balog* (Fn. 97), S. 258.

100 Dieses besagt, dass Mehrheitsentscheidungen von mindestens drei Entscheidern aus mindestens drei Alternativen nicht zwangsläufig eine soziale Präferenzordnung entstehen muss. Dies wurde später von *Arrow* als allgemeines Problem der Präferenzaggregation nachgewiesen; vgl. *Arrow*, Social Choice and Individual Values, 2. Auflage, New Haven et al. 1963.

101 *Balog* (Fn. 97), S. 261.

102 Vgl. *Teubner* (Fn. 7), S. 66 mit den Nachweisen in Fn. 23.

103 *Teubner* (Fn. 7), S. 66.

der Alternative *Individualismus* und *Holismus* zu verorten ist[104] und damit die genannten Nachteile nicht aufweist.[105] Sie führt kollektives Handeln nicht auf individuelles Handeln zurück oder umgekehrt, sondern wertet beides als unterschiedliche Formen sozialer Handlungsattribution. Zum zweiten, weil sie den – somit denkbaren *Akteur* Unternehmen – nur in seiner *sozialen* Dimension zu erfassen sucht und eben keine *psychologische* Bestimmung[106] der Einheit der Elemente unternimmt.[107] Zum dritten, weil die Ausgangsprämissen der Systemtheorie in Aussicht stellen, der Eigendynamik und Fähigkeit zur Selbstorganisation ausreichend Rechnung zu tragen, sie also nicht auf etwas Statisches zu reduzieren. Denn selbst Auffassungen, die das Unternehmen – zutreffend – als „organisiertes Sozialsystem" begreifen,[108] ist entgegenzuhalten, dass nur die *Konstitution* als zielgerichtetes Handlungssystem ebendieses noch nicht zum handlungsfähigen Akteur macht. Hierzu wird es erst durch „die reflexive Kommunikation innerhalb des Handlungssystems über dessen eigene Identität und Handlungsfähigkeit."[109] Die (emergente) Qualität des sozial handlungsfähigen Akteurs entsteht also erst durch die bereits erwähnte *Selbstbeschreibung* als solcher und das Unternehmen wird durch die eigene und fremde Orientierung hieran *soziale Realität*.

Die Hypothese eines „personenhaft agierenden" Unternehmens wird also auf dieser Grundlage weiter verfolgt. Im nächsten Schritt wird näher dargelegt, wie weit die „sprachlich kondensierte Vorstellung von Gruppenidentität"[110] reicht und wie aus meiner Sicht „Körperlichkeit" und „Intentionalität" des Unternehmens zu begreifen sind. Hiernach wird das Unternehmen aus systemtheoretischer Perspektive beschrieben.

---

104 In der Tat sind Kollektivismus und Individualismus für die Systemtheorie lediglich „vorschnelle Optionen"; vgl. *Luhmann* Wie ist soziale Ordnung möglich?, in: *ders.* Gesellschaftsstruktur und Semantik 2 (1981), S. 245. Dies betont auch *Teubner* (Fn. 7), S. 63, der zu Recht darauf hinweist, dass die Systemtheorie fälschlicherweise in dem Ruf steht, die Position des Holismus zu vertreten.

105 *Bunge* beispielsweise versucht mit seinem *systemischen* Ansatz (der nicht vollkommen mit einem systemtheoretischen Ansatz identisch ist) die guten Aspekte des Holismus und des Individualismus zu integrieren, ohne die schlechten zu übernehmen. Vgl. *Bunge* Treatise on Basic Philosophy, Band 8 (Ethics: The Good and the Right), Dordrecht et al. 1989, S. 212 ff.

106 Auf *Webers* „Beziehungsebene" wird eine solche *psychische* Realität formuliert. Hiernach haben „Kollektivgebilde [...] als Vorstellung" eine „gewaltige, oft geradezu beherrschende, kausale Bedeutung für die Art des Ablaufs des Handelns der realen Menschen" (vgl. *Weber*, Wirtschaft und Gesellschaft (5. Aufl. 1972) S. 6 f.; 26 ff.).

107 *Luhmanns* Ansatz ist weit entfernt von der Metaphysik *von Gierkes*, denn nach ihm sind soziale Systeme nicht „aus Handlungen aufgebaut, so als ob diese Handlungen auf Grund der organisch-psychischen Konstitution des Menschen produziert werden und für sich bestehen könnten; sie werden in Handlungen zerlegt und gewinnen durch diese Reduktion Anschlussgrundlagen für weitere Kommunikationsverläufe" (vgl. *Luhmann* (Fn. 3), S. 192 f. und allgemeiner angedeutet schon S. 41 ff.).

108 Vgl. *Raiser* (Fn. 64), S. 93 ff., sowie die Nachweise bei *Teubner* (Fn. 7), Fußnoten 36–40.

109 *Teubner* (Fn. 7), S. 68.

110 *Teubner* (Fn. 7), S. 68.

2. Das Unternehmen als korporativer Akteur

Die „Körperlichkeit" des Unternehmens lässt sich natürlich nicht durch Bezugnahme auf Produktionsmittel oder Gebäude des Unternehmens bejahen. Vielmehr geht es um eine analoge Verwendung des Begriffs *Körper*, wobei die Individualisierbarkeit, die Identität und die Grenzen eines „Akteurs" die relevanten Parameter zu sein scheinen. Und sie sind auf das Unternehmen übertragbar: selbst wenn man es als umweltoffenes System konstruiert, verfügt es notwendigerweise über eine relativ invariante Außengrenze, um mit seiner Umwelt interagieren zu können. Diese konstante Außengrenze bedeutet, dass sich seine innere Ordnung nicht beliebig ausdehnen kann, sondern klar ist, welche Vorgänge als systemextern und systemintern gelten.[111] Die Kooperation zwischen den individuellen Akteuren ist nicht nur durch organisatorisch sinnvolle, sondern auch durch *rechtlich relevante* Handlungseinschränkungen, wie Arbeitsverträge, Stellenbeschreibungen, Unternehmensverfassungen organisiert, sodass auch nach innen erkennbar wird, was als systemintern oder -extern gilt.

Ebenso entwirft sich das Unternehmen auch nach außen als individualisierbarer und abgegrenzter Akteur. Durch Annahme einer bestimmten Rechtsform – die nicht mehr als ein Indiz[112] darstellt –, durch Angabe eines Hauptsitzes und durch Symbole, mittels derer eine Identifizierung erreicht werden soll, ist die Schaffung einer eigenen Identität möglich. Nach innen und nach außen erfolgt also eine Abgrenzung; es handeln zwar natürliche Personen, aber *auf Rechnung* und *im Namen* des Unternehmens.[113]

Hinsichtlich der Frage, ob das Unternehmen in der Lage ist, Absichten herauszubilden – also: zu *handeln* – muss ebenfalls eine ontologisch neutrale Herangehensweise gewählt werden. Vorbild kann hier beispielsweise *Dennetts* Ansatz sein, metaphysische Personalität getrennt von der moralischen Personalität zu betrachten.[114] Nach *Dennett* ist die Beschreibung von Systemen auf verschiedene Arten bzw. durch drei *Einstellungen* möglich: in der ersten kann das Verhalten eines Systems in *physikalischer* Einstellung vorher-

111 Siehe hierzu *Luhmann* Organisation und Entscheidung, Wiesbaden 2000, S. 24.

112 Die Rechtsform ist nach vorliegender Ansicht kein exklusives Merkmal, da es für die kriminologische Betrachtung bzw. sozialen Auswirkungen des Unternehmens im Allgemeinen nicht auf die Rechtsform des Unternehmens ankommen kann. In diese Richtung auch das kartellrechtliche Unternehmensverständnis, das beispielsweise in EUGH, Urt. v. 28. 6. 2005, Slg. 2005, S. I-5425 ff., Rn. 113 – *Dansk Rorindustri u. a./Kommission* zum Ausdruck kommt. Vgl. schon oben Fn. 61 und 62.

113 Diese grundsätzlich definierbare *Identität* des Unternehmens scheint im Hinblick auf die neuen institutionellen Arrangements, die hybriden Organisationsformen – beispielsweise dezentralisierte Konzerne – schwerer darstellbar. Doch auch hier können taugliche Kriterien entwickelt werden, wie sie dem (weiten) gemeinschaftsrechtlichen – funktionalen – Unternehmensbegriff (siehe oben Fn. 61 und 62) zugrunde liegen. Demnach kommt es bei Wettbewerbsbeschränkungen durch Konzerngesellschaften darauf an, ob Konzernmutter und -tochter eine *wirtschaftliche Einheit* bilden, welche am Konzerninnenverhältnis wie der *kapitalmäßigen Verbundenheit* und dem *Mangel an unternehmerischer Verhaltensautonomie der Tochter* erkennbar sein kann. Vgl. hierzu EUGH, Urt. v. 24. 10. 1996, Slg. 1996 I S. 5457 ff., Leitsatz 1 – *Viho*.

114 Die sogenannte *personal stance*, also personale oder moralische Personalität ist – als vierte Ebene – logisch verschieden von der physikalischen Einstellung *(physical stance)*, der funktionalen Einstellung *(design stance)* und der intentionalen Einstellung *(intentional stance)*; vgl. *Dennett*, Mechanism and Responsibility, in: Watson (Hrsg.), Free Will, Oxford 1982, S. 157 ff.

gesagt werden, was jedoch aus Komplexitätsgründen oft nicht möglich ist, da dies Kenntnisse der konkreten physischen Realisierung voraussetzt. Die zweite – *funktionale* – Einstellung setzt die Kenntnis der Funktionen des Systems voraus, was mitunter ebenfalls zu komplex ist, sodass auch auf eine weitere – dritte – Einstellung zurückgegriffen werden kann: die intentionale Ebene.[115] Aufgrund der Komplexität physikalischer Prozesse, die einem letztendlichen Verständnis aufgrund des eigenen begrenzten Wissens entgegensteht, erscheint es mitunter vorzugswürdig, Intentionalität aus *pragmatischen* Gründen zuzuschreiben; und dies ist auch möglich mittels einer *nützlichen Fiktion*. Zur Veranschaulichung dient *Dennett* das Beispiel des Schachcomputers, dem man intentionale Schachzüge attestiert, ihn als *Gegner* wahrnimmt und gerade nicht versucht, die physikalische Einstellung einzunehmen und die Rechenprozesse des Computers nachzuvollziehen.[116] Nach *Dennett* wird ein System also dann als *intentionales* System angesehen, wenn sich sein Verhalten mit einer intentionalen Einstellung erklären und vorhersagen lässt; dies gilt für Menschen ebenso wie für Schachcomputer.

Die Intentionalität im Sinne einer „Gerichtetheit"[117] geistiger Zustände, Einstellungen oder Prozesse auf ein Bezugsobjekt ist bezüglich des Unternehmens dann nicht einfach zu bejahen, wenn man nicht auf den Unternehmens*träger* abstellt und wie *von Gierke* die Intentionen eines „(Haupt-)Organs" – aus dem Kreise der es repräsentierenden Führungskräfte – als diejenigen des Unternehmens deutet. Soll ein Rückbezug zum Gesamtsubjekt als *selbstständiger* Realität gewährleistet sein, müsste bezüglich des Kollektivs ein genuiner *Wir-Modus* für möglich gehalten werden. Ausgangsprämisse ist hierbei mit *Searle*, dass es ein „kollektives absichtliches Verhalten gibt, das nicht dasselbe ist wie die Summierung individuellen absichtlichen Verhaltens".[118] *Searle* bildet zur Veranschaulichung das Beispiel einer Gruppe von Menschen, die im Park an verschiedenen Plätzen sitzen oder stehen, als es zu regnen anfängt. Der Umstand, dass alle Menschen zu dem zentralen Unterstand laufen und jede Person die Absicht hat, die vereinfacht als „ich renne zu dem Unterstand" formuliert werden könnte, macht dies noch nicht zu einem kollektiven Verhalten; es handelt sich um eine Sequenz individueller Akte. Handelte es sich bei den zu dem zentralen Unterstand laufenden Menschen um eine Ballettformation, wäre der Sachverhalt – trotz mitunter identischer Bewegungen – anders zu beurteilen.[119] Entscheidend ist hierbei, dass jede individuelle Absicht mit – oder eben ohne – Bezugnahme auf die anderen auszudrücken ist und ob wechselseitig geteiltes Wissen um die Aktivitäten der anderen bejaht werden kann.

---

115 Vgl. hierzu *Dennett* (Fn. 114), S. 154 ff., sowie die Darstellung bei *Stuckenberg* (Fn. 16), S. 99 ff. und die anders systematisierte Schilderung bei *Neuhäuser* (Fn. 44), S. 98 ff. Vgl. zu diesen Zusammenhängen und Formulierungen *Schmitt-Leonardy* (Fn. 19).

116 Siehe hierzu *Dennett,* Intentional Systems, in: Dennett (Hrsg.), Brainstorms: Philosophical Essays on Mind and Psychology, Cambridge 1981, S. 3 ff., 16 ff.

117 Mit *Intentionalität* ist also nicht „Absichtlichkeit" gemeint, sondern die – auf *Brentano* (Psychologie vom empirischen Standpunkt, Leipzig 1924, Band 1, S. 124 ff.) zurückgehende – Annahme, dass alle mentalen Phänomene auf *etwas* bezogen sind. Vgl. hierzu nur die umfangreichen Nachweise bei *Stuckenberg* (Fn. 16), S. 68 f./Fn. 322.

118 *Searle* Kollektive Absichten und Handlungen, in: Schmid et al. (Hrsg.), Kollektive Intentionalität, Frankfurt a. M. 2009, S. 100.

119 Vgl. zu dem Beispiel *Searle* (Fn. 118) S. 101 f.; des Weiteren das analoge Beispiel bei *French* Collective and Corporate Responsibility, New York 1984, S. 19.

An diesem Kriterium wird erneut der Unterschied zu „aggregative approaches" deutlich: Diese gelangen durch eine Addition der verschiedenen Handlungen, Einstellungen und Versäumnisse zur Verantwortung des Gesamtsubjekts; „Wir-Absichten" sind in diesem Modell nicht relevant, obgleich sie m. E. den Kern der Unternehmenstätigkeit ausmachen. Ohne Zweifel ist gemeinsames Handeln auch ohne geteilte Absicht denkbar, wie es beispielsweise bei einer panikartigen Flucht aus einem brennenden Kaufhaus der Fall wäre. Hier haben die Flüchtenden die gleichen Intentionen, ohne sie im Sinne von *Wir-Intentionen* aktiv zu teilen; die Gruppe wird entsprechend als *Aggregat* und nicht als *Kollektiv* bezeichnet.[120] Betrachtet man jedoch den Produktionsprozess des Unternehmens im abstraktesten Sinne, so betrachtet man eine Gruppe von Individuen, die ihr Tun ineinander greifen lassen. Das Unternehmen stellt mehr dar als ein Dach, unter dem sich eine Ansammlung von Menschen aufhält, die zufällig ein bestimmtes Merkmal teilt, wie beispielsweise sich am selben Ort zu befinden. Die Unternehmensmitarbeiter führen ihre Tätigkeit nämlich gerade nicht wie auf dem freien Markt zum eigenen Vorteil aus und produzieren, von *Smiths* unsichtbarer Hand gelenkt, einen Unternehmens*output*, den man dann kaum als intentional ausweisen könnte.[121] Sie handeln vielmehr *innerhalb definierter Funktionsbereiche*, als Repräsentanten bzw. Agenten des Unternehmens „in dessen Sinne". Mag auch in einem nächsten Schritt noch zu analysieren sein, was „im Sinne des Unternehmens" ist, kann an dieser Stelle schon festgehalten werden, was sich sogar vom Standpunkt des methodologischen Individualismus ergibt: das Unternehmen als Ausnahme vom Marktprinzip und *nexus of contracts* ist zur arbeitsteiligen Verwirklichung eines gemeinsamen Produktionsziels konzipiert, was einen gegenseitigen Bezug der *Ich-Intentionen* bedeutet und eben keine zufällige Entsprechung. Ebendies ist charakteristisch für *Wir-Intentionen*, die nicht als Mengen von *Ich-Absichten* analysiert werden können und auch nicht als *Ich-Absichten*, die durch Überzeugungen – einschließlich wechselseitig geteilter Überzeugungen – bezüglich der Absichten anderer Mitglieder einer Gruppe ergänzt werden.[122]

In einem nächsten Gedankenschritt muss jedoch der Grad der Kollektivierung festgestellt werden. Es scheint sich beim Unternehmen nicht um eine Gruppe von Individuen zu handeln, die ihr Tun situativ so aufeinander abstimmen und ineinander greifen lassen, „dass ihnen zusammen gelingt, was sie gemeinsam vorhaben".[123] Anders als beispielsweise in einer sozialen Bewegung, die auf gemeinsamen evaluativen Deutungsmustern beruht und in der *gemeinsames Handeln* durch wechselseitige Beobachtung und laufende Handlungsabstimmung entsteht,[124] ist das Unternehmen von *Repräsentation* und *Delegation* geprägt – fußend auf einem Netz bindender Vereinbarungen. Die *Ich-Intentionen* werden durch die Arbeitsverträge und definierten Funktionsbereiche ein Stück weit neutralisiert, wenn auch das Individuum nicht vollkommen im Unter-

120 Vgl. hierzu die Darstellung von *Neuhäuser* (Fn. 44), S. 145 ff.

121 Vgl. zu den *Phänomenen dritter Art*, die ohne ein Streben zu dem konkreten Erfolg, gleichsam mittels einer „unsichtbaren Hand", einen Zweck fördern, den zu erfüllen in keiner Weise beabsichtigt wurde: *Smith*, The Wealth of Nations, New York 1994, Book IV Chapter II.

122 *Searle* (Fn. 118) S. 103.

123 *Schmid/Schweikard* Einleitung: Kollektive Intentionalität. Begriff, Geschichte, Probleme, in: *dies.* (Hrsg.), Kollektive Intentionalität, Frankfurt a. M. 2009, S. 18 f.

124 *Schimank* Handeln und Strukturen. Einführung in die akteurtheoretische Soziologie. Grundlagentexte Soziologie, Weinheim 2000, S. 308.

nehmen aufgeht. Es steht also im Vordergrund, was in der Theorie kollektiver Intentionalität als eigenständiges grundsätzliches Problem diskutiert wird: gemeinsames (intentionales) Verhalten, das von normativen Erwartungen unter den Beteiligten begleitet wird.[125] Diese Organisation des Unternehmens erklärt sich auch aus den Anforderungen, die mit seiner gesellschaftlichen Funktion verbunden sind, denn die Interaktion und Kommunikation auf dem Markt wird wesentlich durch die – nach innen und nach außen vorgenommene – Zurechnung auf *einen* Akteur erleichtert. Es erlaubt nicht nur den externen Interaktionspartnern, darauf zu vertrauen, dass der korporative Akteur die notwendige, anreizkompatible Delegation auf die einzelnen Organisationsmitglieder erreichen wird.[126] Es vereinfacht auch die Kommunikation nach innen, da Mitarbeiter langfristig verlässliche Arbeitsverträge beispielsweise mit *Siemens* und nicht mit dem Chef der Personalabteilung schließen. Des Weiteren ist eine Unterscheidbarkeit zwischen den individuellen Interessen und denen des Unternehmens möglich, denn letztere geben vor, wie die Unternehmensmitglieder handeln sollen. Obgleich diese nicht bis ins letzte Detail determiniert sind – was einen Unterschied zu den absolut auf externe Anreize angewiesenen erwähnten (Schach-)Automaten darstellt –, sind „Unternehmensintentionen" erkennbar, die dann in unmittelbar handlungsbezogene Intentionen der Mitglieder umgesetzt werden. Beispielsweise können Vorstandsmitglieder von VW offenbar erkennen, dass bzw. wann es im Interesse von VW ist, die Unternehmensposition auf dem US-amerikanischen Markt zu stärken. Die Marketingabteilung denkt unabhängig und eigenständig im Hinblick darauf über eine Werbestrategie nach und der Vertriebsleiter in den USA wiederum lässt in den Autohäusern Verlosungen stattfinden, um den Kaufanreiz zu stärken.[127] Auf einer *Wir-Ebene* existieren also Intentionen, die unabhängig von den *Ich-Intentionen* sind.

Die „merkwürdig schwebende Realität" des Unternehmens wird unter diesen Vorzeichen also doch zur „harten sozialen Realität",[128] denn sie gewinnt durch die Semantik der Selbstbeschreibungen an Strukturwert und soziale Handlungen werden dadurch orientiert. Das Unternehmen als korporativer Akteur, dessen Handlungen mittels intentionaler Einstellung vorhersagbar sind, entsteht letztlich dadurch, dass „die kollektive Handlung in den Sinn anderer Handlungen des Systems übernommen" und auf diese Weise Möglichkeiten limitiert werden.[129] Im Einzelnen soll dieser Prozess aus systemtheoretischer Perspektive nachvollzogen werden:

---

125 Vgl. zu diesem Problemkreis, ob man etwas „gemeinsam mit anderen tun" kann, wenn man nur kognitiv mit den anderen rechnet, ohne normativ auf sie zu zählen, *Schmid/Schweikard* (Fn. 123), S. 54 ff.

126 Vgl. *Kreps* Mikroökonomische Theorie, Landsberg/Lech 1994, S. 693, der darauf hinweist, dass es informationsmäßig effizienter ist, wenn die Reputation an der Organisation und nicht am Individuum haftet. Es sei beispielsweise einfacher im Gedächtnis zu behalten, dass *Honda* vorzügliche Autos herstellt, als sich den Namen aller Mechaniker und Ingenieure zu merken, die unter dem Namen *Honda* zusammen bauen.

127 So das Beispiel von *Neuhäuser* (Fn. 44), S. 155.

128 Vgl. zu beiden Begriffen *Teubner* (Fn. 7), S. 69.

129 *Luhmann* (Fn. 3), S. 273 f.

3. Das Unternehmen aus systemtheoretischer Perspektive

Luhmanns Werk weist trotz seines Umfangs und der detaillierten Erörterung bestimmter Funktionssysteme der Gesellschaft – wie der Wirtschaft – keine eindeutige Positionierung hinsichtlich Unternehmen auf.[130] Explizit geht er jedoch auf zwei hier relevante Aspekte ein: die Charakteristika von Organisationen im Allgemeinen und die Besonderheiten des Wirtschaftssystems. Dieser Erkenntnisrahmen lässt sich auf Unternehmen übertragen: Unternehmen stellen aus systemtheoretischer Sicht eine spezifische Form eines Organisationssytems dar, welches primär Kommunikation innerhalb des funktional ausdifferenzierten Wirtschaftssystems betreibt.[131] Wie alle *autopoietischen* Systeme, funktionieren sie *selbstreferenziell*. Sie sind eigenständige, umweltoffene Einheiten, die vor allem durch ihre Differenz zur Umwelt charakterisiert sind. Ihre Existenz und Konstitution hängt also entscheidend von ihrer Umwelt ab, welche alles andere – das System Umgebende – ist. Und sie sind *komplex*, d.h. sie bestehen aus Elementen, die nicht in der Lage sind, sich jederzeit mit jedem anderen Element zu verknüpfen. Es sind also letztlich immer mehr Möglichkeiten bereitgestellt, als einzelne Systeme aufgreifen können und diese immanente Beschränkung liegt in der Eigenkomplexität der einzelnen Elemente begründet. Dies zwingt Systeme dazu, „Komplexität zu reduzieren“, also ein weniger komplexes Abbild der Realität zu schaffen, um diese so „bewältigbar“ zu machen. *Luhmann* beschreibt diesen Prozess folgendermaßen: „Von Reduktion der Komplexität sollte man [...] immer dann sprechen, wenn das Relationsgefüge eines komplexen Zusammenhangs durch einen zweiten Zusammenhang mit weniger Relationen rekonstruiert wird.“[132] Die ursprüngliche – komplexe – Realität bleibt also vorhanden, wird aber überlagert durch ein zweites, komplexitätsreduziertes und komplexitätsreduzierendes Abbild der Realität, welches das Ergebnis eines systeminternen Prozesses widerspiegelt. Das komplexitätsreduzierende System selbst entsteht aber gerade dadurch, dass es die Komplexität seiner Umwelt reduziert und sich dadurch abgrenzt. Unternehmen sind insofern eine Möglichkeit, die Umwelt „durch eine bestimmte Brille“ zu sehen und dadurch verständlicher zu machen, um sie besser zu bewältigen; und durch eben diesen Prozess werden sie zu dem, was sie sind.

Diese Bewältigung von Komplexität (der Umwelt) erfolgt mit dem Werkzeug *Beobachtung*[133] und erlaubt eine sich anschließende Selektion der Elemente der Umwelt, die wiederum in das weniger komplexe System Eingang finden, welches sich dann wieder – auf dieser Basis – reproduziert. Die Konsequenz daraus ist, dass Unternehmen selbstreferenziell operieren[134] und letztlich alles, was das System auszeichnet, somit vom System selbst abhängig ist bzw. alle Elemente, aus denen das System besteht, in einem

---

130 Vgl. bezüglich der folgenden Überlegungen auch die gelungene Darstellung von *Luhmanns* Gedankengang bei *Prümm* Unternehmen als autopoietische Systeme – Grundlegende Überlegungen, Marburg, 2005. Dieser geht sogar davon aus, dass sich *Luhmanns* Position auf eine einzige Aussage reduziert: Unternehmen stellen eine besondere Form von Organisationssystemen dar, deren Kommunikation sich hauptsächlich innerhalb des primär ausdifferenzierten Funktionssystems Wirtschaft bewegt (S. 130).

131 So die Folgerung von *Prümm* (Fn. 130), S. 113; vgl. zu diesem Gedanken *Luhmann* (Fn. 111), S. 19, 276, 302, 406.

132 *Luhmann* (Fn. 3), S. 49.

133 Siehe zu diesem Begriff z.B. *Luhmann* Die Wissenschaft der Gesellschaft, Berlin 1994, S. 68 ff.

134 *Luhmann* (Fn. 3), S. 57 ff. (insbesondere S. 59).

permanenten Prozess aus ebendiesen Elementen gebildet wird.[135] Vereinfacht dargestellt bedeutet dies, dass das Unternehmen selbstständig und ständig auf seine Umwelt reagiert. Es ist also *operativ geschlossen*, aber gleichzeitig strukturell mit seiner Umwelt derart verbunden, dass von außen Stimuli oder Irritationen empfangen werden können, diese aber gemäß der *eigenen* Codierungen verarbeitet werden müssen.

Die Reproduktion des Systems erfolgt also aus seinen eigenen Elementen heraus. Die Letztelemente sozialer Systeme sind nach *Luhmann* aber nicht der Mensch, sondern *Kommunikation.*[136] Mit diesen Parametern gelangt man in den Bereich jenseits des Individualismus *versus* Kollektivismus, der das Gegensatzpaar *Fiktionstheorie* und *Theorie der realen Verbandspersönlichkeit* hervorbrachte. Denn – wie erwähnt – in diesem Theorierahmen wird keine Rückführung von kollektivem Handeln auf individuelles Handeln oder umgekehrt vorgenommen, sondern beides als unterschiedliche Formen sozialer Handlungsattribution gewertet und letztlich dadurch ein tieferes Verständnis von „zyklischer Verknüpfung von Handlung und kollektiver Identität über Zurechnungsmechanismen" ermöglicht.[137] Hierdurch wird womöglich der Blick auf die „zweite Hälfte"[138] des Unternehmens frei: neben der oben beschriebenen *Identität* als Korporation nämlich die „capacity to act in concert".[139] Überträgt man *Luhmanns* abstrakte Erwägungen auf das Unternehmen und konkretisiert sie unter Einbeziehung betriebswissenschaftlicher Rezeption[140] der Systemtheorie, ergeben sich diesbezüglich folgende Hypothesen:

---

135 Die Konsequenz daraus ist, dass Systeme selbstreferenziell operieren. Alles was ein System auszeichnet, ist somit vom System selbst abhängig; alle Elemente, aus denen das System besteht, werden in einem permanenten Prozess aus eben diesen Elementen gebildet; *Luhmann* (Fn. 3), S. 57ff. (insbesondere S. 59). Keines dieser Elemente kann für sich bzw. unabhängig voneinander bestehen. Sowohl die Auswahl der Information als auch die Wahl der Mitteilungsform (schriftlich, mündlich) und schließlich das Verstehen sind als ein Prozess zu verstehen, der komplexitätsreduzierend beobachtet und verstanden werden muss. Vgl. *Luhmann* Autopoiesis, Handlung und kommunikative Verständigung, in: Zeitschrift für Soziologie (4) 1982, (S. 366–379), S. 366ff.

136 Hierbei ist Kommunikation als dreistelliger Selektionsprozess zu verstehen, der zum einen die Selektion einer Information, zum zweiten die Selektion einer Mitteilung und zum dritten ein selektives Verstehen bzw. Missverstehen dieser Mitteilung und Information bedeutet. *Luhmann* Was ist Kommunikation?, in: Luhmann/Jahraus (Hrsg.), Aufsätze und Reden, Stuttgart 2001, S. 94–110. Zum Kommunikationsbegriff vgl. auch *Luhmann* (Fn. 3), Kapitel 4 II.

137 *Teubner* (Fn. 7), S. 70.

138 Zum Begriff vgl. *Teubner* (Fn. 7), S. 69, der so die zweistellige Relation beschreibt, die tatsächlich hinter der „Kollektivierung einer Gruppe" steht. Vgl. auch hier *Teubners* Verweis auf *Parsons* zu der Beziehung zwischen „solidarity" und „capacity to act in concert" in Fn. 46.

139 *Parsons* The System of Modern Societies, Englewood Cliffs 1971, S. 18ff.

140 Schon allein der Umstand, dass die Betriebswirtschaftslehre – und in der Folge die Unternehmensführungen – die soziologische Systemtheorie zur Erklärung und Optimierung innerbetrieblicher Prozesse nutzen, zeigt einen Rezeptionsgrad, der im Recht noch nicht erreicht ist. Vgl. insbesondere die frühen Überlegungen von *Gomez* Wertmanagement: Vernetzte Strategien für Unternehmen im Wandel, Düsseldorf et al. 1993; *ders.* Das Denken in Kreisläufen ist ein natürliches Denken, in: Bardmann/Groth (Hrsg.), Zirkuläre Positionen, Wiesbaden 2001, S. 301–314; *Kirsch*, Betriebswirtschaftslehre. Eine Annäherung aus der Perspektive der Unternehmensführung, München 1997; *Probst*, Selbst-Organisation: Ordnungsprozesse in sozialen Systemen aus ganzheitlicher Sicht, Berlin et al. 1987. Dies weiterentwickelnd: *Malik*, Systemisches Management, Evolution, Selbstorganisation: Grundprobleme Funktionsmechanismen

a) „Kommunikation“ statt „Handlung“

Wie *Luhmann* ausführt, bedeutet die Analyse selbstreferenzieller Systeme „die verbreitete Vorstellung [zu überprüfen], ein soziales System bestehe, wenn nicht aus Personen, so doch aus Handlungen“.[141] Obgleich Kommunikation und Handlung „nicht zu trennen (wohl aber zu unterscheiden)“[142] sind, müssen *Kommunikationsverläufe* als der entscheidende Faktor herausgestellt werden.[143] *Luhmann* distanziert sich hier von handlungstheoretischen Ansätzen,[144] die Sozialität als eine besondere Form von Handlung begreifen und bezeichnet *Handlung* in sozialen Systemen als eine besondere Form der Komplexitätsreduktion, die über Kommunikation und Attribution konstituiert wird; eine „unerlässliche Selbstsimplifikation des Systems“.[145] Unternehmen kommunizieren also und sind gezwungen – um ihre System-Umwelt-Differenz aufrechtzuerhalten –, Komplexität zu reduzieren; die Frage ist nun: wie genau?

Zum einen mittels *Entscheidungen*, die das Resultat der Beobachtung von *Alternativen* sind. Alternativen machen im vorgelagerten Beobachtungsprozess eine Kommunikation zu einer *Entscheidung*.[146] Die Wahrnehmung von Alternativen ist in diesem Prozess der wichtigere Aspekt, denn sie impliziert die Unterscheidung mindestens zweier – *erreichbarer* – Möglichkeiten.[147] Der Frage, ob sich ein Unternehmen beispielsweise für die Investition A oder B entscheidet, liegt eine durch einen Beobachter vorgenommene Differenzierung zwischen den Alternativen A und B zugrunde. Die Entscheidung zwischen diesen Alternativen erschöpft sich nun gerade nicht in einer menschlichen Entscheidung – damit wäre man wieder bei grobkörnigen, handlungstheoretischen Vorstellungen –, sondern stellt eine kommunizierte Realitätsbeobachtung dar, die diese Entscheidung anhand systemimmanenter Koordinaten hervorbringt.[148] Die Vorstellung eines „entscheidenden Entscheiders“ – beispielsweise im *von Gierke'schen* Sinne – wird für die Rolle des Unternehmens innerhalb der Gesellschaft benötigt, um der Gesellschaft die Realität der Organisation „Unternehmen“ begreifbar zu machen. Dieses Festhalten an dem „Mythos des rationalen Entscheidens“ dient nach *Luhmann* in erster Linie der *Beruhigung* von Organisation und Gesellschaft, da Organisationen ursprüng-

---

und Lösungsansätze für komplexe Systeme, Bern et al. 2003; *ders.* Strategie des Managements komplexer Systeme: Ein Beitrag zur Management-Kybernetik evolutionärer Systeme, Bern 2006. Schließlich wegweisend: *Ulrich* Systemorientiertes Management, St. Gallen 2001.

141 *Luhmann* (Fn. 3), Kapitel 4 und insbesondere S. 191.

142 *Luhmann* (Fn. 3), S. 193.

143 Dies erkennt im Strafrecht insbesondere *Lüderssen* oben, S. 86; *Theile* Wirtschaftskriminalität und Strafverfahren. Systemtheoretische Überlegungen zum Regulierungspotential des Strafrechts, Tübingen 2009, passim (insbesondere S. 65 f.)

144 Ein Hauptargument hierfür lautet, dass selbstreferenzielle Systeme eine diskontinuierliche Infrastruktur voraussetzen und die dazu nötigen Einrichtungen weder die Elemente selbst, noch die Teilsysteme sein können, da die Elemente (wie die Teilsysteme) erst durch sie produziert würden. Vgl. *Luhmann* (Fn. 3), S. 192.

145 *Luhmann* (Fn. 3), S. 191.

146 *Luhmann* (Fn. 111), S. 132; *Prümm* (Fn. 130), S. 115.

147 Vgl. zur Bedeutung der „Unterscheidung“ als Markierung eines bestimmten Bereichs, was zwangsläufig einen parallelen unmarkierten Restzustand erzeugt, *Spencer-Brown* Laws of Form, Lübeck 1997, S. 4 ff.; *Prümm* (Fn. 130), S. 115.

148 Vgl. zu diesen Überlegungen den Abschnitt „Unternehmen als ‚autopoietische Systeme‘“ in *Schmitt-Leonardy* (Fn. 19), m. w. N.

lich ins Leben gerufen wurden, um den Versuch zu unternehmen, zielorientiert nach außen zu kommunizieren. Um dokumentieren zu können, dass sie bestrebt sind, dieses Ziel zu erreichen, werden die Entscheidungen als rational ausgewiesen.[149]

Dahinter stehen aber vielmehr *Entscheidungsprämissen* und *-programme*. Entscheidungsprämissen ähneln binären Codes, die das System (und seine Umwelt) in solche Sachverhalte unterteilen, mit denen das System sich beschäftigen muss, und solche, die vernachlässigbar sind. Abläufe und Entscheidungen in einem Unternehmen können nicht in jedem Augenblick neu hinterfragt werden, dann wäre es unmöglich, produktiv zu arbeiten. Die Informationslast wird also auf ein „leistbares Format"[150] reduziert und es wird damit erreicht, dass nicht in Bezug auf jede Irritation von außen neu entschieden wird, ob sich das System damit beschäftigen muss, da die Entscheidung diesbezüglich vorgegeben ist; das „Wie" der Entscheidung wird durch systemimmanente Entscheidungsprogramme[151] konkretisiert. Sowohl die Beschränkung auf entscheidungsrelevante Sachverhalte durch Entscheidungsprämissen, als auch die Beschreibung der gewünschten Abläufe durch Entscheidungsprogramme, verringert aber den erwähnten permanenten systeminternen Entscheidungsdruck – ist also für das Unternehmen eine notwendige Strategie zum Überleben in seiner Umwelt, der Wirtschaft.

b) Die Bedeutung der „Umwelt" des Unternehmens

Die Wirtschaft ist ein ausdifferenziertes Funktionssystem der Gesellschaft, das einen entscheidenden – wenn nicht „den" – Referenzkontext des Unternehmens darstellt. Durch das Kommunikationsmedium *Geld* entwickelte es einen Weg, das *Knappheitsproblem* in der Gesellschaft zu bewältigen, indem es einen Mechanismus zur Verfügung stellt und kontrolliert, das den Zugriff auf knappe Ressourcen reguliert.[152] Geld stellt damit innerhalb der Wirtschaft die „Letzteinheit" dar, deren wichtigster Effekt wiederum die Beruhigung Dritter ist. Es wird dadurch möglich, zuzusehen und „ruhig zu bleiben", wenn jemand auf knappe Ressourcen zugreift, weil er dafür zahlt. Obwohl man am konkreten Aushandeln der Konditionen nicht beteiligt ist, bleibt es möglich, den Vorgang zu akzeptieren, weil die Gegenleistung in Geld erfolgt. In der Folge entsteht ein sich selbst regenerierendes System, das aus nichts anderem als Zahlungen besteht.[153] Informationen über Zahlungen und Nicht-Zahlungen stellen den binären Code der Wirtschaft dar, der als Entscheidungsprämisse über die Relevanz von Umwelteinflüssen für das System Wirtschaft entscheidet. Und es ist naheliegend anzunehmen, dass das Unternehmen – als Subsystem der Wirtschaft – diesen Code in seine

---

149 Wiederum nur im Zusammenhang mit Organisationen und nicht konkret mit Unternehmen *Luhmann* (Fn. 111), S. 122 ff., 136, 158 und die Deutung von *Prümm* (Fn. 130), S. 117 ff. m. w. N.

150 *Prümm* (Fn. 130), S. 126.

151 *Luhmann* unterscheidet diesbezüglich „Konditionalprogramme" und „Zweckprogramme". Beides sind ebenfalls *Entscheidungen* des Systems, die im ersten Fall inputorientiert „Wenn-dann-Konstruktionen" hervorbringen und im Fall der „Zweckprogramme" – outputorientiert – einen Zweck und eine Auswahl an Mitteln zur Zweckerreichung vorgeben; *Luhmann* (Fn. 111), S. 256 ff.

152 *Luhmann* Die Wirtschaft der Gesellschaft, Berlin 2008, S. 14.

153 „Zahlungen haben alle Eigenschaften eines autopoietischen Elements: Sie sind nur aufgrund von Zahlungen möglich und haben im rekursiven Zusammenhang der Autopoiesis keinen anderen Sinn als Zahlungen zu ermöglichen." (*Luhmann* (Fn. 152), S. 52).

eigenen Kommunikationsstrukturen – und damit in seine Entscheidungsprämissen – integriert hat, da es nur so der ihm zugewiesenen Rolle in diesem Funktionssystem gerecht werden kann.[154]

Moderne systemtheoretische Ansätze[155] beziehen diesen Kontext in die Analyse der Mikroebene des Unternehmens immer stärker ein und identifizieren insbesondere „das Geschäft“ als ein Kommunikationskonstrukt, das der strukturierten Beobachtung zweiter Ordnung dient: vergangene Entscheidungen werden danach untersucht, inwieweit sie dazu beigetragen haben, den monetären Gewinn des Unternehmens zu erhöhen, womit „das Geschäft“ als komplexitätsreduziertes Abbild der Entscheidungen eines Unternehmens entsteht und dies gleichzeitig eine Adaptation der monetär geprägten Beobachtungsstrukturen des übergeordneten Wirtschaftssystems darstellt.[156] Die Hypothese, dass die autopoietische Reproduktion des Unternehmens – vor allem oder nur – entlang dieses umweltspezifischen Codes erfolgt, ist nicht nur eine Bestätigung der betriebswirtschaftlichen Deutungen, die das „Ergiebigkeitsprinzip“ bzw. „Wirtschaftlichkeitsprinzip“ als das dominierende Steuerungsprinzip kennzeichnen.[157] Sie bietet auch eine eigenständige Begründung der Priorisierung des Gewinnkriteriums, die nicht an den Menschen und die – in der Ökonomie immer noch vorherrschende – Vorstellung des *homo oeconomicus* gekoppelt ist, sondern unmittelbar mit dem Erhaltungsinteresse des „Unternehmens an sich“. Dem Verständnis dient hier womöglich der lediglich in neueren Forschungsansätzen thematisierte evolutionstheoretische Aspekt, der auch in *Spencers* Satz „survival of the fittest“[158] zum Ausdruck kommt: die in der Natur nur schwer an konkreten Kriterien festzumachenden „Fitnessvoraussetzungen“ sind im System Wirtschaft sehr klar und für ein System wie das Unternehmen „verstehbar“, d.h. in den Code Gewinn/Verlust, mithin der grundsätzlichen Profitorientierung, transformierbar. Unternehmen müssen in der Regel unter Konkurrenzbedingungen agieren und werden – wenn sie keinen Gewinn machen – irgendwann vom Markt verdrängt werden. Dies hängt nicht nur mit der Konkurrenz bezüglich der gleichen Angebote zusammen, sondern ist auch aufgrund der Tatsache plausibel, dass das Unternehmen Geld benötigt, um am Markt zu erscheinen, welches von Kapitalgebern zur Verfügung gestellt wird, die sich wiederum am Wert des Unternehmens – *shareholder value* – orientieren, auf den sich das Gewinnpotenzial des Unternehmens unmittelbar auswirkt. Der in den letzten Jahren zunehmende Einfluss von Fremdkapitalgebern, die durch den Trend zur *private equity* auch jenseits der Aktiengesellschaft mittlere und kleine Unternehmen erfasst, überlagert alle Unternehmensebenen und fördert die absolute Priorisierung des Kriteriums der Gewinnmaximierung. Unternehmen sind

154 So die These von *Prümm* (Fn. 130), S. 133.

155 Vgl. hier insbesondere die Arbeiten von *Baecker* – beispielsweise: Die Form des Unternehmens, Frankfurt a.M. 1999 und Organisation als System: Aufsätze Frankfurt a.M. 2005 – sowie die Nachweise bei *Prümm* (Fn. 130), S. 177 ff.

156 Siehe hierzu *Baecker* (Fn. 155), S. 240 ff.

157 Vgl. im strafrechtlichen Kontext die Ausführungen von *Mansdörfer* (Fn. 82), S. 38 ff. m.w.N.

158 Bekannt wurde dieser Satz durch die Rezeption von *Darwin* in der 5. Auflage von The Origin of Species, London 1869, S. 72. Instruktiv der evolutionstheoretische Ansatz in der Unternehmensforschung beispielsweise bei *Sommerlatte*, Lernende Organisationen, in: Fuchs (Hrsg.) Das biokybernetische Modell, Wiesbaden 1996, S. 113–122.

gezwungen, ihre Gewinnsituation in den Vordergrund zu stellen, um weiter existieren – überleben – zu können.[159]

Dies bedeutet nicht, dass das Unternehmensinteresse letztlich mit dem Interesse der Anteilseigner vollständig zu identifizieren ist, denn auch dies würde erneut den Menschen zur Letzteinheit machen. Diese Priorisierung des Gewinnkriteriums und die daraus entstehenden Entscheidungsprämissen sind nicht auf eine Summe von Entscheidungen der *homines oeconomici* innerhalb des Unternehmens zurückzuführen, da sie – zumindest zeitlich eindeutig – unabhängig von jeweiligen Mitgliedern besteht.[160] „Überleben" heißt vielmehr die Stabilisierung des Systems im Sinne der Bestandserhaltung des Unternehmens als Organisation. Die zwei entscheidenden Parameter hierfür sind der *Funktionsbezug* und der *Leistungsbezug* des Unternehmens. Ersterer zielt auf die Beziehung des Unternehmens zu Wirtschaft und Gesellschaft ab, mithin die Abzweigung eines möglichst hohen Ertrags für die Zukunftssicherung der Gesellschaft; Steuern, Löhne und Profite sind die externen – rechtlich durch Steuer-, Arbeits- und Gesellschaftsrecht abgesicherten – Abschöpfungsinstrumente, die die Unternehmen zwingen, „Zukunftssicherung zu erwirtschaften". Der Leistungsbezug als zweiter Parameter meint die Beziehung des Unternehmens zu Konsumenten, Lieferanten, Kapitalgebern, Arbeitnehmern.[161] Die Bestandserhaltung hängt also von der Schaffung von Organisationsstrukturen ab, die beiden Aspekten am besten Rechnung tragen. Das eigenständige Unternehmens*interesse* als dasjenige des oben beschriebenen, primitiv intentionalen korporativen Akteurs, besteht also in der optimalen Abstimmung seiner gesellschaftlichen Funktion und Leistung und nicht in der Aggregation von Individualinteressen.[162] Und somit ist es letztlich die autopoietische Reproduktion des Unternehmens *nach den Parametern seiner Umwelt*, die zu einer entsprechenden Selbstbeschreibung der Organisation als Profitmaximierer führt, was den Eindruck einer Entsprechung mit den Interessen der Anteilseigner erweckt. Treffender erscheint es jedoch, die Ausrichtung des Unternehmens auf diese Priorisierung als Reproduktion der Umwelt – Wirtschaft – zu deuten.[163]

---

159 Vgl. zu dem Aspekt der Fremdkapitalisierung die Arbeit von *Stürner* Markt und Wettbewerb über alles?, München 2007, der auch auf folgendes hinweist: „Der Fremdeigner wird stets das Risiko nachhaltiger Kapitalanlage gegen das Risiko kurzzeitigen Wechsels abwägen, der sichere Gewinnmitnahmen zulässt." (S. 101).

160 *Luhmann* sagt hierzu: „Die Gesellschaft wiegt nicht genauso viel wie alle Menschen zusammen und ändert auch nicht mit jeder Geburt und jedem Tod ihr Gewicht." (*Luhmann* Die Gesellschaft der Gesellschaft, Berlin 2006, S. 26) Siehe im Gegensatz hierzu die handlungstheoretische Ausprägung der Systemtheorie *Parsons* Das System moderner Gesellschaften, München 1972, S. 20 ff. Ebenfalls kritisch hinsichtlich einer Gleichsetzung *Teubner* (Fn. 58), S. 475.

161 Vgl. zu diesen Zusammenhängen *Teubner* (Fn. 58), S. 484, der darauf die Rolle eines rechtlich definierten Unternehmensinteresses gründet, welches ein Korrektiv für die Steuerung des Unternehmenshandelns darstellen soll.

162 Vgl. hierzu die zivilrechtliche Diskussion zum Unternehmensinteresse in *Teubner* (Fn. 58), S. 472, 479. Dass die gesellschaftliche Funktion von Unternehmen prinzipiell über Anteilseignerinteressen hinausgeht, zeigen nicht nur *stakeholder*-Dialoge, sondern auch die Mitbestimmungsdiskussion im Arbeitsrecht, die Formulierung von Managementinteressen, die Annahme von Konsumenteninteressen an optimaler Bedürfnisbefriedigung und nicht zuletzt die Rezeption und entsprechende Selbstbeschreibung durch die Unternehmen in jüngster Zeit.

163 *Luhmann* Wirtschaft als soziales System in: *ders.* (Hrsg.), Soziologische Aufklärung 1 (1970), S. 204 ff.

IV. Unternehmens*kriminalität* – Subkulturenproblem oder Krimineller *sui generis*?

Könnte man in der so beschriebenen institutionellen Tatsache *Unternehmen* – als *primitiv intentionalem Akteur* – eine überzeugende Antwort auf die Frage „Was ist der Fall?" erblicken, schlösse sich die Frage „Was steckt dahinter?" erneut an.

Denn neben der theoretischen Möglichkeit eines Unternehmens als Täter, die von dem gewählten interpretatorischen Konstrukt abhängt, ist vorliegend auch die „kritische Überprüfung unangemessener [...] Fixierung von Kriminalität"[164] virulent. Dies nicht (nur) aus der Perspektive der kritischen Kriminologie,[165] sondern schon aus der Einsicht, dass Verantwortungsattribution in komplexen Prozessen leicht auf eine Kausalattribution hinausläuft, die externale Faktoren in den Hintergrund drängt. Dies liegt nicht zuletzt daran, dass in einer technisierten und vom menschlichen Einfluss dominierten Welt die bloße Möglichkeit der Einflussnahme schon eine Zuständigkeit für das Geschehen begründen kann.[166] Das Bedürfnis nach einem konkreten Zurechnungsendpunkt ist verständlich, wenn die Unternehmenstätigkeit im Zusammenhang mit Rechtsgutsverletzungen großen Ausmaßes steht.[167] Und den entscheidenden Anknüpfungspunkt in polykausalen Sachverhalten zu finden, ist mitunter so schwer oder gar unmöglich geworden, dass es nahe liegend – oder vielleicht treffender – ist, „das System" verantwortlich zu machen. Vorstellungen, die teilweise als die „Hypothese von der gerechten Welt"[168] bezeichnet werden, führen dazu, dass ein – unkontrollierbares – Unglück für den Beobachter weniger erträglich ist als die Zuschreibung internaler Faktoren; beispielsweise auf den institutionalisierten Zurechnungsendpunkt „Unternehmen".

Allerdings geht Kriminalisierung über eine beliebige Assoziierung[169] eines Akteurs mit Resultaten seines Handelns hinaus. Kern ist ein *Fehlverhalten*, das eine rechtswidrige

---

164 *Lüderssen* (Fn. 23), S. 294.

165 Die offizielle Zuschreibung von Kriminalität erfolgt generell-abstrakt durch das Strafrecht. Vgl. *Kunz*, Kriminologie, 4. Auflage, Bern et al. 2004, S. 3 f., der ausführt: „Was macht kriminelles Verhalten aus, wenn nicht seine Ausweisung als Rechtsbruch?" (S. 4). Vgl. auch *Hess*, Repressives Verbrechen in KrimJ 1976, (S. 1–22), S. 12. Das Abstellen auf den Bruch allgemeiner oder international anerkannter Rechtsgrundsätze entspricht ebenfalls einer Orientierung am positiven Recht, da es sich hierbei auch um verbindliche Normen handelt. Vgl. insofern die Differenzierung von *Reese* Großverbrechen und kriminologische Konzepte. Versuch einer theoretischen Integration, Köln 2004, S. 92 m. w. N.

166 Vgl. hier die Überlegungen *Neumanns*, Zur Veränderung von Verantwortungsstrukturen unter den Bedingungen des wissenschaftlich-technischen Fortschritts, Rechtstheorie 2005 (36), S. 435–448, S. 437, der an *Voltaires* berühmten Protest gegen das Erdbeben von Lissabon erinnert, den er heute nicht gegen eine anonyme Natur, sondern gegen unzureichende Erdbebenwarnungen oder nicht hinreichend erdbebensichere Architektur gerichtet hätte.

167 Anschaulich von *Ladd* Bhopal: Moralische Verantwortung und Bürgertugend, in: Lenk/Maring, Wirtschaft und Ethik, Stuttgart 1992, S. 287 ff., demonstriert. Wie kompliziert die Herstellung einer Kausalverknüpfung ist, zeigt *Stübinger* Zurechnungsprobleme beim Zusammenwirken mehrerer fahrlässiger Taten, ZIS 2011, S. 602–615.

168 *Bierbrauer*, Die Zuschreibung von Verantwortlichkeit, Osnabrück 1977, S. 23.

169 Vgl. zu dieser als *association* bezeichneten Urteilsebene und dem Zusammenhang zur strafrechtlichen Verantwortungsattribution *Bierbrauer* (Fn. 168), S. 21 m. w. N.

Schädigung des Opfers hervorgebracht hat.[170] In Bezug auf einen so komplexen Untersuchungsgegenstand wie die Unternehmenskriminalität ist also eine internale Zuschreibung auf das Unternehmen vorsichtig und unter Berücksichtigung externaler Faktoren seiner Umwelt vorzunehmen.[171] Die – pragmatische – Annahme des Unternehmens als „personenhaft agierend“ bedeutet durchaus nicht eine (strafrechtlich) relevante *soziale Interaktion.* Innerhalb der sozialen Kontakte wird vielmehr differenziert und eine Reaktion erfolgt entsprechend kognitiver oder normativer Erwartungen.[172] Es wird also nicht mit jedem beliebigen Verhalten der Interaktionspartner gerechnet, sondern es besteht die Möglichkeit einer (strafrechtsrelevanten) *enttäuschten* Erwartung.[173] Die Enttäuschung des sozialen Interaktionspartners – und der hierdurch entstehende Konflikt, auf den er reagieren muss – hängt letztlich von seinem eigenen Orientierungsmuster ab: wird der andere – das Unternehmen – als einer gesehen, dessen Verhalten in diesem Moment nicht durch „natürliche Grenzen“ vollkommen determiniert war, oder als einer, der „anders“ oder „besser“ konnte? Auch hier zeigt sich die Hypothese des Unternehmens als „moderne Naturkatastrophe“ in neuem Gewand, denn hier stellt sich durchaus die Frage, ob eine normative Erwartungshaltung ihm gegenüber der Erwartungssicherheit zuträglich ist. Ist dem Unternehmen gegenüber – im Enttäuschungsfall – die Einsicht angebracht, dass man sich verschätzt hat und zukünftig schlicht „vorsichtiger“ sein muss,[174] weil man diesem Interaktionspartner nicht „mehr“ zutrauen kann?[175] Oder kann man es als einen Adressaten *normativer* Erwartungen ansehen und annehmen, es werde die geltenden Normen (grundsätzlich) respektieren (können), sodass im Enttäuschungsfalle der Anspruch trotz einer enttäuschten Erwartung – kontrafaktisch – bestehen bleibt und der Fehler im Normbruch (und nicht in der eigenen Fehleinschätzung) gesehen werden muss?[176]

Bezüglich dieser Frage scheint bisher Kriminalität mehr zugeschrieben als festgestellt zu werden,[177] was m.E. auf eine (noch) unzureichende Beschäftigung mit dem „Problem“ zurückzuführen ist.[178] Die Schlagworte „organisierte Unverantwortlichkeit“ und

---

170 *Neumann* (Fn. 166), S. 435, 437.

171 Vgl. hier wieder die Darstellung bei *Bierbrauer* (Fn. 168), S. 21 f. m. w. N.

172 Vgl. zu den allgemeinen Kategorien kognitiver und normativer Erwartung *Luhmann* Rechtssoziologie, Hamburg 1972, S. 40 ff., 53 ff., 106 ff.

173 Sonst wäre eine Orientierung unmöglich, denn jeder Kontakt wäre ein „unkalkulierbares Risiko“, vgl. *Jakobs* (Fn. 10), 1/4.

174 Vgl. hier die frühen Überlegungen von *Rotsch* Individuelle Haftung in Großunternehmen, Baden-Baden 1998, S. 215, der an die Versicherung solcher Risiken denkt.

175 Vgl. zu diesen Ausführungen im Kontext des Strafrechts *Jakobs* (Fn. 10), 1/4 ff., der den Gedanken damit veranschaulicht, dass jeder Mensch wisse, sein Gegenüber sei „aus Fleisch und Blut“ und deshalb natürlichen Gesetzen unterworfen. Man nähme daher an, dass er ertrinkt, wenn er nicht schwimmen kann oder umfällt, wenn er heftig gestoßen wird.

176 In diesem Fall bewertet man das Verhalten dieses Interaktionspartners „zur Demonstration der Fehlerhaftigkeit“ als kriminell und strafwürdig. (*Jakobs* (Fn. 10), 1/6).

177 Hierauf lenkte *Lüderssen* (Fn. 23), S. 293 f. schon früh den Blick.

178 Das Fehlen empirischer Forschung, die über eine reine „Bedarfsforschung“ hinausgeht, beklagen auch *Kunz,* Kriminologie, 4. Auflage, Bern et al. 2004, § 7; *Schneider*, Wirtschaftskriminalität, Wirtschaftsstrafrecht und Wirtschaftskriminologie. Über die Erstarrung der deutschen Kriminologie zwischen atypischem Moralunternehmertum und Bedarfswissenschaft, in: Kempf/Lüderssen/Volk (Hrsg.), Die Handlungsfreiheit des Unternehmers – wirtschaftliche Perspektiven, strafrechtliche und ethische Schranken, Berlin 2009, (S. 61–79), S. 62; *Boers*

„kriminelle Verbandsattitüde“ legen eine Ausrichtung des Unternehmens auf die Deliktsbegehung nahe, wie sie der – in den §§ 129 ff. StGB bereits erfassten – kriminellen Vereinigung eigen ist. Eine daher erwogene Strukturgleichheit der Unternehmenskriminalität mit organisierter Kriminalität[179] überzeugt jedoch schon im Ansatz nicht, da grundsätzlich von einem *legalen* Unternehmenszweck ausgegangen wird. Auch aus systemtheoretischer Sicht ist es nicht plausibel, eine Reproduktion *im Hinblick auf* Rechtsgutsverletzungen – oder deren Vertuschung – anzunehmen, da hierin eine Destabilisierung von Leistungs- und Funktionsbezug liegen würde. Es ist von einer Funktionseinheit auszugehen, die auf effektive Produktionsabläufe ausgerichtet ist; die nicht „organisiert unverantwortlich“, sondern „organisiert wirtschaftlich“ ist.

Gleichwohl existieren ohne Zweifel Rechtsgutsverletzungen, die *im Zusammenhang* mit der Unternehmenstätigkeit auftreten. Die kriminologische Forschung hierzu ergibt jedoch noch ein uneinheitliches Bild: zum einen werden empirische Daten in diesem Kontext überwiegend mit einem Unternehmen in der *Opferrolle* erhoben – spiegelbildlich wird dies in den Verurteilungen wegen Untreue gemäß § 266 StGB deutlich.[180] Zum anderen werden sozialpsychologische Gesichtspunkte wie Gruppenmechanismen und Neutralisierungsstrategien thematisiert, die an die Untersuchung eines *Subkulturenphänomens* erinnern. Dies ist auch insofern überzeugend, als das Unternehmen als *kriminogener Kontext* plausibel erscheint. Die als *special opportunity crimes*[181] bezeichneten Delikte, die dadurch favorisiert werden, dass die unmittelbare Umgebung das nötige *know how*, faktische Gelegenheiten und/oder die Neutralisierung psychischer Hemmungen bietet, werden hier verstärkt festgestellt. Sozialpsychologische Überlegungen lassen plausibel erscheinen, dass durch die Eingliederung in ein Unternehmen beim einzelnen Unternehmensmitglied infolge einer Überbewertung der Gewinnerzielung Hemmschwellen abgebaut werden, die die gleiche Tat – begangen als Individualdelikt – verhindert hätten.[182] Und in der Tat leuchten *Braithwaites* Ergebnisse ein, welche nahe legen, dass Unternehmenskriminalität nicht mit perversen Persönlichkeiten der han-

---

Wirtschaftskriminologie – Vom Versuch, mit einem blinden Fleck umzugehen, in: MSchrKrim 2001, S. 335–356, passim. Allerdings weist auch *Luhmann* darauf hin, dass die Annahme, durch die Analyse von Daten „die Hinterwelt von Zusammenhängen“ als Erfassung der Realität zu deuten, eine irrige Vorstellung sei. Es sei anmaßend anzunehmen, man könne „das, was dahinter steckt“ als Tatsache nachweisen. Vgl. *Luhmann* (Fn. 1), S. 9 f. Kritisch in Bezug auf die „Suggestivität behaupteter Kriminalitätssteigerung“ auch *Lüderssen* (Fn. 23), S. 250.

179 So *Ruggiero*, der nur graduelle Unterschiede zwischen *corporate crime* und Organisierter Kriminalität sieht; vgl. Organized and Corporate Crime in Europe: Offers that Can't Be Refused, Dartmouth 1996, passim.

180 Vgl. hierzu Kapitel *Empirische Grundlagen* in: *Schmitt-Leonardy* (Fn. 19) m.w.N. und beispielsweise den „Fall Siemens“ in BGHSt 52, 323–348.

181 Vgl. zu dem Erklärungsansatz *Meier*, Kriminologie, München 2010, § 11, Rn. 27; *Heinz* Begriffliche und strukturelle Besonderheiten des Wirtschaftsstrafrechts, in: Gropp (Hrsg.), Wirtschaftskriminalität und Wirtschaftsstrafrecht in einem Europa auf dem Weg zu Demokratie und Privatisierung, Leipzig 1998, S. 27; *Schwind*, Kriminologie – Eine praxisorientierte Einführung mit Beispielen, Heidelberg et al. 2010, § 21, Rn. 22; *Horoszowski*, Economic Special-Oppotunity Conduct an Crime, Toronto 1980, passim.

182 So schon *Busch*, Grundfragen der strafrechtlichen Verantwortlichkeit der Verbände, Leipzig 1939, S. 96 ff.; *Sykes/Matza*, Techniken der Neutralisierung: Eine Theorie der Delinquenz, in: Sack/König (Hrsg.), Kriminalsoziologie, S. 360 ff.

delnden Individuen erklärt werden kann, sondern mit Faktoren, die „gewöhnliche Menschen“ verleiten, „außergewöhnliche Dinge“ zu tun.[183]

Von einer kriminologischen Perspektive aus betrachtet, kann es aber bei Feststellung eines Kontextes günstiger Gelegenheiten“[184] nicht bleiben, da diese zunächst nicht mehr als eine physikalisch beschreibbare Ausgangslage darstellen.[185] Zwar kann man die „Gelegenheit“ als eine durch das Unternehmen beeinflussbare Größe werten und die durch arbeitsteilige Prozesse nahe liegende Möglichkeit, die Folgen der Tat leicht zu verwischen, als eine solche Tatgelegenheit qualifizieren; allerdings ist man damit immer noch nicht viel weiter als bei der Erkenntnis „Gelegenheit macht Diebe“ und dies – wie *Schwind*[186] hervorhebt – nicht nur in Slums, sondern auch im wirtschaftskriminellen Bereich. Der Kontext des Unternehmens ist freilich für den *Merton'schen Innovationstyp* nahezu ideal, da „überwältigende Situationen“ im Zusammenhang mit der Positionierung gegenüber anderen Mitarbeitern und der Unentbehrlichkeit der eigenen Stelle (die zugleich Lebensgrundlage ist), keineswegs fernliegend sind. Die unter Anomiedruck stehende Person muss jedoch auch einen *Zugang* zu illegitimen Mitteln haben, um sich abweichend zu verhalten. Ansonsten würde unterstellt, dass „illegitime Mittel frei verfügbar sind – so, als wenn der Einzelne, nachdem er zum Schluss gekommen ist, dass man auf legitime Weise zu nichts kommt, sich einfach den illegitimen Mitteln zuwendet, die leicht greifbar zur Verfügung stehen, unabhängig von der Stellung innerhalb der sozialen Struktur“.[187] Betrachtet man weiter das Individuum innerhalb der sozialen Struktur, könnte man die Ansätze von *Sutherland* bzw. *Clinard* und *Quinney* „weiterdenken“, welche die höhere Instanz Unternehmen bzw. die darin ausgedrückte Kollektivität als Anknüpfungspunkt für das Erlernen von kriminellen Verhaltensweisen beschreiben.[188] Das Unternehmen könnte auch – mit *Sykes* und *Matza* – als höhere Instanz gesehen werden, die dem Individuum den Eindruck vermittelt, sein Handeln sei – obwohl gesetzeswidrig – legitim und normal; zuträglich wären jedenfalls die für Wirtschaftsstraftaten typische Anonymität des Opfers und der geringe Affektivitätsgehalt durch die physische Abwesenheit oder Unbekanntheit des

---

183 Vgl. *Braithwaite*, Corporate Crime in the pharmaceutical industry, London et al. 1984, S. 2, der das Wort *Optons* aufgreift: „[...] most corporate crime cannot be explained by the perverse personalities of their perpetrators [...] We should pay attention to the factors that lead ordinary men to do extraordinary things.“

184 Ausführlich hierzu *Coleman* Toward an Integrated Theory of White-Collar Crime, in: American Journal of Sociology 1987, (S. 406–439), S. 409 ff.

185 Vgl. zu diesen Zusammenhängen auch *Schneider*, Das Leipziger Verlaufsmodell wirtschaftskriminellen Handelns – Ein integrativer Ansatz zur Erklärung von Kriminalität bei sonstiger sozialer Unauffälligkeit, NStZ 2007, S. 555–562; *ders./John/Hoffmann*, Der Wirtschaftsstraftäter in seinen sozialen Bezügen – Aktuelle Forschungsergebnisse und Konsequenzen für die Unternehmenspraxis, Leipzig 2009.

186 *Schwind*, Kriminologie – Eine praxisorientierte Einführung mit Beispielen, Heidelberg et al. 2010, § 7, Rn. 30.

187 *Cloward/Ohlin* Delinquency and opportunity, New York 1960, S. 320.

188 Vgl. zum Merkmal „ group support“: *Clinard/Quinney/Wildman* Criminal Behavior Systems: A Typology, 3. Auflage, Cincinnati 1994, S. 204 ff. Zu Lernprozessen und *Sutherlands* Theorie der differentiellen Assoziation siehe *Sutherland/Cressey* Criminology, Philadelphia 1974, S. 394 ff.; *Sutherland* White Collar Crime – The Uncut Version, New Haven et al. 1983, S. 5 ff.

Opfers.[189] Selbst wenn aber all’ dies bejaht werden könnte: eine „parallele Werteordnung“ und entsprechende Neutralisierungsmechanismen, die eine Sicherheitslücke zu einer „günstigen Gelegenheit“ machen und einen deliktischen Handlungsablauf als grundsätzlich akzeptable Alternative erscheinen lassen; selbst wenn die Paralysierung sonst wirksamer Normvorstellungen[190] im Unternehmenskontext zu verzeichnen ist, die zu einer Übertragung makrokrimineller Zusammenhänge verleiten[191] – fraglich bleibt, *ob* und – wenn ja – *ab wann* es das Unternehmen zum *Kriminellen* bzw. möglichen *Täter* macht. Hinsichtlich dieser Aspekte ist das Unternehmen *conditio sine qua non*, doch letztlich ist nicht mehr als eine *Subkultur* beschrieben, ein soziales Verhaltens- und Wertesystem also, das getrennt von der übergeordneten Kultur besteht, gleichwohl aber Teil derselben ist.[192] Eine solche Subkultur zu bestrafen, die für gewöhnlich gerade nicht über invariante Außengrenzen verfügt und der keine soziale Handlungsfähigkeit zugeschrieben wird, kam für das Strafrecht bisher nicht in Frage. Der Einfluss dieses *Kollektivs* – das *keine* Korporation darstellt – auf den Einzelnen kann Auswirkungen auf die Strafzumessung bezüglich des Individuums haben, es kann als gesellschaftliche Erscheinung ein *Risiko* darstellen, auf das mit präventiven Mitteln reagiert wird, es kann jedoch kaum einen *Täter* darstellen.

Das „Unternehmen an sich“ als Täter überzeugt nur, wenn an Phänomene angeknüpft wird, die unmittelbar dem primitiv intentionalen korporativen Akteur zurechenbar sind. Zwei Problemkreise, die im Folgenden lediglich angedeutet werden sollen, kämen m.E. für einen solchen Rückbezug in Betracht, da sie unmittelbar mit der autopoietischen Reproduktion des Unternehmens zusammenhängen: zum einen ein Steuerungsparadox und zum anderen die – umweltbedingte – Profitmaximierung.

Das Steuerungsparadox entsteht dadurch, dass das „Unternehmensinteresse an Bestandserhaltung“ zunehmend *heterarche* Strukturen hervorbringt,[193] welche das Gegenstück zur hierarchischen Organisation sind, die immer weniger das Ziel der Profitmaximierung bewältigt. Das kapitalistische Unternehmen an dessen Spitze einer oder einige wenige – möglicherweise sogar Anteilseigner – stehen, die „ihr“ Unternehmen „in der Hand haben“ existiert kaum mehr[194] und dies erscheint aus systemtheoretischer Sicht nahe liegend: wenn es darum geht, Märkte zu erobern oder neue Produkte zu entwickeln, wird die Zielerreichung durch Ausdifferenzierung von spezialisierten Subsystemen vorangetrieben. Es wird dadurch nämlich die Kompetenz der jeweiligen Systeme erhöht und ein Vielfaches an Sachverhalten in der komplexen Umwelt wahrgenommen. Man denke nur an einen regional spezialisierten Vertrieb, der sehr viel besser in der Lage ist, die Wettbewerbsaktivitäten der Kontrahenten zu beobachten, als

---

189 Vgl. *Sykes/Matza* (Fn. 182), S. 368 f. Vgl. zu diesen Zusammenhängen auch *Schmitt-Leonardy* Chabrols „L’Ivresse du pouvoir“ – Ein kriminalsoziologischer Lehrfilm?, MSchrKrim 2011, (S. 34–61), S. 46 m.w.N.

190 Vgl. hier die Arbeit von *Schlegel*, Wirtschaftskriminalität und Werte, Nordhausen 2003, S. 142 ff.

191 Zu Recht kritisch aus einer strafrechtdogmatischen Perspektive: *Rotsch* (Fn. 174) und *ders.* Der ökonomische Täterbegriff, ZIS 2007, S. 260–265.

192 *Albrecht*, Kriminologie, München 1999, S. 38 ff. m.w.N.

193 Vgl. hierzu *Prümm* (Fn. 130), S. 179; *Drepper* Differenzierung, Entscheidung und Integration: Dilemmata der Steuerung und Intervention in Organisationen, Berlin 2001, S. 96 ff.

194 Vgl. *Herrigel*, Guest Editor’s Introduction: A New Wave in the History of Corporate Governance in: Enterprise & Society (Special Issue) 2007, S. 475–488.

eine globale Vertriebseinheit. Ebendiese Ausdifferenzierung bedeutet aber andererseits einen Instabilitätsfaktor und mitunter Informationsasymmetrien:[195] die Subsysteme entwickeln nämlich auch wieder eigene Methoden und Handlungslogiken, sowie Erwartungen und Entscheidungsprogramme, d.h. sie werden wiederum selbst zu autopoietischen Subsystemen. Da in der Folge Informationen nicht mehr (nur) vertikal – und zielgerichtet auf die Unternehmensspitze – fließen, sondern sich auch horizontale Informationsflüsse etablieren, die in der Kommunikation zur Unternehmensspitze gefiltert werden, entstehen Informationslücken und entsprechende Asymmetrien. Insbesondere, wenn Risiko-Sachverhalte betroffen sind – beispielsweise im Bereich der Produkt- und Arbeitnehmersicherheit – also schleichende Entwicklungen und langfristige Prozesse in Rede stehen, deren Lösung eine nachhaltige Entscheidung erfordern, kann das in eine solche Struktur eingebundene Individuum seine eigene Handlung kaum mehr in den viel größeren Kontext des Unternehmens setzen und sich der Tragweite seines Beitrages bewusst werden. Und so ist es naheliegend, dass jedes Unternehmensmitglied seinen Arbeitsbereich nach internen Entscheidungsprämissen „gut" – da kostensparend – ausfüllen mag und daher an einer Kontrollleuchte spart (weil es auf die nicht ankommt), den Arbeitsprozess ein wenig schneller ablaufen lässt (weil dies nicht sehr schadet), ein wenig mehr Überstunden zulässt oder die Nachtschicht ein wenig unterbesetzt hält (um Personal zu sparen) und die Verdichtung dieser Risiken zu gravierenden Rechtsgutsverletzungen führt.[196]

Neben einer solchen, durch die Reproduktionsprozesse des Unternehmens bedingten und mitunter instabilen, Organisation ist der zweite Problemkreis in der Priorisierung der Profitmaximierung „um jeden Preis" zu sehen. Auch wenn die Priorisierung der Profitmaximierung nicht als originäres Unternehmensinteresse gedeutet werden kann, ist sie aus oben genannten Gründen der dominante Faktor im Unternehmen, welcher unmittelbar auf die Unternehmensmitglieder zurückwirkt. Dieser Priorisierung kann „an sich" nicht das Attribut „kriminell" verliehen werden, da sie letztlich einer gesellschaftlichen Entscheidung entspringt, durch autonome und effiziente Wirtschaftseinheiten das Gemeinwohl zu steigern; und Unternehmenszweck ist es – wie gesehen –, diesen Profit auf legale Weise zu erwirtschaften. Allerdings produziert das Unternehmen auf dem Weg dorthin – zur Kostenersparnis – so genannte *externe Effekte*.[197] Die

195 Diese gehen also über das, aus der ökonomischen Diskussion bekannte, *Prinzipal-Agenten-Dilemma* hinaus. Siehe hierzu oben Fn. 91.

196 Mit diesen Details wird der Unfall der RoRo-Fähre *Herald of Free Enterprise* angedeutet. Diese war mit Klappen knapp über der Wasserlinie an Bug und Heck ausgestattet, die das schnelle Be- und Entladen des Schiffes im Hafen ermöglichten. Um die Stillstandszeiten im Hafen und damit Kosten zu minimieren, war es gängige Praxis, die Bugklappen erst nach dem Ablegen auf dem Weg zur Hafenausfahrt zu schließen. Da die Bugklappen von der Brücke aus nicht zu sehen waren und es auch keine Kontrolleuchten gab, die den Verantwortlichen auf der Brücke die Schließung der Klappen hätten bestätigen können, war es Aufgabe des Oberbootsmannes, dies zu kontrollieren. Der Oberbootsmann hatte sich laut Vorschrift aber während des Auslaufens auch auf der Brücke aufzuhalten, weshalb er die Kontrolle der Bugklappen einem Matrosen übertrug, der allerdings in seiner Kabine einschlief. Nach der Hafenausfahrt drang schnell eine große Menge Wasser durch die offenen Bugklappen in das beschleunigende Schiff, das innerhalb von zwei Minuten kenterte. Annähernd 200 Passagiere fanden den Tod.

197 Mit *externen Effekten* werden außermarktlich-vermittelte, nicht kompensierte Nutzenänderungen bezeichnet, die ein Marktteilnehmer durch sein Verhalten bei anderen stiftet. Sie sind

negativen Effekte der Transaktionen werden zwar nicht mit der Motivation geschaffen, anderen zu schaden; sie werden jedoch „bewusst“ zu dem „Problem der anderen“, nämlich der Gesellschaft, gemacht.[198] Dies geschieht aus dem Grund, dass Unternehmen zur konsequenten Externalisierung ihrer Kosten konzipiert sind, um ihren Anteilseignern den Profit zu geben, den sie erwarten und letztlich: um auf dem Markt zu *überleben*. Es ist daher in diesem Zusammenhang nahe liegend, dass Unternehmen in ihrem Prozess der Reproduktion, den sie mittels einer permanenten Bewertung ihrer Vergangenheit anhand des Kriteriums „Geschäft“ und einer hohen Indifferenz gegenüber den Folgen ihrer „Geschäfte“ aufgrund der Externalisierung ihrer „Kosten“, in einen Modus der „Profitmaximierung um jeden Preis“ fallen.[199]

Rechtsverletzungen, die auf diese Faktoren zurückführbar wären, stünden in unmittelbarem Zusammenhang mit dem „Unternehmen an sich“ und mit seiner eigenständigen – autopoietischen – Reproduktion. Sie sind vorstellbar in Form einer institutionalisierten Billigung der Korruption,[200] um das Geschäft „um jeden Preis abzuschließen“ und ebenso in einer konsequenten Vernachlässigung von Investitionen in Sicherheitsbelange, trotz entsprechender „Irritationen“. Beide – mit der Größe des Unternehmens wahrscheinlicher werdende – Prozesse sind unmittelbar mit systemimmanentem Druck der Kostenreduktion verbunden. Wie in jüngerer Zeit die *Pfadtheorie* aufzeigt, beginnen sie in einer singulären Routine, werden zu einer Angelegenheit der Gruppe und können ab einem bestimmten Zeitpunkt[201] in eine *funktionsdefinierende* Vorgabe des korporativen Akteurs münden.[202] An dieser – mitunter funktionsdetermi-

von marktlich-vermittelten Handlungswirkungen zu unterscheiden, die z.B. dann eintreten, wenn ein Unternehmen aufgrund der aggressiven Preispolitik seiner Konkurrenten Insolvenz anmelden muss. Die externen Effekte können für die Betroffenen eine Nutzensteigerung oder -minderung bedeuten und dennoch insgesamt Wohlfahrtseinbußen, wie z.B. Umweltbelastungen, zur Folge haben. Vgl. zu dem Begriff beispielsweise *Picot/Dietl*, Neue Institutionenökonomie und Recht in: Ott/Schäfer (Hrsg.) Ökonomische Analyse des Unternehmensrechts, Heidelberg 1993, S. 306–330, S. 308 m.w.N.

198 Vgl. hierzu das Interview mit *Milton Friedman* in *Bakan* (Fn. 68), S. 61: „externalities – literally, other people's problems.“

199 Den konkreten Prozess der „Verhärtung“ von Entscheidungskorridoren der Mitglieder von „normaler Profitpriorisierung“ zu „Profitmaximierung um jeden Preis“ beleuchtet die *Pfadtheorie*, die die Historizität von Organisationen mit einbezieht. Vgl. *Grieger* Korruption und Kultur bei der Siemens AG – Eine Handlungs-Struktur-Analyse in: Graeff/Schröder/Wolf (Hrsg.) Der Korruptionsfall Siemens, Baden-Baden 2009, S. 103–130, S. 118 ff.

200 Es spricht beispielsweise im Fall *Siemens* einiges dafür, dass Korruption in Organisationsstrukturen und -prozesse „eingebettet“ war und keine singuläre Erscheinung war, sondern von den Mitgliedern des Unternehmens als zulässiges oder gar wünschenswertes Verhalten internalisiert und „an nachkommende Generationen weitergereicht wurde“. Vgl. *Dombois* Von organisierter Korruption zu individuellem Korruptionsdruck? Soziologische Einblicke in die Siemens-Korruptionsaffaire, in: Graeff/Schröder/Wolf (Hrsg.) Der Korruptionsfall-Siemens, Baden-Baden 2009, S. 131–150, S. 135 m.w.N.

201 Zur Bestimmung dieses Zeitpunktes können mikroinstitutionalistische Ansätze in der Organisationsforschung fruchtbar gemacht werden. Vgl. insbesondere *Brief/Buttram/Dukerisch*, Collective Corruption in the Corporate World: Toward a Process Model in: Turner (Hrsg.) Groups at Work: Theory and Research, London 2001, S. 471–499, S. 474 ff.; *Grieger* (Fn. 198), S. 114 ff. m.w.N.

202 Vgl. ausführlicher „Das Unternehmen als krimineller Akteur?“ in: *Schmitt-Leonardy* (Fn. 19).

nierenden[203] – Matrix könnte das Unternehmen auch strafrechtlich zu messen sein, wenn bezüglich des Unternehmens *theoretisch* die strafrechtliche Kategorie der Schuldfähigkeit analogisierbar wäre – Sinn und Zweck der Strafe also nicht derart zweifelhaft wären wie hinsichtlich der von *Xerxes* angeordneten Auspeitschung des Meeres.[204]

Problematisch scheint bezüglich einer strafrechtlichen *Schuld* die Feststellung, dass sich das Unternehmen immer nur aus seiner Umwelt *re*produziert. Es klingt *a priori* nämlich paradox, dass eine eigenständige Steuerungsfähigkeit bejaht wird und diese – als *Re*produktion im Hinblick auf die Bestandserhaltung des Systems – immer durch das System selbst vorgegeben ist. Daraus könnte zu folgern sein, dass das Unternehmen sich selbst nur „erleidet" und nicht zur Reflexion fähig ist, d. h. keine kritische Distanz zu sich selbst aufbauen kann bzw. seine Handlungsschemata und etablierten Metaregeln gerade nicht nach Belieben aktualisieren kann; es letztlich nicht über ein Selbstbewusstsein verfügt.[205] Und hieraus könnte die Schlussfolgerung zu ziehen sein, dass das Strafrecht einem vollkommen *determinierten* Akteur oder einer modernen Art von „Geisteskranken"[206] gegenübersteht und die Anwendung von Maßregeln oder gar Verwaltungsrecht überzeugender ist.

Allerdings ist das hier entwickelte interpretatorische Konstrukt kein gänzlich selbstbezügliches System, da Autopoiesis keine *umweltlose* – und damit hermetisch abgeschlossene – Selbstreproduktion darstellt. Es ist vielmehr die Verknüpfung von operativer Geschlossenheit und Umweltöffnung, die die Anpassungsfähigkeit der Unternehmen auf den Märkten ermöglicht.[207] Somit ist nicht ersichtlich, warum ihnen diese Fähigkeit hinsichtlich ihrer Umwelt *Recht* bzw. *Gesellschaft* vollkommen abgesprochen werden sollte, zumal – zum einen – ihre Bestandserhaltung über das Merkmal des Funktionsbezugs auch vom Recht abhängt und – zum zweiten – beobachtet werden kann, dass nicht *alle* Unternehmen in eine „Profitmaximierung um jeden Preis" – auch den der Rechtsverletzung – verfallen, sondern einige grundsätzlich die Fähigkeit haben, die Kostensenkung punktuell für ein langfristigeres Ziel zurückzustellen. Mitunter spielt also auch hier ein anderer – und erst durch den systemtheoretischen Bezugsrahmen erkennbarer – Aspekt eine Rolle: die „Zeitrealität" von Unternehmen. Die Gegenwart

---

203 An dieser Stelle müsste zwischen einer schwachen Emergenz im Sinne einer Abwärtsverursachung bis hin zu einer starken Emergenz als Funktionsdetermination differenziert werden.

204 *Neumann* wies in seinem Tagungsvortrag (in diesem Band, S. 13 ff) auf die Parallele zu *Xerxes* hin, der das Meer am Hellespont auspeitschen ließ, nachdem die persische Brücke durch einen Sturm zerstört worden war. Vgl. *Herodot,* Historien, Haussig (Hrsg.), Stuttgart 1971, 7.34–36.

205 Zu diesem Ergebnis gelangen *Kyora* Unternehmensethik und korporative Verantwortung, Berlin 2001, S. 208; *Kettner* Moralische Verantwortung in individueller und kollektiver Form in: Wieland et al. Die moralische Verantwortung kollektiver Akteure, Heidelberg 2001, S. 168 ff.; *Pies* Können Unternehmen Verantwortung tragen? – Ein ökonomisches Kooperationsangebot an die philosophische Ethik in: *ebenda,* S. 188 ff.; *von Freier* (Fn. 17), S. 111 ff. und *Jakobs* (Fn. 9), S. 571.

206 Dies scheint derzeit eine an Bedeutung gewinnende Auffassung zu sein. Vgl. *Bakan* (Fn. 68), S. 56 ff. m. w. N.; *Wells* (Fn. 76), S. 65 ff. („Corporations are lined up with animals, infants, and the insane as non-accountable")

207 Vgl. hier den entscheidenden Hinweis *Teubners:* „Bei Selbstreferenz und Autopoiesis geht es nicht um geschlossenen Selbstbezug und umweltlose Selbstreproduktion, sondern im Gegenteil gerade um die Verknüpfung von operativer Geschlossenheit und Umweltöffnung." (*Teubner* (Fn. 58), S. 478).

als systemintern formulierte Differenz von Vergangenheit und Zukunft („zweier Inaktualitäten“) stellt ebenfalls eine konstruierte Dimension dar und hängt maßgeblich von Entscheidungen als Strukturierung der Vergangenheit – mittels Beobachtung und Wahrnehmung von Alternativen – ab.[208] Die daraus resultierende Ausrichtung auf die Zukunft mag zwar weniger unmittelbar erscheinen als die des Individuums, deutet aber m.E. auf einen systembedingt „langsamen“ und auf Irritationen angewiesenen Akteur mit analogisierbarem „Selbstbewusstsein“ hin.[209] Zwar ist nicht – entsprechend holistischer Anschauung – von einem *forum internum* auszugehen, das einem „kollektiven Geist“ oder der verbreiteten Vorstellung der menschlichen Psyche nahe käme. Allerdings ist eine so starke Annäherung an die Selbstwahrnehmung des Menschen als selbstbestimmt oder willensfrei auch nicht unbedingt für die Teilnahme an strafrechtlicher Kommunikation erforderlich.[210] Verantwortungszuschreibung ist lediglich eine normative Kategorie; eine soziale Praxis, ohne die ein Zusammenleben unmöglich wäre und die sich (nur) in dem Maße an empirischen Gegebenheiten orientiert in dem es darum geht, den Strafrechtsadressaten nicht zu überfordern – *ultra posse nemo obligatur*. Zwar geht das Strafrecht bislang davon aus, dass die *Entscheidung* gegen eine normative Erwartung von einem *Menschen* getroffen wird, der mit *freiem Willen* ausgestattet, *selbstverantwortlich* in der Lage ist, zwischen Gut und Böse zu unterscheiden,[211] jedoch scheint mittlerweile auch Einigkeit darüber zu herrschen, dass diese Voraussetzungen weder empirisch beweisbar noch für die Anwendung des Strafrechts entscheidend sind.[212] Maßgebend ist vielmehr die *normative Zuschreibung* von Verantwortlichkeit, die in der Gesellschaft *funktioniert*. Eine Methode zur Herstellung von Erwartungssicherheit also, die auf der strafrechtsnotwendigen Fiktion[213] eines willensfreien Menschen gegründet sein mag oder dem „erfahrungswissenschaftlichen Befund“ einer „normativen Ansprechbarkeit“,[214] jedenfalls aber ein *normatives* Konstrukt darstellt, das sich – als „soziale Spielregel“[215] – nicht als völlig unzulänglich erweist.

In *diese* Kategorie kann sich das hier entwickelte interpretatorische Konstrukt *Unternehmen* einfügen, denn letztlich reicht für die Begründung von Verantwortlichkeit sogar die *Kant*'sche „Freiheit des Bratenwenders“,[216] also die schwache Willensfreiheit *zu tun, was man will*, soweit es dem System normativer Verhaltenskontrolle zuträglich ist.

---

208 So herausgearbeitet von *Prümm* (Fn. 130), S. 122 ff.; siehe auch *Luhmann* (Fn. 111), S. 103 ff., 158.

209 Vgl. hierzu im Einzelnen „Das Unternehmen als krimineller Akteur?“ in: *Schmitt-Leonardy* (Fn. 19).

210 Vgl. im Kontext der Diskussion um Willensfreiheit und Strafrecht die Darstellung von *Merkel*, Willensfreiheit und rechtliche Schuld, Baden-Baden 2008; sowie *Stuckenbergs* Antrittsvorlesung „Willensfreiheit und strafrechtliche Schuld“ vom 1. 7. 2009 auf http://archiv.jura.uni-saarland.de/projekte/Bibliothek/text.php?id=536.

211 BGHSt 2, 194 (200).

212 *Fischer*, StGB, 59. Auflage 2012, Vor § 13 Rn. 8 ff., § 20 Rn. 3. Dieser Auffassung liegen u.a. die Überlegungen von *Kelsen* Der soziologische und juristische Staatsbegriff, Tübingen 1928, S. 244; *ders.* (Fn. 7), S. 97 ff. zugrunde.

213 So schon *Kant*, Grundlegung zur Metaphysik der Sitten, [1786] Band IV, Frankfurt 1968, BA 101/ Fn. *.

214 *Roxin* Strafrecht AT I^4, München 2006, § 19 Rn. 36 ff.

215 *Roxin* Strafrecht AT I^4, München 2006, § 19 Rn. 37.

216 *Kant* Kritik der praktischen Vernunft [1788], Frankfurt 1968, Band VII, A 172, 174.

Und ob *dies* der Fall ist, hängt letztlich davon ab, worin man den Sinn und Zweck der Strafe sieht,[217] was *Lüderssen* früh als die „Notwendigkeit der Folgenorientierung"[218] der Diskussion um das Unternehmensstrafrecht erkannte. Wird mit Strafe letztlich eine Konditionierung zur Erhaltung der normativen Ordnung der Gesellschaft angestrebt, dann wird eine Unternehmensstrafe für das hier entworfene interpretatorische Konstrukt des Unternehmens sehr nahe liegen,[219] da es trotz veränderter Zeitrealität und primitiver Intentionalität über eine undeterminierte Reaktionsfähigkeit und Anpassungsleistung verfügt. Wird hingegen – spezialpräventiv – auf *Einsicht* gehofft, wird eine nicht-anthropomorphe Vorstellung des Unternehmens kaum der geeignete Anknüpfungspunkt für das Strafrecht sein.

V. Fazit

Manchmal ist es der gewählte Theorierahmen, der darüber entscheidet, was beobachtet werden kann.[220] Und manchmal verdeutlicht der gewählte Theorierahmen sogar zudem, wie entscheidend die eingehende Beobachtung des Bezugsgegenstandes für weitergehende Überlegungen ist. Beides scheint mir hinsichtlich des „Unternehmensstrafrecht" deutlich geworden zu sein.

Für den Bezugsgegenstand des Unternehmensstrafrechts erwies sich eine konstruktivistische Herangehensweise als die probate, um das „Unternehmen an sich" ohne Rückgriff auf anthropomorphe Metaphern zu erfassen. Mit *Searles* Überlegungen konnte das Unternehmen jenseits *von Gierkes* und *von Savignys* Vorstellungen als *institutionelle Tatsache* etabliert werden, die mehr ist als ein Konglomerat an Produktionsmitteln, da sie sich durch kollektive Intentionalität manifestiert und Gegenstand einer kollektiven Zuweisung von Funktionen ist. Mit *Luhmann* wurde das Unternehmen weiter als ein System von sinnhaft aufeinander bezogenen Handlungen, die in selbstreferentieller Geschlossenheit auf einen gesellschaftlichen Funktions- und Leistungszusammenhang hin – d.h. umweltoffen *re*produzierend – organisiert sind, konturiert.[221] Aus meiner Sicht ist dieser metatheoretische Rahmen bisher der einzige, der imstande ist die „Reduktion des methodologischen Individualismus"[222] zu umgehen und das Unternehmen als Gesamtsubjekt mit eigener Kollektividentität zu erklären, ohne dabei die Bedeutung der individuellen Handlung verpuffen zu lassen. Jedoch: *Luhmanns* Ansatz

217 Vgl. hier wieder *Stuckenberg* (Fn. 209), S. 17.

218 *Lüderssen* oben, S. 82.

219 Hierbei sollten aber die bekannten „Rückkoppelungseffekte" auf das Strafrecht nicht außer Betracht bleiben, da ein System, das auf der strafrechtsnotwendigen Fiktion des freien Willens beruht und die Gesellschaft womöglich aufgrund dieser Illusion zu moralischem Handeln animiert (vgl. hierzu jüngst *Smilansky*, Free Will and Illusion, Oxford 2000), mitunter durch die Einbeziehung eines solchen primitiv intentionalen Akteurs destabilisiert wird.

220 „Whether you can observe a thing or not depends on the theory which you use. It is the theory which decides what can be observed" (Anmerkung *Einsteins* während *Heisenberg's* Vorlesung im Jahre 1926 in Berlin, abgedruckt in *Salam*, Unification of Fundamental Forces, Cambridge 1990).

221 Vgl. insoweit *Teubner* (Fn. 58), S. 471 m.w.N. in Fn. 5.

222 So *Teubner* (Fn. 58), S. 475, der diesbezüglich ebenfalls sehr kritisch ist.

nimmt nicht für sich in Anspruch, eine Wahrheit[223] darzustellen und ebenso wenig ist die hier vorgestellte Konzeption mehr als (m)ein interpretatorisches Konstrukt des Unternehmens, wie es Grundlage weiterer Überlegungen zum Unternehmensstrafrecht sein kann.

Festzuhalten ist aber gleichwohl, dass die jeweils zugrunde gelegte Vorstellung des Unternehmens kohärent hinsichtlich des jeweiligen Standpunktes in der Frage „*societas delinquere non potest*“ sein muss. Wählt man den Menschen als Letzteinheit und interpretiert das Unternehmen – beispielsweise mit einer Vielzahl kriminologischer Ansätze – als Kontext von Gruppenphänomenen oder Ort arbeitsteiliger Produktionsabläufe, spricht rechtspolitisch wenig für eine Bestrafung des Unternehmens. Neben dem Einwand der Bestrafung Unschuldiger,[224] ist hier schlicht nicht ersichtlich, warum eine derartige Subkultur bzw. eine grundsätzlich legale Produktionsstruktur durch das Strafrecht erfasst werden sollte. Insbesondere angesichts der Tatsache, dass man durchaus gefährlicheren Kollektiven – beispielsweise der Mafia – nach wie vor individualstrafrechtlich begegnet.

Legt man die Vorstellung *Colemans* zugrunde und interpretiert Unternehmenswirkungen als Aggregat der Invidualhandlungen, stellt sich ebenfalls die Frage nach der Sinnhaftigkeit der Unternehmens*strafe*. Nach dieser Vorstellung kann Unternehmenskriminalität nämlich lediglich als die Auswirkung verschiedener (Aggregations-)Regeln, innerhalb derer Mengen von Personen agieren, interpretiert werden. Mag man auch ein Bündel formeller und informeller Regeln, die das arbeitsteilige Wirken der Unternehmensmitarbeiter koordinieren, als rechtsgutsgefährdend einschätzen, die plausiblere Konsequenz wäre dann die „Spielregeln“ zu ändern oder das Unternehmen als „Gefahr“ einzustufen; allerdings wäre dies kaum Aufgabe des Strafrechts.

Erwägt man jedoch das Unternehmen als strafrechtlichen *Täter*, so muss man – um kohärent gegenüber den bisherigen rechtlichen Statuszuweisungen zu bleiben – von einem sozial handlungsfähigen Akteur[225] ausgehen. Diese Strukturentsprechungen resultieren – wie oben angedeutet – nicht aus einem „soziologischen Naturrecht der juristischen Person“,[226] sondern sind Folge einer *rechtspolitischen* Entscheidung, die

223 „Jeder, der behauptet, die Wahrheit zu kennen, teilt nur mit, dass er sein Denkschema nicht reflektiert hat.“ (*Luhmann* Short Cuts, 4. Auflage, Berlin 2002, S. 134). *Luhmann* bezeichnet seine Theorie selbst lediglich als ein Angebot und als eine Möglichkeit der gesellschaftlichen (Selbst-)Beschreibung, vgl. *Luhmann* (Fn. 3), S. 653 ff.

224 Vgl. hierzu nur *von Freier* (Fn. 17), S. 230 ff.

225 Der Terminus *Aktant* passt insofern weniger, als er für einen Ansatz steht, der Menschen grundsätzlich das „Privileg, handeln zu können“ abspricht und auch Mikroben, Maschinen, Mischwesen und Tiere zu „Handelnden“ macht. Aufgrund der zunehmenden Integration von Technik in die Gesellschaft entwickelte sich diese – maßgeblich von *Latour* beeinflusste – *Akteur-Netzwerk-Theorie,* die von einer variablen Ontologie ausgeht und in der Folge von einem neuen Vokabular für eine Welt, in der Technik nicht nur eine kulturelle Funktion hat, sondern auch die Möglichkeit, die Assoziation von anwesenden Aktanten als beständiges Ganzes zusammenzuhalten. Vgl. beispielsweise *Latour* Eine Soziologie ohne Objekte? Anmerkungen zur Interobjektivität, Berliner Journal für Soziologie, Heft 2, 2001 (1994), S. 237–252. Eine Übernahme dieses Begriffs, der m. E. eine Aufweichung des Handlungsbegriffs darstellt, bietet sich jedoch aufgrund der festgestellten Entsprechung von Rechtsfähigkeit und sozialer Handlungsfähigkeit nicht an.

226 *Teubner* Fn. 7, S. 71.

wiederum auf die Selbstbeschreibung des Handlungssystems *Unternehmen* als korporativer Akteur folgt.[227] Um diesem Akteur *strafrechtliche* Verantwortung zuzurechnen ist schließlich notwendig, dass *sein Handeln* für die strafrechtliche Kommunikation *etwas bedeutet* und nach den Parametern dieser Kommunikation *relevant* ist, wovon hier theoretisch ausgegangen werden kann.[228] *Ob* jedoch das Unternehmen für eine solche *Unternehmenstat* zu bestrafen ist oder nicht, soll hier offen bleiben und der jeweiligen Positionierung zu Sinn und Zweck der Strafe überlassen bleiben.

Wenn mit den vorstehenden Überlegungen zumindest der Boden für eine dogmatische Entscheidung für oder gegen eine Unternehmensstrafe bereitet wurde, wäre schon viel gewonnen. Denn wie *Luhmann* zeigt,[229] kann es im Vorfeld einer tiefgreifenden Theorieänderung, die eine Unternehmensstrafbarkeit fraglos darstellen würde, auch schlicht um die Entfaltung eines Paradoxes gehen; hier sogar zweier: (1) Das Unternehmen ist (bisher lediglich) ein Kontext für das kriminelle Handeln des Menschen, kommt aber als Täter m.E. nur in Frage, wenn man es von der „Letzteinheit Mensch" befreit. (2) Es ist ausgerechnet die gesellschaftlich *erwünschte* Konzeption des Unternehmens als „effizienter Profitmaximierer", die zu den gesellschaftlich unerwünschten „externen Effekten" führt. Ob hier eine Verantwortungs*zuschreibung* also nicht letztlich eine Verantwortungs*verschiebung* darstellen würde, sollte zumindest gedanklich nicht übergangen werden. Sollte letztlich aber eine strafrechtliche Verantwortung favorisiert werden, wäre eine hierzu parallele individuelle Strafbarkeit – unter Berücksichtigung einer *funktionsdefinierenden Unternehmensmatrix* – nicht nur möglich, sie könnte durch eine eigenständig und differenziert konstruierte *Unternehmenstat* an Kontur gewinnen. Denn mitunter würde dann sichtbar, dass eine genau analysierte „Tatherrschaft" des Unternehmens nur in einem sehr schmalen Bereich zu bejahen ist, der gleich den Fugen in einer Mauer die individuellen Verantwortungsbereiche sichtbar und stabiler macht. *Dann* wäre die Strafbarkeit des Unternehmens auch rechtspolitisch sinnvoll, da sie keine bloße Verantwortungsverschiebung angesichts komplexer Prozesse darstellte; die strafrechtliche Verantwortung des Individuums bliebe weiter im Vordergrund.

Voraussetzung all' dessen ist aber, dass auch bei der Aufnahme dieser Beobachtungen durch das Recht das interpretatorische Konstrukt im Bewusstsein bleibt und der systemtheoretische Ansatz nicht zu einer komplizierten Handlungstheorie verzerrt wird.

227 Dem Unternehmen wird durch seinen Unternehmensträger ein kollektiv anerkannter Status zugewiesen, der den Begrifflichkeiten des Rechts entspricht. Dies bedeutet nicht, dass der Unternehmensträger – die juristische Person – mit dem Unternehmen in Gänze identifiziert werden kann; es bedeutet aber die Anerkennung einer „sozialen Handlungsfähigkeit". Ebendiese ist nicht zuletzt in der angedeuteten sozialen Funktion des Unternehmens – Transaktionskostenersparnis, Ressourcenzusammenlegung usw. – begründet, die dadurch rechtlich abgesichert wird und nicht nur eine Autonomie des Unternehmens mit sich bringt, sondern auch die Gewährleistung der Zuverlässigkeit der Interaktion mit diesem sozialen Akteur auf dem Markt bedeutet. Durch die „rechtlich gestützte Personifizierung" werden Arbeitsverträge, langfristige Kooperationsverhältnisse und Zusagen „des Unternehmens" erst möglich und damit der „organisationelle Mehrwert" abgeschöpft, worin eine entscheidende gesellschaftliche Funktion des Unternehmens gesehen werden kann. Vgl. hierzu die Argumentation von *Teubner* (Fn. 7), S. 74 und 84.

228 Zur Analogisierung der strafrechtlichen Handlungsfähigkeit und Schuld vgl. „Das Unternehmen als Strafrechtsperson *sui generis*" in: *Schmitt-Leonardy* (Fn. 19).

229 *Luhmann* (Fn. 1), S. 5.

Das Recht beobachtet und verarbeitet zwar wiederum mit *seinen* Parametern und Begrifflichkeiten ein organisiertes Sozialsystem, das sich selbst als Korporation und Akteur beobachtet und von seiner Umwelt so beobachtet wird,[230] jedoch wird die Belastbarkeit jedweden Konzepts zur Unternehmensstrafbarkeit in dem Maße gewinnen, in dem es die äußerst voraussetzungsvolle Ordnung des Bezugsobjekts integriert.

230 Parallel zu der Formulierung *Teubners* (Fn. 7), S. 71 mit dem Unterschied jedoch, dass dieser das Unternehmen als Kollektiv einordnet.

Was ist ein Unternehmen aus psychodynamischer Sicht und wie sollte es haften? – Unternehmensstrafrecht aus Sicht von Behavioural Economics und Behavioural Strategy

Claudia Nagel

Gliederung

1. Zur Fragestellung

Wer kann und sollte bei strafrechtlich relevantem Fehlverhalten in einem Unternehmen zur Verantwortung gezogen werden? Kann und sollte es Fälle geben, in denen das Unternehmen als juristische Person haftbar zu machen ist? Oder muss es immer eine natürliche Person sein, die zur Rechenschaft gezogen wird? Diese Fragestellung kann aus unterschiedlichen Perspektiven heraus beantwortet werden. In diesem Beitrag soll es nicht um eine juristische Betrachtung, sondern um eine psychologische, genauer um eine psychoanalytische Reflexion dieser Fragestellung gehen – vor dem Hintergrund, was ein Unternehmen ist, woraus es besteht und welche Rolle das Management spielt. Können die neu entstehenden Fachgebiete wie Behavioural Economics oder Behavioural Strategy hierzu einen Beitrag leisten? Diese Frage wurde mir explizit gestellt und soll hier daher beantwortet werden. Aber erst wenn über die Grundzusammenhänge eines Unternehmens Klarheit besteht, kann eine Antwort auf die Frage nach der Haftung im Unternehmensstrafrecht versucht werden.

Die Vorstellungen davon, wie ein Unternehmen funktioniert, welches Menschenbild dem zugrunde liegt, welchen Einfluss Führung und Management haben, haben sich in den letzten 50 Jahren verändert und weiterentwickelt. Das Verständnis des Unternehmensbegriffes ist damit immer auch ein Kind der jeweiligen Zeit. In den Wirtschaftswissenschaften haben Begriffe wie Behavioural Economics und Behavioural Finance Einzug gehalten – sie verweisen auf die Notwendigkeit, in ökonomischen Modellen den Menschen nicht mehr nur als rational handelndes Wesen anzunehmen, sondern seine emotionalen und intuitiven Reaktionen verstärkt zu berücksichtigen. Die Hinzunahme der Psychoanalyse zu den verhaltenswissenschaftlichen Erkenntnissen in den Wirtschaftswissenschaften ist bei der Beantwortung dieser Frage ganz wesentlich, da wir ohne ihre moderneren Forschungsergebnisse auf eine falsche Fährte gelangen könnten. In der Psychoanalyse geht man davon aus, dass der Mensch sowohl als Einzelner, als auch in der Gruppe, von unbewussten Aspekten in seinem Verhalten und in seinen Entscheidungen beeinflusst wird. Ganz allgemein gesprochen kann man sagen, dass dieses Unbewusste eine große Wirkung hat auf das, was wir tun oder auch nicht, und darauf, wie wir es tun. Hinzu kommt, dass der Kontext, in dem wir uns jeweils bewegen, andere Menschen, eine Gruppe, ein Unternehmen, uns ebenfalls beeinflussen. Das klingt zunächst ziemlich banal, hat aber vor dem Hintergrund der oben genannten Fragestellung doch eine große Bedeutung. Denn die Frage, die hinter der Frage nach der Unternehmenshaftung steht, könnte auch folgendermaßen lauten: kann und darf man den Einzelnen, sei es nun ein Vorstandsmitglied als Organ, eine Führungskraft oder aber auch ein Mitarbeiter, in einem Unternehmenskontext überhaupt für sein Verhalten zur Rechenschaft ziehen? Könnte es nicht Situationen geben, in denen nur das Unternehmen als juristische Person zur Verantwortung gezogen werden sollte, weil der Einzelne möglicherweise nicht allein verantwortlich zu machen ist, also nur ein Opfer der Umstände geworden ist oder er vielleicht gar nicht anders konnte?

In der Psychoanalyse haben grundlegenden Erkenntnisse zur Entwicklungspsychologie im Rahmen der Objektbeziehungstheorie aufgezeigt, wie wichtig Bindungsbeziehungen in der menschlichen Entwicklung sind. Hier soll daher zunächst gezeigt werden, wie die das gesamte Leben durchziehende (bindungs)beziehungsorientierte Entwicklung und Grundstruktur des Menschen auch sein Leben in der Arbeitsgruppe und damit im Unternehmen prägen. In einem nächsten Schritt werden diese Erkenntnisse mit der Systemtheorie und der Komplexitätstheorie verbunden und es wird gezeigt, wie daraus folgend ein Unternehmen als ein System interdependenter sozialer Interaktionen verstanden werden kann. Diese sehr moderne Vorstellung hat in der Folge Konsequenzen für die Erwartungen an die Rolle des Managements, sowohl in der Führung als auch in seiner Rolle als Organ in einem Unternehmen. Aus diesem Verständnis heraus entwickelt sich eine notwendigerweise ablehnende Haltung bezüglich der Einführung einer Haftung des Unternehmens als juristische Person, die sich eben nicht aus einer juristischen Betrachtung, sondern aus psychologischen und betriebswirtschaftlichen Forschungserkenntnissen und eigenen Führungserfahrungen ergibt. Aus dieser Sicht empfiehlt es sich, bei der Haftung weiterhin nur die natürliche Person in Anspruch zu nehmen.

2. Behavioural Economics und Behavioural Strategy

Bis vor einigen Jahren lag dem ökonomischen Theoriegebäude die Grundannahme zugrunde, der Mensch wäre ein homo oeconomicus und als dieser würde er rein rational handeln und seine Handlungen nur nach der Maximierung seines Eigennutzes ausrichten. Allerdings haben sich in der wirtschaftswissenschaftlichen Forschung bereits seit einigen Jahren bzw. Jahrzehnten einige wenige Wissenschaftlicher damit beschäftigt, dass der Mensch durchaus nicht immer rational handelt und entscheidet. Diese Erkenntnisse könnten einen Einfluss darauf haben, ob Unternehmenshaftung möglicherweise neu zu verstehen sei. Daher wollen wir uns hier mit ihnen überblicksmäßig beschäftigen.

Die Themen der Nobelpreise, die in den Wirtschaftswissenschaften der letzten Jahre verliehen wurden, machen den angesprochenen Wandel deutlich. Einer der ersten Forscher von ihnen war Herbert Simon, der sich bereits in den 50er Jahren gemeinsam mit seinem Kollegen March[1] Gedanken über die rationale Basis des Handelns von Mitarbeiters im Unternehmen machte und schließlich das Konzept der „Bounded Rationality“, der eingeschränkten Rationalität entwickelte,[2] für das er 1978 den Nobelpreis erhielt. Nach Simon und March wurde der Mitarbeiter bis dato in der „klassischen Theorie“ als ein Instrument gesehen. Sie stellen als erste in der betriebswirtschaftlichen Managementforschung dar, dass sich Mitglieder in Organisationen nicht rein rational verhalten, sondern durch Wünsche, Motivationen und Triebe gesteuert werden. Sie erkennen, dass die kognitiven Fähigkeiten nicht – wie bei dem bisher zugrundegelegten homo oeconomicus – unbeschränkt sind und dass daher auch ihre Problemlösungsfähigkeiten und Lernmöglichkeiten beschränkt sind.[3] Simons Vorstellung der beschränkten Rationalität legte die Grundlage für **Behavioural Economics**: „The term ‚bounded rationality‘ is used to designate rational choice that takes into account the cognitive limitations of both knowledge and cognitive capacity. Bounded rationality is a central theme in behavioural economics. It is concerned with the ways in which the actual decision-making process influences decisions. Theories of bounded rationality relax one or more assumptions of standard expected utility theory“.[4] In den Jahren danach folgten erste experimentelle Untersuchungen von Reinhard Selten, die später in die Behavioural Game Theory mündeten.[5] Für diesen verhaltenswissenschaftlichen Zweig der Spieltheorie erhielt Selten 1994 den Nobelpreis für seine Forschungsergebnisse zur Theorie nicht-kooperativer Spiele. Kahneman, der gemeinsam mit Tversky über Entscheidungen unter Unsicherheit forschte, erhielt 2002 den Nobelpreis für den gemeinsamen Artikel von 1979 zu der von ihnen entwickelten „Neuen Erwartungstheorie“ (Prospect Theory). Sie untersuchen das Entscheidungsverhalten unter Unsicherheit, kritisieren die bis dahin gängige Theorie des Erwartungsnutzen (Utility Theory), die zur Beschreibung ökonomischen Verhaltens angewandt wurde und entwickeln ihre eigene Theorie, die psychologische Faktoren berücksichtigt und dadurch realitätsnähere Voraussagen machen soll. Insbesondere stellen sie dar, wie kognitive Verzerrungen (Biases) die Entscheidungsfindungen beeinflussen. Dieser Begriff der kognitiven Verzerrungen beinhaltet das, was heute im Wesentlichen im Zusammenhang mit Behavioural Economics diskutiert wird. Doch bevor wir näher auf die kognitiven Verzerrun-

---

1 *March, Simon* 1993.
2 *Simon* 1997.
3 *March, Simon* 1993.
4 *Simon* 1997, S. 291.
5 S. u. auch *Gigerenzer* 2001.

gen eingehen, soll hier noch kurz erläutert werden, was üblicherweise unter Behavioural Economics verstanden wird. Zusammenfassend geht es dabei darum:

- ökonomisches Verhalten und seine Konsequenzen zu verstehen, beispielsweise warum jemand ein Hotdog kauft oder zur Arbeit geht
- ob Individuen eine gute oder schlechte Wahl treffen und ob sie dabei unterstützt werden können, bessere Entscheidungen zu treffen
- wie ökonomische Modelle auf menschliche Wesen angewendet werden können und ob und wie sie gegebenenfalls angepasst werden müssen
- Erkenntnisse aus Laborexperimenten, Psychologie und Sozialwissenschaften in der Wirtschaft zu nutzen.[6]

Aus dem Homo oeconomicus wird hierdurch im ersten Schritt so etwas wie der Homo sapiens, da er, um seine Beschränktheiten wissend, zu besseren Entscheidungen kommen könnte.

In den Behavioural Economics geht es ganz grundsätzlich um Entscheidungsverhalten unter Unsicherheit. Dieses Verhalten lässt sich noch einmal unterscheiden in **Entscheidungen unter Risiko** und **Entscheidungen unter Ungewissheit.** Diese Unterscheidung ist insofern von Bedeutung, als dass die eine Art der Entscheidungen lebensnäher und realistischer ist als die andere und damit Modelle, die sich innerhalb dieses Rahmens bewegen möglicherweise ebenfalls zu lebensnäheren Aussagen kommen.

Bei **Entscheidungen unter Risiko** geht man davon aus, dass dem Entscheider die verschiedenen Alternativen der Umweltzustände bekannt sind und dass die Wahrscheinlichkeit ihres Auftretens entweder ebenfalls bekannt oder zumindest schätzbar sind. Das bedeutet, dass eine optimale Entscheidung existiert und in der Vorstellung der Theorie der beschränkten Rationalität der Mensch durch seine Beschränkungen nicht in der Lage ist, diese optimale Entscheidung zu fällen. Die Modelle, die für diese Entscheidungssituationen entwickelt werden, sollen helfen, zu besseren, d.h. optimaleren Entscheidungen zu gelangen.

Entscheidungen unter Ungewissheit sind hingegen Entscheidungen, bei denen zwar die Alternativen der Umweltzustände bekannt sind, aber die Wahrscheinlichkeiten ihres Eintretens nicht bekannt sind. Wenn die Wahrscheinlichkeiten nicht bekannt sind oder nicht geschätzt werden können, kann es allerdings auch keine optimale Entscheidung geben, sondern es kann nur bessere oder schlechtere Entscheidungen geben. Dieser Punkt ist für eine Beurteilung der verschiedenen Untersuchungsergebnisse von großer Bedeutung, da er die Vorstellung einer rationalen und optimalen Entscheidung vermeidet.

Die Untersuchungen zu kognitive Verzerrungen und die neue Erwartungstheorie gehören beide in den Bereich der **Entscheidungen unter Risiko.** In ihrer ersten Arbeit stellen Kahnemann und Tversky verschiedene Verzerrungsmöglichkeiten vor und entwickeln die neue Erwartungstheorie, die im wesentlichen auf ihrer neuen Erkenntnis beruht, dass bei der Entscheidungsfindung unter Unsicherheit der Entscheider

---

6 Vgl. *Cartwright* 2011.

nicht wie bisher angenommen nach absoluten Werten in der „Value Function“ (Wertfunktion) bewertet, sondern ihm Veränderungen, d.h. Gewinne oder Verluste, wichtiger sind als absolute Größen. Sie stellen außerdem fest, dass von den Entscheidern das Auftreten eines wenig wahrscheinlichen Ergebnisses eher überschätzt, während das Auftreten wahrscheinlicherer Ergebnisse eher unterschätzt wird und dass Verluste (negative Veränderungen) höher bewertet werden als Gewinne (positive Veränderungen) – Letzteres wird als „Loss Aversion“ bezeichnet – und so zu den kognitiven Verzerrungen in der Entscheidungsfindung beiträgt.

Eine Übersicht über eine Reihe von kognitiven Verzerrungen, die in unternehmerischen Entscheidungsprozessen eine Rolle spielen, gibt die folgende Tabelle.

Oberbegriff	**Art des Bias**	**Beschreibung**
Muster-Erkennungs-Bias: Manchmal werden auch dort Muster vermutet, wo gar keine vorhanden sind	Bestätigungsfehler	Es wird versucht, für einmal entwickelte Hypothesen eher eine Bestätigung anstelle einer Widerlegung zu erhalten
	Falsche Analogien	Man versucht, Analogien zu Situationen zu bilden, die eigentlich nicht genau passen
	Macht des Geschichtenerzählens	Man erinnert sich besser und glaubt eher an Daten, wenn sie im Zusammenhang einer Geschichte präsentiert werden
	Champion Bias	Die Bewertung eines Planes hängt davon ab, wer ihn präsentiert
	Salience-Bias	Kürzlich stattgefunden habende Ereignisse oder besondere Ereignisse werden überbewertet
Handlungsorientierungs-Bias: Oft wird schon zum Handeln übergangen, obwohl es noch nicht der richtige Zeitpunkt dafür ist, der Druck in vielen Organsiationen verleitet zu vorschnellem Handeln	Zu viel Optimismus	Es gibt eine Tendenz, bei der Beurteilung von Plänen und ihren Ergebnissen zu optimistisch zu sein, die Wahrscheinlichkeit positiver Ereignisse zu überschätzen und die negativer zu unterschätzen
	Selbstüberschätzung	Man neigt dazu, die eigenen Fähigkeiten und Kompetenzen im Vergleich mit anderen zu überbewerten, man schreibt sich Erfolge und Misserfolge den Umständen zu
	Wettbewerberleugnung	Man unterschätzt die Reaktionen der Wettbewerber, als würden diese sich nicht selbst ähnliche Gedanken machen und wären nicht reaktionsfähig
Stabilitäts-Bias: Der gegenwärtigen Konstellation wird der Vorzug gegeben	Status-Quo	Man bevorzugt die gegenwärtige Situation, insbesondere, wenn es keinen Druck gibt, sie zu verändern.

Oberbegriff	Art des Bias	Beschreibung
	Anker-Heurtistik	Man neigt dazu, bei einer Einschätzung sich an einem vorher genannten Wert als Richtwert zu orientieren, obwohl es möglicherweise ein willkürlich gewählter Wert ist
	Repräsentatitivitätsheuristik	Man neigt dazu, die Wahrscheinlichkeit eines Ereignisses danach einzuschätzen, wie sehr es bestimmten Stereotypen entspricht
	Verlustvermeidung	Die Realisierung von Verlusten wird eher vermieden
	Versunkene-Kosten-Fehler	Bereits entstandene und nicht mehr beeinflussbare (irreversible) Kosten werden dennoch in die Entscheidung einbezogen (z. B. Einstiegsaktienkurs sagt nichts über zukünftige Aktienentwicklung aus)
Interessen-Bias: Wenn man etwas emotional bevorzugt, wird die Entscheidung davon geprägt	Persönliche Interessen	Man bevorzugt eher eine Sicht, die für einen selber, den eigenen Geschäftsbereich von Vorteil ist, selbst wenn sie für das Gesamtunternehmen eher nachteilig ist
	Unangemesse Bindungen	Emotionale Beziehungen zu Menschen, Orten, Dingen/Produkten führen zu einer zu positiven Einschätzung
Sozialer Bias: Man bevorzugt in einer Gruppe eher Harmonie und einstimmige Meinungsbildung statt Konflikten	Groupthink	Man versucht eher, einen Konsens anstelle einer realistischen Beurteilung der Situation zu erreichen
	Sonnenblumen-Management	Die Tendenz einer Gruppe, sich nach der unausgesprochenen oder ausgesprochenen Meinung des Leiters auszurichten

Tabelle 1: Kognitive Verzerrungen, die bei Entscheidungsprozessen in Unternehmen eine Rolle spielen[7]

Als Gegenmodell zum Heuristic-and-biases Programm von Kahnemann und Tversky wird das Fast-and-frugal-heuristics Modell („schnelle und einfache Heuristiken") von Gerd Gigerenzer, Peter Todd und deren Kollegen der ABC Research Group genannt.[8] Es gehört in die zweite Gruppe der Entscheidungen unter Unsicherheit – zu den **Entscheidungen unter Ungewissheit.** In den neueren Arbeiten ist für Gigerenzer die Intelligenz des Unbewussten ein Synonym für Bauchentscheidungen geworden, bei denen die schnellen und einfachen Heuristiken eine zentrale Rolle spielen. Ein Bauchgefühl (oder auch Intuition oder Ahnung – nach seinem Verständnis) ist ein Urteil, das

7 Vgl. *Lovallo, Sibony* 2010.
8 Vgl. *Welcha* 2010.

rasch im Bewusstsein auftaucht, dessen tieferen Gründe uns nicht ganz bewusst sind und das stark genug ist, um danach zu handeln.[9] Für Gigerenzer setzen sich diese Bauchgefühle wiederum aus einfachen Heuristiken oder auch Faustregeln zusammen, die sich evolvierte Fähigkeiten des Gehirns zunutze machen. Evolvierte Fähigkeiten sind Fertigkeiten, die durch längere Übung zu einer Fähigkeit werden. Erst im Zusammenspiel der beiden entstehen die Bauchgefühle, die rasches, intuitives Handeln ermöglichen. Daraus ergibt sich die Intelligenz des Unbewussten, die darin liegt, dass es funktioniert, ohne genau zu denken, welche Regel in welcher Situation passt. Entscheidend für sein Verständnis von Heuristiken sind das Nutzen von Umweltstrukturen, die vom Individuum im Zusammenspiel mit seinen kognitiven Fähigkeiten wahrgenommen werden, um in der jeweiligen Situation schnell handeln zu können.[10] Folgende Heuristiken gehören zu diesen schnellen und einfachen Heuristiken: Rekognitions-, Take-the-best- und Tanz-nicht-aus-der Reihe-Heuristik. Diese Heuristiken ermöglichen schnelle und in der Regel gleich gute oder bessere Entscheidungen, als sie durch langes Nachdenken möglich wären. In der Rekognitionsheuristik geht es um die Wiedererkennung eines Wertes und den Rückschluss, dass es sich dabei um etwas Größeres, Besseres, Bekannteres handeln muss, was dann bevorzugt wird (z.B. auf die Frage: welche Stadt ist größer: San Diego oder San Antonio antworten die Deutschen richtigerweise San Diego – weil sie den Ortsnamen schon einmal gehört haben und daraus den Schluss ziehen, dass diese Stadt größer sein müsste). Take the best ist ein sequentieller einfacher Entscheidungsbaum, der so lange durchgeführt wird, bis ein klares Entscheidungskriterium erreicht ist. Die Tanz-nicht-aus-der-Reihe-Regel gilt als Grundlage für moralisches Verhalten und hilft, von der sozialen Bezugsgruppe nicht ausgeschlossen zu werden und gibt gleichzeitig eine moralische Verhaltensregel vor.

An diesen Definitionen und Beschreibungen ist gut zu erkennen, dass Kahnemann/ Tversky und Gigerenzer et al nicht das Gleiche meinen, wenn sie über Heuristiken sprechen. Beide untersuchen zwar die Abweichungen menschlichen Denkens und Entscheidens von rationalen Optimierungsmodellen, die von einer Maximierung des Erwartungsnutzen oder einer rationalen Berechnung der Wahrscheinlichkeiten ausgehen. Während erstere jedoch eher die Fehler und Fehleranfälligkeit, d.h. die kognitiven Verzerrungen untersuchen, beschäftigen sich Gigerrenzer et al mit den auch positiven Wirkungen der Heuristiken und Bauchentscheidungen. Ihnen geht es eher um das Aufzeigen der Funktionsweise und der Zusammenhänge, aus denen zwar auch Fehlurteile entstehen können, die aber ihrer eigenen Rationalität folgen und deswegen auch nicht als irrational bezeichnet werden sollten. Sie unterstützen menschliches Entscheidungsverhalten, da sie die kognitiven Fähigkeiten, also das Gelernte und Geübte, in großer Schnelligkeit auf die Umwelt, d.h. auf die jeweilige Situation beziehen und daraus dann ein Urteil fällen.

Das neue Gebiet der **Behavioural Strategy** ist im deutschsprachigen Raum gerade erst im Begriff sich zu entwickeln. Es beschäftigt sich zunächst mit Strategieentwicklungs- und -implementierungsprozessen auf der Basis der bisherigen Erkenntnisse im Bereich der Behavioural Economics. Aus meiner eigenen Erfahrungen im Unternehmenskontext sollte der Begriff jedoch weiter gefasst werden. Da strategische Entscheidungen

9 *Gigerenzer* 2008.
10 Vgl. *Gigerenzer* 2008.

zum einen immer Entscheidungen unter Ungewissheit sind und zum anderen die Gruppe der Entscheider vom Kontext der Entscheidungssituation und von ihren jeweiligen individuellen biographischen Erfahrungen beeinflusst ist, gehören aus meiner Sicht die Aussagen der nächsten Abschnitte zur Rolle des Unbewussten, der Gruppe und der Beziehungen ebenso in diesen Bereich mit hinein. Behavioural Strategy sollte daher **die Psychodynamik des strategischen Entscheidungsprozesses** ebenso umfassen wie den Bereich der kognitiven Einflüsse auf das Entscheidungsverhalten.

3. Die Bedeutung des Unbewussten

In die Gruppe der Entscheidungen unter Ungewissheit, die bisher in der Entscheidungsforschung noch nicht berücksichtig wurden, gehören auch Entscheidungen, die aus unbewussten Motiven beeinflusst werden. Positive Erfahrungen, die in positiven Gefühlen resultieren, führen beispielsweise zu einer Bevorzugung. Diese kann in der Regel leicht nachvollzogen werden. Vor allem aber auch negative Gefühle, wie Angst und Sorge, haben Auswirkungen auf unser Entscheidungsverhalten. So wissen wir seit Sigmund Freud und Carl Gustav Jung, dass das Unbewusste unsere Wahrnehmung und unser Verhalten beeinflusst. Auf der Basis neurobiologischer Erkenntnisse ist zudem heute bekannt, dass Denken und Fühlen viel stärker miteinander verknüpft sind, als wir das bisher angenommen haben. Das Unbewusste, das die Psychoanalyse als Begriff eingeführt hat, ist nicht mehr nur die „Rumpelkammer der Seele", sondern hat wichtige Funktionen. Es ermöglicht kreative neue Problemlösungen durch die Neukombination vorhandener Erfahrungen und es schützt davor, schmerzhafte Erfahrungen erneut zu machen. Zudem sind in ihm ganz grundlegende Verhaltens- und Kommunikationsmuster abgelegt, deren Ursprung in vielen gemachten Einzelerfahrungen, insbesondere in der Kindheit, aber auch in späteren Jahren liegen.

Das Eisbergmodell gibt einen Überblick darüber – was sich „über der Wasseroberfläche" befindet, gilt als im Bewusstsein befindlich, während das, was unter der Wasseroberfläche steckt, dem Unbewussten zugerechnet wird.

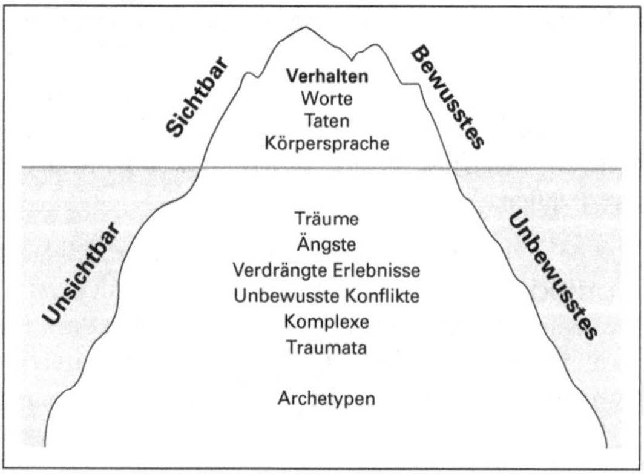

Abbildung 1: Der individuelle Eisberg

Das Unbewusste beeinflusst unser Verhalten und unsere Entscheidungen und ist bei jedem Menschen individuell verschieden, weil es sich auf der Basis persönlicher Lebenserfahrungen bildet. Allerdings gibt es allgemeingültige Themen, die für den Menschen an sich von Bedeutung sind, und sich grundlegenden Archetypen zuordnen lassen (z.B. Mutter-, Vater-, Krieger-, Prinzessin-Archetyp). Daher unterscheidet man zwischen dem individuellen Unbewussten und dem kollektiven Unbewussten – dieser Begriff wurde von C.G. Jung in die Psychoanalyse eingeführt. Jung geht davon aus, dass es ein Apriori allen menschlichen Handelns und Denkens gibt, eine „angeborene und damit vorbewusste und unbewusste individuelle Struktur der Psyche".[11] Er versteht unter Archetypen vorbewußte Strukturen, die nicht beschreibbar sind, sondern eher eine Art unbewusster Prädisposition darstellen, in einer bestimmten menschlichen Art und Weise zu handeln. Sie haben keine konkreten Inhalte, daher sind sie eher als Formen oder „Urbilder" zu verstehen, die innerhalb der menschlichen Gattung weitergegeben werden. Durch individuelle Erfahrungen werden dem Archetypus seine Inhalte hinzugefügt. Man könnte sich daher den Archetyp im übertragenen Sinne als eine Art Rezeptor vorstellen, an dem bestimmte Erfahrungen, Erlebnisse und Ereignisse im Leben des Individuums andocken können, um es dann das zu bestimmten Handlungen zu veranlassen. Auch neuere neurowissenschaftliche Forschungsergebnisse verweisen auf die Notwendigkeit eines derartigen die Erfahrungen strukturierenden, vorgeburtlich vorhandenen Organisationsprinzips hin.[12] Je nachdem, welcher Archetyp und welcher damit verbundene Komplex aktiviert oder konstelliert ist, verhält sich der Mensch in seinem Entscheidungsverhalten individuell entsprechend, ohne dass er sich dieser Beeinflussung bewusst ist. Diese Unbewusstheit könnte in der strafrechtlichen Beurteilung der Haftungsfrage im Hinblick auf Zurechnungsmöglichkeiten eine Rolle spielen.

4. Der „unbewusste" Mensch als Beziehungswesen

In neueren Forschungen wird der Begriff des Archetyps mittlerweile etwas anders verstanden.[13] Der wesentliche Unterschied zur bisherigen Betrachtung liegt darin, dass der Archetyp sich nicht mehr auf einen bestimmten Inhalt oder ein Objekt bezieht (wie beispielsweise der Mutter-Archetyp), sondern sich in ihm stattdessen die Grundlage für Beziehungserfahrungen mit inneren und äußeren Objekten abbilden. Diese Vorstellung entspricht den aktuellen neurobiologischen Erkenntnissen sehr viel mehr und berücksichtigt die sich selbst organisierende Struktur des Gehirns.

In der jungianischen Psychologie gehören Archetypen und Komplexe eng zusammen, denn Komplexe sind sozusagen der Ausdruck der gegenwärtigen Wirkung eines Archetypus. Sie besitzen immer einen archetypischen Kern und lassen sich daher grundlegenden menschlichen Themen zuordnen. Komplexe sind – nach einer sehr allgemeinen Definition – mehr oder weniger unbewusste psychische Inhalte, die durch die gleiche

11 *Jung* 1998, § 151.
12 *McDowell* 2001.
13 *Knox* 2003.

Emotion und durch einen gemeinsamen Bedeutungskern, den Archetypus, zusammengehalten werden. Der Minderwertigkeitskomplex hat mittlerweile Eingang in den alltäglichen Sprachgebrauch gefunden. Sein Bedeutungskern ist das Selbstwertgefühl, das mit emotionalen Erfahrungen der eigenen Wertlosigkeit besetzt ist. In der Fortsetzung der neueren Betrachtungen zu Archetypen (s.o.) hat sich das Verständnis von Komplexen ebenfalls verändert. Sie gelten heute als dynamische Verdichtung internalisierter Beziehungserfahrungen, die sich über das ganze Leben hinweg verändern und entwickeln können. Komplexe werden heute auch verglichen mit anderen psychologischen Modellen wie den „RIGS – Representations of Interactions Generalized" von Stern, mit „COEX – Systems of Condensed Experience" von S. Grof oder auch mit den internen Arbeitsmodellen von Bowlby.[14] Letztere gelten als am ehesten vergleichbar mit Komplexen im Sinne von verdichteten Beziehungserfahrungen.[15] Gemäß der von Bowlby entwickelten Bindungstheorie werden kumulative Beziehungserfahrungen in Form von unbewussten „Internen Arbeitsmodellen" abgespeichert. Diese steuern unsere Erwartungen und Wahrnehmungen und sind so eine Art Grundmuster für zukünftige Beziehungen. Damit sind sie im Unbewussten an der Steuerung aller emotional wichtigen Beziehungen beteiligt.[16]

In der Bindungstheorie wird davon ausgegangen, dass der Aufbau von Bindungserfahrungen und Bindungen eine frühkindliche Entwicklungsthematik ist, die alle weiteren Entwicklungsthematiken beeinflusst. Der Säugling ist nämlich von Anfang an mit grundlegenden kommunikativen Fähigkeiten wie Signalverhalten, Orientierungsfähigkeit u.ä. phylogenetisch ausgestattet. Man könnte daher auch sagen, dass das Kind auf Erwachsene, die es versorgen, „biologisch vorprogrammiert" sei. Zunächst äußert der Säugling seine Bedürfnisse durch den Ausdruck von Emotionen, erst einmal ohne spezifische emotionale Intentionen. Die gewählten Emotionen sind nämlich ein Ausdruck der phylogenetischen Selektion. Diese Ausdrucksbewegungen werden von den Erwachsenen jedoch als Intentionen wahrgenommen und mehr oder weniger feinfühlig beantwortet. Diese ersten und alle weiteren Erfahrungen der Kommunikation und Interaktion werden von dem Kind allmählich als Bindungsbeziehungserfahrungen verinnerlicht und die Internen Arbeitsmodelle entstehen.

Wichtig ist vielleicht noch einmal der Hinweis, dass nicht die Emotions- und Verhaltenssysteme selbst vererbt werden, „sondern das Potential, bestimmte Verhaltenssysteme zu entwickeln, deren Wesen und Ausprägung sich ontogenetisch qualitativ unterschiedlich ausbilden können und erst so für bestimmte Realitäten adaptiert werden" vererbt werden.[17] Bindung ist wie Nahrung, Sexualität oder Fürsorge ein eigenständiges Verhaltenssystem, das keinem anderen Verhaltenssystem unterstellt ist. Die Bindungsbeziehungserfahrungen sind ein dezentraler, das Selbst organisierender Mechanismus der internale und zwischenmenschliche Prozesse zusammenführt. Die Internen Arbeitsmodelle, die die Bindungsbeziehungserfahrungen repräsentieren, lassen sich aus neurobiologischer Sicht als neuronale Gesamtaktivationsmuster verstehen.[18]

14 *Müller* 2003.
15 *Knox* 2003.
16 *Bowlby* 2008.
17 *Grossmann* 2004, S. 37.
18 *Grossmann* 2004.

In den Bindungserfahrungen werden vor allem negative Gefühle reguliert, sie bilden die Grundlage für den Umgang mit emotionaler Belastung. Auf der Basis der Bindungserfahrungen entwickeln sich die Internen Arbeitsmodelle als Selbststeuerungssystem und beeinflussen Kognition, Emotion und Verhalten. Die einmal gebildeten Internen Arbeitsmodelle tragen dann später zur Wahl bestimmter Entwicklungspfade bei, da sich das Individuum Umwelten sucht, die zu ihm „passen".[19] Internale Arbeitsmodelle steuern dabei nicht nur die Gestaltung von Bindungsbeziehungen, sondern die Wahl und Gestaltung von Sozialbeziehungen im Allgemeinen. Damit trägt die Bindungsorganisation zum einen zur Bildung eines Selbstkonzeptes, zum anderen aber auch zur Bildung von Identität bei. Anders ausgedrückt wird der Mensch erst durch die Beziehung mit anderen Menschen zum Menschen.

Die Stabilität der Beziehungen zu anderen Menschen, die den Kern des Selbstkonzeptes und der Identität ausmachen, ist eine entscheidende Grundlage für ein positives Gefühl und für eine allgemeine Angstfreiheit. Jede Veränderung, vor allem die Veränderung einer Beziehung, kann jedoch Angst auslösen, weil sie das Selbstwertgefühl und die Identität bedroht. In Unternehmen kommt es häufig zu angstauslösenden Situationen, weil sie ständig Veränderungen ausgesetzt sind, die entweder durch die Umwelt ausgelöst werden oder durch neu hinzukommende, weggehende oder andere Personen und Strukturen entstehen. Angst vor Veränderungen ist zwar (außer im Bereich des Change Managements, aber auch dort hört man den Begriff der Angst selten) noch wenig thematisiert, hat aber einen großen Einfluss auf menschliches Verhalten in Unternehmen.

Für den Umgang mit Angst stehen nun verschiedene Mechanismen zur Verfügung.

Der Angstbewältigung dient vor allem die Anwesenheit eines nahestehenden Menschen, eines Freundes oder Partners, der ein Gefühl von Nähe und Geborgenheit vermittelt. Dadurch werden das Gefühl und das Ausmaß der Angst an sich bereits reduziert. Das Gefühl nicht allein zu sein, jemanden zu haben, den man um Rat fragen kann, der einen tröstet und mitfühlt, kann bewirken, dass die Angst schwindet und dass die körperliche Stressreaktion, die ein Ausdruck der Angst ist, angehalten wird.[20]

Das Ausprobieren und verfeinern bereits erprobter Lösungen ist eine weitere Möglichkeit der Angstbewältigung. Bei der Bewältigung der Angstsituation entsteht dann hoffentlich ein Gefühl des Erfolges, was Selbstsicherheit gibt und zum weiteren Ausprobieren bei der nächsten Situation führt. Dies kann ebenso gut zu einer gesunden Entwicklung, wie auch zu neurotischen Verfestigungen führen. Kontrollierbare Herausforderungen, oder Herausforderungen, die als solche wahrgenommen werden, führen zu einer Spezialisierung in der Bewältigung von Situationen und tragen so zur Weiterentwicklung und Ausprägung bestimmter Persönlichkeitsmerkmale bei

Die dritte und wohl langfristig wichtigste Möglichkeit der Angstbewältigung ist Nachdenken. Dazu gehört zum einen, sich selbst, sein eigenes Denken, Fühlen und Handeln immer wieder zu überprüfen und sich zu fragen, wie festgefahren die eigenen Problemlösungen geworden sind, aber auch sehr genau zu beobachten, was um einen herum geschieht, wie sich die anderen Menschen verhalten und wie wir auf sie durch das eige-

19 *Zimmermann* 2002.
20 Vgl. *Hüther* 2005.

ne Verhalten Einfluss nehmen. Selbstreflexion ist eine zentrale Angstbewältigungsstrategie, die die ersten beiden Strategien (Nähe suchen und Spezialisierung) in sich vereinigt und so die Möglichkeit ständiger Persönlichkeitsentwicklung beinhaltet.[21]

Statt Selbstreflexion finden sich jedoch sehr viel häufiger eher psychische Abwehrmechanismen, die man vordergründig unter Verdrängen und Vergessen subsummieren kann. Dahinter stehen aus psychodynamischer Sicht unbewusste Konflikte zwischen unterschiedlichen Wünschen oder Anteilen in uns, die eine aktive Auseinandersetzung erschweren. Durch die psychischen Abwehrmechanismen werden die inneren Konflikte zwar nicht gelöst, aber sie werden dann weniger bewusst spürbar, weniger schmerzhaft und dadurch erträglicher.[22]

Die psychischen Abwehrmechanismen lassen sich in 4 große Gruppen unterteilen:

1) unreife psychotische Abwehrmechanismen wie Illusionsbildung, verzerrte Wahrnehmungen

2) nicht-psychotischen Abwehrmechanismen wie Spaltung, Verleugnung, projektive Identifikation

3) a) Intellektualisierung, Rationalisierung und Affektualisierung etc
   b) Verschiebung, Verleugnung, Verdrängung i. w. S.
   c) Ungeschehenmachen, Wendung gegen das Selbst, Reaktionsbildung

4) reifes Coping wie Humor und Sublimierung

Diese Mechanismen dienen dazu, die schmerzliche Auseinandersetzung mit den inneren Konflikten zu vermeiden und die damit einhergehende Angst zu reduzieren. Das Ergebnis ist ein kurzfristig erfolgreicher Prozess, weil die Angst dadurch reduziert wird, führt aber langfristige entweder zu neurotischen Entwicklungen, psychischen oder psychosomatischen Erkrankungen. Die meisten Psychotherapien arbeiten daher daran, Möglichkeiten einer psychischen Bewältigung zu schaffen.

Die Angstabwehrmechanismen spielen nicht nur für das Individuum eine Rolle, sondern erhalten eine zusätzliche Bedeutung in sozialen Systemen wie beispielsweise Arbeitsgruppen oder Unternehmen. Durch sie entstehen bestimmte Verhaltensweisen auf Gruppenebene, die dazu führen, dass eine Arbeitsgruppe nicht nur an der eigentlichen Aufgabe arbeitet, sondern irrational erscheinende Verhaltensweisen in den Vordergrund rücken. Die Arbeitsaufgabe wird dabei möglicherweise vernachlässigt.

5. Der Mensch in der Arbeitsgruppe

In Unternehmen befindet sich das Individuum zumeist in einem Arbeitsgruppenzusammenhang. Die allgemeine Bedeutung der Beziehungsebene und der Wirkung der Angst bleiben hierbei erhalten und können sogar verstärkt werden, weil die Gruppe für

21 Vgl. *Hüther* 2005.
22 Vgl. *Mentzos* 2010.

den Einzelnen, für seine Identität und für sein Selbstwertgefühl außerordentlich wichtig ist, wie sich bereits in dem Abschnitt über Bindungsbeziehungen und der Bedeutung von sozialen Beziehungen an sich für die menschliche Entwicklung gezeigt hat.

In einer Arbeitsgruppe, oder auch einem ganzen Unternehmen als Gruppe verstanden, geht es zunächst um ganz allgemeine Themen wie Dazugehören, Mitmachen und sich Austauschen, d.h. miteinander Sprechen. Hinter diesen Themen verbergen sich eine Reihe von paradoxen Phänomenen, für die jedes Gruppenmitglied eine individuelle Lösung entwickelt und die sich mit der Gruppendynamik und über den Zeitablauf verändern. Hinter dem Thema „Dazugehören" stehen beispielsweise Phänomene wie Identität, Individualität, Grenzen und Einbeziehung. Hinter dem Thema des „Mitmachens" finden sich Fragen zur persönlichen Öffnung, Vertrauen und Intimität und das „miteinander Sprechen" drückt sich in Phänomenen wie Autorität, Abhängigkeit, Kreativität und Mut aus.[23]

Das Funktionieren einer Gruppe ist nun geprägt durch diese paradoxen Gruppenphänomene, da sie sich gleichzeitig positiv wie negativ auswirken können. Diese werden ausgelöst durch unbewusste Konflikte, unbewusste Phantasien und irrationale Gefühle. Die Gruppe bildet eine soziale Matrix, d.h. ein Geflecht aus unterschiedlichen Beziehungen, die einen eigenen Gruppenraum bilden. Dadurch entsteht eine eigene Dynamik und eine eigene Welt für die Gruppe und in der Gruppe. Dabei ist die Gruppe mehr als nur die Summe ihrer Mitglieder, sie zeichnet sich durch ganz eigene Phänomene aus. Für die Gruppenmitglieder kann eine Arbeitsgruppe eine stabilisierende oder aber auch eine destabiliserende Funktion haben, je nachdem, welche Mechanismen überwiegen. Und so wie der Einzelne die Gruppe und die Gruppe den Einzelnen beeinflusst, so beeinflussen sich auch die Arbeitsgruppe und das Unternehmen gegenseitig.

Wie auf der individuellen Ebene psychische Abwehrmechanismens zur Angstreduzierung verwendet werden, so lassen sich auf der Ebene der Gruppe psychosoziale Abwehrmechanismen festtellen. Sie bestimmen, inwieweit eine Gruppe als Arbeitsgruppe zu rationalen Handlungen und Entscheidungen in der Lage ist oder sich irrational verhält und irrationale Entscheidungen fällt, die eine Arbeit an der Primäraufgabe der Gruppe erschweren oder sogar verhindern. Das Phänomen des Groupthink, das häufiger in wirtschaftlichen Zusammenhängen erwähnt wird, gibt die Vielfalt dieser psychosozialen Abwehrmechanismen nur ungenau wieder. Die folgende Übersicht verschafft einen ersten Überblick.

23 Vgl. *Smith*, *Berg* 1997.

Gemeinsame Phantasien	Grundannahme	dominanter Abwehrmechanismus	dominante Affekte
Abhängigkeit (Bion)	der Führer soll nähren und schützen	Idealisierung des Führers oder seiner Bibel	Depression, Neid, Schuld, Verehrung
Paarbildung (Bion)	etwas Neues, eine neue Idee/Person wird die Gruppe von Zerstörung, Hass und Hoffnungslosigkeit befreien	Phantasien über utopische Ideal	Hoffnung, Vertrauen, Enthusiasmus, Verzweiflung, Desillusion
Kampf-Flucht (Bion)	es existiert ein äußerer Feind, entweder Kampf/Abwehr oder Flucht notwendig	Projektion und Spaltung	Zorn, Hass, Furcht, Verdacht
Totale Einheit (Turquett)	machtvolle Verbindung mit einer allmächtigen Kraft, ozeanisches Gefühl der Einheit	Leugnung individueller Unterschiede	Identitätsängste und -konflikte, Fragmentierung, Feinseligkeit
Selbstbezogenheit (Lawrence et al.)	innere eigene Welt wird zu einem Ort der Behaglichkeit, Gruppe existiert nicht	Spaltung und Projektion in die Gesellschaft	Angst vor Vernichtung und Ich-Verlust, Sadismus, passive Aggression
Gruppenbildung (Cano)	Gruppe osziliert zw totaler Einheit und Selbstbezogenheit	Angriffe auf Verbindungen und Integrative Bemühungen	Bedrohung der Gruppenidentität und der individuellen Identität

Tabelle 2: Psychosoziale Abwehrmechanismen[24]

Diese verschiedenen geschilderten Phänomene lassen sich in das bereits für das Individuum verwendete Eisbergmodell integrieren. Für ein Unternehmen gehören auf der bewussten Ebene Regeln und Strukturen, Arbeitsabläufe und Stellenbeschreibungen, aber auch Ziele und Strategien zum Selbstverständnis. Hieraus besteht der sichtbare Teil des Unternehmens. Unter der Wasseroberfläche, also unterhalb der Bewusstseinsschwelle finden sich jedoch so etwas wie die zwischenmenschlichen Beziehungen der informellen Organisation, aber auch die Unternehmenskultur gehört in diesen Bereich. Etwas tiefer im Unbewussten sind dann die psychosozialen Abwehrmechanismen verankert.

24 Vgl. hierzu beispielsweise *Kinzel* 2002.

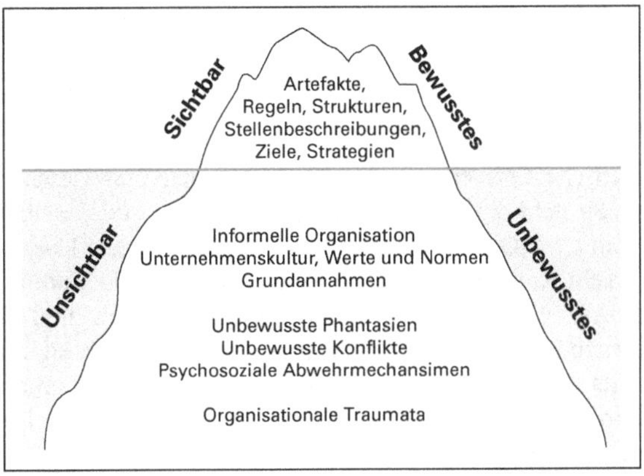

Abbildung 2: Der Unternehmenseisberg

6. Erste Schlussfolgerung

Die Aussagen über die Bedeutung des Unbewussten bei Gruppen und beim Individuum lassen eine erste mögliche These bezüglich der Frage nach der Haftung im Unternehmensstrafrecht zu. Zunächst können wir festhalten, dass aufgrund der Wirkung und dem Einfluss des Unbewussten, Unternehmen vom Management nicht komplett steuerbar sind. Die Kontrolle der Entwicklung in allen Einzelheiten und auf allen Ebenen ist eine Illusion des Managements. Weil ein Unternehmen nicht vollumfänglich kontrollierbar und steuerbar ist, können in ihm auf ganz unterschiedlichen hierarchischen Ebenen auch kriminelle Handlungen entstehen, die sich möglicherweise der Kontrolle entziehen. Da es gemäß der bisherigen Ausführungen nicht ganz in der Macht der Organe liegen kann, diese Handlungen zu kontrollieren, geschweige denn zu unterbinden, sollten die das Unternehmen repräsentierenden Organe (bestehend aus Individuen) nicht dafür zur Rechenschaft gezogen werden, da ihnen diese Handlungen nicht zurechenbar sind. Das würde dafür sprechen, das Unternehmen als juristische Person zur Verantwortung zu ziehen. Diese Begründung wird in der Praxis häufig verwendet, da es die obersten Führungskräfte von der Verantwortungsübernahme entbindet. Allerdings handelt es sich um eine vorläufige Schlussfolgerung, wie die weiteren Ausführungen zeigen werden.

7. Das Unternehmen als System

Eingangs haben wir die Frage gestellt, was ein Unternehmen ist. Und im ersten Teil haben wir das Unternehmen implizit als eine (große)Arbeitsgruppe verstanden, die aus Individuen besteht, die jeweils eine eigene Gefühlswelt und ein eigenes Unbewusstes haben. Beides spielt eine Rolle bei der Bedeutung und Abhängigkeit von sozialen Beziehungen und führt außerdem zu einem Eigenleben der Arbeitsgruppe, die als soziale

Matrix wiederum eine eigene Gefühlswelt und ein eigenes Gruppenunbewusstes hat. Die Eigennatur einer Arbeitsgruppe, die eben nicht nur eine Ansammlung von Individuen ist, sondern eine eigene Qualität hat, findet ihren Ausdruck in der mittlerweile allseits anerkannter Vorstellung einer Unternehmenskultur für ein Unternehmen.

Die systemtheoretische Betrachtung von Unternehmen und Gesellschaften ergänzt diese Perspektive. Sie geht davon aus, dass Organisationen und Gesellschaften selbstorganisierende Systeme wie Organismen sind. Bereits Kant hatte erkannt, dass das Ganze wie beispielsweise ein Baum erst auf selbstorganisierende Weise dadurch entsteht, dass seine Teile (Stamm, Äste, Blätter) es als Ganzes entstehen lassen. Die Teile erfüllen jedes einen jeweils eigenen Zweck, so dass das Ganze erst dadurch ins Sein kommt.[25] Allerdings sind in Kants systemischen Denken Menschen keine selbst-organisierenden Systeme, weil sie autonom entscheiden können und weil sie eine Seele haben. Außerdem bleibt bei ihm die entscheidende Frage (auch und vor allem für Unternehmen als System) wie das Neue entsteht, wie es zu Innovationen kommt, offen, denn seine Vorstellung von Zweckhaftigkeit ist zwar prägend und gestaltend („formierend“), aber nicht verändernd („transformierend“).[26]

Zwischen 1945 und 1968 hat vor allem der deutsche Biologe Bertalanffy die Idee von Organisationen und Gesellschaften als offenen Systemen intensiv erforscht und weiterentwickelt.[27] Die weitere systemtheoretische Betrachtung von Unternehmen, die sich später auf der Basis von Biologie, Kybernetik, Erkenntnistheorie entwickelt hat, ist heute noch stark beeinflusst vom sozialwissenschaftlichen Ansatz Luhmanns.

Demnach sind Systeme Ganzheiten, die aus Elementen bestehen, die auf eine einzigartige Weise miteinander vernetzt sind. Sie stehen in einer offenen Anpassungs- und Austauschbeziehung mit der Umwelt, haben aber eine Grenze, durch die sie sich von der Umwelt abheben.[28] Jedes Unternehmenssystem besteht aus Menschen, die eine Rolle haben, bestimmte Handlungen ausführen und in Beziehung zueinander stehen. Innerhalb eines (Sub)Systems und zwischen den (Sub)Systemen werden Materialien, Arbeit, Geld, Informationen und Gefühle ausgetauscht. Da technische und psychosoziale Subsysteme so eng miteinander verflochten sind, macht eine Trennung zwischen diesen beiden keinen Sinn. Die Beziehungen an den Grenzen verändern sich ständig, die Grenzen haben daher eine regulierende Funktion – sie schützen das System vor den Einflüssen der Umwelt und transportieren Botschaften in das System aus der sich verändernden Umwelt. Die Rolle des Managements in einem Unternehmen als System und als eigenes Subsystem ist es, die Grenze des Systems zu managen, so dass es geschützt ist und sich dennoch soweit notwendig entsprechend anpasst – das bedeutet vor allem, die Anpassungsfähigkeit und das Beharrungsvermögen des Systems zu beeinflussen. Dahinter steht die weit verbreitete Grundannahme (von Kant bereits formuliert), dass Manager als Agenten eines Systems autonom sind und individuell handeln können. Dazu müssen sie außerhalb des Systems stehen können und es objektiv beobachten können. Dies wiederum würde voraussetzen, dass das System eine objektive Realität hat und dass die Wirklichkeit des Systems modelliert und gestaltet werden kann, so dass die Manager

25 *Kant* 1963/1790, § 65 Dinge als Naturzwecke sind organisierte Wesen.
26 Vgl. *Stacey* 2010.
27 Vgl. *Stacey* 2010.
28 *Neuberger* 2002.

diesen Prozess kontrollieren können. Sie müssen sich daher mit den Funktionen des Systems beschäftigen, dessen Verhaltensweisen vorhersagen und dann entsprechend reagieren. Insbesondere klare Rollenverteilung und klare Aufgaben, entsprechende Regeln und Strukturen und hohe persönliche Reife und Autonomie helfen dabei.[29]

8. Zweite mögliche Schlussfolgerung

Die vor allem im Management weit verbreitete systemtheoretische Sicht auf Unternehmen, die von der Kontrolle und dem Management von Systemgrenzen und der Gestaltung von Strukturen ausgeht, führt zu der nächsten möglichen Schlussfolgerung für unsere Fragestellung. Ausgehend von der systemisch basierten Grundannahme, dass die Entwicklung eines Unternehmens steuerbar und das Unbewusste beherrschbar sind, können kriminelle Handlungen nicht entstehen, ohne dass sie unbemerkt bleiben. Die Manager, die für die Steuerung der entsprechenden (Sub)Systemgrenzen zuständig sind, sind daher zur Verantwortung zu ziehen. Da sie Eingriffs- und Steuerungsmöglichkeiten haben, sollten sie für Nichteingreifen oder unangemessene Steuerung, die das Entstehen von strafrechtliche relevanten Verhaltensweisen ermöglicht oder begünstigt, zur Verantwortung gezogen werden. Diese Schlussfolgerung steht zwar im Widerspruch zu der Wirkung des Unbewussten, wird aber im Folgenden noch weiter bzw. anders begründet durch die Hinzunahme komplexitätstheoretischer Erkenntnisse, die die Bedeutung von persönlichen Beziehungen in die Systemtheorie integriert.

9. Das Unternehmen als komplexes System reaktiver Interaktionen

Basierend auf den Forschungsergebnissen der Chaostheorie und der Komplexitätstheorie ist in den letzten Jahren ein neues Verständnis davon entstanden, welche Art System ein Unternehmen ist. Entscheidend für diese neuere Perspektive ist vor allem die bisher unbefriedigend geblieben Beantwortung der Frage, wie es zu Innovationen im Unternehmen kommt und wie sich Unternehmen verändern.[30]

Komplexe anpassungsfähige Systeme sind Systeme, die aus einer großen Anzahl von Bestandteilen, die Agenten genannt werden, bestehen, die miteinander interagieren und sich anpassen oder lernen.[31] Für die Entwicklungsfähigkeit eines CAS (Complex Adaptive System) ist Heterogenität ein wichtiges Merkmal, denn nur diese Systeme können sich ohne äußeren Anlass aus sich selbst heraus entwickeln. Eine weitere wichtige Grundannahme hierfür ist, dass menschliche Handlungen nicht durch allgemeingültige Regeln getrieben sind, sondern die Regeln sich ständig verändern, weil der Mensch dazulernt.

---

29 *Stacey* 2010.
30 Vgl. für die folgenden Ausführungen *Stacey* 2001, 2010.
31 *Holland* 1998.

Zwischen den Menschen herrschen komplexe Reaktionsprozesse (Complex Responsive Processes), denn Menschen sind nicht – wie in dem bisherigen systemtheoretischen Modell angenommen – autonome und unabhängige Individuen, sondern sie sind auf das Allerhöchste und unvermeidbar interdependent (wie es die Aussagen zur Bedeutung von sozialen Beziehungen bereits haben erwarten lassen), weil das individuelle Selbst durch und durch sozial ist. So wie die Menschen durch soziale Interaktionen geformt werden, so formen sie diese gleichermaßen.

Auf der Basis dieser Grundannahmen kann das Unternehmen als ein komplexer reagierender Prozess, als ein sich selbst organisierender Prozess des von In-Beziehung-Seins verstanden werden (Self Organizing Process of Relating). Es besteht aus temporären Interaktions-Prozessen zwischen menschlichen Körpern durch Symbole (z. B. Sprache, Verhalten), die dazu führen, dass aus den sich herausbildenden Mustern dieser Symbole Themen in der Kommunikation entstehen.

Menschliches Verhalten ist immer kontextabhängig , d. h. von den sozialen Beziehungen beeinflusst, und reagiert auf diese sozialen Beziehungen. Und menschliches Verhalten ist immer lokal, d. h. es findet immer zwischen mindestens zwei Menschen statt. Daher kann als die Basis des Systems die lokale Beziehung und die **lokale Interaktion in dieser Beziehung** verstanden werden. Das System entsteht nur durch Beziehungen auf lokaler Ebene, die sich in Interaktionen ausdrücken. Die Vielzahl der Interaktionen auf den unterschiedlichsten Ebenen, die ganz unterschiedlich, aber durchaus eben auch sehr ähnlich sein können, sorgt dann für das Entstehen von Mustern und damit von Themen in der Kommunikation. Veränderungen können nur dadurch entstehen, dass auf der lokalen Ebene des Individuums eine neue Reaktion als neue Antwort in einer Interaktion entsteht. Dadurch, dass das System erst in der Interaktion entsteht, muss man zudem annehmen, dass Werte, Ideologien und Strategien als symbolischer Ausdruck des Systems eigentlich nicht irgendwo aufbewahrt werden (in den Köpfen, auf dem Papier) oder aufbewahrt werden können, denn die Beziehung, die Interaktion ist ja das System. Sie werden daher in der öffentlichen Interaktion immer wieder neu geschaffen und konstruiert. Alternativ und zusätzlich werden sie auch in der inneren, von außen unhörbaren Kommunikation des Individuums erschaffen. Wenn ein Individuum seinen Fokus, seine Perspektive verändert, verändert sich auch die Orientierung seiner Handlungen und damit in Folge die Interaktion.

Insbesondere die Annahme, dass das System nur aus l o k a l e n Interaktionen besteht, hat Konsequenzen für das Management. Denn unter dieser Voraussetzung können Manager nur auf einer lokalen Interaktionsebene Einfluss nehmen und Führung ist dann nicht mehr ein Prozess des Designens und Kontrollierens, sondern des M i t - Machens und der sich immer wieder selbst die Frage Stellens nach dem W i e etwas gemacht werden soll.

Diese Charakteristika von Unternehmen als komplexen reagierenden Beziehungs-Systemen werfen eine Reihe von interessanten Fragen auf.

Komplexe Systeme zeichnen sich beispielsweise durch eine paradoxe Dynamik aus, sie sind gleichzeitig sowohl stabil als auch instabil, Bewegungen sind sowohl regelmäßig als auch unregelmäßig – alle lebenden Phänomene scheinen diese paradoxe Dynamik aufzuweisen. Ein stabiles Gleichgewicht, wie es bisherige systemtheoretische Betrachtungen erwarten, scheint es nicht zu geben. Für ein Unternehmen stellt sich hier dann die Frage nach der Bedeutung und Notwendigkeit von Instabilität für organisationale Vitalität.

Die Entwicklung von Systemen, die weit weg von einem Gleichgewicht am Rande des Chaos operieren, ist aus langfristiger Sicht nicht vorhersagbar. Ob es überhaupt dann so etwas wie allgemeingültige Ratschläge unter diesen Voraussetzungen geben kann, wäre ebenfalls eine wichtige Frage.

Die Zukunft von komplexen Systemen hängt an lokalen Interaktionen. Erst durch lokale Interaktionen entsteht das Ganze auf einer gemeinschaftlichen Ebene, an dessen Entstehen alle lokalen Interakteure teilhaben. Das Ganze kann also nicht als Ganzes gestaltet werden, weil das Phänomen der Emergenz jederzeit an jeder lokalen Ecke entstehen kann. Die Machbarkeit eines Systems als Ganzes wird damit grundsätzlich in Frage gestellt.

Innovationen, also die Weiter-Entwicklungen eines komplexen Systems, sind erst durch Diversität der lokalen Agenten möglich, erst ihre Heterogenität ermöglicht Veränderung. Das fordert die Grundidee von Harmonie und Übereinstimmung heraus, die der allgemeinen Systemtheorie zugrunde liegt. Vgl. Stacey, 2010.

10. Dritte mögliche Schlussfolgerung

Die besondere Rolle des Top-Managements eines Unternehmens (bei einer juristischen Person sind dies die Organe) liegt in der Steuerung des Unternehmens, damit das Unternehmen dessen Hauptaufgabe erfüllen kann, seine Produkte oder Dienstleistungen herzustellen und diese gegen ein angemessenes Entgelt zu verkaufen. Die Steuerungsaufgabe in einem reaktiven Interaktionssystem ist anders gelagert als nach den bisherigen systemtheoretischen Vorstellungen. Die **Qualität** und der Inhalt der **lokalen Interaktion** sind demnach entscheidend. Aus dieser Systemperspektive folgt die Vorstellung, dass **jede** Interaktion des Top-Managements eine Bedeutung für das System als Ganzes hat. Jede Interaktion ist prinzipiell musteranregend und jeder Abweichung vom gewünschten Muster ist auf lokaler Ebene sofort zu begegnen, damit sich aus der singulären Abweichung kein neues Muster bilden kann. Dies führt zu einer notwendigerweise erhöhten Aufmerksamkeit für das, was in den Interaktionen an den Systemrändern passiert. Das Top-Management muss also einerseits selbst ständig im Dialog mit den verschiedenen Ebenen des Unternehmens sein, um sich ein eigenes Urteil darüber zu bilden, welche Themen sich in den Interaktionen herausbilden. Und es muss andererseits dafür Sorge tragen, dass die, die in seinem Auftrag mit den nächsten Ebenen im Unternehmen interagieren, die gemeinsame Grundidee des Unternehmens verstanden haben. Dadurch, dass nichts dauerhaft festgeschrieben ist, sondern die Wirklichkeit jeweils in jeder Beziehung entsteht, ist dies ein ständiger Prozess, durch den sich auch der einzelne Manager möglicherweise verändert. Es ist hierbei besonders wichtig, sowohl der eigenen innere Stimme, als auch den Inhalten der lokalen Interaktion mit Aufmerksamkeit zu begegnen. Aktives Zuhören wird zu einer besonders wichtigen Managerqualität. Dazu gehört vor allem auch ein intensiver Dialog auf der Ebene des

Leitungsgremiums. Denn die lokalen Interaktionen auf dieser Ebene ermöglichen eine Berichterstattung über Themen in anderen Bereichen, und können dabei helfen, die sich neu bildenden Themen im jeweils eigenen Unternehmensbereich gemeinsam zu deuten und dadurch besser zu verstehen. In dem dauerhaften Spannungsverhältnis zwischen den paradoxen Kräften im Unternehmen ist gerade das Top-Management gefordert, darauf zu achten, welchen Veränderungen es welche Bedeutung beimisst.

Strafrechtliche Handlungen können bei diesem Systemverständnis nur dann länger existieren, wenn ihre Entstehung durch bestimmte Themenmuster begünstigt wird. Zwar sollte für eine singuläre Handlung, die von einem einzelnen Individuum ausgeht, weder das System, noch ein Organ verantwortlich gemacht werden. Aber in der Regel handelt es sich bei strafrechtlich relevanten Handlungen nicht um eine singuläre, vom Kontext unabhängige Handlung, sondern bereits um ein themenartiges Muster, das lokal aufgedeckt werden könnte. Ob die Kenntnis dieser abweichenden Muster oder Themen bis in die Managementetagen gelangen kann, wird an der Qualität und Quantität der lokalen Interaktionen liegen und an der Bereitschaft, diese Abweichungen wahrzunehmen bzw. wahrnehmen zu lassen und sich darüber auszutauschen. Generell ist es die Aufgabe des Managements, die lokalen Interaktionen durch die Schaffung von Rahmenbedingungen einerseits, aber auch durch individuelles Mitmachen und Aufmerksamkeit für die lokale Interaktion anderserseits, über die Ebenen des Unternehmens hinweg so zu gestalten, dass Abweichungen erkennbar werden.

Vor diesem Hintergrund macht die Haftung der juristischen Person des Unternehmens zunächst einmal keinen Sinn, denn es ist ja gerade die Aufgabe des Managements, den Dialog im Unternehmen, die Beziehungen und die Rahmenbedingungen entsprechend zu gestalten.

Nur im ganz besonderen Einzelfall könnte es sich möglicherweise nachweisen lassen, dass die das Unternehmen vertretenden Personen trotz aller Bereitschaft zur lokalen Interaktion und deren Interpretation im Dialog nicht wissen k o n n t e n, was sich in den strafrechtlich relevanten Interaktionen abspielte. Allerdings kann ich mir einen derartigen Fall nur als Handlung eines psychisch kranken Mitarbeiters vorstellen, dessen Erkrankung bisher unerkannt geblieben ist und sich plötzlich entwickelt hat. Aber das kann nur ein ganz besonderer Ausnahmefall sein. Ein Unternehmensstrafrecht für diesen Sonderfall zu konzipieren, wäre daher nicht angemessen.

Es muss vielmehr in einer Beurteilung der strafrechtlich relevanten Situation eines Unternehmens immer darum gehen, die persönliche Interaktion und die sich dahinter verbergende Haltung der die Unternehmensverantwortung tragenden Personen zu hinterfragen und vor allem ihre Bereitschaft zum Führungsdialog untereinander und mit den nächsten Ebenen zu thematisieren. Denn die inhaltliche und qualitative Gestaltung der Beziehungen und des Dialogs ist die Hauptaufgabe der Führungskräfte. Wird diese Aufgabe nicht angemessen, d.h. mit der notwendigen Aufmerksamkeit versehen, wahrgenommen, benötigen wir kein Unternehmensstrafrecht, sondern eine individuelle Zuschreibung der Wahrnehmung bzw. Nichtwahrnehmung der Verantwortung.

Insgesamt ist jedoch durch diese Ausführungen deutlich geworden, dass sich die Frage nach der Notwendigkeit eines Unternehmensstraffrechtes nur im Licht der gegenwärtigen Erkenntnisse über das Menschsein und das Unternehmenssein beantworten lässt. Zukünftige Erkenntnisse mögen zu anderen Ergebnissen führen. Aber aus der aktuellen Forschungslage heraus lässt sich aus meiner Sicht die Einführung eines Unternehmensstrafrechts nicht befürworten.

Literaturverzeichnis

Bowlby, J. Bindung als sichere Basis. Grundlagen und Anwendung der Bindungstheorie, 2008.
Cartwright, E. Behavioural Economics, 2011.
Gigerenzer, G. Bauchentscheidungen: Die Intelligenz des Unbewussten und die Macht der Intuition, 2008.
Gigerenzer, G.S./Reinhard, Ed. Bounded Rationality. The Adaptive Toolbox, 2001.
Grossmann, K.G., K.E. Bindungen – Das Gefüge psychischer Sicherheit, 2004.
Holland, J. Emergence from Chaos to Order, 1998.
Hüther, G. Biologie der Angst. Wie aus Stress Gefühle werden, 2005.
Jung, Carl Gustav Die Archetypen und das kollektive Unbewusste. Sonderausgabe: Gesammelte Werke, 20 Bde. in 24 Tl.-Bdn., Bd. 9.1, 1998.
Kinzel, C. Arbeit und Psyche. Konzepte und Perspektiven einer psychodynamischen Organisationstheorie, 2002.
Knox, J. Archetype, Attachment, Analysis: Jungian Psychology and the Emergent Mind, 2003.
March, J.G. and H.A. Simon Organizations, 1993.
McDowell, M.J. „Principle of Organization: a Dynamic-Systems View of the Archetype-As-Such." Journal of Analytical Psychology 46 (2001), 637–654.
Mentzos, S. Lehrbuch der Psychodynamik: Die Funktion der Dysfunktionalität psychischer Störungen, 2010.
Müller, Lutz; Müller, Anette Wörterbuch der Analytischen Psychologie, 2003.
Neuberger, O. Führen und führen lassen: Ansäze, Ergebnisse und Kritik der Führungsforschung, 2002.
Simon, H. Models of Bounded Rationality Volume 3 Empirically Grounded Economic Reason, 1997.
Simon, H.A. Administrative Behavior, 4th Edition: A Study of Decision-making Processes in Administrative Organisations, 1997.
Stacey, R.D. Complex Responsive Processes in Organizations: learning and knowledge creation. 2001.
Stacey, R.D. Strategic Management and Organisational Dynamics: The Challenge of Complexity, 2010.
Zimmermann, P. Von Bindungserfahrungen zur individuellen Emotionsregulation. Das entwicklungspsychologische Konzept der Bindungstheorie. Klinische Bindungsforschung. Theorien – Methoden – Ergebnisse. 2002.

Das Verhältnis zwischen Zuschreibung und Fakten in einem Unternehmensstrafrecht

Hans Theile

Gliederung

I. Einleitung

Das Verhältnis zwischen Zuschreibung und Fakten in einem Unternehmensstrafrecht ist in vieler Hinsicht eine Rechnung mit Unbekannten. Denn bislang kennt das deutsche Strafrecht keine Unternehmens*strafe*, weshalb sich keines der verschiedenen – akzessorischen und nicht-akzessorischen, konkurrierenden und subsidiären –[1] Haftungsmodelle durchgesetzt hat. Die Thematik wurde zudem lange Zeit ausschließlich materiellrechtlich diskutiert, so dass die von einem solchen Paradigmenwechsel zu erwartenden prozessualen Folgen unterbelichtet blieben.[2] Und nicht zuletzt: Über das

---

1 Vgl. die Systematisierung bei *Schlüter* Die Strafbarkeit von Unternehmen in einer prozessualen Betrachtung, 67 ff. m. w. N. Die Abgrenzung zwischen akzessorischen und nicht-akzessorischen Modellen erfolgt danach, ob die Haftung des Unternehmens auf einer personal vermittelten Zurechnung basiert oder nicht, während für die Abgrenzung von konkurrierenden und subsidiären Haftungsmodellen maßgeblich ist, ob eine kumulative oder alternative Haftung zwischen Individuum und Unternehmen bestehen soll.

2 Zwar äußerte sich *Busch* schon früh dahingehend, dass ein Strafverfahren gegen Unternehmen keine besonderen Schwierigkeiten mit sich bringe, vgl. *ders.* Grundfragen der strafrechtlichen Verantwortlichkeit von Verbänden, 217. Jedoch wurde das Thema in monographischer Form erst durch *Schlüter* Die Strafbarkeit von Unternehmen in einer prozessualen Betrachtung und *Drope* Strafprozessuale Probleme bei Einführung einer Verbandsstrafe untersucht. Vgl. auch *Volk* JZ 1993, 429, 435 Fn. 64.

Verhältnis zwischen Zuschreibung und Fakten weiß man auch im Individualstrafrecht nur wenig. Am Ende der Ausführungen werden daher mehr Fragen als Antworten stehen, was die Relevanz der auf „Legal Fiction" abzielenden Ausgangsfrage keineswegs in Abrede stellt, sondern nur unterstreicht.

II. Unternehmenskriminalität und strafprozessuale Tatsachengenerierung

Nähert man sich der Fragestellung aus systemtheoretischer Perspektive, steht am Beginn die Überlegung, dass die moderne Gesellschaft in verschiedene soziale Systeme ausdifferenziert ist, die im Verhältnis zu ihrer aus anderen Systemen bestehenden Umwelt kognitiv offen, zugleich aber operativ geschlossen sind.[3] Die Systeme operieren nach einem je spezifischen binären Code, der für das Recht „Recht/Unrecht" und für die Wirtschaft „Zahlung/Nichtzahlung" sowie – mit Blick auf das Verhältnis zwischen Strafrecht und Unternehmen – „strafbar/nicht strafbar" beziehungsweise „Gewinn/Verlust" lautet.[4] Auf die Wirtschaft bezogene strafrechtliche Interventionen treffen somit auf ein System, das nach einem gänzlich anderen Code operiert. Intersystemische Kontakte zwischen Strafrecht und Wirtschaft sind dabei keineswegs ausgeschlossen, aber ungleich voraussetzungsvoller als man gemeinhin annimmt. Erst eine strukturelle Kopplung der betroffenen Systeme bietet die Möglichkeit eines zumindest punktuellen Gleichlaufs der Operationen von Strafrecht und Wirtschaft, indem ihre Erwartungsstrukturen dergestalt verknüpft werden, dass sie bestimmte Eigenschaften wechselseitig voraussetzen und sich strukturell darauf verlassen können.[5]

Das Strafrecht zielt wie jedes andere System auf die Reduktion außersystemischer – hier: wirtschaftlicher – Komplexität, indem es in seinen eigenen Operationen strafrechtliche Komplexität aufbaut.[6] Über die verschiedenen Stadien des Verfahrens wird die Komplexität eines wirtschaftlichen Vorgangs am Maßstab des Codes „strafbar/nicht strafbar" durch den Aufbau strafrechtlicher Komplexität verringert, bis in einer abschließenden Entscheidung das außerstrafrechtliche Geschehen in eine Verurteilung oder einen Freispruch mündet, sofern die Strafjustiz nicht zu einem Strafbefehl oder einer der Opportunitätseinstellungen greift. Die in dieser Weise erzielte Lösung des Konflikts dient der gesamtgesellschaftlichen Funktion des Strafrechts, kontrafaktisch normative Erwartungen zu stabilisieren. Die in den Straftatbeständen des materiellen Strafrechts

3 *Luhmann* Recht der Gesellschaft, 44, 442; *ders.* Gesellschaft der Gesellschaft, 119f.; *ders.* Wissenschaft der Gesellschaft, 40.

4 Zum Ganzen siehe *Theile* Wirtschaftskriminalität und Strafverfahren, 59ff. Siehe ferner *Mittelsdorf* Unternehmensstrafrecht im Kontext, 26ff.; *Schünemann* Plädoyer für eine Unternehmenskuratel 129, 132 und 137f.

5 *Luhmann* Recht der Gesellschaft, 441; *ders.* Gesellschaft der Gesellschaft, 100ff.

6 *Luhmann* Legitimation durch Verfahren, 41ff.; *ders.* Rechtssystem und Rechtsdogmatik, 24f., 50; *ders.* Ausdifferenzierung des Rechts, 415; *ders.* Rechtstheorie 14 (1983) 129, 144; *ders.* Recht der Gesellschaft, 196. Für das Strafverfahren siehe *Theile* Wirtschaftskriminalität und Strafverfahren, 85ff.

verkörperten Erwartungen müssen daher nicht geändert werden, obwohl sie durch die Straftat enttäuscht wurden.

Gegenstand des Strafverfahrens ist der Verdacht einer Verletzung materiellen Strafrechts, der am Maßstab unterschiedlicher Verdachtsgrade (vgl. §§ 152 Abs. 2, 170 StPO) oder der die Verurteilung tragenden Überzeugung (§ 261 StPO) in tatsächlicher Hinsicht zu substantiieren ist. Die Generierung dieser Tatsachengrundlage erweist sich nicht nur als schwierig, weil jene Tatsachen in der Vergangenheit liegen,[7] sondern vor allem deshalb, weil sie die wirtschaftliche Umwelt des Strafrechts betreffen. Eine besondere Herausforderung bilden Fälle der Unternehmenskriminalität, in denen Funktionsträger im wirtschaftlichen Interesse eines Unternehmens Straftaten begehen.[8] Denn im Gegensatz zu sonstigen Straftaten sind Information, Entscheidung und Handlung hier typischerweise nicht in einer Person vereinigt, sondern auf verschiedene Personen verteilt.[9] *Luhmann* sprach bildlich davon, dass die klassischen Prinzipien der Verantwortlichkeit an den Klippen der Arbeitsteilung zerschellen.[10] Dies gilt weithin auch mit Blick auf die §§ 25 Abs. 1 Alt. 2, 25 Abs. 2 StGB, die ihren Ursprung in noch überschaubaren Formen des Zusammenwirkens haben, jedoch an Grenzen stoßen, wenn es um ein Handeln in Unternehmenszusammenhängen geht.[11] Die Problematik verschärft sich in einer durch Diversifizierung, Dezentralisierung und Internationalisierung geprägten modernen Unternehmenswelt.

Hiergegen wird eingewandt, Unternehmenskriminalität zeichne sich entgegen verbreiteter Klage im Prinzip gar nicht durch erhöhte Beweisschwierigkeiten aus, da die formelle innerbetriebliche Organisation fortlaufend zur Dokumentation von Entscheidungsabläufen zwinge.[12] Die oftmals beklagten Probleme bezögen sich weniger auf die Unmöglichkeit, sondern auf die faktische Unzumutbarkeit der Beweisführung.[13] Eine Diskussion, ob die Generierung der Tatsachen unmöglich oder (nur?) unzumutbar ist, führt letztlich aber nicht weiter, da die zu konstatierenden Schwierigkeiten der Tatsachengenerierung, die auf eine entweder absichtlich herbeigeführte „organisierte Unverantwortlichkeit" oder eine unabsichtlich eintretende „strukturelle Unverantwort-

---

7 Das Strafverfahren stellt ein nachgeschaltetes System der Komplexitätsreduktion dar, vgl. *Luhmann* Legitimation durch Verfahren, 41 ff.; *ders.* Recht der Gesellschaft, 196 f.

8 *Boers* MSchrK 2001, 335, 338 f.; *Opp* Soziologie der Wirtschaftskriminalität, 45 ff.

9 *Alwart* ZStW 105 (1993), 752, 754; *Dannecker* GA 2001, 101, 102 ff.; *Ehrhardt* Unternehmensdelinquenz und Unternehmensstrafe, 159 ff.; *Heine* Die strafrechtliche Verantwortlichkeit von Unternehmen, 31 ff.; *ders.* Plädoyer für ein Verbandsstrafrecht als „zweite Spur", 90, 91 f.; *ders.* ZStR 2001, 22, 24 ff.; *Mittelsdorf* Unternehmensstrafrecht im Kontext, 10 ff.; *Ransiek*, Unternehmensstrafrecht, 191 ff.; *Schünemann* wistra 1982, 41, 42 li. Sp.; *ders.* Madrid-Symposium, 265, 271 f. Grundlegend auch *Stratenwerth* ZStW 105 (1993), 679, 681 f.

10 *Luhmann* Funktionen und Folgen formaler Organisation, 185.

11 Vgl. dazu auch *Lüderssen* Unternehmensstrafrecht?, 351; *Otto* Die Strafbarkeit von Unternehmen und Verbänden, 5 f.

12 So etwa *Schünemann* in Unternehmenskriminalität und Strafrecht, 41 ff.; *ders.* wistra 1982, 41, 49 re. Sp.

13 *Volk* JZ 1993, 429, 433 li. Sp. Vgl. insoweit auch *König* in: Verbandsstrafe, 39, 54; *Krekeler* FS Hanack, 638, 660 ff.; *Leipold* NJW-Spezial 2008, 216, 261 f.; *ders.* FS Gauweiler, 375, 380; *Schlüter* Die Strafbarkeit von Unternehmen in einer prozessualen Betrachtung, 32; *Seelmann* FS Schmid, 169, 171 f.

lichkeit" zurückgehen, nur allzu offensichtlich sind.[14] In einem Unternehmen und erst recht in einem Konzern, zirkulieren im Übrigen derart zahlreiche Informationen, dass jede Beweisgewinnung von vornherein nur selektiv erfolgen kann, woraus sich evidente Schwierigkeiten für die Tatsachengenerierung ergeben.

Hinzu kommt, dass Unternehmen eine emergente Ordnungsform und somit mehr als die Summe ihrer Einzelaktivitäten bilden.[15] Das traditionelle Strafrecht ist demgegenüber am Individuum orientiert und kann derartigen Emergenzeffekten von vornherein nicht Rechnung tragen; die Attribuierung strafrechtlicher Verantwortung auf das Unternehmen scheidet damit aus.

III. Feststellung oder Zuschreibung von Tatsachen?

Die hier skizzierten Probleme sind jedoch vordergründiger Natur. Die eigentlichen Schwierigkeiten werden deutlich, wenn man den Vorgang der Tatsachengenerierung genauer analysiert. An diesem Punkt handelt es sich keineswegs um ein Spezifikum der Unternehmenskriminalität, sondern vielmehr ist eine Grundsatzfrage des Strafverfahrens aufgerufen. Die Frage lautet, ob innerhalb des Strafverfahrens Tatsachen entsprechend tradierter Vorstellung „festgestellt" oder „zugeschrieben" werden.

Aus systemtheoretischer Perspektive ergeben sich Zweifel daraus, dass die maßgeblichen „Feststellungen" auf die wirtschaftliche Umwelt des Strafrechtssystems bezogen und somit außerhalb seiner selbst angesiedelt sind. Als immerhin kognitiv offenes System kann das Strafrecht die außerstrafrechtliche Umwelt zwar beobachten, jedoch stellt die Beobachtung ihrerseits eine Operation dar, bei der anhand des Codes „strafbar/nicht strafbar" eine Unterscheidung zwischen System und Umwelt konstituiert wird.[16] Das Strafrechtssystem reproduziert sich hierin selbst, indem seine Beobachtung durch den eigenen Code bestimmt und deshalb von vornherein eine strafrechtlich strukturierte Umwelt wahrgenommen wird.[17] Die volle Komplexität der Umwelt bleibt ihm jedoch zwangsläufig verschlossen, weshalb die für das Strafverfahren maßgebliche Tatsachengrundlage im eigentlichen Wortsinne nicht re-konstruiert werden kann.

---

14 Vgl. hierzu *Dannecker* GA 2001, 101, 103 f.; *Heine* Plädoyer für ein Verbandsstrafrecht als „zweite Spur", 90, 91 f.; *ders.* ZStR 2001, 22, 24 ff.; *Otto* Die Strafbarkeit von Unternehmen und Verbänden, 7 ff.; *ders.* Jura 1998, 409, 410 li. Sp.; *Schünemann* wistra 1982, 41, 42 f.; *Stratenwerth* FS Schmitt, 295, 301.

15 *Hoyningen-Huene* in: Kausalität und Zurechnung, Lübbe, 165, 171 ff.; *Lenk/Maring* Wer soll Verantwortung tragen?, 241, 243; *Luhmann* Zweckbegriff und Systemrationalität, 56, 171 ff.; *Lübbe* Verantwortung in komplexen kulturellen Prozessen, 122 ff.; *Willke* Systemtheorie II: Interventionstheorie, 52 ff. Aus strafrechtlicher Sicht *Dannecker* GA 2001, 101, 108 f.; *Heine* ZStR 2001, 22, 25; *ders.* Plädoyer, 90, 101; *Hirsch* ZStW 107 (1995), 285, 288 f.; *Lampe* ZStW 106 (1994), 683, 691; *Seelmann* FS Schmid, 169, 170 f. Siehe hierzu auch *Lüderssen* Unternehmensstrafrecht?, 6. Zu Aggregationsmodellen, die einerseits zwar das Unternehmen als Täter ansehen, andererseits hierbei aber gerade die Einzelverhaltensweisen addieren, siehe *Pieth/Ivory* in Corporate Criminal Liability, Pieth/Ivory, 3, 6 f.

16 Vgl. hierzu *Luhmann* Recht der Gesellschaft, 60 ff.

17 *Luhmann* Recht der Gesellschaft, 76.

Wenn das Strafrecht seine Umwelt nur am Bildschirm eigener Strukturen wahrnimmt und die strafrechtliche Systemidentität in jeder Beobachtung präsent ist (sog. Re–Entry),[18] ist die tradierte Vorstellung der „Feststellung“ von Tatsachen nicht zu halten. Insbesondere scheidet die Distinktion zwischen einer empirischen Ebene der Feststellung von einer normativen Ebene der Bewertung von Tatsachen aus.[19] Das Substrat des binären Strafrechtscodes – vor allem: das materielle Strafrecht – hat insofern keinen deskriptiven, sondern askriptiven Charakter, da es keine außerhalb des Strafrechts liegende Wirklichkeit beschreibt, sondern überhaupt erst konstituiert.[20] Diese Überlegungen treffen sich mit dem interpretativen Paradigma der Soziologie, nach dem Vorgängen innerhalb der sozialen Welt stets eine bestimmte Bedeutung – etwa die Attribuierung als „strafrechtlich relevant“ – beigemessen wird.[21] Im Strafverfahren erfolgt daher keine Feststellung, sondern eine wertende Zuschreibung von Tatsachen, weshalb es vor allem eine Veranstaltung strafrechtlicher Konstruktion – und eben nicht: Re-Konstruktion – von Wirklichkeit ist.[22]

Es geht hierbei nicht nur darum, dass Tiefen- und Oberflächenstruktur der Rechtsanwendung zu unterscheiden sind und jede Rechtsanwendung durch informelle Programme geprägt wird.[23] Zwar ist hiermit richtigerweise die Vorstellung verabschiedet, die Lösung eines Rechtsfalles sei lediglich Folge eines ausschließlich durch das Gesetz vorprogrammierten Subsumtionsvorganges. Jedoch wird damit nicht hinreichend deut-

18 *Luhmann* Recht der Gesellschaft, 442 f.

19 Ausdruck hierfür sind in der Rechtsprechung insbesondere der Contergan–Beschluss des LG Aachen ebenso wie die Entscheidungen BGHSt 37, 106 ff. – Lederspray sowie BGHSt 41, 206 ff. – Holzschutzmittel, in denen Gerichte letztlich mit normativen Konstruktionen arbeiteten. Vgl. auch *Lüderssen* Unternehmensstrafrecht?, 352. Zum Ganzen siehe neuerdings *Upmeier* Fakten im Recht mit Anmerkung *Grasnick* GA 2011, 1065, 1065 ff.

20 Vgl. hierzu *H. L. A. Hart* Der Begriff des Rechts, 118 ff., der diese These später aber zurücknahm. Zur Rezeption siehe *Günther* Verantwortung in der Zivilgesellschaft, Heidbrink/Hirsch, 295, 299 f.; *Kuhlen* Die Objektivität von Rechtsnormen, 23 f., 91 ff.; *Sack* in Handbuch der empirischen Sozialforschung, Bd. 2, König, 961, 1000; *Sessar* Kriminologische Erkundungen, Karliczek, 32, 61 ff. Siehe ferner *McNaughton-Smith* in Abweichendes Verhalten II, 197, 197: *„Es ist das Gesetz, welches die Gesellschaft durch ihre soziale Handlungen und nicht nur durch ihre in Gesetzen formal fixierten Handlungen schafft“*.

21 Zum interpretativen Paradigma siehe *Blumer* Arbeitsgruppe Bielefelder Soziologen, 80, 80 ff.; *Mead*, Mind, Self and Society. Vgl. zum Ganzen auch *Kuhlen* Die Objektivität von Rechtsnormen, 76 f.; *Kunz* Die wissenschaftliche Zugänglichkeit von Kriminalität, 81 f., 87 f.; *Singelnstein* Diskurs und Kriminalität, 20 ff. Zum Labeling Approach siehe *Kunz* Die wissenschaftliche Zugänglichkeit von Kriminalität, 65, 87 f. Aus der Perspektive strafrechtlicher Fremdbeobachtung *Lüderssen* Die Handlungsfreiheit des Unternehmers – wirtschaftliche Perspektiven, strafrechtliche und ethische Schranken, Kempf/Lüderssen/Volk, 241, 293 ff.

22 Siehe zum Ganzen auch *Grasnick* GA 2011, 1065, 1069; *Günther* Schuld und kommunikative Freiheit, 117 ff., 152 ff.; *Lüderssen* Strafrechtswissenschaft im Umbruch, Blei/Bruns/Engisch u. a., 465, 467; *Singelnstein* Diskurs und Kriminalität, 41 ff. Vgl. in diesem Zusammenhang *Schünemann* Unternehmenskriminalität und Strafrecht, 52 f.

23 Vgl. insoweit bereits *Esser* Vorverständnis und Methodenwahl in der Rechtsfindung, 34, 43 ff., 72; *Hassemer* StV 1982, 377, 381 f.; *Kunz* Die wissenschaftliche Zugänglichkeit von Kriminalität, 88; *McNaughton-Smith* Abweichendes Verhalten II, 197, 202 ff.; *Sack* in Handbuch der Empirischen Sozialforschung, 961, 994 f., 997 f.; *ders.* in Selektion und Selektionsmechanismen, 463, 464 f.; *Sessar* Kriminologische Erkundungen, Karliczek, 32, 66.

lich, dass bereits jene Distinktion zwischen einer Ebene empirischer Feststellung und einer Ebene normativer Bewertung bei sozialen Tatsachen undurchführbar ist.[24]

Eine solche Sichtweise läuft keineswegs auf einen radikalen Konstruktivismus und eine vollständige Verleugnung der Existenz von Tatsachen oder gar von Wirklichkeit hinaus. Präzisierend können in Anlehnung an *Searle* insoweit institutionelle von rohen Tatsachen unterschieden werden, je nachdem, ob eine Tatsache auf menschlicher Übereinkunft beruht beziehungsweise in ihrem Bestehen von menschlichen Institutionen abhängt oder nicht.[25] Sozial relevant werden rohe Tatsachen durch die ihnen – strafrechtlich etwa anhand des Schemas „strafbar/nicht strafbar" – zugeschriebene Bedeutung, weshalb institutionelle Tatsachen „auf den Schultern roher Tatsachen" stehen.[26] Der auf rohe Tatsachen bezogene Zuschreibungsakt zeitigt insofern erhebliche Folgen, als er für die von ihm Betroffenen zu einer Statusänderung führt:[27] „X zählt (fortan, Ergänzung durch den *Verf.*) als Y in K".[28] Zugleich wird deutlich, wie aus einem Regulativ ein Konstitutiv wird: Das Strafrecht reguliert nicht länger nur ein bereits entfaltetes menschliches Verhalten, sondern seine Anwendung auf ein Rechtssubjekt konstituiert einen neuen Status, der die sozialen Entfaltungsmöglichkeiten für die Zukunft maßgeblich bestimmt.[29] Die Lage verkompliziert sich dadurch, dass sich die strafrechtliche Konstruktion institutioneller Tatsachen ihrerseits auf zunächst innerhalb des Wirtschaftssystems konstruierte institutionelle Tatsachen bezieht,[30] die sodann anhand des systemeigenen Codes „strafbar/nicht strafbar" der Sache nach wie rohe Tatsachen behandelt werden. Jedenfalls im Intersystem-Verhältnis tritt damit ein Konflikt über gegenläufige Konstruktionen institutioneller Tatsachen auf.

Der Begriff der Zuschreibung insinuiert, dass es sich um einen einseitigen Vorgang handelt, auf den der Zuschreibungsadressat keinerlei Einfluss hat. Entgegen einigen frühen Strömungen des Labeling Approach erfolgt die Zuschreibung indes keineswegs einseitig, sondern der Zuschreibungsadressat kann durchaus Einfluss auf den Vorgang

24 Dies dürfte letztlich sogar für naturwissenschaftliche Erkenntnis gelten, denn bislang hat kein Physiker jemals ein Atom, sondern allenfalls Epi-Phänomene wahrgenommen, die dann entsprechend interpretiert werden. Anderenfalls würden sich Physiker auch nicht über unterschiedliche Atommodelle streiten.

25 *Searle* Die Konstruktion der gesellschaftlichen Wirklichkeit, 10, 64. Vgl. bereits *Anscombe* On Brute Facts, Analysis 18 (1958), 69–72.

26 *Searle* Die Konstruktion der gesellschaftlichen Wirklichkeit, 43 f., 64, 129, 199.

27 In der Philosophie *Searles* handelt es sich um ein Performativ, d.h. um ein Element der Klasse von Sprechakten, die als Deklarationen zu bezeichnen sind und institutionelle Tatsachen – etwa die Attribuierung als „kriminell" – im Sinne eines Sachverhalts schaffen, den sie repräsentieren, vgl. *ders.* Die Konstruktion der gesellschaftlichen Wirklichkeit, 43, 63. Aus kriminologischer Perspektive siehe *Sack* in Handbuch der Empirischen Sozialforschung, Bd. 2, König, 961, 1004.

28 *Searle* Die Konstruktion der gesellschaftlichen Wirklichkeit, 53 ff.

29 *Searle* Die Konstruktion der gesellschaftlichen Wirklichkeit, 59. Zur Unterscheidung von regulativen und konstitutiven Regeln siehe *dens.* Die Konstruktion der gesellschaftlichen Wirklichkeit, 38, 56.

30 Selbstverständlich werden auch innerhalb des Wirtschaftssystems institutionelle Tatsachen konstruiert, indem etwa indem einem bedruckten Stück Papier die Bedeutung als Zahlungsmittel zugewiesen wird. Bedeutungszuweisungen finden dementsprechend in allen sozialen Systemen statt.

der Zuschreibung nehmen.[31] Denn die Strafprozessordnung stellt ein Medium struktureller Kopplung dar, auf dessen Grundlage gegenläufige – strafjustizielle oder wirtschaftliche – Interessen der Verfahrensbeteiligten durchgesetzt oder zu einem intersystemischen Ausgleich gebracht werden können. Die im Strafverfahren konstruierten institutionellen Tatsachen sind damit stets das Ergebnis aushandelnder Zuschreibung.

IV. Die aushandelnde Zuschreibung in einem Unternehmensstrafverfahren

Zeigt sich, dass strafrechtlich relevante Tatsachen im Wege aushandelnder Zuschreibung generiert werden, sind die möglichen Folgen für ein Unternehmensstrafverfahren zu erörtern.

1. Ein erster Blick: Emergenzadäquate und erleichterte Zuschreibung in einem Unternehmensstrafrecht?

Auf einen ersten Blick bietet ein Unternehmensstrafrecht die Möglichkeit, Zuschreibungen nicht länger auf das Individuum, sondern auf das Unternehmen vorzunehmen.

Geht man davon aus, dass die im Strafverfahren maßgeblichen Tatsachen erst durch das Strafrecht konstituiert werden, fehlt dem Individualstrafrecht die Perspektive für Emergenzeffekte. Zwar existiert in den sozialen Sinnsystemen möglicherweise bereits unter seinem Regime diffus die Idee einer Unternehmensverantwortlichkeit.[32] Aber selbst wenn hierdurch die Tiefenstruktur der Normanwendung beeinflusst wird, findet sie bislang keinen Ausdruck in deren Oberflächenstruktur – sie darf es angesichts des bislang fehlenden Unternehmensstrafrechts gar nicht! Das latent vorhandene Bedürfnis nach einer Attribuierung strafrechtlicher Verantwortung auf Unternehmen drängt deshalb zur Bestrafung einzelner Unternehmensmitarbeiter, womit der strukturelle Kontext der Problematik ausgeblendet wird.[33] Dies wiederum hat die merkwürdige Konsequenz, dass je nachdem, ob eine Rechtsordnung Strafsanktionen gegen Unternehmen vorsieht, diese entweder als Täter oder als Opfer behandelt werden können: Im Zuge der Korruptionsaffäre sah sich dementsprechend Siemens in den USA mit dem Vorwurf der Täterschaft konfrontiert, während das Unternehmen in Deutschland – abgesehen von der allerdings empfindlichen Geldbuße nach § 30 Abs. 1 OWiG – straf-

31 Vgl. hierzu auch *Günther* Schuld und kommunikative Freiheit, 160 ff.; *Kuhlen* Die Objektivität von Rechtsnormen, 17; *Kunz* Die wissenschaftliche Zugänglichkeit von Kriminalität, 87 f.; *Sack* in Handbuch der Empirischen Sozialforschung, Bd. 2, König, 961, 978.

32 Dementsprechend spricht man eben in erster Linie von „Siemens-Affäre", „MAN/Ferrostaal-Affäre", nicht aber von konkreten Beschuldigten. Ob hier Einflüsse des US-Rechts oder einfach Rudimente einer originären Handlungssprache kollektiver Akteure auszumachen sind, ist einstweilen unklar, zu Letzteren siehe *Alwart* ZStW 105 (1993), 752, 763 f., *Hirsch* ZStW 107 (1995), 285, 287. Vgl. aber die Ausführungen bei *Bottke* wistra 1997, 241, 246; *Wehnert* FS Riess, 811, 816. Zum Einfluss außergesetzlicher Sinnsysteme *Singelnstein* Diskurs und Kriminalität, 51 ff.

33 Siehe hierzu *Trüg* wistra 2010, 241, 242 re. Sp.

rechtlich als Opfer der Anlegung schwarzer Kassen durch einzelne Funktionsträger behandelt wurde.[34]

Überdies könnten prinzipiell diejenigen Schwierigkeiten der strafprozessualen Tatsachengenerierung abgeschwächt werden, die aus der Nonkoinzidenz von Information, Entscheidung und Handlung entstehen. Dies gilt weniger für ein akzessorisches Modell, selbst wenn nach dem Vorbild der §§ 30 Abs. 4, 130 Abs. 1 S. 1 OWiG eine anonyme Anknüpfungstat für die Haftung des Unternehmens als ausreichend erachtet wird.[35] Bei Identifikation einer tatbestandsmäßig, rechtswidrig und schuldhaft beziehungsweise vorwerfbar begangenen Straftat, steht im Regelfall die Identität des Täters fest, so dass hiermit letztlich keine entscheidende Beweiserleichterung erreicht ist.[36] Vor allem führt die Vermengung individueller und kollektiver Haftung zu potentiellen Implementationsdefiziten: Denn die Anknüpfungstat eines akzessorischen Modells wäre nach wie vor Ausdruck traditionellen Individualstrafrechts, so dass Information, Entscheidung und Handlung noch immer in einer Person zusammenfallen müssten.[37] Anders lägen die Dinge in einem originären Haftungsmodell, bei dem haftungsbegründend ein zu einer Rechtsgutsverletzung führender Organisationsmangel wirkt. Die strafrechtliche Haftung setzt hier nicht länger die Koinzidenz von Information, Entscheidung und Handlung in einer Person voraus, sondern lediglich den Nachweis, dass eine konkrete Rechtsgutsverletzung auf eine fehlerhafte Unternehmensorganisation zurückgeht.

2. Ein zweiter Blick: Aushandlungspositionen

Auf einen zweiten Blick ergeben sich jedoch deutliche Zweifel, ob in einem Unternehmensstrafrecht die Tatsachengenerierung weniger problematisch und eine Verantwortungsattribuierung auf das Unternehmen erwartbar wäre. Denn auch hier würde die Generierung der dem Strafverfahren zugrunde liegenden Tatsachen nicht auf einer Feststellung, sondern auf einer aushandelnden Zuschreibung beruhen. Dann aber kommt es darauf an, wer im Zuge dieser Aushandlung seine Interessen am wirkungsvollsten durchsetzt: die Strafjustiz oder das Unternehmen.

a) Abwehr von strafjustiziellen Zuschreibungen

Im Grundsatz wird man davon ausgehen können, dass Unternehmen im Vergleich zu Individualpersonen über ein größeres Potential verfügen, strafjustizielle Zuschreibungsintentionen abzuwehren (Bsp.: Steuerung des Umfangs der Beweiserhebung,

---

34 *Arzt* in: Die Finanzkrise, das Wirtschaftsstrafrecht und die Moral, Kempf/Lüderssen/Volk, 177, 183. Ferner *Trüg* wistra 2010, 241, 241 li. Sp. Kritisch *Fischer* in Die Finanzkrise, das Wirtschaftsstrafrecht und die Moral, Kempf/Lüderssen/Volk, 190, 191.

35 Siehe hierzu *Theile/Petermann* JuS 2011, 496, 499 ff.

36 Vgl. bereits *Schmitt* FS Lange, 877, 885.

37 Zu diesen Fragen siehe *Otto* Jura 1998, 409, 416; *Schlüter* Die Strafbarkeit von Unternehmen in einer prozessualen Betrachtung, 70 f.; *Stratenwerth* FS Schmitt, 295, 298. Vgl. aber *Volk*, JZ 1993, 429, 433.

Sachverständigengutachten, Beauftragung renommierter Anwälte).[38] Eine Abwehr ist umso eher zu erwarten, als strafrechtlich relevantes Handeln im Unternehmensinteresse nicht länger als individuelles Versagen einzelner Mitarbeiter darstellbar wäre, sondern der strafrechtliche Vorwurf das Unternehmen selbst träfe. Mithin spricht einiges dafür, dass auch unter dem Regime eines Unternehmensstrafrechts die gesamtgesellschaftliche Verteilung des „Negativguts" Kriminalität analog zur Verteilung von Positivgütern wie Eigentum und Vermögen stattfindet.[39] Die bloße Möglichkeit der Verhängung strafrechtlicher Sanktionen gegenüber Unternehmen besagt deshalb wenig über die Aussichten, ob eine Sanktion tatsächlich implementierbar ist.

Vor diesem Hintergrund kann prognostiziert werden, dass gegen Unternehmen gerichtete Strafverfahren weniger durch eine auf der Basis einseitiger strafjustizieller Sachverhaltsfeststellungen erfolgende Oktroyierung des Strafübels, sondern durch Aushandlungsprozesse geprägt sein werden. Nicht die aushandelnde Zuschreibung von Tatsachen als solche, sondern das Potential von Unternehmen, eigene Sachverhaltsdefinitionen in diesen Aushandlungsprozessen durchzusetzen, wird in der Praxis zu einer Inflation derjenigen Rechtsinstitute führen, die mit dieser Form der Tatsachengenerierung korrespondieren.[40] Neben Verfahrenseinstellungen aus Opportunitätsgründen (insbesondere § 153 a StPO) werden verfahrenserledigende Urteilsabsprachen ein – wenn nicht: *das* – zentrale Element von Unternehmensstrafverfahren bilden. Hierin würde eine Form der Konfliktlösung Ausdruck finden, die auch in Wirtschaftsstrafverfahren des Individualstrafrechts beobachtet werden kann.[41]

b) Unterwerfung gegenüber strafjustiziellen Zuschreibungen

Besinnt man sich auf den Standort von Unternehmen im Wirtschaftssystem, erscheint ein weiteres Szenario denkbar. Gegenüber der Artikulation eines sozialethischen Unwerturteils sind Unternehmen indifferent, stattdessen wird jede im Raum stehende Strafsanktion am Maßstab „Gewinn/Verlust" beurteilt. Vor diesem Hintergrund ist zu erwarten, dass ein gegen ein Unternehmen geführtes Strafverfahren von vornherein vor allem durch wirtschaftliche Erwägungen bestimmt und der Code „strafbar/nicht strafbar" faktisch durch den Code „Gewinn/Verlust" ersetzt wird. Dies gilt im Übrigen nicht einmal nur für das betroffene Unternehmen, sondern auch für die Strafjustiz, wie die Entwicklung im Bereich des verbandsbezogenen Verfalls (§ 73 Abs. 3 StGB) oder der §§ 30, 130 OWiG zeigt, bei der die Strafjustiz auch verstärkt aufgrund fiskalischer Erwägungen operiert. Die Entscheidung darüber, gegen welche natürliche oder juristi-

38 *Theile* Wirtschaftskriminalität und Strafverfahren, 298 ff. Zum Zusammenhang zwischen gesellschaftlichen Machtstrukturen und der Zuschreibung von Kriminalität siehe *Günther* Schuld und kommunikative Freiheit, 171 ff.; *Kunz* Die wissenschaftliche Zugänglichkeit von Kriminalität, 87 f.

39 Vgl. insoweit bereits *Sack* in Kriminalsoziologie, Sack/König, 469 f.; *ders.* in: Handbuch der Empirischen Sozialforschung, Bd. 2, König, 961, 994 f.; *ders.* in Kleines Kriminologisches Wörterbuch, Kaiser/Kerner/Sack u. a., 462, 465 f.

40 Zu derartigen Zusammenhängen siehe auch *Heine* Plädoyer, 90, 92; *Ransiek* Unternehmensstrafrecht, 225. Dies dürfte im Übrigen auch dann gelten, wenn der Gesetzgeber die materiell- und prozessrechtlichen Haftungsvoraussetzungen absenken würde, vgl. hierzu *Ransiek* Unternehmensstrafrecht, 226 ff.

41 *Theile* Wirtschaftskriminalität und Strafverfahren, 197 ff., 213 ff.

sche Person Ermittlungen eingeleitet werden, könnte sich künftig noch stärker danach bestimmen, wo der größtmögliche fiskalische Ertrag des strafjustiziellen Ressourceneinsatzes zu erwarten ist.

Insoweit sind Konstellationen vorstellbar, in denen Unternehmen im Zuge der Aushandlung bestimmte Zuschreibungen und damit Strafsanktionen hinnehmen, um nicht länger der wirtschaftlich desaströsen adverse publicity eines Strafverfahrens ausgesetzt zu sein. Solange es außerhalb von Konzernzusammenhängen nicht um ein Einzelunternehmen oder in Konzernzusammenhängen um die Konzernobergesellschaft geht,[42] dürfte dies sogar für die Maximalsanktion einer staatlich angeordneten Unternehmensschließung – der „gesellschaftsrechtlichen Todesstrafe" –,[43] gelten, die jede weitere Operation am Maßstab „Gewinn/Verlust" unmöglich macht. In einer im Wesentlichen durch Konzerne geprägten Unternehmenswelt ist die erzwungene Schließung einzelner Tochtergesellschaften grundsätzlich ohne weiteres verkraftbar. Im Gegenteil: Möglicherweise kommt eine solche Schließung der Konzernobergesellschaft gelegen, die sich auf diese Weise des Strafrechts als Ressource für eine Konzernrestrukturierung bedienen kann.

Derartige Unterwerfungen unter strafjustizielle Zuschreibungsintentionen sind sogar denkbar, wenn Unternehmen den gegen sie erhobenen Vorwurf in der Sache nicht akzeptieren. Ähnlich wie bei manchen verfahrenserledigenden Absprachen im Individualstrafrecht – wo es im Zweifel immerhin um die persönliche Freiheit geht –, würde die Frage, inwieweit das Unternehmen im Zuge der Aushandlungen seine Interessen durchsetzt, im Wesentlichen danach beurteilt werden, was in der konkreten Situation seinen außerstrafrechtlichen Interessen am besten entspricht. Dies gilt umso mehr, als Ermittlungsbehörden über Möglichkeiten verfügen, über strafprozessuale Zwangsmaßnahmen oder eine Arrestierung von Vermögenswerten medialen und wirtschaftlichen Druck zu entfalten. Und auch das Instrument der „Sanktionsschere" ist keinesfalls auf das Individualstrafrecht beschränkt.

V. Folgen aushandelnder Zuschreibung in einem Unternehmensstrafrecht

Vor diesem Hintergrund sind die aus der aushandelnden Zuschreibung resultierenden Folgen eines Unternehmensstrafrechts für das Strafrecht im Ganzen, aber auch für Unternehmen und ihre Mitarbeiter zu analysieren.

---

42 Anders würden die Dinge wiederum möglicherweise bei einer Holding liegen, die keine operativen Entscheidungen trifft, sondern nur eine mehr oder weniger virtuelle Spitze der Konzernorganisation darstellt.

43 Vgl. aber § 62 GmbHG; § 396 AktG; §§ 35 Abs. 2 Nr. 1, 4a, 33 I Nr. 2 KWG; § 81 GenG; §§ 3, 17 VereinsG; §§ 20 f. BImSchG; § 35 GewO.

1. Folgen für das Strafrecht insgesamt

Weist man dem Strafrecht die Funktion einer Stabilisierung normativer Erwartungen zu, führt die aushandelnde Zuschreibung dazu, dass infolge einer Straftat enttäuschte und im materiellen Strafrecht verkörperte Erwartungen nicht mehr vollständig stabilisiert werden. Stattdessen müssen die Verfahrensbeteiligten und die Gesellschaft ihre Erwartungen zumindest partiell umstrukturieren, weil das Unternehmen als potentieller Zuschreibungsadressat eminenten Einfluss auf die Tatsachengenerierung und damit auf die verfahrensabschließende Codewertzuweisung „strafbar/nicht strafbar" erhält. Ab einem bestimmten Punkt mag dann zweifelhaft sein, ob das Strafrecht die ihm traditionell eigene Funktion der kontrafaktischen Stabilisierung enttäuschter Erwartungen erfüllen kann.[44]

Derartige Folgen könnten den Gesetzgeber perspektivisch dazu verleiten, die „Verhandlungsposition" der Strafjustiz im Zuge der aushandelnden Zuschreibung einseitig zu Lasten anderer Verfahrensbeteiligter zu verschieben. Unabhängig vom gewählten Modell der Unternehmensstrafbarkeit würden materiellrechtliche Haftungsvoraussetzungen in einer Weise formuliert werden, die beschuldigten Unternehmen oder ihren Mitarbeitern weniger Chancen böten, strafjustiziellen Zuschreibungsintentionen entgegenzutreten. Die Vergangenheit hat gezeigt, dass die materiellrechtliche Wirtschaftsstrafgesetzgebung immer wieder in den Dienst prozessualer Funktionen gestellt und Beweisprobleme über das materielle Strafrecht gelöst wurden.[45]

Aufgrund des in Gestalt der Individualtat fortbestehenden „Zurechnungsdrucks" könnte der Gesetzgeber bei einem akzessorischen Modell versucht sein, die strafrechtliche Haftung des Unternehmens jedenfalls nicht am fehlenden Nachweis der Anknüpfungstat scheitern zu lassen. Die Voraussetzungen strafrechtlicher Individualhaftung wären dann herabzusetzen, und zwar weit über das Maß hinaus, welches mit einer Anonymisierung der Anknüpfungstat verbunden wäre.[46]

Auch originäre Haftungsmodelle bieten Möglichkeiten für eine Absenkung materiellrechtlicher Haftungsvoraussetzungen, wobei namentlich am Zusammenhang zwischen mangelhafter Unternehmensorganisation und Rechtsgutsverletzung angesetzt werden kann. Denkbar wäre zunächst die Festschreibung der Risikoerhöhungslehre als maßgebliches Zurechnungsmodell.[47] Hier existiert bereits ein Vorbild in Gestalt des § 130 Abs. 1 S. 1 OWiG, der die Haftung des Inhabers daran knüpft, dass bei gehöriger Aufsicht die Straftat oder Ordnungswidrigkeit eines Mitarbeiters verhindert oder jedenfalls wesentlich erschwert worden wäre.[48] Entsprechend könnte die Haftung des Unterneh-

---

44 Bezogen auf das Individualstrafrecht siehe *Theile* Wirtschaftskriminalität und Strafverfahren, 213ff., 315ff.

45 Vgl. etwa *Hamm* NJW 1998, 662, 662f.; *Ransiek* Unternehmensstrafrecht, 185ff., 213ff. In diesem Sinne bereits *Hillenkamp* Beweisprobleme im Wirtschaftsstrafrecht, 221, 221ff.; *Lüderssen* ZStW 85 (1973), 288, 299; *Volk* FS Dahs, 495, 503f.

46 Zu derartigen Entwicklungen siehe auch *Heine* Plädoyer für ein Verbandsstrafrecht als „zweite Spur", 90, 96; *ders.* ZStR 2001, 22, 36; *Otto* Jura 1998, 409, 416 li. Sp.; *Seelmann* FS Schmid, 169, 175.

47 Siehe *Ransiek* Unternehmensstrafrecht, 186. Vgl. hierzu bereits *Schünemann* Unternehmenskriminalität und Strafrecht, 214.

48 Siehe hierzu *Theile/Petermann* JuS 2011, 496, 499 li. Sp.

mens davon abhängen, ob bei ordnungsgemäßer Unternehmensorganisation die Rechtsgutsverletzung zumindest erschwert worden wäre.

Darüber hinaus ist nicht auszuschließen, dass materiellrechtliche Zurechnungsvoraussetzungen künftig von vornherein ausschließlich am Maßstab postulierter Präventionsbedürfnisse formuliert werden. Ginge es um die Frage, ob dem Unternehmen eine Rechtsgutsverletzung zuzurechnen ist, käme es nicht länger auf Kausalität und objektive Zurechnung, sondern allein darauf an, ob von der Verhängung einer Strafsanktion generalpräventiv Abschreckung oder Normstabilisierung und spezialpräventiv Unschädlichmachung und Abschreckung oder – etwa durch bestehende oder künftig zu treffende Compliance-Maßnahmen – Legalbewährung zu erwarten sind. Zwar steht ohnehin zu befürchten, dass jedenfalls die Praxis der Zurechnung in einem Unternehmensstrafrecht weitgehend auf ein Derivat präventiver Bedürfnisse hinausliefe, indem eine Rechtsgutsverletzung identifiziert und sodann nach einem haftungsbegründenden Organisationsmangel gesucht wird.[49] Dies gilt umso mehr, als nicht nur die objektive Zurechnung, sondern auch die Kausalität letztlich schon deshalb zwangsläufig eine systeminterne Konstruktion bildet, weil sie angesichts einer unüberschaubar großen Menge möglicher Kausalfaktoren von vornherein auf einer Selektion einzelner Faktoren basiert.[50]

Gleichwohl ist es fragwürdig, Kausalität und objektive Zurechnung bereits auf der Ebene materiellrechtlicher Haftungsvoraussetzungen vollends zu verabschieden und die Zurechnung allein von präventiven Bedürfnissen abhängig zu machen. Denn die Legitimation eines Unternehmensstrafrechts hängt maßgeblich davon ab, ob und inwieweit die aushandelnde Zuschreibung auf jenen Haftungszusammenhang bezogen ist, der im Individualstrafrecht mit den Begriffen der Kausalität und objektiven Zurechnung umschrieben wird. Ein ausschließlich präventiver Instrumentalismus – der letztlich nichts mehr mit der Idee des Strafrechts zu tun hat, ein in der Vergangenheit liegendes Verhalten zu sanktionieren – führt demgegenüber allzu leicht zu Willkürlichkeiten oder Zufälligkeiten und verfehlt das Ziel, die Verantwortung für eine Rechtsgutsverletzung festzuschreiben.[51] Er erscheint im Übrigen auch präventiv dysfunktional, weil in ihm die Botschaft des Fatalismus mitschwingt, denn angesichts einer Willkür- oder Zufallshaftung wäre das Ergreifen von Präventionsmaßnahmen ohnehin sinnlos.[52]

---

49 Dass dies zu prognostizieren ist, zeigt jedenfalls die Relativierung der Zurechnungsvoraussetzungen in den Entscheidungen, die allerdings die Zurechnung auf Individualpersonen betrafen, vgl. LG Achen JZ 1971, 507, 507 ff. – Contergan; BGHSt 37, 106, 106 ff. – Lederspray; BGHSt 41, 206, 206 ff. – Holzschutzmittel. Zum Ganzen siehe *Hassemer* Produktverantwortung im modernen Strafrecht.

50 Vgl. in diesem Zusammenhang *Luhmann* Soziologische Aufklärung 1, 16; *ders.*, Wissenschaft der Gesellschaft, 512; *ders.* Gesellschaft der Gesellschaft, 1011. Zu einer präventionsorientierten Umformung des Schuldbegriffs siehe *Jakobs* Schuld und Prävention, 32; *ders.* Strafrecht Allgemeiner Teil, 17 ff.

51 *Heine* Die strafrechtliche Verantwortlichkeit von Unternehmen, 153. Vgl. in diesem Zusammenhang unter dem Blickwinkel des Schuldbegriffs auch *Otto* Die Strafbarkeit von Unternehmen und Verbänden, 21.

52 Vgl. auch *Schünemann* Plädoyer zur Einführung einer Unternehmenskuratel, 137 f.; *Stratenwerth* ZStW 105 (1993), 681, 686 f.

Neben einer Absenkung materiellrechtlicher Haftungsvoraussetzungen könnte die Position der Strafjustiz durch Modifikationen auf der Ebene des Strafprozessrechts gestärkt werden. Denkbar erscheint hier die Relativierung des nemo tenetur-Grundsatzes, indem für Unternehmen bestimmte Auskunfts- und Mitwirkungspflichten im Strafverfahren statuiert werden.[53] Eine weitere Option des Gesetzgebers bestünde in der Umkehr der Beweislast und Außerkraftsetzung des Zweifelssatzes.[54] Denn anders als im Bereich der Individualstrafbarkeit ist das maßgebliche Risikowissen bei Straftaten in Unternehmenszusammenhängen beim Unternehmen selbst angesiedelt.[55] Bei Vorliegen einer Rechtsgutsverletzung hätte sich das Unternehmen dementsprechend zu exkulpieren, womit die Tatsachengenerierung nicht länger eine Holschuld des Staates, sondern eine Bringschuld des potentiellen Sanktionsadressaten wäre. Ein solches Strafverfahren – darüber muss man sich im Klaren sein – würde sich indes nicht mehr gegen einen Unschuldigen, sondern Schuldigen richten.

Insgesamt mögen die anhand des Individualstrafrechts herausgebildeten Voraussetzungen strafrechtlicher Haftung im Hinblick auf Unternehmen gewisse Abschwächungen vertragen. Indes gibt es einen Punkt, ab dem ein hiervon geprägtes Unternehmensstrafrecht nicht mehr mit der Eigenschaft der Kriminalstrafe als Maximum staatlicher Übelszufügung im Einklang stünde.[56] Dementsprechend dürfen rechtsstaatlich gebotene Voraussetzungen strafrechtlicher Haftung keineswegs vollständig abgeschliffen werden, da das Strafrecht anderenfalls seine gesamtgesellschaftliche Funktion der Stabilisierung normativer Erwartungen nicht erfüllen kann. Die Erfüllung dieser Funktion ist daran gebunden, dass der Verhängung einer Kriminalstrafe Grenzen im materiellen und prozessualen Strafrecht gesetzt sind. Insofern besteht ein Zusammenhang zwischen der Eingriffsintensität einer Sanktion und den Anforderungen an ihre Verhängung. Eine bloße Willkür- oder Zufallshaftung erscheint demgegenüber ebenso illegitim wie die Verhängung einer Unternehmensstrafe, die auf ein durch ein eklatantes Kräfteungleichgewicht geprägtes Strafverfahren zurückgeht. Sofern die Implementation strafrechtlicher Unternehmenssanktionen nur um den Preis solcher Absenkungen der strafrechtlichen Haftungsvoraussetzungen denkbar ist, wäre zu überlegen, ob derartige Sanktionen nicht doch außerhalb des Strafrechts – im Verwaltungs- oder Ordnungswidrigkeitengesetz – besser aufgehoben wären,[57] wo man geringere Anforde-

---

53 Siehe hierzu *Mittelsdorf* Unternehmensstrafrecht im Kontext, 10ff.; *Ransiek* Unternehmensstrafrecht, 357ff.; *Schlüter* Die Strafbarkeit von Unternehmen in einer prozessualen Betrachtung, 87ff. m.w.N.

54 Siehe hierzu *Bock* Criminal Compliance, 419f.; *Ransiek* Unternehmensstrafrecht, 191ff.; *Schlüter* Die Strafbarkeit von Unternehmen in einer prozessualen Betrachtung, 67ff., 93ff.; 119ff.

55 *Heine* Die strafrechtliche Verantwortlichkeit von Unternehmen, 304f. Vgl. *dens.* Plädoyer für ein Verbandsstrafrecht als „zweite Spur“, 90, 93, 108. Dagegen *Hamm* NJW 1998, 662, 662 re. Sp.; *ders.* in Quo vadis?, 33, 46; *Wehnert* FS Riess, 811, 816.

56 Zu diesem Zusammenhang *Schünemann* Plädoyer zur Einführung einer Unternehmenskuratel, 129, 137f.; *Stratenwerth* ZStW 105 (1993), 681, 686.

57 Vgl. in diesem Zusammenhang *Kempf* NJW 1997, 1729, 1736 li. Sp. Ähnlich *Otto* Die Strafbarkeit von Unternehmen und Verbänden, 25ff.; *ders.* Jura 1989, 409, 417f. Siehe ferner für ein soziales Interventionsrecht *Lüderssen* in: Die Handlungsfreiheit des Unternehmers – wirtschaftliche Perspektiven, strafrechtliche und ethische Schranken, Kempf/Lüderssen/Volk, 241, 310ff. Kritisch zu einem Ausweichen in das Verwaltungsrecht *Heine* Die strafrechtliche Verantwortlichkeit von Unternehmen, 149ff.; *Mittelsdorf*, Unternehmensstrafrecht im Kontext, S. 17ff.;

rungen an die Statuierung einer Haftung formulieren und das sich vorwiegend aus der Prävention künftiger Rechtsgutsverletzungen legitimieren kann.

2. Folgen für das Unternehmen und einzelne Mitarbeiter

Basieren die innerhalb eines Unternehmensstrafverfahrens relevanten Tatsachen auf aushandelnder Zuschreibung, hatte sich ein ambivalentes Bild im Hinblick auf die praktische Implementation einer Unternehmensstrafe ergeben. Sofern es zu einer Sanktionierung des Unternehmens kommt, ist zu erwägen, ob hierdurch möglicherweise Prozesse sekundärer Abweichung eingeleitet werden, weil das in jeder Bestrafung liegende Stigmatisierungsrisiko dazu führt, dass es künftig geringere wirtschaftliche Entfaltungsmöglichkeiten hat (Bsp.: Finanzielle Einbußen durch die Sanktion selbst, Aufnahme in ein Korruptionsregister, Wegfall von Konsumenten oder Märkten infolge adverse publicity).[58] Kann das Stigma der Kriminalität also Teil des „Unternehmensselbstkonzepts" werden und im Sinne einer Self-fulfilling-Prophecy Anlass zu weiteren Unternehmensstraftaten geben? Derartige Überlegungen laufen jedoch auf eine Anthropomorphisierung von Unternehmen hinaus, bei denen sich – so es dort ein Korrelat zur Identitätsbildung bei Personen gibt – Identitätsbildung im Zweifel anders vollzieht als bei Individuen. Insbesondere bestünden im Vergleich zum Individuum zahlreiche Möglichkeiten, der Übernahme des Stigmas in das Selbstkonzept entgegenzuwirken, wenn man an die Umwandlung von Gesellschaften oder eine Neuaufstellung der Konzernstruktur denkt. Eine inflationäre Erzeugung von „Outlaw-Unternehmen" wäre von einem Unternehmensstrafrecht also nicht zu erwarten.

Wendet man den Blick auf einzelne Unternehmensmitarbeiter, sind hier jedoch eklatante Gefahrenpotentiale zu identifizieren. Denn unabhängig davon, welchem Modell eines Unternehmensstrafrechts der Gesetzgeber folgt, wird die strafrechtliche Individualhaftung für Straftaten in Unternehmenszusammenhängen kaum vollends entfallen.[59] Stattdessen spricht vieles dafür, dass der Gesetzgeber ein Modell wählen würde, in dem es zu einem Nach- oder Nebeneinander strafrechtlicher Individual- und Unternehmenshaftung kommt.

Insoweit kann keineswegs ausgeschlossen werden, dass die in einem Unternehmensstrafrecht erwartbare Absenkung strafrechtlicher Haftungsbegründung auf die Individualhaftung ausgreift, weshalb mit Vergröberungen in der Bestimmung von Kausalität und objektiver Zurechnung zu rechnen wäre. Dies gilt namentlich für akzessorische Haftungsmodelle, bei denen die nachgewiesene Individualstraftat eine zentrale Voraus-

---

Schünemann Plädoyer zur Einführung einer Unternehmenskuratel, 129, 140 f.; *Stratenwerth* FS Schmitt, 295, 307. Skeptisch auch *Volk* JZ 1993, 429, 435 re. Sp.

58 Vgl. insoweit insbesondere *Tannenbaum* Crime and Community, 17 ff.; *Lemert* Social Pathology. A systematic Approach to the Theory of Sociopathic Behavior, 23 ff., 74 ff.; *ders.* in: Lüderssen/Sack, 433 ff. Ferner *Becker* Außenseiter: Zur Soziologie abweichenden Verhaltens; *Tannenbaum* Crime and the Community. Siehe hierzu auch *Günther* Schuld und kommunikative Freiheit, 163 ff.; *Kunz* Kriminologie, 173 ff.; *Lamnek* Theorien abweichenden Verhaltens, 225 ff. Vgl. hierzu *Volk* JZ 1993, 429, 434 li. Sp., der die Gefahr weiterer Stigmatisierungen für ein unrealistisches Szenario hält.

59 Vgl. aber *Kindler* Das Unternehmen als haftender Täter, 275 f.

setzung für die Haftung des Unternehmens ist.[60] Indes sind derartige Entwicklungen auch bei einem originären Haftungsmodell möglich, sofern dort keine Alternativität der strafrechtlichen Haftung zwischen Individuum und Unternehmen statuiert wird. Denn in den sozialen Sinnsystemen schließen sich Kollektiv- und Individualhaftung keineswegs von vornherein aus, stattdessen ist mit einer Koexistenz beider Haftungsansätze zu rechnen. Dann aber wird die Idee individueller Verantwortlichkeit keinesfalls vollständig verdrängt, so dass nach wie vor von einem Bedürfnis nach individueller Verantwortungsattribuierung auszugehen ist.

Die entscheidende Gefahr für die einzelnen Unternehmensmitarbeiter ergibt sich erneut daraus, dass die maßgebliche Tatsachengrundlage im Wege aushandelnder Zuschreibung generiert wird. Während Strafjustiz und Unternehmen prinzipiell in der Lage sind, an diesem Punkt wirkungsmächtig eigene Sachverhaltsdefinitionen zur Geltung zu bringen, ist die Position der Mitarbeiter deutlich schwächer. In einem akzessorischen Haftungsmodell besteht zwar eine Interessenkoinzidenz insoweit, als die Haftung des Unternehmens an die des Individuums anknüpft. Dies mag dazu führen, dass das Unternehmen zugunsten seiner als Täter der Anknüpfungstat verdächtigten Mitarbeiter strafjustiziellen Zuschreibungsintentionen entgegentritt und etwa deren Verteidigungskosten übernimmt. Indes ist ebenso gut vorstellbar, dass ein Unternehmen unter Inkaufnahme der damit verbundenen Unternehmensstrafe Geständnisdruck auf jene verdächtigten Mitarbeiter ausübt, um auf diese Weise ein Ende des Strafverfahrens zu erreichen.[61] Originäre Haftungsmodelle könnten sich für Unternehmensmitarbeiter gleichfalls als gefährlich erweisen. Denn das Unternehmen hat trotz der Kollektivhaftung naturgemäß ein Interesse, den Organisationsmangel als personales Versagen und nicht als „unternehmenssystemisch" darzustellen, da sich ein solcher Befund im Zweifel günstig zumindest auf die Zumessung seiner Strafe auswirken wird. Dann aber erscheint die Verantwortung der der verbleibenden Individualhaftung ausgesetzten Unternehmensmitarbeiter umso größer.[62] Als besonders prekär können sich schließlich subsidiäre akzessorische wie nicht-akzessorische Haftungsmodelle erweisen, welche eine Strafhaftung des Unternehmens nur für den Fall vorsehen, dass gegenüber einem individuellen Mitarbeiter keine Strafe verhängt werden kann. Unternehmensseitig wird hier von einer Tendenz auszugehen sein, einzelne Mitarbeiter einer individualstrafrechtlichen Haftung auszusetzen, um auf diese Weise die Haftung des Unternehmens zu vermeiden. In einem solchen Szenario geht es dann nicht mehr um organisierte oder strukturelle Unverantwortlichkeit, sondern im Gegenteil um „organisierte Verantwortlichkeit".[63]

60 Siehe V. 1.

61 Siehe hierzu auch *Trüg* wistra 2010, 241, 247 ff. Anders *Schlüter* Die Strafbarkeit von Unternehmen in einer prozessualen Betrachtung, 289.

62 Vgl. in diesem Zusammenhang auch *Schlüter* Die Strafbarkeit von Unternehmen in einer prozessualen Betrachtung, 290 ff.

63 *Volk* JZ 1993, 429, 433 re. Sp. Ähnlich *Seelmann* FS Schmid, 169, 175.

VI. Fazit

Erfolgt die Generierung entscheidungsrelevanter Tatsachen in einem Unternehmensstrafrecht im Wege aushandelnder Zuschreibung, resultieren hieraus zahlreiche Probleme mit Blick auf das Strafrecht selbst, aber auch für Unternehmen und ihre Mitarbeiter. All dies legt die Frage nahe, ob die Verhängung von Sanktionen gegen ein Unternehmen nicht doch besser außerhalb des Strafrechts zu lozieren ist. Sollte der Gesetzgeber gleichwohl Strafsanktionen gegen Unternehmen in das Strafgesetzbuch einstellen, darf dies nicht dazu führen, dass die in einem entsprechenden Strafverfahren erfolgende Zuschreibung einseitig zu Lasten der Unternehmensmitarbeiter geht. Angesichts der mit einem Unternehmensstrafrecht verbundenen Interessendivergenz zwischen Unternehmen und Mitarbeiter käme es vor allem darauf an, den sich gerade aus der Akkumulation von Ermittlungen ergebenden Gefahrenpotentialen zu begegnen.

VII. Literatur

Alwart, Heiner Strafrechtliche Haftung des Unternehmers – vom Unternehmenstäter zum Täterunternehmen, ZStW 105 (1993), 752–773;

Anscombe, G.E.M. On Brute Facts, Analysis 18, 1958, 69–72;

Arzt, Günther Risikomanagement und objektive Zurechnung, in: Die Finanzkrise, das Wirtschaftsstrafrecht und die Moral, Kempf/Lüderssen/Volk, 2010, 177–189;

Becker, Howard S. Außenseiter: Zur Soziologie abweichenden Verhaltens, 1982;

Blumer, Herbert Der methodologische Standpunkt des symbolischen Interaktionismus, in Arbeitsgruppe Bielefelder Soziologen, Alltagwissen, Interaktion und gesellschaftliche Wirklichkeit, Bd. 1, 1973, 80–101;

Bock, Dennis Criminal Compliance, 2011;

Boers, Klaus Wirtschaftskriminologie – Vom Versuch, mit einem blinden Fleck umzugehen, MSchrK 2001, 335–356;

Bottke, Wilfried Standordvorteil Wirtschaftskriminalität: Müssen Unternehmen „strafmündig" werden?, wistra 1997, 241–253;

Busch, Richard Grundfragen der strafrechtlichen Verantwortlichkeit von Verbänden, 1931;

Dannecker, Gerhard Zur Notwendigkeit der Einführung kriminalrechtlicher Sanktionen gegen Verbände – Überlegungen zu den Anforderungen und zur Ausgestaltung eines Verbandsstrafrechts, GA 2001, 101–130;

Drope, Katharina Strafprozessuale Probleme bei Einführung einer Verbandsstrafe, 2002;

Ehrhardt, Anne Unternehmensdelinquenz und Unternehmensstrafe, in Kölner Kriminalwissenschaftliche Schriften, Bd. 13, 1994;

Esser, Josef, Vorverständnis und Methodenwahl in der Rechtsfindung, 1970;

Fischer Thomas Risikomanagement und objektive Zurechnung, in Die Finanzkrise, das Wirtschaftsstrafrecht und die Moral, Kempf/Lüderssen/Volk, 190–200;

Grasnick Rezension zu Upmeier „Fakten im Recht", GA 2011, 1065;

Günther, Klaus Aufgaben und Zurechnungsverantwortung, in Verantwortung in der Zivilgesellschaft, Heidbrink/Hirsch, 2006, 295–330;

Günther, Klaus Schuld und kommunikative Freiheit, 2005;

Hamm, Rainer Auch das noch: Strafrecht für Verbände, NJW 1998, 662–663;

Hamm, Rainer Die juristische Person als Angeklagte – Überlegungen aus der Sicht eines Strafverteidigers –, in Quo vadis Strafprozess?, Herzog, 1998, 33–48;

H.L.A. Hart Der Begriff des Rechts, 2009 (Übersetzung 2011);

Hassemer, Winfried Informelle Programme im Strafprozeß, StV 1982, 377–382;
Heine, Günter Europäische Entwicklungen bei der strafrechtlichen Verantwortlichkeit von Wirtschaftsunternehmen und deren Führungskräften, ZStR 2001, 22–39;
Heine, Günter Plädoyer für ein Verbandsstrafrecht als „zweite Spur“, in Verantwortung und Steuerung von Unternehmen in der Marktwirtschaft, 1998, 90–112;
Heine, Günter Die strafrechtliche Verantwortlichkeit von Unternehmen, 1995;
Hillenkamp, Thomas Beweisprobleme im Wirtschaftsstrafrecht, in: Osnabrücker Rechtswissenschaftliche Abhandlungen, Bd. 1, 1985, 221–232;
Hirsch, Hans Joachim Strafrechtliche Verantwortlichkeit von Unternehmen, ZStW 107 (1995), 285–323;
Hoyningen-Huene, Paul Zu Emergenz, Mikro- und Makrodetermination in Kausalität und Zurechnung, Lübbe, 165–195;
Jakobs, Günther Strafrecht Allgemeiner Teil, 2. Aufl., 1991;
Jakobs, Günther Schuld und Prävention, 1976;
Kempf, Eberhard Die Funktion von Strafrecht und Strafverteidigung in einer modernen Gesellschaft, NJW 1997, 1729;
Kindler, Steffi Das Unternehmen als haftender Täter, 2008;
König, Peter Zur Einführung strafrechtlicher Verantwortlichkeit für juristische Personen und Personenverbände, in: Verbandsstrafe, Hettinger, 2002;
Krekeler, Wilhelm Brauchen wir ein Unternehmensstrafrecht? in Festschrift für Hanack, Ebert, 1999, 639–664;
Kuhlen, Lothar Die Objektivität von Rechtsnormen, in Frankfurter kriminalwissenschaftliche Studien, Bd. 3, Geerds u.a., 1978;
Kunz, Karl-Ludwig Die wissenschaftliche Zugänglichkeit von Kriminalität, 2008;
Kunz, Karl-Ludwig Kriminologie, 5. Aufl., 2008;
Lampe, Ernst Joachim Systemunrecht und Unrechtssysteme ZStW 106 (1994), 683–745;
Lemert, Edwin Der Begriff der sekundären Devianz, in Seminar Abweichendes Verhalten I, 1974, 433–476;
Lenk, H./Maring M. Wer soll Verantwortung tragen? Probleme der Verantwortungsverteilung in komplexen (soziotechnischen-sozioökonomischen) Systemen, in Verantwortung. Prinzip oder Problem?, Bayertz, 1995, 241–286;
Leipold, Klaus Plädoyer gegen die Einführung eines Unternehmensstrafrechts, in Festschrift für Gauweiler, Bub/Mehle/Schumann, 2009, 375–385;
Leipold, Klaus Strafbarkeit von Unternehmen, NJW Spezial 2008, 216–217;
Luhmann, Niklas Wissenschaft der Gesellschaft, 4. Aufl., 2002;
Luhmann, Niklas Ausdifferenzierung des Rechts, 1999;
Luhmann, Niklas Zweckbegriff und Systemrationalität, 6. Aufl., 1999;
Luhmann, Niklas Gesellschaft der Gesellschaft, 1. Teilband, 1998;
Luhmann, Niklas Recht der Gesellschaft, 1995;
Luhmann, Niklas Legitimation durch Verfahren, 1983;
Luhmann, Niklas Funktionen und Folgen formaler Organisation, 3. Aufl., 1976;
Luhmann, Niklas Rechtssystem und Rechtsdogmatik, 1974;
Luhmann, Niklas Soziologische Aufklärung, 8. Aufl., 1970;
Lübbe, Weyma Verantwortung in komplexen kulturellen Prozessen, 1994;
Lüderssen, Klaus Unternehmensstrafrecht? The aggregative model: Jenseits von Fiktionen und Surrogaten (in diesem Band);
Lüderssen, Klaus Regulierung, Selbstregulierung und Wirtschaftsstrafrecht. Versuch einer interdisziplinären Systematisierung, in Die Handlungsfreiheit des Unternehmers – wirtschaftliche Perspektiven, strafrechtliche und ethische Schranken, Kempf/Lüderssen/Volk, 2009, 241–332;
Lüderssen, Klaus Der Beitrag der Kriminologie zur Strafrechtsdogmatik – Eine Konkretisierung mit Blick auf die Probleme von Täterschaft und Teilnahme, in Strafrechtswissenschaft im Umbruch, Blei/Bruns/Engisch u.a., 1992, 465–474;
Lüderssen, Klaus Die strafrechtsgestaltende Kraft des Beweisrechts, ZStW 85 (1973), 288–319;
P. MacNaughton-Smith Der zweite Code in Abweichendes Verhalten II, 1975, 197–212;
Mead, George H. Mind, Self and Society, from the Standpoint of a social Behaviorist, 1934;

Mittelsdorf, Kathleen Unternehmensstrafrecht im Kontext, 2007;
Opp, Karl-Dieter Soziologie der Wirtschaftskriminalität, 1975;
Otto, Harro Die Haftung für kriminelle Handlungen in Unternehmen, Jura 1998, 409–418;
Otto, Harro Die Strafbarkeit von Unternehmen und Verbänden, 1993;
Pieth, Mark/Ivory, Radha Emergence and Convergence: Corporate Criminal Liability Principles, in Overview in Corporate criminal liability, 2011, 3–63;
Ransiek, Andreas Unternehmensstrafrecht, 1996;
Sack, Fritz Probleme der Kriminalsoziologie, in: Handbuch der Empirischen Sozialforschung, 961–1049;
Schlüter, Jan Die Strafbarkeit von Unternehmen in einer prozessualen Betrachtung, 2000;
Schmitt, Rudolf Wie weit reicht § 30 des Ordnungwidrigkeitengesetzes?, in Festschrift für Lange, 1976, Warda, 877–888;
Schünemann, Bernd Die Strafbarkeit der juristischen Personen aus deutscher und europäischer Sicht, in Madrid Symposium für Klaus Tiedemann, 1994, 265–295;
Schünemann, Bernd Plädoyer für eine neue Theorie der Strafzumessung, in Neuere Tendenzen der Kriminalpolitik – Beiträge zu einem deutsch-skandinavischen Strafrechtskolloquium, Eser/Cornils, 1987, 209–238;
Schünemann, Bernd Strafrechtsdogmatische und kriminalpolitische Grundfragen der Unternehmenskriminalität, wistra 1982, 41–50;
Schünemann, Bernd Unternehmenskriminalität und Strafrecht, 1979;
Searle, John R. Die Konstruktion der gesellschaftlichen Wirklichkeit: Zur Ontologie sozialer Tatsachen, 2011;
Seelmann, Kurt Unternehmensstrafbarkeit: Ursachen, Paradoxien und Folgen, in Festschrift für Schmid, 2001, 169–186;
Sessar, Klaus Verbrechen als soziale Konstruktion – Eine kriminologische Vorlesung, in Kriminologische Erkundungen, Karliczek, 2004, 32–77;
Singelnstein, Tobias Diskurs und Kriminalität, 2009;
Stratenwerth, Günter Zukunftssicherung mit den Mitteln des Strafrechts?, ZStW 105 (1993), 679–696;
Tannenbaum, Frank Crime and Community, 1938;
Theile, Hans Wirtschaftskriminalität und Strafverfahren, 2009;
Theile, Hans/Petermann, Stefan Die Sanktion von Unternehmen nach dem OWiG, JuS 2011, 496–501;
Trüg, Gerson Zu den Folgen der Einführung eines Unternehmensstrafrechts, wistra 2010, 241–249;
Upmeier, Arne Fakten im Recht, 2010;
Volk, Klaus Konfliktverteidigung, Konsensualverteidigung und die Strafrechtsdogmatik, in Festschrift für Dahs, Widmaier, 1995, 495–508;
Volk, Klaus Zur Bestrafung von Unternehmen, JZ 1993, 429–435;
Wehnert, Anne Überlegungen zur Entwicklung der strafrechtlichen Risiken im Unternehmensmanagement, in Festschrift für Riess, 811–826;
Willke, Helmut Systemtheorie II: Interventionstheorie, 4. Aufl., 2005.

Konzepte eines Unternehmensstrafrechts im Kriminaljustizsystem

Schwerpunkte

Ziele eines Unternehmensstrafrechts und die Frage seiner Vereinbarkeit mit dem Verfassungsrecht

Michael Sachs

Gliederung

I. Ziele eines Unternehmensstrafrechts

Über die *Ziele eines Unternehmensstrafrechts* wissen Sie alle jedenfalls mehr als ich; darum will ich Sie mit meinen dazu gepflückten Lesefrüchten hier nicht langweilen.

II. Verfassungsmäßigkeit eines Unternehmensstrafrechts

Ich komme daher gleich zur Frage der *Vereinbarkeit eines Unternehmensstrafrechts mit dem Verfassungsrecht*. Ohne Bezug auf einen bestimmten Entwurf kann es dabei nur darum gehen, ob die Einführung der Strafbarkeit von Unternehmen an sich, ohne Rücksicht auf die Ausgestaltung im Einzelnen, verfassungswidrig wäre.

1. Grundgesetzliche Vorgaben für das Strafrecht überhaupt

Das Grundgesetz kennt ausdrückliche *Vorgaben speziell für das Strafrecht* und solche aus allgemeinen Bestimmungen.

a) Ausdrücklich strafrechtsbezogene Vorgaben

Ausdrücklich angesprochen werden Strafrecht und Strafverfolgung im Grundgesetz in ganz verschiedenen Zusammenhängen.[1] Einschränkende Anforderungen speziell an Strafgesetze und ihre Anwendung sind formuliert mit dem Verbot der Todesstrafe, Art. 102 GG, mit dem Bestimmtheits- und Rückwirkungsverbot, Art. 103 Abs. 2 GG, auch mit dem Verbot mehrmaliger Bestrafung, Art. 103 Abs. 3 GG.[2]

b) Allgemein gültige grundgesetzliche Grenzen des Strafrechts

Allgemein für die Staatsgewalt *gültige grundgesetzliche Grenzen* mit Bedeutung für das Strafrecht[3] ergeben sich zumal aus den Grundrechten[4] und dem Rechtsstaatsprinzip.

2. Nichtgeltung strafrechtsbezogener Grundgesetzbestimmungen für ein sog. Unternehmensstrafrecht

Die ausdrücklich *strafrechtsbezogenen Bestimmungen* des Grundgesetzes können für ein *Unternehmensstrafrecht* nur Bedeutung erlangen, wenn sie überhaupt darauf *anwendbar*

1 Vgl. Art. 9 Abs. 2, Art. 11 Abs. 2, Art. 13 Abs. 3 und 5, Art. 16a Abs. 3, Art. 26 Abs. 1 Satz 2, Art. 46 Abs. 2, 4, Art. 74 Abs. 1 Nr. 1, Art. 95 Abs. 2 und 5, Art. 102, 103 Abs. 2, 3, Art. 104 Abs. 3, Art. 140 GG i. V. mit Art. 141 WRV („Strafanstalten"). Neben den im Text näher behandelten einschränkenden Anforderungen lässt das Grundgesetz Grundrechtsbeschränkungen mit Rücksicht auf das Strafrecht zu, verlangt Strafgesetze gegen bestimmtes Verhalten, begründet Immunität der Abgeordneten (und des Bundespräsidenten, Art. 60 Abs. 4 GG), weist die Gesetzgebungskompetenz für das Strafrecht zu, regelt Sonderfälle von Strafgerichtsbarkeit, trifft Regelungen für das Strafverfahren und den Vollzug von Freiheitsstrafen. Zu erwähnen ist ferner der Verweis auf das Strafprozessrecht in Art. 44 Abs. 2 Satz 1 GG.

2 Das wohl nicht rein prozessbezogenen Charakter hat, vgl. *Christoph Degenhart* in: Michael Sachs (Hrsg.), Grundgesetz, 6. Aufl. 2011, Art. 103 Rn 1, der für Abs. 2, 3 „materielle Garantien für das Strafverfahren" annimmt.

3 Übergreifend etwa schon *Andreas Hamann* Grundgesetz und Strafgesetzgebung, 1963; *Klaus Tiedemann* Verfassungsrecht und Strafrecht, 1991; *Aurelia Paulduro* Die Verfassungsgemäßheit von Strafrechtsnormen, insbesondere der Normen des Strafgesetzbuches, 1992; zu den Deliktsfolgen *Walter Stree* Deliktsfolgen und Grundgesetz, 1960; für Österreich allgemein *Peter Lewisch* Verfassung und Strafrecht, 1993.

4 Speziell zur Grundrechtsbindung des Strafrechts etwa *Hans-Ullrich Gallwas* Strafnormen als Grundrechtsproblem, MDR 1969, 892 ff.; *Otto Lagodny* Strafrecht vor den Schranken der Grundrechte, 1996.

sind. Dazu ist zunächst zu klären, was im Rahmen der Bestimmungen des Grundgesetzes, die hier in Betracht kommen, unter Strafrecht zu verstehen ist (zu a); sodann wird zu prüfen sein, ob ein Unternehmensstrafrecht unter diesen Begriff von Strafrecht fallen kann (zu b).

a) Strafe und Strafgesetz im Sinne des Grundgesetzes

aa) Das bisherige Selbstverständnis des Strafrechts

Das grundgesetzliche Verständnis von Strafe und Strafgesetz ist vor dem Hintergrund des von der Verfassung *vorgefundenen*, nur auf Menschen bezogenen *Strafrechts* zu sehen.[5]

In dessen Rahmen setzt eine (Kriminal-) Strafe beim Täter (oder Teilnehmer) bis heute stets Schuld voraus, ebenso – in Gestalt der „Verantwortlichkeit" – eine Geldbuße nach dem Ordnungswidrigkeitenrecht.

§ 30 OWiG sieht allerdings eine Geldbuße auch gegen juristische Personen vor; diese knüpft an Straftaten oder Ordnungswidrigkeiten an, die ein in deren Rahmen verantwortlicher oder leitender Mensch begangen hat. Das Bundesverfassungsgericht versteht die Regelung dahin, dass die danach mögliche Geldbuße gegen die juristische Person „weder einen Schuldvorwurf noch eine ethische Missbilligung enthält."[6] In der Tat spricht § 30 OWiG anders als § 1 OWiG nicht von der „Ahndung mit einer Geldbuße", sondern nur von deren Festsetzung.

Insgesamt sieht das bis heute in Deutschland geltende Strafrecht eine Bestrafung somit nur bei Verschulden bzw. Verantwortlichkeit vor. Dementsprechend wird Strafe geradezu als „öffentliches sozialethisches Unwerturteil über den Täter wegen der von ihm schuldhaft begangenen Rechtsverletzung"[7] verstanden.

bb) Möglichkeit abweichenden Strafverständnisses

Dieses traditionelle Verständnis von „Strafe" kann aber nicht absolut gesetzt werden.[8] In anderem normativen Zusammenhang ist vielmehr auch *ein abweichendes Verständnis von Strafe möglich*. So hat der Europäische Gerichtshof für Menschenrechte die Sicherungsverwahrung, die nach deutschem Recht verschuldensunabhängig anzuordnen ist, gleichwohl als „Strafe" nach Art. 7 Abs. 1 EMRK qualifiziert, weil sie wie eine explizit so bezeichnete Freiheitsstrafe eine Freiheitsentziehung zur Folge habe, in regulären

---

5 Zur Bedeutung der vorgefundenen Rechtslage für den grundgesetzlichen Strafbegriff s. etwa BVerfGE 109, 133, 167 f. Hier soll die überkommene Situation zunächst nur festgestellt werden.

6 BVerfGE 95, 220, 242. Anders im strafrechtlichen Schrifttum etwa *Hans-Heinrich Jescheck/Thomas Weigend* Lehrbuch des Strafrechts, Allgemeiner Teil, 5. Aufl. 1996, S. 228 f. m. w. N.; *Klaus Rogall* in: Lothar Senge (Hrsg.), Karlsruher Kommentar zum Ordnungswidrigkeitenrecht, 3. Aufl. 2006, § 30 Rn 13 ff.

7 So für das „Wesen" der Strafe *Jescheck/Weigend* (o. Fußn. 6) S. 65 m. w. N. Hier nicht zu diskutieren ist, inwieweit ein solches Unwerturteil aufgrund der Ergebnisse neurowissenschaftlicher Forschung bei Menschen überhaupt sinnvoll möglich ist; dazu etwa *Grischa Detlefsen* Grenzen der Freiheit – Bedingungen des Handelns – Perspektive des Schuldprinzips, 2006.

8 Dies würde einen allgemeingültigen, überpositiven Strafbegriff bzw. eine vorgegebene Wirklichkeit rechtlicher Kategorien voraussetzen.

Justizvollzugsanstalten vollzogen werde und weil sich die tatsächliche Situation der Sicherungsverwahrten von der der Strafgefangenen nicht erkennbar unterscheide.

cc) Das grundgesetzliche Verständnis von Strafe

Für die verfassungsrechtliche Beurteilung kommt es darauf an, wie der *Begriff der Strafe im Grundgesetz* zu verstehen ist; dabei können Unterschiede im Detail bei den einzelnen Artikeln[9] hier vernachlässigt werden. Denn die praktisch maßgebliche Judikatur des Bundesverfassungsgerichts[10] hat, soweit ersichtlich, nie in Frage gestellt, was das Lissabon-Urteil so formuliert hat: „Jede Strafnorm enthält ein mit staatlicher Autorität versehenes sozialethisches Unwerturteil über die von ihr pönalisierte Handlungsweise." Zugleich hat es „das Schuldprinzip ... zu der wegen Art. 79 Abs. 3 GG unverfügbaren Verfassungsidentität (gezählt), die auch vor Eingriffen durch die supranational ausgeübte öffentliche Gewalt geschützt ist."[11]

Gegen die Aufnahme des Schuldgrundsatzes in den Verfassungsbegriff des Strafgesetzes ist der Vorwurf einer „zirkulären Argumentation" erhoben worden,[12] jedoch zu

---

9 Vgl. für ein weites Verständnis bei der Gesetzgebungskompetenz nach Art. 74 Abs. 1 Nr. 1 GG BVerfGE 109, 133, 170; 109, 190, 212 f. m. w. N. (einschließlich Maßregeln); für die Reichweite bei Art. 102 GG *Degenhart* (o. Fußn. 2) Art. 102 Rn 1a, 2; bei Art. 103 Abs. 2 GG ebda Art. 103 Rn 57 ff., für die des Art. 103 Abs. 3 GG ebda Art. 103 Rn 80 m. w. N.: nicht Recht der Ordnungswidrigkeiten, Dienststrafrecht und Disziplinarrecht; s. ferner zu Art. 9 Abs. 2 GG *Michael Sachs* in: Klaus Stern, Das Staatsrecht der Bundesrepublik Deutschland, Bd. IV/1, 2006, S. 1349 f. m. w. N. (keine Ordnungswidrigkeiten); zum weiten Verständnis bei Art. 46 GG s. unten Fußn. 11.

10 Schon vor vierzig Jahren ist die frühe, bis heute prägende Judikatur nicht zu Unrecht als nicht stets konsequent und konsistent kritisiert worden, *Klaus Volk* Der Begriff der Strafe in der Rechtsprechung des Bundesverfassungsgerichts, ZStW 83 (1971), S. 405 ff.; der eine Fülle von Unstimmigkeiten aufzeigt, zustimmend *Tiedemann* (o. Fußn. 97) S. 17; bemerkenswerter Weise verweist BVerfGE 110, 1, 14, im Hinblick auf die Mehrzahl von ihm für relevant erachteter wertender Kriterien für die Strafähnlichkeit von Maßnahmen nicht nur auf seine einschlägigen Entscheidungen, sondern ohne erkennbare Distanzierung auch auf die doch dezidiert kritische Stellungnahme *Volks*.

11 BVerfGE 123, 267, 408 bzw. 413. In der wohl letzten, gegen den EGMR gerichteten Stellungnahme heißt es bei engerem Bezugspunkt und auf den Zweck bezogen, aber sachlich entsprechend: „Der Zweck der Freiheitsstrafe besteht dementsprechend vornehmlich in einer repressiven Übelszufügung als Reaktion auf schuldhaftes Verhalten, welche – dem Schuldausgleich dient", BVerfGE 128, 326, 377. Ohne das Element des Unwerturteils aber etwa die Definition von Strafe bei *Siegfried Magiera* in: Rudolf Dolzer/Karin Graßhof/Wolfgang Kahl/Christian Waldhoff (Hrsg.), Bonner Kommentar zum Grundgesetz, Art. 46 (2011) Rn 86 („Strafe ist jede Zufügung eines angedrohten Übels als Reaktion der öffentlichen Gewalt auf ein vorangegangenes Verhalten."); dem folgend *Norbert Achterberg/Martin Schulte* in: Hermann v. Mangoldt/Friedrich Klein/Christian Starck (Hrsg.), Kommentar zum Grundgesetz, Band 2: Artikel 20 bis 82, 6. Aufl. 2011, Art. 46 Rn 39. Dementsprechend werden unter Strafe hier ganz überwiegend auch „Maßnahmen der Sicherung und Besserung" gefasst, s. ausdrücklich *Magiera* a. a. O.; *ders.* in: Sachs (o. Fußn. 2), Art. 46 Rn 14; *Hans H. Klein*, in: Theodor Maunz/Günter Dürig (Begr.), Grundgesetz Kommentar, Art. 46 (2008) Rn 61 m. w. N. Dies ist mit dem Wortlaut des Art. 46 Abs. 2 GG, wonach der Abgeordnete „wegen einer mit Strafe bedrohten Handlung", die ja auch den Maßnahmen zugrunde liegen, nicht „zur Verantwortung gezogen" werden darf, (nur) mit Blick auf die „Verantwortung" nicht unproblematisch, nach Sinn und Zweck der Immunitätsregel aber wohl zutreffend.

12 So aber *Yvo Appel*, Verfassung und Strafe, 1998, S. 225: „Die Schuldhaftigkeit ist normative verfassungsrechtliche Anforderung an – in dieser Eigenschaft feststehende – strafrechtliche

Unrecht: Das Strafgesetz kann sehr wohl begrifflich dadurch bestimmt sein, dass es stets darauf ausgerichtet ist, schuldhaftes Verhalten zu sanktionieren; die verfassungsnormative Anforderung: *„nulla poena sine culpa"* läuft deshalb nicht leer, sie richtet sich (nur) darauf, dass Strafgesetze nur zur Anwendung kommen dürfen, soweit eine Person tatsächlich schuldhaft gehandelt hat.

b) Vorwerfbarkeit bei Unternehmen?

Die Anwendbarkeit der spezifisch strafrechtsbezogenen Anforderungen des Grundgesetzes hängt damit davon ab, ob ein Unternehmensstrafrecht den Vorwurf schuldhaften oder doch vergleichbar *vorwerfbaren Verhaltens* gegen Unternehmen erhebt.

Dazu würde es nicht ausreichen, wenn die vorgesehenen Sanktionen als „Strafe" bezeichnet wären. Vielmehr müssten die Normen wirklich einen solchen Vorwurf erheben – und ihn sinnvoller Weise erheben können; denn andernfalls läge nur ein „Etikettenschwindel(s)"[13] oder doch eine *falsa denominatio* vor, die schadlos zu ignorieren wäre – so könnte etwa eine nach dem Vorbild mittelalterlicher Tierprozesse für beißende Kampfhunde vorgesehene „Strafregelung" auch bei solcher Bezeichnung doch nicht als Strafgesetz eingestuft werden.

Ob die für das Strafrecht konstitutive Kategorie der Schuld oder Vorwerfbarkeit bei Unternehmen überhaupt in Betracht kommt,[14] scheint der zentrale Streitpunkt[15] in der breiten Diskussion um das Unternehmensstrafrecht zu sein.[16]

Maßnahmen. Sie kann nicht zugleich konstitutives Merkmal von Strafe sein." Trotz der missglückten Formulierung („Schuldhaftigkeit" kann nicht wirklich auf die „strafrechtliche Maßnahme" bezogen werden, sondern nur auf das zu sanktionierende Verhalten) ist das Gemeinte wohl klar.

Ferner in Kritik am Bundesverfassungsgericht *Tatjana Hörnle,* Die verfassungsrechtliche Begründung des Schuldprinzips, in: Ulrich Sieber/Gerhard Dannecker/Urs Kindhäuser/Joachim Vogel/Tonio Walter (Hrsg.), Strafrecht und Wirtschaftsstrafrecht, FS für Klaus Tiedemann zum 70. Geburtstag, 2008, S. 325, 331 f. Der dort als Gewährsmann angeführte *Heinrich A. Wolff* Der Grundsatz „nulla poena sine culpa" als Verfassungsrechtssatz, AöR 124 (1999), S. 55, 76 ff., moniert freilich nur die Übernahme des Strafverständnisses des BGH statt einer eigenständigen verfassungsrechtlichen Begriffsbildung und -begründung; der ebenfalls zitierte *Helmut Frister* Schuldprinzip, Verbot der Verdachtsstrafe und Unschuldsvermutung als materielle Grundprinzpien des Strafrechts, 1988, S. 24 f., erhebt den Vorwurf der petitio principii gegen die Annahme, dass Strafe Schuld imlipiziere; dieser lässt sich allerdings ebenso auch gegen ihn selbst wenden: Sein für eine reine Erfolgsstrafe und gar für die Sippenhaft offener Begriff der Strafe ist ebensowenig allgemein zwingend wie der des Schuldstrafrechts, wie zumal die Begriffsfestlegung, ebda, S. 16, zeigt, die sich auch von dem Ausdruck „Vergeltung" distanziert.

Appel, a. a. O., S. 496, selbst kommt allerdings auch zu einem „spezifischen ‚Eingriffsmehrwert'" strafrechtlicher Maßnahmen durch die „verbindliche Vorhaltung der Normverletzung" als „Primärsanktion".

13 Vgl. *Jescheck/Weigend* (o. Fußn. 6) S. 228 f., zu Geldbußen gegen juristische Personen.

14 Bejahend etwa *Axel Haeusermann,* Der Verband als Straftäter und Strafprozeßsubjekt, 2003, S. 147 ff.; ablehnend etwa *Rudolf Schmitt* Strafrechtliche Maßnahmen gegen Verbände, 1958, S. 196; *Bernd Schünemann* Unternehmenskriminalität und Strafrecht, 1979, S. 233 ff.; auch *Chariklia Athanassiou* Die Strafbarkeit der juristischen Personen am Beispiel des Umweltstrafrechts, 2002, S. 66 ff.

15 Siehe etwa *Cora Constanze Hartan* Unternehmensstrafrecht in Deutschland und Frankreich, 2006, S. 121: „‚neuralgischer Punkt'". Gegen die „herrschende Lehre" sieht *Rudolf Schmitt* (o.

aa) Keine höchstpersönliche Schuld von Unternehmen

Dabei besteht wohl Einigkeit, dass es eine persönliche Schuld, die wie beim Menschen an psychische Abläufe auf neurophysiologischer Grundlage[17] anknüpft, bei Unternehmen naturgemäß nicht geben kann. Dazu heißt es bei Befürwortern eines Unternehmensstrafrechts beispielsweise: „an einen Verband (kann) – anders als bei der Individualstrafe – kein höchstpersönlicher Schuldvorwurf in dem Sinne gerichtet werden, dass in der Tat eine fehlerhafte innere (!) Einstellung zur verletzten Norm zum Ausdruck kommt."[18]

bb) Keine Zurechnung menschlichen Verschuldens

Die Möglichkeit, einem Unternehmen das schuldhafte Handeln seiner straffälligen Leitungspersonen oder sonstigen Angestellten zuzurechnen,[19] ist zwar aus dem zivilen Haftungsrecht bestens bekannt, passt aber auf den individuellen Vorwurf eines Strafgesetzes nicht.[20] Wie sich fremdes menschliches Verschulden in eigenes Unternehmensverschulden sollte verwandeln können, bleibt dunkel.[21] Andererseits erschöpft sich das Postulat, die Delinquenz des berufenen Vertreters müsse (von vornherein) als Eigendelinquenz des Verbandes verstanden werden,[22] in einer *petitio principii*; teils wird ausdrücklich zugegeben, dass es sich um eine Fiktion handle.[23]

Fußn. 4) S. 181, den „Schwerpunkt des Problems" nicht bei der Schuld, sondern schon bei der Verbandshandlung.

16 Daneben stehen schon die Handlungsfähigkeit und auch die Straffähigkeit in der Diskussion, vgl. z.B. *Anne Ehrhardt* Unternehmensdelinquenz und Unternehmensstrafe, 1994, S. 42 ff.; *Haeusermann* (o. Fußn. 4) S. 141 ff.; *Andreas Quante* Sanktionsmöglichkeiten gegen juristische Personen und Personenvereinigungen, 2005, S. 114 ff.; *Steffi Kindler* Das Unternehmen als haftender Täter, 2008, S. 212 ff.

17 Teilweise wird Unternehmen allerdings „eine psychische Fähigkeit zur Reflexion" zugeschrieben, die nur nicht „über die neurophysiologische Ebene" wirksam werden soll, s. *Christian Kohlhoff* Kartellstrafrecht und Kollektivstrafe, 2003, S. 303 f.

18 So etwa *Martin Böse* in: FS für Günther Jakobs, 2007, S. 15 (25 [!] hinzugefügt); auch *Dannecker* GA 2001, 101, 112: keine „Möglichkeit individuellen (!) Andershandelns" ([!] hinzugefügt); *Günter Heine* Die strafrechtliche Verantwortlichkeit von Unternehmen, 1995, S. 263; *Harro Otto* Die Strafbarkeit von Unternehmen und Verbänden, 1993, S. 15 ff.

19 Dazu *Rogall* (o. Fußn. 6) § 30 Rn 2 f. m. w. N.(selbst ablehnend).

20 Nach BVerfGE 95, 220, 242, ist – wie erwähnt (o. Fußn. 6) – mit der Geldbuße für juristische Personen nach § 30 OWiG kein Vorwurf verbunden. BVerfGE 20, 323, 335 f.; bestätigt in BVerfGE 58, 159, 162 f., kommt für die wegen ihrer „strafrechtliche(n) Elemente" dem Schuldprinzip unterworfene Strafsanktion nach § 890 Abs. 1 ZPO recht unbefangen zur Zurechnung des Verschuldens der für eine juristische Person verantwortlich handelnden Personen; in diesem Kontext steht allerdings die Durchsetzung des titulierten zivilrechtlichen Anspruchs im Vordergrund. Zur Bewertung der Entscheidung zurückhaltend *Peter König* Zur Einführung strafrechtlicher Verantwortlichkeit für juristische Personen und Personenverbände, in: Michael Hettinger (Hrsg.), Verbandsstrafe (Bd. 3 von ders. [Hrsg.], Reform des Sanktionenrechts), 2002, S. 39, 58.

21 Gegen jede Zurechnung von Schuld etwa *Kohlhoff* (o. Fußn. 17) S. 292, 317.

22 *Rogall* (o. Fußn. 6) § 30 Rn 8, der diese Position zu den Konstruktionsmodellen originär eigener Unternehmensschuld zählt.

23 *Kindler* (o. Fußn. 16) S. 276.

cc) Keine „Unternehmensschuld"

Originär eigene Unternehmensschuld wird zumal mit Mängeln der Organisation in Verbindung gebracht, die die von dem Unternehmen ausgehende Kriminalität ermöglichen.[24] In einem gerade erschienenen Beitrag wird „jedenfalls (für) börsennotierte(n) Kapitalgesellschaften ... angenommen", sie hätten „die prinzipielle Fähigkeit zur Selbststeuerung und die damit gegebene normative Ansprechbarkeit". Diese soll es ermöglichen, gegenüber solchen Unternehmen selbst „sozialethische Unwerturteile" auszusprechen.[25] Diese und andere Konstruktionen können allerdings nicht darüber hinwegtäuschen, dass es letztlich auch im noch so engen Handlungsverbund eines Unternehmens nur Menschen sind und sein können, die persönlich entscheiden, was im Namen des Unternehmens geschieht.[26] Die originäre Verantwortlichkeit eines Unternehmens im Sinne des grundgesetzlichen Verständnisses von Strafe scheidet damit aus.[27]

Dem steht Art. 9 Abs. 2 GG nicht entgegen. Er spricht zwar von Vereinigungen, „deren Zwecke oder deren Tätigkeiten den Strafgesetzen zuwiderlaufen." Diese überkommene[28] Formulierung hat aber nicht etwa Straftaten der Vereinigungen selbst vor Augen, sondern Straftaten, die von Menschen, insbes. von den Mitgliedern, begangen werden sollen.[29] Dementsprechend wird das in Art. 9 Abs. 2 GG als Rechtsfolge vorgesehene Vereinigungsverbot auch nicht als zusätzliche Strafsanktion, sondern als Maßnahme der Gefahrenabwehr verstanden.[30]

c) Ergebnis zu 2.

Im Ergebnis würde es sich somit bei einem „Unternehmensstrafrecht" nicht um Strafrecht im Sinne der verfassungsrechtlichen Spezialgarantien für diesen Bereich handeln, es wäre daher nicht an ihnen zu messen.[31] Dies gilt auch, soweit der Anwendungsbe-

---

24 Vgl. etwa *Günter Heine* Modelle originärer (straf-)rechtlicher Verantwortlichkeit von Unternehmen, in: Hettinger (o. Fußn. 20), 121, 139; *Dannecker* (o. Fußn. 18) S. 101, 109ff., 113, der von nur „sozialethische(r) Mißbilligung" gegenüber dem nur bei Menschen möglichen „individualethischen Vorwurf" spricht;

25 *Franz Salditt* Normativ ansprechbar: Börsennotierte Kapitalgesellschaften, in: Christian Schröder/Uwe Hellmann (Hrsg.), FS für Hans Achenbach, 2011, S. 433, 439f.

26 Auch *Heine* (o. Fußn. 24) S. 139, betont, dass es „nicht um eine anthropomorphe Weiterentwicklung des personalen Schuldprinzips" gehe, „sondern um originär organisationsbezogene Neubegründung eines systemischen Schuldprinzips" – das nicht einmal „‚Ähnlichkeit'" soll aufweisen müssen. Die sodann empfohlene „gedankliche Trennung vom Individualstrafrecht, am besten wohl in einer ‚zweiten Spur'" verdient Zustimmung.

27 Gegen eine Vereinbarkeit entsprechender Sanktionsregelungen mit dem Schuldgrundsatz etwa *König* (o. Fußn. 20), S. 60; *Otto* (o. Fußn. 18) S. 23ff.

28 Vgl. ähnlich Art. 124 Abs. 1 S. 1 WRV: „Alle Deutschen haben das Recht, zu Zwecken, die den Strafgesetzen nicht zuwiderlaufen, Vereine oder Gesellschaften zu bilden." Auch schon § 1 Abs. 1, § 2 Abs. 1 Vereinsgesetz vom 19. April 1908, RGBl. S. 151.

29 *Sachs* (o. Fußn. 9) S. 1347 m. w. N.

30 Ausdrücklich etwa BVerwGE 80, 299, 306f., obwohl dort der Vereinigung vermenschlichend sogar die Fähigkeit zugesprochen wird, „einen vom einzelnen Mitglied losgelösten Gruppenwillen (zu) bilden".

31 Hielte man Vorwerfbarkeit bei Unternehmen für möglich und würde deshalb entsprechende Normen als Strafgesetze im grundgesetzlichen Sinne qualifizieren, sollten diese nicht in Wi-

reich der Grundgesetzbestimmungen auf Normen erstreckt wird, die nur „strafähnliche“ Maßnahmen vorsehen;[32] denn auch für diese Ähnlichkeit wird verlangt, dass die Norm den Vorwurf eines Fehlverhaltens erhebt und vorsieht, dafür vergeltend ein Übel zuzufügen.[33]

3. Anwendbarkeit allgemeiner Grundgesetzbestimmungen

Die Freistellung eines (so allerdings fehlbezeichneten) „Unternehmensstrafrechts“ oder auch eines expliziten „Unternehmensmaßregelrechts“[34] von den besonderen verfassungsrechtlichen Anforderungen an Strafgesetze und ihre Anwendung muss nicht notwendig dazu führen, dass derartige Regelungen leichter vor dem Grundgesetz zu rechtfertigen sind.

Das Bundesverfassungsgericht spricht allerdings gern davon, dass Strafen „zu den intensivsten Eingriffen in die individuelle Freiheit im modernen Verfassungsstaat“ zählen.[35]

Die Intensität des Eingriffs ist dabei nicht allein auf die zumal im Falle der Freiheitsstrafe in der Tat gravierenden Inhalte der Sanktionen zu beziehen, sondern kann sich gerade aus der Verbindung mit dem zugrunde liegenden Schuldvorwurf ergeben: So ist nach Art. 2 Abs. 2 Satz 3 GG der Gesetzgeber nicht schlechthin gehindert, die staatliche Tötung von Menschen vorzusehen; ein striktes Verbot gilt vielmehr nach Art. 102 GG nur für die Tötung als Strafe.

Umgekehrt kann die Vorwerfbarkeit des Handelns staatliche Sanktionen und andere Eingriffe gegen die Verantwortlichen legitimieren (helfen): So qualifiziert das Bundesverfassungsgericht zuletzt die Sicherungsverwahrung auch deshalb als äußerst schwerwiegenden Eingriff, weil er ausschließlich präventiven Zwecken dient und nicht auf dem Beweis begangener Straftaten beruht.[36] Es hat auch keine Bedenken gegen den Abschuss eines Flugzeugs, solange dabei nur die verantwortlichen Terroristen und nicht die unschuldigen Passagiere und Besatzungen getötet werden.[37]

---

derspruch zum dann parallel zu modifizierenden verfassungsrechtlichen Schuldgrundsatz stehen; diesem wäre dann entsprechend genügt, wenn der einem Unternehmen zu machende Vorwurf im Einzelfall zuträfe.

32 Vgl. für Art. 103 Abs. 2 GG *Degenhart* (o. Fußn. 2) Art. 103 Rn 57, 60; für die Geltung des Schuldgrundsatzes BVerfGE 110, 1, 13 f.

33 BVerfGE 110, 1, 14 ff.

34 Für ein dahingehendes Sanktionsmodell etwa *Günter Stratenwerth* in: Klaus Geppert/Joachim Bohnert/Rudolf Rengier (Hrsg.), FS für Rudolf Schmitt zum 70. Geburtstag, 1992, S. 295, 303; ablehnend *Heine* (o. Fußn. 24) S. 135 m. w. N.

35 BVerfGE 123, 267, 408; 126, 170, 194; vom überhaupt schärfsten oder stärksten Eingriff sprechen etwa BVerfGE 32, 98, 109; 39, 1, 45; 88, 203, 258; vom Strafrecht als „ultima ratio des Rechtsgüterschutzes“ sprechen BVerfGE 39, 1, 47; 96, 245, 249; 120, 224, 239 f.; für einen „intensiven Grundrechtseingriff“ BVerfGE 82, 236, 259.

36 BVerfGE 128, 326, 374.

37 BVerfGE 115, 118, 153 ff., 160 ff.; für Übertragbarkeit auf das Strafrecht *Hörnle* (o. Fußn. 2) S. 329.

Die verfassungsrechtliche Beurteilung eines vom Schuldprinzip gelösten Unternehmenssanktionsrecht würde jedenfalls neuartige Fragen aufwerfen;[38] hier sind nur wenige Hinweise möglich, orientiert an den drei Elementen einer Strafnorm, ihrem Verbotsgehalt, ihrem Sanktionsgehalt[39] und dem beide verbindenden, hier fehlenden „Vorwurfsgehalt." [40]

a) Der Ge- oder Verbotsgehalt der Norm

Der Ge- oder Verbotsgehalt einer Strafnorm unterscheidet sich nicht von dem „bloßer" Ge- oder Verbotsnormen, da es jeweils um Beschränkungen der Verhaltensfreiheit geht.

Sofern in einem Unternehmenssanktionsrecht nicht nur an Straftaten von Individuen angeknüpft wird, sondern (zusätzlich) an das Unternehmen gerichtete Anordnungen aufgestellt werden, wäre es mit Blick auf das allgemeine rechtsstaatliche Bestimmtheitsgebot wichtig, die Verhaltensanforderungen an die Unternehmen hinreichend klar und genau zu formulieren; dies könnte bezogen auf die Vermeidung „organisierter Unverantwortlichkeit"[41] problematisch sein.[42]

b) Der Sanktionsgehalt der Norm

Beim Sanktionsgehalt der Norm, also bei den dem Unternehmen auferlegten Nachteilen, wäre wiederum die Bestimmtheit, hier: aller Sanktionsvoraussetzungen, wichtig. Daneben würde vor allem die Verhältnismäßigkeit Fragen aufwerfen. Denn der verfolgte legitime Zweck des Gemeinwohls müsste unabhängig vom traditionell zentralen Strafzweck der Vergeltung[43] bestimmt werden – an dieser Stelle sind damit die Ziele eines Unternehmensstrafrechts von Bedeutung.

Diese Ziele sind unproblematisch, soweit es nur um Sanktionen wie den schon im StGB geregelten Verfall geht; denn dies dient der Störungsbeseitigung und damit der Gerechtigkeit.[44] Bei weitergehenden Sanktionen werden legitime Ziele nur in der Abwehr von

---

38 Gegen Modelle vom Schuldprinzip abgelöster Verbands*strafbarkeit* etwa *Kindler* (o. Fußn. 16) S. 257 ff.

39 Zu der bekannten Doppelgesichtigkeit von Strafgesetzen als Verhaltens- und Sanktionsnormen vgl. *Dietrich Murswiek* in: Sachs (o. Fußn. 2), Art. 2 Rn 114 zu Fußn. 214, unter Hinweis auf *Appel* (o. Fußn. 12) S. 433 ff. m. w. N.

40 *Appel* (o. Fußn. 12) S. 492, zählt die „Vorhaltung der defizitären Einstellung zur Norm" als „Primärsanktion" zur Sanktionsnorm, unterscheidet sie damit im Ergebnis wie hier von den bei ihm sog. „Sekundärsanktion(en)" „des auferlegten materiellen Übels", und gelangt dementsprechend auch zu einer „dreifachen Grundrechtsprüfung".

41 Zur diesbezüglichen Diskussion nur *Bundesjustizministerium*, Zur Frage der Verbandsstrafbarkeit (I), in: Hettinger (o. Fußn. 20), S. 183, 207 ff.

42 Bedenken hinsichtlich der Bestimmtheit (zumal bei der „Betriebsführungsschuld") etwa bei *König* (o. Fußn. 20) S. 61.

43 Vgl. etwa BVerfGE 109, 133, 168 f.); 110, 1, 13 m. w. N.; 128, 326, 374; ferner etwa *Jescheck/Weigend* (o. Fußn. 6) S. 66 f., 70, 76 ff.

44 BVerfGE 110, 1, 16 ff., versucht, diese zutreffend der Gefahrenabwehr zugerechnete Zielsetzung als „präventiven Zweck", gar „klar zukunftsbezogen und präventiv" darzustellen; dem kann allenfalls insoweit gefolgt werden, als verhindert werden soll, dass verfallene Deliktsge-

Gefahren liegen können, die durch die Unternehmenskriminalität drohen. Eignung und Erforderlichkeit einmal vorausgesetzt, müssten die Sanktionen sich als trotz fehlender Vorwerfbarkeit zumutbar erweisen.[45] Das Bundesverfassungsgericht hat in schuldunabhängig auferlegten Sanktionen zuletzt „gleichsam ein Sonderopfer“ gesehen;[46] daher dürften hier eher strenge Anforderungen gelten.

Bedenken gegen mittelbar nachteilige Auswirkungen von Sanktionen auf die Eigner des Unternehmens oder auch seine Angestellten[47] verfangen nicht. Eine Bestrafung der Dritten liegt in mittelbaren Folgen schon mangels Vorwurfs nicht.[48] Solche Folgen sind im Übrigen zwangsläufig mit Beziehungen zwischen Menschen bzw. auch Unternehmen verbunden; deren rechtliche Verselbständigung zu einem eigenen Rechts- und auch Grundrechtsträger, der gerade auch den Interessen seiner Mitglieder dient, schließt den Rückgriff auf Grundrechte dieser mediatisierten Personen aus.

c) Der fehlende Vorwurfsgehalt der Norm

Auch wenn die Unternehmenssanktionsnorm keinen Vorwurfsgehalt im strafrechtlichen Sinne haben kann, dürfte auch die Verurteilung wegen unverschuldeter Kriminalität für das allgemeine Persönlichkeitsrechts eines Unternehmens, hier: sein Ansehen in der Öffentlichkeit, nachteilige Auswirkungen haben. Auch insoweit stellt sich die Zumutbarkeitsfrage, die überzeugende Grundlagen der Verantwortungszuweisung erfordert.

III. Fazit

Ein Unternehmensstrafrecht ist als Strafrecht im verfassungsrechtlichen Sinne sinnvoller Weise nicht denkbar, da Unternehmen die Fähigkeit zu Schuld oder Verantwortung fehlt; es wäre insoweit fehlbezeichnet und unterläge nicht den strafrechtsspezifischen, sondern nur den allgemeinen Anforderungen des Grundgesetzes. Um diesen zu genügen, müsste eine Rechtfertigung insbesondere im Hinblick auf die Verhältnismäßigkeit ohne die strafrechtsspezifische Legitimation durch den Gedanken der Vergeltung auskommen, insbesondere für das Unternehmen trotz fehlender Verantwortlichkeit zumutbar bleiben.

---

winne zur Finanzierung neuer Straftaten reinvestiert werden. Allerdings sind spezial- und generalpräventive Wirkungen der Aussicht, Deliktsgewinne nicht behalten zu können, mittelbar denkbar. Klarer spricht BVerfGE 95, 220, 242, schlicht davon, dass die Geldbuße nach § 30 OWiG „einen Ausgleich für die aus der Tat gezogenen Vorteile schaffen soll.“

45 Für Probleme mit der Verhältnismäßigkeit beim Maßregelmodell etwa *König* (o. Fußn. 20) S. 59. *Schünemann* (o. Fußn. 14) S. 201, sieht den Schuldgrundsatz als Legitimationsprinzip, das den Einsatz des Strafrechts „überhaupt erst als gerechtfertigt und nicht anstößig erscheinen läßt“, hält deshalb schuldunabhängige Sanktionen gegen Verbände nur im „Rechtsgüternotstand“ für legitimierbar.

46 BVerfGE 128, 326, 374 für die Sicherungsverwahrung.

47 Z. B. *Jürgen Möllering* 10 Thesen zur Strafbarkeit von juristischen Personen und Personenmehrheiten, in: Hettinger (o. Fußn. 20), S. 74; *Friedrich v. Freier* Kritik der Verbandsstrafe, 1998, S. 230 ff.

48 Gegen entsprechende Bedenken etwa *Heine* (o. Fußn. 18) S. 268.

Unrecht und Schuld in einem Unternehmensstrafrecht

Joachim Vogel

Das Thema „Unrecht und Schuld in einem Unternehmensstrafrecht" betrifft die Frage, ob und wie Unternehmen rechtswidrig und schuldhaft im strafrechtlichen Sinne handeln können, und ist somit auf den ersten Blick rein materiell-strafrechtlicher sowie rein dogmatischer Natur. In dieser Art und Weise ist das Thema – ein „Klassiker" des Unternehmensstrafrechts – lange Zeit diskutiert worden, und deshalb ist es innerhalb dieses Symposions folgerichtig im Zweiten Teil „Konzepte eines Unternehmensstrafrechts im Kriminaljustizsystem" unter „Materielles Strafrecht – mögliche positivrechtliche Gestaltung" eingeordnet. Meine übergreifende These lautet nun, dass das Thema in Wahrheit eher wenig mit Dogmatik und eher viel mit Kriminalpolitik, aber auch mit Prozessrecht und Alternativen zum Unternehmensstrafrecht zu tun habe.[1] Damit spreche ich sozusagen in einer dogmatikkritischen Perspektive – wobei ich offen lasse, ob das die Veranstalter überrascht oder ob sie erahnten, dass ich das Thema so behandeln würde. In den Raum und zur Diskussion stellen möchte ich fünf Einzelthesen:

1. Die dogmatische Frage, ob und wie Unternehmen rechtswidrig und schuldhaft im strafrechtlichen Sinne handeln können, ist für die kriminalpolitische Frage der möglichen positiv-rechtlichen Gestaltung eines materiellen Unternehmensstrafrechts nicht von maßgeblicher Bedeutung. Wenn der Gesetzgeber eine Unternehmensstrafbarkeit einführt, begründet er die Möglichkeit rechtswidriger und schuldhafter Unternehmenshandlungen im strafrechtlichen Sinne und gestaltet die Voraussetzungen hierfür aus, ohne an eine bestimmte Dogmatik gebunden zu sein.

In der gegenwärtigen Dogmatik ist bekanntlich umstritten, ob ein auf Unrecht und Schuld beruhendes materielles Unternehmensstrafrecht im deutschen Kriminaljustizsystem (denk-)möglich ist.[2]

---

1 Es ist bemerkenswert, dass die Argumente pro et contra Verbandsstrafbarkeit, die im Abschlussbericht der Kommission zur Reform des strafrechtlichen Sanktionensystems, Abschnitt 12 Einführung einer Verbandsstrafe (Strafbarkeit juristischer Personen), März 2000 ausgetauscht worden sind, nur am Rande die dogmatischen Fragen der Handlungs-, Schuld- und Straffähigkeit von Verbänden betreffen.

2 Den beiden „klassischen" Monographien von *Busch* Grundfragen der strafrechtlichen Verantwortlichkeit der Verbände, 1933; *R. Schmitt* Strafrechtliche Maßnahmen gegen Verbände, 1958 ist seit den 1990er Jahren eine kaum mehr überschaubare Literaturfülle gefolgt. Siehe aus der monographischen Literatur (Auswahl) *Bosch* Organisationsverschulden in Unternehmen, 2002; *Ehrhardt* Unternehmensdelinquenz und Unternehmensstrafrecht, 1994; *Eidam* Unternehmen und Strafe, 1993, 3. Aufl. 2008 sowie Straftäter Unternehmen, 1997; *v. Freier* Kritik der Verbandsstrafe, 1998; *Haeusermann* Der Verband als Straftäter und Strafprozesssubjekt, 2003; *Heine* Die strafrechtliche Verantwortlichkeit von Unternehmen, 1995; *Hirsch* Die Frage der Straffähigkeit von Personenverbänden, 1993; *Otto* Die Strafbarkeit von Unternehmen und Verbänden, 1993; *H.-J. Schroth* Unternehmen als Normadressaten und Sanktionssubjekte, 1993; *Schünemann* Unternehmenskriminalität und Strafrecht, 1980. Siehe aus der Aufsatzliteratur (Auswahl) *Böse* in: FS Jakobs, 2007, S. 15 ff.; *Dannecker* GA 2001, 101 ff.; *Jakobs* in: FS Lüderssen, 2002, S. 559 ff.;

Das zentrale Gegenargument hat bereits *v. Savigny* 1840 vorgebracht:[3]

„Das Criminalrecht hat zu thun mit dem natürlichen Menschen, als einem denkenden, wollenden, fühlenden Wesen. Die juristische Person aber ist kein solches, sondern nur ein Vermögen habendes Wesen, liegt also ganz außer dem Bereich des Criminalrechts. Ihr reales Dasein beruht auf dem vertretenden Willen bestimmter einzelner Menschen, der ihr, in Folge einer Fiction, als ihr eigener Wille angerechnet wird. Eine solche Vertretung aber, ohne eigenes Wollen, kann überall nur im Civilrecht, nie im Criminalrecht, beachtet werden."

Die moderne Fassung dieses Arguments hat *Engisch* auf dem 40. Deutschen Juristentag 1953 in Hamburg vorgetragen:[4] Unternehmen fehle die Handlungs- und die Schuldfähigkeit im strafrechtlichen Sinne, da Unternehmen nur durch Menschen handeln und nur diese Schuld im Sinne eines höchstpersönlichen, sittlich tadelnswerten Versagens auf sich laden könnten, die dem Unternehmen zuzurechnen aber gegen den Grundsatz verstoße, dass jeder nur für eigene Handlungen und eigenes Verschulden strafrechtlich verantwortlich sei. Es sei ein Zirkel, die Verantwortlichkeit von Unternehmen auf ein Unternehmenshandeln zu gründen, dieses Handeln aber auf eine rechtliche Zurechnung. Daneben wurde und wird die Straffähigkeit von Unternehmen in Zweifel gezogen: Von Strafe als einem sinnlich erfahrbaren Übel könne ein Unternehmen nicht erreicht werden, desgleichen nicht von dem mit Strafe verbundenen sittlichen Tadel[5] – „no body to kick, no soul to damn".

Die Gegenstimmen halten diese Argumentation für überholt, einem veralteten Pychologismus oder Naturalismus verpflichtet und bejahen die (Denk-)Möglichkeit einer Unternehmensstrafbarkeit, die an Unternehmenshandlungen anknüpft. Die Befürworter lassen sich mit *v. Freier*[6] in solche unterteilen, die es für möglich halten, Strafunrecht und Schuld von Unternehmen „einheitlich" – strukturell wie bei Menschen – zu begründen, und solche, die eine „eigenständige" Begründung vorlegen. Jene weisen darauf hin, dass Unrecht und Schuld auch bei Menschen normative oder normativierte Konzepte der Zurechnung oder Zuschreibung seien. Solche Zurechnungen oder Zuschreibungen seien aber ohne Weiteres bei Unternehmen möglich, die sehr wohl Normadressaten seien (vgl. §§ 14 StGB, 9 OWiG) und normativ, aber auch in der sozialen Realität als verantwortliche Subjekte – Personen oder Bürger, „corporate citizens" – seien, denen Unrecht und Schuld zugerechnet oder zugeschrieben werden könnten. Eigenständige Begründungen rekurrieren auf das Maßregelmodell (*R. Schmitt*), Präventionsnotstand und Veranlasserhaftung (*Schünemann*), Organisationsmängel (*Heine*) oder – de lege lata – das Ordnungswidrigkeitenrecht (vgl. § 30 OWiG).[7]

Kelker in: FS Krey, 2010, S. 221 ff.; *Schünemann* in: FS Tiedemann, 2008, S. 429 ff.; *Trüg* wistra 2010, 241 ff.

3 *v. Savigny* System des heutigen Römischen Rechts, Bd. 2, 1840, S. 312.

4 *Engisch* in: Verhandlungen des 40. DJT, Bd. 2, 1953, S. E7, E23 ff.

5 Die klassische Formulierung findet sich bereits bei *Kohler* GA 64 (1917), 500, 503: „Genugtuung und Sühne aber sind mit dem Begriff des Leidens und Schmerzens untrennbar verbunden; dies gilt von allen Strafen ( ): überall soll ein Schmerzgefühl erzeugt werden, und dieses soll als Sühne und Genugtuung dienen für die unethischen Übergriffe der Person. All dieses beruht aber auf seelischen Vorgängen, die nur bei der Einzelpersönlichkeit möglich sind".

6 *v. Freier* (wie Fn. 2), S. 55 ff. einerseits und 183 ff. andererseits.

7 Grundlegend hierzu *Tiedemann* NJW 1988, 1169 ff.

Der dogmatische Streit treibt Blüten, die man eher in der mittelalterlichen Scholastik an im Strafrecht des 21. Jahrhunderts ansiedeln würde, etwa wenn *Jakobs* gegen Zurechnungsmodelle anführt, es müsse, was einer juristischen Person zugeschrieben werden solle, erst einmal dem Organ abgeschrieben werden.[8] Mit solchen Argumenten können kriminalpolitische Akteure wenig anfangen, und sie tragen zum Bedeutungsverlust der Dogmatik in der Kriminalpolitik bei. Es mag offen bleiben, ob der Gesetzgeber wirksam und sinnvoller Weise Gesetze erlassen kann, die auf den *einhelligen* Widerstand der Dogmatik stoßen – selbst dann wäre zu bedenken, dass der Gesetzgeber, anders als die Dogmatik, demokratisch legitimiert und rechtsverbindlich allein an grund- und menschen- sowie sonstige verfassungsrechtliche Schranken gebunden ist. Indiskutabel wäre jedenfalls die These, der Gesetzgeber sei an dogmatische Argumente gebunden, die nur ein *Teil* der Rechtswissenschaft wenn auch vehement und mit naturrechtlichem, sachlogischem oder sonst kritikimmunisiertem Anspruch vorbringt. In diesem Sinne hat der schweizerische Bundesrat bei der Einführung der Unternehmensstrafbarkeit mit Recht unterstrichen:

> „Wenn der [...] Entwurf auf strafrechtsdogmatische Verrenkungen verzichtet und den strafrechtlichen Vorwurf an ein Unternehmen als eigenständiges Aliud gegenüber dem herkömmlichen Schuldbegriff postuliert, so bedient er sich nicht einer unzulässigen Abkürzung. Das Vorgehen beruht vielmehr auf der Überzeugung, dass letztlich nicht die Dogmatik, sondern der legislatorische Wille, eine als Problem erkannte Situation sachgerecht zu regeln, darüber entscheidet, ob diese Regelung zulässig ist."[9]

In den Grenzen der Grund- und Menschenrechte und des Willkürverbots kann das Recht „selbstherrlich"[10] bestimmen, wer Zurechnungsendpunkt eines strafrechtlich relevanten Verhaltens ist. Insbesondere kann es die Handlungs- und Schuldfähigkeit juristischer Person normieren, und zwar auch im Sinne einer originären Verantwortlichkeit nicht für individuelle Schuld, sondern für „Betriebsführungsschuld".[11] Wenn es das tut, muss eine Dogmatik, die sich als Wissenschaft vom positiven Recht versteht, es in den Grenzen der Grund- und Menschenrechte sowie des Willkürverbots hinnehmen und verarbeiten. Dann mag man zwar durchaus noch darüber räsonieren, ob Handlung und Schuld bei Unternehmen materiell *anders* als bei Menschen konstituiert werden – zu bestreiten, dass es strafrechtlich relevante schuldhafte Unternehmenshandlungen gebe, hieße jedoch, die Rechtsgeltung bestreiten. Das wäre aber nur möglich, wenn höherrangiges Recht entgegenstünde. Das scheint mir aber – und hier wildere ich auf dem Gebiet, das noch von *Sachs*[12] ausgemessen wird – nicht der Fall zu sein.

2. Grund- und Menschenrechte oder das Willkürverbot stehen einer Strafrechtslage, die rechtswidrige und schuldhafte Unternehmenshandlungen anerkennt, nicht entgegen.

---

8 *Jakobs* (wie Fn. 2), S. 565. – Beiläufig: Man kann zuschreiben, ohne abzuschreiben. So wird in jeder Teilnahmekonstellation das Teilnahmeunrecht vom Haupttatunrecht abgeleitet, das vom Haupttäter verwirklichte Unrecht dem Teilnehmer kraft Teilnahme zugeschrieben, ohne dass das Haupttatunrecht entfiele.

9 Botschaft v. 21. 9. 1998 zur Änderung des Schweizerischen Strafgesetzbuches (...), BBl. 1999, 1979, 2141.

10 *Weber* in: Baumann/Weber/Mitsch, Strafrecht Allgemeiner Teil, 11. Aufl. 2003, § 18 Rn. 27.

11 *Weber* (wie Fn. 10).

12 In diesem Band S. 195 ff.

Dass Grund- und Menschenrechte oder das Willkürverbot einer Unternehmensstrafbarkeit und der damit verbundenen Möglichkeit rechtswidriger und schuldhafter Unternehmenshandlungen entgegenstünden, erscheint bereits deshalb wenig plausibel, weil immer mehr Rechtsstaaten ein Unternehmensstrafrecht kennen, ohne dass die jeweiligen nationalen oder auch supranationale Verfassungsgerichte prinzipielle Bedenken dagegen erhoben hätten. Dass es auch in der Bundesrepublik Deutschland verfassungsrechtlich möglich ist, einem Unternehmen ein Organhandeln und -verschulden als eigenes Handeln und Verschulden strafrechtlich zuzurechnen, hat der Zweite Senat des Bundesverfassungsgerichts bekanntlich bereits in seinem Bertelsmann-Lesering-Beschluss vom 25. 10. 1966 ausgesprochen:[13]

> „Die Bestrafung juristischer Personen ist dem [...] deutschen Rechtssystem nicht fremd. [...] Die Anwendung strafrechtlicher Grundsätze ist also nicht grundsätzlich ausgeschlossen, wenn das Rechtssubjekt eine juristische Person ist.
>
> Die juristische Person ist als solche nicht handlungsfähig. Wird sie für schuldhaftes Handeln im strafrechtlichen Sinne in Anspruch genommen, so kann nur die Schuld der für sie verantwortlich handelnden Personen maßgeblich sein. Die Frage, ob der Kreis dieser Personen auf ihre Organe beschränkt ist oder darüber hinaus auf weitere Personen innerhalb der Organisation der juristischen Person [...] erstreckt werden kann, braucht hier nicht entschieden zu werden."

Das neuerdings (auch unter Verweis auf das Lissabon-Urteil vom 30. 6. 2009[14]) gegen die Verfassungsmäßigkeit einer Unternehmensstrafbarkeit angeführte verfassungsrechtliche Schuldprinzip[15] steht ihr nicht entgegen. Dem Bertelsmann-Lesering-Beschluss liegt die – zugegebenermaßen nicht deutlich ausgesprochene – Annahme zugrunde, dass sich auch Unternehmen auf das verfassungsrechtliche Schuldprinzip berufen können, es aber nicht verletzt ist, wenn dem Unternehmen Schuld von Personen zugerechnet wird, die für das Unternehmen verantwortlich gehandelt haben. Darüber hinausgehend muss hinterfragt werden, ob und inwieweit sich Unternehmen auf das Schuldprinzip berufen können, da und soweit es in der Rechtsprechung des Bundesverfassungsgerichts – und gerade im Lissabon-Urteil – in einen tragenden Zusammenhang mit der Menschenwürdegarantie des Art. 1 Abs. 1 GG gebracht wird. Menschenwürde kommt Unternehmen aber nicht zu, weshalb sich Unternehmen auch nicht auf die grund- und menschenrechtliche Dimension der Selbstbelastungsfreiheit berufen können.[16] Das spricht dafür, dass das verfassungsrechtliche Schuldprinzip eine Unternehmensstrafbarkeit entweder gar nicht oder nur in anderer Gestalt als bei Menschen begrenzt und ihr im Prinzip nicht entgegensteht.

Für nicht durchgreifend halte ich auch das Argument von *Bosch,*[17] das eigentliche Problem einer Unternehmensstrafbarkeit liege im Bestimmtheitsgrundsatz und in der

---

13 2 BvR 506/83, BVerfGE 20, 323, 335 f. – Zur Diskussion um die Tragweite dieser Entscheidung zusammenfassend *Haeusermann* (wie Fn. 2), S. 30 ff. mit Nachw.

14 2 BvE 2/08, 2 BvE 5/08, 2 BvR 1010/08, 2 BvR 1022/08, 2 BvR 1259/08, 2 BvR 182/09, BVerfGE 123, 267 (413).

15 *Kretschmer* in: FS Geppert, 2011, S. 287, 308 f.

16 Beschl. v. 26.2.1997 – 1 BvR 2172/96, BVerfGE 95, 220, 241 f.; s. hierzu *Haeusermann* (wie Fn. 2), S. 344 ff. mit Nachw.

17 *Bosch* (wie Fn. 2), S. 42 ff.

Normierung von Verhaltenspflichten des Unternehmens, verfassungsrechtlich gesprochen also – das sagt *Bosch* allerdings so nicht – in Art. 103 Abs. 2 GG. *Bosch* meint, durch ein Verbandsstrafrecht solle ja nicht lediglich Verstöße gegen klar begrenzte Einzelpflichten, sondern eine organisierte oder strukturierte Unverantwortlichkeit bekämpft werden, die dem Verband als eigene, ausschließlich ihm vorgeworfene Fehlleistung zugerechnet werde; deshalb müssten verbandsspezifische, an das Kollektiv adressierte Verhaltensnormen formuliert werden, die sich qualitativ von Normen des Verwaltungs- und Zivilrechts abschichten ließen. Aber den Verband treffen keine anderen strafrechtlichen Verhaltensnormen als natürliche Personen, und Verbände können – auf diese Selbstverständlichkeit hat mit Nachdruck *H.-J. Schroth* hingewiesen[18] – Normadressaten sein und sind es in vielen Bereichen des Wirtschaftsstrafrechts sogar ausschließlich, beispielsweise im europäischen Wettbewerbsrecht. Was *Bosch* im Auge hat, sind vielmehr die Zurechnungsnormen, und zwar in Modellen, in denen es auf ein Organisationsverschulden des Verbandes ankommt; dass dann organisationsbezogene Sorgfaltspflichten eine Rolle spielen, die nicht immer einfach zu bestimmen sind, ist aus der Fahrlässigkeitszurechnung bekannt und jedenfalls kein verfassungsrechtliches Problem.

Da Unternehmensstrafen in grundrechtlich geschützte Positionen von Unternehmen, namentlich aus Art. 2, 12 und 14 GG eingreifen, erweist sich vielmehr der Verhältnismäßigkeitsgrundsatz (in seiner Ausprägung als Übermaßverbot) als entscheidende verfassungsrechtliche Schranke für ein mögliches Unternehmensstrafrecht. Auch kriminalpolitisch ist es die entscheidende Frage, ob es die Ziele, die der Gesetzgeber mit der Einführung eines Unternehmensstrafrechts erreichen will, hierdurch erreicht werden können und ob sie es rechtfertigen, die Wirtschaft rechtlich und faktisch – durch nicht unerhebliche „Bürokratiekosten" – zu belasten sowie knappe Ressourcen des Kriminaljustizsystems zu binden. Über die Unternehmensstrafzwecke wird noch *Wohlers* reden,[19] und ich beschränke mich auf drei Bemerkungen: Um Schuldausgleich oder Vergeltung in einem moralisch aufgeladenen Sinne kann es eher nicht oder allenfalls in dem Ausmaß gehen, in dem eine Unternehmensethik besteht und gelebt wird. Vielmehr steht ersichtlich Prävention kraft ökonomischer Rationalität im Vordergrund: Strafen sind für Unternehmen Kosten, zu deren Vermeidung in Compliance-Management zu investieren ökonomisch rational ist. Daneben eröffnet das Kriminaljustizsystem den Zugang zu gegebenenfalls drastischen Instrumenten der Gewinnabschöpfung, was Wettbewerbsvorteile, die Unternehmen durch Straftaten erzielen, auszugleichen und so Wettbewerbsgleichheit herzustellen geeignet ist. Hinzu treten Gesichtspunkte der Beweiserleichterung zur Vermeidung von Straflosigkeit (impunity): Dass in einem Unternehmen eine ihm zurechenbare Straftat begangen worden ist, kann einfacher zu beweisen sein als die volle strafrechtliche Verantwortlichkeit eines bestimmten Unternehmensmitarbeiters. Alles das sind legitime, von Verfassungs wegen nicht zu beanstandende Zwecksetzungen; dass Unternehmensstrafrecht zur Zweckerreichung jedenfalls nicht ungeeignet ist, ist eine Einschätzung, die der Gesetzgeber im Rahmen seiner Einschätzungsprärogative treffen kann. Das Übermaßverbot begrenzt dann vor allem Art und Umfang der Unternehmensstrafen, die tat- und schuldangemessen sein müssen und besonderer Rechtfertigung bedürfen, wenn sie sich als unternehmensexistenzbedrohend darstellen.

---

18 *H.-J. Schroth* (wie Fn. 2), S. 13 ff.

19 In diesem Band S. 231 ff.

Damit dürfte zugleich der Einwand weitgehend entkräftet sein, es sei willkürlich, durch Unternehmensstrafen mittelbar Unschuldige, nämlich unbeteiligte Unternehmenseigner und -mitarbeiter, zu bestrafen[20]. Unternehmensexistenzbedrohende Unternehmensstrafen müssen sich normativ am Übermaßverbot messen lassen, und der Blick ins Ausland zeigt, dass es praktisch nie zu solchen Strafen mit der Folge der Entlassung unbeteiligter Unternehmensmitarbeiter und des Ausfalles der Unternehmenseigner in der Unternehmensinsolvenz kommt. Dass sich die Belastung des Unternehmensergebnisses durch Unternehmensstrafen bei den Unternehmenseignern wirtschaftlich nachteilig auswirken kann, hält sich im Rahmen der Sozialpflichtigkeit des Eigentums (Art. 14 Abs. 2 GG) und kann nicht als willkürlich gebrandmarkt werden.

3. Bei der Regelung der allgemeinen Voraussetzungen von Unrecht und Schuld in einem Unternehmensstrafrecht muss der Gesetzgeber – im Hinblick auf den Bestimmtheitsgrundsatz – eine Mindestregulierungsdichte und – im Hinblick auf den Gleichheitsgrundsatz – eine Mindestparallelität zum traditionellen Strafrecht gewährleisten. In der Sache hat sich hierfür ein europäisches „Standardmodell" herausgebildet, das als Blaupause für ein mögliches deutsches Unternehmensstrafrecht dienen kann.

Die Frage nach der Konstituierung von Unrecht und Schuld in einem Unternehmensstrafrecht betrifft dessen Allgemeinen Teil, der regeln muss, welche Unternehmen für welche Taten welcher Menschen unter welchen Voraussetzungen wie verantwortlich ist. Die so gestellt Frage lässt dogmatischer Kreativität weiten Raum und hat im deutschen Strafrechtswissenschaftsraum zu einer Vielzahl von Modellen geführt, die ich hier nur holzschnittartig skizzieren kann:[21] Eher rechtsfolgenorientiert wird zwischen Straf-, Bußgeld- und Maßregelmodellen unterschieden; letztere knüpfen an die fortbestehende Gefährlichkeit des Unternehmens an und setzen sie voraus, um eine Maßregel verhängen zu können. Weiterhin wird zwischen Zurechnungsmodellen einerseits, die an Taten von Unternehmensangehörigen anknüpfen und sie unter bestimmten Voraussetzungen dem Unternehmen zurechnen, und Modellen originärer Unternehmensverantwortlichkeit andererseits unterschieden, die den Blick in erster Linie auf tatermöglichende oder -erleichternde Organisationsmängel des Unternehmens als solchen richten. Nach den Organ-, Repräsentations- oder Identifikationsmodellen wird der Kreis der zurechnungsrelevanten auf Organe oder Repräsentanten beschränkt, in den Veranlassungsmodellen wird die Zurechnung auf alle Unternehmensmitarbeiter – möglicherweise einschließlich freier Mitarbeiter beim outsourcing von Unternehmenstätigkeiten – erstreckt. Die Zurechnung kann strikt – unabhängig von einem Organisationsverschulden des Unternehmens – erfolgen, was als Zurechnungsmodell im engeren Sinne (in angloamerikanischer Terminologie: als vicarious liablity nach dem Prinzip „respondeat superior") bezeichnet wird, oder es kann – gegebenenfalls zusätzlich – ein Organisationsverschulden des Unternehmens oder ein Kontrollverschulden der Unternehmensleitung verlangt werden.

Die Auswahl unter dieser Vielzahl von Modellen steht im Ermessen des Gesetzgebers. Von Verfassungs wegen ist er allerdings gehalten, einerseits – im Hinblick auf den Be-

---

20 Zu diesem klassischen Einwand ausführlich *v. Freier* (wie Fn. 2) S. 230 ff. mit Nachw.

21 An mehr oder minder vertieften Darstellungen ist kein Mangel, s. z. B. *Haeusermann* (wie Fn. 2), S. 82 ff. mit Nachw.

stimmtheitsgrundsatz – die wesentlichen Fragen zu Unrecht und Schuld von Unternehmen zu regeln, also eine Mindestregulierungsdichte herzustellen, und andererseits – im Hinblick auf den Gleichheitsgrundsatz – eine Mindestparallelität mit dem traditionellen Strafrecht für Menschen beizubehalten. Wesentlich und deshalb bestimmt zu regeln ist zunächst die Frage, welche Einheiten zu den Unternehmen zählen, die sich strafbar machen können. Ausgeschlossen werden sollte der einzelkaufmännische Unternehmer; er ist natürliche Person, und ihn wegen seiner Unternehmereigenschaft anders als andere natürliche Personen zu behandeln, wäre willkürlich. Auf der anderen Seite sollten Unternehmen nicht rechtsformabhängig bestimmt werden, also nicht nur juristische Personen, sondern auch andere rechtlich anerkannte Personenvereinigungen einschließen, auch solche des öffentlichen Rechts, soweit sie unternehmerisch tätig werden. Wegen des Gebots der Mindestparallelität mit dem traditionellen Strafrecht ist sodann das Tatprinzip zu beachten. Ebenso wenig wie eine „Lebensführungsschuld" eines Menschen als solche strafbar sein darf, darf eine „Betriebsführungsschuld", namentlich mangelhafte Compliance-Organisation, als solche bestraft werden, sofern es nicht zudem zu zurechenbaren Unternehmenstaten kommt. In diesem Sinne muss die Unrechts- und Schuldbegründung eines Unternehmensstrafrechts zwingend einem Zurechnungsmodell im weiteren Sinne folgen: Es bedarf einer Tat eines Unternehmensangehörigen, die dem Unternehmen kraft Handelns „als" Unternehmensangehöriger oder „für" oder „für Rechnung" oder „zum Vorteil" des Unternehmens zurechenbar ist; jedenfalls bei Taten, die ein Unternehmensangehöriger gegen das Unternehmen begeht, wäre es widersinnig, das Unternehmen auch noch zu bestrafen.[22] Wiederum unter Wesentlichkeitsgesichtspunkte ist dann zu regeln, ob die Unternehmensstrafbarkeit allgemein oder nur für besondere (und welche) Delikte begründet wird, wozu *Kudlich* noch Stellung nehmen wird.[23] Zur Mindestparallelität gehört sodann, dass Unternehmen sich im Grundsatz auf diejenigen Rechtfertigungs- und Entschuldigungsgründe berufen können müssen, die für Menschen anerkannt und auf Unternehmen übertragbar sind. Notwehr und rechtfertigender Notstand. unvermeidbare Verbotsirrtümer oder entschuldigende Notstandssituationen müssen Unternehmen ebenso entlasten, wie sie Menschen entlasten; zudem kommen Strafausschließungsgründe wie höhere Gewalt oder Aufklärungshilfe in Betracht. Überhaupt ist grundsätzlich ein wie auch immer bestimmtes Verschulden des Unternehmens – sei es ein Auswahl-, Aufsichts- und Überwachungsverschulden der Unternehmensleitung, sei es ein anderweitiges Organisationsverschulden im Unternehmen – jedenfalls aus Gründen der Mindestparallelität mit dem traditionellen Strafrecht zu verlangen: „whatever one's theory of corporate responsibility, it is clear that a corporation is not responsible for the wrongdoing of its employees when it has done everything in its power to prevent such wrongdoing".[24] Eine strikte Zurechnung ist nur ausnahmsweise und nur auf der Leitungsebene selbst möglich, da Leitungs- und Unternehmensverschulden in eins gesetzt werden können. Vom Organisationsverschulden des Unternehmens – strukturell Fahr-

22 Nicht so eindeutig liegt es bei Taten (nur) im Eigeninteresse des Unternehmensangehörigen, sofern ein Zurechnungszusammenhang zum Unternehmen hergestellt werden kann. Man denke an Sexualstraftaten zum Nachteil von Arbeitskollegen, wenn in dem betreffenden Unternehmen eine (Un-) Kultur der Duldung oder Verharmlosung solcher Taten besteht.

23 In diesem Band S. 217 ff.

24 *Hasnas* WebMemo No. 1195 (15. 8. 2006), S. 1, 2.

lässigkeit – zu trennen ist die Frage, wie die Zurechnung von Straftaten geregelt werden soll, die nur vorsätzlich begangen werden können; grundsätzlich muss in diesen Fällen der Vorsatznachweis in Bezug auf irgendeine verantwortliche natürliche Person geführt werden, und es würde an die Grenze des Mindestparallelitätserfordernisses führen, ein „Unternehmenswissen" aus dem bei verschiedenen Personen vorhandenen Wissen zusammenzusetzen. Schließlich ist das traditionelle Strafzumessungsrecht mutatis mutandis auf Unternehmen zu übertragen, und Unternehmensstrafen sind vor allem „nach der Schwere der Tat und der Schwere des Organisationsmangels und des angerichteten Schadens sowie nach der wirtschaftlichen Leistungsfähigkeit des Unternehmens" zu bemessen (Art. 102 Abs. 2 schweiz. StGB).

Im Übrigen muss man nicht so tun, als müsste man den Allgemeinen Teil eines Unternehmensstrafrechts und insbesondere die Konstituierung von Unrecht und Schuld des Unternehmens ab ovo neu erfinden, am grünen Tisch neu konstruieren. Die große Mehrheit der Mitgliedstaaten der Europäischen Union hat – teils erst in den letzten Jahren – Gesetze zur Einführung oder Ausgestaltung eines Unternehmensstrafrechts erlassen. Allein im deutschen Rechtsraum kann man sich an dem am 1. 10. 2003 in Kraft gesetzten Unternehmensstrafrecht der Art. 100quater, 100quinquies, jetzt Art. 102 schweiz. StGB[25] und dem weithin am 1. 1. 2006 in Kraft getretenen österreichischen Verbandsverantwortlichkeitsgesetz[26] orientieren. Aus den der deutschen Strafrechtsordnung verbundenen Staaten ist Spanien zu nennen, das mit Organgesetz 5/2010 vom 22. 6. 2010 die Unternehmensstrafbarkeit in Art. 31bis Código penal verankert hat.[27] Vor allem aber hat sich im Recht der Europäischen Union ein europäisches „Standardmodell" herausgebildet, wie es zuletzt in den Schlussfolgerungen des Rates über Musterbestimmungen als Orientierungspunkte für die Beratungen des Rates im Bereich des Strafrechts[28] wie folgt formuliert worden ist:

> „*Verantwortlichkeit juristischer Personen*
>
> 1. Jeder Mitgliedstaat […] stellt sicher,
>
> dass eine juristische Person für […] Straftaten verantwortlich gemacht werden kann, wenn diese Straftaten zu ihren Gunsten von einer Person begangen wurden, die entweder allein oder als Teil eines Organs der juristischen Person gehandelt hat und die eine Führungsposition innerhalb der juristischen Person innehat aufgrund
>
> a) einer Befugnis zur Vertretung der juristischen Person,
>
> b) einer Befugnis, Entscheidungen im Namen der juristischen Person zu treffen, oder
>
> c) einer Kontrollbefugnis innerhalb der juristischen Person.
>
> 2. Jeder Mitgliedstaat stellt außerdem sicher, dass eine juristische Person verantwortlich

25 Ein erster Überblick hierzu bei *Niggli/Schmuki* Anwaltsrevue 2005, 347 ff.

26 Siehe hierzu in rechtsvergleichender Sicht *Schmoller* in: FS Otto, 2007, S. 453 ff.

27 Siehe hierzu in rechtsvergleichender Sicht *de la Cuesta/Pérez Machío* sowie *Rodríguez Mourullo* in: FS Tiedemann, 2008, S. 527 ff. sowie 545 ff.

28 Ratsdok. 16542/09, S. 9 f.

gemacht werden kann, wenn mangelnde Überwachung oder Kontrolle seitens einer Person

gemäß Absatz 1 die Begehung einer [...] Straftat zugunsten der juristischen Person durch eine ihr unterstellte Person ermöglicht hat.

3. Die Verantwortlichkeit einer juristischen Person nach den Absätzen 1 und 2 schließt die strafrechtliche Verfolgung natürlicher Personen als Täter, Anstifter oder Gehilfen bei [...] Straftaten nicht aus.

4. [Für die Zwecke dieser Richtlinie] bezeichnet der Begriff ‚juristische Person' jedes Rechtssubjekt, das diesen Status nach dem jeweils geltenden Recht besitzt, mit Ausnahme von Staaten oder sonstigen Körperschaften des öffentlichen Rechts in der Ausübung ihrer hoheitlichen Rechte und von öffentlich-rechtlichen internationalen Organisationen."

Dieses Modell lässt den Mitgliedstaaten die Wahl zwischen einer kriminalstrafrechtlichen und einer ordnungswidrigkeitenrechtlichen Unternehmensverantwortlichkeit, legt sie aber ein Zurechnungsmodell fest, dass für die Leitungsebene einem Organ-, Repräsentations- oder Identifikationsmodell und für darunter angesiedelte Ebenen einem Organisationsverschuldensmodell entspricht. Das stimmt in der Sache mit dem überein, was sich im geltenden deutschen Recht aus dem Zusammenspiel von §§ 30 und 130 OWiG ergibt, und auch mit der positiven Rechtslage in den meisten Mitgliedstaaten der Europäischen Union. De lege ferenda würde es nahe liegen, dieses „Standardmodell" auch zur Blaupause für ein mögliches deutsches Unternehmensstrafrecht zu verwenden.

4. Das Verhältnis zwischen Individual- und Kollektivunrecht und -schuld sollte im Grundsatz im Sinne einer möglichen Kumulation geregelt werden.

In den meisten Rechtsordnungen, die ein Unternehmensstrafrecht kennen, und auch in den erwähnten europäischen Musterbestimmungen ist ausdrücklich bestimmt, dass die Bestrafung des Unternehmens nicht die Bestrafung der verantwortlichen Unternehmensangehörigen ausschließt und vice versa. Hier treten Individual- und Kollektivunrecht und -schuld kumulativ nebeneinander. Ein logisches oder Natur-Gesetz ist das aber nicht, wie Art. 102 Abs. 1 schweiz. StGB zeigt, wonach Unternehmensunrecht und -schuld subsidiär sind, nämlich eine Zurechnung zum Unternehmen nur dann erfolgt, wenn die Tat wegen mangelhafter Organisation des Unternehmens keiner bestimmten natürlichen Person zugerechnet werden kann.[29] Theoretisch denkbar ist aber auch umgekehrt eine Subsidiarität individuell verwirklichten schuldhaften Unrechts, das außer Betracht bleibt, wenn Unternehmensunrecht und -schuld gegeben sind bzw. überwiegen. Welche dieser Möglichkeiten der Vorzug zu geben ist, wird noch von *Volk* behandelt werden.[30] Ich spreche mich für das international weit überwiegend vertretene Kumulationsmodell aus: Eine natürliche Person allein deshalb straflos zu stellen, weil sie als Agent für ein Unternehmen gehandelt hat, dürfte dem verfassungsrechtlichen Willkürverbot zuwiderlaufen; systemischen Zwängen kann auf der Straf-

29 Bei bestimmten (Korruptions-)Delikten sieht Art. 102 Abs. 2 schweiz. StGB hiervon eine Ausnahme vor, was auf eine Kumulation hinausläuft.

30 In diesem Band S. 253 ff.

zumessungsebene Rechnung getragen werden. Umgekehrt leuchtet angesichts des spezifischen Zwecks der Unternehmensstrafe, Anreize für ein effektives Compliance-Management zu geben, eine bloß subsidiäre Unternehmensstrafbarkeit wie nach Art. 102 Abs. 1 schweiz. StGB nicht wirklich ein. Dass ein und dasselbe Unrecht gleichsam doppelt verwertet wird, ist weder denkunmöglich noch ungewöhnlich, wie die Teilnahme zeigt, wo das vom Täter verwirklichte Unrecht dessen Strafbarkeit, aber auch die akzessorische des Teilnehmers (mit) trägt.

5. Letztlich sind die Strukturen von Unternehmensunrecht und -schuld weitgehend unabhängig davon, ob ein kriminalstrafrechtlicher, administrativsanktionenrechtlicher oder sogar zivilrechtlicher Regulierungskontext gewählt wird. Für die Kontextfrage – die auch als Frage nach den Alternativen formuliert werden kann – sind vielmehr in erster Linie Erwägungen der adäquaten Prozessrechtsgestaltung maßgeblich.

Bei rechtsvergleichender Umschau[31] zeigt sich, dass sich das zuvor beschriebene „Standardmodell" der Unternehmensverantwortlichkeit – strikte Verantwortlichkeit des Unternehmens für Unrecht und Schuld auf der Leitungsebene, organisationsverschuldensabhängige Unternehmensverantwortlichkeit für unterhalb der Leitungsebene schuldhaft verwirklichtes Unrecht – nicht nur in den Staaten findet, die ein Unternehmensstrafrecht im engeren Sinne kennen, sondern durchaus vergleichbar auch in solchen, die auf ein Unternehmensordnungswidrigkeitenrecht – international gesprochen: ein Administrativsanktionenregime – oder auch ein Unternehmensstrafschadensersatzrecht – international gesprochen: ein Regime von punitive damages – setzen. Daraus kann die These abgeleitet werden, dass die Strukturen der Unternehmenszurechnung von Unrecht und Schuld im Großen und Ganzen weitgehend unabhängig davon sind, ob ein kriminalstrafrechtlicher, administrativsanktionenrechtlicher oder sogar zivilrechtlicher Regulierungskontext gewählt wird.

Wenn das zutrifft, sollte der jeweilige materiell-rechtliche Charakter der Verantwortlichkeit von Unternehmen für Straftaten eher kein Kriterium sein, das einen rationalen Gesetzgeber leiten sollte, wenn er sich fragt, in welchen Regulierungskontext er die Unternehmensverantwortlichkeit stellen und ob er gerade ein Unternehmensstrafrecht einführen sollte. Im Grundsatz gilt das auch aus Adressatensicht und unter Zweckerreichungsgesichtspunkten: Wenn Goldman Sachs Group, Inc. 550 Mio. US-Dollar bezahlen muss, weil das Unternehmen im Zusammenhang mit der Ausgabe und dem Vertrieb der collateralized debt obligation ABACUS 2007–AC1 550 des security fraud schuldig war, dann ist es für das Unternehmen nachrangig, ob der Geldbetrag als Geldstrafe oder Geldbuße oder, worauf die SEC und Goldman sich am 15. 7. 2011 geeinigt haben, als Strafschadensersatz bezahlt wird[32] – die Anreizwirkung, künftig solches Verhalten zu unterlassen, hängt davon nicht wesentlich ab. In der Tat lässt die empirische Sanktionenforschung die Vermutung zu, dass eine kriminalstrafrechtliche Etikettierung von Unternehmenssanktionen kaum mit nachweisbaren Präventionsgewinnen einhergehen dürfte. Auf symbolischer Ebene kann allerdings die Frage gestellt werden, wie öffentlich und wie „beschämend" Rechtsfolgen gegen Unternehmen sein sollen

---

31 Siehe z. B. de Doelder/Tiedemann (Hrsg.), Criminal Liability of Corporations, 1995.

32 SEC, Press Release 2010–123, http://www.sec.gov/news/press/2010/2010–123.htm (abgerufen 25. 3. 2012).

und ob die Etikettierung einer Rechtsfolge als Unternehmens*strafe* entscheidende *Symbol*gewinne mit sich bringt.

Vielmehr sollten es in erster Linie Überlegungen zum prozessualen Umfeld der Verwirklichung einer Unternehmensverantwortlichkeit für Straftaten sein, die einen rationalen Gesetzgeber leiten sollten, ob er ein Unternehmensstrafrecht im Kriminaljustizsystem oder Alternativen wählt wie ein Administrativsanktionenrecht in den Händen mächtiger Aufsichtsbehörden oder auch ein Strafschadensersatzrecht, das gegebenenfalls die Zivilgerichtsbarkeit beschäftigt. Damit geht es zunächst um die Schaffung sachgerechter Zuständigkeiten: Sollen Staatsanwaltschaften oder Verwaltungsbehörden, Straf-, Verwaltungs- oder Zivilgerichte zuständig sein? Vor allem aber geht es um die sachgerechte Verfahrensordnung: Welches Verfahren mit welchen Ermittlungsinstrumentarien, welchen Garantien und welchen Beweis- und Beweislastregeln sollen zur Verfügung stehen? Es ist keineswegs ausgemacht, dass Unternehmen am besten im strafprozessualen Umfeld für Unternehmenstaten verantwortlich gemacht werden können. Namentlich steht dem Vorteil (Perspektive Strafverfolgung) bzw. Nachteil (Perspektive Strafverteidigung) weit reichender strafprozessualer Ermittlungsbefugnisse (z.B. Möglichkeit der Telekommunikationsüberwachung) der Nachteil (Perspektive Strafverfolgung) bzw. Vorteil (Perspektive Strafverteidigung) weit reichender strafprozessualer Garantien (z.B. – möglicherweise – Selbstbelastungsfreiheit, Unschuldsvermutung, Konfrontationsrecht usw.) gegenüber. Zu bedenken wäre auch, dass im strafprozessualen Umfeld im Ausgangspunkt das Legalitätsprinzip gilt, also auch Bagatellfälle jedenfalls anermittelt werden müssen. Vor allem aber sich angesichts des Ressourcenproblems, das sich bei Verfahren gegen Unternehmen in besonderer Weise stellt, drängend die Frage, welchen Raum konsensuale Erledigungsformen haben sollen und ob dafür ein administrativsanktionen- oder zivilprozessrechtliches Umfeld nicht adäquater ist als ein strafprozessuales, in dem konsensuale Erledigungen trotz nunmehriger gesetzlicher Anerkennung weiterhin prekär sind.

Deliktskataloge für eine Verbandsstrafbarkeit*

Hans Kudlich

Gliederung

I. Einleitung

Die Frage, welche Verhaltensweisen strafbewehrten Verboten unterstellt werden sollten, prägt – sei es *de lege lata* mit Blick auf verfassungsrechtliche Grenzen einer Strafbewehrung,[1] sei es *de lege ferenda* bei der Diskussion über Änderungen (und insbesondere Verschärfungen) des Strafrechts[2] – die strafrechtswissenschaftliche und strafrechtspoli-

---

* Wertvolle Anregungen zu den nachfolgenden Überlegungen verdanke ich Herrn cand. iur. *Tobias Kulhanek*, der sich mit großem Engagement und viel Scharfsinn mit dem Thema befasst hat. Für die Unterstützung bei der Recherche und der formalen Überleitung meines Vortragsmanuskripts in diesen Text danke ich meinem Wiss. Mit. RA FAStrafR *Franz Heinz*.

1 Zu formell-verfassungsrechtlichen Grenzen mit Blick auf Art. 103 II GG klassisch die Rechtsprechung zur Nötigung (mit der zentralen Entscheidung BVerfGE 92, 1 ff.) sowie aus jüngerer Zeit etwa die Diskussion um die Untreue nach § 266 StGB, die freilich vom BVerfG [vgl. BVerfGE 126, 170 = NJW 2010, 3209 m. Anm. etwa von *Krüger* NStZ 2011, 369 ff.; *Kuhlen* JR 2011, 246 ff.; *Radtke* GmbHR 2010, 1121 ff.; *Saliger* NJW 2010, 3195 ff.; *Safferling* NStZ 2011, 376 ff.; *Steinberg/Dinter* JR 2011, 224 ff.; zur Entwicklung der fachgerichtlichen Rechtsprechung in der Folgezeit *Kudlich* ZWH 2011, 1 ff.] eher mit Blick auf die Konsequenzen des Bestimmtheitsgrundsatzes für die Rechtsprechung als auf die generelle Verfassungsmäßigkeit der Norm geführt wurde; zu materiell-rechtlichen Grenzen die in der Literatur viel kritisierte Inzestentscheidung des BVerfG (BVerfGE 120, 224 = NJW 2008, 1137 m. Anm. etwa *Ziethen* NStZ 2008, 614; *Kudlich* JA 2008, 549; vgl. dazu auch *Hefendehl* JA 2011, 401, 402 sowie *Kühl* in Jahn/Kudlich/Streng (Hrsg.) Stöckel-FS, 2010, S. 117, 129 ff.

2 Vgl. aus der jüngeren Vergangenheit die Diskussion im Vorfeld der Einführung des Stalking-Tatbestandes des § 238 StGB (dazu *Kinzig* ZRP 2006, 255; *Meyer* ZStrW 2003, 249) oder zur Ver-

tische Diskussion durchaus in entscheidendem Maße. Da nach Abschluss der Großen Strafrechtsreform zum Allgemeinen Teil vor mehr als einem Vierteljahrhundert Gesetzesänderungen auch fast nur noch im Besonderen Teil des StGB bzw. im Nebenstrafrecht stattgefunden haben, kann man sogar behaupten: Die generelle Diskussion um die Legitimität strafrechtlicher Vorschriften (und nicht um ihre Abgrenzung im Einzelfall unter grundsätzlicher Akzeptanz ihrer Existenz) spielt(e) sich gegenwärtig und in den letzten Jahrzehnten praktisch ausschließlich im Zusammenhang mit den einzelnen Tatbeständen ab.

Bei der Diskussion über eine Verbandsstrafbarkeit ist das – jedenfalls als empirischer Befund – anders. Die Frage der davon gegebenenfalls erfassten Delikte wird zumindest sehr oft gar nicht gestellt. Exemplarisch verwiesen werden kann hier etwa auf die durchaus ambitionierten und ein beachtliches wissenschaftliches Niveau widerspiegelnden Dissertationen von *Steffi Kindler*[3] oder *Claudio Kirch-Heim*,[4] die bei einer Behandlung des Themas auf rund 330 bzw. 270 Seiten ebenso wenig explizit auf denkbare Tatbestandskataloge eingehen wie bereits vor 10 Jahren die Sammlung verschiedener Beiträge in einem Bericht der Arbeitsgruppe „Strafbarkeit juristischer Personen" beim BMJ.[5] Dieser Befund ist nun aber alles andere als selbstverständlich: Denn zum einen gibt es – wie im Anschluss näher darzustellen sein wird – in einer Reihe von Rechtssystemen, die eine Verbandsstrafbarkeit kennen, durchaus eine Beschränkung derselben auf bestimmte Deliktskataloge. Zum anderen entzündet sich die Diskussion um eine Verbandsstrafe gerade nicht einem allgemein empfundenen, etwa systematischen Bedürfnis für eine Gleichstellung natürlicher und juristischer Personen (sondern es werden in der Diskussion im Gegenteil gerade die Unterschiede beschworen!), sondern vielmehr an sehr konkreten Fällen im Zusammenhang mit typischen Delikten etwa aus dem Bereich des Wirtschaftsstrafrechts. Hinzu kommt: Die Frage nach „ob" und „wie" eines Deliktskataloges für eine etwaige Verbandsstrafbarkeit mag zwar auf den ersten Blick im Vergleich zur elaborierten Dogmatik des Allgemeinen Teils und zu den tiefschürfenden Überlegungen zu den Grundlagen staatlichen Strafens, die sonst in diesem Kontext behandelt werden,[6] relativ technisch und wissenschaftlich unspektakulär klingen. Aber „das rechtsunterworfene Unternehmen" (bzw. seine Organe) wird die Reichweite seiner potentiellen strafbaren Verantwortung und damit des Deliktskatalogs ganz praktisch mehr interessieren als die feinziselierten dogmatischen Überlegungen zur Überwindung vermeintlicher Generaleinwände gegen Handlungs- und Schuldfähigkeit.[7] Und zuletzt ist die Frage auch wissenschaftlich nicht so reizlos, wie es spontan vielleicht erscheinen mag, wenn man sich in Erinnerung ruft, wie schwierig mitunter schon bei der Strafbarkeit natürlicher Personen die allgemeine Diskussion über die Grenzen strafwürdigen Verhaltens und etwa über das kritische Potential der

---

schärfung des Computer-Strafrechts (§§ 202a ff., 303a ff. StGB, dazu *Graf* NStZ 2007, 129; *Gercke* ZUM 2007, 282; *Popp* MMR 2006, 84).

3 Das Unternehmen als haftender Täter, 2008.

4 Sanktionen gegen Unternehmen, 2007.

5 Vgl. Hettinger (Hrsg.), Reform des Sanktionenrechts – Bd. 3: Verbandsstrafe, 2002.

6 Noch heute guter Überblick über die Fragestellungen etwa bei *König* in Hettinger (Fn. 179), S. 39ff., insb. 57ff; *Mittelsdorf* Unternehmensstrafrecht im Kontext, 2007, 73ff.

7 Lesenswert und erfrischend gegen eine Überhöhung und übertriebene Skrupel (in) dieser Diskussion *Vogel* JA 1/2012, S. I (Editorial).

Rechtsgutslehre verläuft.[8] Dabei erhellt vielleicht, wie problematisch die Frage sein könnte, wenn sie noch um die Verbandsperspektive ergänzt wird.

Wendet man sich nun vor diesem Hintergrund dem Thema „Deliktskataloge für eine Verbandsstrafbarkeit" zu, so führt dies (unter Ausblendung der Grundsatzfrage, nach dem generellen „Ob" ihrer Einführung, die hier gewissermaßen als Arbeitsgrundlage unterstellt werden soll[9]) zu zwei Fragen:

1. Ist ein Straftatenkatalog überhaupt sinnvoll oder wäre – wenn schon, denn schon – nicht die pauschale Einführung einer Verbandsstrafbarkeit für alle Delikte vorzugswürdig?

2. Anhand welcher Kriterien könnte ggf. ein solcher Katalog entwickelt werden, wenn man ihn denn für sinnvoll erachtet?

Aus Gründen des Umfangs nur kurz skizziert werden kann dagegen die Antwort auf die Frage, welche Straftatbestände ein etwaiger Katalog konkret und im Detail enthalten müsste und welche nicht.

II. Katalog oder Pauschalverweis?

Schon die erstgenannte Frage – Straftatenkatalog oder Pauschalverweis – führt in eine gewisse Aporie. Denn zu ihrer Beantwortung will kein Kriterium so recht weiterhelfen:

1. Argumente aus der „Ob-Frage"?

So sind zunächst die Argumente, die in der Diskussion über das „Ob" einer Verbandsstrafbarkeit angeführt werden, für die Ausgestaltungsfrage – also für das „Wie" – auf den ersten Blick nicht hilfreich: Die klassischen Einwände z. B. hinsichtlich der Handlungs- oder Schuldfähigkeit von Kollektiven, hinsichtlich drohender Doppelbestrafungen usw.[10] sind grundsätzlich deliktsunabhängig. Wenn man sich dazu durchringt, die Bedenken gegen sie hintanzustellen, könnte das grundsätzlich für alle Delikte gelten.

Dass dabei dann die kollektive Verantwortlichkeit – je nachdem, wie sie konkret konstruiert wird – für einzelne Delikte leichter begründbar bzw. handhabbar ist oder dass bestimmte Konstruktionen für manche Straftatbestände gar nicht greifen, wäre kein

---

8 Vgl. exemplarisch nochmals die Nachweise zur materiellen Verfassungsmäßigkeit von Strafnormen in Fn. 1.

9 Diese „Unterstellung" geht dabei dahin, dass man in einem entsprechenden Haftungsmodell auch hinreichende Entsprechungen für Vorsatz, Fahrlässigkeit (dazu jeweils *Dannecker* GA 2001, 101, 119 f. mit dem Stichwort der „fehlerhaften Unternehmensorganisation bzw. fehlerhaften Unternehmensphilosophie") und auch spezielle Vorsatzformen (insbesondere Absichten, vgl. dazu kritisch aus Schweizer Sicht *Forster* Die strafrechtliche Verantwortlichkeit des Unternehmens nach Art. 102 StGB, 2006, S. 181 ff.) entwickeln kann.

10 Vgl. nochmals zusammenfassend *König* in Hettinger (Fn. 5), S. 39 ff., insb. S. 57 ff., sowie vertiefend (mit durchaus unterschiedlicher Tendenz) in diesem Band die Beiträge von *Neumann* (S. 13 ff.), *Vogel* (S. 173 ff.) und *Wohlers* (S. 199 ff.). Aus neuerer Zeit auch *Trüg*, StraFo 2011, 471, 472 ff.

entscheidendes Argument gegen einen Pauschalverweis. Diese Situation ist auch in der tradierten Dogmatik des Allgemeinen Teils bekannt, in der z.B. die Tatbegehung in mittelbarer Täterschaft trotz ihrer allgemeingültig formulierten Anordnung in § 25 I Alt. 2 StGB für eigenhändige Delikte nach h.M. leer läuft.[11] Hier wäre es mithin Sache des Rechtsanwenders, eine Verbandshaftung in Abhängigkeit von ihrer Konstruktion für bestimmte Straftatbestände nicht zur Anwendung kommen zu lassen.

2. Anregungen aus dem Rechtsvergleich?

Auch der rechtsvergleichende Blick führt nicht weiter. Denn der internationale Vergleich zeigt teils solche, teils solche Regelungen. So finden sich teilweise echte „All-Crime-Approaches", die pauschal grundsätzlich alle Straftatbestände einbeziehen, die auch für natürliche Personen gelten. Beispiele sind hier etwa das französische Strafrecht in seiner Fassung seit 2006[12] oder das niederländischen Strafrecht bereits seit 1976.[13] Vergleichbares gilt aber auch – wenngleich nicht für ein Verbands*straf*recht i.e.S. in der „strafrechtsfolgenden" deutschen Ordnungswidrigkeitenregelung nach § 30 OWiG.

Solchen Modellen mit Pauschalverweisen stehen Ansätze gegenüber, in denen nach allgemeinen Kriterien („eingeschränkte All-Crime-Approaches") oder im Wege von speziellen Einzelanordnungen die juristische Person[14] nur für spezielle Delikte einzustehen haben. Beispiele für das erstgenannte Modell bilden Belgien und Ungarn, wo alle Vorsatzdelikte erfasst sind.[15] „List-Based-Approaches" im zweitgenannten Sinne finden sich z.B. im italienischen,[16] portugiesischen[17] oder spanischen Strafrecht.[18] Ein – hier freilich nur oberflächlich möglicher – erster grober Vergleich einiger so verfahrender Rechtsordnungen[19] zeigt, dass es zwar bestimmte Überschneidungen der Kataloge gibt. Neben solchen Delikten, bei denen internationale Vorgaben zu einer Pönalisierung im Allgemeinen bestehen und eine Verantwortlichkeit juristischer Personen dafür zumindest nahe liegend ist,[20] sind insbesondere Wirtschaftsstraftaten häufig betroffen. Allerdings finden sich auch heterogene Ausfransungen in unterschiedliche Deliktsbereiche.

---

11 Vgl. statt vieler nur Satzger/Schmitt/Widmaier/*Kudlich* StGB, 2009, vor § 13 Rn. 29f; von Heintschel-Heinegg/*Kudlich* StGB, 2010 (= BeckOK/StGB), § 25 Rn. 30, Lackner/*Kühl*, StGB, 2011, § 25 Rn. 3; Schönke/Schröder/*Heine*, StGB, 2010, § 25 Rn. 45f.

12 Vgl. dazu *Deckert* in: Pieth/Ivory (Hrsg.) Corporate Criminal Liablitity, 2011, S. 147, 157f.

13 Vgl. Art. 51 I des niederländischen Strafgesetzbuches, der anordnet, dass Straftaten von natürlichen und juristischen Personen begangen werden können; hierzu *Keulen/Gritter* in: Pieth/Ivory (Fn. 12), S. 177, 180 („a corporation under Dutch criminal law has been able to committ any offense in principle [Nachweise zu einzelnen einschränkenden Interpretationen in der Literatur]. Its liability is therefore no longer restrictet to the class of ‚economic offenses'").

14 Hier in einem weitem Sinn verstanden.

15 Vgl. m.w.N. *Pieth/Ivory* in: Pieth/Ivory (Fn. 12), S. 3, 20, sowie *Santha/Dobrosci* in: Pieth/Ivory (Fn. 12), S. 313, 318.

16 Vgl. *de Maglie* in: Pieth/Ivory (Fn. 12), S. 255, 260f., auch mit Nachweisen zur ständigen Ausweitung der betroffenen Delikte in der historischen Entwicklung.

17 *Pieth/Ivory* in: Pieth/Ivory (Fn. 12), S. 3, 20 m.w.N.

18 Vgl. *Boldova/Rueda* in: Pieth/Ivory (Fn. 12), S. 271, 279f.

19 Neben den bei Fn. 190–192 genannten etwa noch Tschechien.

20 Dazu, dass die europäischen Vorgaben hier wohl keine harten Verpflichtungen enthalten, vgl. sogleich unter 3.

Eine Krönung ganz besonderer Art erfährt die Regelungsdichotomie zwischen All-Crime- und List-Based-Approaches bei unseren Schweizer Nachbarn.[21] Art. 102 CH-StGB verbindet beide Modelle. Er enthält in Abs. 1 einen Pauschalverweis auf alle Delikte, soweit die individuell verantwortliche Person nicht ermittelt werden kann. Zusätzlich ordnet Abs. 2 eine (ggf. neben die individuelle Strafbarkeit tretende!) Verantwortlichkeit für bestimmte Delikte aus den Bereichen der Terrorismusbekämpfung, der Geldwäsche und der Korruption an.

3. Europäische Vorgaben?

Zuletzt zwingt uns – zumindest bislang – wohl auch die europäischen Rechtsentwicklung nicht klar in die eine oder andere Richtung. So gibt es einerseits keine verbindliche (allgemeine) europäische Vorgabe, eine generelle Verbandsstrafbarkeit einzurichten.[22] Andererseits enthalten aber auch die europäischen Regelungen für bestimmte Deliktsbereiche, die dabei eine Verantwortlichkeit juristischer Personen fordern, in ihrer bisherigen Form (jedenfalls in der Interpretation des deutschen Gesetzgebers[23]) nicht etwa die zwingende Vorgabe, dass diese Verbandsverantwortlichkeit eine *kriminal*strafrechtliche sein müsse. Das dürfte etwa auch ganz aktuell[24] für den Vorschlag der Kommission über eine „Richtlinie des Europäischen Parlaments und des Rates über strafrechtliche Sanktionen für Insider-Geschäfte und Marktmanipulation" (KOM [2011] 654 endgültig) vom 20. 10. 2011 gelten.

Dieser Entwurf ordnet zwar in seinem Art. 7 an, dass Mitgliedstaaten die erforderlichen Maßnahmen zu treffen haben, um sicherzustellen, dass „juristische Personen für die in den Art. 3 bis 5 genannten Straftaten zur Verantwortung gezogen werden können", wenn die Taten von einem ihrer – grob gesagt – Organe zu ihren Gunsten begangen worden sind oder wenn die Tat durch eine Verletzung einer Aufsichtspflicht ermöglicht worden ist, und dass gegen die juristischen Personen wirksame, angemessene und abschreckende Sanktionen verhängt werden können.[25] Auch wird der Entwurf explizit

---

21 Vgl. hierzu eingehend etwa *Forster* (Fn. 9), passim; Überblick bei *Niggli/Schmuki* AnwaltsRevue 2005, 347 ff.

22 Ebenso *Trüg* StraFo 2011, 471, 478.

23 Ob bzw. wann der EuGH dies irgendwann einmal anders sehen mag (Stichwort „effet utile"), steht auf einem anderen Blatt.

24 „Ganz aktuell" insbesondere zum Zeitpunkt der in diesem Band dokumentierten Tagung.

25 Die Vorschriften lauten in der deutschen Fassung vollständig:
Artikel 7: Verantwortlichkeit juristischer Personen
1. Die Mitgliedstaaten treffen die erforderlichen Maßnahmen, um sicherzustellen, dass juristische Personen für die in den Artikeln 3 bis 5 genannten Straftaten zur Verantwortung gezogen werden können, wenn eine solche Straftat zu ihren Gunsten von einer Person begangen wurde, die entweder allein oder als Teil eines Organs der juristischen Person gehandelt hat und aufgrund einer der folgenden Befugnisse eine leitende Stellung innerhalb der juristischen Person innehat:
a) die Befugnis zur Vertretung der juristischen Person,
b) die Befugnis, Entscheidungen im Namen der juristischen Person zu treffen, oder
c) eine Kontrollbefugnis innerhalb der juristischen Person.
2. Die Mitgliedstaaten treffen zudem die erforderlichen Maßnahmen, um sicherzustellen, dass juristische Personen zur Verantwortung gezogen werden können, wenn mangelnde Überwa-

auf Art. 83 II AEUV als Kompetenznorm zur Strafrechtsangleichung gestützt. Gleichwohl ist insbesondere die Trias „wirksam, angemessen, verhältnismäßig" (in der deutschen Fassung) nicht neu, sondern stammt letztlich aus der bekannten Entscheidung Griechischer Mais[26] und ist auch in Art. 325 AEUV (entspricht Art. 280 EGV-alt) angelegt.[27] Ferner ist (in der deutschen Fassung) der Unterschied zwischen Art. 6, der eine explizit *straf*rechtliche Ahndung verlangt, und Art. 7/8 zu beachten, die bei juristischen Personen gerade nur „Verantwortung" und „Sanktion" verlangen. In der englischen Fassung spiegelt sich diese Unterschied in den Formulierungen „criminal sanction"[28] (Art. 6) und „to be held liable" bzw. „to be punishable"[29] (Art. 7/8) wieder, in der französischen Fassung darin dass die „sanctions *pénales*" ebenfalls nur in Art. 6 auftauchen.[30]

Einen kleinen Katalog von Straftatbeständen und zugleich die explizite Anordnung der (alternativlosen) Einführung einer strafrechtlichen Verantwortlichkeit juristischer Personen enthält dagegen zwar das in von Experten verfasste Corpus Iuris zum Schutz der Finanzinteressen.[31] Allerdings hat diese Initiative mangels unmittelbarer Abbildung in einem Rechtsakt der Union bis heute[32] keine Verbindlichkeit erlangt.

---

chung oder Kontrolle durch eine Person im Sinne des Absatzes 1 es einer ihr unterstellten Person ermöglicht hat, eine der in den Artikeln 3 und 5 genannten Straftaten zugunsten der juristischen Person zu begehen.

3. Die Verantwortlichkeit juristischer Personen nach den Absätzen 1 und 2 schließt die strafrechtliche Verfolgung natürlicher Personen als Täter, Anstifter oder Gehilfen bei in den Artikeln 3 bis 5 genannten Straftaten nicht aus.

Artikel 8: Sanktionen gegen juristische Personen
Die Mitgliedstaaten treffen die erforderlichen Maßnahmen, um sicherzustellen, dass gegen im Sinne von Artikel 7 verantwortliche juristische Personen wirksame, angemessene und abschreckende Sanktionen verhängt werden können.

26 Vgl. EUGHE 1989, 2965, sowie dazu *Safferling* Internationales Strafrecht, 2011, § 10 Rn. 27.

27 Vgl. auch *Safferling* German Law Journal 10 (2009) S. 1383, 1388 f. mit der Überlegung, dass dieses Formel auf das deutsche Strafrechtsverständnis nur bedingt passt, weil Strafen danach nicht verhältnismäßig, sondern schuldangemessen sein müssen.

28 Wobei selbst bei diesem Begriff fraglich ist, ob er so eng ist wie die deutsche „Kriminalstrafe": Auch „Verwaltungsunrecht" kann als „criminal" bezeichnet werden, wohingegen nach deutschem Verständnis „Strafrecht" immer auch „schuldhaft" meint, vgl. auch *Safferling* (Fn. 26), § 10 Rn. 61, sowie auch *Hecker* Europäisches Strafrecht, 2. Aufl. 2007, § 8 Rn. 37.

29 Trotz der sprachlichen Assoziation zu „punitiv" ist „to punish" wohl nicht so eng zu verstehen, dass es zwingend zur Strafrecht meint, vgl. etwa auch die sog. „punitive damages" im US Recht als zivilrechtliche Schadenersatzform.

30 Das setzt sich in den anderen Sprachen fort, wenn etwa in der niederländischen Fassung in Art. 6 verlangt wird, dass „strafrechtelijke sancties" zur Verfügung gestellt werden, während Art. 7/8 nur verlangen, dass „rechtspersonen aansprakelijk kunnen" und dass „sancties [aber eben nicht: strafrechtelijke – H. K.] kunnen worden opgelegd". Die italienische Fassung unterscheidet zwischen „sanzioni penali" (Art. 6) und „essere responsabili" bzw. „sanzioni" (aber eben nicht: penali – H.K.) in Art. 7/8.

31 Vgl. bereits Art. 1 – 8 (Straftatbestände) und 14 in der Fassung 1996/1997, sowie zu Art. 14 auch die knappen Erläuterungen in Delmas-Marty (Hrsg.) Corpus Juris der strafrechtlichen Regelungen zum Schutz der finanziellen Interessen der Europäischen Union, 1998, S. 44. Dem Art. 14 der ersten Fassung entspricht Art. 13 des Corpus Juris 2000 (sog. „Fassung von Florenz").

32 Entgegen der – damals freilich nicht unrealistischen – Prognose von *Dannecker* GA 2001, 101, 106 f.

4. Zwischenergebnis

Gibt es also keine einheitlichen Vorbilder oder verbindlichen Vorgaben, bleibt die Frage nach Sachargumenten für oder gegen einen abschließenden Katalog. M.E. sind auch diese nicht eindeutig, legen aber zumindest nicht klar den Vorzug eines abschließenden Katalogs nahe: Zwar könnte ein abschließender Katalog ein höheres Maß an Bestimmtheit gewährleisten, das gewissermaßen einen Ausgleich für die vergleichsweise unschärferen Haftungsvoraussetzungen des Kollektivs bilden kann. Eine solche Fokussierung und Bestimmtheit mag man z.B. mit Blick auf die „Compliance-Fähigkeit" der Delikte für wünschenswert halten. Wissen die Unternehmen klar, welche überschaubaren Delikte sie jedenfalls vermeiden müssen, könnte das ihre effektive Unterbindung erleichtern, womit nicht nur den Gesellschaften, sondern auch dem Rechtsgüterschutz gedient wäre.

Versucht man schließlich mit einer – mit Unterschieden in den Details durchaus wirkmächtigen – Gruppe von Ansätzen eine Verbandsstrafbarkeit mit dem Hinweis auf das verbandseigene Machtpotential zu legitimieren, könnte man diese Legitimation jeweils auf solche Straftatbestände beschränken, für deren Begehung dieses Machtpotential besonders groß ist. Bei genauerer Betrachtung darf dabei aber nicht übersehen werden, dass sich gerade solche verbandseigenen Machtpotentiale bei verschiedenen Arten von juristischen Personen sehr unterschiedlich darstellen. Nach diesem Kriterium müssten also für verschiedene Gruppen von juristischen Personen jeweils eigene und individuell verschiedene Deliktskataloge aufgestellt werden, was praktisch nicht umsetzbar ist.

Damit bleibt festzuhalten: Zwingende Entscheidungskriterien für unsere Ausgangsfrage, vor allem aber zwingende Gründe für die Beschränkung auf einen bestimmten Deliktskatalog lassen sich nicht wirklich finden. Vor diesem Hintergrund verwundert auch der oben bereits erwähnte Befund nicht, dass z.B. in der aktuellen Diskussion in der deutschen Literatur etwaige Regelungsvorschläge vielfach wie selbstverständlich von einem Pauschalverweis ausgehen. Ein Argument für einen beschränkten Katalog würde deshalb eigentlich nur darin liegen, dass man der Verbandsstrafbarkeit gleichsam den Charakter eines Experiments oder einer politischen Zwängen geschuldeten Notlösung zuweist. Dann liegt es nahe, dass man den Anwendungsbereich solcher Regelungen zwar nicht schlechterdings inkonsistent lückenhaft halten, aber zumindest vorerst auch nicht ohne Not ausdehnen möchte. Wenn und soweit man das so sieht, erscheinen mir auch etwaige nachträglich festgestellte Strafbarkeitslücken[33] verkraftbar. Immerhin bildet die deutsche *lex lata* insoweit noch eine gleichsam „flächendeckende Lücke", ohne dass der strafrechtliche Rechtsgüterschutz daran zerbrechen würde.

III. Kriterien für einen Katalog

Fragt man vor diesem Hintergrund danach, wie ein abschließender Deliktskatalog auszusehen hätte, sollte man aber wenigstens aus der Not eine Tugend machen. Es wäre

33 Zu diesen als Kritikpunkt an einer Kataloglösung *Dannecker* GA 2001, 101, 116.

also zu überlegen, bei welchen Delikten ein strafrechtsrelevantes Handeln des Verbandes phänomenologisch am häufigsten auftreten und auch die Strafzwecke am ehesten erfüllen werden könnten. Fragt man in diesem Sinne nach einem hervorgehobenen „Bedarf" für einen strafrechtlichen Schutz gegen Akte juristischer Personen, so kann dieser Bedarf im Bezugssystem „Täter – Tat – Opfer" an jedem der drei Koordinaten festgemacht und dabei zusätzlich noch sowohl empirisch als auch normativ begründet werden. Dies führt zu Kriterien, die als täterbezogen, systembezogen und angriffsbezogen beschrieben werden können. Ohne dass dies im vorliegenden Rahmen angemessen vertieft werden könnte, lässt sich hierzu schlagwortartig Folgendes benennen:

1. Täterbezogenes Kriterium

Beim täterbezogenen Kriterium geht es um die Frage, ob ein bestimmtes Delikt auffällig oft von Mitgliedern eines Verbands im Rahmen des typischen Verbandshandelns begangen wird. Exemplarisch leuchtet hier etwa intuitiv rasch ein, dass Trunkenheitsfahrten nach § 316 StGB ebenso wie Personenstandsdelikte eher typisch für „privatmenschliches" als für „verbandsbezogenes" Handeln sind, während etwa im Bereich der Geldwäsche[34] oft Verbände in Erscheinung treten und sich auch Insolvenzstraftaten gut in den typischen Ablauf der Verbandstätigkeit einpassen.

Einschränkend muss hier allerdings hinzugefügt werden, dass diese Frage – wie oben in anderem Kontext bereits angedeutet – von Verband zu Verband unterschiedlich zu beantworten sein kann. Pointiert: Möglicherweise die Wirksamkeit der Vereinsgründung mit Blick auf §§ 134, 138 BGB,[35] nicht aber die juristische Phantasie[36] steht einem Verein entgegen, dessen Mitglieder sich zusammengeschlossen haben, um als Protest gegen die zu rigiden Alkoholgrenzen Zusammenkünfte mit geplantem Alkoholkonsum und anschließender Teilnahme am Straßenverkehr zu organisieren. Sieht man in dieser Abhängigkeit der „Typik" von der konkreten Verbandstätigkeit nicht bereits einen generellen Grund gegen eine Kataloglösung (vgl. oben II. 4.), muss man insoweit letztlich von gleichsam Normal- bzw. „Durchschnittsverbänden" ausgehen, die relativ viele unterschiedliche Fallgruppen abdecken, bzw. man muss den Katalog an solchen Verbänden ausrichten, die man kriminalpolitisch in den Focus der strafrechtlichen Sozialkontrolle rücken will. Dass der Gesetzgeber einen solchen Normaltypus grundsätzlich in den weiten Grenzen seiner Einschätzungsprärogative festlegen dürfte, sollte ebenso unbestreitbar sein wie sein Recht, eine Auswahl über den „Focus der strafrechtlichen Sozialkontrolle" zu treffen. Da viele Körperschaften zumindest *auch* gebildet werden, um (bzw. insbesondere dann nach außen treten, wenn sie) wirtschaftlich tätig (zu) werden, wird ein daran ausgerichteter Katalog vor allem Delikte des Wirtschaftsstrafrechts erfassen, die freilich über reine Vermögensdelikte hinausgehen[37] und etwa unter dem Stichwort der „Produkthaftung" auch Körperverletzungs- oder Tötungsdelikte enthalten könnten.

---

34 *Fromm* ZIS 2007, 279.

35 Vgl. *Palm/Arnold* in Ermann, BGB, 13. Aufl. 2011, § 138 Rn. 187.

36 Vgl. auch *Volk* JZ 1993, 429, 432.

37 Zum Umfang des „Wirtschaftsstrafrechts" und typischen Deliktsblöcken vgl. statt vieler nur *Kudlich/Oğlakcıoğlu* Wirtschaftsstrafrecht, 2011, Rn. 23 ff.

2. Systemisches Kriterium

Auf eine gewisse Weise hängt mit dem täterbezogenen Kriterium ein zweites Kriterium zusammen, das teilweise als Grund dafür dienen kann, warum bestimmte Delikte für Verbände typischer sind als andere. Die Frage des „systemischen Verbandshandelns" geht dahin, ob sich bei bestimmten Delikten in der Großflächigkeit systembedingter Vorgänge die Einmaligkeit der tatbestandlichen Verletzung verliert[38] und sich die Straftat als Ausdruck rechtswidriger Ausübung von Verbandsmacht darstellt.[39] Während etwa sexuelle Übergriffe – und zwar auch in Betrieben – üblicherweise nicht aus arbeitsteiligem Handeln resultieren, sondern in ihrem Kern privatmenschliches Verhalten betreffen, findet man im Bereich der Korruption in manchen Unternehmen offenbar regelrecht Bestechungssysteme, die ein einzelner so gar nicht betreiben könnte.

Typisch für systemisches Handeln ist auch die Koordinierung von in einzelnen Abteilungen angelegten Aufgaben mit einem schwindenden Beherrschungspotential des Einzelnen,[40] wie es im Produktstrafrecht mit dem ihm zugehörigen Delikten zu beobachten ist;[41] auch unter diesem Gesichtspunkt würden also die Tötungs- und Körperverletzungsdelikte neben typischen Wirtschaftsstraftaten in einem Katalog Berücksichtigung finden müssen. Weiterhin typisch für systemisches Handeln ist die Austauschbarkeit und Fungibilität des Einzelnen aufgrund von Verantwortungsdelegation und -diffusion, wie sie im Umweltstrafrecht auftritt.

3. Angriffsbezogenes Kriterium

Schließlich beruht das angriffsbezogene Kriterium auf dem Rechtsgüterschutz als Legitimation staatlichen Strafens und hat daher im Blick, wann ein bestimmtes Rechtsgut gegenüber einem Angriff durch Verbandshandeln besonders anfällig[42] und damit schützenswert ist.[43] Dies mag man etwa bei Steuerstraftaten mit Blick auf das deutlich größere Umsatzpotential von Unternehmen oder auch bei Straftaten gegen den Schutz des geistigen Eigentums mit Blick auf das potentielle Verletzungsvolumen annehmen.[44] Auch Betrügereien sind – nicht notwendig aber typischerweise – gegenüber einem besonders großen Opferkreis aus einer Organisation heraus (die beim Firmieren

---

38 Vgl. *Heine* Die strafrechtliche Verantwortlichkeit von Unternehmen, 1995, S. 290.

39 Vgl. bereits *Busch* Grundfragen der strafrechtlichen Verantwortlichkeit der Verbände, 1933, S. 206.

40 Vgl. *Heine* (Fn. 38), S. 31.

41 Dies deckt sich teilweise mit dem Phänomen, welches mitunter auch unter dem Stichwort der „organisierten Unverantwortlichkeit" als ein Grund für die Notwendigkeit des „ob" einer Verbandsstrafbarkeit angeführt wird. Aus kriminologischer Sicht kann noch ergänzt werden, dass mit fehlender sozialer Kontrolle bzw. mit (zumindest scheinbarer) institutioneller Akzeptanz des Verhaltens zunehmend das Unrechtsbewusstsein verloren gehen dürfte, vgl. *Bussmann/Salvenmoser* NStZ 2006, 203, 207.

42 Vgl. auch *Busch* (Fn. 39), S. 209.

43 *Mittelsdorf* Unternehmensstrafrecht im Kontext, 2007, 176f.

44 Welche Auswirkungen sich ergeben können, wenn ganze volkswirtschaftliche Systeme an der Schädigung beitragen, und um wie viel schwieriger dann die individuelle Zurechnung wird, ist durch die Finanzkrise deutlich geworden, vgl. *Lüderssen* StV 2009, 486, 487.

unter einer juristischen Person spontan oft auch noch größeres Vertrauen in Anspruch nehmen wird als eine Einzelperson) leichter vorstellbar als durch Einzeltäter. Dagegen besteht etwa bei der Untreue regelmäßig ein so exponiertes und enges Verhältnis (das schon wegen des Erfordernisses einer qualifizierten Vermögensbetreuungspflicht die Beziehung zwischen Täter und Opfer typischerweise prägt), dass die Begehung „durch eine juristische Person" *unter diesem Gesichtspunkt* eher nicht der typische Angriffsweg ist.

Ganz allgemein gilt, dass man das Kriterium – wenn man es denn für sinnvoll hält – nicht dadurch „aufweichen" darf, dass man (*prima facie* plausibel, aber eben letztlich) pauschalisierend damit argumentiert, dass durch eine größere Struktur immer mehr Unrecht verwirklicht werden könnte.[45] Natürlich kann eine zu diesen Zwecken gebildete Bande[46] von mehreren Tätern immer auch mehr Hausfriedensbrüche, Vergewaltigungen oder Beleidigungen begehen[47] als ein einzelner – allein: Aus der Opferperspektive wird das Handeln dadurch nicht greifbar zu einer höheren Bedrohung als das Handeln eines einzelnen. Nimmt man die einschränkende Interpretation dieses Kriteriums ernst, führt das freilich dazu, dass „atypische", aber keinesfalls undenkbare Zusammenschlüsse (jedenfalls *sub specie* des angriffsbezogenen Kriteriums) „durch das Raster" fallen. Stellt man sich etwa eine Organisation vor, innerhalb derer unter dem Dach einer Firma, einer sozialen Einrichtung oder auch einer privatrechtlich verfassten Religionsgemeinschaft strukturell und in systematischer Weise der sexuelle Missbrauch Minderjähriger erfolgen würde, würde eine Strafbarkeit *der juristischen Person* ausscheiden, wenn man davon ausgeht, dass § 176 StGB im Allgemeinen die hier erarbeiteten Kriterien nicht erfüllt und daher dem Katalog nicht angehört.[48] Das mag unter dem Gesichtspunkt eines möglichst weit reichenden und lückenlosen Strafrechtsschutzes unbefriedigend erscheinen. Hier ist indes zum einen zu bedenken, dass eben dieser Schutz durch die individuelle Strafbarkeit der handelnden natürlichen Personen bereits in weiten Teilen gewährt wird. Zum anderen führen generalisierende Kriterien für die spezifische Strafbedürftigkeit gerade *von juristischen Personen für bestimmte Delikte* zwangsläufig dazu, dass ein anhand dieser Kriterien konstruierter Katalog bestimmte atypische Konstellationen nicht umfasst. Das ist aber im Strafrecht nichts Neues, sondern schon durch den Grundsatz *„nulla poena sine lege"* geradezu strukturbildend für diese Rechtsmaterie.

---

45 Vgl. nochmals *Volk* JZ 1993, 429, 432.

46 Juristische Personen, die bevorzugt die im Anschluss genannten Zwecke verfolgen, dürften die Ausnahme bilden, vgl. auch sogleich Fn. 47.

47 Schon die Tatsache, dass von entsprechenden „Banden" bzw. Unternehmen wenig berichtet wird, zeigt freilich, dass hier auch aus Tätersicht wenig Sinn in einem entsprechenden Zusammenschluss liegt. Das wiederum liegt aber daran, dass die „Rechtsgutsverletzungsmacht" dadurch nicht signifikant gestärkt wird, was letztlich nur das Spiegelbild des Fehlens eines (stark ausgeprägten) angriffsbezogenen Kriteriums auf Opferseite darstellt.

48 Das macht – nebenbei bemerkt – deutlich, dass durch die Aufnahme in einen oder eben den Ausschluss aus einem hypothetischen Katalog durch den Gesetzgeber gleichsam pauschalierend und von den Besonderheiten des Einzelfalls abstrahierend die Bewertung getroffen wird, die bei einem Pauschalverweis (All-Crime-Approach) durch den Rechtsanwender für den Einzelfall erfolgen müsste, falls die entsprechende Zurechnungsnorm (als geschriebenes oder auch nur ungeschriebenes Merkmal) voraussetzt, dass eine gesteigerte Rechtsgutsgefährdung gerade durch das Verbandshandeln o. ä. erfolgt.

4. Wichtige Elemente eines Deliktskatalogs

Klar ist bei all dem: Die Beurteilung verschiedener Tatbestände anhand dieser Kriterien wird nicht immer so einfach sein wie bei den hier plakativ und auch durchaus gezielt (wenngleich nicht bewusst suggestiv) ausgewählten Beispielen. Auch sind die Kriterien weder abschließend noch zwingend, und sie mögen bei ihrer Anwendung auf einzelne Straftatbestände teilweise auch zu gegenläufigen Ergebnissen führen. Schon deswegen kann die folgendes Skizze eines Katalogs mehr oder weniger apodiktisch erfolgen, da die grundsätzliche Verankerung bei den einzelnen Kriterien fast intuitiv ist, während die letztverbindliche Abwägung über die Aufnahme oder Nichtaufnahme in den Katalog fast immer auch anders getroffen werden könnte, was hier von der Pflicht einer ausführlichen Begründung dafür entbinden kann, die aus Umfanggründen ohnehin nicht geleistet werden könnte.

Aus dem Kernstrafrecht des StGB würden sich für einen entsprechenden Katalog danach insbesondere anbieten:[49]

- aus dem ersten Abschnitt des Besonderen Teil die §§ 80, 81–83 StGB,
- aus dem siebten Abschnitt des Besonderen Teils die §§ 130–131,
- die Straftaten aus dem achten Abschnitt des Besonderen Teils (§§ 146 ff.),
- die Straftaten aus dem fünfzehnten Abschnitt des Besonderen Teils (§§ 201 ff.),
- aus dem sechzehnten Abschnitt des Besonderen Teils die §§ 212, 218 und 222 StGB,
- aus dem siebzehnten Abschnitt des Besonderen Teils die §§ 223, 224 und 226–230 StGB,
- aus dem achtzehnten Abschnitt des Besonderen Teils die §§ 232–237 StGB,
- aus dem einundzwanzigsten Abschnitt des Besonderen Teils die §§ 259–261 StGB,
- die Straftaten aus dem zweiundzwanzigsten Abschnitt des Besonderen Teils (§§ 263 ff., Betrug und Untreue),
- aus dem dreiundzwanzigsten Abschnitt des Besonderen Teils die §§ 275–279 StGB,
- die Straftaten aus dem vierundzwanzigsten Abschnitt des Besonderen Teils (§§ 283 ff. StGB),
- aus dem fünfundzwanzigsten Abschnitt des Besonderen Teils die §§ 284–287 StGB,
- aus dem sechsundzwanzigsten Abschnitt des Besonderen Teils die §§ 298 f. StGB,[50]
- aus dem achtundzwanzigsten Abschnitt des Besonderen Teils die §§ 307–313 StGB,

---

49 Die (auf den hier vorgetragenen Kriterien beruhende) Nichtaufnahme insbesondere der Aussage- und Straßenverkehrsdelikte in den nachfolgenden Katalog macht die nahe liegende Frage obsolet, ob bei eigenhändigen Delikten eine Verbandsverantwortung begründet werden kann bzw. sollte.

50 Vgl. auch Fn. 51, die hier mutatis mutandis für § 299 StGB Geltung beanspruchen dürfte.

- die Straftaten aus dem neunundzwanzigsten Abschnitt des Besonderen Teils (§§ 324ff. StGB) sowie
- aus dem dreißigsten Abschnitt des Besonderen Teils die §§ 331–336 und 352 StGB.[51]

Einen Deliktskatalog aus dem Nebenstrafrecht aufzustellen, ist auf Grund des Spannungsverhältnisses zwischen notwendiger Kasuistik und unübersichtlicher Weite der Materie nahezu unmöglich. Man kann das als generelles Argument gegen jeden List-Based-Approach anführen. Sieht man dagegen in der Verbandsstrafbarkeit (zumindest zunächst) ohnehin nur ein mehr oder weniger eng umgrenztes Experimentierfeld (vgl. o.), so wirkt bei näherem Hinsehen gar nicht so störend, wenn bei solchen Delikten, die es „nicht einmal ins Kernstrafrecht geschafft" haben,[52] keine „Flächendeckung" erreicht wird, sondern nur einige besonders wichtige und markante Bereiche aufgenommen werden. Dies könnten sein die (wesentlichen) Tatbestände

- aus dem Steuerstrafrecht (§§ 370ff. AO),
- aus dem Strafrecht zum Schutz des Geistigen Eigentums (Urheberrecht, Patentrecht, Markenrecht, Geschmacksmusterrecht etc.),
- aus dem Kapitalmarktstrafrecht sowie
- aus dem Wettbewerbsstrafrecht.

Daneben bleiben noch weitere Fragen offen, die einer Einzelprüfung bedürften, hier indes aus Raumgründen nicht beantwortet werden können. Exemplarisch soll nur auf die Haftung für eine Teilnahme hingewiesen werden: Hätte ein Katalog (als gleichsam formale Lösung) zur Folge, dass auch nur eine Beihilfe zu Straftaten aus dem Katalog erfasst wäre? Oder müsste berücksichtigt werden, dass gerade Unterstützungsstrukturen nicht selten aus arbeitsteiligem beruflichem Zusammenwirken entstehen, wie sie für Verbände typisch sind, so dass eine Beihilfe entweder generalisierend immer oder vielleicht nach Form einer generalklauselartigen Einzelfallentscheidung erfasst wird.

---

51 Die passiven Korruptionsdelikte werden etwa von *Schmitt* Strafrechtliche Maßnahmen gegen Verbände, 1958, S. 192f., und *Schroth* Unternehmen als Normadressaten und Sanktionssubjekte, 1993, S. 93 als typisch verbandsfremde Delikte charakterisiert, die sie rein privatmenschlich motiviert seien. Das ist wohl zu kurz gegriffen, wenn man sich eine Behörde vorstellt, in der ein Klima herrscht, in dem Bestechlichkeit nicht unüblich ist und gerade von der Führungsebene vorgelebt wird. Zwar ist dies (hoffentlich?) ein solcher Ausnahmefall, dass nach dem oben (Text nach Fn. 48) beschriebenen Verständnis das angriffsbezogene Kriterium nur sehr schwach ausgeprägt ist. Das systemische Kriterium *kann* hier aber eine besonders ausgeprägte Rolle spielen, und mit Blick auf das personenbezogene Kriterium ist zumindest zu beachten, dass Entscheidungsträger nach §§ 311, 332 StGB gerade regelmäßig in Verbandsstrukturen eingegliedert sind. In der Summe dürfte das genügen, auch die passive Korruption mit aufzunehmen.

52 Wohl wissend, dass hier weder von der kriminologischen Bedeutung noch vom Strafrahmen her alle Delikte aus dem Nebenstrafrecht stets weniger bedeutsam wären als solche aus dem Kernstrafrecht.

IV. Schlussbetrachtung

Unabhängig von den genannten Kriterien und den Vorschlägen für den Katalog gilt freilich: Die letzte Entscheidung über die Aufnahme in den Katalog ist – wie immer bei der Pönalisierung eines Verhaltens – eine rechtspolitische durch den Gesetzgeber. Das soll freilich nicht resignativer klingen, als es gemeint ist. Denn selbst in der vorliegenden knappen Form haben die hier angeführten Kriterien vielleicht nicht weniger Rationalität, als sie sonst die Strafgesetzgebung mitunter prägt. Und immerhin gilt auch: Wenn die Entscheidung durch den Gesetzgeber denn einmal getroffen ist – dann herrscht insoweit jedenfalls Rechtsklarheit, die gerade im Strafrecht auch einen Wert an sich darstellt.

Strafzwecke und Sanktionsarten in einem Unternehmensstrafrecht

Wolfgang Wohlers

Gliederung

1. Einführung in die Problemstellung und Gang der Untersuchung

Die einem weltweiten kriminalpolitischen Megatrend[1] entsprechende Einführung der Strafbarkeit von Unternehmen[2] wird gemeinhin unter Hinweis darauf gefordert, dass

---

1 So bereits im Jahre 1992 zutreffend *Stratenwerth* in: FS Schmitt, 1992, S. 295f.; vgl. auch *Trüg* StraFo 2011, 471f.; *Wohlers* in: FS Riklin, 2007, S. 287f.

2 Zur Entwicklung im supranationalen Raum, insbesondere im Recht der EU und des Europarats vgl. *Dannecker* GA 2001 101, 106f.; *Drope* Strafprozessuale Probleme bei der Einführung einer Verbandsstrafe, 2002, S. 41ff.; *Möhrenschlager* Übersicht über inter- und supranationale Regelungen zu Sanktionen gegen juristische Personen, in: Reform des Sanktionenrechts, Band 3: Verbandsstrafe, hrsg. von Hettinger, 2002, S. 27ff. sowie das Gutachten des Bundesjustizministeriums, in: Hettinger, a.a.O., S. 222ff.; zur Entwicklung der nationalen Rechtsordnungen vgl. den Überblick bei Bundesjustizministerium, in: Hettinger, a.a.O., S. 258ff.; *Eidam* Unternehmen und Strafe, 3. Aufl., 2008, Rn. 909ff.; *Kirch-Heim* Sanktionen gegen Unternehmen, 2007, S. 128ff.; *Lütolf* Strafbarkeit der juristischen Person, 1997, S. 245ff.; *Schroth* Unternehmen als Normadressaten und Sanktionsobjekte, 1993, S. 140ff. sowie aus jüngerer Zeit die umfassende Darstellung bei *Pieth/Ivory* (Hrsg.), Corporate Crimial Liability, 2011, passim; für eine vergleichende Analyse des aktuell geltenden österreichischen, liechtensteinischen und schweizerischen Rechts vgl. *Hilf* ZStrR 129 (2011) 258ff.; zum US-amerikanischen Recht vgl. *Ehrhardt* Unternehmensdelinquenz und Unternehmensstrafe, 1994, S. 90ff.; *Engelhart* Sanktionierung von Unternehmen und Compliance, 2010, S. 70ff. sowie – insgesamt zum Common Law-Rechtskreis: *Kremnitzer/Ghanayim* ZStW 113 (2001) 539, 541ff.; zu Frankreich: *Hartan* Unter-

das herkömmliche Individualstrafrecht der Problematik des Corporate Crime – also der aus Unternehmen heraus begangenen Straftaten – nicht Herr zu werden vermag:[3] Die Argumentation geht kurz gefasst dahin, dass das auf die repressive Ahndung individuellen Fehlverhaltens zugeschnittene (Individual-)Strafrecht alter Prägung vor grundlegenden Schwierigkeiten stehe, wenn es darum geht, strafrechtliche Verantwortlichkeit innerhalb arbeitsteilig-organisierter Handlungsstrukturen zuzurechnen und adäquat zu sanktionieren.[4] Dies soll insbesondere auch deshalb der Fall sein, weil sich Unternehmen – in der Regel wohl unbewusst, in Einzelfällen aber möglicherweise sogar bewusst – so organisieren, dass die individuelle Zurechnung strafrechtlich relevanter Erfolge erschwert wird (sog. organisierte Unverantwortlichkeit).[5] Auch wenn man dieser Argumentation nicht ohne Vorbehalte gegenübersteht, kommt man doch nicht umhin anzuerkennen, dass das Individualstrafrecht hergebrachter Art nicht nur aus faktischen, sondern auch aus normativen Gründen an seine Grenzen stößt, wenn es darum geht, dem Phänomen des Corporate Crime zu begegnen; und damit stellt sich dann unweigerlich die Frage, ob die insoweit bestehenden Probleme sachgerecht dadurch gelöst werden können, dass man Sanktionen einführt, die sich unmittelbar gegen die Unternehmen selbst richten.[6]

Diejenigen, die der propagierten Ausweitung des Adressatenkreises strafrechtlicher Sanktionen auf juristische Personen und/oder Personenvereinigungen eher skeptisch gegenüberstehen, machen ihrerseits drei Gründe dafür geltend, dass Unternehmen keine tauglichen Adressaten strafrechtlicher Normen sind: Unternehmen seien erstens

---

nehmensstrafrecht in Deutschland und Frankreich, 2006, S. 96 ff., 174 ff.; zur Schweiz: *Jeanneret* AJP 2004 917, 918 ff. sowie *Forster* Die strafrechtliche Verantwortlichkeit des Unternehmens nach Art. 102 StGB, 2006, und *Geiger* Organisationsmängel als Anknüpfungspunkt im Unternehmensstrafrecht, 2006, jeweils passim.

3 Vgl. *Dannecker* GA 2001 101, 103 ff.; *Jescheck* DÖV 1953 539, 541 f.; *Kirch-Heim* (Fn. 2), S. 37 ff.; *Kohlhoff* Kartellstrafrecht und Kollektivstrafe, 2003, S. 189 ff.; *Lütolf* (Fn. 2), S. 9 ff.; *Mittelsdorf* Unternehmensstrafrecht im Kontext, 2007, S. 9 ff.; *Rotberg* in: FS zum hundertjährigen Bestehen des Deutschen Juristentages 1960, S. 218 ff.; *Schmitt*, Strafrechtliche Massnahmen gegen Verbände, 1958, S. 130 ff.; *Schünemann* wistra 1982, 41, 49; *ders.* in: Bausteine des europäischen Wirtschaftsstrafrechts, Madrid-Symposium für Klaus Tiedemann, hrsg. von Schünemann/González, 1994, S. 267 ff.; *Schwinge* Strafrechtliche Sanktionen gegenüber Unternehmen im Bereich des Umweltstrafrechts, 1996, S. 37 ff.; *Seiler* Strafrechtliche Massnahmen als Unrechtsfolgen gegen Personenverbände, 1967, S. 125 ff.; sowie das Gutachten des Bundesjustizministeriums, in: Hettinger (Fn. 2), S. 202 ff.; vgl. aber auch die skeptische Stellungnahme von *König* in: Hettinger (Fn. 2), S. 40 ff.

4 Insoweit wird zum einen auf die Schwierigkeiten des prozessualen Beweises und zum anderen auf die Schwierigkeiten verwiesen, dass bei Straftaten, die aus Unternehmen heraus begangen werden, die Situation nicht untypisch ist, dass die als solche erkennbare Tat und/oder der als solcher eindeutig erkennbare Täter abhanden zu kommen droht, vgl. *Ehrhardt* (Fn. 2), S. 159 ff.; *Forster* (Fn. 2), S. 2 ff.; *Heine* Die strafrechtliche Verantwortlichkeit von Unternehmen, 1995, S. 27 ff.; *Kirch-Heim* (Fn. 2), S. 52 ff. sowie S. 65 ff.; *Seelmann* in: FS Schmid, 2001, S. 170 ff.; *Wohlers* SJZ 2000, 381, 382 f.

5 Vgl. hierzu grundlegend *Schünemann* Unternehmenskriminalität und Strafrecht, 1979, S. 34 ff.; *ders.* in: Madrid- Symposium (Fn. 3), S. 271 f.; *ders.* in: Deutsche Wiedervereinigung, Band II, Unternehmenskriminalität, hrsg. von Schünemann, 1996, S. 131 f.; vgl. auch *Kirch-Heim* (Fn. 2), S. 58 ff.; *Kohlhoff* (Fn. 3), S. 195 f.; *Otto* Die Strafbarkeit von Verbänden, 1993, S. 7 f.

6 Kritisch z. B. *Wohlers* SJZ 2000, 381, 382 f.

nicht handlungsfähig,[7] sie seien zweitens nicht schuldfähig[8] und sie seien drittens nicht straffähig. Die ersten beiden Einwände hat *Joachim Vogel* in seinem Referat – aus rein positivistischer Perspektive betrachtet[9] – als irrelevant beiseitegeschoben, während *Ulfrid Neumann* jedenfalls den Einwand der mangelnden Schuldfähigkeit als durchschlagend eingestuft hat.[10] Gegenstand meines Beitrags ist nun der dritte Einwand: die mangelnde Straffähigkeit von Unternehmen.

Ansatzpunkt dafür, die Straffähigkeit von Unternehmen zu bestreiten, ist die These, dass Unternehmen Strafen nicht empfinden können und dass ihnen damit und deshalb auch die Strafempfänglichkeit abgeht. Unternehmen haben nun einmal – worauf *Lord Chancellor Edward, First Baron Thurlow*, bereits in der zweiten Hälfte des 18. Jahrhunderts und damit zeitlich weit vor den in der deutschsprachigen Diskussion üblicherweise als Quellen dieses Bildes wahrgenommenen Autoren[11] zutreffend hingewiesen hat – „no soul to be damned, and no body to be kicked“.[12] Die Frage nach der Strafbarkeit von

---

7 Zur Darstellung des Meinungsstandes vgl. *Bertossa* Unternehmensstrafrecht – Strafprozess und Sanktionen, 2003, S. 22ff.; *Ehrhardt* (Fn. 2), S. 42ff.; *Lütolf* (Fn. 2), S. 116ff.; *Mittelsdorf* (Fn. 3), S. 74ff. sowie das Gutachten des Bundesjustizministeriums, in: Hettinger (Fn. 2), S. 211ff.; meiner Auffassung nach ist dieser Einwand nicht überzeugend, vgl. *Wohlers* SJZ 2000, 381, 384f.; ablehnend auch *Dannecker* GA 2001, 101, 111; *Ehrhardt* (Fn. 2), S. 175ff.; *Hirsch* ZStW 107 (1995) 285, 288ff.; *ders.* Die Frage der Straffähigkeit von Personenverbänden, 1993, S. 9ff.; *Kindler* Das Unternehmen als haftender Täter, 2008, S. 212ff.; *Kirch-Heim* (Fn. 2), S. 140ff.; *Kohlhoff* (Fn. 3), S. 314ff.; *Kremnitzer/Ghanayim* ZStW 113 (2001) 539, 551; *Rotberg* (Fn. 3), S. 197f.; *Schwinge* (Fn. 3), S. 100f.; *Trüg* StraFo 2011, 471, 473.

8 Zur Darstellung des Meinungsstandes vgl. *Bertossa* (Fn. 7), S. 37ff.; *Ehrhardt* (Fn. 2), S. 45ff.; *Lütolf* (Fn. 2), S. 127ff.; *Mittelsdorf* (Fn. 3), S. 77ff. sowie das Gutachten des Bundesjustizministeriums, in: Hettinger (Fn. 2), S. 213ff.; gegen die Annahme der Schuldfähigkeit sprechen sich aus: *Wohlers* SJZ 2000 381, 385ff.; ebenso *Kirch-Heim* (Fn. 2), S. 154ff.; *Schünemann* in: Madrid-Symposium (Fn. 3), S. 280ff., insb. S. 284f.; *Schwinge* (Fn. 3), S. 103f.; *Trüg* StraFo 2011, 471, 473f.; vgl. auch *Seelmann* in: FS Schmid (Fn. 4), S. 177ff.; demgegenüber wird die Schuldfähigkeit beispielsweise bejaht von *Dannecker* GA 2001 101, 112ff.; *Ehrhardt* (Fn. 2), S. 185ff.; *Hirsch* ZStW 107 (1995) 285, 291ff.; *ders.* Straffähigkeit (Fn. 7), S. 12ff.; *Kindler* (Fn. 7), S. 223ff.; *Rotberg* (Fn. 3), S. 198ff.; vgl. auch *Kremnitzer/Ghanayim* ZStW 113 (2001) 539, 551 m.w.N. aus dem englischsprachigen Schrifttum.

9 Dass diese Frage auch aus positivistischer Perspektive heraus nicht so ohne weiteres als irrelevant eingestuft werden kann, wird dann deutlich, wenn man zur Kenntnis nimmt, dass auch der nationale Gesetzgeber an Vorgaben des supranationalen Rechts sowie an die Wertungen der jeweiligen Verfassung gebunden ist, der deutsche Gesetzgeber also an die Vorgaben, die das BVerfG aus dem Grundgesetz ableitet (vgl. hierzu unten 3. b) dd) sowie 4.).

10 Ich stimme der Analyse *Neumanns* (vgl. seinen Beitrag in diesem Band) ohne jede Einschränkung zu. Entscheidend ist aus meiner Sicht, dass der im Individualstrafrecht geltende Schuldgrundsatz auf Unternehmen nicht anwendbar ist, dass aber die Einführung eines spezifisch körperschaftlichen Schuldgrundsatzes zum einen nur höchst dürftig zu verbergen vermag, dass er nichts anderes darstellt als ein Etikett für Zweckmässigkeitsüberlegungen und dass mit seiner Einführung negative Rückwirkungen auch auf das Individualstrafrecht einhergehen werden (vgl. hierzu bereits *Wohlers* SJZ 2000, 381, 386f.).

11 Vgl. *Kohler* Kritische Vierteljahresschrift für Gesetzgebung und Rechtswissenschaft, Neue Folge Bd. 17 (1894) 510, 519; *ders.* GA Bd. 64 (1917) 500, 503; *Hafter* Lehrbuch des Schweizerischen Strafrechts, Allgemeiner Teil, 1926, S. 64 Fn. 3; *ders.* Lehrbuch des Schweizerischen Strafrechts, Allgemeiner Teil, 2. Aufl., 1946, S. 72; zu den für die deutschsprachige Diskussion wirkmächtigen Ausführungen von Savignys vgl. *Schwander* in: FS Gutzwiller, 1959, S. 606f.

12 Zitiert nach *Volk* JZ 1993, 429, 431; vgl. auch *Peglau* JA 2001, 606, 609: „Einer juristischen Person, die nicht aus Fleisch und Blut ist, fehlt die Fähigkeit zur Empfindung von Leiden.“

Unternehmen wäre vor diesem Hintergrund per se negativ zu beantworten, wenn Strafe voraussetzt, dass der Bestrafte selbst leiden kann.[13] Anders sieht es dann aus, wenn Strafe als eine Übelszufügung definiert wird, bei der die Charakterisierung als Übel nicht notwendigerweise ein Leiden voraussetzt,[14] sondern Motivierbarkeit ausreichend ist, die z.B. auch darin bestehen kann, dass die Sanktion die Entscheidungsträger des Unternehmens dazu veranlasst, ihr Verhalten zu ändern.

Ein anderer Ansatz, die mangelnde Leidensfähigkeit des Unternehmens selbst zu überspielen, geht dahin, Unternehmen nicht als abstrakte Organisationen, sondern als soziale Entitäten wahrzunehmen, die durch ihre Mitglieder mit Leben erfüllt werden, welche ihrerseits unter den verhängten Sanktionen leiden können.[15] Dieser Ansatz ist allerdings wieder dem Einwand ausgesetzt, dass Sanktionen, deren Strafcharakter das Leiden anderer Personen voraussetzt, als eine Form der Kollektivstrafe einzustufen sind.[16] Wenn nun aber nicht das Unternehmen selbst, sondern die Anteilseigner und die Mitarbeiter des Unternehmens diejenigen sind, die leiden, dann stellt sich die Frage, ob die Bestrafung von Unternehmen nicht letztlich darauf hinausläuft, dass mit den Sanktionen, die formal gesehen dem Unternehmen auferlegt werden, tatsächlich Unschuldige bestraft werden, nämlich die Anteilseigner und die Mitarbeiter des Unternehmens. Und schließlich stellt sich dann in diesem Zusammenhang nicht allein die Frage, ob diese Mitbestrafung Dritter in den Fällen, in denen diese Dritten zusätzlich auch noch direkt sanktioniert werden, das verfassungs- und konventionsrechtlich fundierte Verbot der Doppelbestrafung (ne bis in idem) verletzt.

Ich werde nachfolgend zunächst kurz auf die beiden zuletzt erwähnten Einwände der unzulässigen Doppelbestrafung und der ungerechten Mitbestrafung Unschuldiger eingehen, die – um das Ergebnis vorwegzunehmen – aus meiner Sicht nicht durchschlagend sind. In einem zweiten Schritt werde ich mich dann auf die Kernproblematik konzentrieren. Zu klären ist, ob Unternehmen straffähig sind – oder anders ausgedrückt: Kann man mit Sanktionen gegen Unternehmen die Zwecke erreichen, die man gemeinhin mit Strafen zu erreichen sucht? Damit ist dann die Frage aufgeworfen, ob und, wenn ja, welche Zwecke wir mit der Institution der staatlichen Strafe eigentlich zu erreichen gedenken. Man befindet sich also mitten in der Diskussion, was eigentlich das Wesen der Strafe ist und welche Zwecke wir mit der Androhung und Verhängung von Strafen erreichen können oder erreichen wollen. Ausgehend von der Beantwortung dieser Frage(n) wäre dann zu prüfen, ob sich diese Zwecke auch mit Sanktionen gegenüber Unternehmen erreichen lassen.

---

13 So noch *Engisch* Referat zum 40. Deutschen Juristentag, Band II, 1954, E 15f.; *Hafter* AT, 2. Aufl. (Fn. 11), S. 72 und wohl auch *Jescheck* DÖV 1953, 539, 542: „Jede Strafe setzt die Existenz einer in Fleisch und Blut lebenden Person voraus, die durch die Verurteilung zur Einsicht aufgerufen wird, wenn auch in vielen Fällen der Anruf verhallt, ohne verstanden zu werden."

14 So die heute wohl ganz vorherrschend vertretene Auffassung, vgl. *Bertossa* (Fn. 7), S. 66ff.; *Heinitz* Gutachten für den 40. Deutschen Juristentag, Band I, 1953, 86; *Lütolf* (Fn. 2), S. 170f.; *Macaluso* La responsabilité pénale de l'entreprise, 2004, Rn. 161f.; *Schmitt* (Fn. 3), S. 196; *Schwander* (Fn. 11), S. 615f.

15 *Dannecker* GA 2001, 101, 115; *Hirsch* Straffähigkeit (Fn. 7), S. 18; *Yoon* Strafrecht als ultima ratio und Bestrafung von Unternehmen, 2001, S. 181; kritisch hierzu *Kirch-Heim* (Fn. 2), S. 175; *von Freier* Kritik der Verbandsstrafe, 1998, S. 59.

16 Vgl. *Peglau* JA 2001, 606, 609; *von Freier* (Fn. 15), S. 235ff.

Angesichts dessen, dass die Strafzweckdiskussion vorsichtig ausgedrückt von konsentierten oder auch nur überwiegend akzeptierten Ergebnissen weit entfernt ist, müsste die skizzierte Herangehensweise allerdings wohl darauf hinauslaufen, ein Glaubensbekenntnis zum Sinn und Zweck der Androhung und Verhängung staatlicher Strafen abzugeben und dann die sich aus diesem Postulat ergebenden Konsequenzen für die Strafbarkeit von Unternehmen abzuleiten. Da mir dies wenig Sinn zu machen scheint, habe ich mich entschlossen, einen anderen Zugang zu wählen.[17] Ich gehe nicht von der Frage aus, was das Wesen der Strafe und was legitime Strafzwecke sind. Ich werde also nicht in eine Debatte darüber eintreten, welche Zwecke man mit Strafen erreichen sollte.[18] Stattdessen werde ich so vorgehen, dass ich in einem ersten Schritt zunächst aufzeige, worüber wir eigentlich reden, wenn es um Unternehmensstrafrecht geht, welche Arten von Sanktionen gegen Unternehmen es derzeit weltweit gesehen eigentlich gibt. Ausgehend von dieser Bestandsaufnahme werde ich sodann in einem zweiten Schritt der Frage nachgehen, ob mit diesen Sanktionen die Ziele erreicht werden können, die in der Strafzweckdiskussion thematisiert werden. Aufbauend auf den so gewonnenen Erkenntnissen sollte dann hoffentlich deutlich werden, welche Zwecke der Gesetzgeber berechtigterweise zu erreichen hoffen kann, wenn er diese oder jene Sanktionen gegen Unternehmen vorsieht. In einer abschließenden Würdigung gehe ich dann noch kurz auf die in der Diskussion nach meinem Referat von verschiedenen Teilnehmern der Tagung aufgeworfene Frage ein, ob der Gesetzgeber sinnvollerweise auf die Karte des Strafrechts setzen sollte.

2. Der Einwand der unzulässigen Doppelbestrafung und/oder der ungerechten Mitbestrafung Unschuldiger

Der Grundsatz ne bis in idem wird für Deutschland auf der Ebene des Verfassungsrechts durch Art. 103 Abs. 2 GG vorgegeben. Er ist darüber hinaus aber auch in Art. 4 des 7. Zusatzprotokolls zur EMRK sowie in Art. 54 SDÜ kodifiziert, dort sogar als transnationaler Grundsatz. Der Grundsatz ne bis in idem besagt nicht nur, dass ein und derselbe Täter wegen ein und derselben Tat nicht zweimal bestraft werden kann, sondern er verbietet bereits die doppelte Verfolgung: Eine rechtskräftig freigesprochene oder verurteilte Person darf wegen der abgeurteilten Tat nicht nochmals in ein Strafverfahren verwickelt werden.[19] Voraussetzung für das Eingreifen des Grundsatzes ist aber die Identität von Tat und Täter: Die Verurteilung mehrerer an einer Tat beteiligter Personen verletzt den Grundsatz ne bis in idem unabhängig davon nicht, ob diese Ver-

---

17 So auch bereits *Ackermann* Die Strafbarkeit juristischer Personen im deutschen Recht und in ausländischen Rechtsordnungen, 1984, S. 195.

18 Zur Strafzweckdiskussion vgl. den Überblick bei *Roxin* Strafrecht, AT, 4. Aufl., 2006, § 3 und bei *Stratenwerth* Schweizerisches Strafrecht, Allgemeiner Teil I, 4. Aufl., 2011, § 2 Rn. 3 ff. sowie jüngst *Hörnle* in: Strafe – Warum?, hrsg. von v. Hirsch/Neumann/Seelmann, 2011, S. 11 ff.; *dies.* Straftheorien, 2011, passim.

19 EGMR vom 10. 2. 2009, *Zolothukin vs. Russia*, § 110; vgl. auch *Wohlers* in: Kommentar zur Schweizerischen Strafprozessordnung, hrsg. von Donatsch/Hansjakob/Lieber, 2010, Art. 11 Rn. 2 m. w. N. zur Rechtsprechung des EGMR; vgl. auch SK-StPO/*Paeffgen*, Band IV, 2011, Anhang zu § 206 a Rn. 18.

urteilungen in einem oder in verschiedenen, parallel oder zeitlich gestaffelt ablaufenden Verfahren erfolgt.[20]

Wenn nun aber wegen einer aus einem Unternehmen heraus begangenen Straftat einerseits das Unternehmen selbst und andererseits die an der Tatbegehung beteiligten Individualpersonen sanktioniert werden, fehlt es an der für die Anwendung des Grundsatzes ne bis in idem notwendigen Identität des Sanktionsadressaten.[21] Dass die Individualtäter möglicherweise durch die gegen das Unternehmen verhängte Sanktion faktisch mitbetroffen sind, reicht nicht aus, um einen Verstoß gegen das Prinzip ne bis in idem zu begründen.[22]

Der Vorwurf der unzulässigen Doppelbestrafung erscheint nur in den Fällen als berechtigt, in denen der Gesetzgeber so weit geht, dass er – wie es beispielsweise in der Schweiz geschehen ist[23] – auch Einzelunternehmen als taugliche Adressaten von Sanktionen gegen Unternehmen einstuft:[24] Hier ist dann wirklich nicht mehr erklärbar, warum es zulässig sein soll, ein und dieselbe Person einmal unter dem Label des Einzelunternehmers und einmal unter dem Label der natürlichen Person zu bestrafen. Wenn der Gesetzgeber aber vernünftigerweise davon absieht, den Kreis tauglicher Adressaten von Unternehmenssanktionen so weit zu ziehen, dass auch Einzelunternehmen erfasst sind, wird man eine Missachtung des Grundsatzes ne bis in idem nicht annehmen können.[25]

Tatsächlich dürfte der Einwand der unzulässigen Doppelbestrafung aber auch – insbesondere in der älteren Literatur[26] – gar nicht im engeren strafprozessualen Sinne gemeint gewesen sein, sondern vielmehr als Hinweis darauf, dass mit der Sanktionierung des Unternehmens nicht der richtige Adressat oder aber neben dem Unternehmen der Sache nach auch noch Individuen bestraft werden. Damit geht es dann aber gar nicht mehr um die Frage, ob der Grundsatz ne bis in idem missachtet ist, sondern vielmehr um die Frage der Gerechtigkeit der (Mit-)Bestrafung natürlicher Personen durch Sanktionierung des Unternehmens.

---

20 Vgl. zum schweizerischen Recht *Wohlers* (Fn. 19), Art. 11 N 13; *Tag* in: Basler Kommentar, StPO, hrsg. von Niggli/Heer/Wiprächtiger, 2011, Art. 11 Rn. 15; zum deutschen Recht: *Meyer-Goßner* StPO, 54. Aufl., 2011, Einleitung Rn. 174.

21 *Ackermann* (Fn. 17), S. 206; *Bertossa* (Fn. 7), S. 102 f.; *Ehrhardt* (Fn. 2), S. 214; *Heine* (Fn. 4), S. 269; *Korte* NStZ 1997 513, 517; *Lütolf* (Fn. 2), S. 189; *Yoon* (Fn. 15), S. 179; vgl. auch *Engelhart* (Fn. 2), S. 360.

22 *Ehrhardt* (Fn. 2), S. 215; *Hirsch* ZStW 107 (1995) 285, 297 f.; *ders*, Straffähigkeit (Fn. 7), S. 20 f.; *Rotberg* (Fn. 3), S. 206 f.; *Schwinge* (Fn. 3), S. 106; *Yoon* (Fn. 15), S. 180.

23 Kritisch hierzu unter anderem *Forster* (Fn. 2), S. 126 ff.; *Jeanneret* AJP 2004, 917, 919 f.; *Macaluso* (Fn. 14), N 680 ff.; *Pieth* ZStrR 121 (2003) 353, 358; *ders.* in: FS Jung, 2007, S. 723; *Schmid* in: FS Forstmoser, 2003, S. 771.

24 Vgl. auch *Kirch-Heim* (Fn. 2), S. 179; *Yoon* (Fn. 15), S. 179 f.

25 Wenn man dies anders sehen wollte, müsste man im Übrigen konsequenterweise bereits die im geltenden deutschen Recht vorgesehene Verhängung einer Geldbuße gegen Unternehmen (§ 30 OWiG) als Verstoß gegen den Grundsatz ne bis in idem einstufen, weil – zumindest nach der Rechtsprechung des EGMR – auch die Geldbuße des Ordnungswidrigkeitenrechts als Strafe im Sinne der EMRK einzustufen ist, vgl. *Ehrhardt* (Fn. 2), S. 215.

26 So z.B. bei *Engisch* (Fn. 13), E 37 f.; eine unklare Vermengung beider Gesichtspunkte findet sich bei *Hartung* Koreferat zum vierzigsten Deutschen Juristentag, Band II, 1953, E 44, eine deutlichere Trennung bei *Heinitz* (Fn. 14), 88 ff.

In der Literatur ist immer wieder geltend gemacht worden, dass mit der formalen Sanktionierung des Unternehmens letztlich auch oder sogar vor allem die am Unternehmen beteiligten natürlichen Personen sowie die Arbeitnehmer bestraft werden.[27] Diesem Einwand ist stets entgegengehalten worden, dass es hier nicht um eine direkte Bestrafung natürlicher Personen gehe, sondern nur um indirekte faktische Auswirkungen.[28] Dies seien bezogen auf die Inhaber des Unternehmens Nachteile, die sich aus der Mitgliedschaft am Unternehmen ergeben und die von den Inhabern[29] deshalb in gleicher Weise zu tragen sind wie die Vorteile, die sich z. B. in Form von Gewinnausschüttungen ergeben.[30] Bezogen auf die von einer Sanktionierung des Unternehmens faktisch mitbetroffenen Arbeitnehmer sowie sonstige Dritte, wie z. B. Vertragspartner des Unternehmens, wird zum einen, soweit es nicht um die Sanktion der Auflösung des Unternehmens geht, die Intensität der Mitbetroffenheit in Frage gestellt.[31] Darüber hinaus wird aber auch der Gegeneinwand erhoben, dass man anderenfalls auch die Sanktionierung des Inhabers eines Einzelunternehmens als ungerecht einstufen[32] und Gleiches wohl auch für die Strafverfolgung von höheren Funktionären eines Verbandes gelten müsste.[33]

Dem Argument, dass letztlich konsequenterweise ganz allgemein jede Bestrafung von Individualtätern als ungerecht einzustufen wäre, wenn und weil von der Bestrafung andere natürliche Personen, wie z. B. Familienmitglieder mitbetroffen sind,[34] wird in der neueren Lehre entgegengehalten, dass – anders als im Beispiel der Bestrafung des alleinverdienenden Familienvaters – die negative Belastung der Anteilseigner und Mitarbeiter kein unvermeidlicher Begleitschaden, sondern eine intendierte Konsequenz der Bestrafung des Unternehmens sei: Da das Unternehmen nur über seine Organe handeln könne, müsse die Strafe auf diese wirken.[35] Damit zeigt sich aber schon, dass die faktische Mitbetroffenheit der Arbeitnehmer und der Inhaber allenfalls dann im obigen Sinne als intendiert angesehen werden kann, wenn und soweit es sich um

---

27 Vgl. *Engisch* (Fn. 13), E 26 ff.; *Hartung* (Fn. 26), E 43 f.; *Heinitz* (Fn. 14), 88 f.; *Schmitt* (Fn. 3), S. 197 ff.

28 *Rotberg* (Fn. 3), S. 204 f.; *von Weber* JZ 1953, 293, 294 f.; *Ehrhardt* (Fn. 2), S. 208; kritisch aber *von Freier* (Fn. 15), S. 242 ff. unter Verweis darauf, dass es sich ja um gezielt intendierte, der Motivierung dienende Folgen handelt.

29 Zutreffend relativierend zur faktischen Bedeutung des Mitbetroffenseins von Anteilseignern: *von Freier* (Fn. 15), S. 255 f.

30 *Ackermann* (Fn. 17), S. 205; *Bertossa* (Fn. 7), S. 94 ff.; *Ehrhardt* (Fn. 2), S. 209 ff.; *Forster* (Fn. 2), S. 39; *Hirsch* ZStW 107 (1995) 285, 297; *ders.* Straffähigkeit (Fn. 7), S. 20; *Kremnitzer/Ghanayim* ZStW 113 (2001) 539, 551; *Rotberg* (Fn. 3), S. 205; *Schwander* (Fn. 11), S. 617; *Schwinge* (Fn. 3), S. 105; vgl. auch *Lütolf* (Fn. 2), S. 181 f. sowie das Gutachten des Bundesjustizministeriums, in: Hettinger (Fn. 2), S. 221 unter Verweis auf eine – leider nicht näher bezeichnete – Entscheidung des Bundesgerichtshofes.

31 *Bertossa* (Fn. 7), S. 98 ff.; *Macaluso* (Fn. 14), Rn. 168 f.

32 *Bertossa* (Fn. 7), S. 97 ff.; *Hirsch* ZStW 107 (1995) 285, 298.

33 So *Heine* (Fn. 4), S. 268.

34 *Ackermann* (Fn. 17), S. 204; vgl. auch *Bertossa* (Fn. 7), S. 91; *Ehrhardt* (Fn. 2), S. 209; *Heine* (Fn. 4), S. 268; *Kremnitzer/Ghanayim* ZStW 113 (2001) 539, 552; *Lütolf* (Fn. 2), S. 182; *Modlinger* Brauchen wir zur Korruptionsbekämpfung ein Unternehmensstrafrecht?, 2010, S. 85 f.; *Rotberg* (Fn. 3), S. 204 f.

35 Vgl. *von Freier* (Fn. 15), S. 244; *Kindler* (Fn. 7), S. 308; *Seelmann* in: FS Schmid (Fn. 4), S. 182 ff.; *Trüg* StraFo 2011, 471, 482.

Personen handelt, die als Entscheidungsträger das Verhalten des Unternehmens steuern oder die das Verhalten der Entscheidungsträger dadurch beeinflussen können, dass sie diese gegebenenfalls abberufen. Auch für diesen – tendenziell wohl eher kleinen – Kreis von Personen stellt sich dann aber zunächst einmal die Frage, ob wirklich eine praktisch spürbare Mitbetroffenheit vorliegt oder nicht. Und selbst wenn dies der Fall ist, muss doch weiterhin beachtet werden, dass auch die motivierende Betroffenheit nicht mit einer Bestrafung des Dritten gleichgesetzt werden kann,[36] sondern eine adäquate Folge der Teilhabe am bzw. der Eingliederung in das Unternehmen ist.[37]

3. Der Einwand der mangelnden Straffähigkeit von Unternehmen

a) Überblick über die Palette möglicher Sanktionen gegen Unternehmen

Bevor wir uns nun der Frage zuwenden, welche Ziele der Gesetzgeber mit Sanktionen gegen Unternehmen zu erreichen hoffen darf, ist zunächst noch ein kurzer Blick auf die zur Auswahl stehenden Sanktionen zu werfen. Von den aus dem Individualstrafrecht her bekannten Sanktionen können monetäre Sanktionen ohne große Problem in ein Unternehmensstrafrecht übertragen werden. Dies dürfte denn auch einer der maßgeblichen Gründe dafür sein, dass diese Art von Sanktionen in allen Rechtsordnungen, die die Strafbarkeit des Unternehmens kennen, als zentrale Hauptsanktion vorgesehen ist.[38] Zum Kreis dieser Rechtsordnungen ist im Übrigen auch Deutschland zu rechnen, da die gemäß § 30 OWiG zu verhängende Ordnungsbusse zwar formal gesehen nicht Teil des Kriminalstrafrechts ist,[39] der Sache nach aber sehr wohl punitiven Charakter hat.[40]

Festzustellen ist aber auch, dass weltweit gesehen nur noch sehr wenige Rechtsordnungen allein auf monetäre Sanktionen setzen. Das reine Bußenmodell wird mehr und mehr durch eine Konzeption ersetzt, in der alternativ oder kumulativ neben der Buße auch andere Sanktionen zur Verfügung stehen. Zwar lässt sich die aus dem Individualstrafrecht bekannte Freiheitsstrafe in ihrer hergebrachten Form auf Unternehmen

36 *Heine* (Fn. 4), S. 268; *Kirch-Heim* (Fn. 2), S. 177.

37 *Kirch-Heim* (Fn. 2), S. 178; vgl. auch – aus jeweils anderer Perspektive argumentierend, im Ergebnis aber übereinstimmend – *Kindler* (Fn. 7), S. 311 f. sowie *Kohlhoff* (Fn. 3), S. 327 ff.

38 *Bertossa* (Fn. 7), S. 223; *Dannecker* GA 2001, 101, 124; vgl. auch bereits *Engisch* (Fn. 13), E 13 sowie *Rotberg* (Fn. 3), S. 212 f.

39 Zur Abgrenzung des Ordnungswidrigkeitenrechts vom Kriminalstrafrecht vgl. *Wohlers* Deliktstypen des Präventionsstrafrechts – zur Dogmatik „moderner" Gefährdungsdelikte, 2000, S. 84 ff.

40 Zur näheren Ausgestaltung dieser Sanktion vgl. den Beitrag von *Dörr* in diesem Band sowie *Ehrhardt* (Fn. 2), S. 31 ff.; *Hirsch* ZStW 107 (1995) 285, 303 ff.; *Kindler* (Fn. 7), S. 131 ff.; *Kirch-Heim* (Fn. 2), S. 18 ff., 68 ff.; *Ransiek* Unternehmensstrafrecht, 1996, S. 110 ff.; *Schroth* (Fn. 2), S. 118 ff.; zur Rechtsprechung des EGMR, nach der die Sanktionen des Ordnungswidrigkeitenrechts als Strafen im Sinne des Art. 6 EMRK anzusehen sind, vgl. EGMR vom 21. 2. 1984, *Öztürk vs. Germany*, § 53 sowie allgemein SK-StPO/*Paeffgen*, Band X, 4. Aufl., 2012, Art. 6 Rn. 30 ff.

nicht anwenden.[41] Sanktionen, die die wirtschaftliche Handlungsfreiheit einschränken – wie z. B. die Anordnung zeitlich und/oder inhaltlich begrenzter Tätigkeitsverbote für Unternehmen, der Ausschluss von öffentlichen Aufträgen oder die Einsetzung von staatlichen Aufsichtsorganen – können aber durchaus als eine an die Besonderheiten des Unternehmens als Sanktionsadressaten angepasste Form einer Freiheitsstrafe eingestuft werden.[42] Und mit gleicher Berechtigung kann man die – in einigen Rechtsordnungen bereits vorgesehene – Sanktion der Auflösung von Unternehmen sogar als Ersatz für die im traditionellen Individualstrafrecht seit einiger Zeit abgeschaffte Todesstrafe einstufen.[43]

In der Rechtswirklichkeit kann man grob vereinfacht nochmals zwei Regelungsmodelle unterscheiden: Ein eher vorsichtiges oder zaghaftes Modell läuft darauf hinaus, dass – wie z. B. in Deutschland[44] und in der Schweiz[45] – die als Hauptsanktion vorgesehene monetäre Sanktion durch die Institute der Einziehung und des Verfalls ergänzt wird. Andere Rechtsordnungen – wie z. B. in Frankreich[46] und in Italien[47] – geben sich sehr viel offensiver und sehen neben oder an die Stelle von Bußen tretende andere Sanktionen vor,[48] wobei der kriminalpolitischen Phantasie dann praktisch keine Grenzen gesetzt sind.[49]

Ohne einen Anspruch auf Vollständigkeit zu erheben, ist auf folgende, in den nationalen Rechtsordnungen verschiedener Länder zu großen Teilen bereits verankerte Sanktionen hinzuweisen:

Bei den monetären Sanktionen wird teilweise statt des Begriffs der Geldstrafe oder Geldbuße der Begriff des „Strafgeldes" präferiert, um deutlich zu machen, dass es sich nicht um eine an der Tatschuld orientierte Sanktion handeln soll, sondern um eine eigenständige Sanktion, die besser auch an der wirtschaftlichen Situation des zu sanktionierenden Unternehmens – insbesondere am Umsatz – zu orientieren sei.[50] Die Frage, anhand welcher Kriterien die Höhe der Sanktion zu bemessen ist, harrt sowohl im Grundsätzlichen als auch im Detail der Klärung.[51] Die praktische Bedeutung dieser

---

41 *Ackermann* (Fn. 17), S. 195; *Fisse/Braithwaite* Corporations, Crime and Accountability, 1993, S. 41; *Ehrhardt* (Fn. 2), S. 199; vgl. aber auch *Schwander* (Fn. 11), S. 612; *Macaluso* (Fn. 14), Rn. 159 f., 163: man muss die Sanktionen eben entsprechend anpassen.

42 So dezidiert *Bertossa* (Fn. 7), S. 232 f. und wohl auch bereits *Engisch* (Fn. 13), E 13; *Hirsch* ZStW 107 (1995) 285, 316 f.; vgl. auch *Kindler* (Fn. 7), S. 305; *Volk* JZ 1993, 429, 431.

43 *Engisch* (Fn. 13), E 13; *Hirsch* ZStW 107 (1995) 285, 317; *Volk* JZ 1993, 429, 431.

44 Vgl. die §§ 73 ff., 74 ff. dStGB und hierzu *Ehrhardt* (Fn. 2), S. 37 ff.; *Hirsch* ZStW 107 (1995) 285, 305 f.; *Kindler* (Fn. 7), S. 158 ff., 180 ff.; *Kirch-Heim* (Fn. 2), S. 24 ff.; *Ransiek* (Fn. 40), S. 121 ff.; *Schroth* (Fn. 2), S. 108 ff.; *Trüg* StraFo 2011, 471, 477.

45 Vgl. die Art. 69 ff. schwStGB (= Art. 59 ff. schwStGB a. F.) und hierzu *Bertossa* (Fn. 7), S. 240 ff.

46 Vgl. *Deckert* in: Pieth/Ivory (Fn. 2), S. 165 ff.; *Kirch-Heim* (Fn. 2), S. 133; *Macaluso* (Fn. 14), N 300 ff.

47 Vgl. *de Maglie* in: Pieth/Ivory (Fn. 2), S. 265 ff.; *Macaluso* (Fn. 14), N 371 ff.

48 Vgl. auch *Pieth/Ivory* in: Pieth/Ivory (Fn. 2), S. 47 f.

49 Vgl. *Bertossa* (Fn. 7), S. 227 ff. sowie *Lütolf* (Fn. 2), S. 396 ff. zur Sanktion der Equity fine (Aktienverwässerung); für einen Überblick über die möglichen Sanktionen in einem Unternehmensstrafrecht vgl. *Peglau* in: Hettinger (Fn. 2), S. 25 f. sowie das Gutachten des Bundesjustizministeriums in: Hettinger (Fn. 2), S. 234 ff.; *Kindler* (Fn. 7), S. 299 ff.; *Lütolf* (Fn. 2), S. 393 ff.

50 *Dannecker* GA 2001, 101, 125.

51 *Volk* JZ 1993, 429, 432; zur einschlägigen Diskussion vgl. *Bertossa* (Fn. 7), S. 259 ff.; *Ehrhardt* (Fn. 2), S. 247 ff.; *Engelhart* (Fn. 2), S. 691 ff.; *Kindler* (Fn. 7), S. 303 f.; *Mittelsdorf* (Fn. 3), S. 209 ff.; *Rotberg* (Fn. 3), S. 213.

Frage ergibt sich daraus, dass die Sanktion so bemessen werden muss, dass sie einerseits nicht unverhältnismäßig – insbesondere: existenzvernichtend – ausfällt, andererseits aber auch nicht so niedrig ausfallen darf, dass sie zu einem „bloßen Alibi-Instrument" verkommt.[52] In den Zusammenhang der monetären Sanktionen gehört auch die Idee des Sicherungsgeldes, womit eine Sicherheitsleistung gemeint ist, die – wie die im schweizerischen Strafrecht geregelte Friedensbürgschaft (vgl. Art. 66 schwStGB) – im Falle der nachfolgenden Begehung eines Delikts verfällt.[53]

Zu den Sanktionen, die die wirtschaftliche Handlungsfreiheit des Unternehmen einschränken sollen, gehört die Anordnung zeitlich und/oder inhaltlich begrenzter Tätigkeitsverbote für Unternehmen, die entweder in Form von Weisungen[54] oder aber durch den Entzug von Konzessionen und Lizenzen[55] oder durch temporäre und/oder partielle Betriebsschließungen[56] erreicht werden sollen. In die gleiche Richtung zielen die Sanktionen, die das Unternehmen durch den Ausschluss von öffentlichen Aufträgen, die Sperrung des Zugangs zu Subventionen und die Verweigerung von Steuererleichterungen bestrafen sollen.[57]

Eine Läuterung des delinquenten Unternehmens soll durch die Einsetzung von staatlichen bzw. staatliche bestellten Aufsichtsorganen (Unternehmenskuratel),[58] die zwangsweise Verpachtung[59] und/oder die – mit der Entfernung etwaiger Individualtäter verbundene[60] – zwangsweise Auflösung kriminogener Strukturen im Wege von Umstrukturierungen und/oder der Implementierung von Aufsichts- und Compliance-Programmen erreicht werden.[61]

Die bereits erwähnte Liquidation oder Auflösung des zu sanktionierenden Unternehmens kommt aufgrund ihrer gravierenden Auswirkungen stets nur als ultima ratio in Betracht, wenn und soweit keine weniger einschneidenden Maßnahmen zur Verfügung stehen und es um die Abwehr besonders gravierender Beeinträchtigungen der Belange der Allgemeinheit geht.[62]

Zu erwähnen bleibt noch, dass zu entscheiden ist, ob die verhängten Sanktionen bzw. die Tatsache der Sanktionierung des Unternehmens publik gemacht werden sollen.

---

52 *Bertossa* (Fn. 7), S. 223.

53 Vgl. *Rotberg* (Fn. 3), S. 214 ff.

54 *Dannecker* GA 2001, 101, 127; *Engelhart* (Fn. 2), S. 368; ablehnend *Schwinge* (Fn. 3), S. 160 ff.

55 *Engelhart* (Fn. 2), S. 368; *Hartung* (Fn. 26), E 52; ablehnend *Schwinge* (Fn. 3), S. 164 ff.

56 *Dannecker* GA 2001, 101, 125; *Hartung* (Fn. 26), E 51; abl. *Engelhart* (Fn. 2), S. 700 f. sowie *Schwinge* (Fn. 3), S. 157 ff.: dies sei eine gravierende Massnahme, die allein den dafür zuständigen und kompetenten Behörden zu überlassen sei; hiergegen wiederum *Rotberg* (Fn. 3), S. 210.

57 *Dannecker* GA 2001, 101, 129; *Bertossa* (Fn. 7), S. 233; abl. *Engelhart* (Fn. 2), S. 700 f. sowie *Schwinge* (Fn. 3), S. 167 ff.: dies sei den dafür kompetenten Behörden zu überlassen.

58 *Bertossa* (Fn. 7), S. 234 ff.; *Dannecker* GA 2001, 101, 128; *Hartung* (Fn. 26), E 51; *Heine* (Fn. 4), S. 302 f.; *Rotberg* (Fn. 3), S. 211; *Schünemann* in: Deutsche Wiedervereinigung (Fn. 5), S. 139, 141 f.; *Schwinge* (Fn. 3), S. 214 ff.; krit. *Engelhart* (Fn. 2), S. 701 sowie *Kindler* (Fn. 7), S. 300 ff.

59 Vgl. *Rotberg* (Fn. 3), S. 211 f.

60 *Bertossa* (Fn. 7), S. 244 f.; *Dannecker* GA 2001, 101, 128; *Engelhart* (Fn. 2), S. 369 f.; *Hartung* (Fn. 26), E 51 f.

61 *Dannecker* GA 2001 101, 128; *Engelhart* (Fn. 2), S. 369, 695 f.

62 *Bertossa* (Fn. 7), S. 248 ff.; *Dannecker* GA 2001, 101, 126; *Engelhart* (Fn. 2), S. 696 f.; vgl. auch bereits *Hartung* (Fn. 26), E 51 sowie *Rotberg* (Fn. 3), S. 209 f.; ablehnend *Schwinge* (Fn. 3), S. 156 f.

Während einige Autoren eine Offenlegung der Sanktion unter Verweis auf eine von ihnen angenommene besondere präventive Wirkung befürworten,[63] lehnen andere diese neue Form der Prangerstrafe aus grundsätzlichen Erwägungen heraus ab.[64]

b) Die mit der Bestrafung von Unternehmen erreichbaren Zwecke

Wenden wir uns nun der Frage zu, ob mit einem reinen oder mit einem erweiterten Bußenmodell die Zwecke erreicht werden können, die man mit Strafen zu erreichen sucht, stellt sich zunächst die Vorfrage, welche Zwecke denn mit Strafe erreicht werden sollen. Ich werde – wie eingangs bereits erwähnt – nicht in eine Debatte darüber eintreten, welche Zwecke man mit Strafen erreichen sollte. Ich gehe vielmehr vom – zugegebenermaßen nicht vollkommen befriedigenden – Stand aus, den die Strafzweckdiskussion als Ergebnis einer mehrere Jahrhunderte umfassenden Auseinandersetzung derzeit erreicht hat,[65] orientiere mich also an den Strafzwecken, die in der Diskussion aktuell vertreten werden. Und dies sind grob vereinfacht doch immer noch: Abschreckung, Resozialisierung, Aufrechterhaltung des Normvertrauens und/oder Vergeltung.

aa) Abschreckung durch Bestrafung von Unternehmen

Dass die Androhung und Verhängung von Strafen eine abschreckende Wirkung auf den Bestraften selbst (negative Spezialprävention) und auf die Allgemeinheit (negative Generalprävention) haben soll, ist eine seit alters her weit verbreitete Vorstellung, die im englischsprachigen Raum durch *Jeremy Bentham*[66] und im deutschsprachigen Raum insbesondere in Form der von *Feuerbach* begründeten Theorie des psychologischen Zwangs[67] wirkungsmächtig geworden ist. *Feuerbach* geht hierbei davon aus, dass der auf die Begehung einer Straftat gerichtete sinnliche Antrieb dadurch aufgehoben werden kann, dass der Täter weiß, „dass auf seine That ein Uebel folgen werde, welches größer ist, als die Unlust, die aus dem nicht befriedigten Antrieb zur That entspringt“[68]. Die eigentliche abschreckende Wirkung soll nach *Feuerbach* von der Strafandrohung ausgehen; die tatsächliche Strafverhängung hat allein den Sinn und Zweck, zu demonstrieren, dass es sich bei der Strafandrohung nicht um eine leere Drohung handelt.[69]

---

63 *Bertossa* (Fn. 7), S. 238 ff.; *Dannecker* GA 2001, 101, 126 f.; *Schwinge* (Fn. 3), S. 169 ff.; vgl. auch die Darstellung bei *Engisch* (Fn. 13), E 13.

64 Nach *Hirsch* ZStW 107 (1995) 285, 317 könne die Publikation der Sanktion „nur als Ausfluss einer antiunternehmerischen Ideologie verstanden werden“. Weiterhin moniert er einen Verstoß der Prangerwirkung gegen die Menschwürde, die auch für Personengesamtheiten gelten müsse; kritisch hierzu *Schwinge* (Fn. 3), S. 173.

65 Vgl. hierzu die Nachweise in Fn. 18.

66 Vgl. insbesondere *Bentham*, An Introduction to the Principles of Morals and Legislation, 1780 (Neudruck 1970 University of London, The Athlone Press), und hierzu *Schwarzenegger/Hug/Jositsch* Strafrecht II, Strafen und Massnahmen, 8. Aufl., 2007, S. 11 f.

67 Vgl. *Feuerbach* Lehrbuch des gemeinen in Deutschland geltenden Peinlichen Rechts, 1801, §§ 16 ff.

68 *Feuerbach* (Fn. 67), § 17.

69 *Feuerbach* (Fn. 67), §§ 18, 20.

Bezogen auf die Bestrafung von Unternehmen stellt sich in diesem Zusammenhang die Frage, ob wir mit Sanktionen gegen Unternehmen andere natürliche und juristische Personen davon abhalten, Straftaten zu begehen. Grundsätzlich ist nicht ersichtlich, warum man nicht mit Sanktionen gegenüber Unternehmen die gleichen abschreckenden Wirkungen erreichen können soll wie mit Sanktionen gegen Individuen.[70] Damit stellt sich dann aber sogleich das Problem, dass wir die verhaltenssteuernde Wirkung von Strafandrohungen und Strafverhängungen zwar vermuten, nicht aber beweisen können – jedenfalls nicht in einer Art und Weise, die den Anforderungen genügen würde, die man üblicherweise an einen erfahrungswissenschaftlich validen Nachweis stellt.[71] Es ist allerdings plausibel, dass die Androhung von Sanktionen jedenfalls einen rational kalkulierenden Täter zu beeinflussen vermag. Dass das so ist, kann jeder aus eigener Erfahrung bestätigen, der schon einmal – ohne unter Zeitdruck zu stehen – am Steuer eines Kraftfahrzeugs auf einen Blitzautomaten zugefahren ist. Wenn man nun davon ausgeht, dass es sich bei Wirtschaftsstraftätern um den Archetyp des homo oeconomicus handelt,[72] und dass Unternehmen – nicht zuletzt aufgrund ihrer besonders hohen Sensibilität gegenüber Reputationsschäden[73] – auch diesem rational kalkulierenden Tätertypus zuzurechnen sind, dann liegt es tatsächlich nahe, dass man auch oder sogar insbesondere bei Sanktionen gegen Unternehmen von einer Abschreckungswirkung ausgehen kann.[74]

Es sind allerdings auch einige Einschränkungen zu machen: Zunächst einmal handeln Unternehmen nicht selbst, sondern durch ihre Mitarbeiter, deren Handeln auch durch andere als pekuniäre Motive bestimmt wird, wie z.B. das Streben nach Macht oder Prestige, Verteilungskämpfe und Geltungssucht zwischen den einzelnen Entscheidungsträgern, die Absicherung bzw. Beförderung der eigenen Karriere usw.[75] Wenn die

---

70 *Dannecker* GA 2001, 101, 114; *Hirsch* Straffähigkeit (Fn. 7), S. 17; *Modlinger* (Fn. 34), S. 78f.

71 *Ackermann* (Fn. 17), S. 196; *Kindler* (Fn. 7), S. 293; vgl. auch *Eisenberg* Kriminologie, 6. Aufl., 2005, § 41 Rn. 6, § 42 Rn. 4; *Kaiser* Kriminologie, 3. Aufl., 1996, § 31 Rn. 34; *Killias/Kuhn/Aebi* Grundriss der Kriminologie, 2. Aufl., 2011, Rn. 134f., 1010ff.; *Kunz* Kriminologie, 6. Aufl., 2011, § 25 Rn. 4ff.

72 Vgl. *Tiedemann* Gutachten zum 49. DJT, 1972, C 21f.; *ders.* JZ 1975, 185, 187 mit dem ergänzenden Hinweis darauf, dass bei Wirtschaftsstraftätern weder die Androhung vor hohen Geldstrafen oder zur Bewährung ausgesetzten Freiheitsstrafen, sondern nur die Furcht vor vollzogenen Freiheitsstrafen und vor Existenzbeeinträchtigung durch Betriebsschliessungen einen Einfluss auf das Verhalten haben; hierzu auch *Volk* JZ 1993 429, 430; vgl. auch *Killias/Kuhn/Aebi* (Fn. 71), Rn. 1006.

73 Vgl. *Alwart* ZStW 105 (1993) 752, 771, der unter Berufung auf Insiderstimmen ausführt, dass Unternehmen, „was eigentliche Strafrechtsfolgen anbelange, am meisten negative Pressemeldungen über Verurteilungen und die Auswirkungen solcher Publizität fürchten"; vgl. auch *Ehrhardt* (Fn. 2), S. 204; *Forster* (Fn. 2), S. 37; *Kindler* (Fn. 7), S. 305; *Vogel* GA 1990, 241, 255 sowie *Eisenberg* (Fn. 71), § 41 Rn. 23 mit dem Hinweis darauf, dass es Anhaltspunkte für „eine Korrelation zwischem hohem sozio-ökonomischen Status und Abschreckung durch vollzogene Kriminalstrafen" gebe.

74 *Ackermann* (Fn. 17), S. 196f.; *Bertossa* (Fn. 7), S. 61ff.; *Ehrhardt* (Fn. 2), S. 204; *Dannecker* GA 2001, 101, 114; *Geiger* (Fn. 2), S. 8; *Hirsch* Straffähigkeit (Fn. 7), S. 17; *ders.* ZStW 107 (1995) 285, 294f.; *Lütolf* (Fn. 2), S. 175f.; *Mittelsdorf* (Fn. 3), S. 84; *Modlinger* (Fn. 34), S. 78ff.; *Kirch-Heim* (Fn. 2), S. 172f.; *Rotberg* (Fn. 3), S. 203f.; vgl. auch *Hefendehl* MSchrKrim 86 (2003) 27, 38; eher zweifelnd *Kindler* (Fn. 7), S. 292f.; *Trüg* StraFo 2011, 471, 480.

75 *Bertossa* (Fn. 7), S. 224; *Stratenwerth* (Fn. 1), S. 298; *Volk* JZ 1993, 429, 432.

Abschreckungswirkung die Mitarbeiter erreichen muss,[76] dann wird es notwendig sein, dass die Mitarbeiter damit rechnen müssen, dass sie im Falle der Begehung einer Straftat selbst bestraft oder aber durch das Unternehmen sanktioniert werden, was insbesondere bei Mitgliedern der Geschäftsleitung nur dann der Fall ist, wenn sie von den Inhabern abberufen werden.[77] Damit es für die – unterstellt: rational kalkulierenden – Unternehmen sinnvoll ist, dafür Sorge zu tragen, dass durch ihre Mitarbeiter keine Straftaten begangen werden, müssen die Sanktionen gegen das Unternehmen eine Schwere erreichen, die es verunmöglicht, sie als allenfalls lästigen Kostenfaktor einzustufen und aus der Portokasse zu zahlen.[78] Wie weit man gehen muss, damit die Sanktionen insoweit hinreichend „grausam" sind, kann hier nicht im Einzelnen untersucht werden.[79] Festzuhalten bleibt aber, dass eine abschreckende Wirkung wohl nur dann gegeben ist, wenn es sich um Sanktionen handelt, die sich entweder spürbar negativ in der Bilanz des Unternehmens niederschlagen oder die aufgrund anderer Umstände Eindruck auf das Unternehmen machen, z.B. durch die mit einer Urteilspublikation einhergehende „Prangerwirkung"[80] und/oder durch den mit der Verurteilung einhergehenden Ausschluss von öffentlichen Aufträgen. Weiterhin ist zu beachten, dass es auch im Zusammenhang mit der Sanktionierung von Unternehmen zumindest auch auf die Sanktionswahrscheinlichkeit ankommt und nicht allein auf die Höhe der abstrakten Strafandrohung und/oder die Höhe der konkret verhängten Sanktionen.[81]

bb) Resozialisierung von Unternehmen durch Strafen

Mit dem Begriff der Resozialisierung ist ein Teil der üblicherweise unter dem Begriff der Spezialprävention zusammengefassten Straftheorien angesprochen. In ihrer durch *Franz von Liszt* begründeten Form zielt die Theorie der Strafandrohung und -verhängung zunächst darauf ab, den konkreten Täter von der Begehung weiterer Straftaten abzuschrecken (negative Spezialprävention) und/oder ihn zu bessern (positive Spezialprävention); soweit eine Läuterung nicht möglich ist, soll die Gesellschaft dadurch geschützt werden, dass die betreffenden Personen unschädlich gemacht werden, was bei natürlichen Personen bedeutet, dass diese, soweit es sich um unverbesserliche Gewohnheitsverbrecher handelt, weggesperrt werden.[82]

Angewandt auf die Sanktionierung von Unternehmen ist zunächst festzuhalten, dass die Sicherungsfunktion bei „unverbesserlichen" Unternehmen zu erreichen ist, wenn

---

76 Vgl. *Dannecker* GA 2001, 101, 104; *Schwander* (Fn. 11), S. 614; vgl. auch *Hefendehl* MSchrKrim 86 (2003), 27, 40/41: Es müssten „die richtlinienbefugten Personen innerhalb des Verbandes veranlasst werden, wirtschaftsinterne Kontrollen aufzubauen bzw. zu intensivieren."

77 Vgl. auch *Bertossa* (Fn. 7), S. 62, 225.

78 Kritisch zum Abschreckungseffekt von monetären Sanktionen gegen Unternehmen: *Bertossa* (Fn. 7), S. 225 ff.; *Modlinger* (Fn. 34), S. 81.

79 Vgl. hierzu *Hefendehl* MSchrKrim 86 (2003), 27, 41 f.; *König* in: Hettinger (Fn. 2), S. 50; vgl. auch *Pieth/Ivory* in: Pieth/Ivory (Fn. 2), S. 41: „Gratwanderung".

80 Insoweit befürwortend *Alwart* ZStW 105 (1993) 752, 770 f.; *Dannecker* GA 2001, 101, 126 f.; *Kremnitzer/Ghanayim* ZStW 113 (2001) 539, 552 f.

81 *Bertossa* (Fn. 7), S. 63; *Eisenberg* (Fn. 71), § 41 Rn. 22; *Kaiser* (Fn. 71), § 31 Rn. 35 f.; *Kremnitzer/Ghanayim* ZStW 113 (2001), 539, 553; *Modlinger* (Fn. 34), S. 79; *Tiedemann* JZ 1975, 185, 186; vgl. aber auch *Killias/Kuhn/Aebi* (Fn. 71), Rn. 1017.

82 Vgl. hierzu grundlegend *von Liszt* ZStW 3 (1883) 1, 33 ff.

man auf die Instrumente des Tätigkeitsverbots und – als ultima ratio – auf die Auflösung des Unternehmens zurückgreift.[83] Und bezogen auf die negative Spezialprävention gelten die Ausführungen zur Abschreckung (negative Generalprävention) entsprechend.[84]

Bezogen auf den Strafzweck der Resozialisierung ist zunächst in Erinnerung zu rufen, dass Strafen entgegen in der Bevölkerung verbreiteter alltagstheoretischer Vorstellungen nicht per se eine läuternde Wirkung haben.[85] Dass die Verhängung einer Geldbuße oder Geldstrafe ein Unternehmen läutern wird, wird man – in Parallele zu dem, was zur Abschreckung anderer Unternehmen gesagt wurde – nur dann annehmen können, wenn entweder die Sanktion so hoch ausfällt, dass das Unternehmen bzw. die in den Leitungsgremien des Unternehmens sitzenden Entscheidungsträger eine solche Sanktion nicht ein zweites Mal riskieren können oder riskieren wollen, oder wenn die Begleitumstände der Sanktionierung – Stichwort: Reputationsschäden[86] – so ins Gewicht fallen, dass es für das Unternehmen rational ist, die Ursachen für Anlasstaten zu beseitigen, also fehlbare Mitarbeiter zu entlassen, Compliance-Programme zu installieren und/oder kriminogene Bereiche des Unternehmens durch Umstrukturierungen zu beseitigen.[87] Dies setzt dann aber voraus, dass die Sanktionen angepasst werden[88] – von rein monetären Sanktionen sind derartige Wirkungen allenfalls dann zu erwarten, wenn sie hinreichend grausam sind.

Weiterhin ist auch hier wieder zu beachten, dass auch die Läuterung nicht direkt beim Unternehmen eintritt, sondern über die Entscheidungsträger erfolgen muss.[89] Wenn man sich nicht damit begnügen will, dass Unternehmen bzw. ihre Entscheidungsträger durch Sanktionsandrohungen und/oder Sanktionierungen systemtheoretisch gesprochen „irritiert" werden,[90] wenn man also direkte Steuerungswirkungen erreichen will, dann muss man die Sanktionen so ausgestalten, dass sie unmittelbar greifen.[91] Wenn man dies will, kann man sich aber nicht mit rein monetären Sanktionen begnügen, sondern man muss auf die Instrumentarien zurückgreifen, die das erweiterte Bußenmodell zur Verfügung stellt, wie z.B. Tätigkeitsbeschränkungen, den Ausschluss von öffentlichen Aufträgen, die Einsetzung eines staatlichen Aufsichtsorgans, die

---

83 *Ackermann* (Fn. 17), S. 199; *Bertossa* (Fn. 7), S. 65 f.; *Lütolf* (Fn. 2), S. 174 f.

84 So im Ergebnis auch *Ackermann* (Fn. 17), S. 197; *Bertossa* (Fn. 7), S. 63 f.; *Ehrhardt* (Fn. 2), S. 205; *Forster* (Fn. 2), S. 37; *Lütolf* (Fn. 2), S. 173 f.; *Modlinger* (Fn. 34), S. 79; *Schwander* (Fn. 11), S. 614.

85 Zur heute vorherrschenden Skepsis gegenüber der resozialisierenden Wirkung von Strafen vgl. allgemein *Kaiser* (Fn. 71), § 31 Rn. 49 ff.

86 Hierauf verweist *Ehrhardt* (Fn. 2), S. 205; *Bertossa* (Fn. 7), S. 64 und *Hirsch* ZStW 107 (1995) 285, 295, die zusätzlich auch noch erwarten, dass von den Aktionären ein entsprechender Druck ausgeht, weil diese einen Rückgang der Rendite vermeiden wollen.

87 *Bertossa* (Fn. 7), S. 64 f.; *Dannecker* GA 2001 101, 114; *Geiger* (Fn. 2), S. 9; *Hirsch* Straffähigkeit (Fn. 7), S. 17; *Lütolf* (Fn. 2), S. 173 ff.; *Modlinger* (Fn. 34), S. 72 f., 80 f.: Es sei sogar eher mehr zu erwarten als bei natürlichen Personen; optimistisch auch *Rotberg* (Fn. 3), S. 206 f.; demgegenüber eher zweifelnd *Kindler* (Fn. 7), S. 293.

88 *Ackermann* (Fn. 17), S. 198 f.; *Kirch-Heim* (Fn. 2), S. 173; *Schwander* (Fn. 11), S. 615.

89 Vgl. *Bertossa* (Fn. 7), S. 64 f.

90 Vgl. hierzu *Kindler* (Fn. 7), S. 293 ff.; *Modlinger* (Fn. 34), S. 82.

91 Vgl. auch bereits *Kindler* (Fn. 7), S. 299 ff., die allerdings die Realisierbarkeit des auf direkte Intervention abzielenden Modells skeptisch beurteilt.

zwangsweise Implementierung von Compliance-Programmen oder die Neu- bzw. Umstrukturierung des Unternehmens.[92]

cc) Aufrechterhaltung des Normvertrauens durch die Bestrafung von Unternehmen

Die Erkenntnis, dass die abschreckende Wirkung der Androhung und Verhängung von Strafen Zweifeln ausgesetzt ist[93] und dass die resozialisierende Wirkung strafrechtlicher Sanktionen jedenfalls unter den gegebenen Umständen eher zweifelhaft erscheint,[94] hat dazu geführt, dass sich die Strafrechtswissenschaft zunehmend anderen Ansätzen zur Legitimation der Institution des staatlichen Strafens zugewandt hat. Zuspruch erfährt derzeit vor allem die Theorie der sog. positiven Generalprävention, die den Sinn und Zweck der staatlichen Strafe darin sieht, einen Beitrag dazu zu leisten, dass das Normvertrauen der Bevölkerung aufrechterhalten und bestärkt wird: die Androhung und Verhängung von Strafen soll dazu beitragen, dass Norminhalte internalisiert werden, und sie soll kommunizieren, dass diese Norminhalte trotz gelegentlich vorkommender Zuwiderhandlungen doch Geltung beanspruchen.[95]

Auch bezogen auf die Aufrechterhaltung des Normvertrauens kann zunächst einmal festgehalten werden, dass einerseits zwar grundsätzlich nicht ersichtlich ist, warum von einer Strafe, die gegen Unternehmen verhängt wird, nicht die gleichen Norminternalisierungsprozesse zu erwarten sein sollen wie bei Sanktionen, die gegen natürliche Personen verhängt werden,[96] dass aber andererseits die entsprechenden Internalisierungseffekte zwar intuitiv nicht unplausibel, jedoch in keiner Weise erwiesen sind und wohl auch nicht erwiesen werden können.[97]

Die Legitimation von Sanktionen gegen Unternehmen ist vor diesem Hintergrund dann unproblematisch, wenn man es bereits ausreichen lassen will, dass mit der Sanktionierung das Festhalten an der Verbindlichkeit der durch die Tat missachteten Norm demonstriert werden soll.[98] Komplizierter liegt es dann, wenn man es für erforderlich erachtet, dass es sich um eine Sanktionierung handelt, die das Normvertrauen aufrecht erhält und/oder stärkt, weil sie von den Mitgliedern der Gesellschaft als „gerecht" empfunden wird. Hier wird man eine Aufrechterhaltung des Normvertrauens sicherlich dann annehmen können, wenn man allein auf offenbar faktisch vorhandene Ahn-

---

92 So auch bereits *Ackermann* (Fn. 17), S. 198 f.; *Bertossa* (Fn. 7), S. 64; *Ehrhardt* (Fn. 2), S. 205; *Pieth/Ivory*, in: Pieth/Ivory (Fn. 2), S. 47.

93 Vgl. hierzu im Einzelnen *Bock* JuS 1994, 89, 95 f.; *Dölling* ZStW 102 (1990) 1, 5 ff.; *Kaiser* (Fn. 71), § 31 Rn. 34; *Killias/Kuhn/Aebi* (Fn. 71), Rn. 1010 ff.; *Kunz* (Fn. 71), § 25 Rn. 4 ff.; *Müller-Tuckfeld* Integrationsprävention, 1998, S. 100 ff.; *Schöch* in: FS Jescheck, 1985, S. 1098 ff.

94 *Wohlers* (Fn. 39), S. 57 sowie im Einzelnen zur Kritik an der resozialisierenden Wirkung strafrechtlicher Sanktionen *Bock* JuS 1994 89, 94 f.; *Kaiser* (Fn. 71), § 31 N 47 ff.; *Killias/Kuhn/Aebi* (Fn. 71), Rn. 1115 ff.; *Kunz* (Fn. 71), § 26 Rn. 4 ff.; *Lehne* KrimJ 1994, 210, 213; *Müller-Tuckfeld* (Fn. 93), S. 81 ff.

95 Vgl. insbesondere *Jakobs* Strafrecht AT, 2. Aufl., 1993, 1. Abschnitt Rn. 4 ff.

96 *Ackermann* (Fn. 17), S. 196 ff.; *Bertossa* (Fn. 7), S. 63; *Kirch-Heim* (Fn. 2), S. 173; *Modlinger* (Fn. 34), S. 78; vgl. auch *Kindler* (Fn. 7), S. 288 f.

97 Vgl. *Eisenberg* (Fn. 71), § 15 Rn. 11 ff. und § 41 Rn. 6, 11 ff.; *Müller-Tuckfeld* (Fn. 93), S. 115 ff.; *Wohlers* (Fn. 39), S. 57 f.

98 So z. B. *Kindler* (Fn. 7), S. 291 f. und in der Sache auch *Ehrhardt* (Fn. 2), S. 200.

dungsbedürfnisse der Bevölkerung abstellt.[99] Anders liegt es dagegen dann, wenn man davon ausgeht, dass das Normvertrauen – jedenfalls auf längere Sicht – nur durch Sanktionen gestärkt werden kann, die als „gerecht“ eingestuft werden können: Wenn man davon ausgeht, dass die Bestrafung eines handlungs- und/oder schuldunfähigen Normadressaten dem Gerechtigkeitsempfinden der Mitglieder der Gesellschaft entgegenlaufen würde, käme es wohl darauf an, ob Unternehmen handlungs- und schuldfähig sind.[100]

dd) Vergeltung durch die Bestrafung von Unternehmen

Die Vergeltungstheorien sehen den Sinn und Zweck der staatlichen Strafe darin, dass mit der Bestrafung das durch die Tat bewirkte (Tat-)Unrecht ausgeglichen werden soll. Auch nach dem Selbstverständnis der Vertreter moderner Vergeltungstheorien erschöpft sich der Sinn und Zweck der Strafe aber nicht darin, die „zweckgelöste Majestät“[101] der Vergeltungsstrafe zum Ausdruck zu bringen; der Sinn und Zweck des über die staatliche Strafe herbeizuführenden Tatschuldausgleichs soll vielmehr darin bestehen, das durch die Straftat gestörte Rechtsgleichheitsverhältnis wiederherzustellen.[102] Der Strafzweck der Vergeltung setzt aber zwingend voraus, dass es etwas zu vergelten gibt: Die Kriminalstrafe ist „Vergeltung für begangenes Unrecht“[103]. Vergeltung kommt aber nur dann in Betracht, wenn sich der Adressat der Sanktion schuldhaft verhalten hat. So hat das BVerfG den Grundsatz aufgestellt, „dass jede Strafe – nicht nur die Strafe für kriminelles Unrecht, sondern auch die strafähnliche Sanktion für sonstiges Unrecht – Schuld voraussetz[t]“. Und weiter führt das Gericht aus: „Mit der Strafe, auch mit der Ordnungsstrafe, wird dem Täter ein Rechtsverstoß vorgehalten und zum Vorwurf gemacht. Ein solcher Vorwurf setzt aber Vorwerfbarkeit, also strafrechtliche Schuld voraus.“[104]

Aus alledem folgt, dass man eine Bestrafung von Unternehmen nur dann als unter Vergeltungsgesichtspunkten sinnvoll einstufen kann, wenn Unternehmen schuldfähig sind, da die (Vergeltungs-)Strafe ansonsten ihren spezifischen Sinngehalt verliert.[105] Die

---

99 So wohl *Ackermann* (Fn. 17), S. 196 f. mit dem Hinweis darauf, dass „die Allgemeinheit die juristische Person als Urheber des deliktischen Geschehens betrachtet und deshalb auch ihre Bestrafung erwartet“; vgl. auch *Bertossa* (Fn. 7), S. 63; *Forster* (Fn. 2), S. 37; *Modlinger* (Fn. 34), S. 77 f.

100 Bejahend *Ehrhardt* (Fn. 2), S. 201.

101 So noch *Maurach* Deutsches Strafrecht, Allgemeiner Teil, 4. Aufl., 1971, S. 77.

102 *Köhler* Strafrecht AT, 1997, S. 43, 48 ff.; *ders.* Über den Zusammenhang von Strafrechtsbegründung und Strafzumessung, 1983, S. 37 ff.; *ders.* Begriff der Strafe, 1986, S. 9 ff.; *E.A. Wolff* ZStW 97 (1985) 786, 818 ff.; vgl. auch *Kohlhoff* (Fn. 3), S. 267.

103 BVerfGE 21, 391, 404.

104 BVerfGE 20, 323, 331; zur verfassungsrechtlichen Verankerung des Schuldgrundsatzes vgl. zuletzt BVerfGE 123, 267, 413.

105 So auch bereits *Engisch* (Fn. 13), E 15 f., 25 sowie *Seiler* (Fn. 3), S. 86 ff.; weitere Nachweise bei *Drope* (Fn. 2), S. 70 Fn. 137; relativierend *Kindler* (Fn. 7), S. 290 f.: Was Strafe ausmache, lasse sich nur mit Blick auf die Funktion bestimmen, die der Sanktion Strafe innerhalb einer konkreten Ordnung zukomme; a.A. *Dannecker* GA 2001 101, 114 f., der die Aufgabe des Strafrechts dahingehend ausdehnt, dass dieses neben den Strafen im klassischen Sinne auch Rechtsfolgen umfasse, „die erforderlich sind, um die Einhaltung verbindlichen Rechts durchzusetzen“.

Frage nach der Straffähigkeit von Unternehmen entpuppt sich damit als eine Frage, die bei Anerkennung des Strafzwecks der Vergeltung bereits durch die Beantwortung der Frage nach der Schuldfähigkeit des Unternehmens mit beantwortet ist.[106]

Der Zusammenhang von Strafe und Schuld kann aber nicht einmal dann aus dem Weg geräumt werden, wenn man Vergeltung als ein auf metaphysischen Grundannahmen aufbauendes Konzept denunziert und negiert.[107] Der spezifische Sinngehalt der Sanktion, die wir als Strafe bezeichnen, liegt nämlich nicht nur darin, dass eine Übelszufügung erfolgt,[108] sondern darin, dass es sich um eine Übelszufügung handelt, die – jedenfalls auch – deshalb erfolgt, weil das in Frage stehende Verhalten „Tadel" verdient.[109] Oder anders ausgedrückt: wenn eine Sanktion keine Tadelskomponente enthält, ist sie keine Strafe im eigentlichen Sinne.[110] Dass Unternehmen „motivierbar" sind, reicht nicht aus, um die Legitimation von Strafen begründen zu können.[111]

Aus dem obigen Befund ist nun allerdings nicht zu folgern, dass Sanktionen gegen Unternehmen per se illegitim sind.[112] Wir müssen aber auseinanderhalten, ob wir von Unternehmensstrafen sprechen oder von Sanktionen, die gegen Unternehmen verhängt werden, um deren zukünftiges Verhalten zu beeinflussen: Während echte Strafen nur verhängt werden können, wenn Unternehmen schuldhaft handeln können, ist ein auf präventiv ausgerichtete Sanktionen zurückgreifendes System auch dann denkbar, wenn man Unternehmen für nicht schuldfähig erachtet. So haben bereits verschiedene Autoren – unter anderem auch ich selbst[113] – vorgeschlagen, die Problematik des Corporate Crime nicht über ein Strafenmodell, sondern über ein Maßnahmenmodell zu lösen.[114] Wie auch immer man sich zu derartigen Vorschlägen stellt, festzuhalten bleibt:

---

106 So auch *Kindler* (Fn. 7), S. 290; *Schwinge* (Fn. 3), S. 105; vgl. auch bereits *Schmitt* (Fn. 3), S. 196ff. und 215ff.

107 Vgl. hierzu, unter dem programmatischen Titel „Abschied von Kant und Hegel", *Klug* in: Programm für ein neues Strafgesetzbuch, Alternativ-Entwurf der Strafrechtslehrer, hrsg. von Baumann, 1968, S. 36ff.

108 Eine Übelszufügung als solche wäre auch gegenüber Unternehmen möglich, vgl. *Ackermann* (Fn. 17), S. 200; *Bertossa* (Fn. 7), S. 66ff.; *Engisch* (Fn. 13), E 13ff.; *Ehrhardt* (Fn. 2), S. 206f.; *Modlinger* (Fn. 34), S. 71f.

109 Vgl. hierzu *von Hirsch* Fairness, Verbrechen und Strafe, 2005, S. 48ff.; *Hörnle/von Hirsch* GA 1995 249, 271ff. (wieder abgedruckt in: *von Hirsch* Fairness, Verbrechen und Strafe, 2005, S. 23ff.); vgl. auch *Hörnle* in: von Hirsch/Neumann/Seelmann (Fn. 18), S. 24ff. m.w.N.

110 *Stratenwerth* ZStW 105 (1993) 679, 686; *ders.* in: FS Schmitt (Fn. 1), S. 302; vgl. auch *Hefendehl* MSchrKrim 2003, 27, 41; *Hirsch* Straffähigkeit (Fn. 7), S. 17f.; *Rotberg* (Fn. 3), S. 211; *Schroth* (Fn. 2), S. 123; *Seelmann* in: FS Schmid (Fn. 4), S. 181; im Ergebnis auch *Seiler* (Fn. 3), S. 86 und *Mittelsdorf* (Fn. 3), S. 84f., die lediglich den Begriff des Tadels durch den der Missbilligung ersetzen; a.A. *Dannecker* GA 2001, 101, 115; *Ehrhardt* (Fn. 2), S. 200f., 205ff.; *Modlinger* (Fn. 34), S. 65f.

111 So aber z.B. *Ehrhardt* (Fn. 2), S. 201 sowie *Bertossa* (Fn. 7), S. 66ff. m.w.N.

112 So auch bereits *Seiler* (Fn. 3), S. 96; *Wohlers* SJZ 2000, 381, 387.

113 Vgl. *Wohlers* SJZ 2000, 381, 387ff.

114 Vgl. hierzu bereits die Vorschläge von *Schmitt* (Fn. 3), S. 199ff.; *Seiler* (Fn. 3), S. 96ff.; *Stratenwerth* (Fn. 1), S. 303ff. und in der Sache ähnlich – wenn auch unter dem Label „Strafrecht" – *Heine* (Fn. 4), S. 256ff. sowie *Schünemann* Unternehmenskriminalität (Fn. 5), S. 232ff.; *ders.* wistra 1982 41, 50; *ders.* in: Madrid-Symposium (Fn. 3), S. 285ff.; kritisch zu diesen Vorschlägen: *von Freier* (Fn. 15), S. 184ff. sowie *Schwinge* (Fn. 3), S. 120ff.; aus jüngster Zeit vgl. den Ansatz zur Begründung repressiver Unternehmenssanktionen bei *Kirch-Heim* (Fn. 2), S. 180ff. und hierzu kritisch *Wohlers/Kudlich* ZStW 121 (2009) 718, 720f.

Die Legitimität der Sanktionen, die gegen Unternehmen verhängt werden, ist nicht an den Kriterien zu messen, die man an Strafen anlegt, sondern an den Kriterien, die für Sanktionen gelten, mit denen eine zukunftsorientierte Verhaltenssteuerung erreicht werden soll.[115] Wenn man dies dann aber als Strafrecht bezeichnet, ist dies schlicht und einfach nichts anderes als ein Etikettenschwindel.[116] Wenn man, wie es der heute herrschenden Meinung entspricht, Ordnungswidrigkeiten und Kriminalstraftaten nicht qualitativ, sondern quantitativ unterscheidet,[117] gilt dies auch für die Ordnungsbuße des § 30 OWiG. Dass die vom deutschen Gesetzgeber verwirklichte Verlagerung der strafrechtlichen Verantwortlichkeit des Unternehmens aus dem Kriminalstrafrecht in das Ordnungswidrigkeitenrecht die Problematik löst, wird man vor diesem Hintergrund bezweifeln müssen[118] – ganz abgesehen davon, dass diese Lösung für die Staaten keine Alternative ist, die über eine derartige Subkategorie des Sanktionsrechts gar nicht verfügen.

ee) Fazit

Bei einem allein auf monetäre Sanktionen vertrauenden reinen Bußensystem wird man die präventive Wirkung eher in Frage stellen müssen. Anders liegt es nur dann, wenn die Bußen so drastisch ausfallen, dass die Unternehmen gar keine andere Wahl haben, als sie – wegen ihrer potenziell existenzvernichtenden Wirkung – um jeden Preis zu vermeiden. Des Weiteren sind Bußen oder Geldstrafen jedenfalls als vergeltende Sanktionen nur dann zu legitimieren, wenn Unternehmen schuldhaft handeln können.

Einem erweiterten Bußensystem wird man eine höhere präventive Wirksamkeit bescheinigen können. Wenn man die Sanktionen als Strafen interpretieren möchte, stellt sich aber natürlich auch hier wiederum die Frage nach der Schuldfähigkeit von Unternehmen. Bezogen auf die anderen Sanktionen ist darüber hinaus festzuhalten, dass es sich bei diesen – abgesehen vielleicht von der Urteilspublikation, die als Verstärker für die Buße und/oder sonstige Sanktionen zu sehen ist – der Sache nach wohl weniger um repressive als um zukunftsorientierte Sanktionen handelt, also um solche, die nicht wegen, sondern nur aus Anlass einer zurückliegenden Straftat verhängt werden. Der Sache nach handelt es sich dann aber um „wirtschaftsaufsichtsrechtliche Eingriffe im Gewande strafrechtlicher Sanktionen".[119]

---

115 Vgl. hierzu *Wohlers* SJZ 2000, 381, 387 f.

116 A.A. *Dannecker* GA 2001, 101, 114; vgl. auch *Kindler* (Fn. 7), S. 291: Was Strafe ausmache, könne man nicht metaphysisch begründen, sondern hänge von der Funktion ab, die man der Sanktion beimesse und von der Ordnung innerhalb derer diese Sanktion eingesetzt werde; vgl. auch *Schwinge* (Fn. 3), S. 135 f.: Ein Etikettenschwindel liege dann vor, wenn man Sanktionen „nur deshalb als Maßnahme bezeichnet, weil Strafe mangels Schuldunfähigkeit unzulässig sind".

117 Zum Streitstand vgl. *Wohlers* (Fn. 39), S. 84 ff.

118 Für eine Zuordnung der Sanktionen gegen Unternehmen zum Owi-Recht *Ransiek* (Fn. 40), S. 343 ff.

119 *Wohlers* SJZ 2000, 381, 389.

4. Schlussfolgerungen für den Gestaltungsspielraum des nationalen Gesetzgebers

Wenden wir uns nun abschließend der Frage zu, welchen Gestaltungsspielraum der nationale Gesetzgeber im Hinblick auf die Frage hat, ob und, wenn ja, wie er die Strafbarkeit von Unternehmen regeln will. Festzuhalten ist zunächst einmal, dass es sich hierbei um eine Entscheidung handelt, bei der dem Gesetzgeber ein sehr weiter Gestaltungsspielraum zukommt. Auf den Punkt gebracht wird dieser Standpunkt in der Botschaft, mit der die stark umstrittene und in der Literatur vehement als dogmatisch verfehlt kritisierte Einführung der strafrechtlichen Verantwortlichkeit des Unternehmens in der Schweiz motiviert wird. Dort heißt es, „dass letztlich nicht die Dogmatik, sondern der *legislatorische* Wille, eine als Problem erkannte Situation sachgerecht zu regeln, darüber entscheidet, ob diese Regelung zulässig ist".[120]

Kurt Seelmann hat aber bereits zutreffend darauf hingewiesen, dass auch der Gesetzgeber gewisse Schranken zu beachten hat.[121] Schranken ergeben sich zum einen aus den für den nationalen Gesetzgeber verbindlichen Vorgaben des supranationalen Rechts sowie des Verfassungsrechts, wobei sich diesbezüglich Unterschiede dadurch ergeben, dass in einigen Staaten – wie z.B. in Deutschland – der Gesetzgeber durch ein Verfassungsgericht dazu angehalten werden kann, bestimmte verfassungsrechtliche bzw. verfassungsgerichtliche Vorgaben einzuhalten, während in anderen Ländern eine solche Schranke fehlt.[122] Darüber hinaus wird man den Gesetzgeber aber auch noch insoweit als gebunden ansehen müssen, als er eine in sich schlüssige sowie mit den für die in Frage stehenden Teilbereiche der Gesamtrechtsordnung geltenden Grundannahmen kompatible und deshalb sachgerechte Entscheidung zu treffen hat. Das Erfordernis einer in sich stringenten Regelung wäre z.B. dann verletzt, wenn sich der schweizerische Gesetzgeber, nachdem er die in einigen Bereichen des Nebenstrafrechts schon seit langem geltende strafrechtliche Verantwortlichkeit des Unternehmens nun auch im Kernstrafrecht eingeführt hat (Art. 102 schwStGB), weiterhin auf den Standpunkt stellen sollte, dass sich bezogen auf das Kartellrecht strafrechtliche Sanktionen allein gegen natürliche Personen richten könnten, weil Unternehmen nicht schuldfähig seien.[123]

Wie sieht es insoweit aus mit der Freiheit des deutschen Gesetzgebers, die Strafbarkeit von Unternehmen zu regeln? Das supranationale Recht steht der Einführung der Strafbarkeit des Unternehmens einerseits nicht entgegen, andererseits wird die Einführung bisher aber auch weder von den Vereinten Nationen noch vom Europarat noch von der EU verlangt.[124] Die EU begnügt sich damit, dass nach nationalem Recht zur Abwehr

---

120 Botschaft zur Änderung des Schweizerischen Strafgesetzbuches vom 21. September 1998, BBl 1999, 1979, 2142.

121 So bereits zutreffend *Seelmann* in: FS Schmid (Fn. 4), S. 169 f. (bezogen auf BBl 1999, 2142).

122 So bestimmt z.B. Art. 190 der schweizerischen Bundesverfassung: „Bundesgesetze und Völkerrecht sind für das Bundesgericht und die anderen rechtsanwendenden Behörden massgebend", woraus abzuleiten ist, dass die Strafgerichte eine Strafnorm des Bundesrechts auch dann anzuwenden haben, wenn sie diese für verfassungswidrig erachten.

123 Zur Kritik an der mangelnden Stringenz des Gesetzgebers vgl. auch bereits *Niggli/Riedo* in: Basler Kommentar, KG, hrsg. von Amstutz/Reinert, 2010, Vor Art. 49 a Rn. 5 f.

124 Vgl. hierzu *Trüg* StraFo 2011, 471, 478 f.

von bestimmten Verhaltensweisen Sanktionen ergriffen werden, die „wirksam, angemessen und abschreckend" sein müssen; dass es sich hierbei um strafrechtliche Sanktionen handeln muss, wird nicht verlangt.[125] Das Verfassungsrecht setzt für den deutschen Gesetzgeber insoweit eine Schranke, als nach der Rechtsprechung des BVerfG Strafe Schuld voraussetzt und das Schuldprinzip zum nach Art. 79 Abs. 3 GG unverfügbaren Bereich der Verfassungsidentität gehört.[126] Wenn das BVerfG dieses Diktum in der Lissabon-Entscheidung eng mit der Menschenwürde koppelt, könnte man allerdings erwägen, dass eine Aufweichung bzw. Abweichung dann möglich sein müsste, wenn es nicht um die Bestrafung von natürlichen Personen, sondern um die Bestrafung von Unternehmen geht. Anders liegt es wiederum dann, wenn man das Schuldprinzip nicht (allein) an die Menschenwürde koppelt, sondern (auch) an das Rechtsstaatsprinzip, wie es das BVerfG z.B. in BVerfGE 20, 323, 331 getan hat.

Steht man auf dem Standpunkt, dass Unternehmen schuldfähig sind oder aber das Schuldprinzip einer Einführung von Sanktionen gegen Unternehmen nicht entgegensteht, liegt die Entscheidung, ob die Strafbarkeit des Unternehmens eingeführt werden soll und, wenn ja, welche Sanktionen möglich sein sollen, im Ermessen des Gesetzgebers. Der Gesetzgeber hat diesbezüglich zunächst zu prüfen, ob er die Sanktionen neu im Kriminalstrafrecht oder aber im Ordnungswidrigkeitenrecht belassen will. Wenn man davon ausgeht, dass sich das Kriminalstrafrecht und das Recht der Ordnungswidrigkeiten nicht qualitativ, sondern nur quantitativ unterscheiden,[127] bleiben als Kriterien für die Zuordnung zum einen oder anderen Bereich zum einen prozessuale Erwägungen und zum anderen die Überlegung, ob die Zuordnung zum Kriminalstrafrecht eine höhere präventive Wirkung verspricht.

Soweit der Gesetzgeber ein erweitertes Bussenmodell anstrebt, das über das bisher geltende, allein durch die Institute der Einziehung und des Verfalls ergänzte Bußenmodell hinausgeht, hat er sich die Frage zu stellen, ob es wirklich sinnvoll ist, „wirtschaftsaufsichtsrechtliche Eingriffe im Gewande strafrechtlicher Sanktionen"[128] durchzuführen. Zu beachten ist hierbei, dass die in der Diskussion befindlichen Sanktionen auch im deutschen Recht alle bereits existieren – nur eben nicht als strafrechtliche Sanktionen, sondern als administrative Sanktionen.[129] Die zuständigen Verwaltungsbehörden können Tätigkeitsverbote aussprechen (vgl. § 35 GewO, § 16 Abs. 3 HandwO, §§ 35ff. KWG), sie können Betriebsstilllegungen verfügen (§ 51 GewO, §§ 20 und 25 BImSchG), Erlaubnisse entziehen (§ 15 GastG), sie können Unternehmen von Vergabeverfahren ausschließen (§ 8 VOB/B und § 7 VOL/A)[130] und/oder sie in Korruptionsregistern öffentlich registrieren (vgl. z.B. § 3 Korruptionsregister Berlin);[131] schließlich können sie Gesellschaften auch auflösen (§ 396 AktG, § 62 GmbHG).

---

125 Vgl. *Kirch-Heim* (Fn. 2), S. 107ff. mit umfangreichen Nachweisen.
126 BVerfGE 123, 267, 413.
127 Zum Meinungsstand vgl. die Nachweise bei Wohlers (Fn. 39), S. 84ff.
128 *Wohlers* SJZ 2000, 381, 389.
129 Vgl. den Überblick bei *Hirsch* ZStW 107 (1995) 285, 301 f.; *Kirch-Heim* (Fn. 2), S. 27ff.; *Modlinger* (Fn. 34), S. 294ff.; *Rotberg* (Fn. 3), S. 209ff.; *Schwinge* (Fn. 3), S. 87ff. sowie das Gutachten des Bundesjustizministeriums, in: Hettinger (Fn. 2), S. 200f.
130 Zu den bestehenden Mängeln vgl. *Kirch-Heim* (Fn. 2), S. 100f.
131 Vgl. hierzu auch *Kirch-Heim* (Fn. 2), S. 30ff. m.w.H.

Die Frage ist hier, ob die strafrechtlichen Sanktionsmöglichkeiten neben oder an die Stelle der administrativen Eingriffsbefugnisse treten sollen. Im älteren Schrifttum ist die Zuständigkeit der Strafbehörden insbesondere mit der Hoffnung verbunden worden, dass es so zu einem auf das Legalitätsprinzip zurückgehenden gleichmäßigeren Durchgreifen kommen werde.[132]

Dannecker plädiert dafür, dass alle Sanktionen möglichst in einem Verfahren verhängt werden sollen. Er will auf diesem Wege zum einen unverhältnismäßige Sanktionierungen vermeiden;[133] darüber hinaus sieht er verfahrensökonomische Vorteile, weil der Strafrichter ja sowieso auch für die Anknüpfungstat zuständig ist.[134] Demgegenüber stehen andere Autoren auf dem Standpunkt, dass gravierende Maßnahmen, die auf die Beeinflussung zukünftigen Verhaltens abzielen – insbesondere die Anordnung einer Unternehmenskuratel oder einer Betriebsschließung aber auch der Ausschluss von bestimmten Tätigkeiten –, den für die Gefahrenabwehr zuständigen und insoweit auch kompetenten Behörden vorbehalten bleiben sollen.[135] Soweit es um den Entzug von Genehmigungen geht, wird die Befürchtung geäußert, dass die Begründung einer Zuständigkeit der Gerichte Konflikte mit den zuständigen Verwaltungsbehörden heraufbeschwören werde.[136] Letztlich wird entscheidend sein, welcher Instanz der Gesetzgeber einen angemessenen Umgang mit diesen Instrumenten zutraut und für wie gewichtig er die Gefahren einstuft, die sich aus einer doppelten Zuständigkeit ergeben.

Gerade aus der Sicht eines Strafrechtlers wird man die Forderung, alles beim Alten zu belassen, ergänzend auch noch mit dem Gesichtspunkt begründen können, dass dem Strafrecht so die Verwerfungen erspart bleiben, die mit einer Inanspruchnahme für die Zwecke der Steuerung von Unternehmen notwendigerweise verbunden wären.[137] Man sollte sich aber keine Illusionen machen: Wenn es dem Gesetzgeber darum geht, Handlungsfähigkeit unter Beweis zu stellen und/oder Wertbekenntnisse symbolisch zum Ausdruck zu bringen,[138] war und ist der Griff zum vorgeblich billig zu habenden Instrument des Strafrechts regelmäßig nicht die letzte, sondern die erste Handlungsoption.[139]

---

132 Vgl. *Schmitt* (Fn. 3), S. 227; zweifelnd: *von Freier* (Fn. 15), S. 187: dies könne auch durch eine Ermessenseinschränkung bei der Verwaltung erreicht werden.

133 *Dannecker* GA 2001, 101, 129; vgl. auch *Kirch-Heim* (Fn. 2), S. 99 mit dem Hinweis darauf, dass die aufgesplitterte Zuständigkeit zu inkohärenten Folgen führen könne.

134 *Schmitt* (Fn. 3), S. 227; so auch *Kirch-Heim* (Fn. 2), S. 99; kritisch hierzu *von Freier* (Fn. 15), S. 188 ff.

135 *Engelhart* (Fn. 2), S. 700 ff.; *von Freier* (Fn. 15), S. 188; *Kirch-Heim* (Fn. 2), S. 99.

136 *Schwinge* (Fn. 3), S. 166.

137 Vgl. hierzu *Volk* JZ 1993, 429, 435; *Wohlers* SJZ 2000, 381, 386 f.

138 Zum symbolischen Strafrecht vgl. *Wohlers* (Fn. 39), S. 119 ff. m. w. N.

139 Zum Gehalt des Grundsatzes der Subsidiarität des Strafrechts vgl. kritisch *Wohlers* (Fn. 39), S. 71 ff.; *ders.* in: Mediating Principles, hrsg. von Hirsch/Seelmann/Wohlers, 2006, S. 54 ff.

Akzessorische, subsidiäre oder exklusive strafrechtliche Haftung des Unternehmens

Klaus Volk

Vorwort

Das Thema meines Referats, die Frage nämlich, wie ein Unternehmen haften soll, setzt als Prämisse voraus, dass es so etwas geben soll wie die strafrechtliche oder strafrechtsähnliche Haftung von Verbänden.

Das zu diskutieren, ist hier nicht meine Aufgabe. Ich möchte aber mein Vorverständnis offenlegen. Vor sehr vielen Jahren, als ich noch Assistent am Strafrechtsinstitut war, veröffentlichte der „Stern" einen bundesweiten Werkstätten-Test, den er zusammen mit TÜV und ADAC durchgeführt hatte. Die Autos waren sorgsam präpariert. Mehr als 10 Werkstätten übersandten Rechnungen, in denen von einem Fehler die Rede war, den es gar nicht gegeben hatte (zB verrusste Zündkerzen – es waren aber eigens neue eingebaut worden) und stellten den Austausch der Teile, der auch nicht vorgenommen war, in Rechnung. Wenn das ein Automechaniker tut, der seine kleine Werkstatt selbst und alleine führt, ist das Betrug. Was ist es, wenn er es auf diese Weise zu Geld gebracht und seine kleine Werkstatt zu einem großen Betrieb gemacht hat? Ich übersandte den „Stern"-Bericht als Strafanzeige an die zuständigen Staatsanwaltschaften. Alle haben ermittelt. Alle haben mir geschrieben, dass sich ein Verantwortlicher nicht hat finden lassen. Wenig überraschend war nur, dass es nicht „einer" war, denn da gehören mehrere dazu. Aus der Sicht des Opfers – einer Perspektive, die von Strafverteidigern eher selten bezogen – ist das betrügerische Ergebnis das Gleiche. Divide et impera. Lässt sich das Strafrecht von denen beherrschen, die Verantwortung teilen? Seither kann ich den Argumenten für die strafrechtliche Verantwortlichkeit von Unternehmen etwas abgewinnen.

Gliederung

I. Materiellrechtliches

Nun aber zu meiner Aufgabe, dem Vergleich der Modelle. Dazu möchte ich sie erst einmal umbenennen. Es gibt ja grundsätzlich nur zwei Möglichkeiten, ein Unternehmen strafrechtlich zur Verantwortung zu ziehen. Man kann ihm Taten von Unternehmensangehörigen zurechnen, und man kann unabhängig davon eine eigene, „prinzipale" Verantwortlichkeit des Unternehmens etablieren, gestützt auf einen modifizierten Schuldbegriff oder andere Kategorien der Einstandspflicht. Kombinieren lässt sich das übrigens auch, so etwa, dass man Taten aus der Führungsebene zurechnet[1] und sich für Taten anderer Unternehmensangehöriger, falls sie auch Anknüpfungstaten sein sollen, auf ein „prinzipales" Organisations- und Kontrollverschulden stützt.[2] Das sind Verästelungen, denen ich nicht nachgehen kann. Wichtiger ist es, diese beiden Grundprinzipien in eine Beziehung zu den Verfahren gegen Individuen und das Unternehmen zu setzen. Dafür gibt es drei Möglichkeiten: subsidiär, exklusiv und parallel. Zwei von ihnen kann man relativ rasch und sicher negativ bewerten.

1. Subsidiäre Haftung

Eine subsidiäre Haftung, gestützt auf das Prinzip der Zurechnung, ist für sich allein nicht effektiv genug. Sie würde gerade dann versagen, wenn man das Unternehmen verantwortlich machen will, weil sich ein individuell Verantwortlicher nicht finden lässt. Ein neues Instrument dürfte aber nicht weniger schneidiger sein als die bisher bestehenden Möglichkeiten, eine Gesellschaft mit Geldbussen zu bedrohen, Gewinne abzuschöpfen oder den Verfall anzuordnen (§ 30 OWiG; dazu die Referate von Dörr und I. Roxin). Das ist bekanntlich nicht nur in einem Verfahren gegen individuell Beschuldigte möglich, sondern auch unabhängig davon. Man kann selbständig gegen den Verband vorgehen (isolierte Geldbuße) und das auch dann, wenn sich ein individuell Verantwortlicher nicht hat ermitteln lassen (anonyme Geldbuße). Ein neues Recht, das dahinter zurück bliebe, würde keinen Sinn machen. Dazu muss man nicht das Schreckgespenst der „organisierten Unverantwortlichkeit" bemühen. Es dürfte auch kaum herumgeistern. Organisierte Unverantwortlichkeit bringt enorme Reibungsverluste im „legalen" Alltag des Unternehmens. Sie ist betriebswirtschaftlich teuer und uneffizient (das könnten sich allenfalls Organisationen leisten, die deshalb effizient sind, weil sie mit kriminellen Methoden exorbitante Summen erwirtschaften, Typ Mafia). Wenn man

---

1 Z.B. über die amerikanische „alter ego"-Theorie.

2 Vgl. *Pieth* ZStR 2003, 358; Überblick über die Modelle Pieth/Ivory, in: Corporate Criminal Liability, 2011, S. 3 ff.

also, internationalen Vorgaben und europäischen Rechtsakten folgend, das Unternehmen für Taten von Führungspersonen (oder anderen) haften lassen will, muss man diese akzessorische Haftung durch eine originäre ergänzen, die nicht auf dem Prinzip der Zurechnung basiert.[3]

2. Exklusive Haftung

Eine exklusive Haftung scheidet ebenfalls aus.[4] Im Modell der Zurechnung müsste man der Ansicht sein, dass eine dem Unternehmen übertragene Schuld beim Individuum verschwunden ist. Das ist nicht vermittelbar.[5] Und wenn die individuelle Schuld, wie bei originärer Haftung des Unternehmens, bestehen bleibt, dann verlangt unsere Rechtskultur nach Ahndung. Das Unternehmen soll sich, so einer der Gründe für seine (geforderte) strafrechtliche Verantwortlichkeit, nicht hinter dem Individuum verstecken können. Aber es gilt auch das Umgekehrte.

Bleiben also zwei Konzepte, die beide davon ausgehen, dass es eine originäre, „prinzipale" Verantwortlichkeit des Unternehmens gibt (als „stand-alone"-Lösung oder kombiniert mit dem Zurechnungsmodell). Ich habe diese Prämisse hier nicht zu diskutieren, muss sie aber wenigstens skizzieren, um die Konsequenzen andeuten zu können.

3. Prinzipale Haftung

Eine eigene Unternehmensschuld müsste auf die Vorwerfbarkeit spezifischen Unternehmensunrechts gegründet werden, das – wie im Handlungsbegriff vorgezeichnet – in einer Fehlfunktion des Systems besteht. Damit entfernt man sich von der kriminellen Einzeltat des Individuums und folglich auch von der Tatschuld. Die Schuld des Unternehmens läge in seiner kriminellen Attitüde, in seinem „Charakter" also, oder in seiner „Lebensführung" in der Erscheinungsform der Betriebsführung.[6]

Mit dem Begriff des Organisationsverschuldens wird nur ungefähr, aber nicht ganz präzise erfasst, worin das Besondere dieses Schuldkonzepts besteht. Eine mangelhafte Organisation lässt sich meist auf getroffene oder unterlassene Entscheidungen einzelner Manager zurückführen. Dann ist das Organisationsverschulden greifbar und Einzelnen zurechenbar. Auch Missmanagement kann allerdings zu einer diffusen und individuell nicht mehr ortbaren Grundhaltung eines Unternehmens geworden sein.[7]

---

3 Vgl. *Kirch-Heim* Sanktionen gegen Unternehmen, 2007, S. 154.

4 Vgl. aber *Marxen* JZ 1988, 286 ff.

5 *Jakobs* in: FS Lüderssen, 2002, S. 559 ff, 565 vertritt diese Meinung. Sie ist scharfsinnig, wie alles von Jakobs, aber gesellschaftlich nicht akzeptanzfähig.

6 *Böse* in: FS Jakobs, 2007, S. 15 ff., 17 meint, dass eine dem Individuum vergleichbare „Internalisierung" von Normen bei einem Verband nicht stattfinden könne, weil er kein „Gewissen" habe. Ist es aber nicht gerade das, was vielen Straftätern vorgeworfen wird, dass sie nämlich Normen nicht verinnerlicht hätten?

7 Ich habe das näher ausgeführt in: Die strafrechtliche Verantwortlichkeit von Kollektiven, Jahrbuch für italienisches Recht, 2004, 117 ff.

Materiellrechtlich hat das zwei Konsequenzen. Die Unterscheidung von Vorsatz und Fahrlässigkeit wird schwierig. Der Vorsatz lässt sich nicht als „Attitüde“ begreifen. Man kann das zwar vertreten und auf die innere Einstellung des Verbandes zu Recht und Unrecht abstellen. Damit aber verliert man jede Möglichkeit, zwischen Vorsatz und Fahrlässigkeit zu unterscheiden. Die „kriminelle Attitüde“ umfasst begrifflich auch die Fahrlässigkeit. Vorsatz müsse auf Kenntnis reduziert werden. Das Charakteristikum des Vorsatzes jedoch, die Entscheidung gegen das Recht nämlich, lässt sich nur als individuelle Entscheidung in einer konkreten Situation darstellen. Je weiter man sich davon entfernt, desto mehr verschwimmen die Grenzen von Vorsatz und Fahrlässigkeit. Wenn man, wie im anglo-amerikanischen Rechtskreis, ein kollektives Wissen zusammen puzzelt,[8] nähert man sich der Fiktion und propagiert, dass das Unternehmen den Gegenbeweis zu führen habe. Andererseits: die extensiven Zurechnungskriterien, die der BGH im Lederspray-Urteil für Gremienentscheidungen entwickelt hat, laufen auch auf eine kollektive Haftung hinaus (der Mitglieder des Gremiums, nicht des Unternehmens – vielleicht als ein Ersatz für dessen nicht existente Verantwortlichkeit).

Die andere Konsequenz besteht darin, dass im Modell originärer Verantwortlichkeit die Unterscheidung zwischen Unrecht und Schuld verschwimmt. Das dürfte im common law, das die Unternehmensstrafbarkeit vor mehr als 100 Jahren etabliert hat, nicht als beunruhigend empfunden werden. Wir jedoch werden uns damit auseinandersetzen müssen – und tun es ja hier auf diesem Kongress –, ob unser Schuldbegriff der Strafbarkeit von Unternehmen im Wege steht oder von ihr modifiziert wird (mit der Langzeitfolge einer Erosion des Schuldbegriffs im Individualstrafrecht).[9]

Die originäre Verantwortlichkeit kann in parallelen Verfahren gegen Individuen und das Unternehmen geltend gemacht werden oder aber so, dass das Unternehmen nur subsidiär haftet.

II. Prozessuales

Ich möchte nun prozessuale Aspekte in den Vordergrund stellen. Was ein materiellrechtliches Konzept wert ist, sieht man erst, wenn es den Prozess durchlaufen hat, und dass der Prozess nur dienende Funktion habe, ist ein längst überwundener Irrglaube. Es ist inzwischen Gemeingut, dass der Prozess auf das materielle Recht zurück wirkt.[10]

---

8 Vgl. Kremnitzer/Ghanayim, S. 557. Auch *Zeder* ÖJZ 2001, 638 hält dafür, dass bei einem Unternehmen oder einer anderen juristischen Person „grundsätzlich vorausgesetzt werden kann, dass bei den für sie handelnden Personen insgesamt das Wissen über Gefährdungspotenziale vorhanden ist“ und leitet daraus ab, dass das Unternehmen sich entlasten müsse.

9 *Wohlers* SJZ 2000, 386 befürchtet „eine aus präventiven Gründen probat erscheinende schlichte Erfolgshaftung auch im Individualstrafrecht“.

10 Zu Zeiten meiner Habilitationsschrift war das noch nicht selbstverständlich, *Verf.*, Prozessvoraussetzungen im Strafrecht, 1978, und *Verf.*, Wahrheit und materielles Recht im Strafprozess, 1980.

Die eigentlichen Probleme einer Unternehmensstrafbarkeit liegen ohnehin im Verfahrensrecht.[11] Ich greife drei Punkte auf, ehe ich zum Vergleich der Modelle komme.

1. Untersuchungshaft und Strafe

Mit der Untersuchungshaft wird dem Beschuldigten die Freiheit entzogen, damit er sich nicht dem Verfahren entzieht. Wie bewerkstelligt man das in einem Verfahren gegen eine Gesellschaft? Einen „Sitzdirektor" wird es wohl nicht geben, und das wäre auch der falsche Weg. Das Unternehmen kann sich dem Verfahren entziehen, indem es sich auflöst (also Selbstmord begeht),[12] seinen Sitz ins Ausland verlegt (also flüchtet), seine Vermögenswerte in eine andere Gesellschaft einbringt, etc. All das lässt sich verhindern. Man kann, ganz klassisch, eine Kaution verlangen, oder – neuartig – Vermögensverfügungen verbieten, ein Liquidationsverfahren aufschieben,[13] die Vertretungsbefugnis von Organen einschränken, etc. Wie man sieht, kann es Freiheitsstrafen gegen Unternehmen eben doch geben. Man muss ihnen nur die Freiheiten nehmen, die sie haben.

Was die Modelle betrifft, gibt es bei subsidiärer Haftung des Unternehmens ein Problem. Darf man es – wie auch immer – mit U-Haft belegen, solange das Verfahren gegen die Indidividuen nicht abgeschlossen ist? Kann es in dieser Lage überhaupt schon einen „dringenden" Tatverdacht geben?

2. In dubio pro reo

soll nach herrschender Ansicht eine prozessuale Fortschreibung des Schuldprinzips darstellen und damit also auch verfassungsrechtlich fundiert sein. Damit steht die Regel aber zur Disposition des Gesetzgebers, sofern man nicht die wie auch immer konstruierte Schuld des Unternehmens mit Individualschuld gleichsetzt.[14] Verstanden als schlichte Beweislastregel[15] ist der Zweifelssatz ohnehin disponibel. Davon abgesehen, ist seine praktische Bedeutung aus diversen Gründen gering.

In Wirtschaftsstrafverfahren werden nicht selten Absprachen getroffen. Dabei verständigt man sich oft auch über Zweifel, genauer: darüber, dass sie einer einverständlichen Verfahrensbeendigung nicht im Wege stehen sollen. Wem welcher Zweifel, „durchverhandelt", wie viel nützen würde, weiß man nicht so genau. In dubio pro tutto, das von allen akzeptierte Gesamtergebnis.

---

11 Darauf habe ich schon 1993 hingewiesen, JZ 1993, 429ff., 435; hervorgehoben von *Arzt* JZ 2003, 456.

12 Was natürlich auch zu der Frage führt, ob bei einem Übergang auf eine anderes Unternehmen die Verantwortlichkeit „mitwandert"; vgl. N. *Schmid* in: Neuere Tendenzen im Gesellschaftsrecht, 2003, 761ff., 777.

13 Diese drei Maßnahmen sind nicht erfunden, sondern Bestandteil des belgischen Rechts, Art. 91 Code d'Instruction Criminelle.

14 Ausführliche verfassungsrechtliche Diskussion bei *Schlüter* Die Strafbarkeit von Unternehmen in einer prozessualen Betrachtung, 2000, S. 86ff.

15 Und nichts anderes ist „in dubio pro reo" nach meiner Überzeugung, vgl. JuS 1995, 25ff.

Der Gesetzgeber kann „in dubio pro reo" marginalisieren, indem er Zweifel gar nicht erst aufkommen lässt. Das beste Mittel ist, problematische Tatbestandsmerkmale einfach zu streichen. So ist es zB geschehen beim Subventionsbetrug und so geschieht es strukturell in den zahlreichen Gefährdungstatbeständen, die das Wirtschaftsstrafrecht charakterisieren. Noch effektiver ist, den Zweifel zur Entscheidungsgrundlage zu machen.

Für die Aufsichtspflichtverletzung genügt es, wenn die Zuwiderhandlung bei gehöriger Aufsicht „wesentlich erschwert" worden wäre (§ 130 OWiG). Die Zweifel, ob gute Compliance den Verstoß hätte verhindern können, sind irrelevant. Zweifelhafte Compliance ist vorwerfbar. Dahinter würde eine neue Regelung, die schärfer sein soll als das Ordnungswidrigkeitenrecht, sei nun genuin strafrechtlich oder nur strafrechtsähnlich, nicht zurück bleiben wollen – und dürfen. Das bedeutet: wenn die Tat objektiv feststeht, wirken sich Zweifel an individueller Verantwortlichkeit zu Lasten des haftenden Unternehmens aus.

3. Nemo tenetur

Zweifel werden in einem Unternehmensstrafrecht ohnehin die Ausnahme sein. Die Tendenz geht zur Demontage des nemo-tenetur-Grundsatzes.[16] (Hier darf ich dem Referat von Kempf nicht vorgreifen, äußere mich also nur kurz, wenn auch vermutlich in anderem Sinne).

Theorie und Praxis sind im Begriffe, ihn abzuschaffen. In den USA wird das privilege against self-incrimination den Juristischen Personen nicht gewährt. Auch der Europäische Gerichtshof hat den Grundsatz nemo tenetur se ipsum accusare auf Juristische Personen nur sehr zurückhaltend angewandt. Danach müssen Unternehmen mitwirken, wenn eine bestimmte Informationsquelle erschlossen werden soll, die sonst nicht erschließbar wäre.[17] Diese Mitwirkungspflicht soll erst dort enden, wo sie auf eine Umkehr der Beweislast hinausläuft.

Die aber hat sich praktisch längst vollzogen. Jene Entscheidungen des EuGH stammen aus einer Epoche, in der es den Hype der Compliance noch nicht gegeben und in der man noch nicht externe Kanzleien mit der lückenlosen internen Aufarbeitung von Störfällen beauftragt hat. Inzwischen haben sich die zahlreichen materiellrechtlichen Pflichten zur Aufzeichnung, zur Dokumentation, zur Präsentation von Belegen gewissermaßen in den prozessualen Raum verlängert. Dort soll nicht dunkel und undurchsichtig bleiben dürfen, was wirtschaftsrechtlich unter dem Transparenzgebot steht. Beweise sind zur Bringschuld geworden. Das war vor kurzem noch provokativ gemeint, ist aber inzwischen in den Wortschatz mancher Staatsanwaltschaften eingegangen.

---

16 *Arzt* JZ 2003, 456 ff.

17 EuGH Slg 1989, S. 3283 („Orkem"); S. 3355 („Solvay"); 1991 S. 1491, 1510 („SEP").

III. Der prozessuale Vergleich der Modelle

1. Beweisverbote

Es ist, um an das soeben Gesagte anzuknüpfen, wenig wahrscheinlich, dass bei einer (hier angenommenen) Mitwirkungspflicht des Unternehmens das Schweigerecht des individuell Beschuldigten durch ein Beweisverbot flankiert würde (analog zum Grundprinzip der Gemeinschuldner-Entscheidung des BVerfG). Besonders bizarr wäre die Situation, dass Vorstände als Vertreter des Unternehmens Dokumente herauszugeben hätten, die sie selbst belasten, und zugleich Beschuldigte sind.

2. Prozessrollen und Konflikte

Das Unternehmen als Subjekt eines Strafverfahrens wird im Normalfall durch seine gesetzlichen Vertreter repräsentiert. Das ist ausgeschlossen, wenn sie zugleich als Beschuldigte geführt werden oder in Betracht kommen. Das könnte in dem Modell der akzessorischen Verfahren, subsidiär oder parallel, so sein. Bei originärer Einstandspflicht des Unternehmens droht mindestens der Vorwurf mangelhafter Organisation oder Kontrolle. Die Vertretung des Unternehmens muss also in jedem Falle verdachtsunabhängig organisiert werden.[18]

Im Falle einer akzessorischen Haftung laufen die Interessen zunächst parallel: Auch das Unternehmen kann sich am besten dadurch verteidigen, dass es jegliches Fehlverhalten eines Mitarbeiters bestreitet, auf welcher Ebene er auch immer tätig geworden ist. Bei originärer Haftung liegt es nicht anders. Spitzt sich die Situation aber zu, wird dass Unternehmen versuchen, sich als perfekt organisiert darzustellen und die Schuld als das menschliche Versagen eines Mitarbeiters darzustellen. Der wiederum wird sich dadurch entlasten wollen, dass er die Zustände im Unternehmen anprangert.

Bei paralleler akzessorischer Haftung hätten wir es auf der Seite des Unternehmens mit Beschuldigten zu tun, bei subsidiärer mit verdächtigen Zeugen.

Nimmt man aber das Modell prinzipaler Verantwortlichkeit, ist das Unternehmen selbst Beschuldigter (dem, anders als bei akzessorischer Haftung, nicht fremde Schuld zugeschrieben wird). Welche Rolle haben die Vorstände etc.? Verdächtige Zeugen sind es insofern nicht, als ihnen nicht droht, für die Schuld eines Mitarbeiters einstehen zu müssen. Aber der Vorwurf mangelhafter Compliance lauert allemal.

---

18 Vgl. auch *Pieth* ZStR 2003, 371. Eingehend zur Vertretung *Drope* Strafprozessuale Probleme bei der Einführung einer Verbandsstrafe, 2002, 120ff.

3. Dunkle Punkte

a) Vermutungen

Die originäre Verbandshaftung entspricht der sozialpsychologischen und vielleicht sogar wirtschaftsethisch untermauerten Vorstellung, dass der „eigentlich Schuldige" das Unternehmen sei.[19]

Nehmen wir als Beispiel das ICE-Unglück, das vor Jahren in Deutschland 101 Todesopfer gefordert hat. Die Staatsanwaltschaft hatte nach überaus sorgfältigen, langwierigen und mit großer Akribie geführten Ermittlungen Anklage gegen zwei Mitarbeiter der Deutschen Bahn AG erhoben. Sie sollten dafür verantwortlich gewesen sein, dass der Zug mit Rädern ausgerüstet war, die nicht dem Stand der Technik entsprochen hätten und/oder nicht richtig kontrolliert worden seien. Bei Katastrophen dieser Art neigt die Öffentlichkeit stets dazu, allein aus der Tatsache, dass etwas passiert ist, den Schluss darauf zu ziehen, dass auch jemand schuld sein müsse (vgl. den Spruch auf Schildern am Rande der Autobahn „Unfall ist kein Zufall"). Es ist zu befürchten, dass man auch im Strafrecht „kurzen Prozess" machen und feststellen würde, dass das Unternehmen irgendwo und irgendwie einen Fehler begangen habe. Die Gefahr ist nicht gering, dass man sich die überaus aufwendige und komplizierte Suche nach der Ursache und nach denen, die dafür verantwortlich sein könnten, ersparen würde, indem man ganz einfach „das System" beschuldigt.[20]

b) Anscheinsbeweis und Beweislastumkehr

Es gibt ihn eben doch, den Anscheinsbeweis im Strafverfahren[21] (entgegen allen Beschwörungen in der Literatur, dass nicht sein kann, was nicht sein darf), und damit verbunden, eine subjektive Beweislast (genauer: Beweisführungsobliegenheit). Wenn einer bei hellem Sonnenschein und trockener Straße die Kurve nicht kriegt, geradeaus in einen Acker brettert und das gemietete Auto shreddert, gilt der Erfahrungssatz, dass der Lenker einen Fehler gemacht dürfte. Andere mögliche Geschehensabläufe muss das Gericht nur erwägen, wenn es dafür greifbare Anhaltspunkte gibt. Sie zu liefern, ist aber Sache des Beschuldigten (die Aufklärungspflicht gebietet es dem Gericht nicht, von Amts wegen der nur denkbaren Möglichkeit nachzugehen, dass ihn eine Biene gestochen haben könnte). Schweigt er, bleibt es beim Regelfall. Diese im Individualstrafrecht ohnehin etablierten Verhältnisse werden sich bei einer Haftung „des Systems" verschärfen und zu einer Erweiterung der Strafbarkeit führen.

Das materielle Recht weist in die gleiche Richtung. Der Begriff der Kausalität ist in den Fällen der Produkthaftung bereits auf Plausibilität reduziert.[22] Es genügt, andere vernünftigerweise in Betracht kommende Faktoren als Ursache auszuschließen. „Vernünf-

---

19 Das übersieht *Krekeler* FS Hanack, 1999, S. 662, wenn er behauptet, dass Strafbarkeitslücken nachweisen müsse, wer für eine Unternehmensstrafe sei.

20 Der Entschließungsantrag des Landes Hessen BR-Drs. 690/98 vom 14. 7. 1998 verfolgte ausdrücklich die Ziele einer „Lockerung der Strafrechtsdogmatik" und der „Beweiserleichterung"; dagegen *Krekeler* S. 657 f.

21 Vgl. *Verf.* GA 1973, 65 ff.

22 BGH (Lederspray); (Holzschutzmittel); dazu *Verf.* NStZ 1996, 205.

tigerweise". Gehört der oben erwähnte „Zufall" (Schild an der Autobahn) zur Vernunft oder zum Schicksal? Ist es vernünftig, auch an Zufall glauben? Halten wir uns noch einmal an des Beispiel vom ICE-Unglück. Es gibt keine Ursache für den Radbruch (und also das schreckliche Geschehen), für die die Bahn nicht irgendwie verantwortlich gemacht werden könnte – ein unerkannter Materialfehler, den man hätte erkennen können, eine unterlassene Untersuchung, vorsichtshalber, etc. Das größte Problem für das Gericht wäre zu sagen: „Alle vernünftigerweise im Betracht kommenden Ursachen sind ausgeschlossen. Es handelt sich um einen unvorhersehbaren, schicksalhaften Unfall". Das will keiner hören und glauben.

c) Tatbegriff

Welcher Lebenssachverhalt wird eigentlich angeklagt, wenn man dem Unternehmen „Betriebsführungsschuld" oder ähnliche im System begründete Vorwürfe anlastet? Das ist kaum zu begrenzen, weder zeitlich noch organisatorisch. Dementsprechend unklar bliebe der Umfang der Rechtskraft bei Verurteilung oder Freispruch. Wie wäre es denn gewesen, um auf das Beispiel noch einmal zurück zu kommen, wenn sich nach einer Verurteilung der Bahn AG ein ähnlicher Unfall ereignet hätte?[23] Für einen ersten Zugriff wird man sich an der Rechtsprechung zu den Organisations- und Dauerdelikten orientieren, sie aber spezifisch weiter entwickeln müssen.

d) Verantwortung im Konzern

Ich habe bisher stets von „Unternehmen" gesprochen, ohne zu fragen, was man darunter zu verstehen hätte, weil das nicht zu meinem Thema gehört.[24] Es ist auf die Frage beschränkt, wie sich die Haftungsmodelle zueinander verhalten. Dabei lag der Fokus auf dem Verhältnis des Individualtäters zum Unternehmen. Das aber ist eine verkürzte Sicht der Dinge. Man muss eine weitere Ebene einbeziehen. Praktisch dürfte es häufig um Konzerne gehen.

Wenn die Individualtat dem Unternehmen, einer Konzerntochter, nach dem akzessorischen Modell zugerechnet wird, verlängert sich dann diese Zurechnung bis zur Konzernmutter? Bedeutet diese Verschiebung, dass die Tochter enthaftet wird? Oder bleibt es bei der Zurechnung zur Tochter und die Mutter würde nur nach den Regeln über eine originäre Haftung zur Verantwortung gezogen? Das wäre dann eine Kombination der Prinzipien.

Dafür gibt es viele Möglichkeiten. Wenn wir für die Einstandpflicht der Tochter das „prinzipale" Modell zugrunde legen, kann man dann die Verantwortlichkeit der Konzernmutter auf das akzessorische Modell gründen?

Richtig spannend wird es erst, wenn man diese Fragen – wie für Konzerne angebracht – im internationalen Kontext stellt. Der Täter begeht sein Delikt in Italien, die Konzerntochter hat ihren Sitz in Deutschland und die Mutter in den USA. Wie müsste ein deut-

---

23 Allein bei *Schlüter* aaO, S, 279 f. wird das Problem angesprochen (analog zu Dauerdelikten?), aber nicht erörtert.

24 Ein Seitenblick: Wie steht es mit der Ein-Mann-GmbH? Doppelbestrafung?

sches Unternehmensstrafrecht beschaffen sein, dass damit zurecht kommt, dass die Verantwortlichkeit von Unternehmen in Italien und den USA unterschiedlich geregelt ist (von allen anderen Problemen grenzüberschreitender Kriminalität ganz abgesehen)?

Das sind die Probleme, die man in einem Unternehmensstrafrecht lösen müsste. Mit dem Abschied von Kant und Hegel ist es nicht getan.

Zielkonflikt – Unerwünschte Nebenfolgen eines Unternehmensstrafrechts

Rüdiger von Rosen[1]

Vorwort

Die Diskussion um die Einführung eines gesonderten Unternehmensstrafrechts gewinnt sowohl auf nationaler als auch auf europäischer Ebene ständig an Fahrt. Wie es scheint, reizt der öffentliche Finanzbedarf angesichts des gegenwärtigen Schuldenstandes als Folge der Finanz- und Staatsschuldenkrise einiger EU-Mitgliedsstaaten die Kreativität eines jeden Finanzministers. Von möglichen Rechtsfolgen und praktischen Auswirkungen her betrachtet ist die Debatte jedoch überflüssig. Obwohl juristische Personen – anders als in anglo-amerikanischen Jurisdiktionen – nach deutschem Recht zwar keine Strafrechtssubjekte sind, finden sich die Sanktionen, die im angelsächsischen Rechtsraum gegen Unternehmen verhängt werden können, grundsätzlich auch in der deutschen Rechtsordnung.

Gliederung

1. Wirtschaftsverwaltungsrecht, Ordnungswidrigkeitsrecht und Unternehmensstrafrecht

Die zunehmenden Forderungen nach der Einführung eines Strafrechts sui generis für juristische Personen standen in der jüngeren Vergangenheit stets mit der medialen Berichterstattung über Missstände, insbesondere Korruptions- und Kartellfälle, in deutschen und europäischen Unternehmen in Verbindung. Gegenwärtig überbieten sich Politiker aller Couleur auf nationaler wie europäischer Ebene in ihrer Forderung nach effektiven und abschreckenden Strafsanktionen über die handelnden natürlichen Personen hinaus auch gegen Gesellschaften. Diese so genannte „Verbandsstrafe", die in Deutschland beispielsweise erneut von einigen Landesjustizministern auf deren vergangener Herbstkonferenz gefordert worden ist, ist dazu gedacht, neben einem Beitrag

1 Prof. Dr. Rüdiger von Rosen ist geschäftsführendes Vorstandsmitglied des Deutschen Aktieninstituts e.V.

zur Deckung des öffentlichen Finanzbedarfs insbesondere transparente Marktverhältnisse herzustellen, um vor allem Verbraucher sowie Kapitalanleger vor Benachteiligungen und Übervorteilungen zu schützen.

Obwohl eine laufende Überprüfung und Verbesserung des Verbraucher- und Anlegerschutzes wichtig ist und gerade auch für das Deutsche Aktieninstitut als Interessenverband der Emittenten hohe Bedeutung hat, sollte nicht über das Ziel hinausgeschossen werden. Denn bei der Diskussion über die Einführung einer Verbandsstrafe wird regelmäßig übersehen, dass die Rechtsfolgen, die im anglo-amerikanischen Unternehmensstrafrecht existieren, in Deutschland schon seit langem im Wirtschaftsverwaltungs- und Ordnungswidrigkeitsrecht angelegt sind. Die Debatte um die Einführung eines Unternehmensstrafrechts kann daher zu Recht als „Scheindebatte" betrachtet werden.

2. Sanktionen

In vielen Bereichen dieses Wirtschaftsverwaltungs- und Ordnungswidrigkeitsrechts existieren bereits Sanktionen gegen Unternehmen, wie sie in vergleichbarer Form auch im anglo-amerikanischen Rechtsraum vorhanden sind.

Die prominenteste Rechtsfolge zur Ahndung von Rechtsverstößen ist noch immer die Vermögenssanktion in Form einer Geldzahlung. Sie findet sich beispielsweise in § 30 des Gesetzes über Ordnungswidrigkeiten (OWiG). In Gesprächen mit Staatsanwälten und Strafverteidigern, die regelmäßig auf den Veranstaltungen des Deutschen Aktieninstituts zu Compliance-Themen zu Wort kommen, habe ich dabei den Eindruck gewonnen, dass insbesondere diese Möglichkeit zur Verhängung einer Verbandsgeldbuße gegen juristische Personen, deren Organen oder Vertretern Fehlverhalten anzulasten ist, wachsende Bedeutung gewinnt. § 30 OWiG scheint geradezu einen Boom zu erleben. Offensichtlich ist man in Strafverfolgungskreisen der Ansicht, dass diese Norm eine hocheffektive Unternehmenssanktionierung erlaubt.

Die Rechtsfolgen der Einschränkung, Entziehung bzw. Aufhebung oder Untersagung von Betrieberlaubnissen finden sich an vielen verschiedenen Stellen des Wirtschaftsverwaltungsrechts, beispielsweise in der Gewerbeordnung (§ 35 GewO) oder auch im Kreditwesengesetz (§§ 35 ff. KWG). Sie werden in der Praxis regelmäßig verhängt und bedürfen keiner besonderen Erläuterung.

Über die strafrechtlichen Nebenfolgen des Verfalls und der Einziehung von Vermögensgegenständen hinaus, die nach dem Strafgesetzbuch (§ 75 StGB) auch juristische Personen treffen können, existieren rechtliche Sanktionen neueren Datums, die mir deshalb besonders erwähnenswert erscheinen, da sie die Unternehmen nur mittelbar treffen. Beispielsweise findet sich heute an verschiedenen Stellen des Landes- und Bundesrechts die Möglichkeit, Unternehmen wegen schwerer Verfehlungen von der Teilnahme an Vergabeverfahren auszuschließen.[2] Insbesondere beim Ausschluss von der

2 Vgl. z.B. § 21 der Verordnung über die Vergabe von Aufträgen im Bereich des Verkehrs, der Trinkwasserversorgung und der Energieversorgung (Sektorenverordnung – SektVO); § 21 des

Teilnahme an Vergabeverfahren und der Veröffentlichung von Rechtsverstößen durch schwarze Listen bzw. Korruptionsregistereinträge[3] drängt sich der Eindruck auf, dass sich der deutsche Gesetzgeber hier, sei es auf Bundes- oder Landesebene, bewusst in die Nähe anglo-amerikanischer Rechtstradition begeben hat. Gerade die mit diesen Sanktionen oft in Verbindung stehende Prangerwirkung (*„Name and Shame"*) dürfte im deutschen Recht relativ neu zu sein. Sie führt zwar zu keinen unmittelbaren Vermögenseinbußen oder Betriebsbeeinträchtigungen, kann aber dennoch folgeschwer sein, da über diese Sanktionen und den ihnen zugrunde liegenden Fällen regelmäßig medienwirksam berichtet wird. Verglichen mit einer unmittelbaren Vermögenssanktion ist dies oftmals die problematischere und auch kostspieligere Angelegenheit für das Management eines Unternehmens. Die Beseitigung von nachhaltigen Reputationsschäden gelingt häufig nur durch umfassende interne Aufklärungen in Kombination mit einer intensiven Öffentlichkeitsarbeit. Mit beiden Komponenten werden zumeist externe Beratungsgesellschaften beauftragt, was zu hohen Kostenbelastungen führen kann.

3. Praktische Auswirkungen der Unternehmenssanktionierung

Es muss ohne wenn und aber klar sein, dass Rechtsverstöße geahndet werden müssen. Dabei werden effektive Sanktionen eine abschreckende Wirkung entfalten und können Unternehmen besonders zur Rechtstreue motivieren. Diejenigen, die öffentlichkeitswirksam die Einführung eines Unternehmensstrafrechts fordern, scheinen jedoch auszublenden, dass ein effektiver Sanktionsrahmen für Unternehmen bereits existiert.

Ein Beleg dafür ist die Tatsache, dass das Thema Corporate Compliance heutzutage einen immer höheren Stellenwert einnimmt. Immense Ressourcen werden in den Auf- bzw. den Ausbau von Compliance-Systemen investiert. Gerade die Gesellschaften, in denen Compliance-Verstöße bekannt geworden sind, sind fest entschlossen, Wiederholungsfälle oder andere Rechtsverstöße zu vermeiden. Die Sanktionierung von Unternehmen funktioniert demnach und setzt die richtigen Anreize zu rechtstreuem Verhalten.

Allerdings darf bei Sanktionen die Grenze der Zumutbarkeit für Unternehmen nicht überschritten werden. Es versteht sich von selbst, dass jede Sanktion verhältnismäßig sein muss. In einigen Rechtsbereichen jedoch scheint dieses Prinzip zunehmend in den Hintergrund zu geraten. Erwähnenswert scheinen mir in diesem Zusammenhang das Kartell- und Wettbewerbsrecht und insbesondere die von der EU-Kommission verhängten Bußgelder auf diesem Rechtsgebiet.

Sowohl die Kartellgeldbußen als auch die Bußgelder wegen sonstigen Wettbewerbsverstößen reichen auf europäischer Ebene mittlerweile nicht nur bis an die Milliarden-

---

Arbeitnehmerentsendegesetzes (AEntG); § 6 Abs. 5 der Vergabe und Vertragsordnungen für Leistungen, Teil A (VOL/A); Richtlinie über den Ausschluss von der Vergabe öffentlicher Aufträge wegen schwerer Verfehlungen (RL Schwere Verfehlungen) der Hamburger Finanzverwaltung.

3 Vgl. z. B. § 3 des Gesetzes zur Einrichtung und Führung eines Registers über korruptionsauffällige Unternehmen in Berlin (Korruptionsregistergesetz – KRG).

grenze heran, sondern gehen teilweise sogar darüber hinaus. Die bisherige Rekordgeldbuße der Europäischen Kommission wurde im Mai 2009 gegen den Chiphersteller Intel wegen Missbrauchs seiner marktbeherrschenden Stellung verhängt. Die Kommission forderte seinerzeit die Zahlung von 1,06 Milliarden Euro.[4]

Die zehn höchsten europäischen Kartellgeldbußen (Stand: Juni 2010) rangieren allesamt im hohen dreistelligen Millionenbereich.[5] Wegen des so genannten Autoglaskartells beispielsweise wurde die französische St. Gobain-Gruppe mit einer Zahlungsverpflichtung von fast 900 Millionen Euro belegt; von den Gaslieferanten E.ON und GDF Suez wurden ebenfalls im Jahr 2009 Bußgelder eingefordert, die die Grenze von 500 Millionen Euro überschritten.[6]

Die Höhe der heute verhängten Bußgelder scheint demnach durchaus geeignet zu sein, auch international tätige Publikumsgesellschaften an den Rand ihrer wirtschaftlichen Existenz zu bringen.

Vor dem Hintergrund des weiten Anwendungsbereichs US-amerikanischen Kartellrechts, der es grundsätzlich ausreichen lässt, dass sich ein Kartell lediglich auf die Märkte des US-Territoriums auswirkt,[7] kann man sich zudem vorstellen, dass wegen derselben vorgenannten Kartellvergehen international agierender Unternehmen neben der EU-Kommission auch die US-Behörden Geldbußen in ähnlicher Höhe verhängt haben. Die Frage nach der Verhältnismäßigkeit der Bußgelder ist daher mehr als berechtigt. Die erwähnten Größenordnungen erscheinen oft nicht mehr nachvollziehbar. Wenngleich wettbewerbswidriges Verhalten inakzeptabel ist, darf das Handeln weniger Führungspersonen, die sich an Kartellabsprachen beteiligt haben, nicht zu einer wirtschaftlichen Vernichtung des Unternehmens „auf Raten" führen.

Die Sanktionierung eines Unternehmens wird stets und in besonderem Maße auch diejenigen treffen, denen Fehlverhalten oder auch schuldhaft strafbares Handeln nicht anzulasten ist. Dies gilt für Mitarbeiter, Aktionäre und Gläubiger – private wie institutionelle – sowie Gesellschafter und andere Stakeholder des Unternehmens. Sofern sich beispielsweise ein Vorstand oder Geschäftsführer an Kartellen beteiligt oder wettbewerbswidriges Verhalten begangen hat und dafür eine Geldbuße im hohen dreistelligen Millionenbereich gegen das Unternehmen verhängt wird, so werden dies Mitarbeiter mit Gehaltseinbußen und gegebenenfalls der Angst vor dem Verlust des Arbeitsplatzes, und Kapitalanleger mit Kursabschlägen und Dividendenkürzungen letztlich bezahlen müssen. Diese Gruppen haben aber zum benannten Rechtsverstoß nicht beigetragen. Diejenigen, die die Einführung eines neuen, eigenen Unternehmensstrafrechts fordern, müssen sich dieser Gesamtverantwortung stellen.

---

4 Vgl. Handelsblatt vom 13. 5. 2009, „EU legt Intel an die Leine", abrufbar unter http://www.handelsblatt.com/unternehmen/it-medien/eu-legt-intel-an-die-leine/3175858.html?p3175858=all.

5 Vgl. Europäische Kommission, Cartel-Statistics per 30 June 2010; Anmerkung: Die vorerwähnte Geldbuße gegen Intel wurde nicht wegen eines Kartells, sondern wegen Missbrauchs der marktbeherrschenden Stellung des Unternehmens verhängt.

6 A. a. O.

7 Vgl. Börsen-Zeitung vom 21. 1. 2009, „Der lange Arm des US-Justizministeriums", S. 2.

Da man hierüber aber auch bereits im Rahmen der bestehenden Sanktionspraxis diskutieren kann, erscheint ein weiterer Gedanke wichtig: eben weil bereits umfangreiche und effektive Sanktionen gegen Unternehmen existieren, darf die Einführung eines Unternehmensstrafrechts oder einer Verbandsstrafe nicht zu einer doppelten Sanktionierung führen. Einfach gesagt sollte keine Geldstrafe zusätzlich zu einem Bußgeld für denselben Rechtsverstoß verhängt werden können. Das gegenteilige Prinzip wäre nämlich erst recht geeignet, Gesellschaften in finanzielle Nöte zu treiben und die Folgen für die genannten Stakeholder-Gruppen noch zu verstärken.

Zudem existieren derzeit weitere Regulierungsinitiativen, insbesondere auf europäischer Ebene, die dem Konzept einer doppelten Sanktionierung letztlich Vorschub leisten könnten. Beispielsweise erwägt die Europäische Kommission, kollektive Rechtsbehelfe auf europäischer Ebene einzuführen. Wenngleich in diesem Zusammenhang wiederholt betont worden ist, keine amerikanische Sammelklage in Europa zu wollen, haben sich einzelne Parlamentarier jedoch offen im Hinblick auf bestimmte Grundsätze des US-Rechts gezeigt und beispielsweise die Einführung eines Strafschadensersatzes erwogen. Sofern einem solchen Prinzip aber gefolgt würde, hätte dies für Unternehmen eben doch die praktische Auswirkung, dass sie wegen desselben Vergehens doppelt bestraft würden. Die gesamtwirtschaftlichen Folgen könnten verheerend sein.

Schließlich ist das übergroße Medieninteresse bei Rechtsverstößen und der Sanktionierung von Unternehmen ein gewaltiges Druckmittel. Die umfangreiche öffentliche Medienberichterstattung, die meist schon frühzeitig einsetzt, etwa bei ersten Verdachtsmomenten auf einen Missstand, führt zu einer Prangerwirkung, die schlimmstenfalls mit Boykotten gegen die betreffende Gesellschaft einhergeht. Es können Umsatz- und Gewinneinbrüche folgen, die sich gleichfalls als folgenschwer insbesondere für Belegschaft und Anleger darstellen.

Überdies hat in den USA die strenge Sanktionierung von Gesellschaften dazu geführt, dass die Unternehmensleitung bei Anhaltspunkten für Compliance-Verstöße oftmals umfangreiche interne Untersuchungen, durchgeführt von externen Beratern, in Auftrag gibt, um eine Klärung des Sachverhalts herbeizuführen und mit den Strafverfolgungsbehörden zu kooperieren. Solche Untersuchungen, die lange dauern können, verursachen zunächst hohe Kosten. Bei der Aufklärung von Korruptionsvorwürfen innerhalb der Siemens AG im Jahr 2008 sind Presseberichten zufolge angeblich 1,5 Millionen Anwaltsstunden für interne Ermittlungen abgerechnet worden. Wenn man sich vor Augen führt, dass die Stundensätze der Partner der damals beauftragten Anwaltskanzlei bei mehreren Hundert Dollar liegen dürften, entsteht ein grober Anhaltspunkt für den Gesamtbetrag, der für die Siemens AG zusammengekommen sein mag. Neben der hohen Kostenbelastung dauern interne Untersuchungen gerade bei großen, international tätigen Gesellschaften oft lang, so dass sie zu Verzögerungen im Betriebsablauf führen können. Interne Ermittlungen können sich darüber hinaus negativ auf das Betriebsklima auswirken, sofern sie mit umfangreichen Personalbefragungen einhergehen. Gerade im Rahmen von sog. Mitarbeiterinterviews ist eine besondere Sensibilität gefragt, um eine Atmosphäre der Angst und eine von Mitarbeitern oftmals empfundene „Spitzelatmosphäre“ zu vermeiden.

4. Fazit

Vor dem Hintergrund bereits existierender, umfangreicher und ausreichender Sanktionsmöglichkeiten gegen Unternehmen im Ordnungswidrigkeits- und Wirtschaftsverwaltungsrecht besteht kein Bedarf zur Einführung eines gesonderten Unternehmensstrafrechts.

Unabhängig von der Diskussion um eine Verbandsstrafe müssen Sanktionen gegen Unternehmen verhältnismäßig sein und dürfen nicht zu einer Vernichtung der wirtschaftlichen Existenz von Gesellschaften führen. Der Umstand, dass viele Personen, denen Fehlverhalten nicht vorzuwerfen ist, durch die Sanktion getroffen werden, muss im Rahmen der Verhältnismäßigkeitsprüfung bei Verhängung der Sanktion besonders berücksichtigt werden. Eine Doppelsanktionierung sollte zum gesamtwirtschaftlichen Wohl vermieden werden.

Konzepte eines Unternehmensstrafrechts im Kriminaljustizsystem

Modelle

Gedanken zur strafrechtlichen Verantwortlichkeit des Unternehmens

Hans Achenbach

Gliederung

I. Einleitung

Ich möchte mich äußern zu drei Hauptpunkten:

- Erstens möchte ich eine Antwort geben auf die mit dem Leitthema dieser Diskussionsrunde gestellte Frage, aber allein aus meiner strikt persönlichen Sicht, also zu dem mir vorschwebenden Modell einer möglichen strafrechtlichen Unternehmensverantwortlichkeit;
- zweitens möchte ich eingehen auf die Methodik der um die Einführung und den Sinn von Unternehmensstrafen und eine Verantwortlichkeit von Unternehmen geführten Debatte
- und drittens möchte ich darauf hinweisen, dass es vielleicht sinnvoller sein könnte, im Verfahrensrecht für große Ordnungswidrigkeiten und zur Festsetzung von Unternehmensgeldbußen einige Schwachpunkte zu beseitigen, und welche das wären.

II. Grundlagen einer strafrechtlichen Unternehmensverantwortlichkeit

1. Zum ersten Punkt beginne ich mit zwei *terminologischen Vorbemerkungen*.

Die erste ist ein wenig oberlehrerhaft: „Unternehmen“ ist im Ansatz ein betriebswirtschaftlicher Begriff, der in einer nicht ganz eindeutigen Abgrenzung zum „Betrieb“ steht. Wir sollten als Juristen besser reden von einer Strafbarkeit der Rechtsträger von Unternehmen, der „Unternehmensträger“, die wiederum vor allem juristische Personen und rechtsfähige Personengesellschaften sein können.

Die zweite Vorbemerkung ist mir ungleich wichtiger: Das uns gestellte Thema der strafrechtlichen Verantwortlichkeit des Unternehmens wird in einem Unterthema durch die folgende Frage präzisiert: „originäre Haftung oder ihm zugerechnete Haftung von Personen?" Mit Verlaub: Ich halte die Verwendung des Topos der „*Haftung*" im Zusammenhang mit der Strafbarkeit von Unternehmen für sachwidrig und irreführend. Denn eine Strafbarkeit überindividueller Einheiten einzuführen heißt keineswegs allein, einen besseren Zugriff auf das Vermögen eines potenteren Schuldners für eine möglicherweise höhere Geldstrafe zu ermöglichen. Es geht vielmehr um eine kategoriale Verschiebung der Fragestellung, nämlich um Sanktionierung und Ahndung statt bloßer Haftung. Wenn der Übergang zu kriminalstrafrechtlichen Sanktionen gegen „Unternehmen" einen Sinn haben soll, dann doch wohl den, das mit der Strafe – in der Terminologie des Bundesverfassungsgerichts – verbundene „ehrenrührige, autoritative Unwerturteil" von der natürlichen Person auf die überindividuelle Einheit zu erstrecken. Es geht dabei um persönliche Verantwortlichkeit, Vorwurf und Stigma. Das wird mit dem zivilrechtlich daherkommenden Begriff der Haftung aber verschleiert. Deshalb bin ich gegen diese Terminologie.[1]

2. Man könnte daher in unserer Unterfrage den Begriff der Haftung besser ersetzen durch den in der Leitfrage verwendeten der Verantwortlichkeit, also fragen: „Originäre Verantwortlichkeit oder zugerechnete Verantwortlichkeit von Personen?" Ich habe keine Probleme damit, eine solche eigene *Verantwortlichkeit von Unternehmensträgern* für grundsätzlich möglich zu halten, obwohl es sich, bei Lichte betrachtet, um ein Synonym oder eine Folge von Unternehmens*schuld* handelt. Das Argument, Schuld habe doch etwas mit Menschenwürde zu tun und könne daher nur dem Einzelmenschen als Individuum, nicht aber überindividuellen Einheiten eigen sein, trifft meines Erachtens die Problematik nicht. Ich sehe darin eine Gleichbehandlung ungleicher Phänomene, die einer sachlichen Begründung entbehrt. Was wir im Strafrecht „Schuld" nennen, bedeutet individuelle Zurechenbarkeit, also die Möglichkeit, ein Individuum persönlich für sein deliktisches Handeln verantwortlich zu machen. Diese ist notwendig an andere Zurechnungssachverhalte gebunden als die Möglichkeit, eine überindividuelle Einheit für eine aus ihrem Organisationskreis hervorgehende rechtswidrige Verwirklichung von Straftatbeständen verantwortlich zu machen. Genau zu bestimmen, welche Sachverhalte das sind, ist eine Aufgabe, die weitgehend noch vor uns steht. Aber die Möglichkeit einer solchen strafrechtlichen Verantwortlichkeit von Unternehmensträgern einfach zu leugnen, weil sie nicht den Strukturen der Zurechnung zum Individuum folgt, scheint mir zu simpel.

3. Doch nun zu der uns gestellten *strukturellen Frage*: Geht es hier um eine originäre Verantwortlichkeit des Unternehmensträgers selbst oder um eine Zurechnung des Verhaltens von natürlichen Personen? Auf diese Entgegensetzung ist so viel gelehrter Scharfsinn verwandt worden, dass man schier verzweifeln möchte mit einer eigenen Stellungnahme. Indes möchte ich die Gegenfrage stellen, ob darin nicht ein bloßer Scheingegensatz liegt. Lassen Sie mich das ein wenig erläutern:

Wir sollten uns lösen von dem aus dem 19. Jahrhundert überkommenen Streit zwischen *Gierke* und *von Savigny*; ich halte ihn für allzu sehr historisch bedingt. Das gilt nicht nur für die romanistische Begründung der Position *Savignys*, sondern auch für *Gierkes* Theorie der realen Verbandspersönlichkeit. Diese ist in meiner Sicht juristische Romantik, eine Mystifizierung ohne Entsprechung in der Realität. Wir können Verbände, also Mehrheiten von natürlichen Personen nicht sinnvoll denken ohne die Menschen, die diesen Verband

1 Vertiefend *Achenbach* in Festschrift für Imme Roxin, 2012, S. 3 = ZIS 2012, 178.

jeweils bilden. Was als Geist oder Attitüde des Verbandes aufgefasst wird, findet sich in den Hirnen der beteiligten Menschen. Wie sollen wir uns eine Aktivität des Verbandes auch anders vorstellen als in der Vermittlung durch die Menschen, welche die maßgeblichen Entscheidungen gefällt haben, und durch diejenigen, die sie dann ausführen? Der einzelne Mensch handelt ja, gesteuert von seinem Hirn, auch nur durch seine Organe und Glieder; wir nennen das dann Körper, Person, Ich.

Dementsprechend handelt auch der Verband – also die Aktiengesellschaft, GmbH, der Verein, die Kommanditgesellschaft, offene Handelsgesellschaft, Gesellschaft bürgerlichen Rechts usw. – nur *durch* die Menschen, die im Rahmen dieses objektiv-geistigen Gebildes jeweils für dieses tätig werden. Deren verbandsbezogenes Verhalten *ist* die Handlung oder Unterlassung des Verbandes selbst. Es geht also nicht um eine Zurechnung ihres Verhaltens zu dem Verband, weil diese voraussetzen würde, dass die überindividuelle Entität auch ohne dieses Verhalten ihrer Angehörigen überhaupt ein Eigenleben hätte. Es geht, schlagwortartig verkürzt, vielmehr um eine *Identifizierung* des Verbandshandelns mit dem Handeln der maßgeblichen natürlichen Personen.

Ja aber, werden Sie fragen, wo ist denn die Untergrenze, wessen Verhalten soll das Verbandshandeln ausmachen? Wer soll hier zu den „maßgeblichen" Personen gehören? Diese Unsicherheit bewegt uns auch im europäischen Bußgeldrecht, wo es keine abschließende Festlegung gibt, ob über das Verhalten der Organe und Vertreter überindividueller Einheiten hinaus zusätzlich das der Angehörigen des mittleren Managements oder gar das der auf der Ausführungsebene Beschäftigten als Anknüpfungspunkt einer Unternehmensverantwortlichkeit taugt.

Dem gegenüber scheint es mir sinnvoller, sich an dem geltenden deutschen Recht zu orientieren. Dieses enthält in § 30 OWiG ja bereits eine Sanktion gegen den Unternehmensträger als solchen in Gestalt der Unternehmens- oder Verbandsgeldbuße. Diese knüpft an eine unternehmensbezogene Straftat oder Ordnungswidrigkeit einer Leitungsperson an, und der insoweit gezogene Kreis der möglichen Täter einer solchen Anknüpfungstat der Unternehmenssanktion gibt eine brauchbare Eingrenzung des Kreises derjenigen Menschen durch die der Unternehmensträger handelt. Dies ist nach der in § 30 Abs. 1 Nr. 5 enthaltenen materiellen Definition:

> jede Person, die für die Leitung des Betriebs oder Unternehmens einer juristischen Person, eines nicht rechtsfähigen Vereins oder einer rechtsfähigen Personengesellschaft verantwortlich handelt.

Diese Formel lässt sich anhand der sonst in § 30 Abs. 1 OWiG aufgeführten Konkretisierungen im Blick auf die §§ 9 OWiG und 14 StGB noch präzisieren; doch würde es zu weit führen, das hier näher darzulegen.

4. Es gibt danach also einen Unterschied zwischen den der Leitungsebene des Unternehmensträgers angehörenden Menschen, *durch* die dieser handelt, und den in der Hierarchie darunter angesiedelten natürlichen Personen, deren Tun oder Unterlassen Handeln *für* das Unternehmen, aber nicht Unternehmenshandeln ist. Darüber kann man sicher streiten, und auch ich selbst bin mir noch nicht aller Einzelheiten gewiss. Nimmt man aber an, der Unternehmensträger handele nur durch die Angehörigen der Leitungsebene, so ist die Analyse nicht vollständig, wenn nicht der Aspekt der *Organisationsverantwortlichkeit* in den Blick genommen wird.

Im Unternehmensstrafrecht der uns umgebenden Staaten spielt die Annahme eine große Rolle, es gebe ein Organisationsverschulden des Unternehmens als solchen und daran könne die Verhängung von Unternehmensstrafen anknüpfen. Das deutsche Recht setzt im Zusammenhang des § 30 OWiG anders herum an: Es legt über den Bußgeldtatbestand des § 130 in Verbindung mit § 9 OWiG nicht den Unternehmensträgern, sondern deren leitenden natürlichen Personen eine betriebliche Aufsichtspflichtverletzung als eigene Ordnungswidrigkeit zur Last und knüpft erst daran dann eine Geldbuße gegen den Unternehmensträger als solchen. Hier findet sich just die soeben von mir getroffene Unterscheidung von Leitungspersonen und den in der Hierarchie unter ihnen agierenden Mitarbeitern: Begehen diese eine mit Strafe oder Geldbuße bedrohte Zuwiderhandlung gegen eine Pflicht des Unternehmensinhabers, so ist die zuständige Leitungsperson einer Aufsichtspflichtverletzung schuldig, wenn sie (vorsätzlich oder fahrlässig) eine gebotene Aufsichtsmaßnahme unterlassen hat, welche diese Pflichtenzuwiderhandlung des Mitarbeiters verhindert oder wesentlich erschwert hätte. Das Organisationsverschulden tritt im geltenden deutschen Recht also als mangelhafte Aufsicht der Leitungspersonen über ihre Mitarbeiter auf, wird also wiederum über das Leitungspersonal vermittelt. Nimmt man nun noch hinzu, dass zu den Maßnahmen gehöriger Aufsicht wesentlich die Errichtung einer Organisation gehört, die geeignet ist, betriebliche Zuwiderhandlungen gegen Inhaberpflichten zu verhindern, so schließt sich der Kreis. Die Aufsichtspflicht der Unternehmensleitung erweist hier ihre zentrale Bedeutung im System der Unternehmensverantwortlichkeit. Ob sie vollständig mit dem übereinstimmt, was wir heute als Compliance bezeichnen, ist nicht abschließend geklärt; eine weitgehende Überdeckung darf man aber annehmen.

III. Zur Methodik der Reformdiskussion

Eine Unternehmensverantwortlichkeit ließe sich auch im Strafrecht in dieser Weise konstruieren. Ob man dies allerdings tun sollte, ist eine ganz andere Frage. Ich möchte sie hier gar nicht explizit mit Ja oder Nein beantworten, sondern eine Beobachtung im Vorfeld ansprechen. Die Debatte wird in unserem Lande in schwergewichtiger Grundsätzlichkeit geführt. Es geht um die Tradition unserer Rechtsordnung, um Menschenwürde, um Handlungs- und Schuldfähigkeit und dergleichen mehr. Ich würde jedenfalls den Zugang zu den Fragen einer solchen Reform anders, vielleicht pragmatischer wählen. Zunächst einmal würde ich eine nüchterne Bestandsaufnahme dessen machen, was unsere Rechtsordnung an unternehmensbezogenen Sanktionsmöglichkeiten bietet; dabei sind dann auch äquivalente oder alternative Rechtsfolgen aus dem öffentlichen Recht und dem Zivilrecht zu betrachten. Sodann würde ich zu klären versuchen, welche Bedeutung diesen Instrumenten für die Prävention und angemessene Sanktion unternehmensbezogenen delinquenten Handelns derzeit zukommt. Ergeben sich dabei Defizite, so wäre zu klären, ob das an Mängeln der verwendeten Rechtsinstitute liegt, die man beheben könnte (und ob sich dafür politische Mehrheiten finden ließen). Erst wenn dabei Defizite verbleiben, würde ich den Gang in das Neuland kriminalstrafrechtlicher, von der real existierenden, bereits jetzt gut beschäftigten Strafjustiz zu verhängender Sanktionen gegen Unternehmensträger erwägen, aber nicht den Blick darauf versäumen, welcher Zugewinn an Präventionseffizienz und vielleicht Gerechtigkeit bei realistischer Betrachtung zu erwarten wäre. Hier können wir dann den Grundfragen nicht mehr ausweichen – wenn es sich lohnt, sollten wir sie engagiert und leidenschaftlich diskutieren.

IV. Plädoyer für eine kleine Lösung: Differenziertes Verfahrensrecht für Bagatellsachen und gewichtige Verfahren im Bußgeldrecht!

Dass ich der Forderung nach noch mehr Strafrecht skeptisch gegenüberstehe, habe ich oft genug ausgeführt. Deshalb möchte ich schließen mit dem Hinweis auf Defizite der geltenden Rechtslage im Ordnungswidrigkeitenrecht, die auf jeden Fall behoben werden sollten. Dabei geht es mir generell um die Festsetzung von Geldbußen gegen Unternehmensträger und speziell um das, was ich im Anschluss an *Tiedemann* als „große Ordnungswidrigkeiten" bezeichne, also solche, die mit Geldbußen in Millionenhöhe geahndet werden können – die im Ordnungswidrigkeitenrecht vorgesehene Gewinnabschöpfung durch die Geldbuße (§§ 17 Abs. 4, 30 Abs. 3 OWiG) kann auch außerhalb des Kartell-Ordnungswidrigkeitenrechts zu zwei- oder dreistelligen Millionenbeträgen führen. Bei Schaffung unseres heutigen Ordnungswidrigkeitenrechts im Jahre 1968 stand ganz dessen Funktion als Instrument der Entkriminalisierung des Bagatell-Unrechts im Vordergrund. Das hat zu einer legislatorischen Blickverengung geführt, nämlich zu einer Ausblendung der auch schon damals durchaus existierenden gewichtigeren Ordnungswidrigkeiten aus dem Programm der Gesetzesmacher, die als „Bagatell-Ideologie" das ganze Ordnungswidrigkeitengesetz durchzieht. Welche Folgen das haben kann, haben wir in den Strafverfahren der letzten Jahre wegen des Vorwurfs der Verstrickung von Leitungspersonen mindestens eines weltweit agierenden Konzerns in Straftaten – zumeist Bestechungsdelikte – ihrer Mitarbeiter gesehen. *Salditt* hat die Probleme in der mir dedizierten Festschrift kenntnisreich beschrieben.[2]

Namentlich das Verfahrensrecht des OWiG wird den Anforderungen der Prozesse um solch gewichtige und komplexe Geschehnisse und der wirtschaftlichen Tragweite der möglichen Rechtsfolgen nicht überall gerecht. Ich möchte deshalb den Gedanken in die Diskussion einbringen, ob es nicht an der Zeit ist, de lege ferenda im Bußgeld-Verfahrensrecht zwischen Verfahren wegen eher bagatellarischer Vorwürfe und solchen in wirklich gewichtigen Sachen zu unterscheiden. Dabei wäre die Geltung der derzeitigen, in vielfacher Hinsicht gegenüber dem Strafprozess vereinfachten Regeln auf kleinere, massenhaft begangene Verstöße zu beschränken und für große Ordnungswidrigkeiten und hohe Geldbußen ein detaillierter durchgeformtes und stärker an den rechtsstaatlichen Garantien des Kriminalstrafprozesses orientiertes Verfahren einzuführen.

Ich wage mich auf ungesichertes Terrain und nenne einige aus meiner Sicht in Betracht kommende Punkte:

- Das Opportunitätsprinzip des § 47 Abs. 1 OWiG sollte im Sinne einer stärkeren Betonung der rechtlichen Begrenzungen des „pflichtgemäßen" Ermessens präzisiert und

2 *Salditt* in Festschrift für Hans Achenbach, 2011, 433, 434 ff.

ggf. durch Regelbeispiele für eine Ermessenseinschränkung auf oder gegen Null ergänzt werden.

- Das Ermittlungsverfahren der Verwaltungsbehörde sollte darauf überprüft werden, ob und inwieweit es geboten ist, die „sinngemäße“ Geltung der strafverfahrensrechtlichen Vorschriften (derzeit § 46 Abs. 1 OWiG) stärker klarzustellen.
- Insbesondere sollte geprüft werden, ob es sich empfiehlt, die Regeln über das Ermittlungsverfahren der Staatsanwaltschaft bei möglicher Idealkonkurrenz von Ordnungswidrigkeit und Straftat sowie in Zusammenhangssachen und generell die über das Zwischenverfahren nach Einspruch zu präzisieren (s. §§ 40ff., 69 OWiG).
- Die gerichtliche Zuständigkeit im Falle des Einspruchs müsste von dem mit Vorgängen des hier gemeinten Gewichts und Komplexitätsgrades völlig überforderten Amtsgericht auf ein Gericht höherer Ordnung übergehen. Ob man dabei nach dem Vorbild der Übernahme- und Kartellordnungswidrigkeitensachen gleich an das OLG oder doch eher an eine Kammer für Bußgeldsachen beim Landgericht denken sollte, wäre zu prüfen. Die Rechtsbeschwerdezuständigkeit wäre entsprechend anzupassen.
- Die Vereinfachungen in der Hauptverhandlung, namentlich bei der Beweisaufnahme (§§ 71, 77ff. OWiG) sind kritisch auf ihre Sachgerechtigkeit zu überprüfen.
- Das für die Festsetzung einer Verbandsgeldbuße im Bußgeld- und Strafverfahren geltende Verfahrensrecht (§ 88, § 46 Abs. 1 OWiG i. V. m. § 444 StPO und der darin angelegten unübersichtlichen Verweisungskette) müsste erheblich genauer ausformuliert werden. Dabei wäre zugleich die umstrittene Frage nach der Zuständigkeit für die Verhängung einer isolierten Verbandsgeldbuße im staatsanwaltlichen Verfahren zu klären.

Vielleicht würde es sich mehr lohnen, juristischen Sachverstand auf diese Punkte zu konzentrieren als auf das „schickere“ Projekt eines Verbandsstrafrechts. Jedenfalls sollten diese Probleme davon nicht verdeckt werden.

Unternehmensstrafrecht – auch in Deutschland?

Katharina Beckemper

Gliederung

I. Einführung

Ob auch in Deutschland ein Unternehmensstrafrecht einzuführen ist, gehört zu den Fragen des Wirtschaftsstrafrechts, die seit vielen Jahren kontrovers diskutiert wird und wie die Tagung in Frankfurt gezeigt hat, wohl auch weiter diskutiert werden wird. Wenig überraschend scheint auch die Mehrzahl der Diskutanden einer Verantwortlichkeit von Verbänden positiv gegenüber eingestellt,[1] was sicher nicht zuletzt auch an den vielfältigen internationalen Rechtsänderungen liegen wird.

Man wird dabei wohl konstatieren dürfen, dass die Argumente ausgetauscht scheinen. Auf der einen Seite melden sich diejenigen zu Wort, die eine Kriminalstrafe für Unternehmen für einen Verstoß gegen das Schuldprinzip halten;[2] auf der anderen Seite wird mehr oder weniger pragmatisch darauf hingewiesen, dass der Gesetzgeber – sollte er sich für die Einführung eines Unternehmensstrafrechts entscheiden – einen weiten Gestaltungsspielraum hätte.[3] Letztlich lässt sich dem kaum etwas entgegen halten. Wenn die Unternehmensstrafe vom Gesetzgeber implementiert werden soll, dann ist dies seine Entscheidung – vielleicht auch eine solche für ein grundsätzlich anderes Verständnis von Strafe.

Es ist aber nicht von der Hand zu weisen, dass die Wissenschaftler, die sich vehement gegen die Einführung einer Unternehmensstrafe aussprechen, gewichtige Argumente geltend machen können. Darauf hat *Neumann* in seinem Vortrag deutlich hingewiesen. Bekommt die Strafe durch die Einführung eines Unternehmensstrafrechts einen anderen Sinn, dann mag man oder muss sogar darüber nachdenken, ob dem Strafurteil einen Teil seiner Ernsthaftigkeit genommen würde. Oder wie *Neumann* pointiert fragt, wird nicht mehr die Würde des Bestraften genommen, sondern die der Strafe selbst?

---

1 Vgl. z.B. *Heine* in: Schönke/Schröder, 28. Auflage 2010, Vor §§ 25ff. Rn. 121, der von einer „Trendwende" in der Diskussion de lege ferenda spricht.

2 Siehe dazu insbesondere der Diskussionsband des 40. Deutschen Juristentages; vgl. auch *v. Freier* GA 2009, 98ff.

3 *Baumann* BB 1966, 1237, 1240.

Dogmatisch wirft die mögliche Bestrafung eines Unternehmens also durchaus Fragen auf – auch diejenige, die thematische Überschrift der Podiumsdiskussion war, also die nach der Anknüpfung für einen Vorwurf an ein Unternehmen. Handelt der Verband selbst und liegt eine originäre Unternehmensschuld vor, so dass dem Strafvorwurf ein organizistisches Modell zugrunde gelegt werden kann? Oder bedarf es einer normativen Zuschreibung und damit eines normativistischen Ansatzes?

Mein sehr subjektiver Eindruck der Tagung war, dass die Befürworter der Unternehmensstrafe eher pragmatische Überlegungen anführen können. Die Gegenargumente scheinen dagegen eher dogmatischer Natur zu sein. Wenn die Unternehmensstrafe aber so vielen gewichtigen dogmatischen Einwänden ausgesetzt ist, dann ist es erforderlich, die pragmatischen Gründe für die Einführung einer Unternehmensstrafe kritisch zu hinterfragen.

Die Basis der Diskussion muss aber sein, den Vorwurf an das Unternehmen überhaupt benennen zu können. Und damit komme ich zu dem Thema der Podiumsdiskussion zurück, nämlich ob der Unternehmensstrafe eine originäre Verantwortung oder eine dem Unternehmen zugerechnete Haftung von Personen zugrunde liegt.

II. Originäre oder akzessorische Haftung

Eine Strafnorm kann sich nur an jemanden richten, der den Normbefehl ausüben kann. Eine Unternehmensstrafe setzt also erst einmal voraus, dass ein Unternehmen handlungsfähig ist. Die überwiegende Ansicht im Strafrecht bejaht dies, ein Verband handele durch seine Vertreter.[4] Unternehmen seien als selbstständige Rechtssubjekte anerkannt, die durch ihre Organe handeln und nur durch diese überhaupt handeln können. Deshalb ist das Unternehmen nicht nur eine Ansammlung von Personen, sondern kann durch seine Organe einen eigenen Willen bilden.

Diese Auffassung hat eine nicht unerhebliche Auswirkung auf die Ausgestaltung eines möglichen Unternehmensstrafrechts: Tauglicher Täter einer Anknüpfungstat könnten nur die Organe bzw. der vertretungsberechtigte Gesellschafter sein.[5] Eine Ausweitung der Sanktion eines Unternehmens für andere Angestellte mit Führungsaufgaben oder gar aller Mitarbeiter müsste ausscheiden. Dies wird aber von der vorherrschenden Ansicht so nicht gefordert. Auch um internationalen Vorgaben gerecht zu werden, fordert die h. M. – im Ergebnis überzeugend – die Unternehmenshaftung nicht nur für Taten der Organe, sondern auch für solche anderer Leitungspersonen. Einen Vorschlag, wie diese dogmatische Schwäche zu überspielen ist, hat *Tiedemann* gemacht. Bei Fehlverhalten einer Leitungsperson, die nicht Organ des Unternehmens ist, liege ein „Organisationsverschulden“ des Unternehmens vor, das die Bestrafung rechtfertigt.[6]

---

4 *Achenbach* in: Coimbra-Symposium, S. 283, 302; *Otto* Jura 1998, 409, 415; *Tiedemann* NJW 1986, 1842, 1844.
5 *Kirch-Heim* Sanktionen gegen Unternehmen, 2007, S. 144.
6 *Tiedemann* NJW 1988, 1169, 1172.

Damit nähert sich das Zurechnungsmodell dem Modell an, das von einem originären Unternehmensunrecht ausgeht. Dieses Modell verzichtet auf die Zurechnung des Verhaltens einer Person und setzt an die Stelle einer Handlung im herkömmlichen Sinne „eine Betriebsführungsschuld".[7] Notwendige Bedingung für die Bestrafung der juristischen Person ist ein „fehlerhaftes Risikomanagementsystem", hinreichend eine betriebstypische Gefahrverwirklichung.[8] Das vom Unternehmen begangene Unrecht liegt hier in einer defizitären Unternehmensstruktur oder in einer kriminogenen Unternehmensphilosophie.[9] Erforderlich ist nach diesen Modellen zwar immer noch, dass im Unternehmen eine Straftat begangen worden ist. Strafgrund ist aber nicht mehr die Anknüpfungstat, sondern das Organisationsverschulden.

Die Anerkennung eines originären Unternehmensunrecht löst das dogmatische Problem, dass Unternehmen zwar auf der einen Seite nur durch ihre Organe handeln, gleichzeitig aber auch Anknüpfungstaten von anderen Leitungspersonen für die strafrechtliche Haftung ausreichen sollen. Wer als Adressat der Strafe neben der verantwortlichen Individualperson das Unternehmen sehen will, der muss einen Vorwurf auch an das Unternehmen selbst richten können. Dies lässt sich allenfalls in einem Organisationsverschulden sehen. Nur wenn ein solches ausgemacht werden kann, die Straftat einer oder mehrerer Unternehmensangehöriger also kein „Ausrutscher" eines ansonsten redlich am Wirtschaftsverkehr teilnehmenden Unternehmens ist, lässt sich eine Bestrafung eines Verbandes legitimieren.

Natürlich sind auch mit diesem Modell nicht alle Fragen beantwortet oder gar der Vorwurf vollständig entkräftet, ein Unternehmen könne nicht schuldhaft handeln. Besonders deutlich war hier wieder *Neumann,* der die Bestrafung des Unternehmens mit der des Meeres verglich. Es soll gar bestritten werden, dass der Charakter der Strafe eine andere ist, wenn er nicht mehr an den persönlichen Schuldvorwurf gekoppelt werden kann. Das Abstellen auf ein Organisationsverschulden überspielt aber die Schwäche des Zurechnungsmodells, dass streng genommen nur auf das Verhalten der Organe abgestellt werden kann, weil Unternehmen durch sie handeln. Ein fehlerhaftes Risikomanagementsystem kann dagegen grundsätzlich auf das Handeln oder Unterlassen der Organe zurückgeführt werden. Es kann somit als der freie Wille eines Unternehmens konstruiert werden, vermittelt und ausgeübt durch seine Organe, fehlerhaft organisiert am Wirtschaftsleben teilzunehmen und damit die eigene Verantwortung dafür zu tragen, dass aufgrund der fehlerhaften Organisation Straftaten begangen worden sind.

Da Entscheidungen aber denknotwendig von Personen getroffen werden, handelt es sich immer noch um ein hybrides Modell. Es braucht eine Anknüpfungstat einer natürlichen Person, aber Bedingung ist die Betriebsführungsschuld im Unternehmen. Nur eine fehlerhafte Organisation, also nur der Vorwurf, das Unternehmen nicht ordnungsgemäß geführt zu haben, kann alleine nicht ausreichen. Neben diesem muss immer auch die konkrete Tat stehen. Das entspricht im Übrigen der spanischen Regelung, die davon ausgeht, dass ein „Compliancesystem" das Unternehmen von einer Haftung befreien kann oder dessen nachträgliche Einführung strafmildernd berücksichtigt

---

7 *Heine* in: Schönke/Schröder (Fn. 1), Vor §§ 25 ff. Rn. 129.
8 *Heine* in: Schönke/Schröder (Fn. 1), Vor §§ 25 ff. Rn. 129.
9 *Dannecker* GA 2001, 101, 111; *Schünemann* in: Festschrift für Tiedemann, 2008, 429, 446.

werden kann. Es wird damit eine Unternehmensführungsschuld, gleichzeitig aber die Tat einer Person verlangt.

III. Generalpräventive Wirkung eines Unternehmensstrafrechts

Es lassen sich also gewichtige dogmatische Gründe gegen die Einführung eines Unternehmensstrafrechts finden. Das lässt die eingangs gestellte Frage wieder hoch kommen: Welche Gründe sprechen dafür, trotz der dogmatischen Bedenken, sich für die Einführung einer echten Unternehmensstrafe auszusprechen?

Die Frage ist deshalb nicht so leicht zu beantworten, weil das deutsche Recht mit § 30 OWiG ja durchaus eine Sanktionsmöglichkeit für Unternehmen bietet. Das Instrumentarium zur Sanktion von Verbänden ist also existent, nur eben nicht in Form einer echten Strafe. Dabei ist kaum zu bestreiten, dass die dogmatischen Bedenken des Verstoßes gegen den Schuldgrundsatz im Ordnungswidrigkeitenrecht geringer wiegen oder gar völlig entkräftet werden können,[10] weil es sich bei der Geldbuße weniger um eine strafrechtliche Sanktion und damit Ahndung von Schuld, als vielmehr um eine Form der Wirtschaftslenkung handelt.[11] Bei allen dogmatischen Bedenken gegenüber einer Unternehmensstrafe könnte es bei der Regelung im OWiG sein Bewenden haben, zumal auch internationale Verpflichtungen keine Strafe im eigentlichen Sinn verlangen, sondern eine Geldbuße ausreichen lassen.

Zwar sieht die Verbandsgeldbuße „nur" eine Geldbuße vor und dies in einer Höhe, die auf den ersten Blick wenig abschreckend erscheint. Andere Sanktionen wie etwa die Zerschlagung oder ein Kuratel[12] sind gar nicht erst vorgesehen. Ein möglicher gangbarer Weg wäre es aber, die Höhe der angedrohten Geldbuße zu erhöhen, was auch auf dem Podium diskutiert und mehrheitlich bejaht wurde. Zu weiteren Schwachstellen bei der Anwendung der Verbandsgeldbuße kann hier auf den Beitrag von *Dörr* verwiesen werden.[13] Manche der Probleme der jetzigen Rechtslage stellen sich bei einer echten Unternehmensstrafe aber vielleicht im ähnlichen Umfang. So müsste auch für eine Strafe eine Regelung geschaffen werden, wie mit einer Rechtsnachfolge umgegangen wird, wenn eine weitgehende Vermögensidentität vorliegt. Das im Ordnungswidrigkeitenrecht beklagte Opportunitätsprinzip und deshalb die oftmals fehlende Schlagkraft des § 30 OWiG, weil es de facto in der Praxis oftmals doch nicht zu einer Verbandssanktion komme,[14] ist vielleicht sogar die große Stärke der geltenden Regelung. So wird heute schon prognostiziert – auch auf der Tagung in Frankfurt –, dass die Verfahrensabsprachen das Mittel der Wahl werden würden, wenn es zu einer echten Unternehmensstrafe käme. Es ist in der Tat nicht schwer vorherzusehen, dass es zu einer infla-

10 Anders *Kirch-Heim* (Fn. 5), S. 184f.
11 *Otto* Jura 1998, 409, 417; *K. Schmidt* wistra 1990, 131, 133.
12 Dazu *Schünemann* in: Festschrift für Tiedemann, 2008, 429, 446.
13 Siehe auch *Hetzer* wistra 1999, 361, 366.
14 *Kirch-Heim* (Fn. 5), S. 92ff.

tionären Anwendung des „deals“ käme, wenn die Staatsanwaltschaft ob des Legalitätsprinzips gezwungen wäre, eine Strafe gegen das Unternehmen festzusetzen.

Was also ist es, was den Ruf nach einem Unternehmensstrafrecht in den letzten Jahren wieder hat laut werden lassen. Hier zweien zwei Gründe vermutet: zum einen der faktische Druck, weil andere europäische Länder nach und nach die Unternehmensstrafe eingeführt haben. Zum anderen – und diesen Grund halte ich für wichtiger – ein verändertes Bewusstsein darüber, was allgemein unter einer guten Unternehmensführung verstanden und vor allem auch erwartet wird. Dieser Gesichtspunkt untermauert das eben Gesagte über die Zurechnungsmodelle: Auch wenn Anknüpfung eine konkrete Tat einer Individualperson sein muss, kann Begründung einer Bestrafung des Unternehmens nur die „Betriebsführungsschuld“ sein oder modern ausgedrückt ein fehlendes oder nicht funktionierendes Wertemanagementsystem. Nur so lässt sich auch generalpräventiv eine Unternehmensstrafe legitimieren. Nicht einzelne Straftaten aus dem Unternehmen heraus sollen verhindert werden, sondern eine Unternehmenskultur vermieden werden, die Straftaten akzeptiert und fördert. Hier möchte ich anknüpfen an zwei Statements während der Tagung. *Hohmann-Dennhardt* wies gleich zu Anfang darauf hin, dass das Ansehen von Unternehmen beachtlich gesunken sei, die keine Wirtschaftsethik verfolgen und Kapitalanleger auf die Einhaltung von Standards achteten. *Salditt* betonte, Social Responsibility sei Selbstberühmung. Die Enttäuschung müsse in einer öffentlichen Hauptverhandlung vom CEO gerechtfertigt werden. Schon das spreche für die Einführung eines Unternehmensstrafrechts, nämlich die dann erforderliche Hauptverhandlung gegen das Unternehmen, also eine öffentliche Verhandlung, in der nicht mehr der Mitarbeiter, sondern die Leitungspersonen stellvertretend für die Unternehmen auf der Anklagebank säßen.

Das dürfte mit sehr guten Worten die Stimmung wiederspiegeln, welche die Diskussion seit vielen Jahren beherrscht. Als das Siemens-Verfahren anfing, war vielerorts von der „Ausstrahlungswirkung des Sarbanes-Oxley-Acts“ die Rede. Auf eine ganz eigene Art hat er – mitsamt der „Strafzumessungsregelungen“ des DOJ – diese wohl auch gehabt. Auch wir deutschen Strafrechtswissenschaftler sind offenbar angetan von der Idee, dass ein Unternehmen gut organisiert sein muss, also die vielbeklagte organisierte Unverantwortlichkeit zu vermeiden ist. Und wenn ein Unternehmen die Verantwortlichkeit erfolgreich „weg organisiert“, dann soll das Unternehmen selbst bestraft werden, eben wegen dieses Fehlverhaltens. Dieses Organisationsverschulden, das Anknüpfung für die Bestrafung des Unternehmens sein kann, ist damit auch Strafgrund. Nur eine strafrechtliche Regelung, die eine organisierte Unverantwortlichkeit verhindern soll, kann einen Normbefehl enthalten, der in der Tat in der Lage ist, Strafrechtsverstöße aus Unternehmen heraus zu vermeiden, weil der Unternehmensleitung auferlegt wird, durch die Organisation im Unternehmen regelkonformes Verhalten zu fördern.

IV. Organisationsverschulden als Anknüpfungspunkt einer Unternehmensstrafe?

Wie aber sieht eine Unternehmensorganisation aus, die so ausgestaltet ist, dass Verstöße aus dem Unternehmen heraus verhindert werden können. An dieser Stelle ist wohl zu konstatieren, dass das völlig ungeklärt ist. Auch in der Diskussion ist – ebenfalls von Praktikern – auf die Gefahr hingewiesen worden, dass die Strafverfolgungsbehörden aus einem Regelverstoß folgern könnten, dass „Unrecht“ vorliege. Irgendein Fehler müsse das Unternehmen gemacht haben, wenn es am Ende zu einer Straftat gekommen sei. Beweise würden so zur Bringschuld, weil das Unternehmen nachweisen müsse, dass nicht die fehlerhafte Organisation Ursache für die Straftat eines Mitarbeiters sei.

Neben dieser Gefahr, dass ein Organisationsverschulden im Unternehmen eher angenommen als bewiesen wird, steht aber das auch theoretische Problem, dass eine „gute“ Unternehmensorganisation, also eine solche, die in der Lage ist, die Begehung von Straftaten aus dem Unternehmen heraus zu verhindern, gar nicht benannt werden kann. Bislang ist es nicht gelungen, abstrakt eine Organisationsform zu beschreiben, die dies zu leisten in der Lage ist.

Gegen Unternehmen, die eine Wirtschaftsethik haben, ist nur schwerlich etwas zu sagen. Aber wie genau ein solches Unternehmen organisiert und geführt werden muss, ist noch völlig unklar. Welche Stilblüten der Versuch, regelkonformes Verhalten zu gewährleisten, mit sich bringen kann, verdeutlicht das auf der Tagung genannte Beispiel eines Unternehmens mit 1.600 (!) internen Regelungen. Ist das ein besonders gut geführtes Unternehmen oder kann man angesichts der Regelflut schon wieder den Verdacht äußern, hier werde Verantwortlichkeit durch ein unüberschaubares Geflecht im Ergebnis wieder wegorganisiert? Fern liegt ein solcher jedenfalls nicht und so wird in der ganzen Compliancedebatte schon wieder bezweifelt, ob Unternehmensethik und auf Strafrechtsverstöße ausgerichtetes Risikomangagement nicht auch als Feigenblatt benutzt werden.

Die Vermutung, in der Praxis komme es zu dem oben beschworenen Phänomen, nämlich dass von einem Verstoß auf eine fehlerhafte Organisation geschlossen werden könnte, ist deshalb nicht abwegig. Dann aber näherte sich das Unternehmensstrafrecht einer schlichten Erfolgshaftung an.

V. Fazit

Ein Unternehmensstrafrecht kann – trotz aller geäußerten Bedenken – vom Gesetzgeber eingeführt werden. Bezweifelt werden muss aber, ob dies eine sinnvolle Entscheidung wäre.

Um die Bestrafung eines Unternehmens zu rechtfertigen, muss neben die Anknüpfungstat auch ein Organisationsverschulden treten. Was aber in der Theorie überzeugt, wird in der Praxis zu bislang nur zu erahnenden Problemen führen, weil es kaum möglich ist, die Organisationsform zu benennen, die geeignet ist, Straftaten zu verhindern.

Solange diese Diskussion nicht voran getrieben ist – auch von der Wissenschaft – wäre eine Einführung einer Unternehmensstrafe übereilt, weil es ob der Unsicherheiten auf Seiten der Unternehmen und der Strafverfolgungsbehörde entweder zu einer Quasi-Erfolgshaftung der Unternehmen oder zu einem massenhaften Anstieg an verfahrensbeendenden Absprachen käme.

Überlegungen zur strafrechtlichen Verantwortung des Unternehmensträgers

Andreas Ransiek

Gliederung

1. Einführung

Die sich gegenüber stehenden Grundannahmen in der Frage, ob Unternehmen oder Unternehmensträger[1] Adressaten kriminalstrafrechtlicher Sanktionen werden sollten, sind unverändert. Die eine Seite betont nach wie vor, dass ein Unternehmen (verstanden als wirtschaftliche Einheit sächlicher und persönlicher Mittel) oder der rechtliche Träger einer solchen Einheit weder handlungs- noch schuldfähig sei und damit eine Kriminalstrafe ausscheide, was insbesondere aus dem in Art. 1 Abs. 1 GG verankerten

1 Ich werde im Folgenden beide Begriffe verwenden. Das europäische Wettbewerbsrecht zeigt, das nicht nur der rechtliche Träger des Unternehmens, sondern auch das Unternehmen mit einer Sanktion belegt werden kann, was für die Verantwortung von Konzernen von Bedeutung ist. Siehe dazu *Böse* in Graf/Jäger/Wittig, Wirtschafts- und Steuerstrafrecht, Art. 23 KartellVO Rn. 6ff. Vorteil einer auf den Unternehmensträger bezogenen Verantwortung ist dagegen die größere Klarheit, wer überhaupt verpflichtet ist.

Schuldgrundsatz folge,[2] der vom BVerfG zur Verfassungsidentität der Bundesrepublik gezählt wird.[3] Die andere Seite – prägnant auf der Tagung, die dieser Band dokumentiert, von *Joachim Vogel* vertreten – hebt hervor, dass es dem Gesetzgeber freistehe, juristischen Personen oder sonstigen Verbänden die Handlungs- und Schuldfähigkeit zuzusprechen und ihnen im Rahmen der Verhältnismäßigkeit auch strafrechtliche Sanktionen im engeren Sinn anzudrohen und diese zu verhängen, also immer dann, wenn das zur Zielerreichung geeignet, erforderlich und angemessen ist.

Für die erste Sicht lässt sich anführen, dass von persönlicher Verantwortung bei einem Unternehmensträger keine Rede sein kann – man mag ihm die Schuld natürlicher Personen zurechnen, ihn dafür einstehen lassen. Das aber ist eben keine eigene strafrechtliche Schuld, wenn sie als sittlicher und ethischer Vorwurf verstanden wird.[4] Für die zweite Auffassung streitet, dass erst einmal nicht ersichtlich ist, warum der Gesetzgeber zwar die Rechtsfigur der juristischen Person erfinden darf, es ihm dann aber nicht gestattet sein soll, die Regeln frei aufzustellen, nach denen diese „künstliche" Person verantwortlich sein soll.

Zudem: Die deutsche Sicht stellt aus rechtsvergleichender Perspektive eine eher altmodisch anmutende Ausnahme dar, wie die in jüngerer und jüngster Zeit eingeführten Strafnormen gegen Unternehmen bspw. in der Schweiz und in Spanien belegen. In den USA wird vom U.S. Supreme Court schon seit 1909 eine gesetzlich angeordnete kriminalstrafrechtliche Verantwortung von corporations akzeptiert – mit dem durchaus einleuchtenden Hinweis, dass die corporation wirtschaftlicher Akteur sei und hinsichtlich der strafrechtlichen Verantwortung nicht besser gestellt sein dürfe als andere Unternehmensträger.[5]

2. Gegenstand eines Unternehmensstrafrechts

Versucht man sich dem Thema zu nähern, ohne sogleich für eine der eingangs angesprochenen gegensätzlichen Meinungen Partei zu ergreifen und damit die Befürworter der anderen Auffassung schon zu Beginn von der weiteren Lektüre des Beitrags abzuschrecken, so lässt sich die Frage nach der strafrechtlichen Verantwortung von Unternehmen in einer Hinsicht zumindest grundsätzlich recht unproblematisch begrenzen. Es geht in der Diskussion um ein Unternehmensstrafrecht nicht um die Forderung, flächendeckend das gesamte materielle Strafrecht auch für Unternehmen anwendbar

---

2 Siehe dazu *Trüg* StraFo 2011, 471, 474; *Böse* FS Jakobs, S. 15; *v. Freier* GA 2009, 98; *Wittig* Wirtschaftsstrafrecht, § 8 Rn. 6 ff.; *Heine* in Schönke/Schröder, vor § 25 StGB Rn. 121 ff.; *Schünemann* in LK, vor § 25 StGB Rn. 21 ff.

3 BVerfGE 123, Rn. 364, s. aber auch zur Verantwortung von Unternehmen die Bertelsmann-Lesering-Entscheidung BVerfGE 20, 323, 332, 335.

4 *Heine* in Schönke/Schröder, vor § 25 StGB Rn. 127.

5 New York Central and Hudson River Railroad Co. v. U.S. 212 U.S. 481 (1909); s. dazu *Perschke* FS Achenbach, S. 317, 319 ff.; zu älteren Entscheidungen der state courts s. *Weissmann/Newman* 82 Ind. L. J. 411, 417 ff. (2007).

5 New York Central and Hudson River Railroad Co. v. U.S. 212 U.S. 481, 491 f., 495 (1909); s. auch *Diskant* 118 Yale L. J. 126, 135.

zu erklären, sondern immer nur um einen Ausschnitt von Straftatbeständen, nämlich solche, die mit der wirtschaftlichen Tätigkeit eines Unternehmens in Zusammenhang stehen, die also Pflichtverletzungen bei Produktion, Vertrieb oder sonstiger geschäftlicher Tätigkeit betreffen. Dazu zählen auch Taten, deren wirtschaftliche Vorteile dem Unternehmen zugute kommen oder zukommen sollen, die also in dessen Interesse begangen werden. Es muss einen Betriebs- oder Unternehmensbezug der Tat geben, bei dem Drittinteressen durch die Tätigkeit eines Unternehmens beeinträchtigt oder gefährdet werden.

Denkbar ist dabei, dass die Notwendigkeit eines solchen betrieblichen Zusammenhangs der eine Unternehmenssanktion begründenden Tat in einer allgemeinen, übergreifenden Regelung als Vorraussetzung der Verantwortung aufgestellt wird, wie das § 30 OWiG für die Verhängung einer Geldbuße gegenüber einem Unternehmensträger tut. Alternativ kann die strafrechtliche Verantwortung des Unternehmens für spezielle Pflichtverstöße geregelt werden, wofür das europäische Wettbewerbsrecht mit seinen Geldbußen (Art. 101, 103 AEUV, Art. 23 VO [EG] Nr. 1/2003[6]) als Beispiel dienen kann.

Soweit ersichtlich hat bislang aber noch niemand vehement gefordert, bspw. den Tatbestand des Diebstahls oder den der Unterschlagung auf Unternehmensträger auszuweiten, obwohl durchaus denkbar ist, dass eine solche Straftat im Rahmen der unternehmerischen Tätigkeit durch eine für das Unternehmen handelnde Person (auch) zu deren Vorteil begangen wird. Das ist etwa dann der Fall, wenn der zu Gunsten der Lieferanten einer GmbH vereinbarte Eigentumsvorbehalt durch deren Geschäftsführer oder sonstige Mitarbeiter verletzt wird, indem an die GmbH gelieferte Materialien vertragswidrig bei Dritten eingebaut werden.[7]

Damit sieht es so aus, als ob für ein Unternehmensstrafrecht die Frage entfallen könnte, wie vorstellbar sein soll, das subjektive Tatbestandsmerkmal der Zueignungsabsicht bei einem Unternehmenstäter festzustellen.[8] Näher liegend als eine Strafbarkeit nach § 242 StGB ist aber eine mögliche Verantwortung des Unternehmensträgers wegen Betrugs im geschäftlichen Tätigkeitsbereich des Unternehmens,[9] wie das von *Klaus Volk* zu Beginn der Tagung angeführte Beispiel der betrügerischen Kfz-Werkstatt belegt, in der nicht erforderliche Reparaturen zum Schaden des Kunden durchgeführt und abgerechnet werden oder gar nur behauptet wird, dass solche Reparaturen durchgeführt worden seien. Dann ist jedenfalls zu fragen, ob eine Bereicherungsabsicht anders als bei natürlichen Personen für die Bejahung der Unternehmensstrafbarkeit entbehrlich ist oder ob bzw. inwieweit die Absichten einer natürlichen Person oder die eines Personenkollektivs dem Unternehmen zugerechnet werden können. Grund dafür, dass für solche Taten das Bedürfnis nach einer Strafbarkeit des Unternehmens trotzdem eher gering ist, mag sein, dass insoweit die strafrechtliche Verantwortung des Einzelnen als ausrei-

6 VO des Rates v. 16. 12. 2002 zur Durchführung der in den Art. 81 und 82 des Vertrags niedergelegten Wettbewerbsregeln, ABl. Nr. L 1, S. 1.

7 BGHZ 109, 297; vgl. dazu *Ransiek* ZGR 1992, 203 ff.

8 Vgl. *Note* 92 Harv.L.Rev. 1229, 1248 f. (1979).

9 Vgl. State v. Christy Pontiac-GMC, Inc. 354 N.W. 2d 17 (1984): Eine corporation kann wegen Diebstahls oder Urkundenfälschung verurteilt werden. S. auch BGH NJW 1977, 2259 zur zivilrechtlichen Haftung eines Verbands wegen Betrugs über § 31 BGB.

chend angesehen wird. Das Unternehmen als potenzieller Dieb oder Betrüger ist in der Diskussion jedenfalls nicht zentral.

Werden allerdings durch Ledersprays,[10] (eventuell) fehlerhaft konstruierte Pkws[11] oder Holzschutzmittel[12] Menschen in ihrer Gesundheit beeinträchtigt oder getötet, sieht das anders aus, so dass auch ganz herkömmliche Tatbestände des Kernstrafrechts möglicher Gegenstand eines Unternehmensstrafrechts sein können. Trotz der Voraussetzung, dass ein Zusammenhang der Tat mit der unternehmerischen Tätigkeit bestehen muss, lässt sich der Gegenstand eines Unternehmensstrafrechts andererseits also nicht von vornherein auf Spezialmaterien des Wirtschaftsstrafrechts beschränken.[13]

3. Bußen, Sanktionen und Strafen

Ich möchte nicht den wahrscheinlich fruchtlosen Versuch unternehmen, inhaltlich darzulegen, was denn den Unterschied zwischen Buße und Strafe ausmachen könnte.[14] Erfolgversprechender erscheint es zu überlegen, was ihn *nicht* ausmachen kann, jedenfalls wenn man das geltende Recht nicht weitgehend für verfassungswidrig hält.

a) Der Name der Sanktion

Ein Gesichtspunkt kann zu Beginn recht unproblematisch festgehalten werden. Die Diskussion um die Strafbarkeit von Unternehmen oder Unternehmensträgern ist nur dann sinnvoll, wenn es derzeit nach deutschem und europäischem Recht noch *keine* strafrechtlichen Sanktionen gegen Unternehmen gibt. Das Thema ist hingegen müßig, wenn schon nach geltendem Recht der Sache nach eine Strafe verhängt wird, die nur nicht so genannt, sondern als Buße bezeichnet wird – falsa demonstratio non nocet. Dem deutschen Strafrecht ist dabei der Verdacht, dass der Gesetzgeber durch eine abweichende Bezeichnung einer Sanktion den Versuch unternehmen könnte, den Beschränkungen des Strafrechts, insbesondere dem Schuldgrundsatz, zu entrinnen, durchaus vertraut, wie die Unsicherheiten um die Rechtsnatur des Verfalls nach dem Brutto-Prinzip unschwer belegen.[15]

Ist also die nach § 30 OWiG verhängte Geldbuße trotz des abweichenden Namens als Strafe zu begreifen,[16] eine wenn auch unechte Strafe,[17] eine Quasi-Strafe[18] oder eine

---

10 BGHSt. 37, 106.
11 Vgl. zum Ford Pinto-Fall *Kadish/Schulhofer* Criminal Law and its Processes, S. 740 ff.
12 BGHSt. 41, 206.
13 Siehe dazu im Detail das Referat von *Hans Kudlich* in diesem Band.
14 Siehe dazu *Ransiek* Unternehmensstrafrecht, S. 293 ff.
15 BVerfG NJW 2004, 2073 ff.; BGHSt. 47, 260, 265; 47, 369, 372 f.; für Einordnung als Strafe etwa *Fischer* § 73 StGB Rn. 3; *Lackner/Kühl* § 73 StGB Rn. 4 b, alle m. w. N.
16 Vgl. *Bohnert* in KK-OWiG, Einleitung Rn. 82: „Vermieden wird die Bezeichnung ‚Strafe', die noch von *Goldschmidt* und *Wolf* unbefangen eingesetzt worden war".
17 Vgl. *König* in Göhler, vor § 1 OWiG Rn. 9.
18 *Heine* FS Achenbach, S. 127, 128 f.

Para-Strafe,[19] kann man darüber diskutieren, ob sie nicht auch offen so genannt werden sollte. Es geht dann aber nicht darum, dass als Maßnahme zur Stärkung der Bekämpfung der Wirtschaftskriminalität inhaltlich „Elemente der Verbandsstrafe" auf der Tagesordnung stünden,[20] sondern um eine bloße Umbenennung längst vorhandener Sanktionen. Sollen inhaltlich-kriminalpolitisch relevante Fragen behandelt werden, impliziert die Diskussion um die Einführung einer Kriminalstrafe gegen Unternehmen also immer, dass es rechtlich relevante Unterschiede zwischen den straf- und den vorhandenen nicht-strafrechtlichen Sanktionen gibt.

Deshalb ist es auch einsichtig, dass Rechtsordnungen, die eine solche Differenzierung verschiedener Sanktionen nicht kennen oder nicht überzeugend finden, an der deutschen Sichtweise eher wenig Interesse haben werden. Man kann aus deutscher Sicht allerdings noch einen Schritt weitergehen, wie das *Ulfried Neumann* in der Diskussion seines Beitrags zu dieser Tagung angesprochen hat: Gibt es tatsächlich einen Unterschied zwischen Strafe, Geldbuße und sonstigen Sanktionen, ist die Verhängung von Strafe wegen der aus Art. 1 GG abgeleiteten Notwendigkeit schuldhaften Verhaltens[21] etwas Besonderes, dann mag man ruhig eine als Strafe bezeichnete Sanktion auch gegen Unternehmen oder ihre Träger verhängen. Sie wäre dann aber trotz des gleichen Namens eine andere Sanktion als die gegenüber einer natürlichen Person wegen schuldhaften Verhaltens verhängte Strafe. Auch insofern würde die falsche Bezeichnung nicht schaden.

Ist die Verhängung einer Kriminalstrafe mit persönlicher menschlicher Schuld untrennbar verbunden, dann wäre eine gegen das Unternehmen verhängte Strafe eben keine Strafe in diesem Sinn, sondern etwas anderes. Dass auch die Befürworter einer kriminalstrafrechtlichen Sanktion gegen Unternehmensträger einen solchen Unterschied zu Grunde legen, wird dadurch deutlich, dass es durchweg abgelehnt wird, den Einzelunternehmer als Adressaten einer Unternehmensträgerstrafe (ohne das Vorliegen persönlicher Schuld) anzuerkennen. Ich werde darauf zurückkommen.[22]

Die Differenzierung von schuldabhängigen strafrechtlichen und nicht-strafrechtlichen Sanktionen setzt dann allerdings weiter voraus, dass die strafrechtliche Schuld etwas Besonderes sein muss: Sie muss über das hinausgehen, was etwa auch im Zivilrecht als vorwerfbares vorsätzliches oder fahrlässiges Verhalten Haftungsvoraussetzung ist. Dass etwa ein Unternehmensträger wegen vermeidbarer – also verschuldeter – Produktfehler für die Verletzung von Drittinteressen zum Schadensersatz verpflichtet sein kann, ist wenig überraschend, wie § 14 BGB i. V. m. § 1 Abs. 2 Nr. 5, Abs. 4 ProdHaftG unschwer belegt. Es muss also im Strafrecht um mehr gehen als um Vorsatz und Fahrlässigkeit oder Vermeidbarkeit.

Setzt die Verhängung von Strafe gerade wegen Art. 1 Abs. 1 GG eine darüber hinausgehende, „andere" Schuld voraus, die bei einem Unternehmensträger nicht vorliegen kann, liegt gegenüber dem gleichwohl bestraften Unternehmen ein Verstoß gegen Art.

---

19 *Fromm* ZIS 2007, 279, 283.

20 So der Beschluss der Justizministerkonferenz v. 9. 11. 2011, TOP II.2 unter http://www.sachsen-anhalt.de/?id=47438.

21 BVerfGE 123, 267 Rn. 364.

22 Siehe unten 5. a).

1 GG allerdings trotzdem nicht vor – es hat keine personale Menschwürde.[23] Ich teile deshalb die von *Ulfried Neumann* geäußerte Auffassung: Gibt es wegen des Schuldgrundsatzes Unterschiede zwischen der Strafe und anderen Sanktionen, dann würde daran die Bezeichnung einer Unternehmenssanktion als Strafe nichts ändern. Sie wäre bedenklich, da dadurch die Bedeutung des Schuldgrundsatzes im Strafrecht gegen die *natürliche* Person verwässert würde – ihre Besonderheit nicht mehr (oder vielleicht besser: noch weniger) erkennbar wäre.[24] Auch diejenigen, die davon ausgehen, dass ein Unternehmen(sträger) zwar schuldhaft handeln könne, aber betonen, dass dies eine *andere* Schuld als die einer natürlichen Person sei,[25] müssten sich deshalb mit einer darauf aufbauenden Differenzierung der Sanktionen anfreunden können. Gibt es einen qualitativen Unterschied zwischen Individual- und Verbandsstrafe,[26] ist nicht nachvollziehbar, warum dieser Unterschied durch eine einheitliche Bezeichnung verwischt werden sollte.

Gibt es dagegen keinen relevanten Unterschied zwischen Buße und Strafe, führt man eine kriminalpolitisch unergiebige Scheindiskussion um einen Namen. Das mag erklären, warum die bisherigen europäischen Richtlinien nur verlangen, dass die Mitgliedstaaten der Union hinreichend wirksame Sanktionen gegen Unternehmensträger verhängen,[27] Kriminalstrafen jedoch nicht zwingend vorschreiben.

b) Strafe und sonstige Sanktionen

Worin auch immer der Unterschied zwischen der eigentlichen Kriminalstrafe und anderen Sanktionen zu sehen ist, eines wird man nur mit Mühe bestreiten können: Für die Regelungsbereiche, in denen ein Unternehmensstrafrecht in Betracht gezogen wird, gibt es jedenfalls im Alltag aus Sicht der Öffentlichkeit keine aussagekräftige Unterscheidung zwischen Strafe und anderen Sanktionen. So findet man zur Benennung des Steuerstraftäters regelmäßig die verharmlosende Bezeichnung als Steuersünder; die Nähe des § 370 AO zum Betrug wird dadurch nicht erkennbar.[28] Die Kartellbuße wird hingegen ohne viel Federlesen als Strafe bezeichnet, so dass die juristische Einordnung als Strafe oder Buße insoweit keine Auswirkungen in der Wahrnehmung der Öffentlichkeit hat.[29] Man kann das aber genauso umdrehen: Aus Sicht der Öffentlichkeit folgt dann auch nichts daraus, wenn man das Wort Strafe als offiziellen Namen der Sanktion gegen Unternehmensträger einführen würde. Wenn aber nichts daraus folgt, gibt es insoweit gar keinen Grund für eine Umbenennung.

---

23 *Dannecker* GA 2001, 101, 114.
24 Siehe den Beitrag von *Ulfried Neumann* in diesem Band.
25 *Dannecker* GA 2001, 101, 112ff.
26 *Böse* FS Jakobs, S. 15, 23.
27 Die Sanktionen müssen verhältnismäßig, wirksam und abschreckend sein. Siehe etwa die Richtlinie zum strafrechtlichen Schutz der Umwelt 2008/99/EG des Europäischen Parlaments und des Rates v. 19. 11. 2008, L 328, S. 28.
28 Siehe BGHSt. 53, 71.
29 Genauso *Trüg* wistra 2010, 241, 246; *Kappel/Ehling* BB 2011, 2115; anders *Dannecker* GA 2001, 101, 104; wohl auch *Salditt* FS Achenbach, S. 433, 443.

Ist die Geldbuße entgegen der öffentlichen Wahrnehmung rechtlich hingegen doch etwas anderes als eine Kriminalstrafe, zeigt das zumindest, dass dann die Zuordnung einer Sanktion zum Kriminalstrafrecht oder zu einem sonstigen Rechtsgebiet nicht davon abhängen kann, wie hoch oder schwer sie ausfällt. Denn nach ihrer quantitativ bemessenen Schwere müsste die nach europäischem Recht wegen Wettbewerbsverstößen verhängte Geldsanktion, die bspw. im Fall *Intel* die Milliardengrenze(!) überschritt,[30] sicherlich als Strafe gedeutet werden. Betont man im Einklang mit der Formulierung des Art. 103 Abs. 2 lit. a) AEUV, dass dies nicht so ist, muss die Besonderheit der eigentlichen Kriminalstrafe auf einer anderen Ebene zu suchen sein. Sieht man das anders, kann man darauf bestehen, dass solche Bußen auch Strafen genannt werden sollten oder – angesichts der Rechtsgrundlage im AEUV und der Rspr. des EuGH mit wohl sehr geringen Erfolgsaussichten – darauf beharren, dass Strafen gegen Unternehmen unzulässig sind.

Dafür, dass es einen solchen qualitativen Unterschied der Strafe zur Buße gibt, streitet allerdings, dass nicht jede Sanktion automatisch Strafe im Rechtssinn sein kann. In Art. 103 Abs. 2 lit. a) AEUV werden auch Zwangsgelder eigens erwähnt; auch sie müssen also etwas anderes sein als Bußen oder Strafen.[31] Ordnungsgelder sind keine Strafen, auch wenn sie bspw. nach § 335 Abs. 1 Nr. 1 HGB für das pflichtwidrige Unterlassen verhängt werden, den Jahresabschluss offenzulegen.[32] Das Steuerrecht zeigt das ebenfalls sehr deutlich: Keine Kriminalstrafe ist bspw. der neue „Strafzuschlag" nach § 398 a Nr. 2 AO. Danach wird bei einer nur wegen der Höhe des Hinterziehungsbetrags von mehr als 50.000 € nicht zur Straffreiheit führenden Selbstanzeige nach § 371 AO von der Strafverfolgung abgesehen, wenn ein Geldbetrag in Höhe von 5% der hinterzogenen Steuer gezahlt wird. Das ist gerade kein Zins für die verspätete Zahlung, sondern eine steuerliche, belastende Rechtsfolge, die an eine Steuerstraftat mit höherem Hinterziehungsschaden anknüpft – eine Sanktion. Der Zuschlag ist wie bei § 153 a StPO der Preis für die Einstellung das Verfahrens. Da bei Verweigerung der Zahlung die Fortführung des Strafverfahrens droht, verfängt der Hinweis auf ihre Freiwilligkeit nicht oder doch nur sehr eingeschränkt.

Derjenige, der seinen steuerlichen Erklärungspflichten nicht genügt und dessen Besteuerungsgrundlagen nach § 162 AO geschätzt werden, wird nicht bestraft, wenn seine Einkünfte bei Unklarheiten so veranschlagt werden, dass er eventuell mehr Steuern zahlt, als wenn er seinen steuerlichen Pflichten nachgekommen wäre.[33] Auch wenn er deshalb zuviel Steuern zahlen sollte, wird er nicht für die Nichterfüllung der steuerlichen Pflichten bestraft; der Grundsatz in dubio pro reo gilt nicht bei der Schätzung seiner Einkünfte. Denn würde er gelten, wäre es trotz evtl. Strafbarkeit nach § 370 Abs. 1 Nr. 2 AO vielleicht nicht unattraktiv, die Erklärungspflichten nicht zu erfüllen und auf den Zweifelsgrundsatz zu setzen. Warum aber sollte – aus rein steuerlicher Sicht – derjenige bevorzugt werden, der seine Pflichten nicht erfüllt? Die Unklarheiten gehen deshalb zu Ungunsten des Steuerpflichtigen.[34] Man darf steuerrechtlich die

30 Unter faz.net/aktuell/wirtschaft/kartellbusse-gegen-intel-relativ-1800098.html.

31 Vgl. BVerwGE 117, 332, 338; *Böse* FS Jakobs, S. 15, 18.

32 Siehe *Ransiek* in Achenbach/Ransiek, Hdb. Wirtschaftsstrafrecht, 8. Teil 1 Rn. 134.

33 *Rüsken* in Klein, § 162 AO Rn. 38 m. w. N.

34 BFH NJW 1967, 2380.

Einkünfte nur nicht als Sanktion für die Nicht-Erfüllung steuerlicher Pflichten – also ohne Unsicherheit über die Höhe der Einkünfte – zu hoch schätzen.[35]

Die Erhöhung der Tabaksteuer ist für Raucher ein Übel; sie ist aber keine Strafe für das Rauchen, selbst wenn mit der Erhöhung der Steuer keine fiskalischen Zwecke verfolgt werden, sondern das Verhalten der Raucher beeinflusst werden und der Konsum sinken soll. Die Nichtanerkennung von gezahlten Bestechungsgeldern als absetzbare Betriebsausgabe nach § 4 Abs. 5 Nr. 10 EStG ist keine Strafe, sondern allein eine steuerliche Rechtsfolge, obwohl aus dem Wortlaut des Abs. 5 selbst folgt, dass es sich auch bei Bestechungsgeldern um betriebliche Aufwendungen handeln kann, die sonst den Gewinn mindern. Der Entzug von Lizenzen oder die Kürzung von Beihilfen nach europäischem Recht sind keine Strafen.[36] Und es wäre sicherlich eine verfassungswidrige Ungleichbehandlung, wenn der Betriebsausgabenabzug der natürlichen Person versagt, der körperschaftsteuerpflichtigen Aktiengesellschaft aber erlaubt würde, weil sie selbst nicht schuldhaft handeln kann oder weil ihre Aktionäre in Bezug auf die Bestechung doch „unschuldig" sind – steuerrechtlich ist das zu Recht gänzlich irrelevant.

Schon das geltende Recht kennt eine „Prangerwirkung" nach § 34d Abs. 4 Satz 2 WpHG.[37] Hat ein Mitarbeiter eines Wertpapierdienstleistungsunternehmens gegen Bestimmungen des WpHG verstoßen, können Unternehmen und Mitarbeiter verwarnt werden und dem Unternehmen kann zudem untersagt werden, den Mitarbeiter im bisherigen Aufgabenbereich einzusetzen. Eine solche Anordnung kann auf der Internetseite der Bundesanstalt für Finanzdienstleistungsaufsicht veröffentlicht werden. Bei Korruptionsstraftaten besteht die Möglichkeit der verwaltungsrechtlichen Sperrung für künftige Auftragsvergaben.[38] Nach § 16 Abs. 1 Nr. 1 d) und Nr. 2 c) VOB A können Bewerber vom Vergabeverfahren bei Korruptionsstraftaten ausgeschlossen werden. Die zwangsweise Auflösung einer juristischen Person nach § 396 AktG, § 62 GmbHG oder § 81 GenG wegen der durch sie für die Allgemeinheit hervorgerufenen Gefahren ist die „Todesstrafe" für diese Gesellschaften. Sie ist eine gesellschaftsrechtliche Sanktion und sicherlich nicht durch Art. 102 GG untersagt.

Teilt man diese Auffassung *nicht* und hält die genannten Sanktionen wegen ihres Übelcharakters für Strafen im Rechtssinn, dann folgt daraus, dass es auch Strafen außerhalb des eigentlichen Strafrechts gibt und sie nicht an dessen Regeln gebunden sind – es sei denn, man hält die genannten Sanktionen sämtlich für verfassungswidrig, da oder insofern sie den strafrechtlichen Schuldgrundsatz missachten. Sind sie dagegen keine Strafen, ist es zulässig, sonstige Sanktionen zu verhängen, die den Begrenzungen des Strafrechts nicht unterliegen, sondern denen des Rechtsgebiets, zu dem sie gehören.

Aus dieser zweiten Auffassung folgt ein Weiteres: Man kann das Strafrecht nicht auf die Rechtsfolge der Zufügung eines Übels beschränken, es *muss* etwas hinzukommen, um seine Besonderheit zu erklären. Die beispielhaft genannten Sanktionen können wie

35 Siehe dazu *Ransiek* in Kohlmann, Steuerstrafrecht, Stand Dezember 2011, § 370 AO Rn. 480 ff.

36 Vgl. *Satzger* Internationales Strafrecht, 5. Aufl 2011, § 8 Rn. 4 m.w.N.; *Ransiek* in Kohlmann, Steuerstrafrecht Stand Dezember 2011, § 369 AO Rn. 17 f.; § 370 AO Rn. 44.

37 *Voß* BB 2010, 3099, 3101.

38 Für Hessen s. den Gemeinsamen Runderlass v. 3. April 1995 i.d.F. v. 13. 12. 2010, St.Anz. 52/2010, S. 2831.

auch die Androhung von Kriminalstrafe zur Steuerung von Verhalten eingesetzt werden. Die Steuerungswirkung der Kriminalstrafe kann also ebenfalls nicht ihre Besonderheit sein. Betont man das Ziel der Steuerung, ist die Beschränkung der Diskussion auf das Strafrecht ganz im Gegenteil mehr als unglücklich. Denn es wird der Blick darauf versperrt, dass man auch steuern kann, wenn Belohnungen für die Erfüllung oder Übererfüllung bestimmter Vorgaben gewährt werden, was etwa im Umweltrecht von Interesse sein kann.

4. Nicht-strafrechtliche Sanktionen gegen Unternehmen

a) Geldbußen

Ist die Verhängung von nicht-strafrechtlichen Sanktionen auch gegen Unternehmen oder ihre Träger außerhalb des Strafrechts damit zulässig, ist es aus praktischer Sicht relativ gleichgültig, ob eine Sanktion gegen einen Unternehmensträger als eigentliche Kriminalstrafe oder als eine des Ordnungswidrigkeitenrechts ausgestaltet ist. Denn als mögliche Sanktion gegen ein Unternehmen kommt zuallererst eine Geldsanktion infrage. Für deren Wirkung ist aber ihre Höhe und nicht ihr Name entscheidend. Dass dabei auch in Form der Geldbuße sehr hohe Sanktionen verhängt werden können, der Unterschied zwischen Strafe und Buße also nicht quantitativ zu bemessen ist, wurde schon gezeigt, wenn man das europäische Kartellrecht nicht für unzulässig hält.[39]

Der Zweck der Androhung der Sanktion ist dabei die Steuerung des Unternehmensverhaltens: Unternehmensintern soll dafür gesorgt werden, dass der Verstoß gegen bestimmte bußgeldbewehrte Pflichten unterbleibt und deshalb auch keine Sanktion verhängt wird. Das ist nur dann ein erfolgversprechendes Steuerungsinstrument, wenn der aus Sicht des Unternehmens durch den Verstoß zu erwartende Vorteil geringer ausfällt als die ihm drohende Sanktion. Dafür wiederum ist nicht allein die Höhe der Sanktion entscheidend, sondern einzubeziehen ist die Entdeckungswahrscheinlichkeit der Tat, oder genauer: die Wahrscheinlichkeit, dass die Tat tatsächlich in bestimmter Höhe sanktioniert werden wird. Die angedrohte Strafe mag noch so hoch sein, wer sich sicher ist, dass seine Tat nicht entdeckt werden wird, wird sich auch durch Androhung schwerster Sanktionen in seinem Verhalten nicht steuern lassen. Mit einem Beispiel von *Wolfgang Wohlers* aus der Diskussion kann man das umdrehen: Wer weiß, dass ein „Blitzgerät" am Straßenrand Tempoverstöße registrieren wird, wird in aller Regel seine Geschwindigkeit anpassen, sein Verhalten also durch eine drohende Sanktion beeinflussen lassen.

Die Annahme, mit einer hinreichend hohen Geldsanktion, deren Verhängung tatsächlich auch droht, das Verhalten innerhalb des Unternehmens steuern zu können, ist also plausibel. Denn die natürlichen Personen, die für das Unternehmen handeln, werden versuchen, die Verhängung dieser Sanktionen zu vermeiden, wenn sie dessen Interessen wahren wollen. Es kann natürlich sein, dass dies nicht der Fall ist: Dann aber hätten die Mitarbeiter, die die Sanktion gegen das Unternehmen auslösen, bei Aufdeckung

39 Siehe oben unter 3. b).

der Tat zivil- und arbeitsrechtliche Konsequenzen zu befürchten. Sie werden also auch nicht ohne weiteres die Interessen des Unternehmens außer Acht lassen. Die ihnen intern drohenden Konsequenzen müssen dann ihrerseits schwerwiegender sein als die zu erwartenden persönlichen Vorteile durch Missachtung des Unternehmensinteresses. Kurz: Die Sanktionsandrohung gegen das Unternehmen steuert unter dieser Voraussetzung auch das Verhalten der einzelnen Unternehmensmitarbeiter.

Die Grenzen dieses Ansatzes werden aber ebenfalls sehr schnell deutlich. Wird keine Aufdeckung der Tat befürchtet oder ist die Sanktion zu gering bemessen, tritt auch keine steuernde Wirkung ein. Der Mitarbeiter, der bspw. meint, alles werde gut gehen und das von ihm eingegangene hohe Schadensrisiko werde sich nicht realisieren, wird von einem Verstoß weder durch eine drohende persönliche noch durch eine Unternehmenssanktion abgehalten werden. Das gilt selbst dann, wenn die Annahme, alles werde gut gehen, höchst irrational ist, der Täter also – um bei § 266 StGB gebräuchliche Formulierungen zu verwenden – wie ein Spieler höchste Risiken für seinen Arbeitgeber eingeht. Gleiches gilt für den, der sich keinerlei Gedanken über die Konsequenzen seines Handelns macht.

Für diese letzteren Fälle ist es zudem völlig gleichgültig, ob man die Sanktion dem Strafrecht zuschlägt oder einem anderen Rechtsgebiet zuordnet. Ob der Mitarbeiter nun davon überzeugt ist, dass ihn zivilrechtliche oder strafrechtliche Sanktionen gleichermaßen *nicht* treffen werden, ist ohne jede Bedeutung. Deshalb ist auch gar nicht auszumachen, welchen Vorteil im Hinblick auf die Steuerungswirkung die Verhängung einer kriminalstrafrechtlichen Sanktion gegenüber dem Unternehmensträger haben könnte.

Lässt sich der für das Unternehmen handelnde Mitarbeiter durch die Androhung einer hinreichend hohen, nicht-kriminalstrafrechtlichen Sanktion gegen das Unternehmen, die die für das Unternehmen unter Berücksichtigung der Sanktionswahrscheinlichkeit erstrebten wirtschaftlichen Vorteile übersteigt, von der Tat abhalten, ist eine kriminalstrafrechtliche Sanktion gar nicht notwendig, da das Ziel schon ohne sie erreicht wird. Ist die Verhängung von Strafe im Vergleich zur Verhängung einer Buße die schwerere Sanktion, ist sie nicht erforderlich und damit unverhältnismäßig.

Lässt der Mitarbeiter sich dagegen dadurch *nicht* von dem Verstoß abhalten, handelt er notwendig irrational, wenn er trotzdem noch die Interessen des Unternehmens wahren und es nicht im Gegenteil schädigen will,[40] denn aus seiner Sicht führt sein Verhalten wegen der erwarteten Sanktion zu Nachteilen für das Unternehmen. Dann aber müsste man begründen, warum sich an diesem irrationalen Verhalten durch die Androhung von Kriminalstrafe etwas ändern sollte. Es müsste erklärt werden, warum ein Unvernünftiger durch die Androhung von Strafe wieder vernünftig werden könnte. Anders: Ein Unvernünftiger kann auch durch die Androhung einer schwereren Sanktion in seinem Verhalten aller Wahrscheinlichkeit nach *nicht* beeinflusst werden.

Man mag einwenden, dass es um den besonderen sozialen Unwertgehalt der Tat geht, dass die Verhängung einer Kriminalstrafe gegen das Unternehmen deutlich mache,

---

40 Dann handelt es sich nicht mehr um eine dem Unternehmen zurechenbare Tat, s. unten 4.b).

dass die Tat in besonderer Weise sozial-ethisch missbilligt werde.[41] Das mag sein, nur: Was hat man überhaupt von dieser Missbilligung der Tat oder des Unternehmens? Nicht die Missbilligung ist das Ziel, sondern das Unterbleiben des untersagten Verhaltens. Dass eine Aktiengesellschaft nicht in gleicher Weise Mörder sein kann wie einer ihrer Mitarbeiter, der vorsätzlich tödliche Folgen für Dritte auslöst, liegt ohnehin auf der Hand.

b) Die Beschränkung wirtschaftlicher Freiheit

Als gegenüber einem Unternehmen unpassende Sanktion wird man auf den ersten Blick die Freiheitsstrafe ansehen – sie wird man intuitiv dem Kriminalstrafrecht vorbehalten. Die Verhängung einer solchen Strafe gegenüber einem Unternehmen(sträger) scheint allerdings ohnehin eine fernliegende Idee zu sein. Bedeutet eine Freiheitsstrafe für eine natürliche Person jedoch die Beschränkung ihrer Fortbewegungsfreiheit, kann man eine dem entsprechende Sanktion für ein Unternehmen in der Beschränkung seiner wirtschaftlichen Betätigungsfreiheit sehen. Denkbar wäre als Reaktion auf unternehmensbezogene Taten also ein Verbot, in bestimmten Geschäftsbereichen überhaupt tätig zu werden, wie das für natürliche Personen in § 70 StGB vorgesehen ist, oder aber die wegen begangener Straftaten angeordnete Überwachung der Unternehmenstätigkeit durch externe Kontrolleure, wie sie *Bernd Schünemann* schon vor einiger Zeit vorgeschlagen hat.[42] Auch im Zivilrecht wurde bereits in den 1980er Jahren diskutiert, ob nicht Vertreter des öffentlichen Interesses zum besseren Schutz der Verbraucher oder von Umweltbelangen in die Geschäftsführung eines Unternehmens entsandt werden könnten.[43]

Ob eine solche Sanktion nun den „Königsweg“[44] darstellt oder nicht: Schon der Hinweis auf das Berufsverbot des § 70 StGB und den Schutz der Verbraucher bzw. den der Öffentlichkeit durch besondere Interessenvertreter belegt, dass eine solche Sanktion nicht zwingend als Strafe dem Kriminalstrafrecht zugeordnet werden müsste. Aus der bloßen Ähnlichkeit zur gegenüber einer natürlichen Person verhängten Freiheitsstrafe lässt sich das sicherlich nicht folgern, ebenso wenig wie die Auflösung der Gesellschaft eine Todesstrafe ist.[45]

Hält man also solche Sanktionen für sinnvoll, sind sie nicht von der Zuordnung zum Kriminalstrafrecht abhängig. Will man öffentliche Belange innerhalb eines Unternehmens durch unternehmensexterne Vertreter stärker zur Geltung bringen, bedarf es noch nicht einmal einer Anlasstat, um solche Ziele verwirklichen zu können. Unter diesem Gesichtspunkt hat das Strafrecht also nichts Besonderes zu bieten.

---

41 Siehe nur BVerfGE 123, 267 Rn. 355; *Stree/Kinzig* in Schönke/Schröder, Vorbem. §§ 38 ff. StGB Rn. 37.

42 Siehe *Schünemann* FS Tiedemann, S. 429, 446 f. m. w. N.

43 *Rehbinder* ZGR 1989, 305; s. auch *Coffee* 63 Va. L. Rev. 1099, 1143 (1977).

44 *Schünemann* FS Tiedemann, S. 429, 446.

45 Siehe oben 3.b).

c) Sonstige Sanktionen

Der Verfall von durch eine Straftat erlangten Vorteilen kann bei einem Unternehmensträger nach § 73 Abs. 3 StGB „brutto" abgeschöpft werden; Gleiches ist aber auch bei einer Ordnungswidrigkeit nach § 29a Abs. 2 OWiG[46] möglich.[47] Dass § 17 Abs. 4 OWiG noch von „wirtschaftlichen Vorteilen" aus der Ordnungswidrigkeit spricht, die nach § 30 Abs. 3 OWiG entzogen werden sollen, passt nicht zum ansonsten geltenden Bruttoprinzip, lässt sich aber ohne Weiteres ändern.

Weist man dem zivilrechtlichen Schmerzensgeld auch eine Genugtuungsfunktion zu,[48] belegt das, dass eine über den Ersatz eines Schadens hinausgehende Sanktion zivilrechtlich zu Gunsten des Opfers verhängt werden kann. Das schon ganz prinzipiell „punitive damages" im deutschen Zivilrecht unzulässig sind, lässt sich deshalb wohl nicht behaupten. Im „Ford Pinto"-Fall wurden solche Ansprüche u. a. auch deshalb in großer Höhe zugesprochen, um der Ford Motor Co. die wirtschaftlichen Vorteile aus der Produktion fehlerhafter Pkw zu entziehen. Es wurde bereits darauf hingewiesen, dass es in Teilbereichen schon Sonderregelungen mit Sanktionscharakter gibt, wie etwa § 34d Abs. 4 S. 2 WpHG belegt.[49]

Ein Unterschied lässt sich freilich ausmachen: Es geht nicht so sehr um die rechtliche Zuordnung der Sanktion, sondern um das Verfahren, in dem eventuelle Verstöße ermittelt werden können. Weist man etwa eine Sanktion dem Zivilrecht zu, wäre der einzelne Geschädigte darauf verwiesen, Ansprüche selbst geltend zu machen. Dass angesichts der Schwierigkeiten, die zum Nachweis von Fehlverhalten notwendigen Informationen über Unternehmensinterna zu erhalten, die alleinige Zuordnung zum Zivilrecht eine nicht sonderlich Erfolg versprechende rechtliche Strategie ist, liegt dabei geradezu auf der Hand.

Will man für eine strafrechtliche Regelung streiten, könnte also das daran anknüpfende Strafverfahrensrecht der eigentliche Grund für die Wahl der materiellen Sanktion sein. Aber auch § 46 Abs. 1 OWiG verweist für das Verfahren wegen einer Ordnungswidrigkeit auf die Strafprozessordnung. Geht es hauptsächlich um prozessuale Regelungen, wie eine Unternehmenssanktion durchgesetzt werden kann und welche Verteidigungsrechte man dem Unternehmen zubilligen will,[50] dann sollte dies nicht verdeckt über den Streit um eine kriminalstrafrechtliche Sanktion ausgetragen werden.

Auch hier gilt: Will man einen Unternehmensträger genauso wie eine natürliche Person dem Kriminalstrafrecht unterwerfen, dann müssten für den gleichen Unrechtsvorwurf wie gegenüber dem Einzelnen die gleichen Verteidigungsrechte gelten. Will man das nicht, weil man bspw. mit dem EuGH[51] und dem BVerfG[52] davon ausgeht, dass ein Unternehmensträger nicht den verfassungsrechtlichen Schutz des „nemo-tenetur"- Grundsatzes genießt, würde es auf der Ebene des Verfahrensrechts trotz des identischen Tat-

---

46 Siehe dazu den Beitrag von *Imme Roxin* in diesem Tagungsband.
47 Zum Streit über den Strafcharakter des Verfalls s. oben bei Fn. 15.
48 BGHZ 18, 149, 154ff.; 128, 117, 120f.
49 *Voß* BB 2010, 3099, 3101. Zu anderen Beispielen s. oben 3.b).
50 Vgl. zum Verfahren *Trüg* ZWH 2011, 6, 11ff.
51 EuGH Slg. 1989, 3283 (Orkem); Slg. 1993, I-5683 (Otto BV).
52 BVerfGE 95, 220; zum geltenden einfachen Recht s. §§ 444, 432 Abs. 2 StPO.

vorwurfs Unterschiede geben. Unternehmensträger und natürliche Personen würden nicht gleich behandelt. Auch das ist aber das Eingeständnis, dass Unternehmensträger und natürliche Personen eben nicht gleich sind. Das spricht ebenfalls dagegen, durch die Wahl einer einheitlichen Kriminalsanktion diesen falschen Eindruck zu wecken.

5. Unternehmensträgerpflichten und Verantwortung

a) Eigene oder zugerechnete Schuld

Dass ein Unternehmen nach geltendem Recht überhaupt verantwortlich sein kann, zeigt § 30 OWiG.[53] Dass einem Unternehmen oder Unternehmensträger eine Tat andererseits nicht in genau gleicher Weise zur Last gelegt werden kann wie einer natürlichen Person, ist auch selbstverständlich. Der natürlichen Person kann man etwas persönlich vorwerfen, der juristischen Person oder der Personengesellschaft nicht. „There is no body to kick and no soul to damn."[54]

Geht man deshalb davon aus, dass dem Unternehmen zur Begründung seiner Verantwortung das Handeln seiner Organpersonen oder auch das sonstiger Mitarbeiter zugerechnet werden muss, ist schon im Ansatz klar, dass es nicht um einen persönlichen Vorwurf an das Unternehmen geht, sondern dass es für fremdes Verschulden einzustehen hat – eben haftet.

Aber auch wenn man meint, dass die juristische Person selbst durch ihre Organe handlungsfähig sei, kommt man nicht daran vorbei, dass dann dem Verband das Handeln der für sie tätigen Organpersonen zugerechnet wird. Ob man das als eigene Handlung der juristischen Person durch bestimmte für sie tätige natürliche Personen ausweist oder aber als Zurechnung des Verhaltens bestimmter natürlicher Personen an das Unternehmen bezeichnet, ist schlechthin gleichgültig,[55] denn dasselbe wird nur aus unterschiedlichen Blickwinkeln betrachtet. Die juristische Person ist eine Zweckschöpfung des Gesetzgebers, so dass es wenig aussichtsreich ist, von einer vom positiven Recht losgelösten Grundlage für sie zu suchen.[56] Ist die juristische Person als Träger von Rechten und Pflichten ein gesetzgeberisches Konstrukt, Wirklichkeit nur durch diesen Akt, dann muss es dem Gesetzgeber auch frei stehen zu entscheiden, welche natürlichen Personen verantwortlich für dieses Gebilde handeln können. Der Gesetzgeber war nicht aus übergeordneten Rechtsgrundsätzen zur Anerkennung der juristischen Person verpflichtet – es war wirtschaftlich sinnvoll, mehr nicht.

Man kann von krimineller Verbandsattitüde[57] oder von Organisationsverschulden[58] sprechen. Es sind aber immer natürliche Personen, die diese kriminelle Haltung des Ver-

---

53 Siehe auch die anderen Beispiele unter 3.b).

54 So der Titel des Aufsatzes von *John C. Coffee* 79 Mich.L.Rev. 386 (1981); von wem die Aussage ursprünglich stammt, ist nicht sicher belegt.

55 *K. Schmidt* wistra 1990, 130, 133. Anders wohl *Lüderssen* zu diesem Band.

56 *Ellenberger* in Palandt, Einführung vor § 21 BGB Rn. 1.

57 *Schünemann* FS Tiedemann, S. 429, 439.

58 Vgl. *Dannecker* GA 2001, 101, 118 f.

bands bestimmen oder die ihn schlecht organisieren,[59] und für die der Unternehmensträger verantwortlich ist. Wenn also betont wird, dass ein Unternehmensträger für Rechtsverletzungen aufgrund fehlerhafter Organisation einzustehen habe, ist damit nicht gemeint, dass ein vom Verhalten natürlicher Personen ablösbares Verschulden vorliege, sondern es wird umschrieben, für welchen Bereich der Unternehmensträger die Verantwortung für Pflichtverletzungen zu übernehmen hat. Es geht um *vermeidbare* Pflichtverletzungen, wobei die Pflicht selbst dem Unternehmen obliegen muss.

Wendet man den Blick von der juristischen Person auf andere Unternehmensträger, zeigt sich allerdings, dass sich eine kriminalstrafrechtliche Verantwortung für aufgrund des Unternehmensbezugs zugerechnetes Verhalten nicht überzeugend begründen lässt. Geht es um eine Sanktion wegen der Verletzung dem Unternehmensträger obliegender Pflichten, für die er die Haftung zu übernehmen hat, ist möglicher Adressat einer solchen Sanktion auch der Einzelunternehmer.[60] Ansonsten wäre dieser Unternehmensträger im Vergleich zu anderen ungerechtfertigt bevorzugt. Wird aber dem Einzelunternehmer das Verhalten von (leitenden) Mitarbeitern oder sonstigen Vertretern aufgrund dieser Eigenschaft zugerechnet, muss deutlich gemacht werden, dass diese abgeleitete Haftung etwas anderes ist als die im Kriminalstrafrecht sonst vorausgesetzte persönliche Vorwerfbarkeit der Tat.[61]

Bringt der Einzelkaufmann selbst, als Mit- oder als mittelbarer Täter mit gesundheitsschädlichen Stoffen vermischte Gegenstände in den Verkehr, durch die ein Mensch stirbt (§ 314 Abs. 1 Nr. 2 i.V.m. § 308 Abs. 3 StGB),[62] begründet dies eine ganz andere (nämlich persönliche) Verantwortung als die, in der er unpersönlich als Unternehmensträger dafür einzustehen hat, dass ein (leitender) Mitarbeiter oder sein gesetzlicher Vertreter (vgl. § 14 Abs. 1 Nr. 3 StGB) eine solche Handlung begangen hat, die dem Einzelunternehmer allein deshalb zugerechnet wird, weil es sich dabei um eine Handlung für sein Unternehmen, um die Verletzung betrieblicher Pflichten, handelte.[63]

Dieser Unterschied sollte ausgedrückt werden, ansonsten würde Ungleiches gleich behandelt. Man darf den Unterschied nicht einfach dadurch einebnen, dass man beide Fälle in gleicher Weise mit Kriminalstrafe belegt. Deshalb ist es auch wenig überraschend, dass in der Diskussion der einzelnen Beiträge der Tagung auch diejenigen, die für eine Unternehmensstrafe eintraten, den Einzelunternehmer fast wie selbstverständlich von dieser Sanktion ausnehmen wollten. Ist aber Anknüpfungspunkt der Sanktion die vermeidbare Verletzung einer dem Unternehmen obliegenden Pflicht, ist es sinnvoller, für alle Unternehmensträger deutlich zu machen, dass es gerade *nicht* um eine persönliche Verantwortung, sondern um eine Haftung für zugerechnetes Verhalten geht und *keine* strafrechtliche Lösung für die Unternehmenssanktion zu wählen.

59 *Rogall* in KK-OWiG, § 30 Rn. 6 m.w.N.
60 *K. Schmidt* wistra 1990, 131, 133 zum Kartellrecht.
61 *Mestmäcker/Schweitzer* Europäisches Wettbewerbsrecht, 2. Aufl. 2004, § 21 EGWbR Rn. 17.
62 Vgl. BGHSt. 37, 106.
63 Vgl. dazu schon New York Central and Hudson River Railroad Co. v. U.S. 212 U.S. 481, 496 (1909); U.S. v. A & P Trucking Co. 358 U.S. 121, 126 (1958).

b) Zurechnung von Mitarbeiterverhalten

Geht es immer um die Zurechnung des Verhaltens natürlicher Personen, für welches das Unternehmen einzustehen hat und haftet, ist natürlich fraglich, wessen Verhalten man dem Unternehmen oder Unternehmensträger zurechnen sollte. Dass der Gesetzgeber hier keinen übergesetzlichen Beschränkungen mit Ausnahme des Willkürverbots unterliegt, wurde schon angesprochen.[64]

In den USA ist vom U.S. Supreme Court seit der Entscheidung *New York Central and Hudson River Railroad Co. v. U.S.* aus dem Jahr 1909 die respondeat superior-doctrine anerkannt.[65] Gegenstand dieser Entscheidung war die Gewährung nach dem Elkins Act unzulässiger Rabatte durch eine Eisenbahngesellschaft. Zuckerunternehmen hatten zunächst für den Transport von Zucker von New York City nach Detroit, Michigan, die öffentlich bekannt gemachten, für alle anderen Auftraggeber geltenden Eisenbahnfrachttarife beglichen, dann aber zuvor vereinbarte Rückvergütungen erhalten. Diese wurden eingeräumt, um einen Wechsel von der Eisenbahn auf den Wasserweg zu verhindern. Der U.S. Supreme Court hielt eine gesetzliche Norm, die die strafrechtliche Verantwortung der Frachtgesellschaften für das Verhalten ihrer Mitarbeiter begründete, für verfassungsgemäß. Das Verhalten aller Mitarbeiter und Vertreter, die für die corporation im Rahmen ihrer Beschäftigung oder in deren Auftrag handeln, kann danach als Verhalten der Frachtgesellschaft selbst angesehen werden, wenn letztere durch die Tat profitieren sollte.[66]

Ausgeschlossen ist eine Zurechnung dann, wenn der Mitarbeiter die Tat zum Nachteil des Unternehmens begeht. Die handelnden Personen waren allerdings nicht gänzlich untergeordnete Arbeitnehmer, sondern der für die Festsetzung der Frachttarife zuständige general freight traffic manager und ein assistant freight traffic manager.

Auch nach europäischem Wettbewerbsrecht kann das Verhalten eines *jeden* Mitarbeiters, der bei der Ausführung betrieblicher Tätigkeiten eine Tat begeht, dem Unternehmen zugerechnet werden. In der „Pioneer"-Entscheidung wurde damit der Einwand einer deutschen KG, nur ihr Komplementär könne ihre Haftung wegen eines Wettbewerbsverstoßes begründen, vom EuGH ausdrücklich zurückgewiesen:[67] Die Anwendung der Normen, die die Kommission ermächtigen, gegen Unternehmen und Unternehmensvereinigungen Geldbußen festzusetzen, wenn diese vorsätzlich oder fahrlässig Zuwiderhandlungen begangen haben, setze keine Handlung und nicht einmal Kenntnis der Inhaber oder Geschäftsführer des betreffenden Unternehmens voraus, sondern es genüge die Handlung einer Person, die berechtigt sei, für das Unternehmen tätig zu werden. Der darauf folgende Absatz der Begründung weist freilich darauf hin, dass es durchaus relevant sein kann, ob der Handelnde die ihm von der Geschäftsleitung übertragenen Befugnisse überschritten hat oder nicht. Und auch hier gilt, dass nur schwer

---

64 Siehe oben 5.a).

65 212 U.S. 481, 496 (1909); s. dazu auch *Perschke* FS Achenbach, S. 317, 319ff.; zu älteren Entscheidungen s. *Weissmann/Newman* 82 Ind. L.J. 411, 417ff. (2007).

66 New York Central and Hudson River Railroad Co. v. U.S. 212 U.S. 481, 491f., 495 (1909); s. auch *Diskant* 118 Yale L.J. 126, 135 (2008).

67 EuGH Slg. 1983, 1825, 1903 („Pioneer").

vorstellbar ist, dass ganz untergeordnete Arbeitnehmer den Wettbewerb beschränkende Abreden treffen könnten.

Deshalb ist es auch sehr zweifelhaft, ob die Zurechnungslösung des deutschen Rechts im Ergebnis davon überhaupt noch faktisch erheblich abweicht.[68] Ursprünglich war zwar die Verantwortung der durch § 30 OWiG erfassten Unternehmensträger auf durch Organpersonen oder vertretungsberechtigte Gesellschafter begangene Straftaten oder Ordnungswidrigkeiten beschränkt. Der Kreis der Personen, die die Buße auslösen können, wurde jedoch erweitert, so dass nunmehr jeder Generalbevollmächtigte oder in leitender Stellung als Prokurist Tätige und bei juristischen Personen darüber hinaus auch jede sonstige Person, die für die Leitung des Unternehmens verantwortlich handelt, die Anknüpfungstat begehen kann.

Dazu gehören nach dem Gesetzeswortlaut auch diejenigen Personen, die die Geschäftsführung zu überwachen haben oder sonst Kontrollbefugnisse in leitender Stellung ausüben. Zu letzteren Personen könnten auch die in jüngerer Zeit intensiv diskutierten Compliance-Beauftragten zählen, die nach h.M. als Garanten nach § 13 StGB dafür zu sorgen haben, dass keine Straftaten oder Ordnungswidrigkeiten aus dem Unternehmen heraus begangen werden, wenn sie eine entsprechende Aufgabe übernommen haben.[69] Berücksichtigt man zudem die bußgeldbewehrte Aufsichtspflichtverletzung nach § 130 OWiG als mögliche Anknüpfungstat für § 30 OWiG, dürfte auch in den Fällen, in denen untergeordnete Mitarbeiter betriebliche Taten begehen, die durch gehörige Aufsicht wenigstens wahrscheinlich hätten verhindert werden können, die Haftung des Unternehmensträgers jedenfalls deutlich leichter zu begründen sein als nach früherem Recht. Will man also nicht den Weg zurück zu einer Beschränkung der Verbandssanktion ausschließlich für das Verhalten seiner Organpersonen gehen,[70] sind die Unterschiede materiellrechtlich wohl eher als geringfügig einzustufen.

c) Das Unternehmen als Einheit

Der Vorteil der amerikanischen und europarechtlichen Lösung im Vergleich zu § 30 OWiG ist eher auf der prozessualen Seite zu suchen. Auf Feststellungen dazu, welcher einzelne Mitarbeiter gehandelt oder unterlassen hat, kann bei einer Fahrlässigkeitstat *vollständig* verzichtet werden, wenn nur feststeht, dass überhaupt hätte gehandelt werden müssen.[71] Können hingegen nur bestimmte Mitarbeiter die Haftung des Unternehmens auslösen, muss zumindest bekannt sein, dass der die Haftung Auslösende zu dieser relevanten Gruppe gehört.

---

68 Von einer wesentlich erweiterten Haftung nach europäischem Recht geht hingegen *Fromm* ZIS 2007, 279, 285 aus.

69 BGHSt. 54, 44. Selbstverständlich ist die Annahme einer leitenden Stellung des Beauftragten jedenfalls dann nicht, wenn ihm keine Weisungsbefugnisse übertragen wurden, sondern seine Aufgabe allein in der Information von Vorstand und/oder Aufsichtsrat besteht. Der Aufsichtsrat einer Aktiengesellschaft hat aber grundsätzlich ebenfalls keine Weisungsrechte gegenüber dem Vorstand und insofern auch keine Leitungsmacht.

70 So *Muders* wistra 2011, 405 ff.

71 Das gilt nicht für Vorsatztaten, s. *Note* 92 Harv. L. Rev. 1229, 1249 (1979) m. w. N.

Ein solcher prozessualer Vorteil begründet natürlich noch nicht, dass es auch sachgerecht wäre, das Unternehmen für das betriebliche Verhalten aller Mitarbeiter einstehen zu lassen. Aber auch insofern ist die im Vergleich zum deutschen Recht weitergehende Haftung überzeugend.

Beseitigt würde zum einen der (wenigstens theoretische) Widerspruch, dass nach geltendem Recht über § 30 OWiG kleine Unternehmensträger mit wenigen Organisationsebenen eher haften als große. Der Geschäftsführer der Maler-GmbH mit drei Gesellen und einer Sekretärin hat sich viel eher selbst um die Verkehrstüchtigkeit der betrieblichen Kfz zu kümmern als der Vorstandsvorsitzende einer DAX-AG um deren Fuhrpark. Begründet die Zugehörigkeit der Kfz zum Unternehmen aber eine Zuständigkeit des Unternehmens, für ihre Verkehrstüchtigkeit zu sorgen, ist das nicht berechtigt.[72]

Vor allem aber geht es zum anderen um die Anerkennung des Unternehmens in seiner Gesamtheit als eigener Pflichtenträger für die Einhaltung der Regeln seines Tätigkeitsbereichs. Primärer Kartelldelinquent ist bspw. das Unternehmen – nicht seine Mitarbeiter.[73] Für die Einhaltung der den Wettbewerb regelnden Normen ist das Unternehmen insgesamt verantwortlich und haftet deshalb für das Fehlverhalten sämtlicher Mitarbeiter.[74] Gibt man dem Unternehmensträger im Wettbewerb Rechte, die er geltend machen kann – und nicht seinen Mitarbeitern –, ist es umgekehrt legitim, ihm Pflichten aufzuerlegen – und nicht seinen Mitarbeitern.

Ein Unternehmen, das die es treffenden Pflichten nicht einhält, erweitert unzulässig zum eigenen Vorteil seinen Handlungsspielraum. Deshalb treffen es die Folgen, und zwar auch dann, wenn es wirtschaftliche Auswirkungen auf „unschuldige" Aktionäre oder Arbeitnehmer gibt.[75] Die Anerkennung als juristische Person bedeutet gerade, dass ihr Vermögen nicht mit dem der Gesellschafter identisch und sie selbständiger Träger eigener Rechte ist. Kann sie aber selbst Träger von Rechten sein, wäre es unverständlich, warum dies für Pflichten anders sein sollte.

Kann eine natürliche Person als Unternehmer für die Verletzung der ihr in dieser Funktion obliegenden Pflichten verantwortlich gemacht werden, muss Gleiches für die Personengesellschaft oder juristische Person gelten, da diese ansonsten ungerechtfertigt bevorzugt wären, wenn bei der natürlichen Person die Sanktion nach dem Unternehmenswert bemessen würde, bei der juristischen Person aber nach dem Vermögen der für sie handelnden Personen.[76] Selbstverständlich wird der Betriebsausgabenabzug für

---

72 *Ransiek* Unternehmensstrafrecht, S. 109f.

73 *K. Schmidt* wistra 1990, 131, 133; s. auch *Heine* FS Achenbach, S. 127, 130; *Dannecker* GA 2001, 101, 109f.

74 Vgl. *Lüderssen*, in seinem Beitrag: „Der Betrieb ist das Band, das viele teilweise weit voneinander getrennt arbeitende Personen zusammenhält ...".

75 Vgl. zu diesem Einwand schon New York Central and Hudson River Railroad Co. v. U.S. 212 U.S. 481, 492 (1909); Legitimationsgrundlage der Sanktion ist deshalb nicht ein „Rechtsgüternotstand", so aber *Schünemann* FS Tiedemann, S. 429, 440. Wirtschaftliche Auswirkungen auf unschuldige Dritte gibt es auch sonst im Strafrecht, worauf *Salditt* FS Achenbach, S. 433, 437 zu Recht hinweist. Nicht rechtfertigen könnte man es bspw., den ledigen Straftäter zu einer Freiheitsstrafe zu verurteilen, wegen der Auswirkungen auf die Ehefrau eine solche Sanktion aber ganz generell für Verheiratete zu untersagen.

76 New York Central and Hudson River Railroad Co. v. U.S. 212 U.S. 481, 495 (1909); *Dannecker* GA 2001, 101, 103.

betrieblich veranlasste Bestechungsgelder nach § 4 Abs. 5 Nr. 10 EStG auch der Aktiengesellschaft oder GmbH über § 8 KStG versagt, obwohl die Aktionäre nicht für die Bestechung verantwortlich sein mögen und sich über die erhöhte Körperschaftsteuerlast der für sie ausschüttbare Gewinn mindert. Es geht um die Pflichten des Steuerpflichtigen, nicht um die seiner Gesellschafter.

In der „Pioneer"-Entscheidung wird vom EuGH deshalb konsequent die zentrale Stellung der Fa. Pioneer Antwerpen gegenüber den nationalen Händlern hervorgehoben. Pioneer Antwerpen, eine 100%ige Tochter von Pioneer Tokyo, hatte die Aufgabe, den Verkauf von Produkten in Europa zu koordinieren, schloss Alleinvertriebsvereinbarungen und verteilte die Produkte. Es geht um die Stellung und die Pflichten dieses Unternehmens, nicht um die Bedeutung oder um Pflichten einzelner Mitarbeiter. Deshalb ist auch § 1 GWB ausdrücklich als Unternehmenspflicht ausgestaltet. Dann aber ist es wenig einleuchtend, wenn wegen Verletzung dieser Pflicht das Unternehmen nicht direkt in die Haftung genommen wird, sondern zunächst seine Mitarbeiter wegen einer Ordnungswidrigkeit verantwortlich sein müssen,[77] um über diesen Umweg schließlich doch den Unternehmensträger belangen zu können. Die Bemessung der Sanktion muss deshalb auch auf das Unternehmen bezogen sein, so dass es etwa darum geht, ob das Unternehmen, nicht ob für es tätige Personen rückfällig wurden.[78]

Daraus folgt: In bestimmten Bereichen sollte das Unternehmen bzw. sein Träger selbst direkt für die Einhaltung von Ge- oder Verboten in die Pflicht genommen und für vermeidbare Verstöße sanktioniert werden – und damit als wirtschaftliche und rechtliche Einheit mit eigenen Pflichten ernst genommen werden.[79] Daraus folgt auch, dass sämtliche Unternehmensträger – einschließlich des Einzelkaufmanns – in diese Verantwortung einbezogen sein müssen. *Jeder* Unternehmensträger hat die ihn als solchen treffenden Pflichten[80] einzuhalten. Es gibt keinen Grund, einzelne Träger davon auszunehmen.

d) Ein vergleichender Blick auf das Zivilrecht

Die gerade dargelegte Sicht ist dem deutschen Recht durchaus vertraut, sie entspricht der des Zivilrechts: Nach § 1 ProdHaftG haftet bspw. für Schäden durch fehlerhafte Produkte der Hersteller i.S. des § 4 ProdhaftG. Das ist derjenige, der als Unternehmer das Produkt hergestellt hat, was in der Literatur ausdrücklich als Gegensatz zur Verantwortung des einzelnen Mitarbeiters gekennzeichnet wird.[81] Hersteller ist nach § 14 BGB der Unternehmer, was juristische Personen und rechtsfähige Personengesellschaften einschließt. Denn dieser Unternehmer bietet am Markt planmäßig Leistungen an,[82] nicht seine Mitarbeiter. Und auch bei der deliktischen Produkthaftung nach § 823

77 Mit Ausnahme des § 30 Abs. 4 OWiG.
78 Entscheidung der Kommission v. 7. 12. 1988, ABl. 1989 L 33, S. 44, 67 („Flachglas").
79 Siehe *Alvarado* FS Tiedemann, S. 413, 418.
80 So die frühere Formulierung des § 130 OWiG.
81 *Sprau* in Palandt, § 4 ProdhaftG Rn. 2; s.a. *Wagner* in MünchKomm BGB, § 4 ProdhaftG Rn. 6f.
82 Vgl. BGH NJW 2006, 2250, 2251.

Abs. 1 BGB wird als Pflichtenträger das herstellende Unternehmen angesehen, nicht die einzelne natürliche Person, die für dieses Unternehmen handelt.[83]

Bereits das RG hatte 1915 in einem Fall, in dem mit Glassplittern verunreinigtes Brunnensalz zu Gesundheitsschäden von Verbrauchern führte, seine Schadensersatz zusprechende Entscheidung zwar noch auf § 831 BGB gestützt, ausdrücklich aber betont, dass es unerheblich sei, dass die Klägerin den für die Kontamination verantwortlichen Verrichtungsgehilfen des Herstellers nicht identifizieren konnte. Es sei verfehlt, von ihr nähere Angaben darüber zu verlangen, „wie in der Fabrik der Beklagten die Glassplitter zwischen das Salz gekommen seien".[84] Ist die Person aber irrelevant, die den Schaden ausgelöst hat, kann man sich für ihr Verhalten auch nicht nach § 831 Abs. 1 S. 2 BGB entlasten. Heute ist die Produkthaftung ohnehin als Unternehmenshaftung etabliert: „Die Verkehrspflichten des Warenherstellers sind an das Unternehmen adressiert, und letzteres muss sich das Verhalten seiner Organe und nachgeordneten Mitarbeiter ohne Entlastungsmöglichkeit zurechnen lassen."[85]

Dann ist es konsequent, wenn dieser Unternehmer (durch *alle* Mitarbeiter und Beauftragte) dafür zu sorgen hat, dass die ihm als Hersteller, Importeur usw. vorgegebenen rechtlichen Vorgaben und Regeln der Produktion eingehalten werden, und er für Verstöße gegen diese Regeln selbst zur Verantwortung gezogen wird. Androhung und Verhängung der Sanktion haben den Sinn, eine entsprechende unternehmensinterne Organisation auf die Vermeidung der Verstöße auszurichten.

Das Unternehmen haftet als Einheit bei vermeidbarer Verursachung von Schäden; über den Schadensersatz hinausgehende Sanktionen werden angedroht, um das Unternehmensverhalten präventiv zu steuern, damit Schäden vermieden werden. Die Parallele wird besonders deutlich, da schon der Androhung von Schadensersatz ihrerseits präventive Wirkung zukommt. Deshalb ist es auch wenig überraschend, dass die amerikanische respondeat superior-doctrine[86] ihren Ursprung ebenfalls im Deliktsrecht hat.[87] Stimmt man zu, dass der Unternehmensträger den bei Außenstehenden eintretenden Schaden zu ersetzen hat, sehe ich keinen Grund, warum man sein Verhalten nicht durch Androhung und Verhängung einer Sanktion zur Vermeidung derselben Schäden steuern können soll. Das Argument, wirtschaftlich seien „unschuldige" Gesellschafter betroffen, geht deshalb fehl.

Ohne Anspruch auf Vollständigkeit nenne ich weitere Bereiche, in denen sich solche Pflichten formulieren lassen: Umwelt(straf)recht, die Betreiber- oder Herstellerdelikte, die Pflicht des Kaufmanns zur ordnungsgemäßen Erstellung des Jahresabschlusses, die Pflicht von Speditionsunternehmen, für die Einhaltung der Lenk- und Ruhezeiten zu sorgen[88] oder die Pflicht des Emittenten nach § 15 WpHG, ihn betreffende Insiderinformationen unverzüglich zu veröffentlichen.

---

83 *Wagner* in MünchKomm BGB, § 823 Rn. 592, 601 ff.

84 RGZ 87, 1, 3.

85 *Wagner* in MünchKomm BGB, § 823 Rn. 593 m. w. N.

86 Siehe oben 5.b).

87 *Note* 92 Harv. L. Rev. 1229, 1247 (1979) m. w. N.

88 EuGHE 1991, 4371 („Vandevenne").

6. Vermeidbarkeit des Verstoßes

a) Unvermeidbare Risiken und Schäden

Nimmt man die Brunnensalz-Entscheidung des RG[89] noch einmal als Beispiel, so ist auch für die Verhängung einer Sanktion als Reaktion für die durch das Salz hervorgerufene Gefahr entscheidend, dass entweder die Verunreinigung selbst vermeidbar war oder sie durch gebotene Kontrollen vor Vertrieb des Salzes hätte entdeckt werden können. Das Unternehmen oder sein Träger können jedoch nicht automatisch allein deshalb mit einer Sanktion belegt werden, weil überhaupt ein Dritte gefährdendes oder schädigendes Ereignis eintrat.[90]

Der Hersteller eines Produkts hat mit dem notwendigen und zumutbaren Aufwand dafür zu sorgen, dass keine Gefahren für Dritte entstehen. Können mit vertretbaren Maßnahmen[91] Risiken nicht vermieden werden, ist die Produktion oder Tätigkeit aber gleichwohl erlaubt,[92] können Androhung und Verhängung einer Sanktion keine steuernde Wirkung haben: Ist die Gefahr überhaupt nicht vermeidbar, kann die Sanktion ihr Ziel nicht erreichen, dass unternehmensintern die zur Vermeidung der Gefahrverwirklichung notwendigen Bedingungen geschaffen werden. Ist es bspw. erlaubt, eine Kläranlage zu betreiben und aus ihr gereinigte Abwässer in einen Fluss einzuleiten, ist der Reinigungsgrad der eingeleiteten Abwässer aber nicht steuerbar,[93] hat die Androhung von Buße für die Überschreitung von Grenzwerten keinen Sinn und ist unzulässig. Dass dabei im Einzelnen problematisch sein kann, welche Maßnahmen zur Verhinderung von Verstößen notwendig und zumutbar sind, wann es sich um einen (vollständig) steuerbaren Vorgang und wann um einen nicht vermeidbaren Unglücksfall handelt, ist dabei sofort einzuräumen. In gleicher Weise kann im Individualstrafrecht der Umfang von Sorgfaltspflichten streitig sein.

Vieles spricht jedenfalls dafür, als Anknüpfungspunkt für die Haftung des Unternehmensträgers allein auf diese Vermeidbarkeit abzustellen. Will man ausschließlich oder auch vorsätzliche Verstöße mit einer Unternehmenssanktion belegen, müsste man

---

89 RGZ 163, 21.

90 Ebenso *Dannecker* GA 2001, 101, 119; s. aber zur Praxis im europäischen Wettbewerbsrecht die Einschätzung von *Heine* FS Achenbach, S. 127, 131 f. m. w. N. In der Rechtssache C-189/02 v. 28.6.2005 stellt der EuGH allerdings in Rz. 373 nur fest, dass kein Rechtsfehler darin liege, dass ein Compliance-Programm nicht als mildernder Umstand berücksichtigt worden sei. Dass Maßnahmen ergriffen wurden, um *künftige* erneute Zuwiderhandlungen gegen das Wettbewerbsrecht zu verhindern, ändere nichts an der Tatsache der begangenen Zuwiderhandlung. Das spricht nicht für die Annahme einer strict liability, wenn es zum Zeitpunkt der Tat ein solches Programm noch nicht gab. Gleiches gilt für EuG, Urt. v. 15. 3. 2006, T-15/02. Rz. 266.

91 Vgl. etwa den „Kirschtaler"-Fall BGH NJW 2009, 1669 zu in einem Gebäck eingebackenen Kirschkern.

92 So anscheinend im „Ziegenhaar"-Fall des RG (RGSt 63, 211): Auch die gebotene Desinfektion aus China stammender Ziegenhaare konnte das Ansteckungsrisiko mit Milzbrand nicht sicher ausschließen. Die Produktion von Pinseln mit solchen Haaren war aber anscheinend zulässig.

93 Vgl. *Ransiek* in NK-StGB, § 324 Rn. 41 m. w. N.

i.d.R. aufklären, bei welchem Mitarbeiter oder ggf. bei welcher Gruppe von Mitarbeitern kollektiv das notwendige Wissen um die Rechtsverletzung vorlag.

b) Handeln zum Nachteil des Unternehmens oder entgegen Weisungen

Verantwortlich für Pflichtverstöße ist das Unternehmen grundsätzlich auch dann nicht, wenn der Mitarbeiter nicht in dessen Interesse, sondern im Gegenteil mit dem Ziel handelt, das Unternehmen oder Dritte aus persönlichen Gründen zu schädigen. Denn dann geht es regelmäßig nicht mehr um Risiken, die aus dem Gegenstand des Unternehmens herrühren, aus seiner Tätigkeit als Hersteller, Betreiber etc., sondern um vom Mitarbeiter selbst persönlich gesetzte Risiken. Deshalb ist es überzeugend, als Voraussetzung der Verhängung einer Sanktion zu verlangen, dass der den Verstoß begehende Mitarbeiter im Rahmen seines zugewiesenen Aufgabenkreises[94] zumindest mit dem Ziel handelte, dem Unternehmen einen Vorteil zu verschaffen.[95] Es liegt bspw. kein betriebliches Risiko vor, wenn ein Arbeiter absichtlich das Brunnensalz mit Glas verunreinigt, um Konsumenten zu schädigen.

Zweifelhaft ist die Verwirklichung eines vom Unternehmen gesetzten Risikos aber auch dann, wenn der Mitarbeiter zwar im Rahmen der ihm zugewiesenen Aufgaben handelt, sich dabei aber über ihm erteilte Weisungen bewusst hinwegsetzt.[96] Der U.S. Court of Appeals für den 9th Circuit[97] ging davon aus, dass die strafrechtliche Haftung des Unternehmens nach der respondeat superior-doctrine auch dann nicht ausgeschlossen ist, wenn der für ein Hotel in Portland, Oregon, handelnde Vertreter von seinen unmittelbaren Vorgesetzten angewiesen worden war, sich nicht an der Androhung und Durchführung eines Boykotts gegenüber Lieferanten zu beteiligen, und dieser Boykott zudem gegen die Vorgaben der Leitung der Hotelgruppe verstieß, zu der das Hotel gehörte.[98]

Der Vertreter sagte im Prozess aus, er sei über die Weigerung der Lieferanten, Zahlungen an eine Vereinigung von Hotels und Restaurants in Portland zu leisten, verärgert gewesen und habe deshalb den Boykott entgegen den ihm erteilten Weisungen angedroht. Das Gericht lässt dabei offen, ob genauso entschieden würde, wenn nicht nur Anweisungen, sondern auch weitere Maßnahmen zu ihrer Durchsetzung getroffen worden wären.

Es geht also um die Frage, was (noch) als betriebliches Risiko und was allein als ein von der handelnden natürlichen Person gesetztes persönliches Risiko anzusehen ist. Be-

94 „In the scope of his employment"; zum niederländischen Ansatz (acting inside the company) s. *de Doelder* FS Tiedemann, 2008, S. 563, 568 ff.

95 Siehe auch Art. 6 Abs. 1 der Richtlinie über den strafrechtlichen Schutz der Umwelt, 2008/99/EG des Europäischen Parlaments und des Rates vom 19. 11. 2008, ABl. L 328/28.

96 EuGH Slg. 1983, 1903 („Pioneer"): „Die Klägerin hat nicht dargetan, dass die Leiter ihrer Hi-Fi-Abteilung die Befugnisse überschritten hätten, die ihnen von den Gesellschaftern im Rahmen dieser betrieblichen Aufgaben übertragen worden waren."; vgl. auch *Perschke* FS Achenbach, S. 317, 324 f.

97 Der 9th Circ. umfasst: Alaska, Arizona, California, Guam, Hawaii, Idaho, Montana, Nevada, Northern Mariana Islands, Oregon und Washington.

98 U.S. v. Hilton Hotels Corporation 467 F. 2d 1000 (1972).

nutzt die natürliche Person lediglich ein betriebliches Mittel als Werkzeug zur Verwirklichung eigener Ziele, spricht dies gegen die Annahme der Verwirklichung eines Unternehmensrisikos. Für die Annahme, das egoistische Ziele verfolgt werden, streitet dabei die Missachtung ausdrücklicher Weisungen.

Es ist jedoch jedenfalls weiter zu fragen, ob nicht auch solche Risiken durch entsprechende Kontrollen einzudämmen sind, bspw. durch die gebotene Überprüfung der Sauberkeit des in Verkehr zu bringenden Salzes. Ist das eine gebotene Maßnahme und wäre durch sie auch das vom Arbeitnehmer im eigenen Interesse absichtlich verunreinigte Salz entdeckt worden, realisiert sich *auch* ein Produktionsrisiko.

Vieles spricht deshalb dafür, dass der Unternehmensträger nicht haften sollte, wenn er hinreichende Schutzvorkehrungen getroffen hatte, um Pflichtverstöße durch (alle) Mitarbeiter zu verhindern. Dieses Ergebnis deckt sich mit der Auffassung derer, die ein Organisationsverschulden als Voraussetzung der Verhängung einer Unternehmenssanktion ansehen: Das Unternehmen kann sich exkulpieren, wenn es ausreichende Sorgfaltsvorkehrungen zum Schutz Dritter getroffen hatte. Lediglich dann, wenn ein schuldhaftes Verhalten der Organpersonen einer juristischen Person vorliegt, ist dieser Haftungsausschluss nicht möglich.

Eine zweite, auch im *Hilton*-Fall naheliegende Frage ist es dann, wem die Beweislast dafür obliegen sollte, dass der Vertreter weisungswidrig handelte bzw. dass ausreichende Schutzvorkehrungen getroffen wurden, um die Zuwiderhandlung zu verhindern. Droht *keine* strafrechtliche Sanktion, ist jedenfalls nicht zwingend vorgegeben, dass insofern Zweifel zugunsten des Unternehmens gehen müssten.[99]

Denkbar ist es also, die Wahrung hinreichender Schutzvorkehrungen als defense des Unternehmens auszugestalten, für die es die Darlegungs- und Beweislast trägt. Unzumutbar ist das nicht, da die für diese Verteidigung notwendigen Informationen im Unternehmen vorhanden sind. Ich will nicht einer radikalen Umkehr der Beweislast das Wort reden. Dass man aber nicht Ausreden und Ausflüchten Tür und Tor öffnen sollte, liegt jedoch auf der Hand. Auch hier gilt: Eine nichtstrafrechtliche Regelung eröffnet mehr Spielräume.

7. Haftung des Unternehmens, Entkriminalisierung der Mitarbeiter

Geht es um eigene Pflichten, die das Unternehmen als Einheit treffen, liegt ein weiterer Schritt nahe. Für ihre Einhaltung ist *ausschließlich* das Unternehmen oder der Unternehmensträger verantwortlich, nicht aber einzelne Mitarbeiter, eine Folgerung, die etwa im europäischen Wettbewerbsrecht gezogen wurde. Dort können Unternehmensmitarbeiter für einen Wettbewerbsverstoß gerade nicht mit einer Buße belegt werden. Es geht also nicht um eine zusätzliche Haftung des Unternehmens, die zur persönlichen Verantwortung des Mitarbeiters hinzukommt, sondern um die Bestimmung des eigentlich Verpflichteten. Ist dieser das Unternehmen, können Arbeitnehmer und Or-

99 Vgl. oben zu § 162 AO unter 3.b).

ganpersonen von ihrer persönlichen Verantwortung im Außenverhältnis freigestellt werden. Sie bleiben zivil- und arbeitsrechtlich im Innenverhältnis verantwortlich. Es geht im Außenverhältnis aber um betriebliche, nicht um persönliche Pflichten.[100]

Zwar ist es im Strafrecht fast selbstverständlich, betriebliche Pflichten auch als Pflichten des einzelnen Mitarbeiters gegenüber Dritten anzusehen. So muss man davon ausgehen, dass der Weichensteller der Deutschen Bahn AG außen stehenden Personen gegenüber verpflichtet ist, die Weiche richtig zu bedienen, um ihn wegen der Folgen der fahrlässig falschen oder unterlassenen Bedienung der Weiche strafrechtlich zur Verantwortung ziehen zu können.[101]

Die Diskussion im Zivilrecht zeigt dabei freilich, dass dies vor allem im Hinblick auf Organisationspflichten von Organpersonen gerade nicht selbstverständlich ist.[102] Denn man kann die Pflicht, die Weiche richtig zu bedienen, oder die Aufgabe des Geschäftsführers einer GmbH, von der GmbH ausgehende Gefahrenquellen hinreichend einzudämmen, um Dritte zu schützen, als vertragliche Pflicht begreifen, die allein gegenüber dem Arbeitgeber bzw. der Gesellschaft, nicht aber als außenwirksame Verkehrspflicht Dritten gegenüber besteht. Haftet die juristische Person, wird die Zusatzhaftung des Geschäftsführers gegenüber Dritten zivilrechtlich als eine überschießende Wirkung angesehen.[103]

Diese Freistellung von persönlicher Verantwortung hat allerdings Grenzen. Denn im Kernstrafrecht kann sich der Einzelne zu seiner Entlastung nicht erfolgreich darauf berufen, nur im betrieblichen Rahmen, nicht aber persönlich verantwortlich gehandelt zu haben, wie schon das Beispiel des Weichenstellers zeigt. Wer beim privaten Hausbau durch sein eigenes Handeln einen anderen vorsätzlich oder fahrlässig tötet, ist ebenso verantwortlich wie der Arbeitnehmer, der Gleiches bei Verrichtung seiner betrieblichen Tätigkeit tut – eben weil es um (auch) persönliche Schutzpflichten zugunsten anderer geht. Ob man als Privatperson oder als Arbeitnehmer Salz mit Glassplittern verunreinigt und Dritte schädigt, ist gleichgültig. Oder anders: Das Strafrecht ist auf die Person und ihre Verantwortung bezogen, das Haftungsrecht nicht.

Kommt es also durch betriebliche Tätigkeiten zu Gefahren oder Schäden, durch die Unternehmensmitarbeiter *auch* ihnen persönlich obliegende Pflichten verletzen – bspw. bei Personenschäden durch fehlerhafte Produkte[104] –, kann eine Unternehmensverantwortung in dem gerade skizzierten Sinn nur als zusätzliche Verantwortung ausgestaltet werden.[105]

---

100 Zivilrechtlich ist str., ob bzw. inwieweit die Verletzung interner Organisationspflichten der Organpersonen überhaupt zu ihrer Haftung im Außenverhältnis führen kann. Vgl. zuletzt OLG Schleswig GmbHR 2011, 1143, 1144 f.; BGHZ 109, 297; s. auch *Ransiek* ZGR 1992, 203, 204, 222 ff.

101 *Ransiek* FS Widmaier, S. 725, 728.

102 Siehe *Zöllner/Noack* in Baumbach/Hueck, § 43 GmbHG Rn. 76 m.w.N.; Ulmer/*Paefgen*, § 43 GmbHG Rn. 207; *Schneider* in Scholz, § 43 GmbHG Rn. 325 ff.

103 *Zöllner/Noack* in Baumbach/Hueck, § 43 GmbHG Rn. 77; *Kleindiek* in Lutter/Hommelhoff, § 43 GmbHG Rn. 70 ff., insbesondere Rn. 75.

104 BGHSt. 37, 106.

105 Nicht richtig kann es dann sein, wenn prozessual das Unternehmen seine Verantwortung auf Kosten der Mitarbeiter „wegdealen“ kann. Zu Bedenken gegen „deferred prosecution agree-

Der Gesetzgeber hat jedenfalls Gestaltungsspielräume. So ist es sicherlich nicht zwingend, die Betreiberverantwortung nach § 327 Abs. 2 StGB für den ungenehmigten Betrieb von genehmigungsbedürftigen Anlagen mit Strafe zu bedrohen und Pflichten für einzelne Unternehmensmitarbeiter zu begründen. Es ist vielmehr denkbar, die Genehmigung des Betriebs ausschließlich als Unternehmenspflicht auszugestalten und allein das Unternehmen mit einer Sanktion zu belegen. Es gibt keinen zwingenden Grund, im Vorfeld des Eintritts von Köperverletzungen liegende Verstöße gegen die VO über den Verkehr mit Essig und Essigessenz oder die VO über den Höchstgehalt an Erukasäure in Lebensmitteln[106] nicht allein als bußgeldbedrohte Unternehmenspflicht auszugestalten. Kommt es dagegen zu Körperverletzungsschäden, gilt für die Verantwortung des Einzelnen § 223 oder § 229 StGB. Eine andere Frage ist es, ob tatsächlich jede einfache, fahrlässige Körperverletzung mit Strafe bedroht werden sollte.

Man mag einwenden, dass die Unternehmenssanktion dann keine Wirkung mehr haben wird, wenn das Unternehmen zahlungsunfähig ist und der Einzelne selbst keine Buße oder Strafe zu fürchten hat.[107] Für den wirtschaftlich erfolgreichen Unternehmensträger dürfte es allerdings außerordentlich wenig attraktiv sein, wegen eines vermeidbaren Verstoßes gleich den Weg in die Insolvenz zu suchen. Es wäre bspw. unsinnig, zur Vermeidung einer Sanktion wegen eines Wettbewerbsverstoßes gleich die Unternehmenstätigkeit ganz aufzugeben. Und für die Unternehmensträger, die tatsächlich am Rande der Zahlungsfähigkeit illegal operieren, bedarf es nur einer zivilrechtlichen Haftungsverantwortung ihrer Gesellschafter oder Inhaber.[108] Auf die inzwischen verschärften Regelungen zur Unfähigkeit, das Amt des Geschäftsführers einer GmbH (§ 6 Abs. 2 GmbHG) bzw. des Vorstandsmitglieds einer Aktiengesellschaft (§ 76 Abs. 3 AktG) wegen strafrechtlicher Vorverurteilungen bekleiden zu können, sei nur hingewiesen; man könnte sie von der strafrechtlichen Vorverurteilung des Einzelnen lösen und auf die Vorverurteilung des Unternehmensträgers abstellen, bei dem die natürliche Person leitend tätig war – auch die Inhabilität ist keine Strafe.[109]

8. Zusammenfassung

Ich fasse die Ergebnisse meiner Überlegungen knapp zusammen:

- In bestimmten Bereichen außerhalb des Kernstrafrechts, in denen unternehmerisches Handeln reguliert wird, sollte ausschließlich der Unternehmensträger sanktioniert werden, Arbeitnehmer und Organpersonen hingegen von straf- oder bußgeldrechtlicher Verantwortung freigestellt werden.

---

ments", insbesondere unter dem Gesichtspunkt erzwungener Selbstbelastung der Mitarbeiter, in den USA s. *Griffin* 82 N.Y.U.L. Rev. 311 ff. (2007); *Diskant* 118 Yale L.J. 126, 131 f., 166 ff. (2008). Vgl. auch *Jahn* StV 2009, 41 ff.; *Trüg* StraFo 2011, 471, 482 f.

106 Vgl. dazu *Sackreuther* in Graf/Jäger/Wittig, Wirtschafts- und Steuerstrafrecht, § 3 ErukaV Rn. 1 und § 5 EssigV Rn. 1.

107 Vgl. auch *Vogel* in Sieber/Brüner/Satzger/v. Heinschel-Heinegg, Europäisches Strafrecht, § 5 Rn. 67.

108 Siehe schon *Ransiek* Unternehmensstrafrecht, S. 353 ff.

109 Siehe *Hinghaus/Höll/Hüls/Ransiek* wistra 2010, 291 ff.

- Dem Unternehmensträger ist das Verhalten aller im Rahmen ihrer Aufgaben tätigen Arbeitnehmer zuzurechnen. Für die Haftung ist entscheidend, ob innerhalb des Unternehmens durch zumutbare Maßnahmen der Verstoß hätte verhindert werden können.
- Der Unternehmensträger haftet. Er ist nicht strafrechtlich verantwortlich.

9. Literaturverzeichnis

Achenbach, Hans/Ransiek Andreas Handbuch Wirtschaftsstrafrecht, 3. Aufl., Heidelberg 2012.

Alvarado, Yesid Reyes Die Verbandshaftung, in: Strafrecht und Wirtschaftsstrafrecht – Dogmatik, Rechtsvergleich, Rechtstatsachen, Festschrift für Klaus Tiedemann zum 70. Geburtstag, Köln 2008, S. 413 ff.

Baumbach, Adolf/Hueck, Alfred/Fastrich, Lorenz GmbHG, Kommentar, 19. Aufl., München 2010.

Böse, Martin Die Strafbarkeit von Verbänden und das Schuldprinzip, in: Pawlik, Michael, Festschrift für Günther Jakobs zum 70. Geburtstag, Köln 2007, S. 15 ff.

Coffee, John C. Beyond the Shut-Eyed Sentry: Toward a Theoretical View of Corporate Misconduct and an Effective Legal Response, in: 63 Virginia Law Review 1099 (1977).

Ders. „No Soul To Damn, No Body To Kick“: An Unscandalized Inquiry Into The Problem Of Corporate Punishment, in: 79 Michigan Law Review 386 (1981).

Dannecker, Gerhard Zur Notwendigkeit der Einführung kriminalrechtlicher Sanktionen gegen Verbände. Überlegungen zu den Anforderungen und zur Ausgestaltung eines Verbandsstrafrechts, in: Goltdammer's Archiv 2001, S. 101 ff.

Fischer, Thomas Strafgesetzbuch und Nebengesetze, Kommentar, 58. Aufl., München 2011.

v. Freier, Friedrich Zurück hinter die Aufklärung: Zur Wiedereinführung von Verbandsstrafen, in: Goltdammer's Archiv 2009, S. 98 ff.

Fromm, Ingo Auf dem Weg zur strafrechtlichen Verantwortlichkeit von Unternehmen/Unternehmensvereinigungen in Europa?, in: Zeitschrift für Internationale Strafrechtsdogmatik 2007, S. 279 ff.

Göhler, Erich Gesetz über Ordnungswidrigkeiten, 15. Aufl., München 2009.

Graf, Jürgen Peter/Jäger, Markus/Wittig, Petra Wirtschafts- und Steuerstrafrecht, Kommentar, München 2011.

Heine, Günter Reform des Kartell(straf)rechts in der Schweiz – Anstöße für Deutschland, in: Schröder, Christian/Hellmann, Uwe: Festschrift für Hans Achenbach zum 70. Geburtstag, Heidelberg 2011, S. 127.

Hinghaus, Matthias/Höll, Christian/Hüls, Silke/Ransiek, Andreas Inhabilität nach § 6 Abs. 2 Nr. 3 GmbHG und Rückwirkungsverbot, in: Zeitschrift für Wirtschafts- und Steuerstrafrecht 2010, S. 291 ff.

Jahn, Matthias Ermittlung in Sachen Siemens/SEC – Legitimer Baustein des globalisierten Wirtschaftsstrafverfahrens oder rechtswidriges Parallelverfahren zur Strafprozessordnung – Eine Problemskizze, in: Strafverteidiger 2009, S. 41 ff.

Kadish, Sanford H./Schulhofer Stephen, Criminal Law and its Processes, 5. Aufl. Boston 1989.

Karlsruher Kommentar zum Gesetz über Ordnungswidrigkeiten, 3. Aufl., München 2006.

Klein, Franz Abgabenordnung einschließlich Steuerstrafrecht, Kommentar, 10. Aufl., München 2009.

Kohlmann, Günter Steuerstrafrecht mit Ordnungswidrigkeitenrecht und Verfahrensrecht, Kommentar, Band 1, Köln, Stand Dezember 2011.

Kühl, Kristian/Lackner, Karl Strafgesetzbuch, Kommentar, 27. Aufl., München 2011.

Leipziger Kommentar zum Strafgesetzbuch, Band 1 Einleitung (§§ 1 bis 31), 12., Aufl., Berlin 2006.

Lutter, Marcus/Hommelhoff, Peter GmbH-Gesetz, Kommentar, 17. Aufl., Köln 2009.

Mestmäcker, Ernst-Joachim/Schweitzer, Heike Europäisches Wettbewerbsrecht, 2. Aufl., München 2004.

Muders, Christian Zur Haftung juristischer Verbände für das Verhalten natürlicher Personen im europäischen Kartellrecht, in: Zeitschrift für Wirtschafts- und Steuerstrafrecht 2011, S. 405 ff.

Münchener Kommentar zum Bürgerlichen Gesetzbuch, Band 5, 5. Aufl., München 2009.
Nomos-Kommentar zum Strafgesetzbuch, 3. Aufl., Baden-Baden 2010.
Palandt Bürgerliches Gesetzbuch, Kommentar, 71. Aufl., München 2012.
Perschke, Stefan Strafrechtliche Sanktionen gegen Unternehmen im US-amerikanischen Recht, in: Schröder, Christian/Hellmann, Uwe, Festschrift für Hans Achenbach zum 70. Geburtstag, Heidelberg 2011, S. 317.
Ramsiek, Andreas. Zur deliktischen Eigenhaftung des GmbH-Geschäftsführers aus strafrechtlicher Sicht, in: Zeitschrift für Unternehmens- und Gesellschaftsrecht, 1992, S. 203 ff.
Ders. Unternehmensstrafrecht, Verfassungsrecht, Regelungsalternativen, Heidelberg 1996.
Ders. Betreiben, Ausführen, Herstellen – § 327 StGB und andere Tatbestände des Wirtschaftsstrafrechts, in: Schöch, Heinz, Strafverteidigung, Revision und die gesamten Strafrechtswissenschaften – Festschrift für Gunter Widmaier zum 70. Geburtstag, Köln 2008, S. 725 ff.
Rehbinder, Eckard Andere Organe der Unternehmensverfassung, in: Zeitschrift für Unternehmens- und Gesellschaftsrecht, 1989, S. 305.
Salditt, Franz Normativ ansprechbar: Börsennotierte Kapitalgesellschaften, in: Schröder, Christian/ Hellmann, Uwe, Festschrift für Hans Achenbach zum 70. Geburtstag, Heidelberg 2011, S. 433.
Satzger, Helmut Internationales und Europäisches Strafrecht, 5. Aufl., Baden-Baden 2011.
Schmidt, Karsten Zur Verantwortung von Gesellschaften und Verbänden im Kartell-Ordnungswidrigkeitenrecht, in: Zeitschrift für Wirtschafts- und Steuerstrafrecht 1990, S. 130 ff.
Scholz, Franz Kommentar zum GmbH-Gesetz, Band 2 (§§ 35–52), 10. Aufl., Köln 2007.
Schönke, Adolf/Schröder, Horst Strafgesetzbuch, Kommentar, 28. Aufl., München 2010.
Sieber, Ulrich/Brüner, Franz-Hermann/Satzger, Helmut/v. Heintschel-Heinegg, Bernd, Europäisches Strafrecht, 2011.
Trüg, Gerson Zu den Folgen der Einführung eines Unternehmensstrafrechts, in: Zeitschrift für Wirtschafts- und Steuerstrafrecht 2010, S. 241 ff.
Ders. Die Verbandsgeldbuße gegen Unternehmen – Ist-Zustand und Reformüberlegungen, in: Zeitschrift für Wirtschaftsstrafrecht und Haftung im Unternehmen 2011, S. 6 ff.
Ders. Sozialkontrolle durch Strafrecht – Unternehmensstrafrecht, Strafverteidigerforum 2011, S. 471.
Ulmer, Peter Gesetz betreffend die Gesellschaft mit beschränkter Haftung (GmbHG), Großkommentar, Band 2 (§§ 29 bis 52), Tübingen 2006.
Volk, Klaus Zur Bestrafung von Unternehmen, in: Juristenzeitung 1993, S. 429 ff.
Voß, Thorsten Das Anlegerschutz- und Funktionsverbesserungsgesetz – ausgewählte Aspekte des Regierungsentwurfs, in: Betriebs-Berater 2010, S. 3099 ff.
Wittig, Petra Wirtschaftsstrafrecht, 2. Aufl., München 2011.

Bestrafung von Unternehmen – Abkehr vom Schuldstrafrecht

Roland Schmitz

Gliederung

I. Vorbemerkungen

Landläufig wird, wenn es um die Frage nach einer Einführung eines „echten" Unternehmensstrafrechts geht, verkürzt auf „das Unternehmen" abgestellt, nicht auf den Unternehmensträger – die natürliche oder juristische Person bzw. Personengesellschaft –, der zivilrechtlich für das Unternehmen als wirtschaftliche Einheit verantwortlich ist.[1] Adressat einer strafrechtlichen Sanktion müsste wie bei der Festsetzung einer Geldbuße nach § 30 OWiG[2] aber immer der Unternehmensträger sein.[3] Diese Ungenauigkeit verdeckt eine Problematik im Hinblick darauf, dass die Form der Unternehmensträgerschaft gerade dafür mitentscheidend ist, ob überhaupt eine Bestrafung „des Unternehmens" in Betracht kommen kann.[4] Dennoch wird der Einfachheit halber auch hier überwiegend von der strafrechtlichen Verantwortlichkeit des Unternehmens die Rede sein und nur dort auf den Unternehmensträger abgestellt, wo es zwingend darauf ankommt.

---

1 Auf diese Unterscheidung/Trennung weist auch *Achenbach* in seinem Beitrag (o. S. 239ff.) mit Recht hin (unter I.1.); ebenso *Ransiek* NZWiSt 2012, 45 (Fn. 1).

2 Vgl. dazu nur *Achenbach* in Achenbach/Ransiek, Handbuch Wirtschaftsstrafrecht, 3. Aufl. 2012, 1. Teil, 2 Rn. 4.

3 *v. Freier* GA 2009, 98, 102 m.w.N.

4 Siehe unten III.

Wenn es um die Einführung einer strafrechtlichen Verantwortlichkeit von Unternehmen geht, sind m.E. zwei Fragenkreise angesprochen, die sich (nur) teilweise überschneiden:

- Sollte eine Unternehmensstrafe eingeführt werden – was spricht dafür und überwiegen die Vorteile eventuelle Nachteile?
- Wie kann, wenn man eine Unternehmensstrafe einführen will, dies möglichst widerspruchsfrei zum bisherigen Strafrechtssystem erfolgen?

Zu beiden Fragenkreisen sind auf der Tagung viele Antworten gegeben worden, die – selbstverständlich angesichts der vielfältigen Konsequenzen – nicht einheitlich befürwortend oder ablehnend ausfallen. Vielmehr hat es vielfältige kritische Stellungnahmen gegeben, aber durchaus auch solche, die auf die Einführung einer originären Strafbarkeit von Unternehmen plädieren. *Lüderssen* als einer der Mitveranstalter der Tagung hatte vorab ein umfangreiches Papier erarbeitet, in dem er seine Überlegungen insbesondere zum zweiten Fragenkreis dargelegt hat.[5] Diese vertieften Gedanken sind am Ende der Tagung von ihm (teilweise) auch vorgetragen worden, konnten aber kaum noch in die Diskussion einfließen. *Lüderssen* spricht sich am Ende seiner Überlegungen für ein neues „Interventionsrecht" anstelle einer Unternehmensstrafbarkeit aus – auf der Basis eines „aggregative model".[6] *Lüderssen* versucht damit der Schwierigkeit Rechnung zu tragen, dass jeder Versuch, einem Kollektiv (strafrechtliche) Verantwortung zuzuschreiben, mit Fiktionen arbeiten muss: die normative Zuschreibung kann letztlich immer nur von dem Handeln individueller Personen ausgehen.

II. Zur Möglichkeit der Einführung eines Unternehmensstrafrechts

Ich habe keine Zweifel daran, dass der Gesetzgeber eine Strafbarkeit von Unternehmen einführen könnte, wenn er es denn wollte, und daran nicht von Verfassungs wegen gehindert wäre. Die Bedenken, der Schuldgrundsatz würde dem entgegenstehen, weil dieser in der Menschenwürde verankert sei und daher Schuld nur einer natürlichen Person zugeschrieben werden könne,[7] teile ich nicht. Der Schuldgrundsatz bezieht sich richtigerweise überhaupt nur auf die Schuld natürlicher Personen, weshalb er nicht gegen die – dann anders zu bemessende – „Schuld" juristischer Personen bzw. von Kollektiven ins Feld geführt werden kann.[8]

5 *Lüderssen The aggregative model:* Jenseits von Fiktionen und Surrogaten, oben S. 79ff.
6 *Lüderssen* Interventionsrecht gegen Unternehmen? Skizze eines neuen Haftungstyps, unten S. 387ff.
7 Siehe etwa *Otto* Die Strafbarkeit von Unternehmen und Verbänden, 1993, S. 15ff.; *Schünemann* in LK-StGB, 12. Aufl. 2007, Vor § 25 Rn. 20ff.; aus systemtheoretischer Sicht *Jakobs* Festschrift Lüderssen, 2002, S. 559ff.
8 Vgl. dazu *Böse* Festschrift Jakobs, 2007, S. 15, 19ff.

1. Die (fehlende) Schuldfähigkeit von juristischen Personen und Kollektiven

Dies ändert aber nichts daran, dass eine juristische Person (pars pro toto) selbst keine Schuld im eigentlichen Sinn auf sich laden kann. Man kann dies von der Frage trennen, ob sie denn überhaupt handlungsfähig ist – also fähig ist, eine „Tat" zu begehen, an die ein Schuldvorwurf zu knüpfen wäre. Im Ergebnis läuft es aber auf die gleiche Problematik hinaus:[9] Die juristische Person „handelt" durch ihr(e) Organ(e), auch die Handlung wird also durch eine natürliche Person vermittelt. *Normativ* kann darin durchaus eine Handlung der juristischen Person gesehen werden, *faktisch* bleibt es die Handlung einer natürlichen Person. Und im Hinblick auf das traditionelle Verständnis von Schuld hat dies eine eindeutige Konsequenz: Wenn Schuld die Möglichkeit voraussetzt, sich entscheiden zu können, nämlich für das Recht anstelle des Unrechts,[10] dann trifft diese Entscheidung ausschließlich eine natürliche Person. Rechnet man diese Entscheidung einer juristischen Person normativ zu, hat diese sich dennoch nicht selbst entschieden – sie kann demzufolge keine eigene „Schuld" tragen.

Wie immer man auch die Frage nach einer Handlungs- und Schuldfähigkeit der juristischen Person wendet: Kein noch so elegantes normatives Zurechnungsmodell kann verbrämen, dass stets auf die Handlung und Entscheidung einer natürlichen Person zurückgegriffen werden muss. Eine originäre Schuld kann der juristischen Person daher nicht vorgeworfen werden, sondern allenfalls eine abgeleitete, normativ zugerechnete Schuld, die von einer natürlichen Person ausgeht.

Die „Schuld", die ein Unternehmen selbst – als Voraussetzung eigener Strafbarkeit – tragen soll, muss also etwas anderes sein als die individuelle Schuld einer natürlichen Person. Dies wäre auch nicht anders, wenn man auf ein „Organisationsverschulden" des Unternehmens abstellen wollte,[11] denn auch dessen Organisation ist menschengemacht, sie wird von natürlichen Personen konzipiert und umgesetzt.[12] Es erscheint deshalb auch sinnvoll, gar nicht erst von Schuld zu sprechen. Insofern ist der Begriff „Verantwortlichkeit" ein besserer. Verantwortlich kann man auch ohne Verschulden sein, sofern dies gesetzlich bestimmt ist wie etwa bei der (zivilrechtlichen) Produkthaftung.

2. Möglichkeiten der Anknüpfung einer strafrechtlichen Sanktionierung von Unternehmen

Wenn es nicht „die Schuld" des Unternehmens ist, an die eine Unternehmensstrafbarkeit geknüpft werden kann, stellt sich natürlich die Frage, woran die Verantwortlichkeit eines Unternehmens als Voraussetzung strafrechtlicher Sanktionierung dann festgemacht werden kann. In Betracht käme als Erstes strafrechtlich relevantes Handeln von Organmitgliedern oder auch – wenn man den Kreis weiter ziehen will – das von

---

9 Vgl. *K. Schmidt* wistra 1990, 130, 133: „belanglose" Frage; *Ransiek* NZWiSt 2012, 45, 47: „schlechthin gleichgültig".

10 Dazu noch immer lesenswert BGHSt 2, 194, 200.

11 Vgl. *Tiedemann* Wirtschaftsstrafrecht AT, 3. Aufl. 2010, Rn. 244f. m.w.N.

12 Vgl. auch *Schünemann* in LK-StGB, 12. Aufl. 2007, Vor § 25 Rn. 24 m.w.N.

anderen Angestellten. Dann wäre weiter zu entscheiden, ob das strafrechtliche Verhalten von Nichtorganmitgliedern nur im Wege der Aufsichtspflichtverletzung (wie es die §§ 30, 130 OWiG vorsehen) oder eines (vorgelagerten) Organisationsdefizits oder gleich direkt (also ohne Feststellung individueller Verantwortlichkeit auf der Leitungsebene) zuzurechnen ist. Außerdem müsste der Kreis der von den Angestellten begangen Straftaten, die dem Unternehmen zugerechnet werden sollen, festgelegt werden: z. B. nur die im Unternehmensinteresse begangenen Taten oder auch solche, die gegenüber anderen Angestellten begangen werden oder die unabhängig davon die Allgemeinheit schädigen etc.

Aber dabei müsste der Gesetzgeber vielleicht gar nicht stehen bleiben. Denkbar erscheint – wenn man eine Unternehmensstrafbarkeit ohnehin von der Voraussetzung eines eigenen Verschuldens ablösen muss – auch eine ganz objektive, verschuldensfreie Strafbarkeit i. S. e. „Erfolgshaftung" – wobei dadurch schon deutlich gemacht ist, dass wir es mit etwas anderem zu tun hätten als dem, was wir bislang unter Strafrecht verstehen. Geht man so weit, könnte man sich beispielsweise im „Lederspray-Fall"[13] eine Strafbarkeit des produzierenden Unternehmens vorstellen losgelöst von der Frage, ob den einzelnen Organmitgliedern ein Verschulden vorzuwerfen war[14] oder nicht.[15] Freilich bliebe die Frage, wie man eine solche Form von Strafbarkeit mit dem geltenden Individualstrafrecht verfahrensrechtlich vereinbaren könnte.[16]

III. Die notwendige Einschränkung auf bestimmte Unternehmensträger

Ich habe aber auch keine Zweifel daran, dass eine – wie auch immer im Einzelnen konzipierte – Unternehmensstrafbarkeit nur ein Strafrecht für bestimmte Unternehmensträger, insbesondere juristische Personen sein kann, nicht jedoch für den Einzelkaufmann oder die Personengesellschaft, sofern an ihr natürliche Personen beteiligt sind. Die Erstreckung einer Unternehmensstrafbarkeit auf sämtliche Unternehmensträger würde mit dem Verbot der Doppelbestrafung (Art. 103 Abs. 3 GG – ne bis in idem) bzw. dem Schuldgrundsatz kollidieren:

- Würde die Unternehmensstrafe wegen eines strafrechtlich relevanten Verhaltens der natürlichen Person als verantwortlichen Unternehmensträgers – in erster Linie des Einzelkaufmanns – verhängt, träfe sie die natürliche Person neben der gegen sie unmittelbar verhängten Strafe als weitere Strafe. Das gleiche Problem würde sich auch bei einer Personengesellschaft stellen, wenn neben einer Strafe für den oder die Gesellschafter auch eine Unternehmensstrafe gegen die Gesellschaft verhängt würde

---

13 BGHSt 37, 106 ff.

14 Zu dieser Frage etwa BGHSt 37, 106, 111 ff.; *Heinrich* AT II, 2. Aufl. 2010, Rn. 968; *Wittig* Wirtschaftsstrafrecht, 2. Aufl. 2011, § 6 Rn. 39 ff., 46 ff.

15 Zu klären bliebe natürlich die vorgelagerte Frage, ob das Produkt überhaupt kausal für die gesundheitlichen Beschwerden der Benutzer war; siehe hierzu nur *Puppe* Strafrecht AT im Spiegel der Rechtsprechung, 2. Aufl. 2011, § 2 Rn. 9 ff.; *Roxin* AT I, 4. Aufl. 2006, § 11 Rn. 17; *Samson* StV 1991, 182 ff.

16 Zu den ohnehin auftretenden Problemen allgemein unten V.

und die Gesellschafter im Wege der gesellschaftsrechtlichen Haftung die Strafe persönlich übernehmen müssten.[17]

- Würde die Unternehmensstrafe verhängt, weil ein Angestellter eine Straftat begangen hat oder würde die Strafsanktion gar verschuldensfrei verhängt, träfe sie eine natürliche Person als Unternehmensträger, die selbst keinen Einfluss auf die Tat oder das anlassgebende Ereignis hatte, ohne eigenes Verschulden.

Beides wäre unzulässig, weshalb es ein einheitliches Unternehmens(träger)strafrecht nicht geben kann.[18] Zuzugeben ist, dass der Verbandsgeldbuße nach § 30 OWiG diese Problematik – allerdings in erheblich abgeschwächter Form – ebenfalls anhaftet. Dort lässt sich aber wegen des uneingeschränkt geltenden Opportunitätsprinzips eine flexible Lösung finden.[19] Wäre die Sanktion eine strafrechtliche, fiele diese Möglichkeit aufgrund des dann geltenden Legalitätsprinzips (trotz der §§ 153, 153a StPO) weg. Ein Unternehmens(träger)strafrecht müsste ein Sonderstrafrecht für juristische Personen und solche Gesellschaften sein, an denen keine natürliche Person gesellschaftsrechtlich haftend beteiligt ist – und sollte dann auch als solches bezeichnet werden.

IV. Vorteile einer strafrechtlichen Verantwortlichkeit von Unternehmen?

Was wären überhaupt die Vorteile eines eigenständigen Unternehmensstrafrechts? Auf der Tagung wurden vor allem zwei Punkte benannt:[20]

- Die Bestrafung des Unternehmens als solchem würde ein Strafbedürfnis bedienen und dem Anlass gebenden Geschehen ein eindeutigeres „Gesicht" geben.
- Die Bestrafung von Unternehmen könne zu einer Entlastung der bislang allein strafrechtlich zur Verantwortung gezogenen Personen führen; weil deren Bestrafung mit einer extensiven Auslegung „klassischer" Zurechnungsregeln einher geht (z.B. der mittelbaren Täterschaft als „Organisationsherrschaft", Ausweitung der Garantenstellungen i.S.d. § 13 StGB[21] oder der Vertreterstellung i.S.d. § 14 StGB), könne eine Unternehmensstrafbarkeit zu einer Entlastung im Bereich des Individualstrafrechts führen.

Beide Thesen überzeugen m.E. nicht, die zweite halte ich sogar für einen gefährlichen Trugschluss.

---

17 Diese Problematik ist natürlich auch abhängig von der Sanktion, die ein (noch zu konzipierendes) Unternehmensstrafrecht vorsähe. Aber als Beispiel darf die Geldstrafe gegen eine OHG dienen, die nicht mehr aus dem liquiden Gesellschaftsvermögen bezahlt werden kann: In diesem Fall wären die Gesellschafter verpflichtet, sie aus ihrem Vermögen zu bezahlen – und damit doppelt oder schuldlos bestraft.

18 Dazu umfassend *v. Freier* Kritik der Verbandstrafe, 1998, S. 84ff. – A.A. *Tiedemann* a.a.O. Rn. 245.

19 Vgl. dazu *Streinz* Jura 2009, 412, 415 m.w.N.

20 Zu weiteren „Hoffnungen" im Hinblick auf die Einführung eines Unternehmensstrafrechts siehe etwa die Zusammenfassung und Analyse von *Trüg* wistra 2010, 241, 243ff. m.w.N.

21 Siehe aber jüngst BGH wistra 2012, 64: Garantenpflicht des Betriebsinhabers bzw. Vorgesetzten nur im Hinblick auf betriebsbezogene Straftaten.

1. Die Bestrafung von Unternehmen entspricht einem bestehenden Bedürfnis nach Sichtbarkeit „des Delinquenten“

Individuell kann man natürlich der Meinung sein, es sei angemessen und notwendig, das Unternehmen, aus dem heraus Straftaten begangen wurden, „auf der Anklagebank“ sitzen zu sehen. Ob eine solche Vorstellung der verbreiteten Auffassung entspricht, ist wahrscheinlich kaum zu verifizieren. Aber von einer solchen empirischen Fragestellung abgesehen: Wen sähe man denn auf der Anklagebank? Da das Unternehmen bzw. sein Rechtsträger nur in Vertretung vor Gericht erscheinen könnte, müsste es entweder das Organ sein oder – dies wäre prozessual noch festzulegen – überhaupt nur die Verteidigung.

In letzterem Fall bliebe „das Unternehmen“ weitgehend gesichtslos, was das insoweit (unterstellt) bestehende Strafbedürfnis kaum befriedigen dürfte. Würde dagegen das Organ des angeklagten Unternehmens stellvertretend vor Gericht erscheinen, kämen dafür zwei Gründe in Betracht:

- Die Anklage gegen das Unternehmen beruht auf einer Straftat des Organ(mitglied)s bzw. dieses trifft insoweit wenigstens ein Verschulden (a).
- Das auftretende Organ(mitglied) ist an der angeklagten Tat völlig unbeteiligt (b).

(a) Sofern das Organ(mitglied) selbst in die Straftat verstrickt ist, wird es als Beteiligter ohnehin vor dem Gericht erscheinen müssen, seine Sichtbarkeit ist damit bereits gegeben. Es stellt sich aber gleichzeitig die Frage, ob das Organ(mitglied) überhaupt noch stellvertretend für das Unternehmen auftreten könnte, weil ein Interessengegensatz zwischen individueller Strafbarkeit und der des Unternehmens kaum ausgeschlossen werden kann.[22] Damit ist zwingend die weitere Frage angesprochen, wie sich die legitimen Interessen des individuell beschuldigten Organs und die des ebenfalls beschuldigten Unternehmens in einer Weise trennen lassen, die die Interessen des Individuums nicht weitgehend beschneidet. Viel spricht dafür, dass in diesem Fall das mitbeschuldigte Organ(mitglied) nicht das Unternehmen repräsentieren kann, sondern durch eine andere Person ersetzt werden muss.

(b) Dann würde allerdings – genauso wie in dem Fall, dass das Organ(mitglied) keine Verantwortung hinsichtlich der Anlass gebenden Tat trifft – eine Person für das Unternehmen sichtbar, die schlicht „den Kopf hinhält“. Man wird sie deshalb nicht unbedingt bedauern müssen, weil sie dafür letztlich bezahlt wird. Nur verschwimmt die Sichtbarkeit des Delinquenten gleichzeitig sehr. Der u.U. frisch eingewechselte Vorstand/Geschäftsführer versinnbildlicht nicht das Unternehmen als „Straftäter“. Diese Funktion eines Unternehmensstrafrechts liefe weitgehend leer. Schlechtestenfalls hätte sie stigmatisierende Wirkung für ein Individuum, das ohne eigene Schuld als Angeklagter/Straftäter angesehen würde.

---

22 Siehe dazu unten V.

2. Die Rückwirkung auf das Individualstrafrecht

Wer sich von der Einführung eines Unternehmensstrafrechts erhofft, dadurch werde der „Druck" auf bislang allein beschuldigte Mitarbeiter eines Unternehmens gemindert, indem sie nicht mehr die strafrechtliche Alleinverantwortlichkeit tragen müssten, möglicherweise sogar nicht mehr als Täter (sondern allenfalls als Teilnehmer) verfolgt würden, macht sich m.E. Illusionen. Solange das Legalitätsprinzip gilt, werden die Ermittlungen auch dann intensiv gegen die Angestellten eines Unternehmens geführt werden, wenn dieses selbst (bzw. der Unternehmensträger) Beschuldigter eines Strafverfahrens würde. Dies ist schon deshalb nahe liegend, weil die Strafbarkeit des Unternehmens letztlich von der Feststellung der aus ihm heraus von Mitarbeitern begangenen Taten abhinge. Natürlich könnte im Einzelfall auch die Feststellung der Begehung von Straftaten als ausreichend angesehen werden, ohne den oder die konkreten Täter zu ermitteln. Ebenso könnte vielleicht die „Dehnung" von Täterschaftskriterien als nicht mehr so notwendig empfunden werden, um einen strafrechtlich Verantwortlichen zu haben. Diese „Entlastung" würde aber mit großen Nachteilen erkauft, die sich aus einem stark veränderten Strafverfahren ergeben würden. Diese sollen abschließend kurz skizziert werden.

V. Die Veränderungen des Strafverfahrens

Die Einführung einer strafrechtlichen Verantwortlichkeit von Unternehmen würde mit einer erheblichen Änderung des strafrechtlichen Ermittlungs- und Hauptverfahrens einhergehen – und damit sind nicht in erster Linie die notwendigerweise neu zu schaffenden Verfahrensregeln im Hinblick auf die Verurteilung eines Unternehmensträgers gemeint. Vielmehr würde sich die verfahrensrechtliche Stellung der (mit-)beschuldigten Angestellten erheblich verschlechtern.

Auf der Tagung ist viel darüber gesprochen worden, dass Unternehmen, würden sie selbst Subjekt eines Strafverfahrens, die gleichen Rechte haben müssten wie natürliche Personen: z.B. müsse der „nemo-tenetur"-Grundsatz gelten. Dies erscheint mir auch nicht zweifelhaft, „im Kleinen" – die juristische Person als Nebenbeteiligter im Strafverfahren – ist es bereits der Fall.[23] Das eigentliche Problem ist aber nicht ein notwendiger Ausbau von Rechten des beschuldigten Unternehmens, sondern der zu prognostizierende Abbau von Verfahrensrechten eines ebenfalls beschuldigten Angestellten.

Bislang hat ein Unternehmensträger im Fall von strafrechtlichen Ermittlungen gegen (potentielle) Straftaten aus dem Unternehmen heraus „nur" eine Verbandsgeldbuße nach § 30 OWiG zu befürchten sowie Nebenfolgen wie den Verfall nach § 73 Abs. 3 StGB.[24] Deshalb kann – und wird häufig – der Unternehmensträger ein Interesse daran haben, seine beschuldigten Mitarbeiter zu unterstützen, jedenfalls nicht „ans Messer

---

23 Zu den Rechten als Nebenbeteiligter siehe *Minoggio* wistra 2003, 121 ff.

24 Zu weiteren (außerstrafrechtlichen) Sanktionen gegen das Unternehmen siehe etwa *Gercke* wistra 2012, Heft 7 m.w.N.; *Hellmann/Beckemper* Wirtschaftsstrafrecht, 3. Aufl. 2010, § 16; *Wittig* Wirtschaftsstrafrecht, 2. Aufl. 2011, § 8 Rn. 6 ff.

zu liefern",[25] zumal die Geldbuße nach § 30 OWiG die Feststellung einer Anlasstat eines verantwortlich i. S. d. § 30 Abs. 1 OWiG Handelnden voraussetzt.[26] Diese Situation würde sich aber automatisch ändern, wenn das Unternehmen selbst Beschuldigter wäre.

Schon um Reputationsschäden zu minimieren müsste das einer Straftat beschuldigte Unternehmen regelmäßig versuchen, das Verfahren abzukürzen und möglichst wenig öffentlich zu agieren. Es würde folglich so weit wie möglich den Weg der Verständigung mit den Ermittlungsbehörden (und dem Gericht) suchen. Dabei würde es sich vielfach geradezu anbieten, „Bauernopfer" in Form von einzelnen Mitarbeitern zu bringen,[27] wie es bereits im US-amerikanischen Rechtssystem nicht nur häufig der Fall ist, sondern bis vor kurzem sogar ausdrücklich gefordert wurde.[28]

Wie sehr sich dadurch die Rechte der – möglicherweise zunächst noch gar nicht – beschuldigten Mitarbeiter verschlechtern können, zeigen die mittlerweile auch in Deutschland begonnenen „private investigations" zur Entlastung des Unternehmens und zur Belastung seiner Angestellten. Die Möglichkeit solcher privaten Ermittlungen im Unternehmen reicht weit,[29] sie besteht insbesondere in der arbeitsrechtlich anerkannten Auskunftspflicht des Angestellten gegenüber dem Unternehmen über seine Tätigkeit und Geschehnisse im Betrieb.[30] Sie reicht möglicherweise nicht so weit, dass Fragen über eigenes strafbares Verhalten beantwortet werden müssen – weil und soweit dies das Unternehmen als Arbeitgeber zu einer Kündigung berechtigen würde;[31] die Frage ist aber noch offen.[32] Denn der BGH hatte in einer älteren Entscheidung (aus dem Jahr 1964) ein solches Schweigerecht jedenfalls für einen Beauftragten ausdrücklich verneint.[33] Wo die Grenze der Auskunftspflicht endet, ist also keineswegs klar; in jedem Fall sind Fragen über strafrechtlich relevante Handlungen von anderen Mitarbeitern zu beantworten.[34] Im Übrigen bliebe abzuwarten, wie sich die Arbeitsgerichte dazu stellen würden. Sofern selbstbelastende Aussagen von Mitarbeitern der Entlastung des Unternehmens dienen würden, könnte aber leicht ein berechtigtes Interesse des Unternehmens an einer Aussagepflicht bejaht werden.

---

25 Dass dies im „Fall Siemens" anders gesehen werden könnte, widerlegt die These nicht. Denn die internen Ermittlungen und deren Weitergabe an die Staatsanwaltschaft dienten nicht der Entlastung gegenüber der deutschen Justiz, sondern gegenüber der US-amerikanischen SEC; vgl. dazu etwa *Jahn* StV 2009, 41 ff.; *Wastl/Litzka/Pusch* NStZ 2009, 68 ff.

26 Selbst für den Fall einer „isolierten" Unternehmensgeldbuße im selbstständigen Verfahren nach § 30 Abs. 4 OWiG muss immerhin feststehen, dass eine Anlasstat aus dem Kreis der von § 30 Abs. 1 OWiG erfassten Personen begangen wurde und keine andere Person in Betracht kommt; vgl. BGH wistra 1994, 232, 233 m. w. N.

27 *Trüg* wistra 2010, 241, 247.

28 Dazu *Wehnert* NJW 2009, 1190 ff.

29 Vgl. dazu *Salvenmoser/Schreier* in Achenbach/Ransiek, Handbuch Wirtschaftsstrafrecht, 3. Aufl. 2012, 15. Teil Rn. 20 ff. m. w. N.

30 Vgl. *Bittmann/Molkenbur* wistra 2009, 373, 375 f. m. w. N.

31 So *Göpfert/Merten/Siegrist* NJW 2008, 1703, 1705; *Salvenmoser/Schreier* in Achenbach/Ransiek a. a. O., 15. Teil Rn. 174; *Wastl/Litzka/Pusch* NStZ 2009, 68, 73 – je m. w. N.

32 So verneinen *Bittmann/Molkenbur* (wistra 2009, 373, 376 f.) nur die Pflicht, sich „eigeninitiativ" zu belasten, nicht aber die Pflicht zur wahrheitsgemäßen Beantwortung von Fragen des Arbeitgebers; vgl. dazu auch *Jahn* StV 2009, 41, 43 f.

33 BGHZ 41, 318, 323; zustimmend *Diller* DB 2004, 313, 314. – Krit. *Jahn* StV 2009, 41, 43 f.

34 Vgl. *Salvenmoser/Schreier* in Achenbach/Ransiek a. a. O., 15. Teil Rn. 174 m. w. N.

Es gibt auch keinen rechtlichen Schutz dagegen, dass die Aussagen der Mitarbeiter an die Staatsanwaltschaft weitergegeben werden – die Staatsanwaltschaft dürfte sie (bei i.Ü. vorliegenden Voraussetzungen) anderenfalls sogar beschlagnahmen. Deshalb stellt sich die auch auf der Tagung thematisierte Frage nach einem Beweisverwertungsverbot im Hinblick auf selbstbelastende Aussagen. Hier wird vor dem Hintergrund der sich ausbreitenden „privaten Ermittlungen" (Fall Siemens u. a.) verständlicherweise versucht, die Grundsätze des „Gemeinschuldnerbeschlusses"[35] fruchtbar zu machen.[36] Ob dies trägt und von der Rechtsprechung angenommen wird, bleibt abzuwarten. Angesichts der sehr rigiden Handhabung und weitgehenden Ablehnung von Beweisverwertungsverboten durch den BGH[37] ist jedenfalls nicht zu erwarten, dass über ein einfaches Beweisverwertungsverbot hinaus auch ein Beweisverwendungsverbot bejaht würde. Wenn überhaupt ein Beweisverwertungsverbot angenommen würde, dürften die Aussagen zwar nicht unmittelbar gegen den beschuldigten Mitarbeiter verwertet werden, könnten aber immer noch Anlass zu weiteren Ermittlungen bieten.[38]

Deshalb ist davon auszugehen, dass die Einführung einer Unternehmensstrafbarkeit nicht entlastend für die bislang allein strafrechtlich verfolgten Mitarbeiter wirken würde, sondern ihre Position in einem Strafverfahren noch verschlechterte.[39]

VI. Zusammenfassung

Die strafrechtliche Verantwortlichkeit eines Unternehmens kann nur auf den Unternehmensträger bezogen werden; sie wäre entweder eine aus dem strafbaren Handeln einer natürlichen Person abgeleitete Verantwortlichkeit oder eine reine Erfolgshaftung, die nur noch das Willkürverbot begrenzte. Eine „Unternehmensstrafe" dürfte nicht (zusätzlich) gegen einen Unternehmensträger, der eine natürliche Person ist, verhängt werden und kommt letztlich nur gegen juristische Personen in Betracht – die strafrechtliche Verantwortlichkeit von Unternehmen könnte daher nur partiell eingeführt werden. Würde sie eingeführt, hätte dies erhebliche nachteilige Folgen für gleichfalls beschuldigte Mitarbeiter des Unternehmens in Form einer Verschlechterung ihrer Verteidigungsmöglichkeiten.

---

35 BVerfGE 56, 37 ff.

36 Vgl. nur *Bittmann/Molkenbur* wistra 2009, 373, 377 f.; *Jahn* StV 2009, 41, 43 f. (aber auch S. 45); *Wastl/Litzka/Pusch* NStZ 2009, 68, 73.

37 Vgl. BGHSt 38, 214 f.; 44, 243, 249; 51, 285, 289 f.

38 So auch *Bittmann/Molkenbur* wistra 2009, 373, 378 f. – A. A. *Wastl/Litzka/Pusch* NStZ 2009, 68, 73.

39 Ebenso *Trüg* wistra 2010, 241, 247 f.

Festung Unternehmen oder System von Schlüsselfunktionen – ein Diskussionsbeitrag zum Thema Risiko, Haftung und Unternehmensstrafrecht[1]

Daniela Weber-Rey[2]

Gliederung

I. Zielsetzung des Beitrags

Auf europäischer Ebene sind in jüngerer Zeit aufsichtsrechtliche Entwicklungen zu beobachten, die zu einer Ausweitung der Haftung von Organen, aber auch von Unternehmen – sei es auf gesellschaftsrechtlicher, sei es auf strafrechtlicher Ebene – führen können. Der vorliegende Beitrag erörtert diese Entwicklungen und unterzieht sie vor dem Hintergrund der generellen Tendenz zur Ausweitung der Haftung von Unternehmen einer kritischen Würdigung.

---

1 Vorabdruck erschienen in: AG 2012, 365.

2 Die Verfasserin bedankt sich für die wertvolle Unterstützung bei der Erstellung dieses Beitrags bei ihrer wissenschaftlichen Mitarbeiterin *Isabella Briel*.

II. Unternehmensstrafrecht in Deutschland – Status Quo[3]

Die Einführung eines echten Unternehmensstrafrechts ist in Deutschland seit langem umstritten. Sowohl die Frage, ob ein Unternehmensstrafrecht überhaupt einzuführen ist, als auch die Frage, wie eine etwaige Unternehmensstrafbarkeit konzipiert sein sollte, werden kontrovers diskutiert.

1. Societas delinquere non potest

Die strafrechtliche Verantwortung von juristischen Personen und sonstigen Personenverbänden ist in der deutschen Rechtsordnung bislang – im Gegensatz zur Rechtslage in zahlreichen europäischen Staaten und den USA[4] – nicht geregelt.

Haupteinwand gegen eine Unternehmensstrafbarkeit in Deutschland ist, dass sie im Widerspruch zum Grundgedanken des deutschen Schuldstrafrechts stehe, denn dieses beruht auf dem Prinzip der Vorwerfbarkeit persönlicher, individueller Schuld.[5] Juristische Personen seien selbst aber weder handlungs- noch schuldfähig und daher keine tauglichen Strafrechtssubjekte.[6]

2. Bestehende Sanktionsmöglichkeiten gegen Unternehmen

Als Sanktionsmöglichkeiten gegen Unternehmen existieren de lege lata die selbständig festsetzbare Verbandsgeldbuße aus § 30 Abs. 4 OWiG, repressive und präventive Instrumente des Wirtschaftsverwaltungsrechts, die zu einer Betriebsschließung führen können, Schutz durch Maßnahmen des Umweltrechts, Kapitalmarktrechts und europäischen Kartellrechts sowie die vermögensabschöpfenden Maßnahmen der §§ 73 ff. StGB sowie der §§ 29, 29 a OWiG.[7]

Über eine Anwendung des Individualstrafrechts können bei unternehmensbezogenen Straftaten teilweise auch die für das Unternehmen handelnden natürlichen Personen selbst verantwortlich gemacht werden. Hierzu tendiert wohl die Rechtsprechung – so etwa über eine extensive Anwendung im Strafrecht etablierter Institute wie der mittelbaren Täterschaft kraft Organisationsherrschaft, der Organ- und Vertreterhaftung (§ 14

---

3 Ausführlich zur geltenden Rechtslage, Reformdiskussion und zum Meinungsstand: *Volk* JZ 1993, 429; *Ehrhardt*, Unternehmensdelinquenz und Unternehmensstrafe, Berlin 1994, S. 42 ff.; *Leipold* NJW-Spezial 2008, 216; *Leipold* in: FS-Gauweiler, Neuwied 2009, S. 375 ff.; *Trüg* wistra 2010, 241; *Lüderssen The aggregative model:* Jenseits von Fiktionen und Surrogaten (in diesem Band S. 79 ff).

4 *Leipold* in: FS-Gauweiler, Neuwied 2009, S. 375, 376; *Trüg* wistra 2010, 241, 242; *Volk* Handelsblatt vom 23.8.2011, S. 20.

5 *Leipold* in: FS-Gauweiler, Neuwied 2009, S. 375, 383 m. w. N.

6 So schon BGH NJW 1953, 1838, 1839: „Dem LG ist freilich zuzugeben, daß es dem bisherigen deutschen Rechtsdenken widerspricht, gegen juristische Personen oder sonstige Personengesamtheiten eine Kriminalstrafe zu verhängen. Sie paßt nicht zu dem im deutschen Recht entwickelten sozialethischen Schuld- und Strafbegriff.".

7 *Trüg* wistra 2010, 241, 242 m. w. N.

StGB, § 9 OWiG), sowie der der Geschäftsherrenhaftung im Allgemeinen (§ 13 StGB, § 8 OWiG) und im Besonderen (Bußgeldvorschrift § 130 OWiG).[8]

III. Grundmodelle zur Konzeption eines Unternehmensstrafrechts

1. Akzessorisches/derivatives Haftungsmodell (Zurechnungsmodell)[9]

Nach diesem Ansatz haftet das Unternehmen im Wege der Zurechnung für bestimmte Straftaten seiner Repräsentanten. Es könne nur die Schuld der für die juristische Person verantwortlich Handelnden maßgeblich sein.[10] Es geht nach diesem Ansatz also um eine Zurechnung von Individualschuld an das Unternehmen.

2. Originäre Verbandsstrafbarkeit[11]

Teilweise wird auch für ein originäres selbständiges Unternehmensunrecht und eigenes Verschulden in Form eines Organisationsverschuldens bzw. einer Betriebsführungsschuld plädiert. Ein solcher Ansatz (Pflicht zur ordnungsgemäßen Organisation) ist bekannt aus dem Zivil-, Wettbewerbs- sowie Verwaltungsrecht und trägt dem Umstand Rechnung, dass Unternehmen heute als soziales Phänomen, nicht mehr als rechtliche Fiktion, zu verstehen seien.[12]

IV. Gesellschaftsrechtliche Perspektive

1. Hintergrund

Die Themen der Corporate Governance sind durch die Finanzmarktkrise in den Mittelpunkt der rechtspolitischen Diskussion gerückt und auf den Prüfstand gestellt worden.

---

8 *Trüg* wistra 2010, 241, 242 m.w.N.

9 Nachweise bei *Ehrhardt,* Unternehmensdelinquenz und Unternehmensstrafe, Berlin 1994, S. 42 ff.

10 Vgl. BVerfG NJW 1967, 195, 197: „ Die juristische Person ist als solche nicht handlungsfähig. Wird sie für schuldhaftes Handeln im strafrechtlichen Sinne in Anspruch genommen, so kann nur die Schuld der für sie verantwortlich handelnden Personen maßgebend sein.".

11 Nachweise bei *Ehrhardt,* Unternehmensdelinquenz und Unternehmensstrafe, Berlin 1994, S. 42 ff.

12 *Hirsch* Die Frage der Straffähigkeit von Personenverbänden, Opladen 1993, S. 9 (Verbände als „eigenständige Subjekte in der Wirklichkeit des Soziallebens" und „soziale Realität"); *Rogall* in: Karlsruher Kommentar zum OWiG, 3. Auflage, München 2006, § 30 Rn. 10 (Verband als „eigenständiges Subjekt der sozialen Realität"); *Dannecker,* GA 2001, 101, 108 f. (Unternehmen als „reale, eigenständige soziale Subjekte"); Darstellung der Argumentation bei *Trüg* wistra 2010, 241, 243.

Zwar gelten die festgestellten Mängel in der Corporate Governance von Unternehmen nicht unmittelbar als Auslöser der Finanzmarktkrise, sie sollen jedoch zur Entstehung und Ausbreitung der Krise entscheidend beigetragen haben.[13] Aus diesem Grund treibt die EU-Kommission verstärkt Verbesserungen im Bereich der Corporate Governance voran, die zukünftigen Krisenentwicklungen im Finanzsektor entgegen wirken sollen.[14] Die unterschiedlichen Maßnahmen auf europäischer Ebene sind dabei geprägt vom Gedanken der Prävention. Darin liegt ein wesentlicher Unterschied zum repressiv ausgerichteten Unternehmensstrafrecht.

2. Corporate Governance

Unter Corporate Governance werden seit dem Grünbuch „Europäischer Corporate Governance-Rahmen" aus dem Jahr 2011 in der Regel „das System, nach [welchem] Unternehmen geführt und kontrolliert werden, sowie eine Reihe definierter Beziehungen zwischen der Führung und dem Leitungsorgan eines Unternehmens sowie zu seinen Aktionären und sonstigen Akteuren" verstanden.[15] Es werden daher in erster Linie gesellschaftsrechtliche Beziehungen erfasst.

Die Aufarbeitung der (ersten) Finanzmarktkrise nach dem Lehman-Zusammenbruch war – in Politik wie Gesellschaft – geprägt von der Suche nach den Schuldigen.[16] Hierbei gerieten insbesondere Vergütungs- und Anreizstrukturen, die zum Eingehen unverhältnismäßig hoher Risiken verleitet haben, in die öffentliche Kritik. Die Untersuchungen zu den Ursachen der Finanzmarktkrise setzten sowohl bei den Corporate Governance-Verantwortlichen als auch bei den überwachenden Aufsichtsbehörden an. So wurden zunächst die nicht hinreichend kompetenten und/oder nur auf den eigenen Profit bedachten Vorstände und die falsch oder nicht mit der erforderlichen Kompetenz besetzten Aufsichtsräte in den Blick genommen, darüber hinaus aber auch die Abschlussprüfer und weiteren Akteure aus der Peripherie der Corporate Governance, wie etwa Vermögensverwalter, Stimmrechtsberater (*proxy advisor*) (beides in Europa) oder Vergütungsberater (z.B. in Deutschland). Daneben wurden die Rolle und die Verantwortung der Aufsichtsbehörden hinterfragt. Es galt, deren Besetzung, Funktion und Kompetenzen sowie die Zusammenarbeit in Europa neu zu durchdenken und zu verbessern.

---

13 Siehe z.B. *The High-Level Group on Financial Supervision in the EU,* De Larosière Report vom 25. 2. 2009, abrufbar unter: http://ec.europa.eu/internal_market/finances/docs/de_larosiere_report_de.pdf.

14 Vgl. dazu *EU-Kommission* Grünbuch Corporate Governance in Finanzinstituten und Vergütungspolitik 2010, KOM (2010) 284 endgültig (Grünbuch 2010).

15 *EU-Kommission* Grünbuch Europäischer Corporate Governance-Rahmen 2011, KOM (2011) 164 endgültig (Grünbuch 2011), S. 2f., unter Verweis auf die *OECD*-Grundsätze auf dem Gebiet der Corporate Governance, 2004, S. 11, abrufbar unter: http://www.oecd.org/dataoecd/32/18/31557724.pdf.

16 Vgl. hierzu *Weber-Rey* Corporate Governance in Europa: die Initiativen der *EU-Kommission,* Schriftenreihe des Zentrums für Europäisches Wirtschaftsrecht der Universität Bonn, Vorträge und Berichte, 2012, Heft Nr. 193; zu den Initiativen der EU-Kommission vgl. auch *Weber-Rey* Börsen-Zeitung vom 20. 8. 2010, S. 8; *Weber-Rey* BOARD 2/2011, S. 70; *Weber-Rey/Ollmann* Börsen-Zeitung vom 20. 8. 2011, S. 4.

Die Rolle der Aktionäre und deren Verantwortung erkannte man hingegen erst später. In den Jahren vor dem Lehman-Zusammenbruch wurden den Aktionären auf europäischer Ebene immer weitergehende Rechte eingeräumt, um ein größeres, auch grenzüberschreitendes Engagement zu fördern.[17] Analysen des Verhaltens von Aktionären in der Finanzmarktkrise haben jedoch zu der Einsicht geführt, dass die Aktionäre den an sie gestellten Erwartungen nur ungenügend gerecht geworden sind.[18] Es wurde deutlich, dass die Aktionäre nicht in ausreichendem Maße auf eine gute Corporate Governance der Geschäftsleitungen ihrer Beteiligungsunternehmen hinwirken. Die gewonnenen Erkenntnisse führten nach der Lehman-Krise auf europäischer Ebene zu einem Paradigmenwechsel weg von Aktionärsrechten hin zu Aktionärspflichten, mit deren konkreter Ausgestaltung sich die Europäische Kommission derzeit beschäftigt.[19] Bereits eingeführt wurden für den Finanzsektor und darüber hinaus beispielsweise eine weitergehende Transparenz im Zusammenhang mit Vergütungsstrukturen und damit einhergehend das sogenannte *Say-on-Pay* der Aktionäre sowie erhöhte Pflichten von institutionellen Investoren.

Hinsichtlich der Zusammensetzung des Aufsichtsrats und einer besseren Befähigung seiner Mitglieder hat die Corporate Governance-Diskussion zur Herausbildung neuer Anknüpfungspunkte jenseits der bekannten Kriterien technischer Qualifikation geführt. Einerseits wurden die Anforderungen an Fähigkeiten und Kenntnisse, Unabhängigkeit und Freiheit von Interessenkonflikten sowie zeitliche Verfügbarkeit verschärft. Andererseits ist bei der Frage der richtigen Zusammensetzung des Aufsichtsrats die Forderung nach offener Diskussionskultur und Diversität im Plenum sowie hinsichtlich der Kompetenz der Aufsichtsratsmitglieder in Form von Durchsetzungsvermögen und Widerspruchsbereitschaft neu aufgekommen.[20] Diversität und „Challenge" sind hierbei beides Aspekte, die einem schädlichen Gruppendenken entgegenwirken sollen. Je geringer das Gruppendenken ausgeprägt ist, desto größer sind nach Überzeugung der EU-Kommission die Bereitschaft und die Fähigkeit einzelner Aufsichtsratsmitglieder, im Bedarfsfall insbesondere wesentlichen Geschäftsentscheidungen des Leitungsorgans Einhalt zu gebieten.

Eine Neuerung wäre es allerdings, das Unternehmen selbst in die Pflicht zu nehmen, gleich ob über Mittel des Gesellschaftsrechts oder des Strafrechts.

---

17 Besonders bezeichnend ist hier die Aktionärsrechterichtlinie (Richtlinie 2007/36/EG des Europäischen Parlaments und des Rates vom 11. 7. 2007; vgl. zur Entstehungsgeschichte *Weber-Rey* ECFR 2007, 370, 400 ff.). Diese wurde in Deutschland im Jahr 2009 durch das ARUG (Gesetz zur Umsetzung der Aktionärsrechterichtlinie, BGBl. I 2009, S. 2479 ff.; in Kraft getreten am 1. 9. 2009) umgesetzt.

18 Insbesondere Brüssel wandte sich dem Thema der Anforderungen an die Rolle der Aktionäre zu; vgl. Grünbuch 2011 (Fn. 575), S. 13 f. Auf nationaler Ebene (UK) ist der *UK Stewardship Code* als Beispiel hervorzuheben, der dieses Thema bereits im Juli 2010 aufgriff.

19 Vgl. hierzu *Weber-Rey* Platow-Brief vom 6. 5. 2011, S. 7; *Hommelhoff* in: Liber amicorum für Martin Winter 2011, S. 255 ff.; *Hommelhoff/Suchan*, KPMG, Audit Committee Quarterly I/2011, S. 4 ff.

20 Zur Professionalisierung des Aufsichtsrats vgl. *Lutter* DB 2009, 775 zur Entwicklung des deutschen Rechts bereits seit KonTraG (1. 5. 1998); *Weber-Rey* Börsen-Zeitung vom 28. 10. 2009, S. 2; zur Diskussionskultur als Voraussetzung für effektive Unternehmensführung vgl. *Weber-Rey* Börsen-Zeitung vom 19. 1. 2011, S. 2; zur Diversität im Aufsichtsrat vgl. *Weber-Rey* FAZ vom 20. 4. 2011, S. 19 sowie FAZ vom 9. 11. 2011, S. 23.

3. Das neue Compliance-Verständnis

a) Finanzmarktkrise und Entwicklung des Aufsichtsrechts

Der Lehman-Zusammenbruch hat auch dazu geführt, dass das Aufsichtsrecht – parallel zu der Entwicklung im Gesellschaftsrecht mit einem neuen Schwerpunkt auf dem Gebiet der Corporate Governance – stärker in den Fokus gerückt ist. Die Compliance-Vorschriften und die daran anknüpfenden Maßnahmen haben eine ganz neue Bedeutung gewonnen. Die Aufsichtsbehörden erhalten beispielswiese weitergehende Zugriffsrechte, um eine effektivere Kontrolle ausüben zu können. Mit der verbesserten Kontrollmöglichkeit werden die Aufsichtsbehörden gleichzeitig stärker in die Verantwortung genommen.

Die Folge ist eine umfangreiche Regulierung auf unterschiedlichen Ebenen, parallel in den nationalen Jurisdiktionen, auf europäischer wie auch globaler Ebene. Es vollziehen sich eine Entwicklung von *Hard Law* und *Soft Law* – teilweise gleichlaufend und sich überschneidend, teilweise in Konkurrenz zueinander – und die Infiltration von Regelungssätzen, also das schleichende Greifen übergeordneten Denkens, welches schon allein aufgrund des politischen und/oder gesellschaftlichen Drucks Geltung beansprucht, mag es sich auch aus verwandten Rechtsgebieten, anderen Industriesektoren oder anderen Rechtsordnungen ergeben.[21] Compliance und der Aufbau von Compliance-Strukturen verfolgen jedoch niemals einen Selbstzweck und dürfen nicht nur Umsetzung einer Corporate Governance-Verantwortung sein (Corporate Compliance).[22] Vielmehr haben Compliance-Strukturen im modernen Verständnis immer auch zum Ziel, einerseits kulturellen Wandel zu erzeugen („*walk the talk*"), andererseits als strafhinderndes oder strafmilderndes Element zu wirken. Dies dient sowohl dem Unternehmen selbst als auch dem Wohl seiner Organe. Zum einen soll das Unternehmen im Ganzen vor dem Risiko geschützt werden, in den Fokus zu geraten und sich damit u. a. erheblichen Reputationsrisiken auszusetzen. Zum anderen soll aber auch eine persönliche Haftung der Organvertreter vermieden werden. Die Nachhaltigkeit eines Unternehmens, die Maßnahmen im Bereich der *Corporate Social Responsibility* (CSR)[23] wie auch die Umsetzung gelebter Führungsverantwortung (*tone from the top*) minimieren so gleichzeitig die Risiken für das Unternehmen und seine Organe.

Compliance-Strukturen sind somit ein präventives Element und die Prävention eine der ureigenen Aufgaben der Aufsicht, deren Kontrollinstrument die Compliance ist. Der Einfluss und die neue, stärkere Verantwortung der Aufsichtsbehörden werden besonders anschaulich bei den erst seit kurzem möglichen Compliance-Maßnahmen der BaFin gegen Finanzinstitute einschließlich Versicherungen, die neben der Möglichkeit

---

21 Vgl. *Weber-Rey* ZGR 2010, 543.

22 Vgl. Compliance-Definition in Ziffer 4.1.3 DCGK: „Der Vorstand hat für die Einhaltung der gesetzlichen Bestimmungen und der unternehmensinternen Richtlinien zu sorgen und wirkt auf deren Beachtung durch die Konzernunternehmen hin (Compliance)".

23 Vgl. Mitteilung der EU-Kommission vom 25. 10. 2011 betreffend eine neue EU-Strategie für die soziale Verantwortung der Unternehmen (CSR), KOM(2011) 681 endgültig.

einer Abberufung von Vorstandsmitgliedern seit 2009 nun auch eine Abberufungsmöglichkeit hinsichtlich Aufsichtsratsmitgliedern vorsehen.[24]

b) Risikoträger und Inhaber von Schlüsselfunktionen

aa) Solvency II und CRD IV-Entwurf

Das neue Compliance-Verständnis geht aber noch einen Schritt weiter und erfasst nunmehr nicht nur die Organe, also die eigentlichen Corporate Governance-Träger, sondern auch sogenannte Risikoträger und Inhaber von Schlüsselfunktionen. Der Begriff der Inhaber von Schlüsselfunktionen wurde bereits bei den ersten Erwägungen[25] zu der Solvabilität-II-Rahmenrichtlinie („Solvency II")[26] aufgenommen und ist seither fortentwickelt worden.[27] Vor dem Hintergrund der Finanzmarktkrise ist zudem der Begriff der Risikoträger im Rahmen des Entwurfs der Kapitaladäquanzrichtlinie vom 20. Juli 2011 („CRD IV-Entwurf")[28] eingeführt worden.[29]

bb) VAG-Novelle

Die deutsche Bundesregierung hat darauf bereits im August 2011 mit einem Referentenentwurf (RefE) des Zehnten Gesetzes zur Änderung des Versicherungsaufsichtsgesetzes (VAG-Novelle) reagiert. Seit Februar 2012 liegt der Regierungsentwurf (RegE) hierzu vor.[30] Mit diesem Gesetz soll die Solvency II-Rahmenrichtlinie in deutsches Recht umgesetzt werden. Der Gesetzentwurf führt in § 25 Abs. 1 VAG-E dann auch erstmals den Begriff der „Personen, die das Unternehmen tatsächlich leiten oder andere Schlüsselaufgaben innehaben" ein,[31] ohne diesen aber näher zu definieren.[32] Die Regelungen zu den Personen, die Schlüsselaufgaben innehaben, betreffen die Anforderungen an deren fachliche Qualifikation und persönliche Zuverlässigkeit[33] sowie deren Informationsbedürfnisse in Bezug auf das Risikomanagement.[34] Überdies werden die Rechte der Aufsichtsbehörden auch in diesem Bereich gestärkt. Zum einen wird eine Anzeigepflicht in Bezug auf die vorgesehene „Einsetzung" eines Inhabers von Schlüs-

24 Vgl. § 36 KWG bzw. § 87 Abs. 6 bis 8 VAG; für Aktuare besteht eine entsprechende Regelung in § 11 a Abs. 2 VAG.

25 So bereits im ersten Solvency II-Richtlinienvorschlag der EU-Kommission vom 10. 7. 2007, KOM (2007) 361 endgültig, Artikel 26 Abs. 3, Artikel 42.

26 Richtlinie 2009/138/EG des Europäischen Parlaments und des Rates vom 25. 11. 2009.

27 Regelungen zu Schlüsselfunktionen/-aufgaben finden sich in Solvency II in Erwägungsgrund 33, 34, 35 sowie in Artikel 42.

28 CRD IV-Richtlinienvorschlag der EU-Kommission vom 20. 7. 2011, KOM(2011) 453 endgültig.

29 Regelungen zu Risikoträgern finden sich im CRD IV-Entwurf in Erwägungsgrund 47 sowie in Artikel 88 Ziffer 6 (entspricht Ziffer 2 der englischen Fassung; redaktionelles Versehen).

30 BR-Drucks. 90/12.

31 Regelungen zu „Personen, die das Unternehmen tatsächlich leiten oder andere Schlüsselaufgaben/-funktionen innehaben" finden sich außerdem in den §§ 10 Abs. 4 Nr. 1 a), 12 Abs. 1 Nr. 4 b), 27 Abs. 1, 44 Nr. 1 u. 2, 297, 298 Abs. 3 Nr. 1 VAG-E; im Unterschied zum RefE findet sich dagegen im RegE keine Reglung mehr hierzu in § 301 Abs. 1 Nr. 1 VAG-E.

32 Dies kann zu Rechtsunsicherheiten führen; so auch *Grote/Schaaf* VersR 2012, 17, 22.

33 Vgl. § 25 Abs. 1 VAG-E.

34 Vgl. § 27 Abs. 1 VAG-E.

selfunktionen gegenüber der BaFin eingeführt.[35] Zum anderen erhält die BaFin ein Abberufungsrecht in Bezug auf die Inhaber von Schlüsselaufgaben[36] – entsprechend der Abberufungsmöglichkeit hinsichtlich Vorstands- und Aufsichtsratsmitgliedern.

Zwar beziehen sich die Regelungen zu den Inhabern von Schlüsselfunktionen in Solvency II und im RegE der VAG-Novelle sowie zu den Risikoträgern im CRD IV-Entwurf bislang vor allem auf die Anforderungen an die fachliche Qualifikation und persönliche Zuverlässigkeit[37] bzw. auf Vergütungsthemen.[38] Entscheidend ist aber, dass hiermit ein neues Konzept unterhalb und in Überschneidung mit der Organebene eingeführt wurde; die Corporate Governance wird daher in ihren Grundfesten berührt. Dies zeigt sich auch an den gegenüber Inhabern von Schlüsselfunktionen vorgesehenen Kontroll- und Eingriffsrechten der Aufsichtsbehörden im RegE der VAG-Novelle.[39] Es liegt nahe, dass aufgrund der nun durch die gesetzlichen Regelungen hervorgehobenen Rolle der Inhaber von Schlüsselfunktionen und Risikoträger die Forderung nach einer Ausweitung der Haftung auf diese Personengruppen laut werden wird. Die Erstreckung der Haftung für das Unternehmen nach dem Vorbild einer Organ- und Vertreterhaftung[40] bzw. der Geschäftsherrenhaftung[41] könnte z.B. auch auf Inhaber von Schlüsselfunktionen und Risikoträger übertragen werden. Wenn man sich darüber hinaus für ein originäres selbständiges Unternehmensunrecht und ein eigenes Verschulden des Unternehmens in Form von Organisationsverschulden bzw. einer Betriebsführungsschuld ausspricht, dürfte ein solcher Vorwurf der Verletzung der Pflicht zur ordnungsgemäßen Organisation ebenso bei einem entsprechenden Fehlverhalten der Inhaber von Schlüsselfunktionen und Risikoträger zu machen sein. Auch für die Befürworter des Zurechnungsmodells, nach welchem das Unternehmen für bestimmte Straftaten seiner Repräsentanten haften soll, könnte eine Zurechnung strafrechtlich relevanten Fehlverhaltens der Inhaber von Schlüsselfunktionen und Risikoträger an das Unternehmen in Betracht kommen.

Eine solche Ausweitung des zuzurechnenden Handelns von Personenkreisen birgt die Gefahr einer Haftung nur „kraft Anscheins". Die Kriterien, die zu einer Einstufung als Schlüsselfunktions- bzw. Risikoträger führen, sind gezielt weit gefasst, um kreative Gestaltungsvarianten der Wirtschaft mit dem Ziel nachhaltigeren Handelns – hier vor allem nachhaltiger Anreizstrukturen durch Vergütung – zu erfassen. So gelten in Solvency II alle Funktionen, die das Governance-System umfasst, als Schlüsselfunktionen.[42] Das Governance-System schließt die Risikomanagementfunktion, die Compliance-Funktion, die interne Revisionsfunktion und die versicherungsmathematische Funktion mit ein.[43] In der Begründung des RegE der VAG-Novelle wird aber ausdrücklich klarge-

---

35 Vgl. § 44 Nr. 1 VAG-E; eine Anzeigepflicht besteht nur im Hinblick auf *Inhaber* von Schlüsselfunktionen, nicht dagegen bezüglich Personen, die (lediglich) Schlüsselaufgaben wahrnehmen, vgl. hierzu näher Fn. 605.

36 Vgl. § 297 VAG-E.

37 So die Regelungen zu den Schlüsselfunktionen in Solvency II und im RegE VAG-Novelle.

38 So die Regelungen zu den Risikoträgern im CRD IV-Entwurf.

39 Vgl. §§ 44 Nr. 1, 297 VAG-E.

40 Vgl. Normierung in § 14 StGB, § 9 OWiG.

41 Vgl. § 13 StGB, § 8 OWiG im Allgemeinen sowie § 130 OWiG im Speziellen.

42 Erwägungsgrund 33 in Solvency II.

43 Erwägungsgrund 30 in Solvency II; RegBegr. VAG-Novelle, BR-Drucks. 90/12, S. 272.

stellt, dass darüber hinaus abhängig von den Gegebenheiten des jeweiligen Unternehmens auch weitere Bereiche als Schlüsselaufgaben angesehen werden können, wenn sie für den Geschäftsbetrieb des Unternehmens von erheblicher Bedeutung sind.[44] Es besteht somit das Risiko einer ausufernden aufsichtsrechtlichen Erfassung und bei Übertragung ins Strafrecht einer ebenso ausufernden Haftung. Zudem wird differenziert nach Personen, die Schlüsselfunktionen wahrnehmen, und solchen, die Inhaber von Schlüsselfunktionen sind.[45] Würde man sich darauf verständigen, dass für eine Haftung nur die Inhaber von Schlüsselfunktionen in Betracht kommen, dürfte man im konkreten Fall oftmals vor dem Problem einer klaren Grenzziehung stehen.[46] Für die Zwecke des Strafrechts ist es – wesentlich mehr noch als im Aufsichtsrecht – außerordentlich wichtig, exakt umrissene Regelungen zu entwickeln und eben nicht vorsorglich zu weit und damit rechtsunsicher zu gestalten.

c) Aufsichtsräte und Durchbrechung der Governance

aa) VAG-Novelle und Solvency II

Ein weiterer Unsicherheitsfaktor ergibt sich daraus, dass die Vorschriften im RegE der VAG-Novelle an vielen Stellen erheblich über die Vorgaben in Solvency II hinausgehen. Hinzu kommen begriffliche Inkonsistenzen.[47] Exemplarisch sei hier die Regelung zu den Qualifikationsanforderungen in § 25 VAG-E genannt. Anders als in § 7a Abs. 4 VAG a.F. sind die Qualifikationsanforderungen in Bezug auf die Mitglieder des Aufsichtsrats nicht mehr ausdrücklich geregelt. Die Mitglieder des Aufsichtsrats sollen laut Gesetzesbegründung vielmehr unter die Personen, die andere Schlüsselaufgaben inne haben, fallen.[48] Dies steht jedoch im Widerspruch zu Artikel 42 in Solvency II. Nach den Erwägungsgründen 30ff. der Richtlinie sind Personen mit Schlüsselaufgaben nur solche, die originär dem Verantwortungsbereich des Vorstands zuzuordnen sind. Es wird der gesellschaftsrechtlichen Systematik bzw. der Überwachungs- und Kontrollfunktion des Aufsichtsrats nicht gerecht, wenn seine Mitglieder auf einer Stufe mit Personen „unterhalb“ des Vorstands eingeordnet werden sollen.[49] Dies birgt die Gefahr von Widersprü-

---

44 RegBegr. VAG-Novelle, BR-Drucks. 90/12, S. 272.

45 Vgl. Erwägungsgrund 34 in Solvency II: „Sämtliche Personen, die Schlüsselfunktionen wahrnehmen, sollten fachlich qualifiziert und zuverlässig sein. Jedoch sollte nur für die Inhaber von Schlüsselfunktionen eine Meldepflicht gegenüber der Aufsichtsbehörde bestehen.“; ebenso in der RegBegr. VAG-Novelle, BR-Drucks. 90/12, S. 278: „[...]. Soweit es um sonstige Schlüsselaufgaben geht, müssen der Aufsichtsbehörde lediglich Personen gemeldet werden, die für die Schlüsselaufgaben verantwortlich sind. Damit ist, wenn eine Schlüsselaufgabe von zwei oder mehr Personen wahrgenommen wird, für die meisten Schlüsselaufgaben immer nur der „Inhaber der Führungsrolle“ relevant.“

46 Hinzu kommen die durch die VAG-Novelle entstandenen Unsicherheiten in Bezug auf die Einordnung der Mitglieder des Aufsichtsrates als Personen, die andere Schlüsselaufgaben inne haben, vgl. hierzu Ziffer 3.c)aa).

47 Vgl. *Gesamtverband der Deutschen Versicherungswirtschaft e. V. (GDV)*, Stellungnahme zum Referentenentwurf des Zehnten Gesetzes zur Änderung des Versicherungsaufsichtsgesetzes, S. 25 (abrufbar unter: http://www.gdv.de/2011/09/); in diese Richtung auch *Grote/Schaaf* VersR 2012, 17, 22f.

48 Vgl. RegBegr. VAG-Novelle, BR-Drucks. 90/12, S. 272.

49 *GDV*, Stellungnahme zum Referentenentwurf des Zehnten Gesetzes zur Änderung des Versicherungsaufsichtsgesetzes, S. 25f.; vgl. *Weber-Rey* Börsen-Zeitung vom 3. 3. 2012, S. 4.

chen in der Rechtsanwendung zwischen europäischen Rechtsvorschriften und dem nationalen VAG. Dies gilt umso mehr, als es im Bereich der Governance zusätzliche unmittelbar geltende Durchführungsmaßnahmen der EU-Kommission geben wird.[50]

bb) CRD IV-Entwurf

Unsicherheiten könnten sich auch aus der Regelung im CRD IV-Entwurf[51] ergeben, wonach nicht nur in Bezug auf die Risikoträger, sondern u. a. bei allen Mitarbeitern, deren Gesamtvergütung der Einkommensstufe des oberen Managements entspricht, bestimmte Grundsätze hinsichtlich der Gesamtvergütungspolitik zu beachten sind. Hieran wird erneut die Problematik einer Grenzziehung – wer unterfällt verschärfter Aufsicht und wer nicht (mehr) – deutlich. Es ist zu befürchten, dass allein von dem Verdienstniveau auf die Bedeutung der Tätigkeit, die dem Mitarbeiter übertragene Verantwortung und damit auf dessen Schlüsselposition geschlossen werden könnte. Aufsichtsrechtlich, aber vor allem strafrechtlich würde eine solche Ausweitung der Personenkreise letztlich eine Verwässerung, wenn nicht Durchbrechung der Corporate Governance, also der Rechte und Pflichten von Organvertretern, bedeuten. Der Unterschied von der Organ- zur Angestelltenstellung würde aufgeweicht. Die Folge wäre eine „Requalifizierung" von unten nach oben, während es im Gesellschaftsrecht darum geht, die rechtlich verantwortlichen Organe dazu zu bringen, gar zu zwingen, im Unternehmensinteresse ihrer Führungsverantwortung und Vorbildrolle besser und nachhaltiger gerecht zu werden (*tone from the top*). Würde man mit dem Zurechnungsmodell das Unternehmen selbst für das Verhalten der Inhaber von Schlüsselfunktionen und Risikoträger verantwortlich machen, würde dies darüber hinaus zu einer weiteren Grenzziehungsproblematik führen. Hier stellt sich dann die Frage, für welche Straftaten ihrer Angestellten die Unternehmen haften sollen. Die aufgezeigte Gefahr einer Ausuferung der aufsichtsrechtlichen Erfassung könnte im Strafrecht zu einer inakzeptablen Erweiterung der Haftung und infolgedessen zu einer Überforderung der Unternehmen führen.

cc) Ausstrahlungskraft von Regelungssätzen

Die geschilderte Haftungsausweitung hätte nicht nur für den Finanzsektor weitreichende Folgen. Der Finanzsektor ist nicht der einzige regulierte Sektor. Vielmehr gibt es eine ganze Reihe weiterer Unternehmen, die aufsichtsrechtlichen Regeln unterliegen, also regulatorischen Bemühungen ausgesetzt sind, die alle aufgrund ihrer besonderen Bedeutung für das Gemeinwohl einen systemrelevanten Aspekt ihres Industriesektors mit sich bringen. Viele der Verschärfungen, die durch den Lehman-Zusammenbruch und den Finanzsektor in die öffentliche und juristische Diskussion geraten sind, besitzen Ausstrahlungswirkung auch hinsichtlich börsennotierter Unternehmen bzw. füh-

50 Die EU-Kommission soll gemäß Artikel 50 Abs. 1 c) der Solvency II-Richtlinie anhand von delegierten Rechtsakten (Level 2) die Anforderungen im Sinne von Artikel 42 und die damit verbundenen Funktionen näher bestimmen; Vgl. zum Ganzen *GDV*, Stellungnahme zum Referentenentwurf des Zehnten Gesetzes zur Änderung des Versicherungsaufsichtsgesetzes, S. 25; ausführliche Darstellung der Unsicherheiten bei der Einordnung der Aufsichtsratsmitglieder auch bei *Grote/Schaaf* VersR 2012, 17, 22 f.

51 Artikel 88 Ziffer 6 des CRD IV-Entwurfs.

ren zur Entwicklung von Regelungssätzen, die unmittelbare Anwendung weit über den Finanzsektor hinaus auf alle börsennotierten Unternehmen finden.[52]

4. Kein Erfordernis eines Unternehmensstrafrechts

Es stellt sich die Frage, ob mit diesen gesellschaftsrechtlichen (Corporate Governance) und aufsichtsrechtlichen (Compliance) Ansätzen das Ziel einer Präventionswirkung sowie eines Korrektivs für unternehmerisches Fehlverhalten und/oder einer (indirekten) Bestrafung von Unternehmen erreicht wird oder ob es darüber hinaus einer ergänzenden direkten Erfassung durch eigene unternehmensstrafrechtliche Anknüpfungspunkte bedarf.

Hierbei ist weniger die dogmatische Rechtfertigung als originäres Unternehmensstrafrecht oder derivatives Strafrecht des Unternehmens im Wege der Zurechnung entscheidend, als vielmehr, ob es ein weiteres Interesse, ja eine Notwendigkeit der Gemeinschaft gibt, zum Zwecke der Krisenverhütung, also der Prävention, eine eigene Bestrafungsmöglichkeit für das Unternehmen zu schaffen. Die Bestrafung des Unternehmens allein kann jedenfalls kein adäquates Mittel zur Erreichung des Zwecks der Krisenverhütung und Förderung nachhaltigen Wirtschaftens sein, da eine solche Bestrafung kaum eine verbesserte Sozialadäquanz des Unternehmens im Sinne eines Läuterungsprozesses auf Unternehmensebene mit sich bringen wird.

Bei Zugrundelegung des Zurechnungsmodells wie auch bei Annahme eines originären Unternehmensunrechts entstünde durch die Heranziehung der neuen Entwicklungen im europäischen und deutschen Aufsichtsrecht – wie oben aufgezeigt – automatisch die Gefahr einer Ausuferung der Haftung. Die in Rede stehenden Personenkreise der Inhaber von Schlüsselfunktionen und Risikoträger sind zu breit und vage definiert. Die Erstreckung der Haftung auf diese Personengruppen wäre keinesfalls akzeptabel, da dies unzulässigerweise ein Haftungssystem ohne klare Grenzen und ohne die für das Strafrecht erforderlichen festen und hinreichend bestimmten Tatbestandvoraussetzungen zur Folge hätte.

Die erheblichen Ausweitungen, die im Bereich von Corporate Governance und Compliance im Gange sind, stärken das Korrektiv durch das Aufsichtsrecht und das Gesellschaftsrecht in einem Maße, das die Einführung einer Verbandsstrafe überflüssig machen sollte.

---

52 Zu den Ausstrahlungen des Aufsichtsrechts auf das Aktienrecht vgl. *Dreher* ZGR 2010, 496 und *Weber-Rey* ZGR 2010, 543, zum Bericht über die Diskussion vgl. *Thomas* ZGR 2010, 591; siehe auch zu den Grünbüchern 2010 (Fn. 574) und 2011 (Fn. 575), *Weber-Rey* Corporate Governance in Europa: die Initiativen der *EU-Kommission,* Schriftenreihe des Zentrums für Europäisches Wirtschaftsrecht der Universität Bonn, Vorträge und Berichte, 2012, Heft Nr. 193.

Verfahrensrecht – Ausgewählte Fragen

Verdachtsschöpfung und Unternehmensberatung

Wolf Schiller

Die Gültigkeit der allgemeinen Verfahrensgrundsätze im Rahmen eines Unternehmensstrafrechts wird in der Literatur nur peripher diskutiert.[1] Dies gilt auch für das Legalitätsprinzip. Im Folgenden sollen aus Praktikersicht einige Problembereiche aufgezeigt werden.

Einem Ende August 2011[2] in der FAZ veröffentlichten Bericht eines namhaften Wirtschaftsprüfungsunternehmens zufolge werden „kriminelle Machenschaften" in Unternehmen aufgedeckt:

- zu 50% durch interne Kontrolle,
- zu 25% durch in der Regel anonym bleibende Whistleblower,
- zu 13% durch Hinweise Dritter,
- zu 8% durch Zufall und
- zu 6% durch Warnsignale (z.B. Änderung des Lebenswandels eines oder mehrerer Mitarbeiter)

Die zunehmende Bedeutung von Compliance-Bereichen in Wirtschaftsunternehmen auf dem Gebiet der Bekämpfung von Wirtschaftskriminalität, so der Bericht, werde deutlich.

Der CCO eines international tätigen Konzerns hat im Zusammenhang mit der Verlautbarung eines entdeckten, korruptionsverdächtigen Sachverhaltes wiederum gegenüber der FAZ erklärt, die Tatsache, dass etwas entdeckt werde, liefere den Beweis für das „Funktionieren" von Compliance.

---

1 Überlegungen, dass die Verfahrensprinzipien nicht notwendigerweise auch im Unternehmensstrafrecht Geltung hätten, sind nicht fernliegend, weil die den individualrechtlich gestalteten Grundrechts- und Verfahrensstrukturen sich nicht ohne weiteres auf ein „handlungsunfähiges" Unternehmen übersetzen lassen. Vgl. hierzu *Queck* „Die Geltung des nemo-tenetur-Grundsatzes zugunsten von Unternehmen" Diss. 2004, Dresden, S. 193ff., 214ff., 216, 226, die angesichts der „Subjektstellung" des Unternehmens ein Mindestmaß an Verteidigungsrechten und Einwirkungsmöglichkeiten einfordern möchte, sofern die Unternehmen einem Strafverfahren unterworfen werden; *Salditt* in FS Achenbach „normativ ansprechbar: Börsennotierte Kapitalgesellschaften", wonach „Menschenwürde" Unternehmensstrafrecht nicht ausschließt, S. 440; *Drope* Diss. Hamburg 2001 „Strafprozessuale Probleme bei der Einführung einer Verbandsstrafe" S. 146ff., geht von der generellen Gültigkeit des Rechtsstaatsprinzips für das Unternehmensstrafrecht aus. Schwerpunktmäßig erfolgt in der Literatur eine Diskussion des Verfahrensrechts im Zusammenhang mit dem Unternehmensstrafrecht in Orientierung an den nemo-tenetur-Grundsatz. Vgl. *Theile* „Internal Investigations und Selbstbelastung" in StV 2011, 381ff.

2 FAZ vom 25. 8. 2011 „Wirtschaftskriminelle sind meistens langjährige Mitarbeiter"; vgl. hierzu auch *Momsen* „Internal Investigations" zwischen arbeitsrechtlicher Mitwirkungspflicht und strafprozessualer Selbstbelastungsfreiheit in ZIS 2011, S. 509.

Demnach sollen Compliance-Bereiche Funktionen entfalten müssen, die über die (kriminal-)präventive Strukturierung von Unternehmensorganisationen hinausgehen. Sie sollen in der Pflicht sein, detektivische – letztlich inquisitorische – Arbeit zum Aufsuchen von Straftaten zu leisten.[3] Dies erfolgt so auch in der Praxis.[4]

Wenngleich die rechtsstaatlich in hohem Maße bedenkliche sog. interne Aufklärungsarbeit im Zusammenhang mit den prominenten Korruptionsskandalen der letzten Jahre[5] nach inzwischen überwiegend konsensual i. S. d. § 257 c StPO erledigten Strafverfahren als „obsolet“ angesehen werden könnte, so sind die von den Beraterfirmen der Unternehmen durch die geübte Beweiserhebungspraxis „geschlagenen Wunden“ noch keinesfalls verheilt.

Die damals in den bekannten Korruptionsfällen durch das Eingreifen der US-amerikanischen Börsenaufsicht bedingten „freiwilligen“ Aufklärungsarbeiten der Unternehmen und die hierüber erfolgte Offenbarung „eigenständig entdeckter“ Straftaten[6] haben bei dem Bemühen von Unternehmen um eine „verbesserte Ethik“ unverändert Aktualität.[7]

Es gehört heute zu den Unternehmensführungsstandards zu dokumentieren, dass in vorauseilendem Gehorsam kontinuierlich die Suche nach Straftaten im Unternehmen betrieben wird.[8]

Mit dem Ziel, *die Objektivität* dahingehender Anstrengungen zu belegen, werden externe Berater – in der Regel namhafte Wirtschaftsprüfungsgesellschaften und Anwaltskanzleien – konsultiert, die mit gigantischem Kostenaufwand

- das vermeintlich oder tatsächlich kriminogene Unternehmensumfeld aufbereiten,
- Verantwortliche identifizieren,
- die anstehenden zivilrechtlichen Konsequenzen empfehlen,
- Schäden evaluieren,

---

3 Das allgemeine Gesellschaftsrecht enthält keine Vorschrift betreffend die Installation einer Compliance-Abteilung. Vgl. *Schäfer-Baumann* „Compliance-Organisation und Sanktionen bei Verstößen“ NJW 2011, S. 3601; *Momsen* a. a. O., S. 508 ff.; *Sieber* in FS Tiedemann „Compliance-Programme im Unternehmensstrafrecht“, S. 449 ff.; *Bock* „Strafrechtlich gebotene Unternehmensaufsicht (Criminal Compliance) als Problem der Restsicherheit“ in Wistra 2011, S. 201 ff.

4 Vgl. *J. Jahn* in FAZ vom 28. 12. 2011 unter Verweis auf *Taschke* „Das Outsourcing der Strafverfolgung und die Aufbereitung des Sachverhalts durch die Unternehmen ist längst Routine geworden“; *Bock* a. a. O., der die Unternehmen in der Rolle von Hilfspolizisten sieht; *Rotsch* „Criminal Compliance“ in ZIS 2010, 614 ff.

5 Vgl. hierzu *M. Jahn* „Ermittlungen in Sachen Siemens/SEC“ in StV 2009, 41 ff.; *Knauer-Buhlmann* „Unternehmensinterne (Vor-)Ermittlungen – Was bleibt von nemo tenetur und fair trial“ in Anwaltsblatt 2010, 387 ff.; zu Datenschutzaspekten ergänzend *Kort* „Zum Verhältnis von Datenschutz und Compliance im geplanten beschäftigten Datenschutzgesetz“ in DB 2011, S. 651 ff., 655; *Bittmann-Molkenbur* „Private Ermittlungen, arbeitsrechtliche Aussagepflicht und strafprozessuales Schweigerecht“ in Wistra 2010, S. 373 ff.; *Theile* a. a. O.

6 *Dann-Schmidt* „Im Würgegriff der SEC“ in NJW 2009, 1851 ff.

7 *Schäfer-Baumann* a. a. O., S. 305.

8 Zum aktuellen Selbstverständnis der Unternehmen i. S. „Gesellschaftlicher Verantwortungsübernahme“ vgl. *Salditt* in FS Achenbach „normativ ansprechbar: Börsennotierte Kapitalgesellschaften“, S. 438

- für die gebotene bilanzielle Abbildung Sorge tragen,[9]

um im Ergebnis zu einem früheren oder späteren Zeitpunkt offiziell die Strafverfolgungsbehörden einzubinden.

Die Präsentationen der Beratungsfirmen gegenüber den Staatsanwaltschaften belegen – wie es eine mit einem solchen Vorgang konfrontierte Frankfurter Staatsanwältin formuliert hat –, dass die Strafverfolgungsbehörden dann eine „gemähte Wiese" vorfinden, was die Durchführung eines staatsanwaltschaftlichen, dem Strafverfolgungsauftrag genügenden Ermittlungsverfahrens faktisch unmöglich macht. Ausgenommen sind Randbereiche, zu denen die Staatsanwaltschaften meinen, mit „ihren Mitteln" noch weitere Aufklärung betreiben zu können.[10]

Diese Sachverhalte erhalten eine eigene Dimension, wenn die Einführung eines Unternehmensstrafrechtes in Betracht gezogen wird.[11] Geht man von der Zulässigkeit derartiger interner Straftatermittlungen aus und der Legalität der dabei geübten Ermittlungspraktiken,[12] gelangt das Unternehmen als „Täter",[13] in die Rolle desjenigen, der sich selbst überführt hat und dies auf Grundlage von Auskünften, die durch die für das Unternehmen *Handelnden* erteilt wurden.[14]

Zur Rolle dieser Personen ist dann unklar, ob diese Beschuldigte oder Zeugen im Rahmen der internen Ermittlungen gewesen sind und welchen Status sie dann in dem sich anschließenden förmlichen Ermittlungsverfahren einnehmen.[15] Zunächst ist an dieser Konstellation nichts Bemerkenswertes, denn sie taucht auch in individualstrafrechtlichen Ermittlungsverfahren auf. Wenn aber Verdachtsschöpfung an eine Straftat anknüpft und als Täter das Unternehmen in Betracht kommt, stellt sich die Frage, wie interne Ermittlungen mit Personen umzugehen haben, die im Sinne eines Unternehmensstrafrechtes mit dem Unternehmen selbst zu identifizieren wären. Unternehmen handeln durch ihre Organe, die notwendigerweise natürliche Personen sind. Ist das Unternehmen „Beschuldigter" muss den handelnden Organen Beschuldigtenstatus beigemessen werden. Dem ist im Rahmen eines rechtsstaatlich geführten Verfahrens Rechnung zu tragen.[16]

---

9 Vgl. *Salditt* a. a. O., S. 434.

10 Interne Aufklärungsarbeiten stoßen immer wieder an ihre Grenzen gerade bei Korruptionsfällen, wenn es um die Ermittlung der „Endempfänger" geht, wozu die Ermittlungsbehörden weiteres Aufklärungspotential sehen.

11 Ob für „Compliance" wie *Rotsch* a. a. O., S. 616 meint, bei einem Unternehmensstrafrecht kein Bedarf mehr besteht, darf wegen des essentiellen Präventionsinteresses der Unternehmen in Zweifel gezogen werden.

12 Zur Begründung allgemeiner Auskunftspflicht als arbeitsvertragliche Treue- bzw. Nebenpflicht siehe *Bittmann-Molkenbur* a. a. O., S. 375; *Dann-Schmidt* a. a. O.; *Knauer-Buhlmann* a. a. O., S. 390 ff.

13 Zur Problematik der mangelnden Tätereigenschaft von Unternehmen vgl. schon *Volk* „Zur Bestrafung von Unternehmen" in JZ 1993, S. 129 ff.

14 Zur Zurechnungsproblematik vgl. *Queck* a. a. O., S. 74 ff.; *Trüg* „Sozialkontrolle durch Strafrecht – Unternehmensstrafrecht" in StraFo 2011, S. 471 ff., 475; Salditt's „kleine Lösung", wonach es auf Straftaten im Unternehmensinteresse ankommt (a. a. O., S. 441 ff.), ist für diesen Aspekt nicht aufschlussreich.

15 Siehe hierzu *Drope* a. a. O., S. 129 ff.

16 *Drope* a. a. O., S. 146 ff.

Wenn man von einem Unternehmensstrafrecht ausgeht, dem eine kumulative, kollektive Strafbarkeit von Individuum und Verband[17] zugrunde gelegt ist, kann am Beschuldigtenstatus der beteiligten Personen ohnehin kein Zweifel bestehen.

Dann aber bleibt immer noch unklar, wie weit der Kreis der „verdächtigen“ Personen zu ziehen ist, ob dieser tatsächlich auf die Organe, Rechenschaftspflichtige, Vertreter und Beauftragte beschränkt ist oder, weil der Verband als „Ganzes“ agiert, auf alle Mitarbeiter zu erstrecken wäre.

Die Frage ist, wer dann im Ermittlungsverfahren gegen den Verband für diesen handeln und seine Rechte wahrnehmen kann. Zu diesen wahrzunehmenden „Rechten“ zählt die Reklamation der Einhaltung des Legalitätsprinzips, aber auch die Geltendmachung eines Beweisbeschaffungsverbotes, letztlich die Geltendmachung der Beschuldigtenrechte schlechthin. Gegebenenfalls kann bei Beantwortung dieser Fragen eine Bestandsaufnahme zur rechtlichen Situation im Individualstrafrecht behilflich sein.

In einem begleitenden Interview zu einem diese Problematik behandelnden journalistischen Beitrag kritisiert Schünemann, im Rahmen der so genannten internen Ermittlungen würden zentrale Grundsätze des Strafverfahrens sträflich missachtet, weil der nemo tenetur Grundsatz verletzt werde.[18]

Die deutsche Gerichtspraxis, so Schünemann weiter, verhindere eine praktische Umsetzung der verfassungsmäßig garantierten Beschuldigtenrechte, indem die bestehenden Verwertungsverbote durch die Beschuldigten im Rahmen ihrer Verteidigung nicht verfolgt würden.

Vielmehr erfolge unter Assistenz der deutschen Justiz im Rahmen regelmäßig stattfindender strafrechtlicher Verständigungen die Preisgabe dieser Rechte.

Der Strafrechtsausschuss der BRAK[19] – aber auch hierzu gibt es schon kritische Stimmen[20] – hat Anlass gesehen, einen an den Grundzügen der Strafprozessordnung orientierten Befragungskodex zu formulieren, um den festgestellten bzw. weiterhin zu befürchtenden Auswüchsen[21] der *internal investigations* Einhalt zu bieten.

Anne Wehnert[22] hat vor Jahresfrist an die Einsicht aller Verfahrensbeteiligten in die Notwendigkeit eines strafprozessualen Verwertungsverbotes im Zusammenhang mit internen Ermittlungen appelliert, damit nicht erst das Bundesverfassungsgericht über diese Frage entscheiden müsse.

---

17 Hierzu *Queck* a. a. O., S. 95 ff.; *Trüg* a. a. O., S. 476 ff.

18 Managermagazin 9/2011, S. 56; vgl. hierzu auch die Beiträge in diesem Band *Kempf* „Beschuldigtenrechte in einem Strafverfahren gegen Unternehmen“ und *Kirsch* „Probleme des Zugriffs auf Beweismaterial bei Rollenkonflikten von Verbandsmitgliedern.

19 BRAK-Stellungnahme Nr. 35/2010; vgl. hierzu auch *Leipold* in NJW Spezial 2011, S. 56 f; *Wybitul* in BB 2011, S. VI f.

20 Vgl. *Sidhu, von Saucken, Ruhmannseder* „Der Unternehmensanwalt im Strafrecht und die Lösung von Interessenkonflikten in NJW 2011, 881 ff.; *Momsen* „Internal Investigations“ zwischen arbeitsrechtlicher Mitwirkungspflicht und strafprozessualer Selbstbelastungsfreiheit in ZIS 2011, S. 508 ff., 514.

21 *M. Jahn* a. a. O., S. 42.

22 *Anne Wehnert* in *Kempf*/Lüderssen/Volk „Ökonomie versus Recht im Finanzmarkt“, S. 137 ff., 142.

Die aktuelle Diskussion ist durch die Suche nach einer rechtlich tragfähigen Begründung eines Verwertungsverbotes geprägt.[23]

Assoziationen an den Gemeinschuldnerbeschluss des Bundesverfassungsgerichtes aus dem Jahr 1981 waren und sind unausweichlich.[24] Dieser Beschluss hat durch die Änderung der Insolvenzordnung per 1. 1. 1999 in § 97 InsO die vom Bundesverfassungsgericht geforderte gesetzgeberische Berücksichtigung gefunden. Überlegungen, die vom Bundesverfassungsgericht entwickelten Grundsätze, wonach in Bezug auf Auskünfte des Gemeinschuldners für ein Strafverfahren ein Verwertungsverbot besteht,[25] auch bei internen Ermittlungen umzusetzen, sind kritische Ansätze entgegengehalten worden.[26]

Zum einen trage der Gemeinschuldnerbeschluss dem besonderen Umstand Rechnung, dass der Gemeinschuldner kraft Gesetzes zur Auskunft verpflichtet sei (§ 100 KO a. F.). Demgegenüber sei die unbeschränkte Auskunftspflicht des Mitarbeiters das Ergebnis eines freiwillig eingegangenen Dienstverhältnisses, bei dem sich die Auskunftspflicht aus den privatautonom übernommenen Treupflichten gegenüber dem Prinzipal erschließe.[27]

Zum anderen ergebe sich aus § 97 InsO keine Vorauswirkung im Sinne eines Beweisbeschaffungsverbotes, weil im Rahmen des § 97 InsO eine rechtmäßige Informationsbeschaffung erfolge, die die Strafverfolgungsbehörden nicht hindere, das Insolvenzverfahren als solches zum Anlass für eine Verdachtsschöpfung i. S. d. § 152 Abs. 2 StPO zu nehmen.[28]

Und selbst dann, wenn wie im Falle unternehmensinterner Mitarbeiterbefragungen Anhaltspunkte für Verstöße gegen die Grundsätze des § 136 a StPO[29] bestünden und somit eine rechtswidrige Beweisbeschaffung erfolgt sein könnte, sei wegen der privatwirtschaftlichen Struktur der Auskunftsverpflichtung nach Maßgabe der „Hörfalle"-Entscheidung des BGH nicht von einem Verwertungsverbot auszugehen.[30]

Gemäß § 97 InsO sind die Ermittlungsbehörden in Bezug auf den Gemeinschuldner in der Pflicht, eine Beweiskette zu präsentieren, die ergibt, dass der Tatverdacht für die Ermittlungsbehörden aus deren Erkenntnissen – unabhängig von den Angaben des Gemeinschuldners – basiert. Kann ein entsprechender Nachweis nicht geführt werden,

---

23 M. *Jahn* in Heghmanns/Scheffler/Jahn (Handbuch zum Strafverfahren), S. 21 ff.; *Momsen* a. a. O., S. 512; *Knauer-Buhlmann* a. a. O., S. 193; *Dann-Schmidt* a. a. O., S. 1853 ff.; *Theile* a. a. O., S. 384 f; *Wehnert* a. a. O.

24 *Jahn* a. a. O., S. 43 (Fußn. 5).

25 BVerfGE 56, S. 37 ff.

26 *Hefendehl* „Beweisermittlungs- und Beweisverwertungsverbote bei Auskunfts- und Mitwirkungspflichten" in Wistra 2003, S. 1 ff.

27 *Knauer-Buhlmann* a. a. O., S. 390. Die Annahme, es bestehe bei internen Ermittlungen keine „staatlich veranlasste Zwangslage" begegnet unter der faktischen Auswirkung der Vernehmungsmethoden und der „Nähe der Ermittlungsbehörden" nachhaltigen Bedenken. Einschränkend BGH NJW RR 614, 625; *Theile* a. a. O., S. 383 f; Kritisch zur SEC-Befragung *Dann-Schmidt* a. a. O., S. 1853; *Bittner-Molkenbuhr* a. a. O., S. 375.

28 *Hefendehl* a. a. O., S. 3 ff.

29 Vgl. *Momsen* a. a. O. S. 515.

30 BGH NJW 1996, S. 2940; EGMR in NJW 2010, S. 1211 ff.; BGH-Beschluss vom 31. 3. 2011 – 3 StR 400/10; Kritisch hierzu *Momsen* a. a. O., S. 514.

scheidet die Beweiskette als Verurteilungsgrundlage aus, weil es bei der Unverwendbarkeit der Angaben des Gemeinschuldners verbleibt.[31]

Und auch dann, wenn die Strafverfolgungsbehörden durch Dritte, z.B. in Form einer Strafanzeige von den Auskünften des Gemeinschuldners Kenntnis erhalten, sind die Strafverfolgungsbehörden wegen des gesetzlichen Verwendungsverbotes gehindert, entsprechende Informationen zur Grundlage einer Verdachtsschöpfung i. S.d. § 152 Abs. 2 StPO zu machen.[32]

Soweit nach h.M. das Verwendungsverbot auf die besondere Situation des Gemeinschuldners beschränkt bleiben soll, weil der Gemeinschuldner kraft Gesetzes zur Auskunft verpflichtet ist, begegnet dies rechtlichen Bedenken. Die gesetzlich festgelegten Auskunftspflichten von Unternehmen und ihrer Repräsentanten z.B. nach §§ 15 WpHG, 39 GWB, 25 a) KWG, um nur einige zu nennen, sind Legion. Dann muss auch in diesen Fällen der gesetzlich geschaffenen Auskunfts-verpflichtung ein Verwendungsverbot gelten.

Die zuvor angesprochenen restriktiven Auffassungen bleiben zudem unscharf, weil die sachnotwendige Differenzierung zwischen Vorauswirkungen von Verwertungsverboten[33] im Sinne einer Beschränkung der Eingriffsmöglichkeiten der Strafverfolgungsbehörden nach § 152 Abs. 2 StPO (Legalitätsprinzip) und Beweisverwertungsverboten in den hier angesprochenen Fällen der anlasslosen Ermittlung unterbleibt.[34] Dies gilt insbesondere, weil unternehmensinterne Ermittlungen in einer Vielzahl von Fällen zugestandener Maßen ins Blaue hinein initiiert werden, um

- für den Fall des Aufdeckens einer Straftat das *Funktionieren* von Compliance unter Beweis zu stellen,
- der vermeintlichen *Garantenpflicht*[35] eines Compliance Officer's zu genügen oder
- durch Umsetzung repressiver Ermittlungsstrukturen die Grundlage für normgerechtes Verhalten im Unternehmen zu schaffen (Generalprävention).[36]

Mag eine solche Strategie im Rahmen des vom Unternehmen intendierten Selbstschutzes legitim erscheinen, stellt sich gleichwohl die Frage nach der Verwendbarkeit sich daraus ergebender Erkenntnisse für ein förmliches Strafverfahren.

Das Phänomen, dass auch die Strafverfolgungsbehörden *ohne Anfangsverdacht* im Rahmen von so genannten Vorermittlungen, Initiativermittlungen oder Strukturermittlungen durch die Polizeibehörden Aufklärungsarbeit leisten können/dürfen,[37] um et-

---

31 *Hefendehl* a.a.O., S. 7.

32 *Hefendehl* a.a.O., S. 9; *Bittner-Molkenbuhr* a.a.O., S. 377.

33 Hierzu *Beulke* in LR zu § 152, Rz 17 – 26.

34 Der in der sich an den Vortrag anschließenden Diskussion vertretene Standpunkt, die Auskunftsrechte des Versicherers blieben unangezweifelt, verkennt, dass dem Versicherer „ohne Anlass" kein Auskunftsrecht zusteht (§ 31 VVG).

35 BGH NJW 2009, S. 2173; *Schäfer/Baumann* „Compliance-Organisation und Sanktionen bei Verstößen" in NJW 2011, S. 3601 ff.; *Rotsch* a.a.O., S. 616.

36 Vgl. *Momsen* a.a.O., S. 511.

37 BGH NStZ 92, S. 44 ff. mit kritischer Anmerkung Rogall; *Jahn* (Handbuch) Rz 39 f; *Schoreit* in KK zu § 152, Rz 18 c.

waige Grundlagen für ein Anfangsverdacht zu finden, hat in der verfassungsgerichtlichen Rechtsprechung eine kritische Betrachtung erfahren.[38]

Verfassungsrechtlich sind im Rahmen solcher Ermittlungen jedenfalls Grundrechtseingriffe untersagt und solche Ermittlungen sind auf bestimmte Erscheinungsformen der Kriminalität beschränkt.

Die unter rechtsstaatlichen Gesichtspunkten gebotene und auch praktizierte Zurückhaltung gegenüber derartigen verdachtslosen Ermittlungsvorgängen darf dann aber nicht dadurch faktisch unterlaufen werden, dass solche Vorermittlungen von dritten, durch den Gesetzgeber nicht autorisierten „Stellen" durchgeführt, zur Grundlage eines Anfangsverdachtes i. S. v. § 152 Abs. 2 StPO erhoben und zur Rechtfertigung der Einleitung eines Ermittlungsverfahrens herangezogen werden. Die Diffusität des Begriffes „Anfangsverdacht",[39] dessen mangelnde Justiziabilität,[40] der Ausschluss jeglicher richterlichen Kontrolle[41] lassen es nicht zu, das Element eines Anfangsverdachtes in seiner, die staatliche Eingriffsmöglichkeit limitierenden Funktion zu relativieren.[42]

So muss – weil Gesetz – gelten, dass es den Strafverfolgungsbehörden untersagt ist, hoheitliche Ermittlungen durchzuführen, wenn ein Anfangsverdacht nicht gegeben ist[43] oder ggf. auf einer Grundlage geschaffen wurde, an deren „Verwendung" die Strafverfolgungsbehörden rechtsstaatlich gehindert sind.[44] Die gerade von der Staatsanwaltschaft München, aber auch Stuttgart in der Öffentlichkeit erfolgte Hervorhebung, wonach die Ermittlungsbehörden die Ergebnisse der internen Ermittlungen der betroffenen Unternehmen nicht zur Grundlage der Schaffung eines Anfangsverdachtes und der durchgeführten Ermittlungsmaßnahmen gemacht haben, hat einerseits nicht überzeugen können, macht andererseits deutlich, dass auch aus Sicht dieser Staatsanwaltschaften bei Verwendung der Ergebnisse der internen Ermittlungen von einem rechtlich beanstandungswerten Sachverhalt auszugehen gewesen wäre.

Die faktische Bedeutung der internen Ermittlungen als Initialzünder förmlicher Ermittlungsverfahren wird jedoch in der Praxis deutlich. Immer häufiger ergeben sich Sachverhalte, in denen ausweislich der Ermittlungsakten die Staatsanwaltschaften durch die Unternehmensanwälte frühzeitig über in Gang befindliche unternehmensinterne Er-

---

38 Zu Initiativermittlungen *Jahn*, (Handbuch) Rz 62 zu Vorermittlungen *ders.* Rz 68; zu Strukturermittlungen *ders.* Rz 82, jeweils m. w. N.; *Neuhaus* „Compliance-Systeme und Vorfeldermittlungen „In Kempf/Lüderssen/Volk (Hrsg.) „Die Finanzkrise, das Wirtschaftsstrafrecht und die Moral" S. 348 ff. Fußn. 21 m. w. N."; zu den sich nach dem Legalitätsprinzip ergebenden staatsanwaltschaftlichen Kontrollpflichten vgl. *Jahn* „Der präventiv orientierte Strafprozess und sein Verdachtsbegriff." (Fußn. 23) in FS für Argyrios Karras, Kotsalis/Courakis/Mylonopoulos (Hrsg.), Athen 2010 S. 499 ff. (Fußn. 23); zur Scheinlegitimation solcher Ermittlungsmaßnahmen *ders.* a. a. O., S. 13.

39 Siehe schon *Dahs* „Zur Verteidigung im Ermittlungsverfahren" in NJW 1985, S. 1113 ff., 1114.

40 Vgl. aber LG Stuttgart Wistra 2000, S. 439; Richter „Auskunfts- und Mitteilungspflichten nach §§ 20, 97 Abs. 1 ff. InsO" in Wistra 2000, S. 1 ff.

41 Vgl. Hoffmann „Beurteilungsspielräume der Staatsanwaltschaft" in NStZ 2002, S. 566 f.; BVerfG NJW 1984, S. 1451, 1452.

42 Hierzu *Momsen* a. a. O., S. 516.

43 BVerfG Wistra 2012, S. 63 ff.; *Beulke* in LR zu § 152, Rz 22.

44 Vgl. hierzu *Schmidt-Knauer* a. a. O., S. 390; OLG Düsseldorf NJW 2005, S. 1791 f.; BGH in NJW 2005, S. 763 ff., 764 m. w. N.

mittlungen in Kenntnis gesetzt werden. Ziel dieser Unterrichtung ist es, hinsichtlich der Fortführung der internen Ermittlungen durch die eingeschalteten Berater einen Konsens mit den Ermittlungsbehörden zu erreichen, die internen Ermittlungen seitens des Unternehmens fortführen zu können, ohne sich dem Verdacht auszusetzen, ggf. ermittlungsverfahrensrelevante Sachverhalte zu verschütten. Auf Grundlage einer solchen „Verständigung“ sind die Berater und Mitarbeiter, die die internen Ermittlungen durchführen, dann jeweils in der Pflicht, die Strafverfolgungsbehörden über das Ergebnis ihrer Recherchen zu unterrichten. Die Beweisführung wird (rechtsstaatswidrig) zur Bringschuld.[45]

Allerdings gelangen die internen Ermittler so in die Position, gegenüber den „Interviewpartnern“ einfließen lassen zu können, dass in Abstimmung mit der Staatsanwaltschaft, quasi von dieser autorisiert, agiert wird.[46] Derartige quasi offizielle Ermittlungspraktiken begegnen nachhaltigsten rechtlichen Bedenken.[47]

Dazu noch ein formales Argument: Bei richtigem, substantiellem, wenn auch unter Berücksichtigung der täglichen Praxis leider realitätsfernem Verständnis des § 152 Abs. 2 StPO setzt die Einleitung eines Ermittlungsverfahrens die mehr oder weniger gründliche Dokumentation eines Anfangsverdachtes in den Akten voraus.[48]

Werden interne Ermittlungen im Unternehmen ohne Anfangsverdacht, selbst wenn dieser nur die Annahme einer möglichen Straftat aufgrund kriminalistischer Erfahrung voraussetzt,[49] ins Blaue hinein geführt, steht fest, dass sich ein solcher Anfangsverdacht dort auch nicht in dokumentierter Form vorgefunden werden kann. Ohne jede aktenmäßige Dokumentation eines Anfangsverdachtes wären aber die Strafverfolgungsbehörden gehindert, ein Ermittlungsverfahren einzuleiten.[50] Dieses Hindernis dürfen sie nicht durch Kompetenzverlagerung hinsichtlich der Verdachtsschöpfung in eine rechtsstaatlichen Anforderungen nicht genügende Compliance-Struktur umgehen.

Die Einleitung eines Ermittlungsverfahrens auf Grundlage von Befragungsergebnissen, die auf Unternehmensseite keinen Anfangsverdacht zur Grundlage hatten, müssen die Strafverfolgungsbehörden ablehnen, weil den Erkenntnissen zum Ermittlungssachverhalt ein Beweisbeschaffungsverbot entgegensteht.[51]

In der Praxis werden aber zunehmend Vermerke von Staatsanwälten und Ermittlungspersonen vorgefunden, wonach Sachverhalte hinsichtlich ihrer strafrechtlichen Relevanz (noch) nicht beurteilt werden können, weil insoweit (noch) die internen Ermittlungen der Unternehmensanwälte und deren Ergebnisse abzuwarten seien. Wenn dies

---

45 Vgl. *Bock* a.a.O., S. 205; *Volk* in Kempf/Lüderssen/Volk „Ökonomie versus Recht im Finanzmarkt“, S. 181; zu den praktischen Auswirkungen (Beschlagnahme von unternehmensinternen Ermittlungsmaterial bei beauftragten Anwälten) vgl. LG Hamburg in StV 2011, S. 149 sowie die hierzu kritischen Stellungnahmen *Jahn/Kirsch* StV 2011, S. 151 ff.; *van Galen* in NJW 2011, S. 945; *Klengel/Müller* in BB 2011, VII.

46 Hierzu *Jahn* a.a.O., S. 43 (Fußn. 5); *Theile* a.a.O., S. 382.

47 *Schoreit* in KK zu § 152, Rz 5; *Wehnert* a.a.O., S. 139.

48 *Jahn* (Handbuch) Rz 59; E. Müller „Über die Erforderlichkeit einer – mit Gründen versehenen – Einleitungsverfügung der Staatsanwaltschaft“ in „Strafverteidigung im Rechtsstaat“ 25 Jahre Arbeitsgemeinschaft Strafrecht des DAV, S. 681 ff.

49 *Jahn* (Handbuch) Rz 48; *Beulke* a.a.O., Rz 23.

50 Als Ausfluss des Rechtsstaatsprinzip vgl. *E. Müller* a.a.O., S. 681 ff.

51 *Schoreit* a.a.O., Rz 31.

rechtmäßig sein soll, müssen die Beweisverwertungsregeln „wie bei hoheitlichen Eingriffen" in Bezug auf die Durchführung der internen Ermittlungen und die Verwendung ihrer Ergebnisse Platz greifen.[52]

Wird § 152 Abs. 2 StPO in seiner limitierenden Funktion[53] ernst genommen und gelebt, muss es den Strafverfolgungsbehörden bei aller Enge der Personalressourcen[54] auch unter dem Druck von Politik und Medien, die die Sanktionierung von Unternehmen fordern,[55] untersagt bleiben, förmliche Ermittlungsverfahren auf der Grundlage „verdachtslos" initiierter interner Unternehmensermittlungen einzuleiten. Diese Gedanken fortentwickelt ergibt sich bei Annahme eines Unternehmensstrafrechtes zu Aspekten der Verdachtsschöpfung und der Beweisverwertung ein Dammbruch, jedenfalls dann, wenn juristischen Personen und als solche sind Unternehmen in der Regel organisiert, mit dem Bundesverfassungsgericht die Grundrechtsfähigkeit abgesprochen ist.[56]

Gerade die Komplexität des Systems der Verbände und die hierdurch bedingten Beweisprobleme werden von Befürwortern eines Unternehmensstrafrechtes zur Begründung ihrer Position angeführt.[57] Dann aber werden – holzschnittartig dargestellt – diejenigen, die für das Unternehmen im Zusammenhang mit der Anknüpfungstat gehandelt haben, im Rahmen einer unternehmensstrafrechtlichen kollektiven Verantwortlichkeit *alle* zu „Verdächtigen" bzw. „Beschuldigten"; bei Annahme einer ausschließlichen Verantwortlichkeit des Verbandes alle zu „Zeugen".

Bei kumulativer Verantwortlichkeit treten im Zusammenhang mit internen Ermittlungen vor dem dargestellten zivilrechtlichen Hintergrund und den insoweit bestehenden Auskunftspflichten vergleichbare Probleme an, wie sie in Bezug auf die individualstrafrechtliche Konstellation zu beschreiben waren. Insoweit bestehende rechtsstaatliche Hindernisse hinsichtlich der Verdachtsschöpfung würden allerdings durch die alternative Verbandsstrafbarkeit nicht kompensiert.

Bei ausschließlicher Verantwortlichkeit des Verbandes treten im Zusammenhang mit der Befragung von für das Unternehmen Handelnden als Zeugen Aspekte eines Individualrechtsschutzes und Restriktionen hinsichtlich einer etwaigen Offenbarungspflicht von Informationen durch das Unternehmen und Rücksichtnahmen auf Selbstbelastungsbeschränkungen zurück.

Die Sicherheit der beteiligten Mitarbeiter vor einer individual- strafrechtlichen Verfolgung wird

- Mitteilungsbereitschaft fördernde Wirkung entfalten,[58]

---

52 *Momsen* a. a. O., S. 514; zur Maßgeblichkeit der Vorschriften der StPO bei Verteidigerbefragung vgl. BVerfGE 46,1 ff., 5.

53 Für viele *Beulke* in LR zu § 152, Rz 22.

54 Vgl. *Jahn* a. a. O. Fußn. 38 S. 507.

55 *Behrens* in EuZW 2011, S. 161.

56 BVerfGE 42, S. 212 ff. „Es ist darauf abzustellen, ob ein Grundrecht nur individuell oder auch korperativ getätigt werden kann. Die Feststellung ergibt sich ggf. neu, wenn juristische Personen im Rahmen eines Unternehmensstrafrechts Adressat von strafrechtlichen Sanktionen werden.

57 *Drope* a. a. O. S. 59 ff.

58 Vgl. hierzu *Schünemann* in FS Tiedemann „Strafrechtliche Sanktion gegen Wirtschaftsunternehmen", S. 429 ff., 444.

- rechtsstaatlich notwendiger Weise zu berücksichtigende Verteidigungspotentiale ins Leere laufen lassen,

weil das verantwortliche Unternehmen sich gegen mit Belastungspotential ausgestattete Auskünfte nicht verwahren, sich nicht verteidigen und sich letztlich nur selbst überführen kann.

Den Strafverfolgungsbehörden ist das zu rechtfertigende Generieren eines Anfangsverdachtes ebenso abgenommen, wie die Verpflichtung entfällt, anhand eigener Ermittlungen die Erfüllung eines Straftatbestandes in objektiver wie auch subjektiver Hinsicht nachzuweisen, wozu sie nach geltendem Recht z. B. im Rahmen des § 30 OWiG (noch) verpflichtet sind.

Potentielle Entlastungssachverhalte bleiben ggf. unentdeckt, treten im Interesse einer konsensualen Erledigung des Verfahrens und der Minimierung der gegen das Unternehmen zu verhängenden Sanktion zurück.[59]

Das von Schünemann reklamierte Dilemma taucht in neuem Kleid wieder auf.

Die Verdachtsschöpfung durch *internal investigations* und ihre Bedeutung für die Einleitung eines strafrechtlichen Ermittlungsverfahrens lassen aber noch eine ganz andere *funktionale* Deutung zu, wonach die Unternehmen – oder die konsultierten externen Berater – proaktiv und faktisch nicht formalisiertes Unternehmensstrafrecht betreiben.

Die begleitenden unternehmensinternen Strukturen:

- Festlegung eines Schadens
- Generierung eines Anfangsverdachtes
- Feststellung von Organisation- und / oder Überwachungsmängeln
- Ausgestaltung der personellen Konsequenzen über Kündigung von Mitarbeitern bis hin zum Austausch von Organen
- Schaffung neuer Strukturen im Unternehmen
- Freiwillige Offenbarung gegenüber den Ermittlungsbehörden
- Konsensuale Bestimmung der Unternehmenssanktionen unter Abstimmung mit Aufsichtsrat und Hauptversammlung

sind ersichtlich *gelebte* Komponenten eines Unternehmensstrafrechts durch

- Definition der Rechtsgutsverletzung
- Repressive Prävention (Generalprävention)[60]
- Schaffung von Funktionen zur zukünftigen (resozialisierten) belastungsfreien Unternehmensführung im Interesse des Unternehmens und des Gemeinwohls
- Erledigung eines etwaigen staatlichen Strafanspruches durch Verständigung.

59 Vgl. *Salditt* a. a. O., S. 434.
60 *Theile* a. a. O., S. 386.

Vielleicht hat die Wirklichkeit unabdingbare straftheoretische Überlegungen zum Unternehmensstrafrecht bereits überholt. Dann aber im Rahmen einer – wie Schünemann sagt[61] – „pragmatischen Lösung", der sich die juristische Wissenschaft, aber auch die Justiz verschließen müssen, weil solches Unternehmensstrafrecht wegen seiner opportunistischen Struktur keine rechtsstaatliche Grundlage besitzt.

---

61 *Schünemann* in FS Tiedemann „Strafrechtliche Sanktion gegen Wirtschaftsunternehmen", S. 429ff., 431, der „Vom Tod jeder sich als Wissenschaft ernst nehmenden Jurisprudenz" spricht.

Die Beschuldigtenrechte in einem Strafverfahren gegen Unternehmen

Eberhard Kempf

Gliederung

I. Einleitung – Prämisse

Die Ausgestaltung der Beschuldigtenrechte ist ein Eckstein bei der Frage, ob es ein Unternehmensstrafrecht geben kann oder soll.

Wenn es ein Unternehmensstrafrecht über die bereits bestehenden Möglichkeiten der Sanktionierung – so bspw. der erweiterte Verfall gemäß § 73 d, die sog. Verbandsgeldbuße nach § 30 OWiG, die Abführung des Mehrerlöses nach § 10 Abs. 2 Wirtschaftsstrafgesetz – und die Tendenzen in der Rechtsprechung und der europäischen Entwicklung[1] – geben soll, dann muss das Unternehmen als korporativer Beschuldigter im Verfahren alle die Rechte haben und ausüben können, die ein Individualbeschuldigter hat, um sich gegen einen Strafvorwurf zu verteidigen. Dass diese Forderung konfliktbehaftet ist, wird sich noch zeigen.

Von hervorgehobener verfassungsrechtlicher Bedeutung sind die Rechte des Beschuldigten auf rechtliches Gehör (Art. 103 Abs. 1 GG) und die Freiheit vom Zwang der Selbstbelastung. Der Anspruch auf rechtliches Gehör bedeutet, dass dem Beschuldigten die Gelegenheit gegeben werden muss, sich zu den gegen ihn erhobenen Vorwürfen zu

---

1 Siehe hierzu Einzelheiten bei *Kempf* KJ 2003, 462, 462, 464 f.

äußern,[2] Ausführungen zu machen und Anträge zu stellen,[3] und auch, dass das Gericht von diesen Ausführungen Kenntnis nehmen und sie in Erwägung ziehen muss.[4] Das setzt voraus, dass der Beschuldigte über den gegen ihn erhobenen Tatvorwurf unterrichtet wird, und dass das Recht seines Verteidigers auf Akteneinsicht gemäß § 147 StPO gewährleistet ist.

Diese positive Ausprägung der Aussagefreiheit hat eine notwendig zu schützende Kehrseite: Der Beschuldigte muss auch das Recht besitzen, zu schweigen: „nemo tenetur se ipsum accusare".[5]

Beide Rechte – das Recht auf Information und das Schweigerecht – werden flankiert von den dem Schutz des Beschuldigten dienenden Belehrungspflichten und dem Recht auf Verteidigerkonsultation.[6]

Da Einigkeit darüber besteht, dass auch juristische Personen Anspruch auf rechtliches Gehör haben,[7] stehen im Zentrum der Diskussion von Vereidigungsrechten eines Unternehmens die Gewährleistung des Schweigerechts und der Selbstbezichtigungsfreiheit.

1. Grundlagen

Durch den Nemo-tenetur-Grundsatz soll der Beschuldigte vor dem Zwang geschützt werden, sich selbst durch Aussagen oder durch die Herausgabe von Beweismitteln der Gefahr einer strafrechtlichen Verfolgung auszusetzen. Dieses Recht wird bekanntermaßen in der Strafprozessordnung durch Aussage- und Auskunftsverweigerungsrechte, aber auch durch Offenbarungs- und Verwertungsverbote gewährleistet.[8] Dabei wird es von den einschlägigen Vorschriften wie etwa §§ 136, 136a und 163a Abs. 3, 4 StPO vorausgesetzt, ist aber nicht ausdrücklich in der Strafprozessordnung normiert.[9] Sein Standort ist vielmehr das Grundgesetz.

Deshalb trügt die Hoffnung, die Selbstbelastungsfreiheit der juristischen Person aus Verweisungsketten herzuleiten: Auf eine entsprechende Anwendung der Vorschriften über die Beschuldigtenvernehmung und auf § 136 Abs. 1 Satz 2 StPO wird durch die Vorschriften der §§ 432 Abs. 2, 433 StPO über das Verfahren der Dritteinziehung (§§ 29 OWiG, 75 StGB), der §§ 432 Abs. 2, 433, 442 StPO über das Verfahren des Drittverfalls (§§ 29a Abs. 2 OWiG, 73 Abs. 3 StGB) und § 444 Abs. 2 S. 2 StPO i. V. m. § 432 Abs. 2 StPO für das Ermittlungsverfahren und i. V. m. § 433 Abs. 1 StPO für das Hauptverfah-

2 BVerfGE 60, 175, 210.
3 BVerfGE 6, 19, 20; 36, 85, 87.
4 BVerfGE 64, 135, 144; 65, 305, 307; *Meyer-Goßner* StPO, Einl., Rn. 23 m. w. N.
5 Siehe hierzu auch *Drope* Strafprozessuale Probleme bei Einführung einer Verbandsstrafe, S. 147.
6 Siehe hierzu auch *Drope* Strafprozessuale Probleme bei Einführung einer Verbandsstrafe, S. 147 f.
7 *Drope* Strafprozessuale Probleme bei Einführung einer Verbandsstrafe, S. 148 f., Fn. 253 m. w. N.
8 *Drope* Strafprozessuale Probleme bei Einführung einer Verbandsstrafe, S. 150.
9 So bspw. *Minoggio* wistra 2003, 121, 124.

ren zur Verhängung der Verbandsgeldbuße verwiesen.[10] Handelt es sich bei der Anknüpfungstat nicht um eine Straftat, sondern um eine Ordnungswidrigkeit, so ergibt sich die Verweisung aus §§ 88 Abs. 3, 87 Abs. 2, 46 Abs. 1 OWiG.

Der einfachgesetzliche Verweis auf die Normen der Strafprozessordnung genügt aber für eine Bezugnahme von Verfassungsrecht nicht.[11] Auch reicht der Verweis auf Art. 14 Abs. 3 g) des Internationalen Pakts über bürgerliche und politische Rechte vom 19. Dezember 1966[12] nicht aus.[13]

2. Status quo eines Schweigerechts für juristische Personen

Ernüchternd ist, dass selbst dort, wo es echte Verbandsstrafen gibt, die Selbstbelastungsfreiheit juristischer Personen keine zwingende Folge ist: so wird in den USA durch den Supreme Court in ständiger Rechtsprechung der Verbandsperson das „privilege against self-incrimination" des 5. Zusatzartikels zur Verfassung versagt.[14]

a) Europäisches Kartellordnungswidrigkeitenverfahren und Rechtsprechung des EuGH; sog. Orkem-Entscheidung

Auch im europäischen Kartellrechtsverfahren existiert keine Regelung für ein Auskunftsverweigerungsrecht: Der im Gesetzgebungsverfahren hierzu gemachte Vorschlag zur VO 17/62, welcher den auskunftspflichtigen Personen u. a. ein Auskunftsverweigerungsrecht für den Fall einräumen wollte, dass die von ihnen vertretenen Unternehmen oder Unternehmensvereinigungen Auskünfte u. a. verweigern dürfen, wenn sie sich der Gefahr der strafrechtlichen Verfolgung aussetzen, wurde nicht übernommen.[15]

Der EuGH hatte in der Sache Orkem gegen die Kommission[16] über die Frage eines möglichen Auskunftsverweigerungsrechts zu entscheiden: Die EG-Kommission hatte in einem Voruntersuchungsverfahren wegen des Verdachts einer verbotenen Kartellabsprache nach Art. 85 Abs. 1 EWG-Vertrag unter Androhung von Zwangsgeld Auskünfte angefordert, wogegen sich das betroffenen Unternehmen, die Orkem SA, u. a. gewandt hatte.[17] Die Entscheidung erteilte einem umfassenden Schweigerecht eine Absage, denn „die Kommission ... [ist] um der Erhaltung der praktischen Wirksamkeit des Artikels 11 Absätze 2 und 5 der Verordnung Nr. 17 willen berechtigt, das Unternehmen zu

10 *Von Freier* ZStW 122 (2010), 117, 120 f.

11 So *von Freier* ZStW 122 (2010), 117, 121.

12 BGBl. II (1973), S. 1534 ff.

13 Siehe hierzu auch *Drope* Strafprozessuale Probleme bei Einführung einer Verbandsstrafe, S. 178 f.

14 *Von Freier*, ZStW 122 (2010), 117, 122, Fn. 17 m. w. N.

15 *Drope* Strafprozessuale Probleme bei Einführung einer Verbandsstrafe, S. 163 mit Verweis in Fn. 326 auf *Weiß* Die Verteidigungsrechte im EG-Kartellverfahren: zugleich ein Beitrag zu den allgemeinen Rechtsgrundsätzen des Gemeinschaftsrechts, Köln 1996, S. 363.

16 Urteil des EuGH vom 18. Oktober 1989. *Orkem* gegen Kommission der Europäischen Gemeinschaften. Wettbewerb – Untersuchungsbefugnisse der Kommission – Rechte der Verteidigung. Rechtssache 374/87. Abrufbar unter www.juris.de.

17 Siehe auch die Zusammenfassung bei *Minoggio* wistra 2003, 117, 121, 125.

verpflichten, ihr alle erforderlichen Auskünfte über ihm eventuell bekannte Tatsachen zu erteilen und ihr erforderlichenfalls die in seinem Besitz befindlichen Schriftstücke, die sich hierauf beziehen, zu übermitteln, selbst wenn sie dazu verwendet werden können, den Beweis für ein wettbewerbswidriges Verhalten des betreffenden oder eines anderen Unternehmens zu erbringen".[18] Zugestanden wurde nur, dass die Kommission nicht durch „eine Entscheidung, mit der Auskünfte angefordert werden, ... die Verteidigungsrechte des Unternehmens beeinträchtigen" dürfe.[19] Daher dürfe die „Kommission dem Unternehmen nicht die Verpflichtung auferlegen, Antworten zu erteilen, durch die es das Vorliegen einer Zuwiderhandlung eingestehen müsste, für die die Kommission den Beweis zu erbringen hat".[20]

Im Ergebnis läuft es also auf ein partielles Schweigerecht hinaus, dessen Grenzen im Ungefähren liegen und das die „Verteidigungsmöglichkeit" in der Kommentierung der bereits herausgegebenen Informationen im gegebenen Fall verkümmern lässt.[21]

Diese Entscheidung ist ständige Rechtsprechung des EuGH geworden.[22] Von Interesse sind auch die dortigen Feststellungen in Bezug auf Art. 6 EMRK: Zwar dürfe sich ein Unternehmen auf diese Vorschrift berufen, jedoch werde dadurch kein Recht anerkannt, „nicht gegen sich selbst als Zeuge aussagen zu müssen".[23]

Entgegen dieser Ansicht des EuGH hat der EGMR im Fall Funke vs. Frankreich ein Schweigerecht aus Art. 6 Abs. 1 EMRK für natürliche Personen abgeleitet.[24] Ob darüber hinaus auch für die juristische Person ein Schweigerecht aus Art. 6 EMRK herzuleiten ist, bleibt offen:[25] Art. 34 EMRK stellt zwar fest, dass auch nichtstaatliche Organisationen und Personengruppen zur Beschwerde befugt sind, und der EGMR hat eine Anwendbarkeit von Art. 6 Abs. 1 EMRK auch auf juristische Personen erstreckt.[26] Noch nicht entschieden ist aber damit die vorliegende Frage, ob das aus Art. 6 Abs. 1 EMRK

18 EuGH, Urteil vom 18. Oktober 1989 („Orkem"), a. a. O. (Fn. 16), Rn. 34

19 EuGH, Urteil vom 18. Oktober 1989 („Orkem"), a. a. O. (Fn. 16), Rn. 34.

20 EuGH, Urteil vom 18. Oktober 1989 („Orkem"), a. a. O. (Fn. 16), Rn. 35.

21 *Von Freier* ZStW 122 (2010), 117, 122.

22 Siehe z. B. das Urteil Kommission v. SGL Carbon AG vom 29. 6. 2006, C 301/04 P, Nrn. 33 ff. zitiert nach *von Freier* ZStW 122 (2010), 117, 123 (Fn. 19).

23 EuGH, Urteil vom 18. Oktober 1989 („Orkem"), a. a. O. (Fn. 15), Rn. 30.

24 Case of Funke v. France (Application no. 10828/84), judgement, Strasbourg, 25 February 1993, abrufbar unter: http://cmiskp.echr.coe.int/tkp197/view.asp?item=1&portal=hbkm&action=html&highlight=Funke&sessionid=81648921&skin=hudoc-en.

25 *Minoggio* wistra 121, 126 f. leitet dies aus Case of Bendenoun v. France (Application no. 12547/86), Judgement, Strasbourg, 24 February 1994, abrufbar unter: http://cmiskp.echr.coe.int/tkp197/view.asp?item=1&portal=hbkm&action=html&highlight=Bendenoun&sessionid=81649229&skin=hudoc-en, ab. Dort machte der Beschwerdeführer die Verletzung von Art. 6 Abs. 1 EMRK geltend mangels eines „fair hearing". Grund für seine Annahme ist, dass der EGMR die Anwendbarkeit von Art. 6 EMRK „dabei nicht mit der Höhe des zu Lasten des Beschwerdeführers Bendenoun persönlich festgesetzten Strafzuschlages, sondern ausdrücklich auch mit der Höhe des Zuschlages zu Lasten seiner Firma" begründet. Angeführt wird die Feststellung des Urteils: „Lastly, in the instant case the surcharges were very substantial, amounting to FRF 422, 534 in respect of Mr Bendenoun personally and FRF 570, 398 in respect to his company" (Rn. 47, a. a. O.).

26 Case of Dombo Beheer B.V. v. The Netherlands (Application no. 14448/88), Judgement, Strasbourg, 27 October 1993; EKMR (Société Steniut), vol. A Nr. 232, S. 9 ff.

abgeleitete Schweigerecht auch unter die für die Beschwerdebefugnis juristischer Personen – wie im deutschen Recht – vorausgesetzte „wesensmäßige" Anwendbarkeit fällt.[27]

b) Deutsche Rechtslage und Rechtsprechung des BVerfG in Bezug auf § 30 OWiG

Auf nationaler Ebene ist an § 59 Abs. 5 GWB anzuknüpfen: Danach können zur Auskunft Verpflichtete die Auskunft auf solche Fragen verweigern, deren Beantwortung sie selbst oder Angehörige der Gefahr strafgerichtlicher Verfolgung oder eines Verfahrens nach dem Gesetz über Ordnungswidrigkeiten aussetzen würde. Bei der Frage, ob dies auch juristische Personen für sich beanspruchen dürfen, gehen die Meinungen aber auseinander.[28]

Auch die inländische Rechtsprechung des BVerfG bringt kein Licht ins Dunkel:

So entschied das BVerfG[29] in einer Nichtannahmeentscheidung im Jahre 1975 für das Ordnungswidrigkeitenverfahren im Wege eines obiter dictum, dass der betroffenen juristischen Person ein Auskunftsverweigerungsrecht zukomme, das ihr vertretungsberechtigtes Organ ausüben könne. Eine nähere Begründung vermisst man.

Eine spätere Entscheidung des BVerfG vom 26. Februar 1997[30] macht eine Kehrtwende:

In dem zu entscheidenden Fall ging es um die Aufforderung eines privaten Rundfunkveranstalters durch die Landesmedienanstalt, unter Androhung von Zwangsgeld Sendemitschnitte über verbotene Demonstrationen herauszugeben.

Die verfassungsrechtliche Wiege des nemo tenetur Grundsatzes liegt nach Darstellung des Bundesverfassungsgerichts im allgemeinen Persönlichkeitsrecht gemäß Art. 2 Abs. 1 i.V.m. Art. 1 Abs. 1 GG, das aber über Art. 19 Abs. 3 GG nicht anwendbar sei, denn „wo der Grundrechtsschutz an Eigenschaften, Äußerungsformen oder Beziehungen anknüpf[e], die nur natürlichen Personen wesenseigen sind, komm[e] eine Erstreckung auf juristische Personen als bloße Zweckgebilde der Rechtsordnung nicht in Betracht".[31] Dies sei „umso eher der Fall ..., als der Grundrechtsschutz im Interesse der Menschenwürde gewährt wird, die nur natürliche Personen für sich in Anspruch nehmen können".[32] Dies treffe auf den Zwang zur Selbstbezichtigung zu, denn „der Zwiespalt, in den ein solcher Zwang den Einzelnen führt, muss vor allem aus Gründen der Menschenwürde vermieden werden".[33] Dieser Bezug schließe eine Erstreckung auf juristische Personen aus.

Allerdings bezieht sich das Bundesverfassungsgericht dabei ausdrücklich auf die Tatsache, dass juristische Personen im Hinblick auf Straftaten oder Ordnungswidrigkeiten

---

27 So auch *von Freier* ZStW 122 (2010), 117, 125 m.w.N.

28 Siehe Darstellung bei *Drope* Strafprozessuale Probleme bei der Einführung einer Verbandsstrafe, S. 170 f. m.w.N.

29 BVerfG, Beschluss vom 26. Februar 1975 – 2 BvR 820/74, BB 1975, 1315.

30 BVerfGE 95, 220.

31 BVerfGE 95, 220, 242.

32 BVerfGE 95, 220, 242.

33 BVerfGE 95, 220, 242.

nur einer eingeschränkten Verantwortlichkeit unterliegen. Begehe ein Organwalter unter Verletzung von Pflichten der juristischen Person eine solche Tat, so sei allein er Täter. Gegen die juristische Person könne lediglich gemäß § 30 OWiG eine Geldbuße festgesetzt werden, „die aber weder einen Schuldvorwurf noch eine ethische Missbilligung enth[alte], sondern einen Ausgleich für die aus der Tat gezogenen Vorteile sichern soll[e]".[34]

Damit lässt das BVerfG für ein Selbstbezichtigungsverbot von juristischen Personen den Notausgang offen: Es beschränkt sich auf das geltende Recht und kann sich damit nur auf die Geldbuße, nicht aber auf die Kriminalstrafe für ein Unternehmen beziehen.[35]

3. Anwendbarkeit von nemo tenetur auch auf juristische Personen?

Lässt sich eine Anwendung von nemo tenetur für juristische Personen herleiten?

Weitgehend unstreitig dürfte sein, dass der Nemo-tenetur-Grundsatz als übergeordneter Rechtssatz Verfassungsrang besitzt.[36] Ob dieser auch in einem Unternehmensstrafverfahren etabliert werden kann, ist davon abhängig, ob er auf einer Verfassungsnorm beruht, die „ihrem Wesen nach" gemäß Art. 19 Abs. 3 GG auch auf die juristische Person anwendbar ist.[37]

Die Herleitungen sind vielfältig: So werden einerseits die sog. Justizgrundrechte nach den Art. 101 ff. GG als Grundlage bemüht.[38] Auch werden Herleitungen aus dem Rechtsstaatsprinzip[39] bzw. aus der dem Rechtsstaatsprinzip untergeordneten Unschuldsvermutung in Betracht gezogen.[40] Zudem gibt es Stimmen, die die in Art. 1 Abs. 1 GG geschützte Menschenwürde heranziehen.[41]

---

34 BVerfGE 95, 220, 242.

35 *Drope* Strafprozessuale Probleme bei der Einführung einer Verbandsstrafe, S. 173.

36 *Drope* Strafprozessuale Probleme bei der Einführung einer Verbandsstrafe, S. 179 sowie Nachweise S. 170, Fn. 370.

37 Siehe hierzu auch die Fragstellung und Problematisierung bei *Schlüter* Die Strafbarkeit von Unternehmen in einer prozessualen Betrachtung, S. 101.

38 *Bauer* Die Aussage des über das Schweigerecht nicht belehrten Beschuldigten, Göttingen 1972, S. 51, zitiert nach: *Schlüter* Die Strafbarkeit von Unternehmen in einer prozessualen Betrachtung, S. 101, Fn. 416.

39 *Reiß* Besteuerungsverfahren und Strafverfahren. Zugleich ein Beitrag zur Bedeutung des Grundsatzes von nemo tenetur se ipsum prodere im Besteuerungsverfahren. Köln 1987, S. 145 ff., insb. S. 170. *Reiß* führt aus, dass das Prinzip nemo tenetur Bestandteil des Rechtsstaatsprinzips sei, wie es sich in Art. 20 und Art. 1 GG ausdrücke. Darüber hinaus stelle eine Verletzung dieses Grundsatzes zugleich eine Verletzung der in Art. 2 Abs. 1 GG gewährleisteten Handlungsfreiheit dar, da die Einschränkung nicht auf einem verfassungsgemäßen Gesetz beruhen würde (S. 170). Siehe auch weitere Nachweise bei *Drope* Strafprozessuale Probleme bei der Einführung einer Verbandsstrafe, S. 183, Fn. 448.

40 *Arndt* NJW 1966, 869, 870, siehe auch *Drope* Strafprozessuale Probleme bei der Einführung einer Verbandsstrafe, S. 180 f. m. w. N.

41 BGHSt 14, 358, 364; *Stürner* NJW 1981, 1757 f.; siehe *Drope* Strafprozessuale Probleme bei der Einführung einer Verbandsstrafe, S. 186, Fn. 467 m. w. N.

Am nächsten scheint es zu liegen, die Grundlage des nemo-tenetur-Grundsatzes – der genannten Entscheidung des Bundesverfassungsgerichts folgend[42] – im allgemeinen Persönlichkeitsrecht nach Art. 2 Abs. 1 i.V.m. Art. 1 Abs. 1 GG zu suchen:[43] Es schützt und erhält als „unbenanntes“ Grundrecht eine persönliche Lebenssphäre und sichert Geheimbereiche. Gerade vor dem Hintergrund von Auskunftspflichten soll es die Auskunftsperson davor schützen, „sich entweder selbst einer strafbaren Handlung zu bezichtigen oder durch eine Falschaussage gegebenenfalls ein neues Delikt zu begehen oder aber wegen ihres Schweigens Zwangsmitteln ausgesetzt zu werden“.[44]

a) Übertragbarkeit?

Für die Übertragbarkeit ist es erforderlich, dass das beschuldigte Unternehmen sich in einer „grundrechtstypischen Gefährdungslage“[45] befindet, die „mit der Situation natürlicher Personen vergleichbar“[46] ist und die Gleichbehandlung natürlicher und juristischer Personen bedingt.[47]

In seinem „Menschenwürdegehalt“ wird das allgemeine Persönlichkeitsrecht kaum auf juristische Personen übertragen werden können.[48]

Weiter stellt sich die Frage, „ob [das Grundrecht] nur individuell oder auch korporativ betätigt werden kann“:[49] Das rein äußerliche persönliche Schutzgut, das die passive Betätigung der Aussagefreiheit, d.h. zu schweigen, umfasst, ist auf die juristische Person übertragbar.

Die erwähnte „Konfliktsituation“, der Gewissenskonflikt als inneres persönliches Schutzgut, ist für die juristische Person schwer vorstellbar. Weil er wesentliches Moment des Nemo-tenetur-Grundsatzes ist, scheint die Prüfung in einer Sackgasse zu stecken.

Wie eingangs bereits erwähnt, kann die Frage nach den prozessualen Rechten aber nicht losgelöst von den materiellen Grundlagen einer Unternehmensstrafbarkeit beantwortet werden:

Die Anerkennung einer Persönlichkeitsfunktion juristischer Personen liegt auch in der Normierung von Verhaltenspflichten unter Androhung einer Kriminalstrafe.[50] Rechtsstaatlich bedeutet dies aber auch, dass die repressive Sanktion der Kriminalstrafe nur dann angeordnet werden kann, „wenn die in der Sanktion enthaltene Repression und

---

42 BVerfGE 95, 220, 241 f.

43 Teilweise mit etwas unterschiedlicher Gewichtung siehe BVerfGE 38, 105, 114f.; 56, 37, 41 f.; BVerfG NJW 1999, 279; BGH NJW 1992, 2304, 2305; *Drope* Strafprozessuale Probleme bei der Einführung einer Verbandsstrafe, S. 188; siehe auch weitere Nachweise bei *Schlüter* Die Strafbarkeit von Unternehmen in einer prozessualen Betrachtung, S. 102, Fn. 421.

44 BVerfGE 56, 37, 41.

45 BVerfGE 45, 63, 79.

46 BVerfGE 62, 82, 105 f.

47 *Schlüter* Die Strafbarkeit von Unternehmen in einer prozessualen Betrachtung, S. 108.

48 Siehe Ausführungen und weitere Nachweise bei *Schlüter* Die Strafbarkeit von Unternehmen in einer prozessualen Betrachtung, S. 108, Fn. 456.

49 BVerfGE 42, 212, 219.

50 *Schlüter* Die Strafbarkeit von Unternehmen in einer prozessualen Betrachtung, S. 112.

Vergeltung an eine persönliche Vorwerfbarkeit anknüpfen".[51] Der Schuldvorwurf kann aber nur solchen Rechtssubjekten gemacht werden, deren Persönlichkeit in dem dem Vorwurf sachlich zugeordneten Lebensbereich anerkannt ist. Die Selbstbelastungsfreiheit kann also auch als das „verfahrensrechtliche Korrelat" des Schuldprinzips angesehen werden.[52]

Insofern scheinen sich Anerkennung des Schuldprinzips und Verfahrensrechte zu bedingen. Der Zirkelschluss in der Argumentation ist dabei natürlich nicht von der Hand zu weisen. Ein Hinweis in diese Richtung könnte die bereits erwähnte Entscheidung des Bundesverfassungsgerichts[53] sein, indem sie die Frage nach der Anwendbarkeit bei einer Strafe unter Berücksichtigung des Schuldprinzips offen lässt. Auch die sog. Lesering-Entscheidung gibt Schützenhilfe, wenn sie konstatiert, dass das Grundrecht aus Art. 2 Abs. 1 GG auch juristischen Personen zustünde und „die Beschwerdeführerin sich daher mit Recht darauf berufe, dass die Strafe ohne Schuld ... ein ihr zustehendes Grundrecht"[54] verletze.

In diese Richtung weist auch *Dannecker*, wonach eine generalpräventive Funktion von Strafe voraussetzt, dass rechtstaatliche Standards in verfahrensrechtlicher Sicht eingehalten werden:

„Die Notwendigkeit der Bestrafung beruht darauf, dass es nicht ausreicht, legitime Verhaltensnormen zu statuieren. [...] [D]ie Strafe [wird] nicht um ihrer selbst willen, sondern nach heute herrschender Meinung zur Verfolgung repressiver und präventiver Ziele verhängt. Insbesondere das Ziel der Spezial- und Generalprävention kann nur erreicht werden, wenn durch die Einhaltung bestimmter Verfahrensregeln sichergestellt ist, dass der Täter und insbesondere die Allgemeinheit die Strafe als Missbilligung und Ausdruck eines sozialethischen Unwerturteils und als Eingriff in die Freiheitsrechte des Betroffenen akzeptieren können."[55]

Ein Verfahren gegen ein Unternehmen, dem das Schweigerecht nicht zustünde, würde also auch den Strafzielen zuwiderlaufen.

b) Grundsätzliche Einwände

Grundsätzliche Bedenken gegen die Gewährung eines Schweigerechts sind dennoch auszumachen, wenn die Beziehungen und Verpflichtungen des Unternehmens, z.B. einer Aktiengesellschaft, nicht nur gegenüber den Eigentümern, sondern darüber hinaus gegenüber Dritten in den Blick genommen werden, gegenüber den Arbeitnehmern, den Lieferanten und Kunden, den Gläubigern und gegenüber der ganzen Gesellschaft, kurz immer dann, wenn die „Sozialverantwortung" des Unternehmens anzusprechen ist. Ein namhaftes Unternehmen spricht diese Sozialverantwortung in seiner Außendarstellung offen an: „For us, performance includes demonstrating social responsability." Diese „Sozialverantwortung" ist Teil der Art. 14 Abs. 2 GG entnommenen

---

51 *Schlüter* Die Strafbarkeit von Unternehmen in einer prozessualen Betrachtung, S. 112.
52 *von Freier* ZStW 122 (2010), 117, 138 mit Verweis auf BVerfGE 84, 82, 87.
53 BVerfGE 95, 220, 242.
54 BVerfGE 20, 323, 336.
55 *Dannecker* Das intertemporale Strafrecht, S. 217.

„Sozialbindung des Eigentums“ und kann dazu führen, dass sich ein unlösbarer Widerspruch zu den Aktionärsinteressen ergeben bzw. das Unternehmen selbst gar nicht faktischer Inhaber eines Schweigerechts sein kann. Die

aa) Auskunfts- und Mitwirkungspflichten des Unternehmens

können als Ausfluss dieser Sozialbindung des Eigentums angesehen werden. Dabei unterscheide ich die inner- von den außerstrafrechtlichen Auskunfts- und Mitwirkungspflichten:

(1) Innerstrafrechtliche Mitwirkungspflichten

Die Probleme bei der Konstituierung eines Schweigerechts für ein Unternehmen korrelieren eng mit der Frage, inwiefern der juristischen Person in dem gegen sie gerichteten Strafverfahren Auskunfts- und Mitwirkungspflichten auferlegt werden dürfen.

Die in die Waagschale geworfenen Schutzinteressen des Unternehmens einerseits und das öffentliche Strafverfolgungsinteresse andererseits werden teilweise[56] dann zugunsten des letzten abgewogen, wenn es sich um schwerwiegende Straftaten handelt. Dieser Ansatz ist verfehlt, denn je schwerwiegender der Vorwurf und die damit zusammenhängende Strafandrohung ist, umso größer wird das Schutzinteresse des Beschuldigten, auch eines beschuldigten Unternehmens sein.[57]

Überzeugender klingt es, die Abwägungsgrößen zu konkretisieren: Das öffentliche Interesse kann sich daran messen lassen, eine Beweiserleichterung zur Beseitigung einer u.U. bestehenden Beweisnot zu erreichen.[58] Der Grad der Beweisnot soll – zur Sicherung des nemo-tenetur-Grundsatzes – in das Verhältnis der Nähe des Beweisthemas zum kollektivstrafrechtlichen Vorwurf als Kriterium zur Bestimmung des Schutzinteresses des Unternehmens gesetzt werden. Mit anderen Worten: Je näher die in Frage stehende Auskunft oder Mitwirkung an den Streitgegenstand des kollektivstrafrechtlichen Vorwurfes rückt, desto begrenzter wird die Pflicht zur Auskunft und/oder Mitwirkung. Besteht abstrakt die Möglichkeit, dass die Auskunft des Unternehmens ein Eingeständnis des kollektivstrafrechtlichen Vorwurfs bedeutet, so scheidet eine Mitwirkungspflicht aus.[59] In diesen Fällen soll sich die Auskunftspflicht auf die Mitteilung reiner „Rahmentatsachen“ beschränken, die keinen Bezug zum Vorwurf aufweisen.[60]

Konflikte im Zusammenhang mit Auskunfts- und Mitwirkungspflichten tauchen aber auch dort auf, wo sich der Unternehmensvertreter – unabhängig von dem kollektivstrafrechtlichen Vorwurf – in die Gefahr eigener Strafverfolgung bringt. Es muss ihm dort der Schutz des § 55 StPO zuteil werden.[61]

---

56 *Drope* Strafprozessuale Probleme bei der Einführung einer Verbandsstrafe, S. 207 ff.
57 *Schlüter* Die Strafbarkeit von Unternehmen in einer prozessualen Betrachtung, S. 127.
58 *Schlüter* Die Strafbarkeit von Unternehmen in einer prozessualen Betrachtung, S. 129.
59 *Schlüter* Die Strafbarkeit von Unternehmen in einer prozessualen Betrachtung, S. 137.
60 *Schlüter* Die Strafbarkeit von Unternehmen in einer prozessualen Betrachtung, S. 139.
61 *Schlüter* Die Strafbarkeit von Unternehmen in einer prozessualen Betrachtung, S. 142.

(2) Außerstrafrechtliche Auskunfts- und Mitwirkungspflichten

Obsolet zu werden scheint der nemo-tenetur-Grundsatz im Hinblick auf die ohnehin schon zahlreich bestehenden außerstrafrechtlichen Auskunfts- und Mitwirkungspflichten, welche im Recht der Zwangsvollstreckung, im Insolvenzrecht, im Steuerrecht und insbesondere im Wirtschaftsverwaltungsrecht zu finden sind und die für nahezu jeden Lebensbereich Kontrollmöglichkeiten vorsehen.[62] Neben den Buchführungspflichten nach HGB finden sich entsprechende Auskunfts- und Aufzeichnungs-, Dokumentations- und Vorlagepflichten bspw. im Arbeitszeitgesetz,[63] Arzneimittelgesetz,[64] Außenwirtschaftsgesetz,[65] Fahrpersonalgesetz,[66] Filmförderungsgesetz,[67] Gaststättengesetz,[68] Kreditwesengesetz,[69] Kreislaufwirtschafts- und Abfallgesetz,[70] Lebensmittel und Bedarfsgegenständegesetz,[71] Markengesetz,[72] Tierschutzgesetz[73] und Wertpapierhandelsgesetz.[74,75]

Es sei damit nicht in Abrede gestellt, dass diese Pflichten durchaus legitime Ziele verfolgen. Sie stoßen aber insbesondere dort an ihre Grenzen, wo sie mit einem strafrechtlichen Ermittlungsverfahren einhergehen und mit Zwangsmitteln eingefordert werden können.

Bezogen auf die erzwingbare Pflicht zur Auskunft soll diesem Konflikt durch entsprechende Regelungen innerhalb dieser Gesetze vorgebeugt werden, wonach das Recht der Auskunftsverweigerung im Fall der Gefahr strafrechtlicher Verfolgung zugestanden wird.

Wo dies nicht der Fall ist, wird weiterhin der sog. Gemeinschuldnerbeschluss des BVerfG Geltung erlangen, wo festgestellt wurde, „dass die Grundrechte ... des Gemeinschuldners nicht dadurch verletzt [werden], dass er nach den Vorschriften der Konkursordnung uneingeschränkt zur Aussage verpflichtet ist und dazu durch die Anordnung von Beugemitteln angehalten werden kann. Offenbart er strafbare Handlungen, darf seine Aussage nicht gegen seinen Willen in einem Strafverfahren gegen ihn verwertet werden“.[76]

Dementsprechend dürfte auch dem Unternehmen der nemo-tenetur-Grundsatz realistischerweise nur in dieser Umfang zugesprochen werden.

Wenn es schon höchst bedenklich ist, dass das Schweigerecht durch ein bloßes Verwertungsverbot ersetzt wird, so werden diese Bedenken größer mit dem Hinweis, dass die

62 *Bärlein/Pananis/Rehmsmeier* NJW 2002, 1825, 1826.
63 Vgl. § 17 ArbZG.
64 Vgl. § 64 AMG.
65 Vgl. § 44 AWG.
66 Vgl. § 4 FPersG.
67 Vgl. § 70 FFG.
68 Vgl. § 22 GastG.
69 Vgl. § 44 KWG.
70 Vgl. § 40 AbfG.
71 Vgl. § 41 LMBG.
72 Vgl. § 19 MarkenG.
73 Vgl. § 16 TierSchG.
74 Vgl. § 16 WpHG.
75 Siehe Aufzählung bei *Bärlein/Pananis/Rehmsmeier* NJW 2002, 1825, Fn. 11 ff.
76 BVerfGE 56, 37.

Rechtsprechung die Erfüllung der nonverbalen Aufzeichnungs-, Dokumentations- und Mitwirkungspflichten bisher nicht unter dem Aspekt der Selbstbelastungsfreiheit beanstandet hat.[77] Dass die Vorlage belastender Urkunden bereits den Schuldnachweis führen kann, brauche ich nicht zu erwähnen. Darüber hinaus wird demjenigen, der bereits hiermit „überführt“ wird, nicht einmal mehr der „Geständnisbonus“ zuteil.[78]

bb) „Personenkreis“ – Rollenkonflikte

Wie eingangs erwähnt, sind die verfahrensrechtlichen Garantien nicht losgelöst von der Frage, wie eine materielle Strafbarkeit des Unternehmens begründet werden soll.

Wer ein Schweigerecht ausüben darf, ob und wie dabei Rollenkonflikte auftreten und wie diesen vor allen Dingen begegnet werden kann, ist abhängig vom gewählten Haftungsmodell: Verknüpft man die Individual- und Unternehmensstrafbarkeit miteinander dergestalt, dass die Verantwortlichkeit des Unternehmens zur Individualstraftat akzessorisch ist, lässt man nur eine subsidiäre Unternehmensstrafbarkeit zu, die nur bei fehlender Individualverantwortlichkeit greift, oder wählt man eine konkurrierende (nicht) akzessorische Unternehmensstrafe?

Zwingend ist, dass die Berechtigung zur Ausübung eines Schweigerechts den nach Gesetz und Satzung vertretungsberechtigten Organen einer juristischen Person zustehen muss.[79] Dies allein greift jedoch zu kurz, wenn man bedenkt, dass in Konzernen der Kreis der notwendig schweigeberechtigten Personen größer sein müsste, damit es nicht von vornherein leer läuft.[80] Andererseits kann das Schweigerecht auch nicht allen Mitarbeitern des Unternehmens zugesprochen werden.

Wo ist also die Grenze zu ziehen? Zu überlegen wäre, die Festlegung des schweigeberechtigten Personenkreises an die materiell-rechtliche Zurechnungsnorm, wonach die Verantwortlichkeit begründet wird, zu knüpfen. Diese Idee findet sich in § 75 StGB wieder, wonach auch Handlungen des „Generalbevollmächtigten“, des „in leitender Stellung als Prokuristen oder Handlungsbevollmächtigten“ oder von „sonstigen Personen, die für die Leitung des Betriebes der juristischen Person“ verantwortlich handeln, zugerechnet werden können.[81]

Leerlaufen würde der nemo-tenetur-Grundsatz auch dann, wenn die Organwalter zwar im Verfahren gegen den Verband schweigen dürften, jedoch als Zeugen in anderen Verfahren – sei es gegen die eigenen Mitarbeiter oder andere Verbände – aussagen müssten. Entsprechend muss auch dort dem über die Selbstbelastungsfreiheit disponierenden Personenkreis ein Auskunftsverweigerungsrecht zugestanden werden.[82]

77 *Bärlein/Pananis/Rehmsmeier* NJW 2002, 1825 (1828, Fn. 40) sowie *Szesny* im Hinblick speziell auf § 4 Abs. 3 WpHG, BB 2010, 1995, 1996.

78 *Bärlein/Pananis/Rehmsmeier* NJW 2002, 1825, 1828.

79 *Minoggio* wistra 2003, 121, 128.

80 *Minoggio* wistra 2003, 121, 128.

81 So *Minoggio* wistra 2003, 121, 129. Die h.M. schließt diese Personen von einem Schweigerecht wohl weitgehend aus und will ihnen vielmehr nur die üblichen Zeugnis-, Auskunfts- oder Aussageverweigerungsrechte zusprechen, so *von Freier* ZStW 122 (2010), 117 (145 m.w.N.).

82 *von Freier* ZStW 122 (2010), 117, 151.

Darüber hinaus dürften auch ausgeschiedene Organwalter analog zu § 54 Abs. 4 StPO ein Auskunftsverweigerungsrecht besitzen.

Wie aber begegnet man den Interessenkollisionen, die wohl bei allen drei Modellen auftreten dürften:

So wird es bei akzessorischen Modellen nicht auszuschließen sein, dass – vorausgesetzt, dass die haftungsauslösende Individualtat im Interesse des Verbandes oder zum Vorteil des Verbandes ist – der Verbandsperson an der Isolierung des Täters und damit an der Haftungsvermeidung gelegen ist, wohingegen der Individualtäter „in den Genuss korporativer Schuldmilderungsgründe (Druck, Fremdnützigkeit) zu kommen sucht".[83] Bei einer Alternativität von Individual- und Unternehmensstrafe liegt der Interessenkonflikt darin begründet, dass je unwahrscheinlicher der Nachweis einer Individualstraftat ist, desto mehr kann sich der Verdacht gegen das Unternehmen verdichten.[84] Bei konkurrierenden strafrechtlichen Verantwortlichkeiten kann der Nachweis eines organisatorischen Missstandes im Unternehmen dazu dienen, den Individualbeschuldigten nicht verantwortlich erscheinen zu lassen.

Insbesondere bei akzessorischen Modellen der Haftung, sei es in einem oder in konkurrierenden Verfahren, drängt sich der Konflikt zwischen dem Unternehmen, das im Rahmen seiner wirtschaftlichen Interessen an einer möglichst schnellen Aufklärung interessiert ist, und dem individuell Beschuldigten, dem es zugute kommen kann, abzuwarten und zu schweigen, auf.

Überwiegend wird den möglichen Kollisionslagen begegnet, indem der individuell beschuldigte Organwalter von der Vertretung des Unternehmens ausgeschlossen wird.[85] Dies setzt natürlich voraus, dass man die Konflikte erkennt. Notwendige Konsequenz ist zudem, dass jedem – Individualbeschuldigtem und Unternehmensvertreter – ein eigener Verteidiger an die Seite gestellt werden muss.

II. Fazit – das größte Problem: die – nicht dogmatische – Realität

Diese hehren Forderungen nach Beschuldigtenrechten ändern nichts daran, dass das Unternehmen, sei es durch seine Aufklärungspflichten, sei es durch interne Ermittlungen und die Honorierung von Whistleblowern, den faktischen Gegebenheiten erliegen wird:

> „Die juristische Person wird alles daran setzen, um einem Strafverfahren im Vorfeld möglichst nicht öffentlich ein rasches Ende zu bereiten. In der Theorie mag sich für juristische Personen ein Strafverfahren mit Menschenrechten durchsetzen. Die Praxis wird vollständig von einem drittklassigen plea bargaining beherrscht werden. Je größer die Gesellschaft und/oder je schwerer die Vorwürfe, desto indiskutabler ist ein langer Kampf gegen eine Verurteilung. Selbst wenn die Chancen

83 *von Freier* ZStW 122 (2010), 117, 148.
84 *Schlüter* Die Strafbarkeit von Unternehmen in einer prozessualen Betrachtung, S. 209.
85 *von Freier* ZStW 122 (2010), 117, 149 (Fn. 155 m. w. N.).

> gut stehen, dass man am Ende in dubio pro reo einen Freispruch herausholt, ist das Image ruiniert. Es gilt die Devise: Lieber rasch verurteilt als nach langem Verfahren in dubio pro reo freigesprochen. Die juristische Person ist ein neuer Angeklagtentyp, gewissermaßen mit eingebautem Geständniszwang. Wir würden seine Prozessvertreter nur in Verlegenheit bringen, wenn wir solchen Angeklagten den Schutz gegen Selbstbelastung gewähren würden."[86]

So lässt sich abschließend die ernüchternde Bilanz ziehen, dass Unternehmensstrafverfahren unabhängig davon, wie sie ausgestaltet sind, unabhängig davon, welche Verteidigungsrechte einem beschuldigten Unternehmen letztlich zugestanden werden und wie die Konflikte mit Aufzeichnungs- und Informationspflichten gelöst werden, eher zu einer „Ausweitung der dealorientierten Verhandlungsmasse"[87] führen,[88] als tatsächlich da und dort Konflikte durch das Nicht-Vorhandensein von Unternehmensstrafrecht gelöst werden können.

III. Literaturverzeichnis

Arzt, Gunther „Schutz juristischer Personen gegen Selbstbelastung", in: JZ 2003, 456–460

Bärlein, Michael / Pananis, Panos / Rehmsmeier, Jörg „Spannungsverhältnis zwischen der Aussagefreiheit im Strafverfahren und den Mitwirkungspflichten im Verwaltungsverfahren", in: NJW 2002, 1825–1830

Dannecker, Gerhard Das intertemporale Strafrecht, Tübingen 1993

Drope, Katharina Strafprozessuale Probleme bei der Einführung einer Verbandsstrafe, Berlin 2002, zugl. Hamburg, Univ., Diss., 2001

Kempf, Eberhard Kommentar „Sanktionen gegen juristische Personen und Gesellschaften", in: KJ 2003, 462–471

Meyer-Goßner, Lutz Strafprozessordnung. Gerichtsverfassungsgesetz, Nebengesetze und ergänzende Bestimmungen. Kommentar. 54. Auflage, München 2011

Minoggio, Ingo „Das Schweigerecht der juristischen Personen als Nebenbeteiligte im Strafverfahren", in: wistra 2003, 121–129

Schlüter, Jan Die Strafbarkeit von Unternehmen in einer prozessualen Betrachtung. Frankfurt am Main, Berlin, Bern, Bruxelles, New York, Wien, 2000, zugl. Kiel, Univ., Diss., 1999

Szesny, André-M. „§ 4 Abs. 3 WpHG: Mitwirkungspflicht trotz Selbstbelastungsgefahr?", in: BB 2010, 1995–2000

von Freier, Friedrich „Selbstbelastungsfreiheit für Verbandspersonen?", in: ZStW 122 (2010), 117–156

---

86 *Arzt* JZ 2003, 456, 460.

87 *Kempf* KJ 2003 462, 471.

88 So auch *von Freier* ZStW 122 (2010), 117, 156.

Probleme des Zugriffs auf Beweismaterial bei Rollenkonflikten von Verbandsmitgliedern

Stefan Kirsch

Gliederung

Einleitung

Ein nach wie vor umstrittener Problemkreis aus dem Bereich unternehmensinterner Ermittlungen betrifft die Frage, ob Unternehmensangehörige verpflichtet sind, im Rahmen einer internen Befragung auch solche Angaben zu machen, die im Falle ihres Bekanntwerdens die Gefahr der Verfolgung des Unternehmensangehörigen wegen einer Straftat oder Ordnungswidrigkeit begründen können. Obwohl dem ungleich weniger Aufmerksamkeit geschenkt wird, besteht ein strukturell ähnlicher Rollenkonflikt aber auch im Hinblick auf eine mögliche Verfolgung des Unternehmens als solche, die schon nach geltendem Recht denkbar ist.

Die nachfolgenden Überlegungen entwickeln eine Lösung für beide Problemkreise, die gerade im Falle der Einführung echter Kriminalsanktionen für Verbände[1] Beachtung finden muss. Neben der Feststellung eines gesetzgeberischen Handlungsbedarfs verweist die vorgestellte Lösung mit dem Kernargument der Notwendigkeit eines vor staatlicher Ausforschung geschützten Bereichs interner Erhebungen als Funktionsbedingung autonomer Verbandsentscheidungen auf einen Gesichtspunkt, der in den Diskussionen um die Frage der Selbstbelastungsfreiheit für Verbände bislang keine Rolle gespielt zu haben scheint.

---

1 Instruktiv aus jüngster Zeit *Pieth/Ivory* (Ed.), Corporate Criminal Liability, Dordrecht 2011; *Trüg*, Sozialkontrolle durch Strafrecht – Unternehmensstrafrecht, StraFo 2011, 471.

I. Der Beweismittelzugriff im Strafverfahren gegen die Auskunftsperson

Nicht allein staatsanwaltliche oder sonstige behördliche Ermittlungsverfahren können Anlass für unternehmensinterne Erhebungen sein. Vielmehr ist die Geschäftsleitung oder das Aufsichtsgremium eines Unternehmens in allen Fällen der Kenntniserlangung von Tatsachen, die den Verdacht von rechtswidrigem oder eine die Haftung des Unternehmens begründendem Verhalten nahelegen, gehalten den Sachverhalt aufzuklären und einer rechtlichen Überprüfung zu unterziehen. Dementsprechend können auch unternehmensinterne Hinweise – etwa im Rahmen eines anonymisierten Hinweisgebersystems („whistleblowing") – eine Verpflichtung zur weiteren Erforschung des Sachverhalts auslösen.

Auslöser einer solchen Verpflichtung sind neben der allgemeinen, der Geschäftsleitung obliegenden Pflicht zur Betreuung des Vermögens der Gesellschaft besondere Aufgabenzuweisungen wie etwa § 91 Abs. 2 i.V.m. § 76 AktG für den Vorstand oder § 111 AktG für den Aufsichtsrat einer Aktiengesellschaft, deren Missachtung nicht nur zu Haftungsansprüchen führt (§ 93 Abs. 2 bzw. 116 AktG), sondern auch den Anfangsverdacht einer strafbaren Pflichtverletzung in der Form einer Untreue nach § 266 StGB begründen kann.[2] Eine Verpflichtung zur Durchführung interner Erhebungen kann sich darüber hinaus aber auch aufgrund spezieller, das Unternehmen betreffenden Regelungen ergeben, deren Nichtbeachtung mitunter ebenfalls eine straf- oder zumindest ordnungswidrigkeitenrechtliche Ahndung zur Folge haben kann.[3] Zu diesen Vorschriften gehören etwa die Pflicht zur Abgabe korrekter steuerrechtlicher Erklärungen bzw. der Korrektur unrichtiger Erklärungen (§ 153 AO) sowie zahlreiche weitere verwaltungsrechtliche Organisations-, Überwachungs- und Anzeigepflichten. So muss ein Kreditinstitut nach § 25a Abs. 1 Satz 1 KWG über eine ordnungsgemäße Geschäftsorganisation verfügen, „die die Einhaltung der vom Institut zu beachtenden gesetzlichen Bestimmungen und der betriebswirtschaftlichen Notwendigkeiten gewährleistet". Ein Wertpapierdienstleistungsunternehmen muss darüber hinaus nach § 33 Abs. 1 WpHG „angemessene Grundsätze aufstellen, Mittel vorhalten und Verfahren einrichten, die darauf ausgerichtet sind, sicherzustellen, dass das Wertpapierdienstleistungsunternehmen selbst und seine Mitarbeiter den Verpflichtungen dieses Gesetzes nachkommen, wobei insbesondere eine dauerhafte und wirksame Compliance-Funktion einzurichten ist, die ihre Aufgaben unabhängig wahrnehmen kann". Eine Verpflichtung zur Ermittlung des Sachverhalts resultiert schließlich auch aus der Notwendigkeit einer effektiven Gefahrenvorsorge, die beispielsweise die Verpflichtung eines Produktrück-

---

2 Eine Verkürzung liegt daher darin, interne Erhebungen allein aus dem Ziel der „Selbstentlastung durch Kooperation" (so *Momsen*, Internal Investigations zwischen arbeitsrechtlicher Mitwirkungspflicht und strafprozessualer Selbstbelastungsfreiheit, ZIS 2011, 508 [511]) heraus zu erklären. Zwar mag es zutreffen, dass entsprechende Überlegungen in den Fällen im Vordergrund gestanden haben, die das Phänomen interner Erhebungen in Deutschland bekannt gemacht haben, doch ändert dies nichts daran, dass entsprechende Erhebungen auch dann rechtlich geboten sein können, wenn die Frage einer Kooperation sich gar nicht stellt.

3 Vgl. hierzu auch *Schaefer/Baumann*, Compliance-Organisation und Sanktion bei Verstößen, NJW 2011, 3601 (3602).

rufs auslösen kann, oder in Situationen, in denen das Unternehmen behördlicher Überwachung – etwa im Hinblick auf eine erteilte Genehmigung – unterliegt.

Als problematisch erweist sich in der Praxis interner Erhebungen allerdings ein solchen Untersuchungen nicht selten inhärenter Zielkonflikt. Denn vor dem Beginn einer entsprechenden Erhebung ist regelmäßig nicht mit Sicherheit zu bestimmen, ob allein das Unternehmen durch die noch näher aufzuklärenden Vorgänge geschädigt wurde und gegebenenfalls Schadensersatzansprüche geltend machen kann, oder ob durch die zu untersuchenden Vorgänge auch Dritte geschädigt wurden, die nunmehr Haftungsansprüche gegen das Unternehmen richten werden bzw. sogar straf- oder ordnungswidrigkeitenrechtliche Rechtsfolgen wie die Anordnung von Verfall (§§ 73 StGB, § 29a OWiG) oder eine Unternehmensgeldbuße (§ 30 OWiG) drohen. Darüber hinaus entsprechen die persönlichen Interessen der handelnden und betroffenen Personen nicht notwendigerweise den Interessen des Unternehmens. In nicht wenigen Fällen dürften sich diese Ziel- und Rollenkonflikte auch während des Fortgangs der Untersuchung nicht vollständig auflösen. Dieser Umstand führt in der Beratungspraxis zu erheblichen Unsicherheiten. Gleichwohl dürfte schon angesichts der dargelegten zahlreichen das Unternehmen und seine Organe treffenden Rechtspflichten außer Frage stehen, dass eine möglichst umfassende Untersuchung im Fall des Bekanntwerdens von Verdachtsmomenten, die weitere Handlungspflichten auslösen können, im Unternehmensinteresse liegt.[4]

Beschränkt sich das Unternehmen bei der Durchführung einer solchermaßen gebotenen internen Untersuchung nicht auf die Auswertung bereits vorhandener Dokumente und Daten, sondern nutzt die Möglichkeit der – sei es schriftlichen, sei es mündlichen – Befragung von Unternehmensangehörigen, so geraten diese allerdings in die Gefahr, selbstbelastende Umstände zu offenbaren. Einer der nach wie vor umstrittensten Problemkreise aus dem Bereich unternehmensinterner Ermittlungen betrifft daher die Frage, ob Unternehmensangehörige verpflichtet sind im Rahmen einer internen Befragung auch solche Angaben zu machen, die im Falle ihres Bekanntwerdens die Gefahr der Verfolgung des Unternehmensangehörigen wegen einer Straftat oder Ordnungswidrigkeit begründen können.

1. „Nemo tenetur" im Verhältnis zum Unternehmen?

Um der im Falle des Bekanntwerdens entsprechender Angaben naheliegenden Gefahr einer straf- oder bußgeldrechtlichen Verfolgung der Auskunftsperson zu begegnen, könnte eine mögliche Lösung des beschriebenen Rollenkonfliktes darin bestehen, der Auskunftsperson ein Auskunftsverweigerungsrecht auch im Verhältnis zum Unternehmen zuzubilligen. Dementsprechend hätte der Unternehmensangehörige das Recht, die Beantwortung solcher Fragen – zu deren Beantwortung er an sich verpflichtet wäre[5] – zu

---

[4] Kritisch im Hinblick auf unverhältnismäßige Untersuchungen aber zu Recht *Krause*, Was bewirkt compliance?, StraFo 2011, 437 (446).

[5] Insoweit dürfte jedenfalls für mit dem Arbeitsbereich des Mitarbeiters unmittelbar zusammenhängende Fragen unstreitig sein, dass dieser nach §§ 666, 675 BGB umfassend auskunftspflichtig ist.

verweigern, bei deren wahrheitsgemäßer Beantwortung er sich – oder gegebenenfalls auch einen nahen Angehörigen – der Gefahr der Strafverfolgung aussetzen würde.

Für die Zubilligung eines solchen Auskunftsverweigerungsrechtes gegenüber dem Unternehmen spricht das gewichtige Argument, dass die Annahme einer Auskunftspflicht im Verhältnis zum Unternehmen zu einer Aushöhlung bzw. Umgehung des strafprozessualen Schweigerechts führen kann, da die im Verlauf einer unternehmensinternen Erhebung gewonnenen Erkenntnisse grundsätzlich dem Zugriff staatlicher Ermittlungsbehörden unterliegen. Denn auch in den Fällen, in denen allein das Endergebnis der internen Erhebungen – meist aufgrund einer entsprechenden Absprache – an die Ermittlungsbehörden übergeben wird, besteht für diese die Möglichkeit, die an der Untersuchung beteiligten Personen als Zeugen zu vernehmen bzw. die im Rahmen der Untersuchung entstandenen Dokumente und Daten zu beschlagnahmen und auszuwerten. Angesichts dieser Gefahr erscheint die Annahme realistisch, dass erzwungene Auskünfte durch Unternehmensangehörige – jedenfalls in Situationen, in denen die Gefahr einer Selbstbelastung nicht fern liegt – wenn nicht unzutreffend, so doch unvollständig sein dürften und damit dem Unternehmensinteresse an einer umfassenden Aufklärung unklarer Sachverhalte diametral entgegenlaufen. Von Bedeutung dürfte insoweit auch sein, dass eine Auskunftsperson im Rahmen einer internen Untersuchung im Fall einer unvollständigen oder unrichtigen Aussage – anders als im Rahmen eines behördlichen Ermittlungsverfahrens – kein Aussagedelikt begeht und drohende zivilrechtliche Ersatzansprüche schon wegen der damit verbundenen Beweisschwierigkeiten regelmäßig keinen entscheidenden Handlungsanreiz zur Unterlassung einer bewusst unvollständigen oder unrichtigen Aussage bilden.

Entscheidend gegen die Einräumung eines Auskunftsrechts gegenüber dem Unternehmen spricht aber, dass die Zuerkennung eines Auskunftsverweigerungsrechtes gegenüber dem Unternehmen vernachlässigt, dass dessen Informationsbedürfnis – wie eingangs umrissen – auf einer ganzen Reihe rechtlicher Verpflichtungen aufbaut, deren mangelnde Erfüllung mit teilweise gravierenden Nachteilen verbunden sein kann. Soweit demgegenüber mitunter eingewandt wird, die Gewährung eines Auskunftsverweigerungsrechtes im Rahmen interner Erhebungen entspreche auch der arbeitsrechtlichen Fürsorgepflicht des Unternehmens, vermag dieser Einwand schon deshalb nicht zu überzeugen, da als Auskunftspersonen im Rahmen interner Ermittlungen eben nicht nur Arbeitnehmer, sondern auch Organmitglieder – etwa die Mitglieder des Vorstandes einer AG – in Betracht kommen.

2. Gewährung von „Vertraulichkeit" durch Berufsgeheimnisträger

Einer Aushöhlung oder Umgehung des strafprozessualen Schweigerechts möglicher Auskunftspersonen könnte aber möglicherweise dann wirksam begegnet werden, wenn sichergestellt wäre, dass deren Angaben dem Zugriff staatlicher Ermittlungsbehörden verschlossen bleiben. Nicht allein wegen der auf diesem Gebiet erforderlichen Erfahrung und Sachkunde werden daher regelmäßig Rechtsanwälte oder andere Berufsgeheimnisträger mit der Durchführung interner Ermittlungen oder einem hiermit in Zusammenhang stehenden „Amnestieprogramm" beauftragt. Denn diese müssen gegenüber staatlichen Ermittlungsbehörden keine Angaben zu dem machen, was ihnen im Verlauf einer internen Ermittlung bekannt geworden ist, weil sie nach § 53 StPO zur Verweigerung des Zeugnisses berechtigt und hierzu grundsätzlich auch verpflichtet sind. So bestimmt etwa § 2 Abs. 1 der Berufsordnung für Rechtsanwälte, dass der Rechtsanwalt zur Verschwiegenheit „berechtigt und verpflichtet" ist, während § 203 Abs. 1 Nr. 3 StGB es sogar ausdrücklich unter Strafe stellt, wenn ein Rechtsanwalt unbefugt ein fremdes Geheimnis offenbart, das ihm in anwaltlicher Eigenschaft anvertraut worden oder sonst bekannt geworden ist.

Gleichwohl birgt auch die Einschaltung eines Rechtsanwaltes oder anderen Berufsgeheimnisträgers nur unzureichenden Schutz vor einer Umgehung des strafprozessualen Schweigerechts möglicher Auskunftspersonen. Zwar ließe sich der „Gefahr" einer nachträglichen Entbindung des die Untersuchung durchführenden Anwaltes von seiner Schweigepflicht durch die Vereinbarung eines unwiderruflichen Verzichts auf eine spätere Entbindung begegnen, doch hat die Auskunftsperson in der Regel keinerlei Möglichkeit den Bruch einer „Vertraulichkeitszusage" zu verhindern. Entscheidend aber ist, dass der für den Bereich von Zeugenaussagen über die §§ 53 und 53 a StPO gewährte weitgehende Schutz der Berufsgeheimnisträger im Bereich von Unterlagen und Daten nur eingeschränkt gilt. Denn nach der Regelung in § 97 Abs. 2 StPO gelten die in § 97 Abs. 1 StPO bezeichneten – an die Zeugnisverweigerungsrechte nach §§ 53, 53 a StPO anknüpfenden – Beschlagnahmeverbote nur für Gegenstände im Gewahrsam des zur Verweigerung des Zeugnisses Berechtigten. Gerade diese Beschränkung macht eine effektive und zielführende Kommunikation mit dem Mandanten unmöglich und führt in der Praxis zu durchaus skurrilen Effekten, etwa wenn selbst kreuzvernünftige erwachsene Menschen plötzlich Verhaltensweisen an den Tag legen, die man bislang eigentlich nur in Kinofilmen erwartet hätte. Zwar gilt die genannte Beschränkung nicht für den Verkehr mit dem Verteidiger (§ 148 StPO) und damit zutreffender Weise auch nicht für den Vertreter eines Verfallsbeteiligten (§§ 442, 434 Abs. 1 StPO) oder dem Vertreter einer juristischen Person oder einer Personenvereinigung im Verfahren über die Festsetzung einer Verbandsgeldbuße nach § 30 OWiG, doch besteht in der Praxis erhebliche Unsicherheit über die Stellung eines solchen „Unternehmensanwaltes".[6] Die Sicherung eines Beschlagnahmeprivilegs im Rahmen einer internen Ermittlung durch das Institut der Gewährleistung des uneingeschränkten Verkehrs mit dem Verteidiger ist daher jedenfalls nicht frei von Risiken. Darüber hinaus geht ein Teil der Rechtsprechung in unzutreffender Weise davon aus, dass auch das Beschlagnahmeverbot in § 97 Abs. 1 Nr. 3 StPO – obgleich der Wortlaut der Vorschrift etwas anderes nahelegt – allein im Verhältnis zum Verteidiger gelte.[7] Zwar lassen sich gegen diese fehlerhafte Rechtsansicht überzeugende Gründe ins Feld führen[8], doch besteht die Gefahr einer abweichenden Praxis fort. Denn auch die Neuregelung des § 160 a StPO hat zwar die Rolle der Anwaltschaft innerhalb der Berufsgeheimnisträger gestärkt, doch mit dem Verweis auf die Spezialregelung des § 97 StPO in § 160 a Abs. 5 StPO[9] letztlich keine klare Position bezogen.[10]

---

6 So auch *Momsen*, aaO. (Fn. 2), 508 (512).

7 So jüngst LG Hamburg, Beschl. vom 15. 10. 2010 – 608 Qs 18/10 = StV 2011, 148 mit Anm. *Jahn/Kirsch*.

8 Vgl. *Jahn/Kirsch*, aaO. (Fn. 7).

9 § 160 a Abs. 5 StPO beschränkt sich auf die schlichte Mitteilung: „Die §§ 97 und 100 c Abs. 6 bleiben unberührt".

10 Interessant etwa *Winterhoff*, Kanzleidurchsuchungen im Lichte von Grund- und Menschenrechten, AnwBl 2011, 789 (792): „Da § 97 Abs. 1 StPO den Schutz des Vertrauensverhältnisses zwi-

Festzuhalten ist daher, dass auch die prozessualen Möglichkeiten der Einschaltung eines Rechtsanwaltes oder anderen Berufsgeheimnisträgers keinen hinreichenden Schutz vor einer Umgehung des strafprozessualen Schweigerechts möglicher Auskunftspersonen bieten. Dessen ungeachtet ist es angesichts der – aus unterschiedlichen Rechtsquellen gespeisten – Verpflichtung eines Unternehmens, unklare haftungsrelevante Sachverhalte aufzuklären, erforderlich, die Kollision der Interessen des Auskunftspflichtigen mit dem Informationsbedürfnis des Unternehmens in einer Weise zu regeln, die es dem Unternehmen bzw. der Unternehmensleitung ermöglicht, ihren rechtlichen Verpflichtungen nachzukommen.

3. Beweisverbot im Strafverfahren gegen die Auskunftsperson

Den Weg eines solchen Interessenausgleichs hat das Bundesverfassungsgericht in der als „Gemeinschuldnerbeschluss" bekannt gewordenen Entscheidung vom 13. 1. 1981[11] gewiesen.

Der beschwerdeführende Gemeinschuldner, über dessen Vermögen das Konkursverfahren eröffnet worden war, sollte auf Antrag des Konkursverwalters Auskünfte zur Übertragung von Vermögensbestandteilen machen. Im Vernehmungstermin erschien der Beschwerdeführer zwar, verweigerte jedoch die Aussage, weil in Bezug auf die an ihn gerichteten Fragen ein Ermittlungsverfahren wegen des Verdachts des Konkursvergehens anhängig sei, und beanspruchte ein Aussageverweigerungsrecht zu solchen Fragen, mit deren Beantwortung er Gefahr laufen würde, eine strafbare Handlung zu offenbaren. Nachdem das Landgericht die Beschwerde gegen die aufgrund der Auskunftsverweigerung durch das Konkursgericht angeordnete Beugehaft zurückgewiesen hatte, erhob der Beschwerdeführer Verfassungsbeschwerde.

Das Bundesverfassungsgericht wies die Verfassungsbeschwerde zurück, da Grundrechte des Beschwerdeführers nicht schon dadurch verletzt würden, dass er nach den Vorschriften der Konkursordnung uneingeschränkt zur Aussage verpflichtet sei und hierzu durch die Anordnung von Beugemitteln angehalten werden könne. Allerdings, so die Richter weiter, müsse den schutzwürdigen Belangen des Beschwerdeführers dadurch Rechnung getragen werden, dass etwaige Selbstbezichtigungen einem strafrechtlichen Verwertungsverbot unterliegen. Insoweit führte das Bundesverfassungsgericht in der Entscheidung aus:

> „Während das geltende Recht Zeugen, Prozeßparteien und Beschuldigten durchweg ein Schweige- und Aussageverweigerungsrecht für den Fall der Selbstbezichtigung zubilligt, gilt dies nicht in gleicher Weise für solche Personen, die aus besonderen Rechtsgründen rechtsgeschäftlich oder gesetzlich verpflichtet sind einem anderen oder einer Behörde die für diesen notwendigen Informationen zu erteilen. Hier kollidiert das Interesse des Auskunftspflichtigen mit dem Informationsbe-

---

schen Rechtsanwalt und nichtbeschuldigtem Mandant nicht regelt, wird man davon auszugehen haben, dass die Vorschrift insoweit auch keine Sperrwirkung gegenüber § 160a Abs. 1 StPO entfaltet. Vielmehr gebietet es das mit der Erweiterung des Anwendungsbereiches des § 160a StPO verfolgte Ziel, den Schutz des Vertrauensverhältnisses zwischen Rechtsanwalt und Mandant zu verbessern, den absoluten Schutz vor Ermittlungsmaßnahmen entsprechend auszudehnen."

11 *BVerfG*, Beschl. des Ersten Senats vom 13. 1. 1981 – 1 BvR 116/77 = BVerfGE 56, 37 = NJW 1981, 1431.

dürfnis anderer, deren Belange in unterschiedlicher Weise berücksichtigt werden."[12]

Im vorliegenden Fall einer solchen Kollision rechtfertige das berechtigte Informationsbedürfnis der Konkursgläubiger die Annahme einer Auskunftspflicht. Denn nur durch eine uneingeschränkte Auskunftspflicht könne der Gemeinschuldner daran gehindert werden, Teile der Konkursmasse dem berechtigten Zugriff seiner Gläubiger zu entziehen. Allerdings, so die Richter des Bundesverfassungsgerichts, weiter:

„Auch wenn danach der Gemeinschuldner kein Aussageverweigerungsrecht beanspruchen kann, so greift doch ein Zwang zur Selbstbezichtigung in das durch Art. 2 Abs. 1 GG geschützte Persönlichkeitsrecht ein. Die Anordnung von Zwangsmitteln kann daher nach den zutreffenden Ausführungen des Bundesministers der Justiz im Einzelfall als unverhältnismäßig zu beanstanden sein. Darüber hinaus bedarf [...] die Auskunftspflicht des Gemeinschuldners einer Ergänzung durch ein strafrechtliches Verwertungsverbot. Sie besteht aus den zuvor genannten Gründen uneingeschränkt nur für die Zwecke des Konkursverfahrens, da insoweit das Interesse des Gemeinschuldners hinter den Belangen der Gläubiger zurücktreten muß. Das Persönlichkeitsrecht des Gemeinschuldners würde aber unverhältnismäßig beeinträchtigt, wenn seine unter Zwang herbeigeführten Selbstbezichtigungen gegen seinen Willen zweckentfremdet und der Verwertung für eine Strafverfolgung zugeführt würden. Dafür fehlt auch eine sachliche Rechtfertigung. Denn in einem strafrechtlichen Verfahren steht dem Gemeinschuldner aus den erörterten, verfassungsrechtlich relevanten Gründen ein Schweigerecht zu; die Verwertung erzwungener Aussagen ist unzulässig. Dieses Schweigerecht wäre illusorisch, wenn eine außerhalb des Strafverfahrens erzwungene Selbstbezichtigung gegen seinen Willen strafrechtlich gegen ihn verwertet werden dürfte. Der bloße Umstand, daß dem Gemeinschuldner im Interesse seiner Gläubiger eine uneingeschränkte Auskunftspflicht zuzumuten ist, rechtfertigt es nicht, daß er zugleich zu seiner Verurteilung beitragen muß und daß die staatlichen Strafverfolgungsbehörden weitergehende Möglichkeiten erlangen als in anderen Fällen der Strafverfolgung."[13]

Genau dieser Konfliktlage des Gemeinschuldners entspricht die Konfliktlage des Unternehmensangehörigen im Rahmen einer internen Erhebung. Daher muss das Interesse der Auskunftsperson hinter den Belangen des Unternehmens zurücktreten. Gleichwohl würde das Persönlichkeitsrecht der Auskunftsperson aber unverhältnismäßig beeinträchtigt, wenn seine Angaben, zu denen er aufgrund zivil- oder arbeitsrechtlicher Pflichten gezwungen ist, gegen seinen Willen zweckentfremdet und der Verwendung für eine Strafverfolgung zugeführt würden. Daher bedarf es der Annahme eines Verwertungsverbotes, durch das sichergestellt wird, dass die Angaben einer Auskunftsperson im Rahmen einer internen Untersuchung lediglich für die Zwecke dieser Untersuchung benutzt werden.[14]

12 BVerfGE 56, 37 (45).

13 BVerfGE 56, 37 (50).

14 So auch schon *Wehnert*, Interne Ermittlungen und Legalitätsprinzip – Relativierung des staatlichen Ermittlungsmonopols?, in: *Kempf/Lüderssen/Volk* (Hrsg.), Ökonomie versus Recht im Finanzmarkt?, 137 (143).

4. Reichweite des Verwertungsverbotes

Ungeachtet der Richtigkeit des im „Gemeinschuldnerbeschluss" vorgezeichneten Interessenausgleichs bedarf es weiterer Überlegungen zur Reichweite eines entsprechenden Verwertungsverbotes. So ist bereits im Hinblick auf die in der Folge der Entscheidung des Bundesverfassungsgerichts geschaffenen Regelung des § 97 Abs. 1 Satz 3 InsO umstritten, ob hieraus lediglich ein Verwertungsverbot resultiere oder in dem Wort „verwenden" ein Indiz für ein umfassendes Verwendungsverbot des Inhalts gesehen werden könne, dass auch solche Tatsachen, zu denen die Auskunft des Schuldners nur den Weg gewiesen hat, nicht verwertet werden dürfen.[15]

Es liegt auf der Hand, dass dem Bedürfnis der Auskunftsperson nach effektivem Schutz seiner Selbstbelastungsfreiheit allein ein umfassendes Verwendungsverbot entspricht, das allenfalls dann unbeachtlich ist, wenn dieselben Erkenntnisse in rechtlich zulässiger Weise auch auf anderem Wege hätten gewonnen werden können („hypothetischer Ersatzeingriff"). Ein solches umfassendes Verwendungsverbot müsste anders als die Regelung in § 97 Abs. 1 Satz 3 InsO, die allein die Verwendung von Auskünften in „einem Strafverfahren oder in einem Verfahren nach dem Gesetz über Ordnungswidrigkeiten gegen den Schuldner oder einen in § 52 Abs. 1 der Strafprozessordnung bezeichneten Angehörigen des Schuldners" betrifft, auch die Verwendung in Verfahren gegen Dritte umfassen. Denn die Arbeitsteilung in Verbänden und Unternehmen führt regelmäßig dazu, dass eine Vielzahl von handelnden Personen in Sachverhalte eingebunden sind, die Gegenstand interner Erhebungen sind. Muss aufgrund dieses Umstandes aber jede der handelnden Personen befürchten, aufgrund von Auskünften von Arbeitskollegen und Mitarbeitern in die Gefahr zu geraten, wegen einer Straftat oder einer Ordnungswidrigkeit verfolgt zu werden, so erscheint die Annahme nicht unrealistisch, dass gegenseitige Rücksichtnahme die Bereitschaft zu unzutreffenden oder zumindest unvollständigen Angaben deutlich erhöhen dürfte. Dass dies wiederum dem Unternehmensinteresse an einer umfassenden Aufklärung unklarer Sachverhalte diametral entgegenläuft, bedarf keiner Erläuterung.

Richtigerweise dürfen daher weder die an internen Ermittlungen Beteiligten noch die von ihnen gefertigten Aufzeichnungen als Beweismittel in einem Strafverfahren benutzt werden, dessen Gegenstand im Zusammenhang mit den internen Erhebungen steht. Nur auf diese Weise wird sichergestellt, dass einzelne Auskunftspersonen im Rahmen eines Strafverfahrens autonom darüber entscheiden können, ob sie von ihrem Schweigerecht Gebrauch machen wollen oder nicht.

---

15 Vgl. *Dannecker/Knierim/Hagemeier*, Insolvenzstrafrecht, 2. Aufl., Heidelberg 2012, Rn. 173; *Jahn*, Beweiserhebungs- und Beweisverwertungsverbote im Spannungsfeld zwischen den Garantien des Rechtsstaates und der effektiven Bekämpfung von Kriminalität und Terrorismus – Gutachten C für den 67. Deutschen Juristentag 2008, München 2008, C-96; jeweils m.w. Nachw.

II. Der Beweismittelzugriff gegen das Unternehmen

Der beschriebene – die Auskunftsperson betreffende – Rollenkonflikt, der durch den Widerspruch von Auskunftspflicht und Selbstbelastungsfreiheit gekennzeichnet ist, verlagert sich auf das Unternehmen bzw. die für das Unternehmen handelnden Personen, soweit eine interne Untersuchung geeignet erscheint Tatsachen zu Tage zu fördern, die eine Sanktion gegen das Unternehmen als solches rechtfertigen könnte.

Zwar kennt das deutsche Strafrecht keine Verbandsstrafe als echte Kriminalsanktion, doch hat die Möglichkeit der Festsetzung einer Geldbuße gegen eine juristische Person oder Personenvereinigung nach § 30 OWiG deren Rolle in der Praxis weitgehend übernommen. Verstärkt worden sein dürfte diese Entwicklung vor allem durch Absprachen der Verfahrensbeteiligten, denen nicht selten eine einverständliche „Fehlinterpretation" der tatbestandlichen Voraussetzungen einer entsprechenden Geldbuße zugrunde liegt. Gerade hierin aber zeigt sich, dass die Praxis den „akzessorischen Charakter" der Verbandsgeldbuße längst überwunden und diese – ungeachtet der fortdauernden Diskussion in der Lehre – zu einem eigenständigen Haftungsinstrument ausgebaut hat, das insbesondere im Bereich komplexer und daher schwierig zu ermittelnder Verantwortungszusammenhänge zunehmenden Zuspruch zu finden scheint. Ungeachtet dessen dürfte aber bereits kein Zweifel daran bestehen, dass – jedenfalls seit der Einführung des „Bruttoprinzips" im Jahr 1992 – auch die Anordnung des Verfalls nach § 73 StGB ein über die Gewinnabschöpfung hinausgehendes Übel mit Strafcharakter[16] darstellt.

Die Rückbindung der Anordnung des Verfalls an eine „rechtswidrige Tat" zeigt aber ebenso wie das Erfordernis der Anlasstat eines Verbandsverantwortlichen für die Festsetzung einer Verbandsgeldbuße, dass beide Formen der Unternehmenssanktion regelmäßig mit einer individuellen straf- oder ordungswidrigkeitenrechtlichen Haftung natürlicher Personen einhergehen. Dies dürfte sich auch für den Fall der Schaffung einer Verbandsstrafe als echter Kriminalsanktion kaum ändern. Daher verlagert sich in der Praxis der eingangs bezeichnete Rollenkonflikt, der durch den Widerspruch von Auskunftspflicht und Selbstbelastungsfreiheit gekennzeichnet ist, streng genommen in der Regel nicht auf das Unternehmen bzw. die für das Unternehmen handelnden Personen, sondern tritt zu dem durch das Risiko individueller strafrechtlicher Verantwortlichkeit begründeten Rollenkonflikt hinzu. Dass durch diese Überlagerung ein weiterer Rollenkonflikt auf Seiten der für das Unternehmen Handelnden entstehen könnte, steht gleichwohl nicht zu befürchten, da die Überlagerung kaum zu Zielkonflikten der handelnden Personen führen dürften. Denn wer als Unternehmensverantwortlicher ein Verhalten offenbaren müsste, das Anlass für die Festsetzung einer Verbandsgeldbuße oder den Erlass einer Verfallsanordnung sein könnte, wird allen Grund haben, auch eine individuelle strafrechtliche Haftung zu fürchten.

Ungeachtet dieser Überlagerungen könnte eine mögliche Lösung des im Hinblick auf eine mögliche Unternehmenssanktion bestehenden Rollenkonflikts darin bestehen, dem Unternehmen bzw. den für das Unternehmen handelnden Personen ein Auskunftsverweigerungsrecht zuzubilligen.

16 Vgl. *Fischer*, StGB, § 73, Rn. 3, m.w. Nachw.

1. „Nemo tenetur" für Verbände?

Die Frage, ob der Grundsatz der Selbstbezichtigungsfreiheit auch für juristische Personen Geltung beanspruchen darf, beschäftigt die Literatur schon seit längerer Zeit.[17] Wenn gleichwohl eine überzeugende Antwort noch aussteht, mag dies darin begründet sein, dass schon die Herleitung des „nemo tenetur" Grundsatzes für natürliche Personen ein eher zerklüftetes Gelände darstellt. So fällt es Begründungsansätzen, die die Freiheit von Selbstbezichtigungszwang „personalistisch" aus der Unzumutbarkeit eines entsprechenden Gewissenskonflikts ableiten und mit der Unverletzlichkeit der Menschenwürde absichern, naturgemäß schwerer, juristischen Personen das Privileg der Selbstbezichtigungsfreiheit zuzuerkennen, als dies bei Ansätzen der Fall ist, die die Freiheit von Selbstbezichtigungszwang als Ausprägung der Garantie eines fairen Verfahrens erklären.

Eine weitere Befassung mit diesen unterschiedlichen Ansätzen kann hier aber ebenso unterbleiben wie eine nähere Analyse einschlägiger Rechtsprechung oder weiterer sich – für den Fall der Anerkennung der Freiheit von Selbstbezichtigungszwang auch für juristische Personen – aufdrängenden Folgefragen, wie etwa der, ob von einem entsprechenden Auskunftsverweigerungsrecht nur einheitlich Gebrauch gemacht werden kann oder wer über die Geltendmachung dieses Rechts entscheidet. Denn es steht außer Frage, dass die Einräumung eines aus dem Privileg der Selbstbezichtigungsfreiheit folgenden Auskunftsverweigerungsrechts einzelner Unternehmensangehöriger dem Unternehmensinteresse an einer vollständigen und zutreffenden Aufklärung unklarer Sachverhalte diametral entgegensteht.

2. Beweisverbot im Strafverfahren gegen den Verband

Angesichts der auch im Verhältnis zum Unternehmen zu beachtenden Beschränkungen bei der verfahrensrechtlichen Absicherung von Vertraulichkeitszusagen kann der „unternehmensinterne" Zielkonflikt zwischen bestmöglicher Sachaufklärung und der Vermeidung eigener Sanktionierung daher ebenfalls allein durch die Annahme eines umfassenden Verwendungsverbots gelöst werden.

Allein dann, wenn ein Unternehmen nicht befürchten muss, Bausteine für die eigene Sanktionierung zu liefern, wird es bereit sein, unklare Sachverhalte gründlich und nachhaltig aufzuklären. Besteht diese Befürchtung fort, so ist zu besorgen, dass auch interne Ermittlungen nicht in der Weise geführt werden, wie dies zu wünschen ist. Die Anerkennung eines entsprechenden Beweisverbotes ist daher überfällig, um Unternehmen in die Lage zu versetzen, ihren gesetzlichen Verpflichtungen zur Überwachung der eigenen Tätigkeit und zur Aufklärung unklarer Sachverhalte in bestmöglicher Weise nachzukommen.

---

17 Vgl. nur *Drope*, Strafprozessuale Probleme bei der Einführung einer Verbandsstrafe, 2002; *Queck*, Die Geltung des nemo-tenetur-Grundsatzes zugunsten von Unternehmen, 2005; *von Freier*, Selbstbelastungsfreiheit von Verbandspersonen, ZStW 122 (2010), 117.

III. Handlungsbedarf für den Gesetzgeber?

Ungeachtet der Überzeugungskraft einer solchen Lösung wird es noch einiger Zeit bedürfen, bis sich die Richtigkeit der Annahme eines Verwertungsverbots zur Absicherung interner Ermittlungen in Rechtsprechung und Praxis so durchgesetzt hat, dass dies zum Gegenstand entsprechender rechtlicher Beratung bei der Begleitung interner Durchsuchungen gemacht werden kann. Daher drängt sich eine gesetzliche Regelung auf, die an dieser Stelle nur angemahnt werden kann, deren Einzelheiten aber der weiteren Diskussion vorbehalten bleiben. Nicht nur die Weisheit, sondern auch die Akzeptanz der Regelung des § 97 Abs. 1 InsO in der Rechtspraxis sollten Mut machen.

Die Hauptverhandlung gegen ein Unternehmen

Werner Leitner

Vorwort

Es bedarf mehr Phantasie als Rechtskenntnis, sich die Hauptverhandlung gegen ein Unternehmen im Jahre 2011 vorzustellen. Gibt es doch wenig materiell-rechtliche und verfahrensrechtliche Anknüpfungen, auf die man aufbauen könnte. Führt man sich die wichtigsten Prozessmaximen einer strafrechtlichen Hauptverhandlung vor Augen, wird klar, wie sehr die Strafprozessordnung als das verfahrensrechtliche Pendant zum materiellen Strafgesetzbuch einzig auf natürliche Personen abstellt. Begriffe wie *rechtliches Gehör, Grundsatz der Mündlichkeit, nemo tenetur* und wohl auch die *Öffentlichkeit* an sich zeigen, dass der deutsche Strafprozess seinen Delinquenten sehen und hören will. Wie soll sich das bei einer juristischen Person umsetzen lassen?

Gliederung

I. Der Status Quo

Nun ist, was das Unternehmen angeht, die Strafprozessordnung kein gänzlich unbeschriebenes Blatt. Gegen Ende, in den §§ 433 ff. der Strafprozessordnung finden sich Inseln, an denen man bei seinen Überlegungen kreativ anlanden kann.

1. Da ist zunächst das Unternehmen als Einziehungsbeteiligter im Sinne der §§ 433 ff. StPO. Denkbar ist dies beispielsweise im Fall der Herstellung von gefälschten Waren durch ein Unternehmen, die dann der Einziehung unterliegen. Als Einziehungsbeteiligter hat das Unternehmen in der Hauptverhandlung die Stellung eines Nebenbeteiligten, dem auch die Befugnisse des Angeklagten zustehen, § 433 Abs. 1 S. 1 StPO. Mit dieser Regelung sollen dem Unternehmen auf einfache Weise die Rechte eines Angeklagten eingeräumt werden, zum Angeklagten im Rechtssinne wird das Unternehmen dadurch aber sicher nicht.

2. Auch bei Verfallsanordnungen kann das Unternehmen an der Hauptverhandlung beteiligt werden, es ist dann Verfallsbeteiligter gemäß §§ 442, 441 ff. StPO. Beispiele gibt es hierfür viele. Insbesondere im Bereich der Korruptionsdelikte kann der Verfall des Auftragswertes angeordnet werden.

3. Der wichtigste forensische Auftritt eines Unternehmens findet de lege lata im Bereich des Opportunitätsgrundsatzes statt, im Zusammenhang mit der Festsetzung einer Geldbuße nach § 30 Abs. 4 OWiG. Das Verfahren über die nach § 30 Abs. 4 OWiG festgesetzte selbständige Geldbuße ist in § 444 StPO geregelt, der wiederum weitgehend auf die Verfahrensvorschriften über das Einziehungs- bzw. Verfallsverfahren verweist. Das Bußgeldverfahren gegen ein Unternehmen bietet sogar einen eigenen örtlichen Gerichtsstand, der gemäß § 444 Abs. 3 S. 2 StPO durch den Firmensitz begründet werden kann.

4. Wer nun aus der derzeitigen Verfahrenspraxis Erkenntnisse gewinnen will für neue legislative Überlegungen zum Unternehmensstrafverfahrensrecht, der wird sich schwer tun: Er wird feststellen, dass selbständige Hauptverhandlungen gegen Unternehmen eigentlich nicht stattfinden. Auch die gängige Kommentarliteratur kann nur bedingt weiterhelfen. Es findet sich eine Entscheidung des Oberlandesgerichts Düsseldorf aus dem Jahre 1983, das eine Unternehmensgeldbuße von DM 250,00 aufgehoben hat. Gelegentlich beschäftigen Kartellgeldbußen den BGH oder ein Oberlandesgericht. Dabei verhängen die Wirtschaftsabteilungen der Staatsanwaltschaften Bußgelder in bedeutender Höhe. Im Bereich der Staatsanwaltschaft München I soll das Bußgeldaufkommen aus Unternehmensgeldbußen im Jahr 2010 fast eine Milliarde erreicht haben. Von öffentlich bekannt gewordenen Korruptionsfällen weiß man, dass Bußgeldbescheide in dreistelliger Millionenhöhe verhängt werden. Im Kartellrecht ist das ohnehin usus.

II. Überlegungen

Das Fehlen von Hauptverhandlungen unterstützt die Annahme, dass Unternehmen (wie Personen wohl auch) die Hauptverhandlung scheuen. Man tut sich auch schwer mit der Vorstellung, eine dreistellige Millionengeldbuße vor dem für die Ordnungswidrigkeiten zuständigen Bußgeld-Richter am Amtsgericht verhandelt zu wissen.

1. Die Zuständigkeit in örtlicher, sachlicher und funktionaler Hinsicht ist also ein wichtiger Gesichtspunkt. Gäbe es ein materielles Unternehmensstrafrecht, müssten die Anklagen vergleichbar den Strafverfahren gegen Individuen wohl dort verhandelt werden, wo sie ihren Schwerpunkt haben, beispielsweise bei den Wirtschaftsstrafkammern der Landgerichte. Bei der örtlichen Zuständigkeit könnte man sich durchaus weiterhin am Firmensitz orientieren. Eine Abgrenzung der Zuständigkeiten nach Amtsgerichten und Landgerichten ausgerichtet an der Straferwartung, wie sie für das Personenstrafrecht im GVG angelegt ist, scheint wegen der rein finanziellen Sanktionsmöglichkeit des Unternehmens nicht sinnvoll.

2. Unerlässlich erscheint weiter, das Gericht mit Personen zu besetzen, die über ökonomischen Sachverstand verfügen, vergleichbar den Kammern für Handelssachen und im Auswahlmodus entsprechend § 108 GVG.

Die Hauptverhandlung gegen ein Unternehmen wird also die Schaffung neuer Spruchkörper, zumindest aber funktionale Sonderzuständigkeiten bei den Wirtschaftsstrafkammern erforderlich machen.

3. Auch die häufig vernachlässigte Unterscheidung zwischen *Vertretung* und *Verteidigung* wird in den Vordergrund rücken. De lege lata kann sich der Angeklagte nur in Ausnahmefällen von seinem Verteidiger *vertreten* lassen, § 234 StPO. Die vorherrschende Meinung sieht im Verteidiger noch immer keinen Vertreter des Angeklagten, sondern einen Beistand *sui generis*, der je nach Meinungsstand als selbständiges Organ der Rechtspflege (§ 1 BRAO) oder Kraft Verfassungsauftrags aus eigenem Recht und sogar unabhängig vom Willen des Angeklagten seine Funktion ausübt. Die Abgrenzungsfragen zur Stellung des Verteidigers sind von *Lüderssen/Jahn* in den Vorbemerkungen zu § 137 StPO in LR-StPO umfassend dargestellt. Die dort vertretene Vertragstheorie lässt sich gerade auf das Unternehmen als Rechtssubjekt im Strafprozess sinnvoll anwenden. Die juristische Person bedarf keines „Beistandes", sie nimmt eindeutig Dienste in Anspruch, die auf vertraglicher Grundlage erfolgen und wohl nicht zur Disposition des Verteidigers stehen. Es ist also gut möglich, dass ein Unternehmensstrafrecht gerade im Zusammenhang mit der Hauptverhandlung auch die Diskussion um das Selbstverständnis von Strafverteidigung beeinflussen wird. Denn es wird gesondert zu regeln sein, wer strafprozessual wirksame Erklärungen für das Unternehmen abgeben kann.

Wird es das Institut der notwendigen Verteidigung (§ 140 StPO) auch für das Unternehmen geben oder kann es sich immer selbst verteidigen, beispielsweise auch durch den Leiter seiner Rechtsabteilung?

4. Die Präsenzpflichten in der Hauptverhandlung sind derzeit naturgemäß ebenfalls ganz auf die natürliche Person des Angeklagten ausgerichtet und sind auf das Unternehmen als Angeklagten nicht ohne weiteres übertragbar. Vor allem die *persönliche* Anwesenheitspflicht (§ 231 StPO), das Entbinden vom *persönlichen* Erscheinen (§ 233 StPO) und die Vorführung per Haftbefehl bei Nichterscheinen (§ 230 Abs. 2 StPO) sind für die juristische Person schwer vorstellbar.

5. Auch das Fragerecht des *Angeklagten* (§ 240 Abs. 2 S. 1 StPO) wird das Unternehmen in der Hauptverhandlung delegieren müssen, besonders augenfällig wird die Situation um das Rederecht beim letzten Wort (§ 258 Abs. 2 StPO).

6. Nur der Vollständigkeit halber sei erwähnt, dass verfahrenssichernde Zwangsmaßnahmen wie Untersuchungshaft gegen das Unternehmen ausscheiden.

III. Fazit

Die Hauptverhandlung gegen ein Unternehmen wird eine gewisse Reform der Strafprozessordnung erfordert machen. Das soll nicht heißen, dass es die juristische Person auf der Anklagebank nicht geben muss. Das Verfahren, das man sich vorzustellen hat, wird allerdings mehr an ein Verwaltungsverfahren erinnern, als an das, was man bisher unter dem klassischen Strafprozess versteht.

Alternativen zum Unternehmensstrafrecht

Ausbau der wirtschaftsverwaltungsrechtlichen Unternehmenshaftung

Markus Kotzur

Gliederung

I. Einleitung: Risikovorsorge und Gemeinwohlverantwortung als Leitbilder für ein Unternehmensorganisationsrecht

„Quidquid agis prudenter agas et respice finem". Diese klassische lateinische Sentenz, die gerne dem Fabeldichter Äsop zugerechnet wird, lässt sich leicht als Rechtsweisheit deuten: „Was auch immer du tust, tue es klug, und bedenke die Folgen". Die normative Begründung von Folgenverantwortung gehört zu den wesentlichen Steuerungsaufgaben des Rechts.[1] Sie wird umso wichtiger, je wirkungsmächtiger die Akteure, je komplexer, weit reichender und unberechenbarer die Folgen ihres Handelns sind. Nicht nur, wer sich, zumal hier in Frankfurt, kritisch mit den Arbeiten von Gunther Teubner auseinandersetzt, stößt in diesem Kontext rasch auf das Grundsatzproblem der Folgenverantwortung von Unternehmen als wirkungsmächtigen Akteuren im Kontext einer „globalen Zivilverfassung".[2] Während ihre komplexen Organisationsstrukturen die Verantwortungszurechnung häufig schwer machen, sind die Risiken ihres unternehmerischen Tuns nicht minder häufig besonders hoch und daraus resultierende Schäden

1 Zur grundsätzlichen Auseinandersetzung mit der Problematik der Folgenorientierung im Recht sei verwiesen auf G. Teubner (Hg.), Entscheidungsfolgen als Rechtsgründe, 1995, insbesondere auf den Einleitungsbeitrag *G. Teubners* zur Folgenorientierung (S. 9ff.) und auf *N. MacCormick*, Argumentation und Interpretation im Recht: „Rule Consequentialism" und rationale Rekonstruktion (S. 39ff.). Auch die viel diskutierte „Gewährleistungsverantwortung" (statt aller *A. Voßkuhle* Beteiligung Privater an der Wahrnehmung öffentlicher Aufgaben und staatliche Verantwortung, VVDStRL 62 (2003), S. 266ff., 304ff.) denkt letztlich von den Folgen her.

2 *G. Teubner* Globale Zivilverfassungen: Alternativen zur staatszentrierten Verfassungstheorie, in: ZaöRV 63 (2003), S. 1ff.

besonders gravierend. Zahllose Beispiele lassen sich benennen: vom Contergan-Fall[3] bis zum Untergang der Deepwater Horizon,[4] von der Lederspray-Entscheidung des BGH[5] bis zur Atomkatastrophe von Fukushima,[6] von punktuellen Korruptionsfällen bis hin zu den großen Skandalen, etwa bei Siemens.[7] In Zeiten der globalen Finanzkrise eröffnet die Frage nach der Entscheidungsfolgenverantwortung von Rating-Agenturen einen ganz eigenen Problemkreis.[8]

Das Recht steht hier vor der Herausforderung, anhand der Parameter von Risikovorsorge[9] und Gemeinwohlorientierung[10] – verstanden als Gemeinwohl Grund und Grenze allen staatlichen Handelns[11] – ein System sachgerechter Folgenverantwortung zu entwickeln und sich dazu aller sachangemessenen Steuerungsinstrumente zu bedienen. Das beginnt, wie von G. Spindler grundlegend herausgearbeitet, mit der Festlegung teils zivilrechtlich, teils öffentlich-rechtlich determinierter „Unternehmensorganisationspflichten".[12] Unternehmenshaftungsrecht ist mehr denn je auf das Unternehmensorganisationsrecht hin bezogen.[13] Das lässt sich, um nur einige Teilgebiete zu benennen, etwa am Umweltrecht, Produktsicherheitsrecht, Datenschutzrecht, Versicherungs-, Kredit- und Wertpapieraufsichtsrecht festmachen. Organisationsziel ist ein haftungsbewährtes Qualitätsmanagement[14] zur effektiven Risikovorsorge. Das öffentliche Recht hat dazu eine Fülle neuer Instrumente entwickelt: Es hat Audit-Verfahren – am bekanntesten das Öko-Audit-Verfahren[15] – entwickelt, arbeitet mit Verhaltenskodi-

3 Zu der diesbezüglichen Entschädigungslösung über einen von einer öffentlich-rechtlichen Stiftung verwalteten Fonds, sowie zum Erlöschen etwaiger individueller Schadenersatzansprüche gegen den Verursacher des Contergan-Skandals: BVerfGE 42, 263.

4 *M. Rudzio* Die rechtliche Aufarbeitung der Deepwater Horizon-Ölpest im Golf von Mexiko, NuR 2011, S. 265 ff.

5 BGHSt 37, 106.

6 Siehe *T. Cosack/R. Enders* Atomenergie nach Fukushima, DVBl. 2011, S. 1446 ff., insbesondere auch zu den rechtlichen Folgen für das deutsche Atomrecht.

7 Dazu die „Siemens-Entscheidung" des BGH (2 StR 587/07) mit Anm. von *H. Satzger* Schwarze Kassen zwischen Untreue und Korruption, NStZ 2009, S. 297.

8 *F. Thörle* Die EU-Finanzaufsicht über Ratingagenturen, BLJ 2011, S. 14 ff.; *M.-M. Stemper* Marktmissbrauch durch Ratingagenturen, WM 2011, S. 1740 ff.; *Th. J. Möllers* Auf dem Weg zu einer neuen europäischen Finanzmarktaufsicht, ZZG 2010, S. 285 ff.

9 *W. Brugger/Ch. Gusy* Gewährleistung von Freiheit und Sicherheit im Lichte unterschiedlicher Staats- und Verfassungsverständnisse, VVDStRL 63 (2004), S. 101 ff. bzw. 151 ff.

10 Aus der Fülle der Gemeinwohlliteratur sei vor allem auf die grundlegenden monografischen Arbeiten hingewiesen: *W. Martens* Öffentlich als Rechtsbegriff, 1969; *P. Häberle* Öffentliches Interesse als juristisches Problem, (1970), 2. Aufl. 2006; *R. Uerpmann* Das öffentliche Interesse, 1999; *M. Anderheiden* Gemeinwohl in Republik und Union, 2006.

11 *C. H. Link* Staatszwecke im Verfassungsstaat – nach 40 Jahren Grundgesetz, VVDStRL 48 (1990), S. 7 ff., 19; *M. Sachs* Bürgerverantwortung im demokratischen Staat, DVBl. 1995, S. 873 ff., 888; *K.-P. Sommermann* Staatsziele und Staatszielbestimmungen, 1997, S. 199 ff.; *J. Isensee* Die alte Frage nach der Rechtfertigung des Staates, JZ 1999, S. 265 ff., 277 (Freiheit und Wohlfahrt seiner Bürger); *G. F. Schuppert* Staatswissenschaft, 2003, S. 115 f., 215.

12 *G. Spindler* Unternehmensorganisationspflichten, 2001, S. 983; siehe zum Ganzen auch: *Ch. Hauschka* Corporate Compliance, 2010.

13 *G. Spindler* a. a. O.

14 Umfassend *F. Reimer* Qualitätssicherung. Grundlagen eines Dienstleistungsverwaltungsrechts, 2010.

15 Einen Überblick zum Umweltaudit gibt etwa *E. Rehbinder* Umweltsichernde Unternehmensorganisation, in: E. Schmidt-Aßmann/K.-P. Dolde (Hg.), Beiträge zum öffentlichen Wirtschafts-

zes („codes of conduct"),[16] verlässt sich auf die Zertifizierung[17] von Umwelt- oder Compliance-Organisationen und erprobt, vom Europarecht her angedacht, staatlich kontrollierte Selbstregulierung.[18] Das Wechselspiel von privater Normsetzung und staatlichen Zielvorgaben (so in Sachen Sicherheit etc.) hat sich mehr und mehr etabliert. Dadurch wurde das Wirtschaftsverwaltungsrecht dynamisiert, wurden flexible Haftungsinstrumente erprobt. Nicht zuletzt aufgrund solcher Flexibilität kann das wirtschaftsverwaltungsrechtliche Sanktionsregime einem Modell der Strafbewährung überlegen sein.

II. Eine Zusammenschau der besonders regelungsrelevanten und regelungsintensiven Teilgebiete des besonderen (Wirtschafts-)Verwaltungsrechts

Zunächst soll eine Zusammenschau der besonders regelungsrelevanten und regelungsintensiven Teilgebiete des besonderen Wirtschaftsverwaltungsrechts versucht werden, die freilich keinen Anspruch auf Vollständigkeit erhebt, sondern stichwortartig bleibt. Die Stichworte sollen aber fallen, da die anschließende System- und Ordnungsbildung sich nur anhand der besonderen Referenzgebiete entfalten kann und deren Einzelbausteine zu einem allgemeinen Bauprinzip verarbeiten muss. E. Schmidt-Aßmann hat diese „Ordnungsidee" grundlegend herausgearbeitet.[19] Er stellt dabei neben Interessen, Verwaltungsaufgaben und Verwaltungstypen vor allem auch auf Verantwortungsstrukturen (Erfüllungsverantwortung, Auffangverantwortung, Gewährleistungsverantwortung) ab.[20]

Ein erster Blick gilt dem Umweltrecht, hier insbesondere dem Immissionsschutzrecht und Atomrecht. In deren Fokus steht an erster Stelle die Anlagensicherheit, die nicht allein durch behördliche Genehmigungserfordernisse und Überwachungsmechanismen sichergestellt werden kann, sondern eindeutig begründbarer Verantwortlichkeiten bedarf. Früh wurden hier Betriebsbeauftragte, Störfallbeauftragte oder Immissionsschutzbeauftragte benannt. Die Strahlenschutzverordnung verlangt die Benennung eines Geschäftsführungsmitglieds als Verantwortlichen für die in ihr formulierten Pflichten. Im ebenfalls höchst umweltrelevanten Abfall- und Bodenschutzrecht sind Tendenzen zur Erweiterung des Störerbegriffs und damit auch zu einer Ausdehnung

---

recht: Verfassungsrechtliche Grundlagen, Liberalisierung und Regulierung, öffentliche Unternehmen, 2005, S. 261 ff.

16 Beispielhaft sei auf den klassischen Bereich der berufsständischen Selbstregulierung, etwa in Form des CCBE Code of Conduct for European Lawyers, hingewiesen.

17 Siehe etwa die Zertifizierung nach §§ 12 ff. Entsorgungsfachbetriebeverordnung (EbfV) oder die Zertifizierung zur Konformitätsbewertung nach §§ 9–19 Produktsicherheitsgesetz (ProdSG).

18 *Ch. Leifer* Das europäische Umweltmanagementsystem EMAS als Element gesellschaftlicher Selbstregulierung, 2007; *M. Schmidt-Preuß* Verwaltung und Verwaltungsrecht zwischen gesellschaftlicher Selbstregulierung und staatlicher Steuerung, VVDStRL 56 (1997), S. 160 ff.

19 *E. Schmidt-Aßmann* Das allgemeine Verwaltungsrecht als Ordnungsidee, 2. Aufl. 2004, S. 146 ff.

20 Ebd., S. 170 ff.

verschuldensunabhängiger Zustandsverantwortlichkeit erkennbar.[21] Für eine hohe Kontrollintensität steht aufgrund seiner spezifischen Gefahrenpotentiale neben dem Umweltrecht insbesondere das Gentechnikrecht[22] und, stark europarechtlich vorgeprägt, das Produktsicherheitsrecht.

Weitere wichtige Referenzgebiete sind jene Bereiche des Wirtschaftsverwaltungsrechts, in denen der Schutz chancengleichen Wettbewerbs eine große Rolle spielt. So kennt das Energierecht das Modell der Missbrauchsaufsicht, etwa nach §§ 30 bis 33 Energiewirtschaftsgesetz. Hier werden zivilgesellschaftliche Akteure, nämlich Verbraucherverbände, in die Kontrolle eingebunden. Die Realisierung dieser Missbrauchskontrolle erfolgt durch ein Antragsrecht bei der Regulierungsbehörde auf Überprüfung des Verhaltens des Betreibers. Die für die Zulässigkeit des Antrages notwendige Berührung eigener Interessen ergibt sich aus der jeweiligen Verbandssatzung.[23] Zugrunde gelegt wird damit ein von individueller Betroffenheit abgelöstes Verbandsinteresse. Zivilgesellschaftliche Aufgaben sind effizient agierenden und spezialisierten Vereinigungen zur Ausführung überlassen. Durch den so gestärkten Kotrollmechanismus tritt schon allein aufgrund der bloßen Möglichkeit eines drohenden Verfahrens vor der Regulierungsbehörde eine präventive Wirkung ein.[24]

Auch das Kartellrecht setzt verstärkt auf Governance-Instrumente.[25] Innovative und durchaus effektive Wege der Folgenverantwortung beschreitet das Telekommunikationsrecht. Zu erinnern ist an besondere Befugnisse der Bundesnetzagentur: Bei Missbrauch der Marktdominanz kann sie eine Gewinnabschöpfung anordnen, § 43 Abs. 1 TKG.[26] Dabei bleiben auch negatorische Ansprüche beeinträchtigter Endverbraucher oder Wettbewerber vorrangig möglich, § 43 Abs. 2 TKG. Für Instrumente zur Korruptionsbekämpfung ist das Vergaberecht illustrativ. Es hat ein Mischsystem etabliert. Neben der klassischen staatlichen Normsetzung steht die Einführung von Verhaltenskodizes.[27] Personalrotation ist eine strukturelle Antikorruptionsmaßnahme.[28] Nach

21 Vgl. etwa § 22 HWG und § 1 UmweltHG. Für einen Überblick über aktuelle Tendenzen und Entwicklungslinien: *K. Faßbender/W. Köck* Auf dem Weg in die Recyclinggesellschaft? – Aktuelle Entwicklungen im Kreislaufwirtschaftsrecht, 2011.

22 Neben dem klassisch verwaltungsrechtlichen Genehmigungserfordernis nach § 14 I GenTG wird hier dem Betreiber etwa eine Beobachtungspflicht gemäß § 16c GenTG aufgegeben. Hierzu hat der Betreiber einen geeigneten Beobachtungsplan aufzustellen und der zuständigen Behörde jeweils Beobachtungsberichte vorzulegen. Einführend: *C. Weimann/C. Emmermacher/R. Klein/P. Marburger* Beobachtung möglicher Umweltauswirkungen durch gentechnisch veränderte Pflanzen: Monitoring als Frühwarnsystem zur Vermeidung von Umweltschäden?, in: NuR 2010, S. 229ff.

23 *M. Robert* in: G. Britz/J. Hellermann/G. Hermes (Hg.), Energiewirtschaftsgesetz, 2. Aufl., 2010, § 31 Rn. 7.

24 Ebd.

25 Vom Kartellrecht als „Muster" für „regulierte Selbstregulierung" spricht: *G. Bachmann* Private Ordnung: Grundlagen ziviler Regelsetzung, 2006, S. 157 (zum Ganzen ebd. S. 155ff. m.w.N. und kritischen Anmerkungen).

26 Die praktische Relevanz dieses Instrumentes ist zurzeit allenfalls gering, siehe *J. Neitzel*, in: G. Spindler/F. Schuster (Hg.), Recht der elektronischen Medien, 2. Aufl., 2011, § 43 TKG Rn. 5.

27 So treten neben die klassischen strafrechtlichen Sanktionsinstrumente (insbesondere §§ 298, 331–336 StGB) und beispielsweise die verwaltungsrechtlichen Befangenheitsregeln heute vielfach Verwaltungsvorschriften zur Vermeidung und Bekämpfung der Korruption und zwischen

dem „Mehr-Augen-Prinzip" stehen nicht zuletzt die zentralen Vergabestellen[29] und die Anti-Korruptionsbeauftragten in Kontrollverantwortung.[30] Als „scharfes Schwert" zur Ahndung von Fehlverhalten wirkt der vollständige Ausschluss von öffentlichen Aufträgen wegen schwerer Verfehlungen, z.B. gem. § 16 Abs.1 Nr. 2 lit. c) VOB/A bzw. § 6 Abs. 6 Lit. c) VOL/A-EG. Durch Landesrecht wurden zudem Korruptionsregister etabliert und Anzeige- ebenso wie Transparenzregelungen geschaffen.[31]

Das weite Feld der Finanzaufsicht kann nur als Merkposten benannt werden.[32] Die aktuelle Finanz- und Staatsschuldenkrise macht deutlich, dass hier vor allem rasche Reaktionsmöglichkeiten auf neue Krisenphänomene notwendig sind. So verhängte die Bundesanstalt für Finanzdienstleistungsaufsicht, kurz BaFin, im Wege einer Allgemeinverfügung ein Verbot so genannter ungedeckter Leerverkäufe in Bezug auf systemrelevante Finanzinstitute (§ 4 Abs. 1 WpHG).

III. Bewertung der Zusammenschau: Kriterien zur haftungsrechtlichen Ordnungsbildung

Die Zusammenschau sei an dieser Stelle abgebrochen. So punktuell sie auch bleibt, lassen sich doch erste, hier in Thesenform präsentierte Kriterien der haftungsrechtlichen Ordnungsbildung gewinnen.

Auch das Haftungsrecht ist Präventionsinstrument. Risikovorsorge spielt vor allem dort eine zentrale Rolle, wo schwerste, in ihren Auswirkungen unkontrollierbare und nicht mehr wieder gut zu machende Schäden drohen.[33] Hier müssen Überwachungs- und Kontrollinstrumente durch ein stärker präventiv als repressiv orientiertes Unter-

---

den Ländern abgestimmte Verhaltenskodizes gegen Korruption. Siehe etwa auch die „Empfehlungen zur Korruptionsprävention in der Bundesverwaltung" vom 9. 6. 2010.

28 N. *Ohrtmann* Korruption im Vergaberecht – Konsequenzen und Prävention – Teil 2: Konsequenzen und Selbstreinigung, in: NZBau 2007, S. 278ff., 281.

29 Zu Profil und Evaluation der zentralen Vergabestelle am Beispiel von NRW vgl. etwa *C. Lantermann* Das Korruptionsbekämpfungsgesetz – Erfolgreich oder überflüssig?, in: ZRP 2009, S. 6ff., 7.

30 Das Aufgaben- und Anforderungsprofil des Antikorruptionsbeauftragten erörtern ausführlich, *C. Caspar/R. Neubauer* Korruptionsprävention in kommunalen Verwaltungen, LKV 2011, S. 200ff., 202f.

31 Mit einem Überblick zur Gesetzeslage einiger ausgewählter Bundesländer *M. Dann/R. Dann* Vergaberegister – viel Bewegung, wenig Fortschritt?, in: ZRP 2010, S. 256ff.

32 Im Überblick: *Ch. Ohler* Internationale Regulierung im Bereich Finanzmarktaufsicht, in: Ch. Möllers/A. Voßkuhle/Ch. Walter (Hg.), Internationales Verwaltungsrecht: eine Analyse anhand von Referenzgebieten, 2007, S. 259ff.

33 Dies führt etwa zur Entstehung umfassender Gefahrerforschungspflichten. Im Atomrecht hat das BVerwG den Gedanken entwickelt, dass „auch solche Schadensmöglichkeiten in Betracht gezogen werden [müssen], die sich nur deshalb nicht ausschließen lassen, weil nach dem derzeitigen Wissensstand bestimmte Ursachenzusammenhänge weder bejaht noch verneint werden können und daher insoweit noch keine Gefahr, sondern nur ein Gefahrenverdacht oder ein „Besorgnispotential" besteht." (BVerwGE 72, 300, 315). Ein Gehen an die Grenzen des technisch (gerade noch) Möglichen verbietet sich damit (ebd.).

nehmensorganisationsrecht implementiert werden.[34] Weil auch die beste Risikoprävention den Schadenseintritt nicht ausschließen kann, müssen für diejenigen Schäden, die ein Einzelakteur, mag er wirtschaftlich noch so stark sein, nicht allein kompensieren kann, effektive Ausgleichmechanismen gefunden werden: Stichwort Fondslösungen.[35]

Mit der Effektivität ist bereits der Kerngedanke der zweiten These vorweggenommen: Haftungsinstrumente müssen effektive Verantwortungsfolgenregelungen sein.[36] Dazu gehört eindeutige Zurechenbarkeit von Verantwortung; dazu gehört auch Verantwortung ohne Verschulden – verschuldensunabhängige Haftung.

Haftungsinstrumente müssen schließlich flexible Reaktionsmöglichkeiten vorhalten und auf immer neue Krisenphänomene flexibel reagieren können.

Dieses Ordnungsbildungsprofil macht deutlich, dass dem Unternehmens- respektive Verbandsstrafrecht – neben vielen anderen in vorliegendem Band diskutierten Restriktionen – auch von der Ordnungsidee des Haftungsregimes her Grenzen gesetzt sind. Welche Alternativen bietet hier das öffentliche Recht, gerade das Wirtschaftsverwaltungsrecht mit seinem Instrumentarium?

IV. Konsequenzen aus der Zusammenschau: Innovative Instrumente von Haftung und Verantwortungszurechnung

Für die Sanktionsinstrumente gilt: Weder das EU-Recht noch das internationale Recht, hier vor allem die OECD, verlangen die Einführung einer Verbandsstrafbarkeit.[37] Sie verlangen aber die effektive Sanktionierung der verantwortlichen juristischen Personen.[38] Die Sanktionen müssen abschreckend und angemessen sein, sie müssen sich also am Präventionsaspekt ebenso wie am Verhältnismäßigkeitsgrundsatz orientieren. Grenzen setzt das Übermaß-, aber eben auch das Untermaßverbot.[39] Die Konsequenzen aus dem so skizzierten Sanktionsprofil im Folgenden wiederum thesenartig zugespitzt:

34 Dazu schon oben Fn. 12 f. Wiederum am Beispiel des Atomrechts sei auf § 7 c AtomG verwiesen, der neben der Einrichtung von sicherheitsverpflichteten Managementsystemen auch die Vorhaltung der finanziellen Ressourcen für einen dauerhaft sicheren Betrieb und die Aus- und Fortbildung des Betriebspersonals in den Blick nimmt.

35 *K. Lüderssen* Interventionsrechts gegen Unternehmen? Skizze eines neuen Haftungstyps, in diesem Band S. 387 ff (390).

36 Vgl. etwa die dynamische Regelung der Höhe der Deckungsvorsorge für kerntechnische Anlagen nach §§ 13, 14 AtomG i. V. m. § 9 Atomrechtliche Deckungsvorsorge-Verordnung (AtDeckV).

37 So auch *G. Trüg* Zu den Folgen der Einführung eines Unternehmensstrafrechts, in: Wistra 2010, S. 241 ff., 248.

38 Typisch sind etwa die strengen Sanktionsmöglichkeiten bei Wettbewerbsverstößen, dazu: *F. Theurer* Geldbußen im EU-Wettbewerbsrecht, 2009. Siehe im Überblick ferner: *C. Kirch-Heim* Sanktionen gegen Unternehmen: Rechtsinstrumente zur Bekämpfung unternehmensbezogener Straftaten, 2007, insbes. S. 34 f. und S. 126 ff. zur Vereinbarkeit von deutscher Strafrechtsdogmatik und einer strafrechtlichen Sanktionierung von Unternehmen.

39 *P. Lerche* Übermaß und Verfassungsrecht, 1961 (2. Aufl. 1999); *L. Hirschberg* Der Grundsatz der Verhältnismäßigkeit, 1980; *L. Michael* Methodenfragen der Abwägungslehre, JöR 48 (2000), S. 169 ff.

Sanktionen gegen Führungspersonen müssen möglich sein, wenn sie Überwachungs- und Kontrollpflichten verletzt haben.[40] Hier sind durchaus auch strafrechtliche Sanktionen sinnvoll, die aber den Strukturen des Individualstrafrechts folgen können.[41] Die strafrechtliche Individualverantwortung kann um eine akzessorische verwaltungsrechtliche Unternehmenshaftung ergänzt werden, so z.B. das italienische Modell.[42] Durch eine solche Akzessorietät wird vor allem sichergestellt, dass es dem Unternehmen ein Anliegen ist, weit reichende strukturelle Vorkehrungen gegen individuelles Fehlverhalten zu schaffen.

Gefordert ist weiterhin ein Sanktionenmix,[43] weil und wo klassische Haftungsfolgen zu kurz greifen. Dazu gehören die Aberkennung von Rechten und Kompetenzen, etwa im Vergabeverfahren, eine öffentliche Prangerwirkung, der Ausschluss von öffentlichen Vergünstigungen, aber auch eine Stärkung des Selbstschutzes von Verbrauchern.

Unternehmensorganisatorisch sind Frühwarnsysteme[44] zu etablieren, um das Schadensrisiko zu minimieren. Eine Verbesserung der Corporate Governance und Compliance-Instrumente werden gefordert.[45]

Verschuldensunabhängige Haftungsformen sind unabdingbar; die Störerverantwortlichkeit spielt eine entscheidende Rolle, so im Umweltrecht oder im Atomrecht.[46]

Öffentliche Aufsichtsinstrumente sind zu nutzen, etwa die Gewerbeaufsicht mit der besonders einschneidenden Möglichkeit zur Gewerbeuntersagung nach § 35 GewO.[47] Zu denken ist an jüngere Skandalfälle: die Mitarbeiterüberwachung bei Lidl und der Telekom.[48] Hier kann die Gewerbeaufsicht immerhin Drohpotentiale entwickeln und sich so schützend vor das allgemeine Persönlichkeitsrecht der Mitarbeiterinnen und Mitarbeiter stellen.

---

40 Im Überblick: *U. Hellmann, K. Beckemper* Wirtschaftsstrafrecht, 2. Aufl., 2008.

41 *C. Kirch-Heim* Sanktionen gegen Unternehmen: Rechtsinstrumente zur Bekämpfung unternehmensbezogener Straftaten, 2007, S. 126ff. mit einer kritischen Auseinandersetzung zum unternehmensbezogenen Strafrecht. Eine Zurechnung des Handelns einzelner zum Unternehmen als Verband (Verbandsverantwortlichkeit) ist in Deutschland zwar strafrechtlich ausgeschlossen, aber etwa nach § 30 OWiG mit der Möglichkeit einer Verbandsgeldbuße möglich.

42 Instruktiv *A.R. Castaldo* Die aus Straftaten entstehende verwaltungsrechtliche Haftung der Unternehmen nach der italienischen Rechtsreform vom Juni 2001, in: Wistra 2006, S. 361 ff.

43 So für das Kartellrecht: *G. Meesen* Der Anspruch auf Schadensersatz bei Verstößen gegen EU-Kartellrecht, 2011, S. 352.

44 Zum aktienrechtlichen Frühwarnsystem: *T. Drygala/A. Drygala* Wer braucht ein Frühwarnsystem? in: ZIP 2000, S. 297ff. Die Errichtung effektiver Frühwarnsysteme ist dabei gemäß § 317 IV HGB auch Gegenstand der Abschlussprüfung, wobei das Institut der Wirtschaftsprüfer als Instrument der Selbststeuerung wiederum einen eigenen Prüfstandard (IDW PS 340) aufgestellt hat.

45 Für den derzeitigen rechtlichen Stand mit Beispielen siehe *H. Schaefer/D. Baumann* Compliance-Organisation und Sanktionen bei Verstößen, in: NJW 2011, S. 3601 ff.

46 Oben Fn. 21 und 36.

47 *J. Ziekow* Öffentliches Wirtschaftsrecht, 2. Aufl., 2010, S. 207ff. m. w. N.

48 Zur Würdigung aus datenschutzrechtlicher und arbeitsrechtlicher Perspektive: *M. Maties* Arbeitnehmerüberwachung mittels Kamera?, in: NJW 2008, S. 2219ff.

V. Schlussbemerkung

Es ist die „strukturelle Unverantwortlichkeit“ respektive „organisierte Nichtverantwortlichkeit aller“[49] komplex strukturierter Einheiten, die den Ruf nach einem effektiven Sanktionsregime zu Recht immer lauter werden lässt. Bei genau dieser „strukturellen Unverantwortlichkeit“ müssen die Sanktionsinstrumente dann aber auch ansetzen. Das Unternehmensorganisationsrecht kann die Infrastrukturbildung sehr viel gezielter steuern als das Unternehmensstrafrecht.[50] Für die anstehenden Ordnungsaufgaben stellt die Verbandsstrafbarkeit daher ein gewiss denkbares, aber kein zwingendes und gewiss nicht das zwingend effektivste Instrument dar. Erst recht dort, wo Schäden globalen Ausmaßes drohen (Deepwater Horizon, Fukushima), ist das Strafrecht wohl gerade nicht die ultima ratio. Gefordert sind hier internationale Haftungsregime, die nicht zuletzt den Völkerrechtler vor große Herausforderungen stellen. Doch das ist eine andere Geschichte, die auch ein andermal erzählt werden soll.

49 B. *Schünemann* Unternehmenskriminalität und Strafrecht, 1979, S. 30ff.

50 Zu Wirkungen und Grenzen von Organisationsstandards aus Perspektive des öffentlichen Rechts: G. *Spindler* Unternehmensorganisationspflichten, 2001, S. 505ff. m.w.N.

Interventionsrecht gegen Unternehmen? – Skizze eines neuen Haftungstypus

Klaus Lüderssen

Das Motiv für ein Interventionsrecht könnte sein, dass – ungeachtet der in Unternehmen vielfältig aufzufindenden persönlichen Delinquenz – das Bedürfnis bleibt, eine pauschalisierende, wenn auch nur über Fiktionen aufrecht zu erhaltenden Haftung des Unternehmens zu suchen. Dass ein unternehmensbezogenes Interventionsrecht dann auch zur Reduktion strafrechtlicher Vorwürfe gegen Personen in Unternehmen führen könnte, wäre eine vielleicht willkommene Konsequenz.

A. Modellcharakter könnten die Tatbestände haben, deren Realisierung durch ein Unternehmen nach Europäischem Kartellrecht, das im Gegensatz zum deutschen Ordnungswidrigkeitenrecht ohne Anknüpfungstat eines Organs auskommt, zur Verhängung einer Geldbuße führen kann[1]. Dabei müssten allerdings einige bisher offene Fragen geklärt werden.

I. Mit Recht wird nach der Operationalisierbarkeit der Systemanteile gefragt. Die Antwort ist eigentlich die, dass es das nicht geben kann; dass, wenn man die Systemanteile haftungsmäßig konkretisiert, man entweder landet bei einer Tatherrschaft im Rahmen des konventionellen Systems von Täterschaft und Teilnahme (unter Verwendung eben der ausgedehnten Tatherrschaftsmodelle, die es inzwischen gibt), oder beim Einheitstätersystem, das jeden kausalen Anteil gleich behandelt und keinen Unterschied macht zwischen Täter und Teilnehmer. Operationalisiert man die systemischen Anteile an der persönlichen Haftung nicht, kann man – das ist eine noch ungewohnte Konstruktion – von Teilnahme ohne Täterschaft sprechen, mit entsprechenden, dem ungeklärten Systemanteil verdankten Strafmilderungen[1a]. Aber richtig befriedigen kann das auch nicht.

II. Das, was man vielleicht braucht – die Systemverantwortlichkeit –, kann also im Strafrecht eben nicht erreicht werden. Aber das, was die fortgeschrittene Beteiligtendogmatik als unbestimmbaren Systemüberschuss stehen lässt, könnte die Hauptanknüpfung für ein Interventionsrecht werden. Weil wir dafür den Einzelnen nicht brauchen, denn wir wollen Schuld und Strafe dabei ja gar nicht feststellen, müssen wir diese Anteile nicht mehr suchen, sondern nehmen das Konglomerat von persönlicher Beteiligung und Systemzwang als Ganzes unaufgelöst und reagieren zweckmäßig.

Die Forderung, man möge Systemanteile operationalisieren, könnte also vielleicht auf dem Wege dieser beschränkten Intervention erfüllt werden. Wem das zu wenig ist, der muss sich entgegenhalten lassen, dass das Strafrecht anderenfalls dann doch an das kollektive Subjekt anknüpfen müsste, dessen Wesen immer umstritten gewesen ist und bei aller Großzügigkeit, mit der das Zivilrecht darüber hinweg geht und hier mit Fiktionen arbeitet, an seine Grenzen stößt, wenn man es strafrechtlich valutieren möchte.

---

1 Rechtsgrundlage ist jetzt Art.101 der AEUV (früher Art.81 EG Vertrag) in Verbindung mit Art.23 der Verordnung 1/2003. Das Zusammenwirken der Vorschriften bezieht sich auf Voraussetzungen und Rechtsfolge.

1a S. dazu oben S. 79 ff (83 ff).

B. Für den Katalog möglicher Maßnahmen eines Interventionsrechts kann man vielleicht anknüpfen an die Alternativvorschläge zu den Rekordgeldbußen im EU-Recht.[2]

I. Am weitestgehenden sind die Vorstellungen, die auf eine Art Unternehmenskuratel hinauslaufen.[3] Das könnte man mit Blick auf Funktionen des Insolvenzverwalters konkretisieren.[4] Mehr ins einzelne gehend wäre das, was man eine nachträgliche Compliance-Organisation nennen könnte, also das, was dem Unternehmen in diesem Zusammenhang vorerst nur prophylaktisch zugemutet wird, jedenfalls dann zur Ausführung gelangen lassen, wenn das Kind halbwegs im Brunnen liegt.[5] Eine Generalklausel könnte so lauten: „Abgestimmt auf die Ursachen der Tat ... die Reaktion des Unternehmens auf bestimmte Programme .... und die spezifischen Gefahren ...“ sollten „spezielle Weisungen präventiv die Organisationsprozesse in den betreffenden Unternehmen optimieren“.[6] „Bei groben organisatorischen Defiziten“ ist „die Einführung oder der Ausbau eines Monotoring- und Ethiksystems vorstellbar“, das über die prophylaktische Compliance-Schulung hinausgeht[7]. „Dabei könnten“ „spezielle ausgebildete externe Sachverständige (probation officer) eingesetzt werden, denen von Gesetz wegen hinreichende Organisationsbefugnisse eingeräumt würden“.[8] Unter Umständen ist an Wirtschaftsprüfungsgesellschaften zu denken. Ferner sind Berichtspflichten zu erwägen. Von den Maßnahmenkatalogen, die für die Bestrafung des Unternehmens entwickelt werden,[9] unterscheiden sich diese Vorschläge durch das Fehlen jeglicher retributiver Momente.

II. Die Hauptidee des Interventionsrechts ist also die Resozialisierung ohne Strafe. Damit würde zum ersten Mal die Konsequenz daraus gezogen, dass Resozialisierung und Strafe eigentlich ein Widerspruch sind, dass man die Unterbringung der Resozialisierung im Strafzweck der Spezialprävention nur so lange praktizieren muss, wie die Bevölkerung es nicht erträgt, dass jemand nicht bestraft wird. Aber dass es die falsche Etikette ist, und dass der Übelscharakter der Strafe zur wohlverstanden Resozialisierung eigentlich nicht passt, ist klar.

---

2 Bei *Mansdörfer/Timmerbeil* Das Modell der Verbandshaftung im europäischen Kartellbußgeldrecht, in EUZW 2011, 214ff., 218; zum Unternehmensbegriff des Kartellrechts vgl. Stefan Thomas, Unternehmensverantwortlichkeit und -umstrukturierung nach EG-Kartellrecht, 2005.

3 Vor allem von *Bernd Schünemann* favorisiert, zuletzt: Strafrechtliche Sanktionen gegen Wirtschaftsunternehmen? In: Festschrift für Klaus Tiedemann, Köln/München 2008, S. 449ff.

4 Anregungen bei *Horst Eidenmüller* Unternehmenssanierung zwischen Markt und Gesetz, Köln 1999, S. 652ff.

5 Dass diese Folgenkalkulation der Realität inzwischen sehr nahe kommt, bestätigt gesprächsweise *Pieth* unter Hinweis auf die Compliance Monitors oder Compliance Advisors, die es inzwischen gibt, etwa bei Siemens (Theo Waigel). *Pieth* spricht unverblümt von Bewährungshelfern. Er selbst hat diese Rolle bei Bilfinger & Co. Aber das läuft eher unter dem Aspekt der Unternehmenskontrolle, und nur wenn man von Strafe sprechen will, braucht man diese zusätzlichen dogmatischen Erwägungen über Zweckmäßigkeit und Grundrechtskonformität der Resozialisation. Interessant in dieser Hinsicht auch *Bussmann,* Kai-D., Sozialisation in Unternehmen, in der FS für Achenbach, 2011, S. 57ff.

6 *Mansdörfer/Timmerbeil* a.a.O., S. 218.

7 *Mansörfer/Timmerbeil* a.a.O.

8 *Mansdörfer/Timmerbeil* a.a.O., unter Hinweis auf österreichische Regelungen.

9 *Gerson Trüg* Sozialkontrolle durch Strafrecht: Unternehmensstrafrecht. In: StraFo 2011, 472.

Wenn man im Wirtschaftsrecht nun neue Wege geht, weil dort vielleicht der persönliche Vorwurf, der nach Strafe ruft, nicht so offensichtlich ist, könnte das also einen Modellcharakter haben für künftige Regelungen auch in anderen Rechtsgebieten.

Aber zunächst gilt es einmal, das Prinzip überhaupt zu entwickeln.

III. Dazu gehört, dass es kein Bußgeld geben darf. Der pädagogische Charakter einer solchen Übelszufügung ist durch und durch fragwürdig. (Im Ordnungswidrigkeitenrecht überwiegt in diesem Punkt ja auch der Vergeltungsgedanke). Vielmehr geht es durchweg nur um zweckmäßige Maßnahmen im Sinne einer besseren Unternehmensführung.

1) Das Problem ist, dass dieser Eingriff in die Freiheit des Unternehmers nicht an den Kern dieser Freiheit gehen darf – das wäre zunächst eine grundgesetzliche Forderung, wie auch eine Konsequenz aus der inneren Logik des freien Wirtschaftens – und dass diverse andere Schutzbedürfnisse der am Unternehmen beteiligten Personen auftauchen, einschließlich auch der Enthaftungsbedürfnisse der Organe dort, wo das legitim ist.

2) Auf jeden Fall muss die Frage des Eingriffs auch mit Rücksicht auf Zurechnungsprobleme behandelt werden, nicht wegen des strafähnlichen Charakters (der muss gerade vermieden werden), sondern weil das Verständnis für die „Resozialisierung" ansetzen muss bei der Einsicht, in der Vergangenheit das Verkehrte getan zu haben. Sogar im Zivilrecht gilt ja der Satz: „Nur eine ex ante bestimmbare Verantwortlichkeit ermöglicht Orientierungsgewissheit und bildet zugleich die Grundlage für eine verhaltensdefinierende Normwirkung".[10] Ein rein mechanisches Reagieren auf Defizite, eine bloße Konditionierung im Unternehmen führt zu gar nichts, der Bezug zu einzelnen Personen muss also auch im Interventionsrecht gewahrt sein. Das „System" als solches kann man nicht motivieren.[11]

3) Welche Fragen sich im Einzelnen stellen, kann man vielleicht ganz gut an einigen Beispielen demonstrieren.

a) Die europäischen Kartellbußen knüpfen sich an die Konstruktion der „wirtschaftlichen Einheit" des Konzerns. Vermutungen des Einflusses der Konzernmutter auf die Tochter spielen dabei eine Rolle. Das ist freilich weit entfernt vom Bestimmtheitsgrundsatz und der Beweislast der eingreifenden Behörden.[12] Außerdem kann es sein, dass der Grundsatz der Haftung auf der Basis der wirtschaftlichen Einheit „auch kontraproduktive Verhaltensanreize" setzt, „wenn entsprechende Vermeidungsbemühungen der Muttergesellschaft nicht honoriert werden".[13]

---

10 *Stefan Thomas* KSZW 2011, S. 13.

11 Ob die Vertreter der Systemtheorie das auch so sehen? Oder sind sie der Meinung, dass gewissermaßen anonymes System gegen anonymes System auftritt in einer Art von menschenunabhängigen höheren Systemstruktur? Aber diese Soziologie existiert nicht, so dass man nur die Wahl hat zwischen Metaphysik und Chaos. Wenn die Systemtheorie menschenunabhängig agiert, dann muss sie das auf beiden Seiten anerkennen, sowohl beim Delikt wie der Reaktion darauf.

12 *Thomas* KSZW 2011, S. 11. Wichtig der Hinweis darauf, dass § 81 Abs. 4 GWB, der ja auch mit dem Begriff der wirtschaftlichen Einheit arbeitet, als verfassungswidrig gilt. Dazu *Achenbach* ZwiR 2009, S. 3 ff., zitiert bei *Thomas* Fn. 32.

13 *Thomas* a. a. O.

Ob gleichwohl auch im Interventionsrecht mit wirtschaftlichen Einheiten gearbeitet werden kann, erscheint also sehr zweifelhaft.

b) Einen weiteren Anknüpfungspunkt liefern die Fälle, in denen die Dysfunktionalität eines zu hohen Bußgeldes bereits erkannt worden ist, in dem Sinne, dass die Firmen nicht in der Lage waren, das zu zahlen, es sei denn, dass sie gleich einen Insolvenzantrag stellen. Diese Kontraproduktivität würde durch ein Interventionsrecht vermieden.[14] Die Folge der fehlgehenden Bußgeldpraxis ist die Forderung nach Strafbarkeit einzelner Personen, weil da die Garantien leichter einzuhalten sind. Das entspricht der immer wieder auftauchenden Tendenz zu sagen, das Strafrecht sei rechtsstaatlicher als andere Rechtsgebiete. Die Entwicklung der Alternative eines Interventionsrechtes könnte diesen Ausweg überflüssig machen und diese Lebenslüge beseitigen. Zwar gibt es im Zivilrecht durchaus die gesamtschuldnerische Haftung, und alle Gesamtschuldner tragen das Insolvenzrisiko. Aber diese Interessenlage wird im Bußgeldrecht nicht übernommen.[15] „Ein solches übergeordnetes Interesse an der Durchsetzung einer Bußgeldforderung kann es im Bereich des hoheitlichen Sanktionierens (...) nicht geben".[16] „Es gibt ... unter dem Gesichtspunkt der Strafzwecklehre keinen Sinn, einen anderen Rechtsträger an seiner Stelle in die Haftung zu nehmen".[17]

Die Frage ist jetzt, ob das Interventionsrecht sich entscheiden muss zwischen der gesamtschuldnerischen Regelung des Zivilrechts im Interesse des Gläubigerschutzes.[18] oder der höchstpersönlichen strafrechtlichen Haftung. Das hängt davon ab, welche Zwecke das Interventionsrecht verfolgt. Sind sie dem Zivilrecht ähnlich – oder es ist so, dass das Zivilrecht eben nur zwischen Personen Regelungen trifft, keine übergeordneten Interessen verfolgt. Das wäre mit Blick auf die bereits etablierte präventive Funktion des Zivilrechts eigentlich nicht richtig. Das Interventionsrecht geht über das Ausgleichsinteresse zwischen einzelnen Personen hinaus, erreicht aber nicht in dem Sinne das übergeordnete Interesse der Gemeinwohlorientierung des Strafrechts, dass gegen Personen präventiv vorgegangen werden muss im Interesse ihrer Resozialisierungsbedürftigkeit. Sicher wird ein Unternehmens-Interventionsrecht ein Teil des öffentlichen Rechts sein, aber mit privatrechtlichen Anteilen, repräsentiert durch die Amalgamiesierung mit der Geschäftsführung des Unternehmens. Dementsprechend müssten auch im Zivilrecht auftretende Verfassungsprobleme geprüft werden.

C. Der Ausgleichsfond.

Das Problem, dass von einem Unternehmens-Interventionsrecht viele betroffen werden können, die für die Vorgänge im Unternehmen schlechterdings nicht verantwortlich gemacht werden können, wäre mit diesem Modell leicht zu lösen.

---

14 Was die Dysfunktionalität des Bußgeldes angeht, so sind inzwischen ökonomische Untersuchungen in Gang gesetzt. Es geht um die Realisierung des Schutzes des Wettbewerbs in Europa.

15 *Thomas* a.a.O. S. 14. Genauere Begründung noch der Unvereinbarkeit von Gesamtschuld und Strafzweck bei *Thomas* in Möschel-FS, S. 680.

16 A.a.O.

17 *Thomas* KSZW, S. 17.

18 Im Übrigen könnte hier das konzernrechtliche Trennungsprinzip eine gewisse Wirkung entfalten.

Denn das Interventionsrecht würde auf rechtmäßigen Verwaltungsakten basieren, für die in gewissen Grenzen als Kompensation eine Sonderopferregelung bereit steht.[19] Zwar wäre eine kompensierende Regelung im „normalen“ Strafrecht und auch bei den Ordnungswidrigkeiten längst fällig, aber manche Fragen stellen sich eben erst in zugespitzten Situationen, so wie sie in unserem Fall durch die Fokussierung des strafrechtlichen Interesses auf Unternehmen sichtbar werden.

Das liegt wohl auch daran, dass beim Unternehmensstrafrecht nicht nur an die krassen Fälle von Korruption und Untreue gedacht, sondern darin auch ein Vehikel gesehen wird, die Schaffung leichtfertiger Risikoabschätzungen zu unterbinden, Risikoabschätzungen, die sich am Ende weitgehend dem Zurechnungskriterium des Strafrechts entziehen, aber eben nicht ohne Reaktion bleiben sollen. Diese – vorsichtig ausgedrückt – Grenzsituationen des Strafrechts überwindet ein Unternehmens-Interventionsrecht durch ökonomisch zweckmäßige Gegenmaßnahmen, zu deren ganz normalen Instrumentarium auch gehören kann, dass unerwünschte Nebenfolgen aufgefangen werden im Rahmen eines einheitlichen Handlungsprogramms. Das Strafrecht hingegen ist ein so ungewöhnlicher, auf Ausnahmen sozialen Handelns bezogener Eingriff, ein soziales Abenteuer im Grunde, zu dem ordnungsgemäße Schadensabwicklungen (obwohl sie eine logische Konsequenz gerade dort sein müssten, wo Gerechtigkeit besonders emphatisch angestrebt wird), wie sie ein Ausgleichsfond leisten könnte, einfach nicht passen.

Auf der Suche nach Modellen könnte man an die Entschädigung bei rechtmäßigen Eingriffen denken, die sich im Rahmen von Wirtschaftssanktionen der EU bei einzelnen Personen niederschlagen. In dem Vertrag über die Arbeitsweise der Europäischen Union (AEUV) ist so etwas vorgesehen. Art. 340 bestimmt, dass die Union die Schäden ersetzt, die durch ihre Bediensteten in Ausübung ihrer Amtstätigkeit entstanden sind. Der Anwendungsfall eines gegen ein Unternehmen rechtmäßig verhängten Bußgeldes wird freilich nicht genannt. Hier sind wahrscheinlich insoweit dieselben Ressentiments wirksam wie im allgemeinen Strafrecht und Ordnungswidrigkeitenrecht. Aber in ein Interventionsrecht könnten die Grundsätze, die von Rechtsprechung und Literatur zu Artikel 340ff entwickelt worden sind, vielleicht übertragen werden. Danach kommt es zunächst darauf an, dass der Schaden „die Grenzen, die wirtschaftlichen Risiken, die der Tätigkeit in den betroffenen Sektor innewohnen, überschreitet“.[20] Nur also, wenn unter diesen Gesichtspunkten „eine echte Sonderopferlage vorliegt, die einem eng begrenzten Kreis außergewöhnliche und schwere Opfer auferlegt, kann eine solche Haftung infrage kommen. An Voraussehbarkeit und Kausalität sind dabei besonders strenge Maßstäbe anzulegen“.[21] Außerdem müssen die Voraussetzungen einer Haftung „(...) so beschrieben werden, dass mögliche finanzielle Belastungen überschaubar blei-

19 Am geläufigsten ist wohl insofern die „Staatshaftung bei rechtmäßigem polizeilichen Handeln“, s. *Fritz Ossenbühl* Staatshaftungsrecht, 1998, 5. Auflage, S. 995 ff., speziell mit Blick auf die „Ansprüche des Unbeteiligten“, *Ossenbühl* a. a. O., S. 399 ff.

20 *Hans von der Groeben /Jürgen Schwarze*, Kommentar zum Vertrag über die Europäische Union und zur Gründung der Europäischen Gemeinschaft, Baden-Baden, 6. Aufl., 2003, Art. 288, Abs. 2 EG, Rn. 89 ff. (mutatis mutandis gilt das auch für die Neufassung der Vorschrift im AEVU).

21 A. a. O., Rn. 91. Beispielsfälle sind aus der Rechtsprechung der Gemeinschaftsgerichte in Rn. 94 aufgeführt.

ben".[22] Als „ein wichtiges Indiz für ein Sonderopfer" wird „eine existenzbedrohende Krise des betroffenen Unternehmens" angesehen.[23]

22 Siehe a.a.O., Rn. 97b mit Belegen aus der Rechtsprechung. S. auch Rn. 96, ebenfalls mit Belegen aus der Rechtsprechung.

23 A.a.O. Rn. 96 mit Belegen.

Ausblick

Ein europäisches Unternehmensstrafrecht?

Mark Pieth

Gliederung

I. Grundkonflikt

Wir haben den Grundkonflikt über die letzten zwei Tage nochmals eindrücklich vorgeführt bekommen. Strafrecht ist auf persönliche Schuld ausgerichtet, auf Vorwerfbarkeit und Übelszufügung. Diese traditionelle Sicht passt tatsächlich nur auf Individuen, auf natürliche Personen und von ihr abzuweichen, scheint ein Grundprinzip der Aufklärung in Frage zu stellen (Herr *Sachs*[1] hat es zuletzt nochmals klargestellt).

Zugleich sind wir uns bewusst, dass Unternehmen, zumal die AG, für die Industrialisierung unabdingbar waren, dass auch Arbeitsteilung und Delegation von Kompetenzen unvermeidlich sind und natürlich erlaubt sein müssen. Der Staat garantiert mit dem Gesellschaftsrecht Gebilde, die unabhängig von bestimmten Individuen bestehen.

Allerdings gehen von Unternehmen auch erhebliche Gefahren aus, sei es durch die Verwirklichung typischer Betriebsrisiken (man denke an den Umweltbereich oder an finanzielle Risiken) oder aber durch die Ausübung von Macht, etwa aufgrund ihrer Fähigkeit, politische Prozesse mit finanziellen Mitteln (z.B. durch den Einsatz von Lobbyisten) zu beeinflussen. Ich brauche nicht weiter auf die grossen Umweltkatastrophen der Vergangenheit, vor kurzem den *„blowout“* in der amerikanischen Golfregion[2] oder die Explosion der Union Carbide Fabrik in Bhopal, Indien,[3] oder auch ein AKW,

1 Vgl. den Beitrag von M. *Sachs* in diesem Band, S. 195 ff.
2 New York Times, August 2, 2010 (online Version); The Guardian, January 3, 2012 (online Version).
3 BBC News, December 3, 2009 (online Version); New York Times, August 3, 2009 (online Version).

das ausser Kontrolle gerät,[4] einzugehen (Herr *Kotzur*[5] hat darauf hingewiesen). Entscheidend ist, dass bei solchen Ereignissen kaum jemand im Ernst an die Individuen denkt, die konkrete Fehler begangen haben mögen. Auch ein Vorstandsvorsitzender ist im Übrigen schnell ersetzt.

Große, typischerweise international aktive Unternehmen können zudem ihre interne Struktur so gestalten, dass Strafverfolgungsorgane ihre liebe Mühe haben, die eigentlich verantwortlichen Individuen zu identifizieren. Das ist ganz einfach die Kehrseite der zulässigen Delegation (das Thema *„Festung Unternehmen“*[6]).

Zwar handeln Unternehmen durch Individuen. Immer deutlicher wird aber, dass Unternehmen jenseits der Summe der Individuen ein Mehr darstellen. Das ist all jenen selbstverständlich, die jemals in einer grossen Bank oder im grossen Handelshaus tätig waren: Es entsteht ein Zugehörigkeitsgefühl, ein bestimmt geartetes Betriebsklima, das das Verhalten der Individuen stark bestimmt. Der Beitrag von Frau *Nagel*[7] war besonders hilfreich in der Erklärung der Bedeutung der Beziehungsstruktur im Unternehmen und der Rolle des Managements.

Kurz: Diese abstrakten Gebilde, die zivilrechtlich handlungsfähig sind, die auch Opfer von Ehrverletzungsdelikten sein können, werden von Menschen gesteuert (die historischen Hinweise auf die „Bestrafung“ von Tieren oder des Meeres gehen am Thema vorbei). Entscheidend ist vielmehr, dass sich im Unternehmen ein kollektiver Wille oder eine Betriebsattitüde herausbilden kann. Die Vorstellungen darüber, wie das geschieht, divergieren. Im angelsächsischen Recht hat sich das Bild der *„aggregation of individuals“* etabliert.[8]

II. Forderung nach strafrechtlicher Haftung

Die Meinung hat sich vor allem in Internationalen Organisationen, die sich mit der Regulierung von Wirtschaftsabläufen befassen, durchgesetzt, dass das klassische Zivilrecht (die Rede ist hier nicht von *„punitive damages“*) oder rein aufsichtsrechtliche Interventionen nicht ausreichen, um international tätige Unternehmen zur Normbeachtung zu veranlassen. Es ist daher nicht verwunderlich, dass die Internationalen Organisationen, die im Zuge der Globalisierung mit der Wirtschaftsregulierung betraut sind, fast mantra-artig die Forderung nach einer strafrechtlichen oder doch äquivalenten parastrafrechtlichen Haftung der juristischen Person bzw. des Verbandes in ihren Forderungskatalog aufnehmen:

---

4 FAZ, 16. Dezember 2011 (online Version); NZZ Online, 26. Dezember 2011.
5 Vgl. den Beitrag von *M. Kotzur* in diesem Band, S. 379 ff.
6 *Nijboer* in Eser/Heine/Huber 1999, 317.
7 Vgl. den Beitrag von *C. Nagel* in diesem Band, S. 153 ff.
8 *Wells* 2011, 94; dazu *Lüderssen* oben, S. 79 ff.

- So etwa die FATF im Bereich der Geldwäschebekämpfung und der Finanzierung des Terrorismus;[9]
- die EU zum Schutze des Budgets vor Betrug und ähnlichen Verhaltensweisen;[10]
- die UNO, die OECD, der Europarat, die EU und andere Organisationen zur Bekämpfung der Korruption;[11]
- die UNO in ihrer Konvention über das „Transnationale Organisierte Verbrechen";[12]
- oder auch in ganz anderen Themenbereichen, so etwa in der Richtlinie der EU zur Bekämpfung des sexuellen Missbrauchs und der sexuellen Ausbeutung von Kindern![13]

Wie diese Liste zeigt, gehen die Impulse nur zum Teil von der EU aus. Die UNO, der Europarat oder die OECD sind ebenso aktiv.

III. Unterschiedliche Ansätze bei den Haftungsvoraussetzungen

Die internationalen Vorgaben verpflichten allerdings keineswegs zu einer explizit strafrechtlichen Lösung. Es reicht, dass die Haftung *„effective, proportionate and dissuasive"* ist, so die überall aufs Neue verwendete Formel. Die Diskussion – zumal eines gemein-europäischen Modells – hat sich zusehends auf die eigentlichen Haftungsvoraussetzungen verlagert. Es ist im Laufe dieses Kolloquiums schon verschiedentlich darauf hingewiesen worden – ganz grundsätzlich betrachtet, bedienen sich die Staaten zweier unterschiedlicher Ansätze:

- eines Imputationsmodells: Das Fehlverhalten Einzelner wird dem Unternehmen zugeschrieben oder
- einer autonomen Haftungsbegründung.

Dabei werden aber immer wieder folgende **fünf Fragenkomplexe** angesprochen:

1. Die Einheiten, die haftbar gemacht werden

Geht man vom Verband (Österreich), vom Unternehmen (Schweiz) oder vom Begriff der juristischen Person (UK) aus? Wie weit geht man über die klassischen inkorporierten

---

9 Financial Action Task Force on Money Laundering (FATF), The 40 Recommendations 2003, Rec 2 b); 9 Special Recommendations on Terrorist Financing 2004.

10 Second Protocol drawn up on the basis of Article K.3 of the Treaty on European Union, to the Convention on the Protection of the European Communities' Financial Interests, June 6, 1997, entry into force May 19, 2009, OJ No. C 221, July 19, 1997, Art. 3.

11 Vgl. *Pieth/Ivory* 2011, Fn. 58.

12 UN Convention on Transnational Organized Crime, Art.10.

13 Richtlinie 2011/92/EU zur Bekämpfung des sexuellen Missbrauchs und der sexuellen Ausbeutung von Kindern sowie der Kinderpornographie sowie zur Ersetzung des Rahmenbeschlusses 2004/68/JI des Rates, Art. 12.

Verbände in den Bereich verselbständigter Vermögen hinaus (Anstalten, Stiftungen, Trusts, Partnerschaften)? Erfasst man auch Einzelfirmen? Wie geht man mit staatlichen Einheiten um (werden neben Staatsunternehmen auch Gebietskörperschaften erfasst?)?

2. Auf welche Taten bezieht sich das Verbandsstrafrecht?

Auch hier gibt es unterschiedliche Ansätze, auf die Herr *Kudlich*[14] bereits eingegangen ist: Bezieht sich das Verbandsstrafrecht auf alle Straftaten (wie in Deutschland und Österreich), auf bestimmte Katalogtaten oder gar auf eine enge Gruppe von Wirtschaftsdelikten (wie in der Schweiz)?

3. Welchen Bezug verlangt das Gesetz zwischen der Tat und dem Unternehmenszweck?

Der Bezug zwischen Tat und Unternehmenszweck erlaubt es, Exzesstaten auszuscheiden.[15]

4. Welche Personen lösen durch ihre Taten Haftung aus?

Dies ist inzwischen vielleicht zur wichtigsten Frage geworden. Denn, ihre Antwort verweist auf die Unterschiede in den noch bestehenden Konstruktionsvarianten:

a) Im sog. *„trigger-mechanism“* kommen die grössten Modellunterschiede zum Ausdruck. Entlang der traditionellen Verwerfung um die Fiktions- und die Realitätstheorien des Zivilrechts im 19. Jh. wurde zunächst das *alter ego-* oder das Identifikations-Modell entwickelt, nach dem das Unternehmen alleine durch seine Organe handelt und es entsprechend nur für deren Verhalten einzustehen hat (daher die britische Unterscheidung der *„brains“* von den *„limbs of the legal person“*).[16]

b) Das radikale Gegenstück, die *„vicarious liability“*, entstammt der zivilrechtlichen Haftung des Prinzipals für den Angestellten oder Bediensteten. Im Sinne der Realitätstheorie hat das Unternehmen für das Fehlverhalten jedes Angestellten oder Agenten kausal einzustehen.[17]

c) Es sind natürlich Zwischenformen und Ableitungen denkbar, insbesondere die Erweiterung der Identifikationstheorie auf andere Delegationsempfänger (Manager, Prokuristen, usw.[18]) oder die Abänderung des Vorwurfes: Die Verantwortung der Un-

---

14 Vgl. den Beitrag von H. *Kudlich* in diesem Band, S. 217 ff.

15 Im Schweizer Art. 102 Abs. 1 StGB wird verlangt, dass *„in einem Unternehmen in Ausübung geschäftlicher Verrichtung im Rahmen des Unternehmenszwecks ein Verbrechen oder Vergehen begangen“* wird.

16 Vgl. insbesondere *Tesco Supermarkets Ltd* v. *Nattrass* [1972] AC 153; *Wells* 2001, 115.

17 *Coffee* 1999, 14 ff.; *Nanda* 2011, 66 f.

18 *Canadian Dredge and Dock Co* v. R. [Dredge and Dock] [1985] 1 S.C.R. 662.

ternehmensleitung für unzureichende Sorgfalt bei der Auswahl, der Unterweisung und der Beaufsichtigung (die drei klassischen zivilrechtlichen *curae*).[19]

d) Die vierte Variante – das originäre Haftungsmodell – rekurriert nicht mehr auf das Versagen eines bestimmten Aufsichtsorgans, es setzt eine individuell begangene rechtswidrige Anlasstat voraus und macht das Unternehmen direkt dafür haftbar, dass die Organisationsstruktur unzureichend war und die Anlasstat ermöglicht oder begünstigt hat.

5. Das Organisationsversagen

Dieser letzte Gesichtspunkt leitet bereits zum fünften Erfordernis der Haftung des Unternehmens im modernen arbeitsteiligen und dezentral strukturierten Unternehmen über. Die Missachtung der *curae* steht für einen umfassenderen Vorwurf: Die unzureichende Organisation des Unternehmens.

IV. Internationale Unternehmenshaftungsmodelle

Immer mehr gehen dazu über, die Desorganisation in ihre Haftungsgrundlage einzubauen. Auch dabei sind wir aber mit unterschiedlichen Ansätzen konfrontiert:

1. Das traditionelle *„vicarious liability“*-Modell des US Federal Law[20] und Grossbritanniens (jedenfalls soweit sog. *regulatory*, d. h. verwaltungsstrafrechtliche Bestimmungen in Frage stehen[21]) kümmert sich vorerst nicht um das Organisationsniveau des Unternehmens: Es haftet, ob der Täter ein *„rogue employee“*, ein *„bad apple“*, ist oder ob das Unternehmen als solches eine kriminogene *„corporate culture“* aufweist, vorerst einmal kausal. Nach den *„US Sentencing Guidelines“* aber, fällt die Strafe bei einem überzeugenden *„corporate compliance program“* wesentlich tiefer aus: Wenn das Unternehmen einen Code of Conduct hat, wenn er nicht nur auf dem Papier besteht, wenn ihm im Unternehmensalltag auch tatsächlich nachgelebt wird (Frau *Nagels* *„ständige Bestätigung“*[22]), wenn der Code trainiert wird, wenn Melde-, Kontroll- und Überwachungssysteme bestehen, wenn er auf einer realistischen Risikoanalyse beruht und wenn Compliance System und Risikoanalyse in regelmässigen Abständen überprüft werden, kann die Strafe des Unternehmens um bis zu 90% reduziert werden. Es versteht sich, dass wir hier aber in der Welt des Handels mit Gerechtigkeit, des *„plea bargaining“* und der *„deferred prosecution agreements“* sind,[23] meist kombiniert mit der Anordnung von Bewährungshilfe (einem *„compliance monitor“*). Man könnte es das **Strafzumessungs-Modell** nennen.

---

19 *Pieth* 2004, 605.
20 *Coffee* 1999, 14 ff.; *Nanda* 2011, 65 ff.
21 *Pieth/Ivory* 2011, 23.
22 Vgl. den Beitrag von C. *Nagel* in diesem Band, S. 153 ff.
23 *Nanda* 2011, 80 f.

2. Die Identifikationstheorie ist, vor allem im neuen *„UK Bribery Act 2010"*, so umgebaut worden, dass das Unternehmen nicht nur für Bestechung durch die Organe selbst *(alter ego)*, sondern aufgrund deren unzureichender Sorgfalt einzustehen hat. Section 7 bestraft selbständig *„Ffailure of commercial organisations to prevent bribery"*.[24] Dem Unternehmen steht allerdings eine *„adequate systems defense"* zur Verfügung. Die zum Gesetz veröffentlichte *„Ministry of Justice Guidance 2011"*[25] macht deutlich, dass auch hier dieselben Compliance Gesichtspunkte[26] über die Qualität der Organisation des Unternehmens Auskunft geben. Frau *Weber-Rey*[27] hat auf sie verwiesen. Hier könnte man vom Rechtfertigungs-Modell sprechen.

3. Ein drittes Modell, das wiederum entweder eine Ableitung des Identifikationsansatzes sein kann oder aber Ausdruck einer originären Unternehmenshaftung ist, macht das Organisationsversagen bzw. die Verletzung der Aufsichtspflicht zu einer essentiellen Haftungsvoraussetzung. Sie muss vom Staatsanwalt in ähnlicher Weise nachgewiesen werden, wie die Sorgfaltspflichtverletzung beim Fahrlässigkeitsdelikt. Diesem Modell folgen – wenn ich es recht verstehe – die deutschsprachigen Rechtsordnungen,[28] aber auch etwa Australien.[29]

V. Entstehung einer Haftungsform sui generis

Gesamthaft betrachtet, ist eine erhebliche Ausbreitung der strafrechtlichen und parastrafrechtlichen Unternehmenshaftung zu beobachten. Neben den neuen Regelungen auf dem europäischen Festland (Italien, Spanien) haben auch ostasiatische Staaten (Japan, Korea) vergleichbare Normen erlassen. Zugleich sind auch sog. *„emerging markets"*, insbes. die BRIC-Staaten[30] daran, sich Gesetze zur Unternehmenshaftung zu geben. Insbesondere Südamerika arbeitet intensiv an den Regelungen. Derweil werden die bereits älteren angelsächsischen Modelle derzeit modernisiert.

Dabei findet – weit über Europa hinaus – eine Annäherung[31] statt. Als gemeinsamer Nenner tritt immer mehr das Organisationsversagen (sei es als Haftungsvoraussetzung, bzw. die überzeugende Organisation als Rechtfertigungsgrund oder doch als Strafzumessungsfaktor) in den Vordergrund. Man spricht vom *„due diligence approach to corporate liability"*. In den USA mehren sich die Stimmen, die – von der anderen Seite her – die bloße Strafmilderung zu einer eigentlichen *„defense of sound compliance"* ausbauen möchten.[32]

24 *O'Shea* 2011, 129 ff.; *Raphael* 2010, 57 ff.
25 Ministry of Justice Guidance, Section 9 of the Bribery Act 2010.
26 *Nicholls* et al. 2011, 119 ff.
27 Vgl. den Beitrag von *D. Weber-Rey* in diesem Band, S. 321 ff; vgl. auch *Pieth* 2011.
28 Deutschland: § 30 i. V. m. § 130 OWiG; Österreich: § 2 Abs. 2 VbVG; Schweiz: Art. 102 Abs. 2 StGB.
29 *Pieth/Ivory* 2011, 25 f.
30 Brasilien, Russland, Indien, China.
31 *Pieth/Ivory* 2011, 50 f.
32 *Nanda* 2011, 85 ff.

Kurz: Die Ausweitung geht mit einer Konvergenzbewegung einher, dabei wird die Frage Strafrecht vs. Verwaltungsstrafrecht immer unwichtiger. Es entsteht eine Haftungsform sui generis, die allerdings über die blosse Restitution hinausgeht. Man kann sie als Maßnahme, als vierte Schiene, als Alternative usw. bezeichnen. Das Entscheidende ist viel weniger das Unwerturteil als die Wirtschaftssanktion, die größtenteils ohnehin außerstrafrechtlich erfolgt (durch Aussperrung von künftigen Aufträgen, durch Herabsetzung einer Marke, durch Verlust von Reputation, durch Einbruch der Börsenkurse, durch Distanzierung der Anleger usw.). Zugleich sind Unternehmen durchaus als solche der Resozialisierung zugänglich, indem sie sich ganz grundsätzlich ein neues, gelebtes Compliance System geben und zur Umsetzung einen Compliance Monitor oder Advisor beschäftigen.[33]

VI. Literaturverzeichnis

John C. Coffee Corporate Criminal Liability: An Introduction and Comparative Survey, in Eser/Heine/Huber (eds.), Criminal responsibility of Legal and Collective Entities, Freiburg i. Br. 1999, 7–37.

Klaus Lüderssen The aggregative model: Jenseits von Fiktionen und Surrogaten, oben, S. 79 ff.

Ved P. Nanda Corporate Criminal Liability in the United States: Is a New Approach Warranted?, in Pieth/Ivory (eds.), Corporate Criminal Liability, Dordrecht et al. 2011, 63–90.

Colin Nicholls QC/Tim Daniel/Alan Bacarese/John Hatchard Corruption and Misuse of Public Office, Oxford New York 2011.

Johannes F. Nijboer A Plea for a Systematic Approach in Developing Criminal Procedural Law Concerning the Investigation, Prosecution, and Adjudication of Corporate Entities, in Eser/Heine/Huber (eds.), Criminal responsibility of Legal and Collective Entities, Freiburg i. Br. 1999, 301–320.

Mark Pieth Risikomanagement und Strafrecht: Organisationsversagen als Voraussetzung der Unternehmenshaftung, in Sutter-Somm/Hafner/Schmid/Seelmann (Hrsg.), Risiko und Recht, Festgabe zum schweizerischen Juristentag 2004, 597–616.

Mark Pieth, Harmonising Anti-Corruption Compliance, The OECD Good Practice Guidance 2010, Zurich/St. Gall 2011.

Mark Pieth/Radha Ivory Emergence and Convergence: Corporate Criminal Liability Principles in Overview, in Pieth/Ivory (eds.), Corporate Criminal Liability, Dordrecht et al. 2011, 3–62.

Monty Raphael Blackstone's Guide to The Bribery Act 2010, Oxford New York 2010.

Eoin O'Shea The Bribery Act 2010, A Practical Guide, Bristol 2011.

Ursula Weidenfeld Nützliche Aufwendungen? Der Fall Siemens und die Lehren für das Unternehmen, die Industrie und Gesellschaft, München 2011.

Celia Wells Corporations and Criminal Responsibility, 2nd ed., Oxford 2001.

Celia Wells Corporate Criminal Liability in England and Wales: Past, Present, and Future, in Pieth/Ivory (eds.), Corporate Criminal Liability, Dordrecht et al. 2011, 91–112.

---

33 Siemens hat diesen Prozess über die letzten drei Jahre eindrücklich vorgeführt: *Weidenfeld* 2011.

Strafbarkeit der juristischen Person – Illegitimes Kind des Strafrechts? Nachlese einer Diskussion

Lorenz Schulz

I.

Das Thema der vierten Tagung der ECLE-Reihe[1] war die Strafbarkeit der juristischen Person, auch Unternehmensstrafbarkeit, Verbandstrafbarkeit oder strafrechtliche Haftung des Unternehmens genannt.[2] Es war das bislang am engsten abgesteckte Thema, mit allen Vor- und Nachteilen eines klar definierten Themas. An die früheren Tagungen konnte nicht nur wegen des vergleichsweise homogenen, inzwischen weitgehend auf einander eingespielten Teilnehmerkreises angeknüpft werden.

Die Frage der Haftung der juristischen Person im Ordnungs- und im Strafrecht lässt sich selbstverständlich nicht losgelöst vom Verhältnis der Systeme von Wirtschaft und Recht beantworten. So kann neuerlich an das eingängige, systemtheoretisch inspirierte Bild angeknüpft werden, das *Hassemer* zu Beginn der Tagungsreihe eingeführt hatte, wonach das Strafrecht nicht Schiedsrichter auf dem Feld der Wirtschaft, sondern nur Linienrichter sei.[3] Das Bild ist suggestiv, und in den nachfolgenden Tagungen hatten es zumeist die wirtschaftswissenschaftlichen Beiträge bestätigt. Zugleich hatte sich gezeigt, dass es leichtfertig wäre, bei der Analyse ökonomischer Faktizität die kontrafaktisch-inhärente Normativität – sei es die des Rechts oder der Ethik – auszublenden.

Das demonstrierte nun die Frage der Unternehmensstrafbarkeit. Würde man annehmen, dass der systemtheoretische Ausgangspunkt ohne weiteres zu einem Votum für diese Strafbarkeit führt,[4] so sah man sich durch den Beitrag von *Hans Theile* eines Besseren belehrt.[5] Die Systemtheorie *Luhmanns,* der selbst das Strafrecht nie im Blick hatte, vermag augenscheinlich ohne Zusatzerwägungen keine Auskunft darüber zu geben, ob die Unternehmenshaftung besser nur ordnungs- oder auch strafrechtlich konzipiert werden muss. Das gilt selbst angesichts des Umstands, dass das System der Wirtschaft empirisch immer stärker von Unternehmen als Akteuren dominiert wird. Knüpft man nämlich eben an diesen Umstand an und wertet ihn normativ auf, in dem man dem Recht, insbesondere dem Strafrechts die argumentative Bringschuld für

---

1 Im Folgenden ECLE IV genannt.

2 Kritisch zur letztgenannten Rede *Hans Achenbach*, Vermischte Bemerkungen zur Unternehmensstrafbarkeit (im vorliegenden Band; sub I); ausf. *ders.*, Haftung und Ahndung, in: L. Schulz (Hrsg.), Festgabe für Imme Roxin, ZIS 2012, 178 ff.

3 *W. Hassemer*, Die Basis des Wirtschaftsstrafrechts, in: Kempf/Lüderssen/Volk (Hrsg.), Die Handlungsfreiheit des Unternehmers – wirtschaftliche Perspektiven, strafrechtliche und ethische Schranken, 2009, 29 ff, 40.

4 Dafür steht am ehesten die frühe, inzwischen aufgegebene Auffassung von *Günther Jakobs*.

5 *Theile*, Das Verhältnis zwischen Zuschreibung und Fakten in einem Unternehmensstrafrecht (im vorliegenden Band, S. 178 ff).

Eingriffe, namentlich für seine Steuerungskraft einräumt, so läuft auch diese Bringschuld selbstverständlich nicht per se auf eine strafrechtlichen Haftung des Unternehmens hinaus. Ein Beispiel dafür liefert *Cornelius Prittwitz*, der im Einklang mit seiner Stellungnahme bei ECLE unlängst mit Rückgriff auf die von *Thomas Rotsch* zur Analyse der zunehmenden Diffusion des Strafrechts eingeführten Leitbegriffe Folgendes anmahnt:

> „Die Gesellschaft muss sich zunächst entscheiden, wie weit sie dem Staat aufgeben will, das Teilsystem Wirtschaft (und Finanzen) zu regeln. Viel spricht dafür, nicht alles dem Teilsystem selbst zu überlassen. Steht dann fest, was im Bereich Wirtschaft geregelt werden muss, dann müssen Strafgesetzgeber und (praktische und wissenschaftliche) Strafrechtsanwender prinzipiengeleitet und mit Blick auf inhaltlich und formal zu Bewahrendes im Strafrecht entscheiden, wo Wirtschaftsstrafrecht, das seinen Namen verdient und weder im Übermaß differenziert, noch diversifiziert und divisionalisiert ist, Not tut. Diese Aufgabe ist anspruchsvoll; sie stellt den Kern eines Wirtschaftsstrafrechts mit Prinzipien- und Grundlagenbezug dar, den jede rechtswissenschaftliche Fakultät im Angebot haben sollte, weil sie das der Gesellschaft und ihren Studierenden schuldet.“[6]

Wollte man diese Mahnung in das Bild *Hassemers* zurückübersetzen, man würde entdecken, dass das Bild wie bei einem pointilistischen Gemälde bei näherem Zusehen undeutlich wird.

Mag der angemahnte Grundlagenbezug im Rahmen der ECLE-Tagungen vorbildlich gewahrt sein, in der Kriminalpolitik ist wenig von ihm zu spüren. Zumindest gilt dies für die zumeist noch subkutane, seit dem *Lissabon*-Vertrag immer offener vorgetragene Kriminalpolitik der EU,[7] die im Hinblick auf die Unternehmenshaftung im Verein mit den Stellungnahmen des Europarats und internationaler Organisationen wachsenden Druck auf Deutschland ausübt.[8] Als Reaktion auf den griechischen „Mais“-Skandal geboren, bei dem sich die gegenwärtig mit Händen zu greifende Brüchigkeit griechischer Staatlichkeit früh erwiesen hat, ist das EU-Strafrecht längst von „ante portas“ zu „intra muros“ fortgeschritten.[9] Die Entwicklung folgt einer von der deutschen Diskussion unbeeindruckten europäischen Logik, die von der französischen Doktrin des *effet utile* diktiert wird. Wenn das Strafrecht folgenorientiert (konsequentialistisch) nicht mehr ist als die noch nützlichere Sanktion, dann wird diese Sanktion, weil sie eben tief eingreift und zumeist die billigste ist, die *prima ratio*. Damit konfligiert immer weniger

---

6 *Ders.*, Sonderstrafrecht Wirtschaftsstrafrecht? in: L. Schulz (Hrsg.), Festgabe für Imme Roxin, ZIS 2012, 220.

7 Zum Überblick s. *P. Wittig*, Wirtschaftsstrafrecht, 2. Aufl. 2011, 22 f m. N. *U. Sorgenfrei* erinnerte in der Diskussion daran, dass die Kommission mit der Kapitalmarktrichtlinie vom 20.10.2011 alle Mitgliedsstaaten zur bereichsspezifischen Verbandsstrafbarkeit verpflichte.

8 Zum Überblick s. *M. Pieth*, Ein europäisches Unternehmensstrafrecht?, in diesem Band (dort sub II). – Der erwähnte Druck hat unmittelbar nach der ECLE-Tagung zu einer Aufforderung der Justizministerinnen und Justizminister der Länder auf ihrer Herbstkonferenz 2011 geführt, die an das Bundesjustizministerium gerichtet eine wirksamere Bekämpfung der Wirtschaftskriminalität anmahnt und dabei „Elemente der Verbandsstrafe“ nennt (s. *J. Vogel*, Editorial zu JA 2012, Heft 1).

9 S. nur *L. Schulz*, StV 2001, 85 ff, und *ders.*, StV 2003, 142 ff.

der Umstand, dass die nationalstaatliche Souveränität zuletzt am staatlichen Strafanspruch, dem *jus puniendi*, Halt macht.

Es mag dahin gestellt bleiben, ob Deutschland tatsächlich das letzte Land Europas ist, in dem der Schritt zur Unternehmensstrafbarkeit (noch) nicht getan ist. In der Diskussion zu ECLE IV war dies jedenfalls der Ausgangspunkt. Es mag sich empfehlen, die Tagung mit der *Toledo*-Konferenz Ende Februar 2012 zu vergleichen, in deren Zentrum das dort betriebene Projekt der EU Kommission („Corporate Criminal Liability and Compliance Programs")[10] stand, das in einen gesamteuropäischen Fahrplan zu einem harmonisierten Unternehmensstrafrecht, d.h. in Leitlinien für die je nationale Gesetzgebung und für ein Zusammenwirken der Verantwortlichkeit von Unternehmen münden soll.[11] Während dort die politische Umsetzung im Vordergrund stand, lieferten politische Voraussetzungen bei ECLE IV zwar die Folie einer weitgehend unter pragmatischen Vorzeichen geführten Diskussion, ohne aber in den Sachfragen zu dominieren.

II.

Die deutsche Diskussion ist, wie *Hans Kudlich* in seinem Referat hervorhob, von einem spezifischen Grundlagenbezug geprägt. Dieser Umstand fügt sich ein in eine Wissenschaftsfreundlichkeit des deutschen Rechtssystems, die historisch bedingt ist und mit dem Siegeszug der Begriffsjurisprudenz verknüpft ist, die erst mit den großen Kodifikationen ins Hintertreffen geriet und bis heute mit übler Nachrede zu kämpfen hat.[12] Der Einfluss der Dogmatik im deutschen Rechtssystem ist weitgehend ungebrochen und gerade im Rechtsvergleich erstaunlich. Welche Verhaltensweisen strafrechtlich verboten werden sollten, diese Frage bestimmt – sei es *de lege lata* mit Blick auf verfassungsrechtliche Grenzen einer Kriminalisierung, sei es *de lege ferenda* bei der Diskussion über (regelmäßig strafschärfende) Änderungen des Strafrechts – die dogmatische und kriminalpolitische Diskussion durchaus entscheidend. Nach Abschluss der Großen Strafrechtsreform zum Allgemeinen Teil vor fast vier Jahrzehnten beschränken sich Gesetzesänderungen im Wesentlichen auf den Besonderen Teil des StGB oder auf das Nebenstrafrecht, so dass die Frage der Legitimität strafrechtlicher Vorschriften praktisch nur noch im Zusammenhang einzelner Tatbestände geführt wurde und wird. In der Diskussion zur Unternehmensstrafbarkeit verhält es sich demgegenüber weitgehend umgekehrt, so dass dieser Diskussion grundlegende Bedeutung zukommt. Die von *Kudlich* erörterte, im Ausland zentrale Frage der davon gegebenenfalls erfassten Delikte wird in Deutschland, wenn überhaupt, selten gestellt – und wurde auch in der Diskussion bei ECLE IV nur am Rande beachtet.[13]

---

10 Das Projekt ist angesiedelt am „Instituto de Derecho Penal Europeo e Internacional" (Luis Arroyo Zapatero/Adan Nieto).

11 a.a.O.

12 *Hans-Peter Haferkamp*, Begriffsjurisprudenz, in: Enzyklopädie zur Rechtsphilosophie, hrsg. v. Anderheiden/Auer/Gutmann/Kirste/Saliger/Schulz. Erstpublikation April 2011, http://www.enzyklopaedie-rechtsphilosophie.net/Joomla/.

13 Von gelegentlichen Bezugnahmen in Vorträgen (*Pieth, Vogel*) abgesehen. – Der Vorschlag der genannten „Guidelines proposal on criminal liability of legal entities" des *Toledo*-Projekts geht im

III.

So stand in der Diskussion, neben zahlreichen Aspekten der deutschen OWiG-Lösung, die Frage einer Unternehmensstrafbarkeit als solcher im Vordergrund. Sie kann an dieser Stelle nur selektiv nachgezeichnet werden, da ein eng geschneidertes Vortragsprogramm nur einige Diskussionsblöcke zuließ, die zudem Überlappungen aufwiesen. Die grundsätzliche Frage nach dem Ob spielte wiederholt in Detailfragen des Wie hinein. Für die in diesem Band versammelten Beiträge kommt hinzu, dass in ihnen teilweise die Diskussion eingeflossen ist, so dass im Folgenden für zitierte Stellungnahmen auch auf diese Beiträge verwiesen werden kann.

IV.

Die Frage der Unternehmensstrafbarkeit ist ein Fall der Wiederaufnahme. Wiederaufgenommen wird eine längst klassische Frage,[14] nun allerdings nicht mehr einfach im Kontext eines nationalen Rechtssystems, sondern unter europäischen und internationalen Vorzeichen. Für eine Antwort gilt es sich methodologisch zu entscheiden, ob man pragmatisch-konsequentialistisch oder (gegebenenfalls zusätzlich) prinzipienorientiert-deontologisch vorgeht. Natürlich spricht vieles für die pragmatische Betrachtung, zumal in der Diskussion mit Praktikern, die typischerweise diesen Weg beschreiten. Da die Rechtskulturen, in denen die Diskussion in eine prinzipienorientierte Dogmatik eingebettet ist, nicht häufig sind, ist die Diskussion in Europa und international zumeist vorgezeichnet.

Dass deontologische Argumente auch rechtspolitisch greifen, ist in Deutschland nicht zuletzt dem Bundesjustizministerium geschuldet, das vor einiger Zeit eine sanktionenrechtliche Kommission eingesetzt hatte, die in ihrem Abschlussbericht vom März 2000 gegen eine Verbandsstrafe votierte;[15] mit einer Abkehr von dieser Linie braucht jedenfalls in dieser Legislaturperiode nicht gerechnet werden.

Weitaus eher, so lässt sich die Diskussion bei ECLE IV in diesem Punkt zusammenfassen, ist eine Nachjustierung der OWiG-Lösung zu erwarten. So hatte *Marc Pieth* aus der Perspektive internationaler Organisationen, namentlich im Einklang mit den Bewertungen der deutschen Situation durch die OECD[16], für Geldbußen einen erheblich erwei-

---

Übrigen dahin, für die gebotene praktische Konkordanz auf den bereits praktizierten Straftatenkatalog des EU-Haftbefehls zurückzugreifen, mit dem dort die auslieferungsrechtliche Voraussetzung der doppelten Strafbarkeit durchbrochen wurde und der Delikte der „Cyberkriminalität" bis hin zu „Rassismus" und „Fremdenfeindlichkeit" umfasst (s. Art. 10 des Entwurfs).

14 Zu früheren Stationen der Diskussion s. die Beiträge von *Neumann* und *Achenbach* (im vorliegenden Band).

15 Kommission zur Reform des Strafrechtlichen Sanktionensystems, s. www.bmj.bund.de/files/-/1388Reform-Sanktionenrecht.pdf (Stand. 4. 6. 2007).

16 Vgl. den dritten Evaluationsbericht der OECD-Arbeitsgruppe vom März 2011 (zum Thema „Bestechung im internationalen Geschäftsverkehr"); s. http://www.oecd.org/dataoecd/5/45/47416623.pdf (deutsche Fassung: www.oecd.org/dataoecd/39/0/48967037.pdf). S. a. *Felix Dörr*,

terten Rahmen gefordert,[17] damit Geldbußen in der Bevölkerung als Strafe wahrgenommen werden, ihnen mithin ein *shaming effect* zukomme.[18] Gleichfalls wurde angemahnt, dass die steuerliche Privilegierung der Vorteilsabschöpfung, d.h. die Abzugsfähigkeit als Betriebsausgaben, bei der Abschöpfung nach § 17 Abs. 4 OWiG – wie bei 29a OWiG entfallen müsse.[19] Wie von *Pieth* ausgeführt, sind die internationalen Initiativen inzwischen indifferent gegenüber der deutschen Unterscheidung zwischen dem Recht der Ordnungswidrigkeiten und dem Strafrecht, vielmehr gehe es um eine Haftung, die nachhaltigen Charakter hat, d. h. „effective, proportionate and dissuasive" ist.[20] Prozessual hielt er, wie nicht wenige andere (z.B. *H. Achenbach, I. Roxin, R. Schmitz*, allerdings mit der Erwartung praktischen Leerlaufens, ähnlich *Eb. Kempf*) am *nemo tenetur*-Grundsatz[21] auch bei Unternehmen fest, gekoppelt mit einer Rechtfertigungslösung, die – wie im Vereinigten Königreich[22] und auf gewisse Weise auch in den USA[23] – das weitgehend im Vordergrund der unterschiedlichen Begründungen stehende Organisationsverschulden bei durchgreifender Compliance entfallen lässt - eine Lösung, die in der Diskussion auf wenig Widerspruch stieß.[24]

V.

Die grundlagenorientierte Diskussion knüpfte an den einführenden Vortrag von *Ulfrid Neumann* an.[25] Darin wurden zwei konstruktive Möglichkeiten skizziert, die Schuld einer juristischen Person zu denken. Nach der Zurechnungslösung, die der Verbandsgeldbuße nach § 30 OWiG zugrunde liegt, wird ihr das Verschulden einer natürlichen Person („Leitungsperson") zugerechnet, nach der Schuldlösung wird der Schuldbegriff so modifiziert, dass er auf die juristische Person anwendbar ist. Die These des Vortrags

---

Die Haftung von Unternehmen nach dem Gesetz über Ordnungswidrigkeiten (im vorliegenden Band, dort sub I).

17 Bericht (Fn. 15), S. 83.

18 Auch einige Praktiker (z.B. *Imme Roxin*) vertraten in der Diskussion die Ansicht, dass Geldsanktionen effektiv sind, hießen sie nun Buße oder Strafe. Den Strafcharakter (shaming effect) einer besonders hohen Buße, vor allem bei Kartellbußen innerhalb der EU, hielten manche wiederum als apokryphes Strafrecht für anfechtbar (*Achenbach, Ransiek*).

19 Vgl. Bericht (Fn. 15), S. 45, Rn. 111. Nicht abzugsfähig ist die Geldbuße selbst.

20 *Pieth* (in diesem Band), sub III.

21 S. ausf. Stefan Kirsch, Probleme des Zugriffs auf Beweismaterial bei Rollenkonflikten von Verbandsmitgliedern (im vorliegenden Band, passim); s.a. Volk (im vorliegenden Band, am Ende).

22 Der *UK Bribery Act 2010* sieht eine „adequate systems defense" vor, die in Verbindung mit den Leitlinien des Justizministeriums (Ministry of Justice Guidance 2011) bei Compliance eine Rechtfertigung zulässt; s. *Pieth* (im vorliegenden Band).

23 Wenngleich das Modell der „US Sentencing Guidelines" ein Strafzumessungsmodell ist, kann die Strafe bei einem durchgreifenden „corporate compliance program" um bis zu 90% ermäßigt werden und zu bisweilen schillernden „deferred prosecution agreements" führen.

24 Von einer zumindest weitgehenden Kongruenz von Aufsichtspflicht der Unternehmensleitung, deren Verletzung Organisationsschuld ist, und Compliance geht *Achenbach* aus; s. *ders.*, Vermischte Bemerkungen zur Unternehmensstrafbarkeit (in diesem Band, sub I, am Ende).

25 Oben, S. 13 ff.

war es, dass die erste Lösung ausscheidet, weil die Zurechnung wiederum begründet werden müsse, was namentlich die gebräuchliche Figur des Organisationsverschuldens nicht leisten könne, weil dieses wieder das Verschulden einer natürlichen Person sei, das nicht wiederum qua Organisationsverschulden zugerechnet werden könne. Das insbesondere von *Tiedemann* favorisierte Modell einer Schuld im weiteren Sinne sei demgegenüber konstruktiv möglich, indem man den Schuldbegriff hinreichend normativiere bzw. von persönlichen Elementen reinige. Diese Lösung führe aber, sobald man die Schuld mit dem BVerfG als Ausprägung der menschlichen Würde versteht – und möglicherweise den entsprechenden kurzen Passus im *Lissabon*-Urteil des Gerichts als Absage an die Verbandsstrafbarkeit liest –, zur Liquidation des moralischen Vorwurfs bei der Feststellung von Schuld, was die Geltung des Schuldprinzips für natürliche Personen unterminiere, metaphorisch gesprochen: der schuldangemessenen Strafe ihre Würde nehme.

Dass die Metapher von der Würde der Strafe anfechtbar ist, war ein Einwand an der Oberfläche, den *Neumann* als kaschierte Zustimmung würdigte; in der Sache traten neben *Prittwitz* auch *Ransiek* und *Wohlers* der Argumentation *Neumanns* ausdrücklich bei. Nicht unerwartet kam die Diskussion, ob der eher floskelhafte Rekurs auf das Schuldprinzip in der *Lissabon*-Entscheidung wirklich als die genannte Absage gelesen werden müsse (eindeutig ablehnend *Jahn* und *Vogel*). Gewichtiger war, dass *Vogel* meinte, „gleichsam metaphysische" Erwägungen zur dogmatischen Unmöglichkeit einer Begründung der Verbandsstrafbarkeit mit lockerer Hand zugunsten einer nahezu umfassenden gesetzgeberischen Prärogative vom Tisch wischen zu können. Gegen diese Leichthändigkeit verwahrte sich, neben *Neumann* und *Jahn*, vor allem *Lüderssen*, dabei auf *Engisch* als Urheber des Arguments verweisend.

VI.

Ausgiebig war die pragmatisch-konsequentialistisch ausgerichtete Diskussion. Die meisten versprachen sich von der Verbandsstrafbarkeit keine effiziente Steuerung (*Ransiek, von Rosen, Wohlers; C. Mommsen* mit dem Beispiel der Sportgerichtsbarkeit; *Schmitz* mit dem Argument, dass das Verbot der Doppelbestrafung die Verbandsstrafbarkeit nur als Sonderrecht für Kapitalgesellschaften zulasse; *Achenbach*, mit einem Votum für unternehmensethische Lösungen).

Mit Blick auf Desiderate bei der OWiG-Lösung räumte die damit bei der Münchner Staatsanwaltschaft befasste *Renate Wimmer* ein, dass die Beschwerdezuständigkeit des Amtsrichters nicht zeitgemäß sei, weil das OWiG bei Unternehmen längst kein Instrument für Bagatellen sei. *Klaus Volk* erblickte den großen Vorteil der OWiG-Lösung im dort herrschenden Opportunitätsprinzip, worin *W. Leitner* umgekehrt den Nachteil der herrschenden Lösung erblickte. *Achenbach* forderte, um hier der Willkür Einhalt zu gebieten, eine Typisierung über Leitlinien. *Kai Hart-Hönig* monierte schließlich die Ausdünnung der Schuld im OWiG-Verfahren.

Wenn am Ende immerhin einige wenige Diskussionsteilnehmer für eine Verbandsstrafbarkeit optierten, dann musste man allerdings auf unterschiedliche Motive achten.

So ging es *Franz Salditt* darum, dass der Praxis, dass es bei Unternehmensvorständen zu keiner Hauptverhandlung mehr käme, ein Ende bereitet werde, weil auch diese die Chance haben müssten, ihre Unschuld öffentlich, kontradiktorisch zu verteidigen, ein Argument, das von *Nagel* begrüßt wurde. *Thomas Fischer* wiederum mochte als veritables Gegenargument nur die Nebenfolgen für Unbeteiligte bzw. unerwünschte Drittwirkung (von manchen als Verstoß gegen die Unschuldsvermutung gewertet) akzeptieren, so dass die Argumente für eine „kollektive Zurechnung" überwiegen würden. *Carsten Wegner* monierte, dass eine Verbandsstrafbarkeit auch Behörden als Handlungssubjekte umfassen müsse.[26] *Wattenberg* wendete sich gegen eine allgemeine Verbandsstrafbarkeit, verwies aber auf bereichsspezifisch vorhandene Regelungen wie im Kartellrecht.

VII.

Was eine materiellrechtliche Konzeption taugt, so ist es die stetige Rede von *Volk*, sieht man erst, wenn sie den Prozess durchlaufen hat.[27] Zum verfahrensrechtlichen Schwur, der auch über den Stellenwert von *nemo tenetur* entscheidet, kommt es gegenwärtig bei den internen Ermittlungen, die so genannt werden, auch wenn sie von einem Unternehmensexternen durchgeführt werden. Können Erkenntnisse, die diese Ermittlungen zutage fördern, verwertet werden? Natürlich ist es der Königsweg der Strafverfolgungsbehörden, das Material beim Compliance Officer eines Unternehmens einfach zu beschlagnahmen und damit die Ressourcen der Justiz zu schonen.[28] Dies liegt umso näher, als das allseits kommentierte Obiter Dictum des 5. Strafsenats des BGH die grundsätzliche Strafbarkeit des Compliance Officer – und mithin im Wege des Anfangsverdachts auch die Möglichkeit der Beschlagnahme – angenommen hat. Diskutiert wurde, ob der „ermittlungsfreundliche" Beschluss des LG Hamburg vom 15. 10. 2010[29] auch dem § 160 a StPO n.F. standhält (ablehnend *Kirsch*[30]) und damit, wie von *Wimmer* vertreten, die erwähnte Beschlagnahmemöglichkeit auch bei firmenexternen Anwälten besteht.[31] Die von *Imme Roxin* vorgeschlagene Lösung eines auch arbeitsrechtlich durch die Fürsorgepflicht des Arbeitgebers begründeten Verwertungsverbots[32] stieß auf Wohlwollen, mochte aber nicht jeden überzeugen. Nach *Wimmer* müsse die Staatsanwaltschaft sogar wegen der gebotenen Amtsermittlung Ergebnisse interner

---

26 S. *Volk* in diesem Band, S. 253 ff.

27 Dass das Verfahren nur dienende Funktion habe, sei schließlich ein längst überwundener Irrglaube; s. *Volk*, a. a. O.

28 Oder an das in die Diskussion eingeflossene Bild anzuknüpfen: Die Wiese von anderen mähen zu lassen, d. h. die Ernte der gmahten Wiesn ohne eigenen Aufwand einzufahren.

29 StV 2011, 148.

30 Vgl. *M. Jahn/S. Kirsch*, StV 2011, 151 (Anm. zum LG Hamburg, StV 2011, 148).

31 Nun ausf. *Wimmer*, Die Verwertung unternehmensinterner Untersuchungen – Aufgabe oder Durchsetzung des Legalitätsprinzips? In: FS für Imme Roxin, hrsg. von Schulz/Reinhart/Sahan, 2012, 537 ff.

32 *I. Roxin*, Probleme und Strategien der Compliance-Begleitung in Unternehmen, StV 2012, 116 ff; ausf. zum arbeitsrechtlichen Argument s. *Ralf Tscherwinka*, Interne Ermittlungen zwischen Selbstbelastung des Arbeitnehmers und Fürsorgepflicht des Arbeitgebers, in: FS für Imme Roxin, hrsg. von Schulz/Reinhart/Sahan, 2012, 521 ff.

Ermittlungen berücksichtigen. Entscheidend seien aber die eigenen Ermittlungen, ein „Outsourcen" käme nicht in Betracht. Schließlich habe die Staatsanwaltschaft, selbst wenn sie wegen des oft zweifelhaften Beweiswertes von Einlassungen nach unternehmensinternen Interviews an einer originären Vernehmung interessiert ist, keinen Einfluss auf das Ob und Wie interner Ermittlungen.

VIII.

Das Prozessrecht ist der Seismograph des materiellen Rechts. Nimmt man das US-amerikanische Unternehmensstrafrecht, dann findet man dort nicht nur die an den „Enron"-Bilanzskandal anknüpfende Liquidation des Unternehmens Arthur Anderson, einer der weltweit größten Wirtschaftsprüfungsgesellschaften, als den in seiner Konsequenz berühmtesten Fall des amerikanischen Verbandsstrafrechts und die frühe Hinwendung zur Compliance, deren endgültiger Durchbruch dem *Sarbanes-Oxley-Act* von 2002 geschuldet ist. Die Absprachen von Unternehmen mit den Strafverfolgungsbehörden in Gestalt von *deferred prosecution agreements* (DPAs)[33] demonstrieren nicht nur einen hochflexiblen Umgang mit dem staatlichen Strafanspruch, der noch einer gründlichen Analyse bedarf. Nach einer solchen Vereinbarung, der sich das Unternehmen Bristol-Myers Squibb unterwarf, musste das Unternehmen für eine benachbarte Law School ein Programm in Business Ethics und Corporate Governance finanzieren. Für das „House of Finance" der Goethe Universität, in dem die ECLE-Tagungen stattfinden, eine reizvolle Aussicht und für künftige ECLE-Tagungen eine wegweisende Garantie. Compliance ist, philosophisch gewendet, ein „Ethikersatzprogramm". Sie ist der Ort, an dem auch der Jurist und Ökonom die wachsende Bedeutung des Ethischen leicht beobachten kann. Weil die durchgreifende Ökonomisierung selbst der normativen Maßstäbe entbehrt, sind Ethik und Recht strukturell gefordert. Es scheint, dass dem durch die Ökonomisierung hervorgerufenen Wandel in der Philosophie die immer größere Rolle der praktischen Philosophie und im Wirtschaftsstrafrecht eine Expansion des Strafrechts, die noch nicht zum Ende gekommen ist. Das wird ECLE hinreichenden Anlass für künftige Tagungen liefern.

33 Seltener *non-prosecution agreements* (NPAs) genannt.

Teilnehmer des 4. ECLE Symposions 18. & 19. November 2011

Achenbach, Prof. Dr. Hans	Universität Osnabrück
Acker, Dr. Wendelin	Hogan Lovells International LLP
Ahlbrecht, Dr. Heiko	WESSING & PARTNER
Amann, Melanie	Frankfurter Allgemeine Sonntagszeitung, Redaktion Wirtschaft
Bannenberg, Prof. Dr. Britta	Universität Giessen
Beckemper, Prof. Dr. Katharina	Universität Leipzig
Beukelmann, Dr. Stephan	Kanzlei Dr. Leipold
Beulke, Prof. Dr. Werner	
Bock, Prof. Dr. Dennis	Friedrich-Schiller-Universität Jena
Böse, Prof. Dr. Martin	Universität Bonn
Böttcher, Eike	Verlag De Gruyter
Cahn, Prof. Dr. Andreas	Institute for Law and Finance
Castaldo, Prof. Dr. Andrea	Kanzlei Haucke-D Aiello & Kollegen
Compart, Dr. Eddo	RAe Compart & Schmidt
De Simone, Prof. Dr. Giulio	Università del Salento
Dittmann, Thomas	Bundesministerium der Justiz
Dörr, Dr. Felix	Dr. Günther Dörr und Partner
Durth, Hanno	kipper+durth Rechtsanwälte GbR
Eidam, Dr. Lutz	Bucerius Law School
Fischer, Prof. Dr. Thomas	Bundesgerichtshof
Franzmann, Sybille B.	Kanzlei Franzmann-Haag
Friedewald, Dr. Rolf	Institute for Law and Finance
Gillmeister, Prof. Dr. Ferdinand	Rechtsanwälte Gillmeister Rode Trüg
Greeve, Dr. Gina	MGR Rechtsanwälte
Harada, Prof. Teruhiko	Institute for Law and Finance
Hart-Hönig, Dr. Kai	RA, Frankfurt am Main
Hartung, Dr. Anette	Institute for Law and Finance
Haucke-D'Aiello, Angelica	Kanzlei Haucke-D Aiello & Kollegen
Heinrich, Prof. Dr. Bernd	Humboldt-Universität zu Berlin
Höffler, Dr. Katrin	Ludwig-Maximilians-Universität München
Hohmann-Dennhardt, Dr. Christine	Daimler AG, Integrität und Recht
Hugger, Dr. Heiner	Clifford Chance
Immerschmidt, Jörn	Landgericht Frankfurt am Main
Jahn, Prof. Dr. Matthias	Universität Erlangen-Nürnberg
Kappel, Jan	Hogan Lovells International LLP
Kaspar, Dr. Johannes	Universität München
Kayßer, Marijon	Klinkert Zindel Partner
Keller, Alexander	KellerRechtsanwälte, Heidelberg

Kelnhofer, Dr. Evelyn	KellerRechtsanwälte, Heidelberg
Kempf, Eberhard	Rechtsanwälte Kempf & Dannenfeldt
Kirchner, Prof. Dr. Dr. Hans Christian	Humboldt-Universität zu Berlin
Kirsch, Dr. Stefan	Kanzlei Hamm & Partner
Knauer, Dr. Christoph	Ufer Knauer Rechtsanwälte
Knierim, Thomas C.	Rechtsanwälte Knierim & Kollegen
Kohlenberg, Kerstin	Die Zeit
Koppenhöfer, Brigitte	Landgericht Düsseldorf
Kotzur, Dr. Michael	Universität Leipzig
Krämer, Katharina	Friedrich-Schiller-Universität Jena
Krause, Dr. Daniel	Rechtsanwälte Krause & Kollegen
Kübler, Prof. Dr. Fritz	Goethe-Universität Frankfurt am Main
Kudlich, Prof. Dr. Hans	Universität Erlangen-Nürnberg
Lang, Dr. Wolfgang J. M.	Wolters Kluwer Akademie – Verlagsgruppe Recht
Leipold, Dr. Klaus	Rechtsanwälte Lohberger & Leipold
Leitner, Werner	Rechtsanwälte Leitner & Partner
Lüderssen, Prof. Dr. Klaus	Goethe-Universität Frankfurt am Main
Malek, Dr. Klaus	Rechtsanwälte Endriss und Kollegen
Mansdörfer, Dr. Marco	Universität Freiburg
Marsch-Barner, Prof. Dr. Reinhard	Linklaters
Matt, Prof. Dr. Holger	RA, Frankfurt am Main
Maurice, Dr. Lara	Klinkert Zindel Partner
Michalke, Reinhart	Witting Contzen Degenhard Rechtsanwälte
Momsen, Prof. Dr. Carsten	Universität Hannover
Mühlhoff, Uwe	Generalstaatsanwaltschaft Düsseldorf
Müller, Dr. Reinhard	Frankfurter Allgemeine Zeitung
Nagel, Dr. Claudia	Nagel & Company GmbH
Nagel, Dr. Michael	
Neckel, Prof. Dr. Sighard	Universität Wien
Neumann, Prof. Dr. Ulfrid	Goethe-Universität Frankfurt am Main
Nolde, Malaika	Kanzlei Verjans Böttger Bernd
Norouzi, Dr. Ali B.	Widmaier Norouzi Rechtsanwälte, Karlsruhe
Nuzinger, Dr. Thomas	Universität Mannheim
Oetjen, Kerstin	RAin, Freiburg
Partsch, Dr. Christoph	Partsch Rechtsanwälte
Peltzer, Dr. Martin	RA, Frankfurt am Main
Pieth, Prof. Dr. Mark	Universität Basel
Poepping, Melanie	Deutsche Bank AG
Prittwitz, Prof. Dr. Cornelius	Goethe-Universität Frankfurt am Main
Radtke, Prof. Dr. Henning	Universität Hannover
Ransiek, Prof. Dr. Andreas	Universität Bielefeld
Reiß, Roman	Robert Bosch GmbH
Rönnau, Prof. Dr. Thomas	Bucerius Law School
Rotsch, Prof. Dr. Thomas	Universität Augsburg
Roxin, Dr. Imme	Roxin Rechtsanwälte LLP
Rudolph, Prof. Dr. Bernd	Universität München
Sachs, Prof. Dr. Michael	Universität zu Köln
Saffenreuther, Klaus	Linklaters LLP

Safferling, Prof. Dr. Christoph	Universität Marburg
Salditt, Prof. Dr. Franz	Neuwied
Sander, Camill Carl F.	White & Case
Sättele, Alexander	Ignor & Partner GbR
Scharnberg, Josephine	Promotionsstudentin Prof. Esser, Passau
Schaupensteiner, Gerhild	Staatsanwaltschaft Frankfurt am Main
Schaupensteiner, Wolfgang	CRC Corporate Risk & Compliance Consulting
Schiller, Dr. Wolf	Rechtsanwälte Schiller & Kollegen
Schilling, Dr. Hellen	Rechtsanwälte Kempf & Dannenfeldt
Schlösser, Dr. Jan	RA, Berlin
Schmitt, Prof. Dr. Bertram	Bundesgerichtshof
Schmitt-Leonardy, Dr. Charlotte	Universität des Saarlandes
Schmitz, Prof. Dr. Roland	Universität Osnabrück
Scholderer, Dr. Frank	Clifford Chance
Schröder, Prof. Dr. Christian	Martin-Luther-Universität Halle-Wittenberg
Silva Sanchez, Prof. Dr. Dr. h.c. Jesús-María	Universität Madrid und Barcelona
Smakman, Bärbel	Verlag C.H. Beck
Sorgenfrei, Ulrich	Kanzlei Sorgenfrei
Taschke, Prof. Dr. Jürgen	DLA Piper UK LLP
Theile, Prof. Dr. Hans,	Universität Konstanz
Trendelenburg, Dr. Cornelius	Universität Frankfurt am Main
Trüg, Dr. Gerson	Rechtsanwälte Gillmeister Rode Trüg
Ufer, Dr. Florian	Ufer Knauer Rechtsanwälte
Verjans, Renate	Kanzlei Verjans Böttger Bernd
Vogel, Prof. Dr. Joachim	Universität Tübingen
Volk, Prof. Dr. Klaus	Universität München
von Döllen, Armin	Rechtsanwälte hannover und partner
von Rosen, Prof. Dr. Rüdiger	Deutsches Aktieninstitut
Wattenberg, Andreas	Kanzlei Wattenberg
Weber-Rey, Daniela	Clifford Chance
Wegner, Dr. Carsten	Krause Lammer Wattenberg
Wehnert, Dr. Anne	Thomas, Deckers, Wehnert & Elsner
Wimmer, Renate	Oberstaatsanwaltschaft München I
Wittig, Arne	Deutsche Bank AG
Wohlers, Prof. Dr. Wolfgang	Universität Zürich, Rechtswissenschaftliches Institut
Wüllner, Dr. Patricia	Staatsanwaltschaft Frankfurt am Main
Zabel, Dr. Benno	Universität Leipzig

FSC
www.fsc.org
MIX
Papier | Fördert
gute Waldnutzung
FSC® C083411

Kolibri 360 GmbH
Ferdinand-Jühlke-Straße 7
99095 Erfurt, Deutschland
produktsicherheit@kolibri360.de